© Guy Christian/hemis.fr

W0389731

Ardèche, Drôme

2021/22

Cofondateurs : Philippe GLOAGUEN et Michel DUVAL

Directeur de collection et auteur
Philippe GLOAGUEN

Secrétaire général
Gavin's CLEMENTE-RUIZ

Rédacteurs en chef
Amanda KERAVEL (France)
Benoît LUCCHINI (Étranger)

Directrice administrative
Bénédicte GLOAGUEN

Conseiller à la rédaction
Pierre JOSSE

Responsable voyages
Carole BORDES

Direction éditoriale
Élise ERNEST

Rédaction
Isabelle AL SUBAIHI
Emmanuelle BAUQUIS
Mathilde de BOISGROLLIER
Thierry BROUARD
Marie BURIN des ROZIERS
Diane CAPRON
Véronique de CHARDON
Laura CHARLIER
Florence CHARMETANT
Fiona DEBRABANDER
Anne-Caroline DUMAS
Éléonore FRIESS
Géraldine LEMAUF-BEAUVOIS
Olivier PAGE
Alain PALLIER
Anne POINSOT
André PONCELET

hachette

TABLE DES MATIÈRES

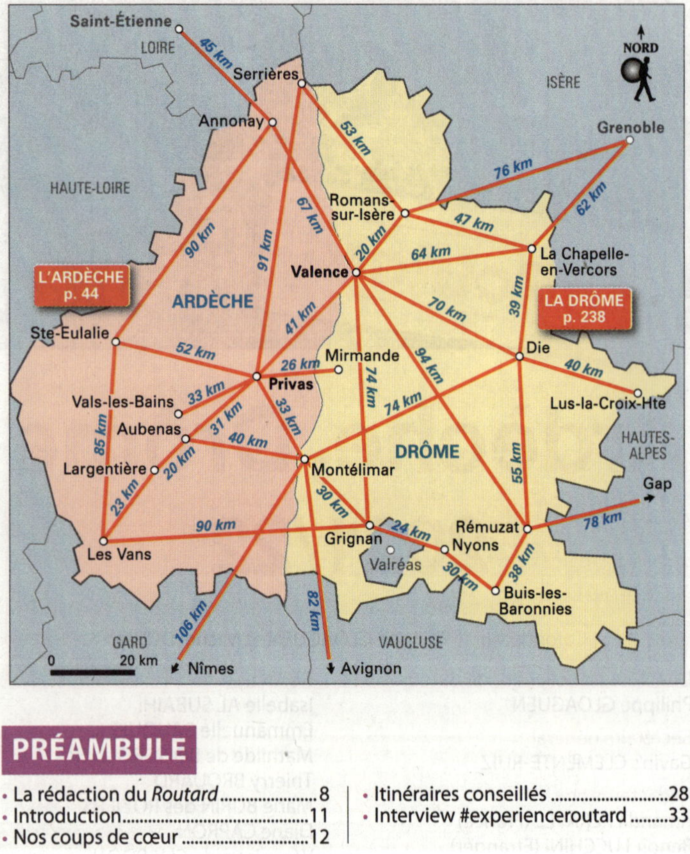

PRÉAMBULE

COMMENT Y ALLER ? 34

BON À SAVOIR AVANT LE DÉPART 38

L'ARDÈCHE 44

Pictogrammes du Routard

Établissements

- Hôtel, auberge, chambre d'hôtes
- Camping
- Restaurant
- Terrasse
- Pizzeria
- Boulangerie, sandwicherie
- Pâtisserie
- Glacier
- Café, salon de thé
- Café, bar
- Bar musical
- Club, boîte de nuit
- Salle de spectacle
- Boutique, magasin, marché

Infos pratiques

- Office de tourisme
- Poste
- Accès Internet
- Hôpital, urgences
- Adapté aux personnes handicapées

Sites

- Présente un intérêt touristique
- Point de vue
- Plage
- Spot de surf
- Site de plongée
- Recommandé pour les enfants
- Inscrit au Patrimoine mondial de l'Unesco
- Pas de côté

Transports

- Aéroport
- Gare ferroviaire
- Gare routière, arrêt de bus
- Station de métro
- Station de tramway
- Parking
- Taxi
- Taxi collectif
- Bateau
- Bateau fluvial
- Piste cyclable, parcours à vélo

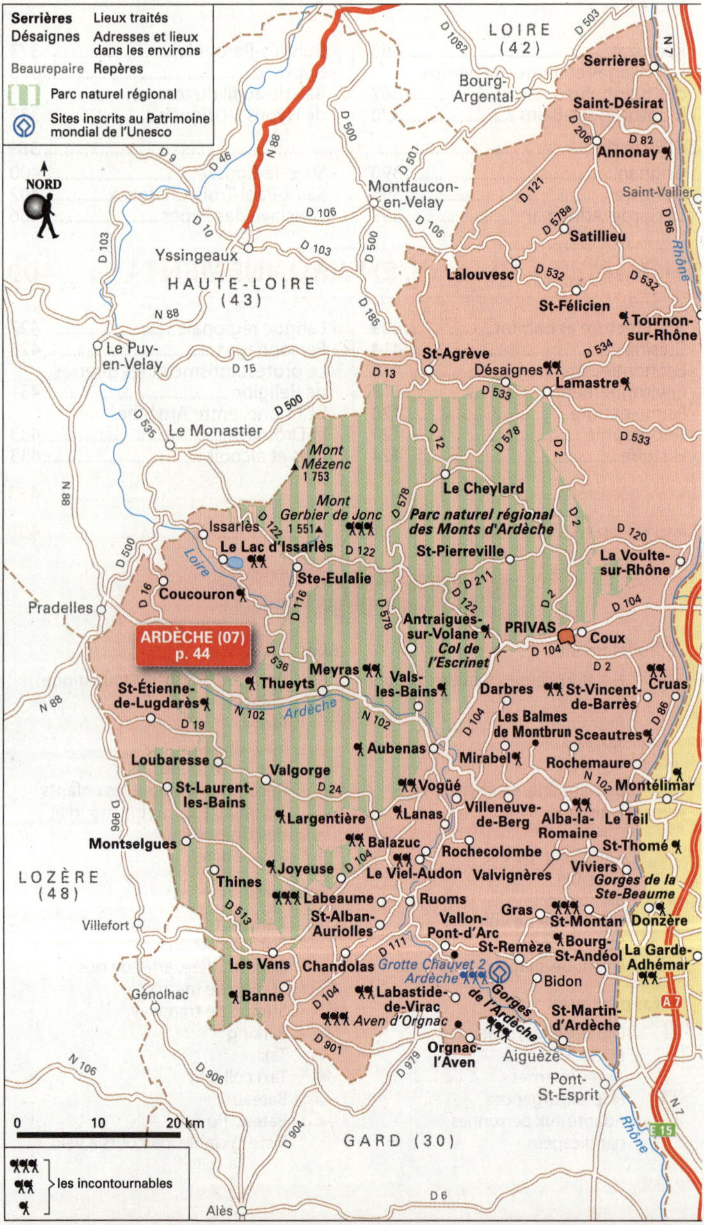
Serrières Lieux traités
Désaignes Adresses et lieux dans les environs
Beaurepaire Repères
Parc naturel régional
Sites inscrits au Patrimoine mondial de l'Unesco
NORD
LOIRE (42)
HAUTE-LOIRE (43)
LOZÈRE (48)
GARD (30)
ARDÈCHE (07) p. 44
Parc naturel régional des Monts d'Ardèche
Serrières
Saint-Désirat
Annonay
Bourg-Argental
Saint-Vallier
Satillieu
Lalouvesc
St-Félicien
Tournon-sur-Rhône
Montfaucon-en-Velay
Yssingeaux
Le Puy-en-Velay
St-Agrève
Désaignes
Lamastre
Le Monastier
Mont Mézenc 1 753
Mont Gerbier de Jonc 1 551
Le Cheylard
Issarlès
Le Lac d'Issarlès
Ste-Eulalie
St-Pierreville
La Voulte-sur-Rhône
Coucouron
Pradelles
Antraigues-sur-Volane
Col de l'Escrinet
PRIVAS
Coux
Meyras
Thueyts
Vals-les-Bains
St-Étienne-de-Lugdarès
Darbres
St-Vincent-de-Barrès
Cruas
Les Balmes de Montbrun
Sceautres
Aubenas
Mirabel
Rochemaure
Loubaresse
Valgorge
Montélimar
St-Laurent-les-Bains
Vogüé
Villeneuve-de-Berg
Alba-la-Romaine
Le Teil
Largentière
Lanas
Montselgues
Balazuc
Rochecolombe
St-Thomé
Joyeuse
Le Viel-Audon
Valvignères
Viviers
Thines
Gorges de la Ste-Baume
Labeaume
Ruoms
Gras
St-Montan
Donzère
St-Alban-Auriolles
Vallon-Pont-d'Arc
Villefort
St-Remèze
Bourg-St-Andéol
La Garde-Adhémar
Les Vans
Chandolas
Grotte Chauvet 2 Ardèche
Bidon
Génolhac
Banne
Labastide-de-Virac
Gorges de l'Ardèche
St-Martin-d'Ardèche
Aven d'Orgnac
Orgnac-l'Aven
Aiguèze
Pont-St-Esprit
Alès
Loire
Ardèche
Rhône
N 7
N 88
N 102
N 106
A 7
E 15
D 6
0 10 20 km
les incontournables

L'ARDÈCHE

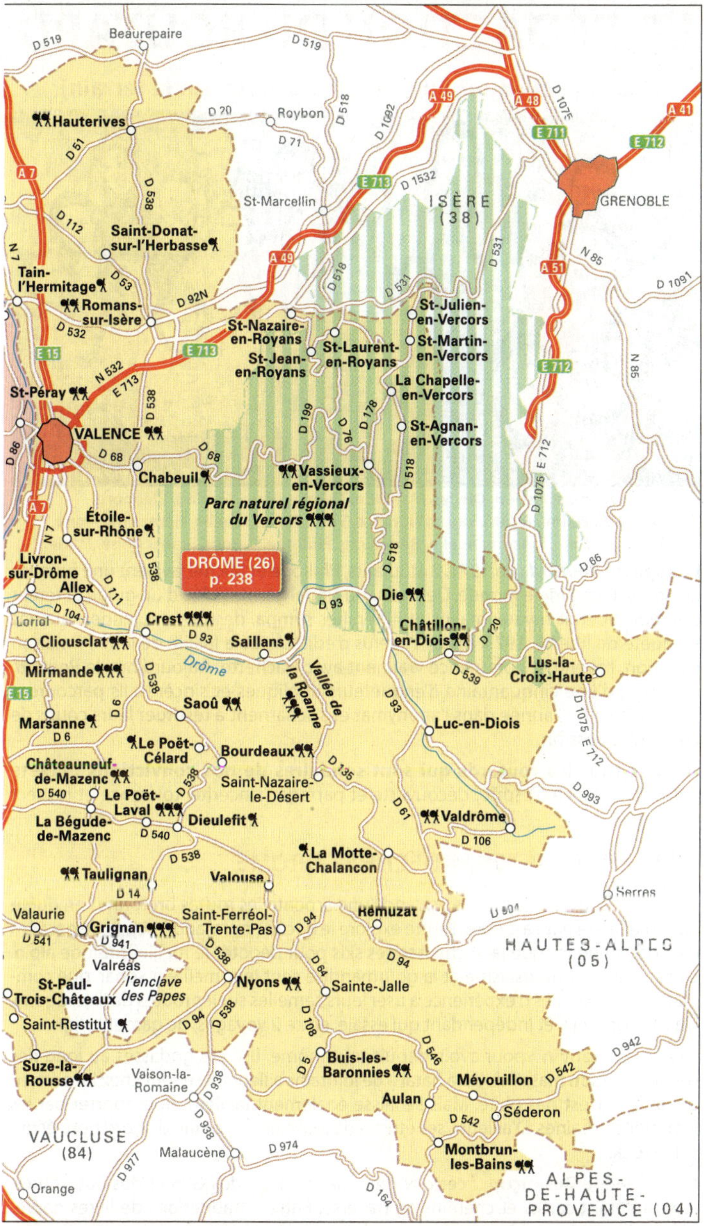
Beaurepaire
D 519
D 519
Hauterives
D 20
Roybon
D 518
D 71
D 1092
A 49
A 48
D 1075
A 41
E 711
E 712
GRENOBLE
D 51
A 7
D 538
St-Marcellin
E 713
D 1532
ISÈRE
(38)
D 112
Saint-Donat-
sur-l'Herbasse
N 7
Tain-
l'Hermitage
D 53
A 49
D 518
D 531
D 531
N 85
A 51
D 1091
Romans-
sur-Isère
D 92N
D 532
St-Nazaire-
en-Royans
St-Jean-
en-Royans
St-Laurent-
en-Royans
St-Julien-
en-Vercors
St-Martin-
en-Vercors
E 15
E 713
N 532
E 713
La Chapelle-
en-Vercors
E 712
N 85
St-Péray
D 538
D 199
D 76
D 178
St-Agnan-
en-Vercors
VALENCE
D 86
D 68
D 68
Chabeuil
Vassieux-
en-Vercors
D 518
D 1075
E 712
Parc naturel régional
du Vercors
A 7
N 7
Étoile-
sur-Rhône
D 538
DRÔME (26)
p. 238
D 518
D 66
Livron-
sur-Drôme
Allex
D 111
D 104
Loriol
Crest
D 93
Die
Châtillon-
en-Diois
D 120
Cliousclat
D 93
Saillans
D 539
Lus-la-
Croix-Haute
Drôme
Mirmande
D 538
Vallée de
la Roanne
D 93
E 15
D 1075
E 712
Marsanne
D 6
Saoû
Luc-en-Diois
D 6
Le Poët-
Célard
Bourdeaux
Châteauneuf-
de-Mazenc
D 538
D 135
Saint-Nazaire-
le-Désert
D 993
D 540
Le Poët-
Laval
D 61
Valdrôme
La Bégude-
de-Mazenc
Dieulefit
D 540
D 106
D 538
La Motte-
Chalancon
Taulignan
Valouse
D 14
Serres
Valaurie
Saint-Ferréol-
Trente-Pas
Rémuzat
D 94
Grignan
D 541
D 941
D 538
D 94
HAUTES-ALPES
(05)
Valréas
l'enclave
des Papes
D 64
St-Paul-
Trois-Châteaux
Nyons
Sainte-Jalle
Saint-Restitut
D 94
D 538
D 108
D 942
Suze-la-
Rousse
Vaison-la-
Romaine
D 5
Buis-les-
Baronnies
D 546
Mévouillon
D 542
D 938
Aulan
D 542
Séderon
D 938
VAUCLUSE
(84)
Malaucène
D 974
Montbrun-
les-Bains
D 977
Orange
D 164
ALPES-
DE-HAUTE-
PROVENCE (04)

LA DRÔME

LA RÉDACTION DU ROUTARD

(sans oublier nos 50 enquêteurs, aussi sur le terrain)

Jean-Sébastien, Olivier, Mathilde, Thierry, Alain, Gavin's, Éléonore, Anne-Caroline, André, Laura, Florence, Véronique, Isabelle, Géraldine, Fiona, Amanda, Benoît, Emmanuelle, Bénédicte, Philippe, Carole, Diane, Anne, Marie.

La saga du *Routard* : en 1971, 2 étudiants, Philippe et Michel, avaient une furieuse envie de découvrir le monde. De retour du Népal germe l'idée d'un guide différent qui regrouperait tuyaux malins et itinéraires sympa, destiné aux jeunes fauchés en quête de liberté. 1973. Après 19 refus d'éditeurs et la faillite de leur 1re maison d'édition, l'aventure commence vraiment avec Hachette. Aujourd'hui, le *Routard*, c'est plus d'une cinquantaine d'enquêteurs impliqués et sincères. Ils parcourent le monde toute l'année dans l'anonymat et s'acharnent à restituer leurs coups de cœur avec passion.

Merci à tous les routards qui sont solidaires de nos convictions : liberté et indépendance d'esprit ; découverte et partage ; sincérité, tolérance et respect des autres.

NOS SPÉCIALISTES ARDÈCHE ET DRÔME

Amanda, Mathilde et Marie : quand l'une arpente les routes bretonnes en quête de la meilleure pâte à crêpes, l'autre explore le bocage normand à coups de gorgées de cidre, pendant que la 3e chausse ses skis pour dégoter le meilleur refuge alpin. La curiosité, l'enthousiasme et la gourmandise sont leur meilleur sonar, que complètent 2 décennies d'expérience à user leurs semelles sur les routes de l'Hexagone. Un trio complice et indépendant qui essaie, entre 2 voyages, de garder la ligne.

François Chauvin : pour avoir, depuis tout môme, usé ses godasses au long des sentiers, de son massif du Jura natal à de lointains ailleurs, il se sent chez lui partout où la terre n'est pas plate. Mais se laisse également facilement emporter par les vibrations urbaines. D'ailleurs, ses études de journalisme, c'était d'abord pour écrire sur le rock.

Loup-Maëlle Besançon : cette Normande se méfie des GPS et des autoroutes, leur préférant cartes et chemins de traverse. Entre 2 traductions de livres norvégiens, elle explore avec gourmandise des contrées plus ou moins exotiques. Son constat : si les voyages ouvrent l'esprit, nul n'est besoin de partir loin pour faire des rencontres et des découvertes extraordinaires.

UN GRAND MERCI À NOS AMI(E)S SUR PLACE

Pour cette nouvelle édition, nous remercions particulièrement...

... pour l'Ardèche :

- **Brigitte Mounier, Cécile Broc** et toute l'équipe de l'ADT de l'Ardèche ;
- Tous (sans exception !) les ***offices de tourisme*** du département ;
- **Jacques Meunier,** toujours une source intarissable d'infos sur les gorges ;
- **Claude,** du Nord ;
- **Loïc** (il se reconnaîtra), notre spécialiste kayak ;
- et toutes celles et ceux qui au hasard des (souvent toutes petites) routes de l'Ardèche nous ont indiqué le chemin jusqu'à des bonnes adresses ou des sites méconnus...

... pour la Drôme :

- **Anne-Catherine Chareyre** et **Françoise Alazard,** de l'ADT de la Drôme ;
- l'équipe de l'office de **Valence Romans Tourisme** ;
- l'équipe des offices de tourisme du **Vercors,** du **Diois,** du **pays de Dieulefit,** des **Baronnies,** de **Montélimar,** d'**Ardèche Hermitage,** de **Hauterives,** de **Nyons,** de **Mirmande,** de **Crest,** de **Grignan-Valréas,** de **Suze-la-Rousse** et de **Saint-Paul-Trois-Châteaux** pour leur accueil, leur collaboration et leur réactivité ;
- **La Chenue,** où « tout est permu ! », pour nous avoir ouvert grand les portes de leur petit coin de paradis et nous avoir fait découvrir et aimer la Drôme, à pied, à vélo...

☎ **112 :** c'est le numéro d'urgence commun à la France et à tous les pays de l'UE, à composer en cas d'accident, d'agression ou de détresse. Il permet de se faire localiser et aider en français, tout en améliorant les délais d'intervention des services de secours.

« OSONS LE PAS DE CÔTÉ »

Le surtourisme ? Tous concernés. Et pourtant, à l'écart des grands flux touristiques, il existe plein de pépites méconnues, souvent oubliées des circuits trop encombrés. Ici un site ignoré ; là un quartier secret ; plus loin un village caché au charme discret, avec un troquet d'une autre époque. Il existe une infinité de lieux peinards que l'on a envie de mettre en avant avec ce pictogramme. Un vagabondage enfin calme favorisé aussi par les **visites aux heures creuses.** Vive le *slow trip* !

#osonslepasdecote

UNE PANDÉMIE INOUÏE !

Depuis toujours, ***Le Routard*** **se plaît à dénicher hôteliers et restaurateurs** qui accueillent nos lecteurs avec sourire et professionnalisme. Malgré toute notre vigilance, certains d'entre eux auront malheureusement fermé quand ce livre sortira. De même, les horaires et modalités d'accueil de certains sites et musées auront été momentanément modifiés. Cette terrible pandémie de Coronavirus a, on le sait, des conséquences importantes pour tous les professionnels du tourisme. **Nous sommes de tout cœur avec eux !**

© HACHETTE LIVRE (Hachette Tourisme), 2021
Le *Routard* est imprimé sur un papier issu de forêts gérées.

Tous droits de traduction, de reproduction et d'adaptation réservés pour tous pays.
© Cartographie Hachette Tourisme
I.S.B.N. 978-2-01-712937-0

La Drôme provençale, pays de la lavande

© Moirenc Camille/hemis.fr

« La confession dans les villages du sud de la France, c'est confirmer dans la fraîcheur du confessionnal ce que le curé a appris au soleil, à l'apéritif. »
Carnets de notes, *Patrick Sébastien*

Pourquoi 2 départements seulement dans ce guide, 2 départements sortis arbitrairement d'une région ? L'**Ardèche** et la **Drôme** sont départements jumeaux, mieux encore, **terres jumelles.** Aussi n'a-t-on voulu ni les séparer ni les laisser se noyer ou se perdre dans une région Auvergne-Rhône-Alpes très diversifiée. Et puis aussi parce qu'elles sont suffisamment riches de fortes histoires, de belles géographies et de sites intéressant les visiteurs pour valoir un guide à elles 2. Jumelles donc. **Mais, attention, pas jumelles monozygotes.**

Côté Ardèche...

Emprunter la **départementale (ex-nationale) 86** permet de se faire une bonne idée du département. C'est **l'une des plus jolies routes de l'Hexagone,** qui longe des coteaux de velours gris et d'émeraude où culminent haut perchés, ici et là, un château ou un village, et qui traverse des bourgs souriants. Ah, la 86 ! Depuis la terrasse du château de Tournon qui lèche là un Rhône magique jusqu'au **bas-relief de Mithra,** taillé dans les falaises du méridional Bourg-Saint-Andéol, en passant par la **Viviers gallo-romaine,** aux odeurs suaves de lupin et d'encens, et sa cathédrale laissant parfois voir les fantômes violets de ses évêques, et par **Cruas** avec son église du fond des siècles où ont prié des croisés et des papes du Moyen Âge. Départementale 86 que quittent nombre de routes qui serpentent, culminent et mènent aux enchantements ocre sombre et roux des monts du Vivarais et aux Boutières où naissent les fleuves ; qui vont jusque vers le **Tanargue aux 1 000 fleurs** pour finir en chemin à mules ; et qui, parfois, descendent jusqu'aux Cévennes. **Cévennes** où transpirent dans l'histoire les paysans des *faïsses* et des *accols,* qui cultivent des escaliers de géants. Routes qui serpentent encore jusqu'à **l'Ardèche, la rivière** à qui le département doit son nom et l'essentiel de sa **manne touristique,** et qui a **sculpté sur les parois de ses gorges des reliefs de merveille** et jeté, avec l'aide des dieux, un pont en arc à en laisser rêveurs et poètes les pontonniers de Saint-Nazaire en Atlantique et les mânes des lanceurs de ponts des temps romains.

... et côté Drôme

En dehors des sillons autoroutiers et ferroviaires, la Drôme n'est pas en reste de splendeurs. Depuis les versants des **hauts plateaux, sauvages** et comme sortis intacts du tohu-bohu de la Bible, jusqu'aux **douces collines du pays de Romans.** Depuis la sauvageonne **rivière Drôme,** qui n'a jamais vu un barrage et où l'été, dans les soleils bas, l'eau coule comme du bronze entre les gravières des ramières, et jusqu'à la **Drôme provençale** aux confins de l'**enclave du Vaucluse de Valréas,** où les villages ont l'air cois, mais où l'air est le plus pur de la terre, bien sûr. Et ces villages portent parfois, qui sait, le nom de leur créateur (Dieulefit).
Mais si elle est plus riche et plus peuplée, si elle possède des villes le long de son Rhône, quand l'Ardèche ne présente que des bourgs le long du sien, la Drôme perd peut-être en mystère ce qu'elle gagne en espace, peut-être en étrange ce qu'elle gagne en douceur.

NOS COUPS DE CŒUR

1 **S'émerveiller devant la beauté des gorges de l'Ardèche, en évitant, si possible, les périodes de grande affluence.**

Avec les gorges du Tarn et celles du Verdon, voici l'un des grands canyons du sud de la France. Sur environ 32 km, de Vallon-Pont-d'Arc à Saint-Martin-d'Ardèche, la rivière Ardèche serpente au milieu de hautes falaises calcaires, coulant entre des rocs blanchâtres, au sein d'une nature sauvage. Que vous les découvriez en empruntant la route qui les surplombe ou que vous les descendiez à pied ou en canoë-kayak, vous les admirerez en majesté. Car elles sont belles, ces gorges. Belles à être jaloux d'avoir à les partager avec tant d'autres ! *p. 108*

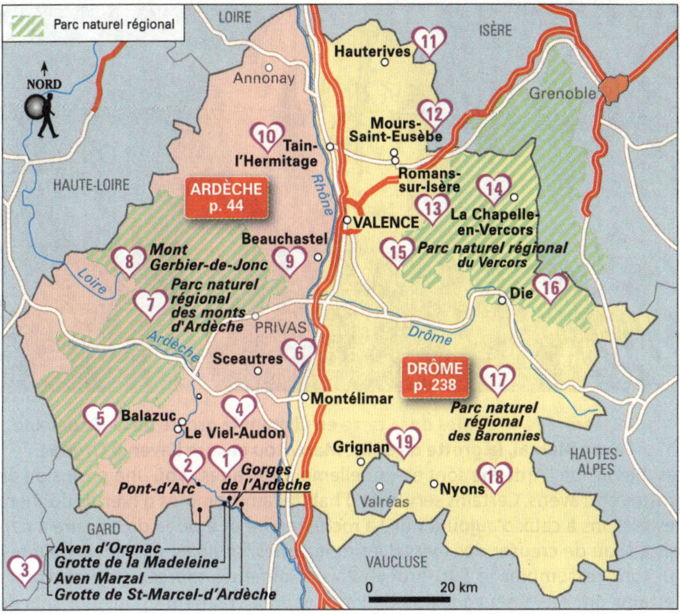

2 **Être ébloui par le talent des 1ers artistes de l'humanité**
à la Grotte Chauvet 2 Ardèche (réplique de la grotte Chauvet).
Les fresques et les gravures ont été reconstituées avec une exactitude sans pareille. Un voyage magique en direction des origines de l'Homme et de l'Art. *p. 124*

© Patrick Aventurier Grotte Chauvet 2 Ardèche.

Grotte de la Madeleine © Rieger Bertrand/hemis.fr

3 Explorer les entrailles de la terre en visitant la grotte de la Madeleine, l'aven Marzal, la grotte de Saint-Marcel ou encore l'aven d'Orgnac.

Les massifs de l'Ardèche sont essentiellement calcaires, d'où une profusion de grottes et d'avens. Certains servaient d'habitat aux hommes d'hier. Ils donnent des frissons à ceux d'aujourd'hui. La roche tendre et érodée du calcaire a permis à l'eau de creuser des merveilles de galeries, couloirs, passages, gouffres, qui font ressembler le Sud-Ardèche à un immense morceau d'emmental ! Certains ont été aménagés pour la visite et sont vraiment époustouflants de beauté. *p. 129, 130, 138*

Le village du Viel-Audon

4 Découvrir le site du Viel-Audon, hameau abandonné et remonté pierre par pierre, pendant 30 ans, par une bande de passionnés.

Le Viel-Audon raconte une belle aventure humaine : celle d'un hameau en ruine complètement retapé par un groupe de doux dingues à partir des années 1970, aidés par de nombreux bénévoles transportant les matériaux à dos d'homme ou à la brouette… Aujourd'hui, Le Viel-Audon est toujours un lieu associatif, et la vie a repris. On peut découvrir le travail accompli, s'approvisionner en produits de la ferme (confitures, fromages de chèvre…), boire un verre ou grignoter sous la halle, y dormir aussi (gîte d'étape). *p. 97*

5 **Piquer une tête dans l'eau rafraîchissante de la rivière, puis entamer une sieste sur un petit morceau de plage, aux abords de Balazuc.**

Perché sur un piton rocheux, Balazuc, l'un des « Plus Beaux Villages de France », fait partie de ces « miracles de pierre » surplombant la rivière. Ruelles de gros pavés, venelles pluriséculaires, maisons à tuiles romaines, adorable église romane (d'où l'on a une bien jolie vue) chapeautée d'un beau clocher à peigne, château et donjon du Xe s, tout était à l'abandon dans les années 1950. Aujourd'hui, Balazuc a retrouvé son caractère avec, tout autour, la garrigue et les forêts, tandis qu'en bas la belle Ardèche musarde entre des falaises ciselées dans le calcaire. *p. 95*

© Guiziou Franck/hemis.fr

6 Admirer d'en bas le neck de Sceautres, puis grimper tout en haut de cette ancienne cheminée volcanique qui a fièrement triomphé de l'érosion.

Sceautres, minuscule village du plateau du Coiron, a ceci de remarquable qu'il abrite le plus gros neck d'Europe. Un neck, c'est « un piton de roches dures », résultant d'une éruption volcanique vieille de 8 millions d'années, mis en relief par l'érosion. Il faut se balader dans les 2 minuscules ruelles du village, passer derrière l'église et grimper au sommet du rocher (543 m) par le court sentier, en un petit quart d'heure. Beau panorama, inutile de le souligner. *p. 85*

© Descamps Simon/hemis.fr

7 Enfiler ses chaussures de rando et sillonner l'un des innombrables sentiers à la découverte d'une nature quasi intacte, au cœur du parc des Monts d'Ardèche.

Le parc naturel régional des Monts d'Ardèche couvre 180 000 ha, occupant le sud-ouest du département, entre Cévennes et Boutières ardéchoises. C'est le pays des sources, du mont Gerbier-de-Jonc, des rivières sauvages, de la culture en terrasses et de la châtaigneraie. Pour découvrir ses multiples visages et s'imprégner de ses atmosphères, rien de tel que la randonnée, *of course !* *p. 140*

© Guiziou Franck/hemis.fr

© Guiziou Franck/hemis.fr

8 Grimper au sommet du mont Gerbier-de-Jonc et découvrir une vue à couper le souffle !

La star incontestée de la montagne ardéchoise. On vient de toute la France pour admirer ce mont Gerbier-de-Jonc dont on nous a rebattu les oreilles en primaire (quelle est la longueur de la Loire, au fait ?). Il n'est pas le point culminant de l'Ardèche, mais il atteint fièrement les 1 551 m. L'ascension est relativement aisée et ne présente pas plus de 150 m de dénivelée. Une trentaine de minutes de grimpette récompensée par une vue époustouflante, qui porte jusqu'aux Alpes, sans oublier les Cévennes, la vallée du Rhône et, plus près, le Mézenc, les sucs de Sara et de Montfol. *p. 176*

9 **Déambuler dans les ruelles des nombreux villages médiévaux qui s'agrippent au flanc des parois rocailleuses, s'étirent sur un piton rocheux ou se blottissent dans une gorge encaissée.**

Ils ont de bonnes idées, les Ardéchois. Comme celle d'avoir créé une charte des « Villages de caractère ». En gros, pour être sélectionné, il faut que le village ait de la gueule, de l'histoire, de la patine, qu'il bénéficie d'un bel environnement. Et, en plus, on demande de l'accueil en sourire, de l'hébergement, de quoi apaiser sa faim pas trop loin et pas trop cher. Parmi les heureux gagnants figurent Vogüé, Labeaume, Balazuc, Beauchastel, Saint-Montan, Désaignes… et on en oublie ! *p. 50*

10 **Se balader dans les coteaux et visiter les caves du vignoble de crozes-hermitage, pour s'initier à la dégustation d'un bon cru.**

Portant le nom prédestiné issu des mots celtiques *ta* et *wyn* signifiant « bon » et « vin », Tain-l'Hermitage est aujourd'hui connu dans le monde entier comme le centre d'une zone de production des fleurons des côtes-du-rhône. Cette zone, située de part et d'autre du Rhône, produit, sur sa rive gauche (côté Drôme), les fabuleux hermitage et crozes-hermitage. Balade dans les coteaux qui dominent la ville et visite des caves vivement conseillées, pour ne pas dire incontournables, à la découverte de ces vins ! *p. 275*

11 **Emprunter les pistes cyclables calquées sur les tournées du facteur Cheval, avant d'aller admirer son *Palais idéal* à Hauterives.**

Au nord du département, le petit village de Hauterives est devenu internationalement célèbre par les soins involontaires d'un modeste facteur qui y a élevé son *Palais idéal,* monument surprenant, intrigant, incontournable. Mais il serait dommage de faire une visite éclair uniquement pour ce « chef-d'œuvre mondial de l'art naïf », comme disait Malraux, car la région est douce, jolie et reposante. L'occasion d'entreprendre d'agréables balades dans un paysage marqué de paisibles collines, de jolies rivières et de maisons aux murs en galets joliment inclinés. *p. 282*

© COLL Palais Ideal Frederic Jouhanin

© Hauser Patrice /hemis.fr

12 **Visiter les trésors cachés du musée d'Art sacré de Mours-Saint-Eusèbe.** Cette petite église romane, élevée au XIe s, sert d'écrin au plus beau des joyaux : un fonds exceptionnel de plus de 25 000 objets d'art sacré (XIVe-XXe s), sauvés de l'oubli par le prêtre de la paroisse. Depuis plus de 50 ans, celui-ci a rassemblé des objets témoignant de la vie religieuse et de la piété populaire, des plus modestes aux plus beaux. Orfèvrerie, sculptures, vêtements liturgiques… Seule une petite partie de la collection est présentée, mais soyez sûr d'y voir le témoignage d'une ferveur créatrice absolument superbe. Un musée inattendu et incontournable dans la Drôme des collines. *p. 273*

13 S'arrêter au musée international de la Chaussure de Romans-sur-Isère,

installé dans une ville où le travail du cuir et de la chaussure est implanté de longue date.

Vénérables sandales égyptiennes en papyrus parvenues jusqu'à nous, extravagantes chopines vénitiennes, bottes de 7 lieues, ainsi que tous les souliers ayant chaussé d'illustres pieds. Un voyage tant chronologique que géographique, et un parcours qui vaut le détour autant pour le volet historique que visuel. *p. 270*

14 Randonner dans l'arrière-pays sauvage du Vercors,

en suivant notamment l'itinéraire de la Grande Traversée du Vercors.

Paysages et panoramas grandioses, falaises, rivières, grottes, le Vercors possède d'innombrables attraits susceptibles de ravir les amoureux des grands espaces. Emprunter l'itinéraire prestigieux de la GTV, cette antithèse du TGV qui circule dans la vallée. Cette Grande Traversée du Vercors, parcours balisé de 150 km, de Méaudre (en Isère) à Lente, permet de découvrir – en été ou en hiver – les plus belles et les plus sauvages zones de ce massif décidément formidable. Pourquoi pas accompagné d'un âne ou de chiens de traîneau, à skis ou raquettes aux pieds… Une belle option pour se familiariser avec le Vercors. *p. 289*

15 **S'extasier (et serrer les fesses !) sur les routes du Royans, du Vercors (encore !) et du Diois, construites au XIXe s pour désenclaver le plateau du Vercors.**

Combe-Laval, la route du col de Rousset, les gorges d'Omblèze, les gorges des Gâts : tunnels percés dans la roche, voies taillées à flanc de falaise, ou même carrément suspendues dans le vide, ces routes construites dans des conditions extrêmement difficiles laissent, encore aujourd'hui, sans voix le voyageur qui les emprunte. *p. 297, 307, 319, 338*

© Gutziou Franck/hemis.fr

16 Participiper à la grande fête de la Transhumance de Die, **dans l'arrière-pays drômois.**

Voici une tradition ancestrale remise à l'honneur : la grande migration saisonnière des troupeaux vers leurs estives. Le point d'orgue de ce week-end festif : le défilé de milliers de moutons dans les rues de Die, le samedi. Le dimanche, aux aurores, départ vers l'alpage. Et, bien sûr, de nombreuses animations sont programmées : musique traditionnelle, repas grillades, marché paysan, démonstrations de tonte, etc. Un rendez-vous populaire autour d'une tradition pastorale qui vaut vraiment le déplacement ! *p. 316*

© Dan Shannon/Onlyfrance.fr

17 **Partir à la découverte du parc naturel régional des Baronnies, un territoire à la croisée des influences alpines et méditerranéennes.** Celui-ci ravira aussi bien les amoureux d'espaces sauvages, de botanique, de vautours ou de géologie que les amateurs de vieilles pierres qui se pâmeront devant le charme de ses villages perchés ou hameaux isolés sis dans un cadre naturel de toute beauté. Un territoire qui peut se découvrir en voiture ou, mieux encore, à pied ou à vélo. *p. 366*

18 **Côté papilles, s'offrir une dégustation d'huile d'olive AOP de Nyons.** Une variété d'olive emblématique de la région qui répond au doux nom de « tanche », récoltée à flanc de coteaux dans la Drôme provençale et dont la fine peau est ridée par le froid. *p. 378*

© Montico Lionel/hemis.fr

19 Découvrir le château de Grignan, où vécut la fille de la marquise de Sévigné, et combiner la visite du village avec celle du Colophon, intéressant atelier-musée de la Typographie.

Si Grignan est connue pour son château qui déplace les foules, elle l'est un peu moins pour l'atelier de l'imprimeur-typographe Philippe Devoghel, un homme de caractère(s) ! Alors, forcément, son atelier ne ressemble à aucun autre. Installé dans la maison du Bailli, on y trouve une librairie, un atelier bien vivant, mais aussi un réjouissant musée de vieilles machines, une prison aménagée en salle d'expo et un bistrot. Un lieu passionnant. *p. 393, 395, 413*

Les Trois Becs à Saôu, dans la Drôme

© Moirenc Camille/hemis.fr

ITINÉRAIRES CONSEILLÉS

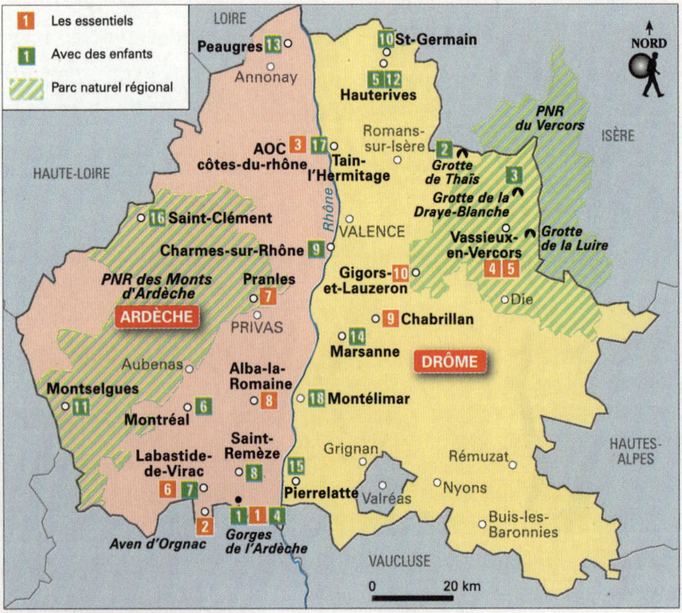

Les essentiels

Les citadins en mal d'espace et de grand air ne se tromperont pas de destination en posant leurs valises ici, de part ou d'autre du sillon rhodanien. En Ardèche, par exemple, pas un centimètre d'autoroute, pas plus que la moindre gare ferroviaire d'ailleurs ; ça donne le ton !

Ici, la nature a façonné des **gorges spectaculaires (1)** et des **grottes** et **avens (2)** – tiens, au fait, quelle est la différence ? – dans lesquels nos lointains ancêtres avaient pris leurs quartiers. Grotte de la Madeleine, aven Marzal, grotte de Saint-Marcel ou aven d'Orgnac… De quoi faire le bonheur de ceux qui s'intéressent à la préhistoire et à l'archéologie.

Amateurs de bons vins, sachez que Dame Nature a favorisé la production de quelques **fleurons de côtes-du-rhône, tous AOC (3)** : hermitage et crozes-hermitage (côté drômois), saint-joseph et saint-péray (ardéchois), à découvrir en suivant les itinéraires des routes des vins disponibles auprès des offices de tourisme.

Et pour mieux comprendre un épisode sanglant de l'histoire de la Seconde Guerre mondiale, et ce que fut la Résistance dans le Vercors, direction le plateau du Vercors, à cheval sur la Drôme et l'Isère, le **mémorial et le musée de la Résistance (4** ; Vassieux) ou la **grotte de la Luire (5),** proche de Saint-Agnan.

Toujours pour entrer dans l'Histoire et découvrir de belles pierres, on apprend, en visitant le **château des Roure et la magnanerie à Labastide-de-Virac (6),** ainsi que le **musée du Vivarais protestant au Bouschet (7),** sur la commune de Pranles, que les guerres de Religion ont particulièrement fait rage dans la région, forte présence protestante oblige.

Enfin, pour le plaisir des yeux, une poignée de beaux villages médiévaux se découvrent au travers de leurs tortueuses ruelles ! Labellisés « Villages de caractère » en Ardèche **(Alba-la-Romaine, Vogüé, Balazuc... ; 8),** ils sont souvent « perchés » dans la Drôme : **Chabrillan (9), Gigors-et-Lauzeron (10),** etc.

Avec des enfants

L'Ardèche et la Drôme sont particulièrement riches en visites et en activités adaptées aux enfants. Alors, à vous de choisir vos virées, selon les âges et les goûts des membres de votre tribu !

S'émerveiller devant les entrailles de la terre s'impose, bien sûr, et, parmi les nombreuses **grottes** et **avens** – principalement localisés en Ardèche et plus précisément du côté des **gorges (1)** –, on retient la Grotte Chauvet 2 Ardèche, l'aven Marzal, l'aven d'Orgnac ou celui de la Forestière. Également, côté drômois, la **grotte préhistorique de Thaïs (2),** près de Saint-Nazaire-en-Royans, et le **parc et la grotte de la Draye-Blanche (3)** à La Chapelle-en-Vercors. Mais ouh là là, il se passe aussi bien des choses intéressantes à la surface ! Splendeurs naturelles au même titre que les grottes et avens proposés plus haut, ne pas manquer de **descendre les gorges de l'Ardèche (4)** bien sûr, en canoë ou en barque à fond plat.

On peut aussi se tourner, pour varier les plaisirs, vers les merveilles du patrimoine bâti et pousser la porte de l'excentrique **palais du facteur Cheval à Hauterives (5)** par exemple, visiter des **châteaux** comme ceux de **Montréal (6)** ou des **Roure-magnanerie** à **Labastide-de-Virac (7).**

Pour rafraîchir les corps, ou les esprits qui s'échaufferaient au cours de – trop – longues visites, gardez en tête que la région est un pays de rivières, avec de multiples accès aménagés, et qu'on y pratique nombre d'activités de plein air et de sports – voir aussi plus loin le paragraphe qui leur est consacré :

- la **Forêt des Jeux** près de **Saint-Remèze (8)** ;
- un **labyrinthe végétal** près de **Charmes-sur-Rhône (9)** ou encore à **Saint-Germain (10)** ;
- une balade avec un âne au *Gîte d'étape de la Fage* à **Montselgues (11)** ou avec un poney de *Locanimo* à **Hauterives (12)** ;
- le **Safari de Peaugres (13)** ;
- la **forêt de Robin** à **Marsanne (14)** ;
- la **Ferme aux crocodiles** à **Pierrelatte (15)** ;
- l'**École du vent** à **Saint-Clément (16)...**

Et puisque tôt ou tard une escale gourmande pourrait s'imposer, plongez dans les secrets de fabrication du **chocolat Valrhona** à **Tain-l'Hermitage (17),** plébiscité par de grands chefs, ou ceux du **nougat** au musée Arnaud-Soubeyran à **Montélimar (18).**

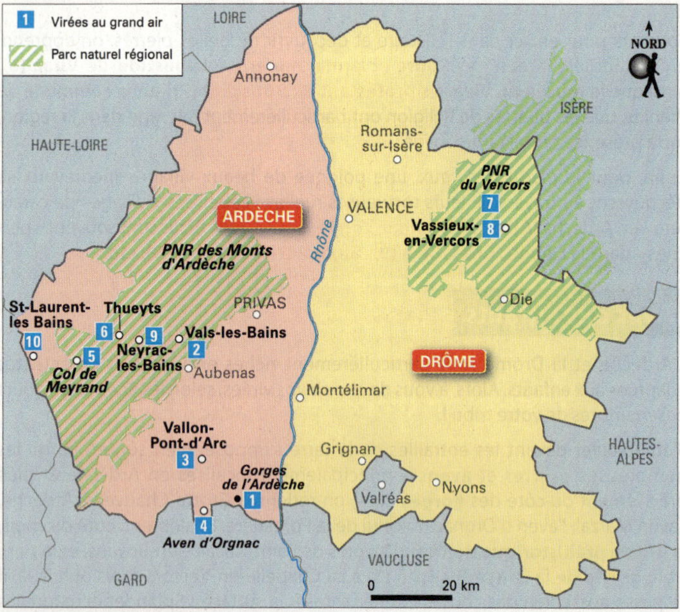

Virées au grand air

Profitez d'une nature de caractère, valorisée et protégée (PNR Vercors, PR des monts d'Ardèche…), dans laquelle on peut avoir la tête fraîche – l'altitude pouvant atteindre 1 600 m côté ardéchois – et les pieds au chaud – nette influence méridionale côté drômois : une invitation à se lancer dans un large éventail d'activités sportives !

Nombreuses possibilités de **randonnées,** de la boucle familiale aux parcours les plus sportifs *(• vercors-gtv.com •).*

Côté élément liquide (on ne parle pas de vin !), **canoë dans les gorges (1)** bien sûr, plus ou moins sportif selon le niveau d'eau et la longueur du parcours choisi, ou **canyoning** pour les plus intrépides **(Base Canyon de la Besorgues** à **Vals-les-Bains ; 2).**

Les nombreuses grottes creusées dans le calcaire sont, quant à elles, l'occasion de se lancer dans une expérience de **spéléo** autour de **Vallon-Pont-d'Arc (3)** et des fameuses gorges, à la **Base Canyon de la Besorgues** à **Vals (2)** ou à l'**aven d'Orgnac (4).** Et pour ceux qui seraient tentés de se prendre pour un oiseau le temps d'un baptême, sachez qu'on peut s'offrir un vol en **parapente** *(• parapente-ardeche.com •)* à **Meyrand (5).**

On peut aussi profiter des falaises abruptes pour pratiquer l'escalade ou s'engager dans une **via ferrata** comme celle du **pont du Diable** à **Thueyts (6).**

Le ski, c'est côté drômois que ça se passe, avec 7 stations principalement implantées sur le **massif du Vercors (7),** au sein du PNR *(• ladrome-montagne.fr •).* Et qui dit neige dit aussi **ski de randonnée** ou, encore plus exceptionnel, une virée en **chiens de traîneau** à **Vassieux (8)** *(Esprit du Nord)* ou au Souillet (proche de Vassieux).

Enfin, pour délasser vos membres fourbus, gardez en tête que l'Ardèche abrite **3 établissements thermaux,** à **Vals (2), Neyrac (9)** et **Saint-Laurent-les-Bains (10),** aux eaux parées de bien des vertus ; on peut prévoir de s'y faire dorloter une journée ou deux.

Attention, une bonne partie des activités évoquées plus haut nécessitent une réservation bien à l'avance… Ne loupez pas le coche !

La via ferrata du pont du Diable, en Ardèche

© Rieger Bertrand/hemis.fr

La tour Randonne, Nyons

© Getty Images/Franz-Marc Frei

Interview #experienceroutard

Par la rédaction du *Routard*

En quoi cette destination est-elle si particulière ?

Mosaïque de micro-pays, la Drôme est déjà à elle seule une terre contrastée : le Vercors, massif préalpin que la Drôme partage avec l'Isère, culmine à plus de 2 400 m, tandis que, plusieurs dizaines de kilomètres plus au sud, tout respire la Méditerranée ! Côté ardéchois, les trésors savent se faire désirer dans ce département qui ne compte pas le moindre kilomètre autoroutier... pas plus qu'il ne compte de gare de voyageurs d'ailleurs ! (Bon, en réalité c'est Valence – à cheval entre les 2 départements mais dans la Drôme – qui dessert l'Ardèche !)

Une activité à faire absolument ?

Si les spectaculaires falaises abruptes et calcaires ardéchoises sont impressionnantes vues d'un canoë, elles sont pas mal non plus si on se lance dans une *via ferrata,* souvent ponctuée de ponts de singe ou de tyroliennes ; vivifiant, et les points de vue sont époustouflants !

À l'inverse, on peut plonger dans les entrailles de la terre et tenter la virée spéléo ; spectaculaire et pourtant souvent accessibles à tous ; on apprécie d'autant plus quand le mercure s'emballe à l'extérieur !

Une expérience mémorable à partager ?

Ce qui est amusant, si on est là au bon moment (le lendemain du marché, le 3e dimanche de janvier) c'est d'assister à la traditionnelle messe aux truffes, célébrée en provençal, en hommage à Saint-Antoine-le Grand, patron des trufficulteurs (ou « rabassiers »). Du côté du panier de quête, ce n'est pas le tintement des pièces qui s'entrechoquent que l'on entend mais le bruit plus mat des truffes qui tombent ! À l'issue de la messe, les membres de la Confrérie, en habit d'apparat, pèsent les truffes avant qu'elles ne soient vendues aux enchères ; ensuite, c'est le moment de lever son verre ! Très sympa.

Quel souvenir rapporter ?

Ah... ce n'est pas le choix qui manque ! L'Ardèche et la Drôme offrent vraiment une belle palette de saveurs, délicieuses en elles-mêmes et dont on peut profiter sans même avoir à les cuisiner ! Nougat, olives, vins, picodon, crème de marrons... de quoi ensoleiller ses assiettes non ?

Un livre à conseiller ?

On a aimé découvrir *Dieulefit ou le miracle du silence* d'Anne Vallaeys, édité chez Fayard. Il relate une page d'histoire de France méconnue et pourtant... Dieulefit, village irréductible en terre protestante, a caché des centaines de personnes provenant de toute l'Europe : juifs, intellectuels, résistants... les aidant à traverser les années noires. Ces protestants avaient gardé en mémoire qu'eux aussi, en d'autres temps, furent persécutés.

Retrouvez l'intégralité de cet article sur

routard.com

Et découvrez plein d'autres récits et infos

COMMENT Y ALLER ?

PAR LA ROUTE

Tarifs autoroutiers

Pour connaître le coût de l'usage des principaux tronçons autoroutiers de l'Hexagone, consulter le site ● *autoroutes.fr* ● (onglet « Préparez votre voyage »).

Le covoiturage

Le principe est économique, écologique et convivial. Les conducteurs sont invités à proposer leurs places libres afin de partager le trajet et les frais avec des passagers, que ce soit de manière régulière ou occasionnelle. L'inscription est gratuite : ● *blablacar.fr* ●

Le bus

Le réseau de bus longue distance s'étant intensifié ces dernières années, le plus pratique est de consulter le comparateur de billets d'autocars ● *comparabus.com* ●, qui regroupe et compare les prix des différentes compagnies présentes en France. À vous de voir en temps réel les liaisons existantes. Un lien vers les compagnies permet d'acheter ses billets en direct.

Locations de voiture

■ ***ADA :*** *Ada* propose des véhicules particuliers et utilitaires à la location, à petits prix partout en France. Les véhicules sont disponibles en agence, mais aussi en libre-service. Grâce à l'application mobile, vous pouvez récupérer votre véhicule avec votre smartphone 24h/24 et 7j/7. Plus d'attente en agence et donc un gain de temps considérable. Location possible dès 18 ans, sans surcoût. Offres sur l'application ***Ada*** et sur ● *ada.fr* ● *Réduc de 10 % sur votre location avec le code ROUTARD.*

■ ***BSP Auto :*** *BSP Auto* est un courtier qui propose, sur son moteur de réservation en ligne, les locations de véhicules des grandes compagnies de location, assurant un très bon niveau de service. Les prix comparés sont attractifs et comprennent les assurances et, le plus souvent, le kilométrage illimité. Le plus : vous ne payez votre location que 5 jours avant le départ. ☎ *01-43-46-20-74 (tlj 9h-21h30, w-e 9h-20h).* ● *bsp-auto.com* ● *Réduc de 5 % aux lecteurs de ce guide avec le code « routard21 ».*

EN TRAIN

Au départ de Paris (gare de Lyon)

➢ ***Paris-Valence :*** trajet env 2h10-2h30. Arrivée à la gare de Valence-TGV, à 8 km du centre, ou à celle de Valence-Ville. Navette entre les 2 gares.
➢ ***Paris-Montélimar :*** trajet env 3h avec un train direct, 4h via Lyon, et un peu moins via Valence.

Au départ de la Belgique, de l'Île-de-France et de la province

➢ Liaisons directes pour Valence depuis ***Bruxelles*** (4h-4h25), ***Lille*** (3h40), ***aéroport Roissy-Charles-de-Gaulle*** (2h40), ***Marne-la-Vallée*** (2h30), ***Massy-TGV*** (2h45), ***Rouen*** (4h25), ***Nantes*** (5h10), ***Nice*** (4h), ***Marseille*** (1h05), ***Montpellier*** (1h15) et ***Toulouse*** (3h30).

ada
ça roule pour moi

AVEC L'APPLI ADA, TROUVEZ, LOUEZ, PARTEZ !

-10%*
sur votre location avec le code
ROUTARD

Besoin de louer un véhicule pour partir à la découverte des paysages français ?

Grâce à notre application, trouvez l'agence Ada la plus proche, louez français en quelques minutes et partez à l'aventure !

Plus de 1200 points de location partout en France : il y a forcément une agence proche de vous !

ada

DISPONIBLE SUR Google Play
Télécharger dans l'App Store

*Valable uniquement sur l'application mobile.

Pour préparer votre voyage

– ***e-billet :*** réservez, achetez et imprimez votre e-billet sur Internet.
– ***m-billet :*** plus besoin de support papier, vous pouvez télécharger le code-barres de votre voyage correspondant à votre réservation directement dans votre smartphone, à l'aide de l'application *SNCF Direct*.
– ***Billet à domicile :*** commandez votre billet par Internet ou par téléphone au ☎ *36-35 (0,40 €/mn, hors surcoût éventuel de votre opérateur)* ; la SNCF vous l'envoie gratuitement à domicile sous 48h, en France.

Pour voyager au meilleur prix

La SNCF propose des services et tarifs adaptés à chacun de vos voyages. Mais pour voyager au meilleur prix, mieux vaut s'y prendre le plus tôt possible et viser les billets Prem's, les TGV Ouigo (disponibles uniquement sur Internet) et... les promos.

➢ ***Les cartes de réduction :*** pour ceux qui voyagent régulièrement, profitez de 30 % de réduction avec les cartes *Avantage Famille, Jeune, Week-end* ou *Senior* + (49 € ; valables 1 an).

➢ ***Billets Prem's :*** des billets à petits prix, échangeables et remboursables comme les autres billets (offres soumises à conditions), mis en vente 4 mois avant le départ du train. Impossible de poser des options de réservation sur ces billets : il faut les payer immédiatement. Leur prix augmente à l'approche du départ. Ils ne sont pas proposés sur les TGV Ouigo.

Renseignements et réservations

– ***Internet :*** ● *oui.sncf* ●
– ***Téléphone :*** ☎ *36-35.*
– Également dans les gares, les boutiques SNCF et les agences de voyages agréées.

▲ OUI.SNCF
Acteur majeur du tourisme en Europe, expert de la distribution du train et de la destination France, OUI.sncf propose les offres des transporteurs train tels que TGV Inoui, OUIGO, Intercités, Eurostar, Thalys, TGV Lyria ; compagnies de bus, compagnies aériennes ; nombreuses offres d'hôtels référencés... et des services exclusifs (relation clients disponible 24h/24, Alerte Petits Prix, OUIbot...).

Transport intérieur dans la région Auvergne-Rhône-Alpes

– ***Le transport express régional (TER) :*** la région Auvergne-Rhône-Alpes et la SNCF proposent des trains et des cars reliant un grand nombre de points d'arrêt régionaux en connexion avec les différents réseaux urbains, qui permettent de découvrir les principaux sites touristiques.

Renseignements

– ***Internet :*** ● *ter.sncf.com/auvergne-rhone-alpes* ●
– ***Téléphone :*** ☎ *09-69-32-21-41 (appel non surtaxé).* Infos pratiques, horaires et réservations.

Routard.com

Plein d'infos sur plus de 300 destinations, des forums, un magazine de voyage, des dossiers pratiques, des promos de dernière minute sur les vols et les séjours… Et, pour s'évader, une galerie-photos et des carnets de voyage !

BON À SAVOIR AVANT LE DÉPART

AVANT LE DÉPART

Adresses et infos utiles

Rhône-Alpes Tourisme : *11 bis, quai Perrache, 69002 Lyon.* ☎ *04-73-29-49-49.* • *fr.auvergnerhonealpes-tourisme.com* •

Gîtes de France : ☎ *0826-04-01-07 (Ardèche) ou* ☎ *0826-04-01-26 (Drôme ; 0,18 €/mn ; tlj 9h-21h).* • *gites-de-france.com* • Librairie en ligne. Les résas sont à faire auprès des relais régionaux et départementaux des *Gîtes de France* (indiqués dans ce guide en introduction de chaque département).

– **Ski :** sachez que l'on trouve plusieurs stations familiales dans l'est du département drômois, du côté du Vercors. On évoque le ski, mais d'autres activités sont bien sûr possibles (chiens de traîneau, raquettes...). • *ladromemontagne.fr* •

– **Tourisme thermal :** après avoir profité de toutes les possibilités de sports et loisirs au grand air de la région, on peut s'offrir une virée réparatrice pour le corps et se faire chouchouter dans l'une des 3 stations thermales ardéchoises. • *ardeche-guide.com/detente-aux-thermes/stations-thermales* •

Carte d'adhésion internationale aux auberges de jeunesse (carte FUAJ)

Cette carte vous ouvre les portes des 4 000 auberges de jeunesse du réseau *HI – Hostelling International* en France et dans le monde. Elle permet aussi de bénéficier de tarifs préférentiels avec les partenaires des auberges de jeunesse *HI* (locations de voitures, excursions et activités variées). Il n'y a pas de limite d'âge pour séjourner en auberge de jeunesse. Il faut simplement être adhérent ; carte valable 1 an à compter de la date d'achat (sur internet ou dans les AJ).

Renseignements et inscriptions

– **En France :** • *hihostels.com* • *Tarif 11 €.*
– **En Belgique :** • *lesaubergesdejeunesse.be* •
– **En Suisse :** • *youthhostel.ch* •
– **Au Canada :** • *hihostels.ca* •

Si vous prévoyez un séjour itinérant, vous pouvez réserver plusieurs auberges en une seule fois en France et dans le monde.

Carte internationale d'étudiant (carte ISIC)

Elle prouve le statut d'étudiant dans le monde entier et offre de nombreuses réductions (billets d'avion spécial étudiants, hôtels et auberges de jeunesse, assurances, cartes SIM internationales, location de voiture...).

Renseignements et inscriptions

– **En France :** • *isic.fr* • *Tarif : 13 € pour 1 année scol.*
– **En Belgique :** • *isic.be* •
– **En Suisse :** • *isic.ch* •
– **Au Canada :** • *isiccanada.ca* •

ardèche
LE DEPARTEMENT
[m] MuséAl
site antique • Alba
L'ARDÈCHE
ANTIQUE
RÉVÉLÉE
PÔLE ARCHÉOLOGIQUE DÉPARTEMENTAL
SITE ACCESSIBLE TOUTE L'ANNÉE ET MUSÉE
OUVERT DE FÉVRIER À DÉCEMBRE
Expositions, visites libres & guidées,
animations, ateliers créatifs, conférences,
spectacles, projections...
TOUT SAVOIR SUR museal.ardeche.fr
MuséAl - 99 route de Viviers, RD 107 - 07400 Alba-la-Romaine
Tél. 04 75 52 45 15

Embarquez
POUR DES
VOYAGES
De Rêve !
TOUT EN PHOTOS ET EN DESSINS
40 itinéraires
sur les plus
belles routes
du monde
Le Routard
ROAD TRIPS
Le Routard
VOYAGES
La bible
des voyageurs :
un véritable
tour du monde

BUDGET

Nous vous indiquons ci-dessous l'échelle des tarifs auxquels nous nous référons pour l'ensemble de nos guides France.

Hébergement

D'une manière générale, nous indiquons des fourchettes de prix allant de la chambre double la moins chère en basse saison à la chambre double la plus chère en haute saison. Ce qui implique parfois d'importantes fourchettes de prix, pas toujours en adéquation avec la rubrique dans laquelle l'établissement est cité. Le classement retenu est donc celui du prix moyen des chambres et de leur rapport qualité-prix.
Les tarifs des ***campings*** sont calculés sur la base d'un emplacement pour 2 avec voiture et tente en haute saison. Ils sont classés en tête de rubrique « Où dormir ? ».
Pour les ***auberges de jeunesse,*** le tarif indiqué est celui du lit en dortoir et/ou parfois de la chambre double, quand il y en a.
En ***chambres d'hôtes,*** les prix sont donnés sur la base d'une chambre double. Ils incluent presque toujours le petit déjeuner. Les cartes de paiement sont rarement acceptées. En cas contraire, nous indiquons « petit déj en sus » et « CB acceptées ».
Concernant les ***hôtels,*** le prix retenu reste celui d'une nuit en chambre double (sans petit déjeuner). La fourchette de prix englobe toutes les saisons, mais il est important de noter que, dans les grandes villes, les prix baissent significativement le week-end. Lorsque l'établissement dispose de chambres familiales, nous l'indiquons sans précision de prix.

- ***Bon marché :*** jusqu'à 60 €.
- ***Prix moyens :*** de 60 à 90 €.
- ***Chic :*** de 90 à 120 €.
- ***Plus chic :*** de 120 à 150 €.
- ***Beaucoup plus chic :*** au-delà de 150 €.

- ***Logis*** est la 1re chaîne de restaurateurs-hôteliers indépendants en Europe avec 2 200 établissements répartis dans 8 pays. Fort de ses 70 années d'expérience, le réseau offre l'assurance d'un accueil personnalisé et chaleureux, d'un hébergement de qualité ainsi que d'une restauration faite maison mettant à l'honneur produits locaux et de saison. Engagés sur les territoires, tous les Logis sont impliqués dans une démarche d'économie locale, privilégiant les circuits courts et les produits régionaux. Plus d'infos : ● *logishotels.com* ●

Restos

Au restaurant, notre critère de classement est le prix du 1er menu servi le soir (hors boissons). Les notions de « Prix moyens » ou « Plus chic » n'engagent donc que les prix, pas le cadre, même si, souvent, ils vont de pair. Ainsi, certains restos gastronomiques (et chics) qui proposent parfois des formules avantageuses au déjeuner seront malgré tout classés dans la rubrique « Plus chic » en raison des tarifs pratiqués le soir. Ne boudez donc pas cette rubrique qui recèle parfois d'intéressantes pépites.
Enfin, la rubrique « ***Sur le pouce*** » référence des adresses que l'on recommande pour les sandwichs et plats à emporter. Les tarifs correspondent généralement à la rubrique « Très bon marché ».

- ***Très bon marché :*** moins de 15 €.
- ***Bon marché :*** de 15 à 25 €.
- ***Prix moyens :*** de 25 à 35 €.
- ***Chic :*** de 35 à 50 €.
- ***Plus chic :*** plus de 50 €.

Recommandation à ceux qui souhaitent profiter des réductions et avantages proposés dans le *Routard* par les hôteliers et les restaurateurs

À l'hôtel, pensez à les demander au moment de la réservation ou, si vous n'avez pas réservé, **à l'arrivée.** Ils ne sont valables que pour les réservations en direct et ne sont pas cumulables avec d'autres offres promotionnelles (notamment sur Internet). Au restaurant, parlez-en **au moment** de la commande et surtout **avant** que l'addition ne soit établie. Poser votre *Routard* sur la table ne suffit pas : le personnel de salle n'est pas toujours au courant et, une fois le ticket de caisse imprimé, il est souvent difficile de modifier le total. En cas de doute, montrez la notice relative à l'établissement dans le *Routard* de l'année et, bien sûr, ne manquez pas de nous faire part de toute difficulté rencontrée.

LIVRES DE ROUTE

L'Ardèche

- ***Portraits de Cévenols*** et ***Le Repère du dernier Cévenol,*** de G. Léautier (éd. Alcide, 2008 et 2010). Initialement écrits pour la radio, ces portraits poétiques, mélange d'humour, de douceur et de rudesse, nous plongent au cœur des Cévennes d'aujourd'hui.
- ***Casimir l'Ardéchois,*** de Guy Dürrenmatt (éd. Dolmazon, 1992). 1er tome d'une saga consacrée à l'histoire d'une famille ardéchoise à la fin du XIXe s, ce truculent roman, truffé de patois et d'expressions hautes en couleur, sent bon la caillette et la châtaigne ! Drôle et plein de tendresse. La trilogie est complétée par *Croque-Vie* (1995) et *Bertille ma grand-mère* (2011).
- ***Lettres de Gourgounel,*** de Kenneth White (1966, réédition Grasset, 2004). C'est avec ces « lettres » écrites depuis une maison perdue au milieu des châtaigneraies de la montagne ardéchoise que l'écrivain-voyageur écossais est devenu célèbre. À juste titre : superbes portraits de paysans ardéchois. Et qui d'autre pour appliquer les principes de la philosophie orientale à la réparation d'un toit ?
- ***À la découverte de la grotte Chauvet-Pont d'Arc,*** de S. Gayet et J. Billaudeau (éd. Actes Sud Junior, 2016). Une mise en scène très graphique de la grotte, de ses œuvres et de l'histoire de nos ancêtres. Livre riche et coloré.
- ***Connaître la cuisine ardéchoise,*** de Claude Brioude (éd. Sud-Ouest, 2014). L'auteur, fier cuisinier ardéchois depuis 6 générations, met à l'honneur la diversité de son terroir, entre tradition et haute gastronomie.

La Drôme

- ***La Charrette bleue*** (1982), de René Barjavel (éd. Gallimard, coll. « Folio » no 1406). Il nous a donné toute son enfance drômoise dans un livre d'émotions. Et il y a écrit cette phrase superbe : « La seule différence entre Nyons et le Paradis, c'est qu'à Nyons, on est bien vivant. » Du même auteur, on retiendra aussi de nombreux ouvrages, très divers et toujours joliment écrits : ***Ravage, Une rose au Paradis, La Faim du tigre, Le Voyageur imprudent,*** et l'on en passe.
- ***Les Baronnies, Mode d'emploi d'un fragment de paradis*** (2015), de Patrick Ollivier-Elliott et Marie-Odile Arnoux (éd. Edisud). Carnet de voyage truculent qui vous guide au cœur des Baronnies. D'ailleurs, ce n'est pas un livre qui se lit mais qui se déguste. L'humour, la verve badine et taquine, ainsi que les images que manient savamment les auteurs sont un véritable plaisir.
- En plus de ces incontournables, on garde pour la bonne bouche ***Le Poème de l'olive,*** de Jean Giono (éd. Gallimard).

PERSONNES HANDICAPÉES

Tourisme et Handicap

Créé par le secrétariat d'État à la consommation et au tourisme en partenariat avec les professionnels du tourisme et les associations représentant les personnes handicapées, ce label permet d'identifier les lieux de vacances (hôtels, campings, sites naturels, etc.), de loisirs ou de culture (musées, monuments, etc.) mais aussi des offices de tourisme accessibles aux personnes en situation de handicap. Cette accessibilité, visualisée par un pictogramme correspondant aux quatre types de handicap (moteur, visuel, auditif et mental), garantit accueil, accessibilité et confort et une utilisation des services proposés avec un maximum d'autonomie dans un environnement sécurisant.

Pour connaître la liste des sites labellisés par département ● *tourisme-handicaps.org* ●

TOURISME & HANDICAP

Par ailleurs, dans notre guide, nous indiquons par le logo les établissements qui possèdent un accès ou des chambres pouvant accueillir des personnes handicapées. Certaines adresses sont parfaitement équipées selon les critères les plus modernes. D'autres, plus simples, plus anciennes aussi, sans répondre aux normes les plus récentes, favorisent l'accueil des personnes handicapées en facilitant l'accès à leur établissement, tant sur le plan matériel que sur le plan humain. Évidemment, les handicaps étant très divers, des lieux accessibles à certaines personnes ne le seront pas pour d'autres. Appelez donc auparavant pour savoir si l'équipement de l'hôtel ou du resto est compatible avec votre niveau de mobilité.
Malgré les combats menés par les nombreuses associations, l'intégration des personnes handicapées à la vie de tous les jours est encore balbutiante en France. Il tient à chacun de nous de faire changer les choses. Une prise de conscience est nécessaire, nous sommes tous concernés.

SITES INSCRITS AU PATRIMOINE MONDIAL DE L'UNESCO

En coopération avec le
Organisation des Nations Unies pour l'éducation, la science et la culture
Centre du patrimoine mondial

Pour figurer sur la liste du Patrimoine mondial, les sites doivent avoir une valeur universelle exceptionnelle et satisfaire à au moins un des 10 critères de sélection. La protection, la gestion, l'authenticité et l'intégrité des biens sont également des considérations importantes.
Le patrimoine est l'héritage du passé dont nous profitons aujourd'hui et que nous transmettons aux générations à venir. Nos patrimoines culturel et naturel sont 2 sources irremplaçables de vie et d'inspiration. Ces sites appartiennent à tous les peuples du monde, indépendamment du territoire sur lequel ils sont situés. Pour plus d'informations : ● *whc.unesco.org* ●
– Pour le guide *Ardèche-Drôme* est concernée, côté ardéchois, la grotte ornée de la Grotte Chauvet 2 Ardèche, dite « grotte Chauvet ».

SITES INTERNET

• ***routard.com*** • Le site de voyage n° 1, avec près de 800 000 membres et plusieurs millions d'internautes chaque mois. Pour s'inspirer et s'organiser, près de 300 guides destinations actualisés, avec les infos pratiques, les incontournables et les dernières actus, ainsi que les reportages terrain et idées week-end de la rédaction. Partagez vos expériences avec la communauté de voyageurs : forums de discussion avec avis et bons plans, carnets de route et photos de voyage. Enfin, vous trouverez tout pour vos vols, hébergements, voitures et activités, sans oublier nos suggestions pour réserver votre voyage au meilleur prix.

- ***Bon à savoir :*** entre 2 parutions, des événements fortuits (conditions d'accès aux sites, fermetures inopinées, etc.) peuvent intervenir et modifier vos projets de voyage ou de visite. Pour éviter les déconvenues, nous vous recommandons de consulter la rubrique « Inspirations » par région et cliquer sur l'onglet « Actus ».

• ***ledauphine.com*** • *Le Dauphiné libéré* est le « canard » local qu'on va chercher à l'épicerie-journaux du village... mais qu'on peut aussi parcourir sur sa tablette préférée.

• ***balades26-07.blogspot.fr*** • Un blog sur lequel choisir une ou plusieurs balades à découvrir en Ardèche et dans la Drôme, bien illustré pour ne pas se perdre.

• ***visorando.com*** • À la recherche d'une idée de rando ? Hop, on tape le numéro du département (voire plus précisément le nom d'un bourg ou d'une ville), éventuellement la durée et le niveau de difficulté souhaités, et, magique, les suggestions apparaissent ! D'emblée sont alors précisées clairement d'autres infos : dénivelées, coordonnées GPS du point de départ, en boucle ou pas. Un site collaboratif qui permet de consulter/imprimer le descriptif de la balade bien sûr, mais aussi l'extrait de carte IGN au 1/25 000 concerné. Le tout complété par les avis des randonneurs.

L'ARDÈCHE

● Carte *p. 45*

« En Ardèche, la nature a sculpté, les jours ont poncé, et l'homme a décoré. »
Bernard Pouchèle, poète vagabond.

ABC de l'Ardèche

- ***Nom :*** le département doit son nom à la rivière Ardèche.
- ***Population :*** 327 000 hab.
- ***Superficie :*** 5 530 km².
- ***Densité :*** 59 hab./km².
- ***Préfecture :*** Privas (8 690 hab.).
- ***Sous-préfectures :*** il y en a 2, grandes comme la main, Tournon-sur-Rhône et Largentière.
- ***Point culminant :*** le mont Mézenc, à 1 753 m.
- ***Forêts :*** 172 000 ha, qui occupent 31 % du territoire.
- ***Économie :*** le tourisme en est un des moteurs avec 4 000 emplois directs ou saisonniers. Principales filières industrielles : construction de véhicules automobiles, production d'énergie traditionnelle et renouvelable, agroalimentaire.
- ***Particularités :*** l'Ardèche est longée par le Rhône sur 140 km. Le département est un bastion de la spéléologie. C'est aussi, avec la Dordogne, le pays de la préhistoire et de l'archéologie (grotte Chauvet). C'est en Ardèche, au mont Gerbier-de-Jonc, que la Loire prend sa source. C'est aussi le seul département français à ne pas compter 1 cm d'autoroute et à ne plus posséder aucune gare ferroviaire de voyageurs (mais le retour des trains est annoncé pour 2021...).

L'Ardèche est incontestablement l'un des départements les plus sauvages de France. La nature y est préservée quasi intacte. Non pas celle issue du big-bang originel que les hasards, Dieu ou des démiurges auraient laissé façonner au gré des temps et des éléments en colère. Ces natures-là ne sont que forêts vierges ou déserts sans limites. Non, ici, il s'agit d'un amalgame, d'un équilibre, d'une union discrète entre le ciel, les jours et l'homme. Cela a donné une Ardèche unique en sa beauté. Et les hommes sont là, heureux, depuis la nuit des temps.

AVANT LE DÉPART

Adresses et infos utiles

i ***Agence de développement touristique de l'Ardèche (ADT** ; hors plan d'ensemble Privas par A3, **1) :*** *Pôle Bésignoles, 6, route des Mines, 07000* ***Privas.*** *☎ 04-75-64-04-66. ● adt07@ardeche-guide.com ● ardeche-guide.com ● Permanence téléphonique lun-jeu 8h30-12h30,*

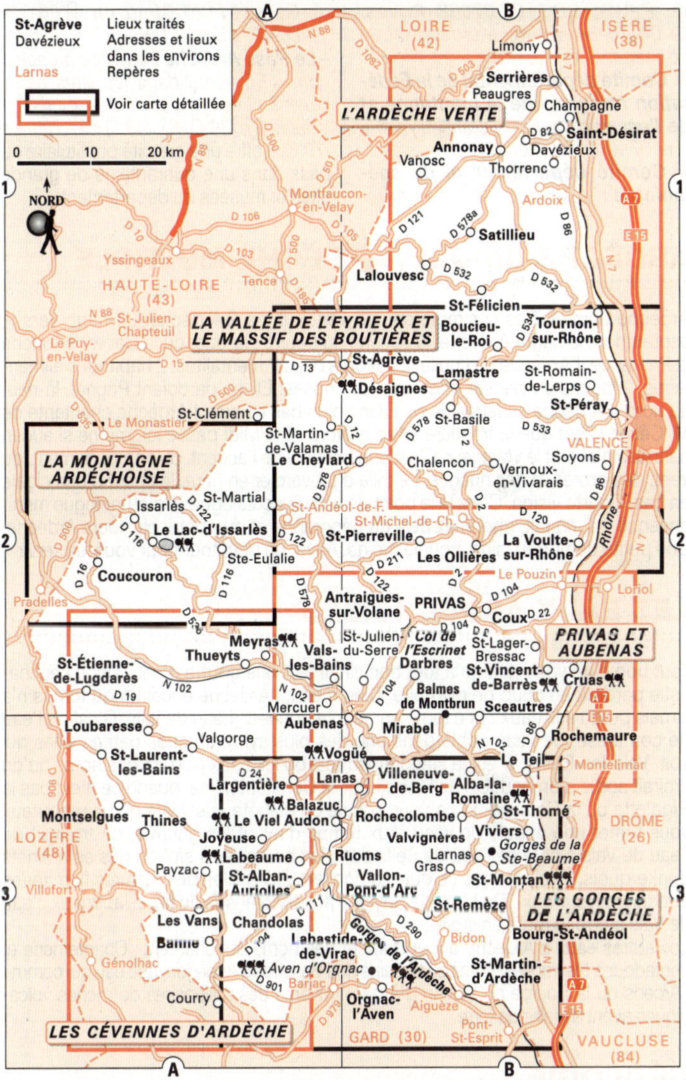

L'ARDÈCHE

13h30-17h, plus ven mat. Pas d'accueil du public mais site internet très bien fait et doc envoyée par courrier sur demande.

■ ***Relais des Gîtes de France de l'Ardèche :*** *4, cours du Palais, BP 402, 07004* ***Privas*** *Cedex.* ☎ *04-82-75-68-30.* ● *gites-de-france-ardeche.com* ● *Lun-ven 8h-17h30 (accueil téléphonique jusqu'à 21h).*

■ ***Comité départemental de la randonnée pédestre :*** *23, cours* *du Palais, BP 210, 07002* ***Privas.*** *☎ 04-75-30-57-38. • ardeche.ffrandonnee.fr •*

■ ***Comité départemental de la Fédération française de la montagne et de l'escalade :*** *• info.cd07@ffme.fr • ffme07.wordpress.com •*

■ ***Comité départemental de spéléologie :*** *130, chemin du Cirque-de-Gens, 07120* ***Chauzon.*** *📱 06-37-12-85-40. • cds07.fr •*

– ***Le Pass Ardèche :*** *• visites-ardeche.com • En vente dans les sites participants et certains offices de tourisme. Valable 3 j. (39 €), 6 j. (49 €) ou à l'année (79 €).* Il offre une gratuité par titulaire du *pass* dans une quarantaine de grands sites et musées du département.

ARDÈCHE UNIQUE, ARDÈCHE MULTIPLE

Ardèche unique. Pas si simple car, en vérité, il y a 2 Ardèche. Là-haut, vers le septentrion, la haute Ardèche, l'Ardèche du beurre ; là-bas, où la Cévenne touche la Provence, l'Ardèche de l'huile. 2 cultures déjà, 2 mentalités, 2 habitudes alimentaires, 2 façons de penser et de voir les choses. Et, en parodiant Pagnol, là-haut au nord, l'Ardèche sérieuse de M. Brun ; plus bas au sud, l'Ardèche chantante de M. César. C'est que la frontière entre le Nord et le Midi passe ici, même si aucun panneau n'avertit le voyageur. C'est une frontière de l'accent, du comportement, du vent, des arbres et des nuages. Le trille d'un verdier en haut, le chant d'une cigale en bas. Courte vision. C'est là le point de vue de sociologue et d'ethnologue manichéen. Il y a, en fait, apprenez cela du géographe et du poète, plusieurs Ardèche. Une petite demi-douzaine, pour le moins. Alors, un petit tour pour vous les servir !

LES EAUX ARDÉCHOISES

Tout bon curé vous dira qu'à tout bon vin, il faut une goutte d'eau, sinon l'eucharistie perdrait un coup de mémoire. Dieu merci, l'Ardèche enceinte du temps n'a jamais perdu ses eaux ! Et à toute dame tout honneur, l'eau de Vals. C'est de l'eau de comtesse, de l'eau noble dans une des plus sympathiques petites villes qui soit, Vals-les-Bains. C'est la station thermale où les eaux portent des noms qu'on croirait sortis d'un bouquin de Pierre Loti : la Constantinoise, quand ce n'est pas la Rigolette ou la Camuse. Et ça vous soigne un diabète aussi vite qu'un rebouteux vous remet une épaule de veau. Aux temps d'avant les guerres, on trouvait de l'eau de Vals à côté de l'eau de Seltz dans les bouteilles à siphon des estaminets dunkerquois. Et c'est avec ça que les dockers et les filles des filatures flamandes arrosaient leur Picon. De Mme de Sévigné aux tricoteuses du Nord laborieux, l'eau de Vals a arrosé toute l'histoire.

Les autres eaux d'Ardèche ont également des noms qui chantent : Chantemerle et Ventadour à Neyrac-les-Bains ou la Reine des Basaltes à Asperjoc, une eau qui comme l'Arcens ou la Source du Volcan d'Ayzac, traverse des millénaires de roches volcaniques avant de jaillir de terre.

GÉOLOGIE

On a coutume de dire en Ardèche que ce pays ressemble à la Corse, une île au milieu des terres en quelque sorte. Et il y a du vrai, puisque la mer a occupé cette contrée pendant plus de 200 millions d'années.

Petit retour vers notre passé

Entre 360 et 295 millions d'années avant notre ère, l'émergence d'une chaîne montagneuse aussi haute que l'actuel Himalaya fait remonter des roches d'origine magmatique, et engloutit les anciennes roches de surface volcaniques et sédimentaires. Ces matériaux enfouis et subissant des pressions et températures importantes vont être métamorphosés, donnant ainsi d'autres roches appelées schistes, gneiss, quartzites, etc. Mais l'érosion guette. ***Ainsi, 115 millions d'années plus tard,*** il ne reste plus rien. ***Disparue, rabotée la montagne*** ; à la place, une plaine, pénéplaine nous apprennent les géologues. Ici alternent dorénavant sédiments détritiques et restes de reliefs érodés, la mer éternelle peut enfin revenir. Voilà, les conditions sont enfin réunies pour qu'apparaisse cette terre ardéchoise. La planète, basculant alors sur son axe, se réchauffe. La mer, jusqu'alors confinée au bord de cette immense pénéplaine, commence à la recouvrir sous l'effet de la fonte des glaciers.

Naissance des gorges

Imaginez-vous au temps du crétacé (110 millions d'années av. J.-C.), à la hauteur de Vallon-Pont-d'Arc. La mer y est tropicale, peu profonde, et vous avez peine à voir au loin les plages bordées de séquoias du Massif central. Là, à vos pieds, commence à s'édifier, sur les hauts fonds, l'ensemble calcaire de la plateforme urgonienne ardéchoise. Des boues se sont accumulées au fond de l'eau sur 300 m de hauteur et sur plus de 500 km². Nous sommes déjà à la fin du secondaire, et ces formations compactées par des pressions formidables vont constituer la matière première où seront façonnés les futurs reliefs de calcaire urgonien du Vivarais méridional.
Toute chose ayant une fin, la mer se retire. Nous ne sommes plus qu'à 65 millions d'années de l'époque actuelle. Un climat continental s'installe, favorisant, bien entendu, le travail de l'érosion. Celle-ci décape les dépôts marins. Mais, brusquement, la terre se met à trembler, ***les Alpes poussent comme des champignons,*** cela se prolongera durant 18 millions d'années. Ce soulèvement aura eu pour effet de bousculer sérieusement le tranquille Massif central, relevant de 1 000 m sa bordure orientale, formant dorénavant une « marche » qui surplombe la vallée du Rhône. Ce socle calcaire, entraîné par le mouvement, se surélève de plusieurs centaines de mètres, se fissurant et se fracturant sous l'effet des contraintes ; il prend alors l'aspect d'une meule de gruyère ouvrant le passage aux eaux pluviales : le karst est né.
À la fin de l'ère tertiaire, 6 millions d'années avant notre époque, ***l'Ardèche entaille le massif, creusant de profondes gorges*** et ouvrant ainsi la porte à l'économie touristique de Vallon-Pont-d'Arc. Cette rivière enchâssée dans ces profondes gorges a pourtant la configuration d'une rivière de plaine. Sinueuse, une pente faible (1 %) la garde loin des torrents des Cévennes. Certains géologues en ont même conclu à une surrection (fait de surgir, de se soulever) progressive des falaises sous l'effet de la tectonique des plaques, alors que la rivière conservait son altitude originelle. On peut rêver !

Le karst et les grottes

Les spéléologues disent que le sous-sol du sud de l'Ardèche tient davantage du gruyère que de l'emmental et le considèrent comme le paradis. Ce ***monde souterrain est le résultat d'une lente érosion*** provoquée par l'action conjuguée du gel et de l'eau. Les eaux de pluie, se chargeant en gaz carbonique au contact d'éléments en décomposition (humus, cadavres), deviennent acides et corrosives pour le carbonate de calcium (calcaire). La conséquence de ces attaques va être l'érosion du sol (doline) et l'élargissement des fissures de surface (lapiaz). On en trouve plusieurs exemples sur les berges de l'Ardèche (au niveau du rapide de Gournier, par exemple). Dans un 2e temps, l'eau acidifiée va pénétrer en profondeur et verticalement par les failles ainsi élargies, jusqu'à former de véritables puits ou avens. La dissolution pourra alors se poursuivre horizontalement au contact d'éventuelles couches de matériaux plus durs. Ces conduits pourront servir de collecteur aux eaux abondantes de surface, pour les restituer quelquefois à des kilomètres de distance sous forme de résurgences. Un spéléo est en quelque sorte un égoutier aventureux et toujours curieux de découvrir ce qui se cache au bout de son « tuyau ». Des réseaux parfois importants, jusqu'à 35 km, peuvent alors voir « le jour » : ***grottes de Saint-Marcel, d'Orgnac (classé « Grand Site de France »), de Cocalière...*** On ne peut évoquer ces cavités sans aborder leur peuplement par l'homme à l'aube de l'humanité.

Les 1ers Ardéchois

Dès les temps les plus reculés, l'homme a trouvé refuge dans les grottes, les abris-sous-roche et les dolines d'effondrement des plateaux karstiques ardéchois. Les petites vallées ont connu un peuplement dense et stable du moustérien au Paléolithique supérieur (Ebbou, le Colombier, Chabot, le Figuier, etc.). Il faut reconnaître que le site était particulièrement favorable. S'ouvrant sur l'axe de communication de la vallée du Rhône, ***terrain de chasse et de pêche exceptionnel,*** climat plus favorable à des établissements permanents, défense des baumes plus simple du fait de leur inaccessibilité, sites de silex et quartzite à proximité, etc.
La 1re occupation d'abri-sous-roche identifiée date de 350 000 ans. Elle est le fait de chasseurs néandertaliens, à proximité d'Orgnac. Ce sont ***les pithécanthropes*** qui ***ont commencé à utiliser, il y a 120 000 ans, les colorants ocrés*** (Saint-Marcel). Du fond de la grotte-sanctuaire Chauvet, il y a 36 000 ans, à l'aube du règne des *Homo sapiens,* des artistes inconnus conjuraient déjà leurs peurs ou exprimaient leurs quêtes métaphysiques à l'aide de pochoirs improvisés. Civilisations moustérienne, aurignacienne, gravetienne, solutréenne, magdalénienne se sont succédé au cœur des gorges, apportant chacune leur contribution aux innovations techniques : sépultures, débitage fin du silex, fabrication de harpons en os, peintures rupestres et modelages anthropomorphiques, invention de l'arc, etc.

L'action humaine

La nature ardéchoise n'a en réalité rien de naturel. Jusqu'à la fin de la dernière guerre, les forêts ont été exploitées intensivement pour produire du bois de feu. La technique radicale de la coupe rase avait pour effet de mettre le sol à nu pour une période de 30 ans. Dans l'intervalle, les rejets ne produisent que des taillis de chênes verts ou pubescents ; la forêt actuelle, même si la reconquête par le chêne blanc originel est déjà entamée, conserve cet aspect de fouillis inextricable. On trouve toujours, au cours de randonnées, les traces rondes et noires ***d'anciennes charbonnières, témoins de l'activité de ces hommes durs à la tâche*** qui descendaient de la Cévenne ou de la haute Ardèche pour louer aux propriétaires des parcelles à charbonner. Dans ces pentes, le travail était exclusivement manuel, les outils produits de leur imagination ; chèvre, traîneau permettaient de transporter jusqu'à 50 kg de bois. Les cabanes, quelquefois de simples trous entourés d'un muret, étaient toujours situées à proximité de la charbonnière qu'il fallait surveiller jour et nuit, souvent par un petit *fenestrou* ménagé sur un côté. Ces ***hommes des bois, noirs de la tête aux pieds,*** comptaient dans leur rang nombre d'Italiens et de Piémontais. Ceux-ci avaient souvent une réputation de guérisseurs et de sorciers.
Les plateaux et le fond des gorges étaient livrés aux troupeaux de moutons et de chèvres. On croise d'ailleurs encore aujourd'hui des hardes de chèvres retournées à l'état sauvage.
La rivière elle-même était ***une voie navigable fréquentée par des bateliers*** transportant minerais, terres, poteries, pierres de taille, charbon de bois et châtaignes des Cévennes. Le poisson y était abondant, une pêcherie s'y était d'ailleurs

établie à l'entrée des gorges dans une ancienne grotte préhistorique, les barques relevées à leurs extrémités portaient alors le nom de *bèche,* et la pêche se pratiquait au filet et à la nasse. On peut aussi, encore actuellement, retrouver des oliviers témoins des oliveraies du début du XXe s. Quelques exploitations vivaient en autarcie, autour de leur four à pain sur les terres alluviales de Chames, de Charmassonet, de Gaud et de Gournier. Les cultures se réduisaient à la production de cucurbitacées, de mûriers, de tomates et d'asperges. La chèvre, dans les élevages, est venue remplacer le cochon après la disparition du loup. Cet ancien équilibre agro-sylvo-pastoral permettait aux populations locales de subvenir à leurs besoins alimentaires.

PAYSAGES D'ARDÈCHE

Pays aux reliefs variés, où l'on côtoie la rigueur des températures nordiques, mais où l'escapade vers des climats plus tropicaux est toujours possible : l'Ardèche est une mosaïque de paysages. Une grosse poignée de petites régions avec chacune sa personnalité propre composent ce département qui s'est installé entre les frontières de la vieille province du Vivarais.

- ***Les Boutières :*** au cœur du département, au nord de la capitale, Privas, un plateau profondément cisaillé par plusieurs vallées dont celle de **l'Eyrieux.** Ces terres austères ont vécu l'affrontement des catholiques et des protestants lors de sanglantes batailles. Ce sont d'autres combats que mènent aujourd'hui les paysans contre la rudesse des pentes, à peine adoucie par des terrasses de pierre sèche.
- ***Le plateau du Coiron :*** résurgence de la montagne ardéchoise, situé au sud-est du département. Ses 800 m d'altitude moyenne, ses restes de coiffes basaltiques, la blanche neige qui le recouvre, l'hiver, sa terre noire mais fertile confèrent à ce plateau l'autorité des vieilles citadelles endormies.
- ***L'Ardèche méridionale :*** ou Bas-Vivarais. Une région éclatante de calcaire sous la chaude lumière du Sud. Un monde où les chênes verts peuplent la garrigue comme autant de perchoirs offerts au simple bonheur des plus célèbres cantatrices méridionales que sont les cigales. Un lieu hors du temps où la rivière Ardèche, impétueuse mais prodigue, a su nourrir au fil des âges sa population riveraine. N'est-il pas vrai, d'ailleurs, que mère Nature, grâce à l'une de ses visions prémonitoires, l'avait par avance récompensée en lui édifiant un bel arc de triomphe qui n'a rien à envier à celui des Champs-Élysées ?
- ***Les Cévennes :*** contrée modelée par le vent et la pluie, où les montagnes portent le nom de serres, où le moindre ruisseau devient torrent sous l'action des pluies diluviennes. L'homme s'y est accroché des générations entières, attendant patiemment le regain avec le retour du printemps, peut-être pour le seul plaisir d'entendre murmurer les sources sous les étincelantes caresses du soleil.
- ***La montagne ardéchoise :*** à l'est, une terre d'altitude où les éléments s'opposaient dans d'incessants affrontements telluriques. Las de ces combats éternels, le seigneur de la terre, du feu et du ciel y mit fin, figeant chaque belligérant pour l'éternité dans d'immenses stèles de lave solidifiée. Ainsi naquirent les sucs volcaniques ardéchois, Mézenc, Gerbier-de-Jonc, etc.
- ***L'Ardèche Verte :*** vers le nord, c'est le haut Vivarais posé sur son socle de roches cristallines, creusé de profondes vallées. Les paysages y sont effectivement très verts, et l'homme y vit encore dans un relatif équilibre avec la nature, entre prés, vergers et labours.
- ***Le Rivage :*** appellation locale de la vallée du Rhône ardéchoise, étroite frontière naturelle de terres alluviales bordant le fleuve nourricier délimitant les pays des Bedos (Ardéchois) et des ventres jaunes (les Drômois avaient l'habitude de porter une ceinture emplie d'écus pour se rendre au marché).

RANDONNÉES

L'Ardèche est bien placée dans le domaine des randonnées. Il faut dire que la marche est un mode d'approche idéal du département : silence, contemplation, sens de l'effort... De nombreux itinéraires de promenades et de randonnées ont été mis en place dans la plupart des villages. De manière générale, les offices de tourisme possèdent des brochures bien faites, proposant des circuits en boucle de 2 à 5h, voire plus.
Les sentiers de grande randonnée qui traversent le département :
➢ ***le GR 7 :*** haut Vivarais et montagne ardéchoise (du Pilat aux Cévennes). Il suit la ligne de partage des eaux entre Atlantique et Méditerranée ;
➢ ***le GR 4 :*** des gorges de l'Ardèche à la Margeride en passant par les Cévennes ;
➢ ***le GR 42 :*** du Pilat à la basse Ardèche, il suit les crêtes de la vallée du Rhône ;
➢ ***le GR 420 :*** il fait le tour du Vivarais par une boucle sur la montagne ardéchoise, les Boutières et la corniche de la vallée du Rhône ;
➢ ***le GR 3 :*** sentier de la Loire, le Gerbier-de-Jonc et le lac d'Issarlès.
➢ Il existe aussi ***5 GR de pays*** : le tour du Tanargue, le Cévenol, le tour de la montagne ardéchoise, le tour du bassin d'Annonay et le tour du pays de Vernoux.
Pour plus d'infos, contactez l'*Agence de développement touristique de l'Ardèche* (voir plus haut les « Adresses utiles »).

LE VÉLO

L'Ardèche à vélo ! Il n'y a pas que le kayak pour explorer le département. Depuis quelques années, l'Ardèche est devenue le royaume de la petite reine. De la *Via-Rhôna* (on y consacre un Routard) à la *Dolce Via* en passant par la *Voie douce de la Payre*, les parcours *Sur les routes de l'Ardéchoise* ou la *Grande Traversée de l'Ardèche à VTT*, ce sont plus de 1 000 km d'itinérance dédiés au vélo. Tracées entre vignes et lavandes, chênes et châtaigniers, les routes serpentent d'un paysage à l'autre, rythmées par de grands rendez-vous tels que la désormais célèbre Ardéchoise ou encore le Tour cycliste féminin international de l'Ardèche. Un régal ! On vous donne plus de détails dans les chapitres de ce guide consacrés aux villes et villages d'où partent ces échappées sur 2 roues. Vous trouverez aussi un maximum d'infos sur le site : • ardeche-a-velo.com • Et pour plus de détails sur la *ViaRhôna*, voir le guide du Routard *La ViaRhôna du lac Léman à la Méditerranée.*

LES VILLAGES DE CARACTÈRE

Ils ont de bonnes idées, les Ardéchois. Dont celle de fonder une charte des « ***Villages de caractère*** ». En gros, pour être élu, il faut que le village soit un village (naturellement), qu'il ait de la gueule, de l'histoire, de la patine, qu'il y ait un vrai paysage autour. Et, en plus, qu'on y soit accueilli avec le sourire, qu'on y trouve des hébergements, le casse-croûte pas trop loin, pas trop cher et bon. Qu'on puisse aussi circuler *pedibus* sans risquer de prendre un autobus dans le dos. Le tout avec intégration dans le paysage de l'antenne de télé, du panneau publicitaire, des artisans, de l'étranger et de l'agité du bourg. Et voilà !
Le département compte aujourd'hui une petite vingtaine de ces villages de caractère que vous retrouverez évidemment au fil des pages de ce guide.

PRIVAS ET SES ENVIRONS

• Carte La région de Privas et d'Aubenas *p. 52-53*

La région de Privas, directement connectée avec la vallée du Rhône, constitue une porte d'entrée idéale pour la découverte du département. Après un arrêt à Privas, qu'on prenne la route vers n'importe quel point cardinal, on pénètre dans des paysages d'une grande beauté, sauvages et troublants. À moins de 1h de l'autoroute, on se retrouve dans un ailleurs chargé d'histoire et une nature que l'homme n'a fait qu'embellir.

PRIVAS (07000) 9 000 hab. *Carte Ardèche, B2*

• Plan d'ensemble *p. 57* • Zoom *p. 59*

Comme beaucoup de villes d'Ardèche, Privas est encadrée par 3 rivières, l'Ouvèze, le Mézayon et le Charalon, et s'étage joliment sur de rondes collines. Et comme souvent avec les préfectures, Privas n'est pas la plus belle ville du département. Non qu'elle soit désagréable, mais l'Histoire (à commencer par les troupes de Richelieu !) n'a pas été tendre avec cette ancienne place forte du protestantisme dans le Vivarais. Réduite en cendres au XVIIe s, Privas n'a rien conservé de sa grandeur passée. Faute de patrimoine, la ville a donc misé sur ses entreprises, son industrie de pointe et, surtout, son « marronnier » en chef, Clément Faugier, dont l'entreprise, montée en 1882, continue aujourd'hui de faire rayonner le nom de Privas grâce à ses crèmes de marrons et ses marrons glacés. Du dynamisme industriel donc, mais une douce apathie générale (peu de restos et d'hôtels, soirées un peu trop calmes). Pourtant, l'atmosphère est globalement sympathique, tranquille, et les panoramas sur la vallée particulièrement réjouissants.

UN PEU D'HISTOIRE

L'histoire de Privas n'est plus visible sur ses murs. C'est dans la mémoire collective qu'elle reste inscrite. Du château, de l'enceinte, des remparts et des maisons médiévales, il ne reste plus rien ou presque. Mais comment en est-on arrivé là ?

Un important pôle commercial

Comme Aubenas, Privas était un important lieu d'échange et une place de commerce de bonne réputation au Moyen Âge. ***À la fin du XIIIe s, franchises et privilèges*** sont accordés à la cité, ce qui dynamise encore sa vocation commerciale. Elle est sous le contrôle des comtes de Poitiers, ducs de Valentinois, représentés ici par les baillis. Témoignage de son importance : elle a le droit d'envoyer un délégué aux États du Vivarais qui se réunissent pour la 1re fois en 1422. Le pouvoir royal prend doucement le relais du potentat féodal. ***Il y a des tanneries, des moulins, des fabriques de draps de laine, on élève le ver à soie...*** Des banquiers prêtent de l'argent, car il y a ici des gens riches. Le secteur primaire est important : cultures, vignes, forêts de chênes... Bref, dans tous les domaines, c'est une ville qui vit et qui bouge, plutôt prospère, avec ses 5 foires annuelles.

Protestante et rebelle

À Privas, la Réforme fait son entrée en 1534 avec le prêtre ***Jacques Vallier.*** Cette nouvelle approche de la foi chrétienne trouve immédiatement un écho favorable auprès de la population. Les mœurs relâchées du clergé et son enrichissement indécent, la charge fiscale importante... autant de raisons pour se tourner vers cette nouvelle manière de dire la foi, plus près de Dieu sans doute, moins près du fric assurément.

Très rapidement, Privas devient majoritairement protestante. ***La proclamation de l'édit de Nantes en 1598 protège la cité,*** qui est décrétée « place de sûreté ».

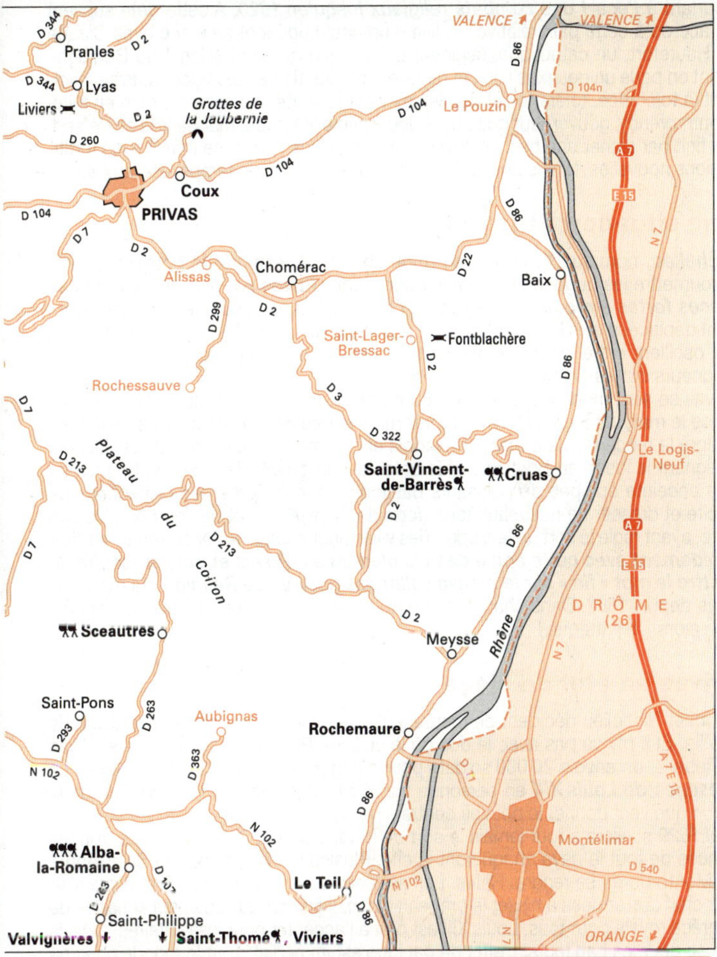

LA RÉGION DE PRIVAS ET D'AUBENAS

Le gouverneur comme le bailli de la ville sont protestants. Il s'agit d'une vraie ville huguenote, sur le plan religieux, évidemment. Mais Privas est également forte politiquement et protégée militairement : la cité est entièrement ceinte d'épais remparts, équipés de bastions reliés par des courtines. Elle se sent très indépendante. Une sorte d'État dans le grand État du pouvoir royal. Ce qui fait tiquer à la cour. Car à la cour, on tique facilement.

C'est en 1599 que Jacques de Chambaud, grand chef protestant, fait construire son château fort au cœur de Privas. Et, en ***1612,*** toutes les églises réformées du pays se réunissent ici en synode. C'en est trop ! Le pouvoir central commence sérieusement à s'agacer et surveille de près cette indépendante. Privas reste pourtant ***à l'écart des combats religieux jusqu'en 1620.*** À cette date survient un accroc à cette paix relative : la fille d'un chef huguenot se marie avec Claude de Hautefort, un catholique, seigneur du château de Saint-Michel-de-Boulogne (dont on parle un peu plus loin), et renie le protestantisme. Les huguenots se révoltent (à tolérance, tolérance et demie), mettent le château à sac et le mari en fuite. Montmorency, gouverneur du Languedoc, envoie la troupe, mais la ville se défend. On finit par signer une paix : le roi donne néanmoins l'ordre de détruire les fortifications nouvelles, tandis que la liberté de culte, interdite un temps, est rétablie.

Une situation dégradée

Richelieu, nommé 1er ministre en 1624, cherche à restaurer le pouvoir royal et à soumettre les huguenots une fois pour toutes. ***Privas est nº 1 sur la liste des places fortes à réduire,*** car elle contrôle le Rhône par lequel les troupes du roi sont déplacées vers le sud. Elle donne aussi le *la* dans tous les villages de la région qui oscillent entre les 2 religions en fonction des périodes, des alliances et des seigneurs qui les dominent.
Privas se sent menacée, c'est pourquoi Rohan, un des chefs du parti calviniste, place le marquis Saint-André de Montbrun à la tête des forces armées de la ville, malgré la réticence de certains Privadois et notamment du conseil de la ville, qui craignent le jusqu'au-boutisme et le côté va-t-en-guerre du marquis. En plus de son enceinte équipée de puissants bastions, il fait renforcer les protections de la cité et dresser de nouveaux forts (forts de Saint-André et de Tournon). De son côté, ayant réglé le sort de la plupart des villes huguenotes, ***le roi souhaite en finir rapidement avec cette épine dans le pied qu'est Privas et qui l'empêche de mettre le mot « fin » sur le mauvais film des guerres de Religion*** qui minent le pays depuis 1562. Dans chaque camp, tout est prêt pour une bataille annoncée. Ben alors... à l'attaque !

Privas en état de siège

Le roi et Richelieu décident de mettre le paquet. Ce dernier ordonne le siège de la ville. Et il n'y va pas avec le dos de la cuillère. Pour faire lâcher prise à Privas la Rebelle, on envoie 20 000 soldats pour déloger moins de... 2 000 assiégés. La ***présence de Louis XIII*** en personne sur le site témoigne de l'importance de la leçon que veut donner le pouvoir central.
Mai 1629 scellera à tout jamais le sort de la ville. Durant 2 semaines, les troupes venues de tout le pays attaqueront la cité. Plusieurs fois, on somme Saint-André de Montbrun de se rendre. Refus. Les assiégés eux-mêmes cherchent à pousser leur chef des armées à hisser le drapeau blanc. Il finit par accepter, en échange de la grâce royale pour tous. Louis XIII est prêt à l'accepter pour les militaires, mais la refuse pour les habitants. L'effet de panique est immédiat. Tout le monde cherche à sauver sa peau, mais peu y parviendront. ***Les troupes pénètrent dans la ville, pillent, brûlent, détruisent, saccagent.*** Richelieu cherche à stopper le carnage car les ordres du roi n'incluaient pas le massacre des habitants mais simplement leur reddition. Mais « on n'arrête pas une armée en marche », comme disait on n'sait plus qui ! Tout est fini le 28 mai ou presque. Seul le fort du Montoulon reste à prendre : un des réfugiés, plutôt que de se rendre, fait sauter les barils de poudre. Boum !
Ceux qui ressortiront debout de cette boucherie resteront debout, car ils seront pendus. Quelques jeunes filles échappèrent toutefois à la mort : l'une d'elles fut adoptée par Richelieu. On l'appela la Fortunée de Privas. Fin de l'épisode, sortez les mouchoirs.

La fin de l'influence protestante

Dans la foulée, les villes et villages environnants se rendent et font allégeance au roi. ***Privas n'est plus que ruines.*** La peste recouvre les gravats comme un linceul.

Privas n'est plus. Les derniers protestants, à la suite de la destruction de la ville, devront pour la plupart se convertir ou entrer en clandestinité.
Les Privadois retrouvent le droit de revenir dans leur ville en 1637, et 5 ans après, ils recouvrent celui de pratiquer leur religion. La liberté de culte sera à nouveau annulée en 1663 sous le règne de Louis XIV. La pression se resserre autour des protestants, et ils sont envoyés en exil peu de temps après. En 1685, la ***révocation de l'édit de Nantes*** sonne définitivement le glas de l'ouverture religieuse.
Le siège de Privas, s'il ne ressemble finalement qu'à un épiphénomène historique au regard de l'histoire nationale, n'en reste pas moins l'épisode le plus tragique et le plus bouleversant de l'histoire de la ville.

Au XVIIIe s, le renouveau

Commerçante par nature, Privas retrouve rapidement un dynamisme économique grâce à l'***industrie de la soie.*** Les murailles disparaissent petit à petit du paysage, et la ville se redresse. Elle traverse sans trop de dommages la Révolution, et ***l'exploitation des mines de fer*** découvertes au XIXe s dans la région lui profite. La production des fonderies nécessite la construction d'une ***voie ferrée.*** L'importance administrative de la cité devenue préfecture contribue à lui donner une nouvelle dimension. La ville et ses environs furent un important foyer de maquisards durant la dernière guerre.

MARRONS GLACÉS ET CRÈME DE MARRONS

L'arbre à pain

Une des grandes spécialités de l'Ardèche a vu le jour ici, à Privas. Le châtaignier, l'arbre à pain, a de tout temps fourni le plat principal aux familles les plus pauvres. L'Ardèche reste aujourd'hui le département français qui exploite le plus ce potentiel naturel qu'est la châtaigne.
« L'arbre à pain » porte bien son nom : ***la châtaigne*** égale le blé en matières saccharifiables (capacité à donner des sucres) et est plus riche que cette même céréale en matière grasse. Avantage considérable, on peut conserver la châtaigne toute l'année en la faisant sécher. Comparable à la pomme de terre également, car elle peut entrer dans la composition de nombreux plats de résistance. Les Ardéchois (comme les Corses et les habitants du massif des Maures dans le Var) savent bien que la châtaigne les préservera toujours de la famine. Avec un laitage et quelques poignées de châtaignes, on a un repas complet. Un peu lassant peut-être mais complet. Personne n'avait toutefois eu l'idée d'en faire un dessert jusqu'en 1667, date à laquelle le sieur de La Varenne fait cuire une châtaigne avec du sucre et présente son invention culinaire à la cour. Ce n'est pourtant qu'en 1882 que ***Clément Faugier*** en fera une industrie et diversifiera la production avec l'invention de la fameuse ***crème de marrons.***
Mais si on peut industrialiser et mécaniser une partie de la fabrication, plusieurs étapes essentielles nécessitent l'intervention de la main de l'homme. Quelques dizaines d'années plus tard, les marrons au cognac, la purée de marrons nature et autres gourmandises verront le jour. L'entreprise de Clément Faugier est toujours bien vivante (voir plus loin « Où acheter de bons produits ? »).

Arriver – Quitter

➢ ***De la gare de Valence-TGV :*** *à 50 km de Privas.* ☎ *36-35 (0,34 €/mn).* Une quinzaine de liaisons/j. en sem par bus TER avec Privas depuis la gare TGV, moitié moins le w-e. Arrêt à la ***gare routière de Valence.***
➢ ***De la gare de Montélimar :*** *à 36 km de Privas.* ● *lesept.fr* ● Ligne

nº 18 du *Sept* entre la gare routière de Montélimar et Privas. En sem, 8 liaisons/j. et 5 en période de vac scol.

Station de bus *(zoom B1)* **:** *arrêt de bus sur le cours du Palais. Achat du ticket pour Aubenas directement dans le bus.*

Adresses et infos utiles

Office de tourisme *(zoom B1,* ***2****)* **:** *3, pl. du Général-de-Gaulle. ☎ 04-75-20-81-81. • ardeche-buissonniere.fr • Avr-oct, lun-sam 9h30-12h30, 14h-17h30 (18h30 en juin-sept ainsi que dim mat). Nov-mars, lun-sam 9h30-12h, 14h-17h ; fermé mar mat et dim.* Propose des jeux de piste pour découvrir en famille Privas et Coux.

Location de vélos électriques : *à l'office de tourisme. À la journée ou à la ½ journée. Compter 15 €/j.*

Parkings : *nombreux parkings dans le centre, notamment pl. du Champ-de-Mars (zoom B1 ; le plus grand, gratuit), bd de la Chaumette, pl. de la Libération, pl. des Récollets, etc.*

– **Marchés hebdomadaires :** *mer mat et sam mat, pl. de l'Hôtel-de-Ville (celui du sam existe depuis plusieurs siècles). Marché jeu mat à* ***Chomérac.*** *Juin-oct, marché dim mat à* ***Coux.*** De très nombreux producteurs locaux.

– **Marchés aux puces :** *le 2e dim du mois. À* ***Flaviac,*** *le 2e sam du mois.*

– **Marchés nocturnes :** *mar en juil-août.*

Où dormir ?

Camping

Ardèche Camping *(plan d'ensemble A-B3,* ***10****)* **:** *chemin du Camping. ☎ 04-75-64-05-80. • ardechecamping07@gmail.com • ardechecamping.fr • ♿ À env 1,5 km au sud du centre-ville. Ouv de mi-avr à fin sept. Forfait pour 2 pers, 21-38 €. 166 empl.* Vaste mais agréable camping en contrebas de la ville, à deux pas de l'Ouvèze, avec de grands espaces verdoyants, des sanitaires bien tenus et en nombre suffisant, et un sympathique bar-resto. Large choix d'hébergements, du bungalow en toile au chalet tout confort en passant par la roulotte. Pas mal d'ombre pour les campeurs. Petit complexe aquatique avec piscine couverte, toboggan, sauna (et massages sur résa).

De bon marché à prix moyens

Hôtel La Chaumette *(plan d'ensemble B1,* ***11****)* **:** *av. du Vanel. ☎ 04-75-64-30-66. • hotelchaumette@wanadoo.fr • hotelchaumette.fr • Ouv tte l'année. Doubles 60-78 € ; familiales. Parking.* À même pas 15 mn à pied du centre-ville, dans un bâtiment contemporain, de confortables chambres (récemment rénovées) et des parties communes qui, entre teintes chaudes et quelques discrètes touches de déco, invitent au voyage vers d'autres sud : Maroc, Toscane... Quartier tranquille, grande piscine et personnel efficace. Pas de resto, mais un bar avec bières et vins locaux et quelques petites choses à grignoter.

Hôtel Les Châtaigniers *(hors plan d'ensemble par B4,* ***12****)* **:** *côte du Baron. ☎ 04-75-66-39-60. • hotel.chataigniers@free.fr • leschataigniers.fr • ♿ À 2,5 km au sud du centre-ville, juste derrière les Établissements Clément Faugier. Tlj, tte l'année. Doubles 55-73 € ; familiales. Menu 22 €. Loc de vélos électriques.* À la sortie de la ville, dans une petite zone artisanale, un hôtel fonctionnel à défaut d'avoir du charme. Chambres standard, bien tenues et confortables, dans 2 bâtiments récents, bien rectangulaires. Heureusement, la piscine est sympa, de même que l'accueil. Mais, vous l'aurez compris, on n'y passera pas forcément la semaine...

Chambres d'hôtes La Maison Jaffran, Suite en Ville *(plan d'ensemble B1,* ***13****)* **:** *10, av. du Vanel.*

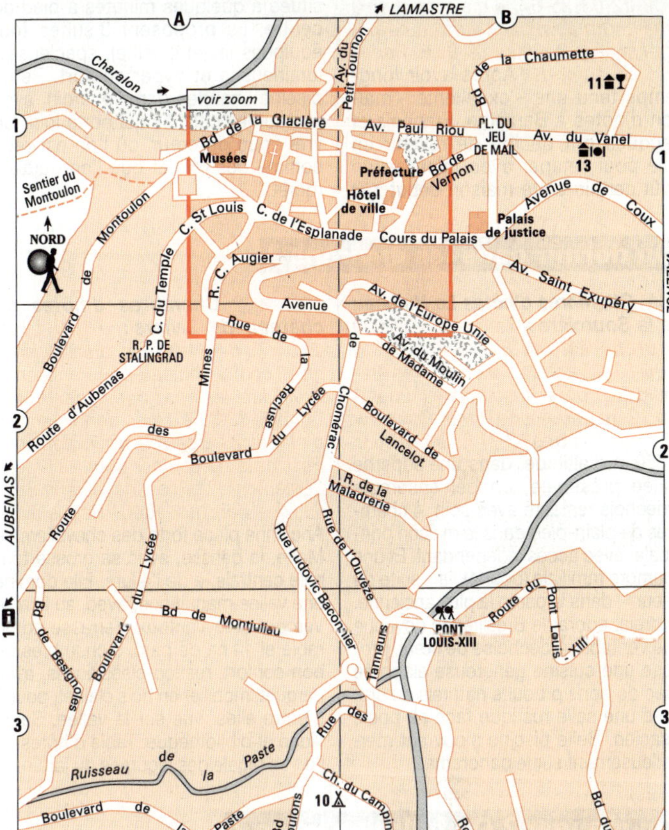

■ **Adresse utile**

1 Agence de développement touristique de l'Ardèche (hors plan par A3)

Où dormir ?

10 Ardèche Camping (A-B3)
11 Hôtel La Chaumette (B1)
12 Hôtel Les Châtaigniers (hors plan par B4)
13 Chambres d'hôtes La Maison Jaffran, Suite en ville (B1)

Où acheter de bons produits ?

30 Établissements Clément Faugier (hors plan par B4)

PRIVAS – plan d'ensemble

06-22-03-25-87. • maisonjaffran@gmail.com • maison-jaffran.com • Tte l'année. Doubles 79-95 €. Repas 18 €, tt compris. Après avoir longtemps tenu une – excellente – maison d'hôtes à Berzème, François et Jacques ont décidé de revenir en ville pour retaper avec talent et un goût certain cette maison début XXe située à quelques minutes à pied du centre. Ils proposent 3 suites tout équipées (avec cuisine), spacieuses, lumineuses et hyper confort. Petite piscine chauffée dans le jardin, avec vue sur les collines qui porte loin. Un vrai coup de cœur, où l'on est reçu comme des rois et que l'on quitte à regret.

Où dormir dans les environs ?

Chambres d'hôtes Le Hameau de la Sourcière : *Grand-Bois, 07000* ***Pourchères.*** *☎ 04-75-66-81-99. 06-81-35-00-21. • chambres@la-sourciere.com • la-sourciere.com • À env 12 km à l'ouest de Privas. Ouv d'avr à mi-nov. Doubles 63-77 €. Repas 25 €.* À 650 m d'altitude, dans une superbe vallée préservée, un bel ensemble ardéchois restauré avec soin. 4 chambres de plain-pied dans la maison principale, avec accès indépendant. Et une chambre familiale (pour 4), la « suite du prieur », dans la partie la plus ancienne. Andreia, adorable Brésilienne devenue une véritable Ardéchoise de cœur, propose une cuisine généreuse élaborée avec de bons produits naturels du cru, dans une salle rustique face au poêle alsacien. Belle piscine s'ouvrant merveilleusement sur le panorama.

Chambres d'hôtes du château de Liviers : *07000* ***Lyas.*** *☎ 04-75-64-64-00. • chateau.liviers@gmail.com • chateau-de-liviers.com • À 7,5 km au nord-ouest de Privas. Doubles 83-95 €. Lit en dortoir (en gîte d'étape) 28 €/pers avec le petit déj. Possibilité de camper pour 18 €/pers. Également 2 gîtes (loc à la nuit et au w-e hors juil-août). Repas 25 €.* Ancienne place forte des chevaliers de Malte, la bâtisse, avec sa grosse tourelle centrale, a de l'allure. Elle domine une vallée magnifique, avec, au loin, le Vercors et le Ventoux. Terrasse admirable et 14 ha de parc. 5 chambres de bon confort, rustico-classieuses, avec parquet, mobilier en bois clair et, pour 2 d'entre elles, vue sur la vallée. Salon vidéo et bibliothèque. Table d'hôtes où l'on se régale des légumes du jardin.

Où manger ? Où boire un verre ?

De bon marché à prix moyens

Tranche de Cake ! *(zoom A-B1,* ***18****) : pl. Adelbert. ☎ 04-75-29-83-01. Tlj sauf w-e 9h-18h (jusqu'à 14h30, lun et ven). Congés : 2de quinzaine d'août. Formule env 10 €. CB refusées.* Entre snack et salon de thé, un petit endroit à la déco contemporaine un brin étonnante sinon, ici ou là, détonante (banquette façon pelouse, papier peint fleuri, fauteuils vintage). Pour grignoter, en terrasse l'été, salades, quiches, wraps, bagels, paninis et gâteaux dont (bien sûr !) des cakes. L'hiver, on opte pour les bonnes petites soupes. Frais, sain et pas cher : un bon plan.

L'Estello *(hors zoom par B1,* ***15****) : pl. du Champ-de-Mars. ☎ 04-75-64-04-90. Tlj sauf lun soir. Formule et menu déj 14,50-17 €, soir 18-23 €.* Un peu planqué au fond de ce grand parking, le classique bar-resto populaire (on peut y jouer au tiercé), cantine de nombreux employés du coin. Salle refaite à neuf et agréable terrasse sous les frondaisons, pour une cuisine familiale (donc souvent régionale), fraîche et sincère.

Le Bouchon Cave à Vin *(zoom B1,* ***16****) : 10, pl. de l'Hôtel-de-Ville. ☎ 04-75-20-80-54. • lebouchonprivas@gmail.com • Tlj à midi plus le soir jeu-ven. Formule déj 12 €.* Avec ses tonneaux sur la rue et sa petite salle à moitié mangée par le comptoir, ce sympathique bistrot de poche est

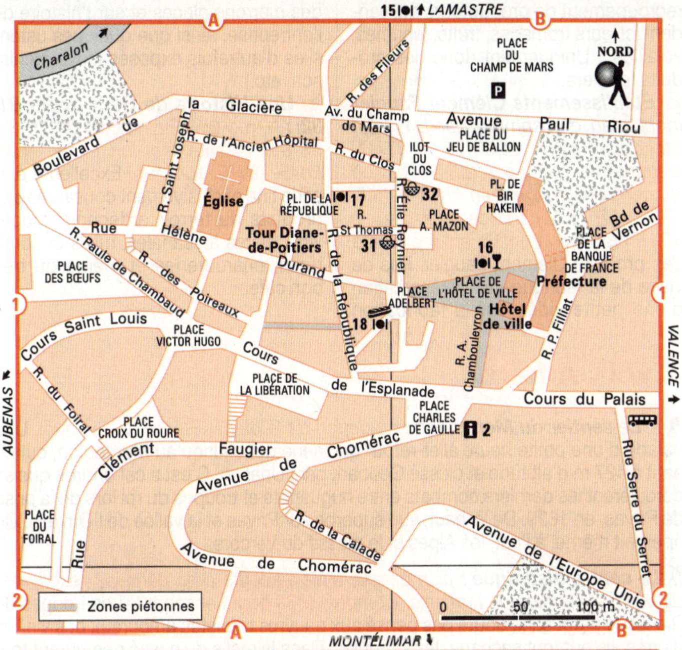

PRIVAS – zoom

■ **Adresse utile**

ℹ 2 Office de tourisme (B1)

Où manger ?
Où boire un verre ?

15 L'Estello (hors plan par B1)
16 Le Bouchon Cave à Vin (B1)
17 Le Petit Resto (A1)
18 Tranche de Cake ! (A-B1)

Où acheter de bons produits ?

31 L'Échoppe Paysanne (A-B1)
32 Une Histoire de Goût (B1)

le repaire d'habitués qui se délectent de bons plats du jour traditionnels ou de planches de charcut' et de fromages, le tout arrosé d'un verre de vin (remarquable carte de vins régionaux, avec une nouvelle sélection proposée chaque semaine).

Le Petit Resto *(zoom A1,* ***17****) : 18, rue de la République. ☎ 04-75-64-61-39. • lepetitresto@orange.fr • ♿ Tlj sauf dim ; midi et soir en saison ; hors saison, midi seulement et sam soir. Formule déj sem 14 €. Menus 16-28 €.* Façon bistrot contemporain, la salle n'est évidemment pas bien grande mais cet accueillant et chaleureux resto étale (quand il le peut) largement sa terrasse sur la plus charmante des places de la ville. Courte carte à l'ardoise pour une simple mais très bonne cuisine, un peu bistrotière également, à base de jolis produits du coin.

Où acheter de bons produits ?

L'Échoppe Paysanne *(zoom A-B1,* ***31****) : 3, rue Élie-Reynier. ☎ 04-75-64-54-40. Mer-sam 8h-13h, plus ven et mar 15h-19h.* Un regroupement de producteurs qui vendent ici leurs fromages, fruits, légumes, volailles... Uniquement donc des produits fermiers.

Établissements Clément Faugier *(hors plan d'ensemble par B4,* ***30****) : Le Logis-du-Roy. ☎ 04-75-64-07-11. • clementfaugier.fr • À 2,5 km au sud du centre-ville. Lun-ven 8h15-11h45, 13h30-17h15 (à partir de 8h et jusqu'à 16h15 ven) ; en continu en déc.* Vente des produits Clément Faugier. Pas de visite de la fabrique mais présentation d'une petite vidéo sur la fabrication des marrons glacés et sur l'histoire de l'entreprise, ainsi que quelques ustensiles d'autrefois exposés (cuve à cuisson, etc.).

Une Histoire de Goût *(zoom B1,* ***32****) : 1, rue Élie-Reynier. ☎ 04-75-64-53-94. Tlj sauf dim-lun et jeu ap-m 8h45-12h15, 15h-19h.* Excellente épicerie fine exclusivement consacrée aux produits du terroir ardéchois : super vins, bières artisanales, miels et confitures, charcuteries et même du très bon café.

L'ARDÈCHE

À voir. À faire

Le sentier du Montoulon : *au départ de la pl. des Récollets (indiqué).* Une balade d'une petite heure aller-retour qui mène donc jusqu'au Montoulon, culminant à 427 m d'altitude et classé Geopark par l'Unesco. C'est à cet endroit que se déroulèrent les derniers combats entre huguenots et troupes du roi lors de la prise de Privas, en 1629. De là-haut, vue superbe sur Privas et la vallée de l'Ouvèze. On aperçoit même, à l'est, les Alpes et le massif du Vercors.

Le centre historique : *plan détaillé d'un parcours avec panneaux explicatifs disponible à l'office de tourisme. Compter 1h30 pour l'ensemble.* Les troupes de Richelieu n'ont sans doute pas pensé aux pauvres touristes amoureux des vieilles pierres. Ils ont tout saccagé, les sagouins. Dans la malle du passé demeurent tout de même quelques vestiges, telle la ***tour Diane-de-Poitiers*** *(zoom A1),* sur la place de la République, sans doute la plus charmante de la ville, à l'abri d'un gros tilleul. C'est dans un des angles que s'élève cette tour-escalier du milieu du XVe s, porte d'entrée de la demeure des Poitiers Valentinois, grande famille seigneuriale. Remarquable pour sa porte en accolade, dont les blasons ont été martelés. Non loin, au 8, rue Hélène-Durand, une ***porte en pointes de diamant*** (dite aussi « à bossages »). Exemple d'hôtel particulier de style Renaissance où logeait le pouvoir huguenot, le bailli.

Le pont Louis-XIII *(plan d'ensemble B3)* **:** *depuis le centre, descendre l'av. de Chomérac, puis la rue de l'Ouvèze.* Petit, trapu et superbe, ce pont des XVIIe et XVIIIe s enjambe l'Ouvèze. Il a conservé, malgré les restaurations successives, ses gros galets de basalte et beaucoup d'allure.

Où se baigner dans les environs ?

– ***Le plan d'eau de la Neuve :*** *sur la commune de* ***Lyas****. À 2,5 km au nord-ouest de Privas, juste après le pont sur la D 260. Parking gratuit.* Un petit plan d'eau aménagé et surveillé en été, sur le Mezayon.

Fêtes et manifestations à Privas et dans les environs

– ***Carnaval de Privas :*** *1 j. début mars.*
– ***Festival Au Clair de Lune :*** *de mi-juil à fin août, dans le théâtre de verdure de* ***Chomérac****. ☎ 04-75-65-97-70.* Cinéma et concerts en plein air.

– ***Images et Paroles d'Afrique – Festival des solidarités :*** *fin sept.* ● *ardecheafriquesolidaires.com* ● Livres, expos, artisanat, gastronomie. Des artistes et des intervenants racontent l'Afrique, ses multiples couleurs et saveurs.
– ***Châtaignes et Saveurs d'automne :*** *le 3e w-e d'oct.* C'est le jour non pas de la castagne, mais de la *castagnade,* grande fête de la châtaigne (la plus grande du département !) avec « rôtie de châtaignes ». On grille 1 t de châtaignes ce jour-là, sur un grilloir géant. Marché de producteurs, spectacles, jeux pour enfants, concours gastronomique...

COUX

(07000) 1 700 hab. *Carte Ardèche, B2*

À moins de 3 km de Privas, ce petit village perché mérite une visite : ruelles escarpées bordées de vénérables maisons, passages étroits, escaliers tortueux...

Où dormir ? Où manger ?

Le Moulin d'Onclaire : *Onclaire. ☎ 04-75-64-51-98. 06-99-74-35-92.* ● *moulin@onclaire.com* ● *onclaire.com* ● *Fléché depuis la route principale. Camping ouv avr-oct ; tte l'année pour les chambres et chalets. Forfait pour 2 pers, 14-19 €. Chambre d'hôtes 59 € pour 2. CB refusées. 26 empl.* Dans un ancien moulin restauré et bien caché en contrebas de la route, au calme, 4 chambres d'hôtes toutes simples mais suffisamment confortables. Sanitaires privés, frigo et micro-ondes à disposition, et salon de jardin sur la terrasse. En contrebas, au bord de l'Ouvèze, un joli petit camping, intime et tranquille. Location de chalets, tentes ou mobile homes. Animations en juillet-août. Piscine, salle de jeux, snack-bar et resto en saison. Accueil sympathique.

Le Poivre d'Âne : *Onclaire. ☎ 04-75-64-17-81.* ● *lepoivredane@sfr.fr* ● *Sur la route principale. Tlj sauf dim soir, lun et jeu soir. Congés : 3 sem en janv et 1 sem à la Toussaint. Résa conseillée. Formule déj en sem 19,50 € ; menus-carte 28-45 €.* Installée dans un ancien moulin (à eau, pas à poivre...), cette belle adresse fait l'unanimité dans le secteur. Salles spacieuses et confortables, murs de pierres sèches, déco rustique et terrasse très agréable qui surplombe la rivière. Un cadre idéal pour goûter à une fine cuisine qui suit le marché et les inspirations du chef. Quelques fleurons de la carte : le duo de porc d'Ardèche ou l'épaule d'agneau confite... Accueil pro et service efficace.

Où acheter du bon fromage de chèvre ?

Fromagerie La Biquette de la Jaubernie : *495, chemin d'Auréac, La Jaubernie. ☎ 04-75-64-55-98. À 2,5 km au nord-est de Coux (bien indiqué). Avr-sept, tlj sauf dim mat 8h-12h, 17h-19h.* D'excellents picodons et plein d'autres fromages à base de lait de chèvre (tomme, feta, etc.). Accueil adorable des propriétaires de cette ferme bio, posée pas loin des grottes.

DANS LES ENVIRONS DE COUX

Les grottes de la Jaubernie : *à env 4 km au nord-ouest de Coux (fléché depuis la D 104). Parking. Balade de 7 km ; compter 2h30 (balisage jaune).* Le sentier conduit, à travers une belle nature, jusqu'à 8 grottes que l'on observe de l'extérieur : il est interdit d'y pénétrer à la différence de tous ceux qui ont trouvé refuge ici, de la Préhistoire aux guerres de Religion (présence de fortifications). Juste au-dessus des grottes, immense dalle de grès dans laquelle ont été façonnés les meules des nombreux moulins du coin. Site labellisé Geopark.

LE COL DE L'ESCRINET

Carte Ardèche, B2

L'unique voie de communication entre les 2 grandes rivales de l'histoire, Privas et Aubenas, passe par ce col à 787 m d'altitude, véritable portail d'entrée de l'Ardèche méridionale. En s'enfonçant plus au sud, on quittera progressivement la châtaigne pour capter des senteurs de garrigue et de lavande. C'est ici la limite du plateau du Coiron. Faites une halte pour admirer le panorama !
Campée sur une hauteur, la sculpture d'une chèvre vous aguichera du regard. Réalisée à partir de vieux objets agricoles, elle est l'œuvre de Pierre-Louis Chipon, un ancien éleveur de chèvres reconverti en artiste de talent, et dont la notoriété n'est plus à établir dans le coin. Nombre de ses sculptures émaillent les paysages ardéchois. Vous pouvez lui rendre une petite visite et le voir travailler dans son atelier situé dans la pente, en redescendant du col, vers Saint-Étienne-de-Boulogne *(discret fléchage « sculpture » sur la droite mais mieux vaut téléphoner avt : ☎ 04-75-35-74-90).*

DANS LES ENVIRONS DU COL DE L'ESCRINET

Les ruines du château de Saint-Michel-de-Boulogne : *à 8 km au sud-ouest du col (fléché depuis la D104).* Si le site ne se visite pas, il mérite un détour. Ruines admirables d'un château qui ne le fut pas moins. Au sommet d'un promontoire dominant la vallée, c'est une ancienne forteresse féodale, agrandie avec magnificence à la Renaissance. Fait incroyable, ce château a traversé intact les guerres de Religion puis la Révolution. C'est au XIXe qu'il a été vendu et qu'on a commencé à le démanteler pierre après pierre. Restent quelques tours et surtout le grand portail construit originellement à la Renaissance et remanié au XVIIe s pour lui donner son allure baroque actuelle.

LA RÉGION D'AUBENAS

• Carte La région de Privas et d'Aubenas *p. 52-53*

Entre la commerçante Aubenas, la thermale Vals, Antraigues l'artiste, Villeneuve l'historique et Alba... la Romaine, sans oublier les villages perchés sur les reliefs capricieux laissés par les volcans, où l'on grimpe par des routes qui ont suivi les sentiers muletiers pour ne pas perdre le nord, voici une région déroutante par ses multiples facettes. Elle offre à chaque bouquet de kilomètres quelques senteurs nouvelles, panoramas inédits, plaisirs insolites, lieux chargés d'histoire jamais éloignés de la nature : un fier château à Aubenas, de l'eau et des fêtes à Vals, dans des paysages de douces collines, avec des vignobles, des oliveraies, des pinèdes dans la plaine et des châtaigneraies sur les flancs des Cévennes au long de la vallée de l'Ardèche.

AUBENAS

(07200) 13 000 hab. *Carte Ardèche, A-B2-3*

• Plan *p. 64-65*

Une ville de taille moyenne, joliment posée sur une grosse colline au-dessus de la verte vallée de l'Ardèche. Avec un marché bien vivant et un château chargé d'histoire, Aubenas s'est imposée au fil du temps, éclipsant un peu la petite sous-préfecture voisine, Largentière. Les produits, les marchandises, les idées et les personnes des vallées environnantes convergent vers Aubenas. Et même si l'on ne passe pas ses vacances en ville, ce serait une erreur que de ne pas y faire une halte. Le mieux est de venir un samedi, tôt le matin, pour profiter de l'ambiance de son célèbre marché, avant de partir à la recherche des maisons anciennes du centre-ville.

UN PEU D'HISTOIRE

Avec un tel site naturel, véritable poste de vigie au-dessus de l'Ardèche, il semblait évident que l'on cherchât à s'y installer. La famille des Montlaur sera la première à planter ici son château au XIe s. Elle gardera le pouvoir quasiment jusqu'à la fin du XVIe s. Du XIIe s, il subsiste encore le donjon du château. Le Moyen Âge verra la ville se couvrir de couvents, commanderies, monastères, et accueillir de nombreuses familles nobles et bourgeoises qu'attiraient la proximité du pouvoir pour les uns, la dynamique du commerce pour les autres. Il faut malgré tout attendre le XVe s pour que Louis XI accorde le droit d'organiser 2 foires annuelles dans la ville.

Quand souffle le vent de la Réforme

Lorsque Aubenas se rallie à la Réforme et prend le contrôle de cette partie du Vivarais, l'expansion en prend un coup. La guerre, larvée parfois, violente souvent, se poursuit au-delà de la proclamation de l'édit de Nantes à grands coups de conversions forcées. Tu entres protestant, et hop, tu ressors catholique ! La famille d'Ornano prend le relais des Montlaur et favorise la reconstruction de la ville. Mais un autre épisode sanglant reste vivement dans les mémoires : nous sommes en 1670 et une importante jacquerie quasi spontanée voit le peuple se révolter. La ville subit un pillage en règle durant 3 jours. Les troupes royales interviennent et le meneur, un certain ***Antoine du Roure***, est écartelé, ses membres étant respectivement placés à chacun des 4 chemins d'accès à la ville (heureusement qu'il n'y en avait pas 5 !).

Enfin le calme

Ville marchande, Aubenas ne rate pas son entrée dans le XVIIIe s et confirme sa place de première de la classe dans la région : c'est la ***grande période du textile.*** Une manufacture royale des soies est ouverte au milieu de ce même siècle, et Aubenas devient le 3e grand producteur de soie après Lyon et Saint-Étienne. Le château, quant à lui, sera pillé à la Révolution (pas très original) avant d'être racheté par la municipalité. Avec l'ouverture annoncée d'un vaste centre d'art contemporain dans le château, Aubenas poursuit sans conteste sa course en tête des grandes villes du sud de l'Ardèche.

Adresses et infos utiles

ℹ ***Office de tourisme*** *(plan D2) : 6, pl. de l'Airette. ☎ 04-75-89-02-03. • contact@aubenas-vals.com • aubenas-vals.com • Juil-août, lun-sam 9h-19h, dim 9h-13h ; sept-juin, lun-sam 9h-12h, 14h-18h.* Infos sur les

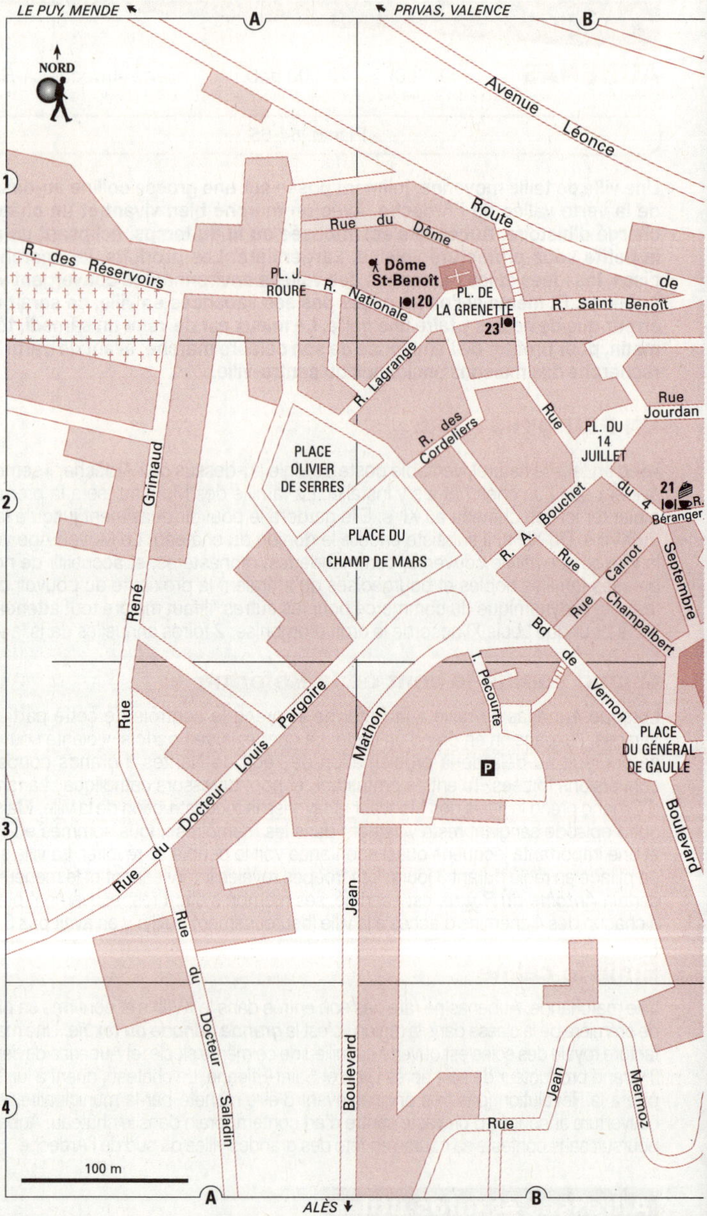
LE PUY, MENDE
PRIVAS, VALENCE
A
B
NORD
Avenue Léonce
Route de
Rue du Dôme
R. des Réservoirs
Dôme St-Benoît
PL. J. ROURE
R. Nationale
20
PL. DE LA GRENETTE
23
R. Saint Benoît
R. Lagrange
R. des Cordeliers
Rue Jourdan
PL. DU 14 JUILLET
PLACE OLIVIER DE SERRES
Rue René Grimaud
21
R. Béranger
Rue du 4 Septembre
R. A. Bouchet
PLACE DU CHAMP DE MARS
Rue Carnot
Rue Champalbert
Bd de Vernon
I. Pecourte
PLACE DU GÉNÉRAL DE GAULLE
Rue Louis Pargoire
Rue du Docteur
Jean Mathon
Boulevard
P
Rue du Docteur Saladin
Boulevard
Rue Jean Mermoz
1
2
3
4
100 m
ALÈS

Adresses utiles

Office de tourisme (D2)
Gare routière (C4)

Où dormir ?

12 Hôtel Villa Élisa M (hors plan par C4)

Où manger ?

20 Notes de Saveurs (B1)
21 Le Salon d'Ann-Sophie (B2)
22 Le Bistrot de Manon (C2)
23 Pizzeria du Dôme (B1)
24 Le Carré des Maîtres (C2)

Où boire un verre ? Où prendre un thé ?

21 Le Salon d'Ann-Sophie (B2)
31 Le Panorama (D2)
32 Black Sheep (C2)

Où acheter de bons produits ?

40 Biscuiterie Les Châtaignettes (hors plan par C1)
41 La Table Gourmande (C2)
42 La Musette (D2)
43 Sabaton (hors plan par D4)

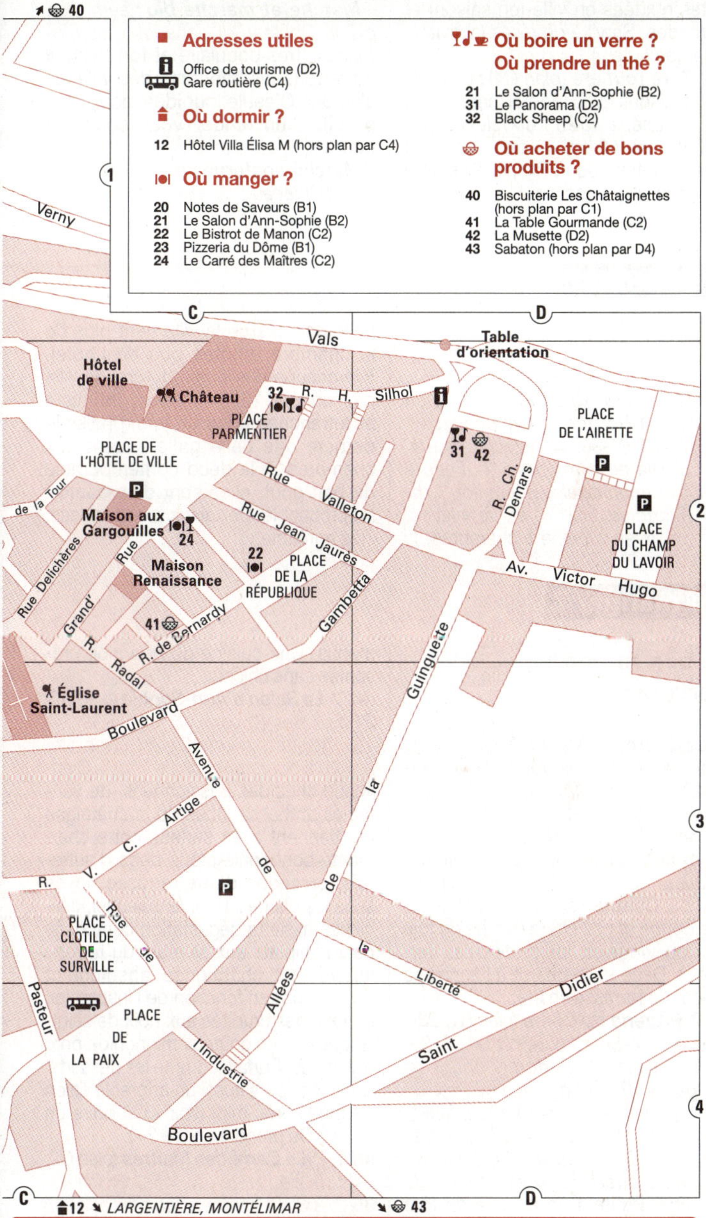

AUBENAS

visites guidées en ville (en saison) et les randos. Service de résas (activités, hébergements...).

Gare routière (plan C4) : *pl. de la Paix.* Liaisons avec Montélimar *(gare la plus proche, à 45 km)* et Valence ville ou TGV *(env 60 km)*. Autres départs à la gare routière de la Plaine, à l'entrée sud de la ville. Infos sur • *auvergnerhonealpes.fr* •

– ***Marché et marché bio :*** *sam mat, pl. du Château et dans les rues piétonnes.* Très populaire et fort beau, il attire tous les habitants des villages alentour. C'est le jour idéal pour venir en ville : un rendez-vous coloré et odorant.

– ***Marché nocturne :*** *mer en juil-août, pl. du Château.*

Où dormir ?

Chic

Hôtel Villa Élisa M *(hors plan par C4,* ***12****) : rue Jean-Beaussier. 06-71-34-61-90. • contact@elisa-m.com • villa-elisa-m.com • Face à la piscine municipale. Réception 17h-20h. Doubles 95-190 € ; familiales. Parking.* Avec à peine 8 chambres, la belle adresse de la ville tient plus de la chambre d'hôtes que de l'hôtel. Elle occupe d'ailleurs une grande villa des années 1930, cossue, intimiste et retranchée dans un jardin paisible derrière une belle grille. Quant aux chambres, à la déco contemporaine de bon goût, elles sont d'un confort irréprochable. Certaines avec terrasse. Très agréable.

Où manger ?

De bon marché à prix moyens

Le Bistrot de Manon *(plan C2,* ***22****) : 8, pl. de la République. ☎ 04-75-35-28-42. Tlj sauf dim-lun le midi seulement, plus le soir sam (et mer en saison). Congés : 1 sem à Pâques, 3 sem fin août-début sept et 1 sem à la Toussaint. Formule déj 19 € ; menus 26-37 €.* Cuisine traditionnelle et régionale bonne et pas chère (terrine de foie gras au viognier, jarret de veau fermier...). Déco style bistrot à l'ancienne et bout de terrasse en été.

Pizzeria du Dôme *(plan B1,* ***23****) : 43, rue du 4-Septembre. ☎ 04-75-35-22-63. • pizzeriadudomeaubenas@orange.fr • Tlj sauf dim, lun midi (et lun soir hors saison) et midi des j. fériés. Formule et menu déj 14-16 € ; autres menus 23-35 € ; carte env 29 €. Kir châtaigne offert sur présentation de ce guide.* Petite salle au coin du four ou quelques tables en terrasse pour déguster de bonnes pizzas au feu de bois, burgers, gratins et quelques plats de tradition si l'on s'intéresse aux menus. Une cuisine de bon aloi, présentée sans chichis.

Le Salon d'Ann-Sophie *(plan B2,* ***21****) : pl. des Cocons. ☎ 04-75-39-74-13. Tlj sauf dim-lun 10h-20h. Compter env 20 € pour une assiette-repas.* Bienvenue chez des passionnées, de véritables ambassadrices de la châtaigne qui tiennent avec sérieux cette charmante bonbonnière à la déco d'autrefois, précédée d'une terrasse noyée sous les plantes. Pour le déjeuner, délicieuse assiette dégustation composée de 5 miniplats aux saveurs du terroir : soupe aux châtaignes absolument divine, puis, en fonction de l'inspiration du jour, des crudités aux noix de saint-jacques ou un goûteux mignon de porc à la sauge. Parfait, comme les desserts. C'est d'ailleurs aussi un adorable salon de thé l'après-midi (voir « Où boire un verre ? Où prendre un thé ? »).

Le Carré des Maîtres *(plan C2,* ***24****) : pl. de l'Hôtel-de-Ville. ☎ 04-75-35-27-03. Tlj (sauf mer-jeu hors saison). Formule et menu 20-23 €.* De grosses salades, des plats d'ici et d'ailleurs, plutôt inspirés, un service diligent. Et surtout une belle carte des vins qui permet de découvrir d'intéressantes quilles d'Ardèche et du Rhône, tranquillou en terrasse avec vue sur le château, ou à emporter (la maison fait aussi caviste).

Chic

Notes de Saveurs *(plan B1, **20**) : 16, rue Nationale. ☎ 04-75-93-94-46. Ouv le midi mar-sam, plus le soir ven-sam (mer-sam en hte saison). Congés : 1 sem à chaque vac scol et 2de quinzaine d'août. Formule déj env 20 €. Menus 30-45 €.* Un chef de talent pour une cuisine fine et fraîche, évoluant au gré des saisons. La carte est courte mais bien composée. La salle voûtée se prolonge par une terrasse jouissant d'une belle vue sur l'arrière du dôme Saint-Benoît.

Où dormir ? Où manger dans les environs ?

Campings

Les Acacias : *Les Croix, route du Camping, 07200* ***Saint-Étienne-de-Fontbellon.*** *☎ 04-75-93-67-87. • camping-les-acacias@wanadoo.fr • camping-les-acacias.fr • À env 5 km au sud-ouest d'Aubenas. Ouv avr-sept. Forfaits pour 2 pers, env 10-13 €. 50 empl. CB refusées.* Un petit camping familial tout simple aux emplacements séparés par de hautes haies. Verdoyant (donc ombragé) et calme. Bungalows et mobile homes. Petite piscine et pizzeria à deux pas.

Le Plan d'Eau : *route de Lussas, 07200* ***Saint-Privat.*** *☎ 04-75-35-44-98. • info@campingleplandeau.fr • campingleplandeau.fr • À env 6 km à l'est d'Aubenas. Ouv de mai à mi-sept. Forfaits pour 2 pers, 23-41 €.* Rien de moins que le 1er camping à avoir reçu l'écolabel européen en région Auvergne-Rhône-Alpes. Les proprios ont déniché au bord de la rivière Ardèche leur coin de paradis, aménagé dans le respect de la magnifique nature qui les entoure. Grande piscine chauffée au solaire, éclairage photovoltaïque, produits bio... Même le terrain a été classé refuge LPO (Ligue de protection des oiseaux). Emplacements bien ombragés et spacieux, voire immenses pour les XL. Chalets. Snack et animations en été. Équipements de qualité et très bon accueil.

De bon marché à prix moyens

Chambres d'hôtes Mas de Bourlenc : *route de Saint-Andéol, 07200* ***Saint-Julien-du-Serre.*** *☎ 04-75-37-69-95. • masdebourlenc@orange.fr • bourlenc.com • À env 10 km au nord d'Aubenas. Congés : nov. Doubles 70-88 € ; familiales. Repas 26 €, tt compris.* Très belle maison ouverte sur la nature, avec terrasse et tonnelle recouverte de vigne. Cadre chaleureux et très provençal où dominent le bois brut, les poutres apparentes, les murs blanchis à la chaux et les tomettes. Chambres plus qu'agréables et bien fraîches en été (l'une avec mezzanine). Toutes disposent d'un accès indépendant et d'une terrasse avec une belle vue. Piscine. À table, cuisine bio à base des produits du jardin et de plantes sauvages (salade aux fleurs et lapin au serpolet par exemple).

Chambres d'hôtes Chez la Marthe – Le Bistro d'Ailhon : *pl. de l'Église, 07200* ***Ailhon.*** *☎ 04-75-93-42-20. • aubergedailhon@gmail.com • chezlamarthe07.com • À env 10 km au sud-ouest d'Aubenas. Doubles 65-75 € ; familiale. Menus 24-32 €.* Dans 2 vieilles maisons de ce joli village dont on vous parle quelques lignes plus loin. 2 chambres d'hôtes dans l'esprit d'aujourd'hui (touches de design et meubles vintage). Au rez-de-chaussée, une « épicerie paysanne » riche en bons produits du coin et en vins bien choisis. Même histoire au bistrot d'à côté avec, signée d'un jeune chef plutôt inventif, une cuisine de région débordante de fraîcheur et de saveurs. Salle sous arcades et chouette terrasse sous les platanes de l'adorable place du village.

Lou Goustadou : *69, route de Saint-Julien-du-Serres, 07200* ***Ucel.*** *☎ 04-75-35-17-50. À env 5 km au nord* *d'Aubenas. Tlj sauf dim (le soir sur résa hors saison). Congés : 24 déc-4 janv. Formule déj 15 € ; carte env 25 €. Digestif maison offert sur présentation de ce guide.* D'allure modeste, cette petite auberge perdue dans la campagne propose de bonnes spécialités ardéchoises, dont la fameuse *maouche* (panse de cochon farcie à la viande et aux aromates), à prix sages. Superbe charcuterie maison et légumes du jardin. Atmosphère tranquille, accueil aussi authentique que le cadre, terrasse ombragée.

Chic

Chambres d'hôtes Villa Sarah : *315, route du Village, quartier Bouteyre, 07200* ***Mercuer.*** *06-87-48-13-53. • alsauzet@wanadoo.fr • À env 5 km au nord-ouest d'Aubenas. Fermé nov-mars. Doubles 95-115 € (2 nuits min l'été). Repas 30 €.* Cette villa moderne, tenue par un couple charmant, abrite des chambres contemporaines d'une élégante sobriété, aux couleurs sobres et harmonieuses, ouvertes sur la charmante piscine (avec de beaux transats autour). Chacune bénéficie d'une terrasse privative et d'un accès indépendant, et le confort est à la hauteur. Terrain de pétanque.

Chambres d'hôtes le Puits de Sophie : *20, chemin Henri-Constant, quartier Saint-Pierre, 07200* ***Aubenas.*** *☎ 04-75-93-41-67. 06-82-73-76-69. • lepuitsdesophie@gmail.com • le-puits-de-sophie.com • À env 4 km au sud-est du centre-ville. Double 105 € ; familiales. Apéritif maison offert sur présentation de ce guide.* Nathalie et Jacques (et non Sophie, prénom de la grand-mère) ont joliment retapé l'ancienne ferme familiale pour en faire un bel écrin contemporain et tout confort : frigo, clim, bouilloire et même un système audio. Les chambres, charmantes, sont à l'étage, ordonnées autour d'un petit patio, toutes avec coin salon (et lits supplémentaires en mezzanine si vous êtes en famille). À l'arrière, un bout de pelouse et quelques transats. Accueil charmant, et l'Ardèche est à deux pas (même si on ne s'y baigne pas vraiment à cet endroit-là).

Où boire un verre ? Où prendre un thé ?

Black Sheep *(plan C2,* ***32****) : 16, pl. Parmentier. ☎ 09-87-75-12-84. • blacksheep07@yahoo.fr • Facebook • En saison, tlj 12h-1h. Carte env 15 €.* Accueil vraiment cool dans ce petit bar qui semble avoir toujours été là, à l'ambiance entre bistrot de quartier et adresse branchée. Décor d'autrefois et tranquille terrasse à l'ombre du château. Bonnes bières artisanales, vins au verre, cocktails ou smoothies et d'excellents grignotages maison (souvent bio). Brunch le dimanche. Concerts parfois sinon souvent.

Le Panorama *(plan D2,* ***31****) : pl. de l'Airette. ☎ 04-75-35-09-89. • Facebook • Tlj 7h-1h. Congés : 2 sem en fin d'année.* Un bar un rien alternatif (chouette déco tout en vieux bois et en graphs) qui ouvre régulièrement sa scène à des concerts et organise tout aussi régulièrement d'autres événements festifs. Terrasse (mais pour le panorama, il faut traverser le parking...).

Le Salon d'Ann-Sophie *(plan B2,* ***21****) : pl. des Cocons. ☎ 04-75-39-74-13. Tlj sauf dim-lun 10h-20h.* Cet excellent resto fait également salon de thé l'après-midi. Sur la terrasse ou dans la salle, on profite d'une belle sélection de thés de provenances diverses, accompagnant les superbes gâteaux maison (à la châtaigne, au chocolat...).

Où acheter de bons produits ?

La Table Gourmande *(plan C2,* ***41****) : 16, rue de Bernardy. ☎ 04-75-93-37-22. • latablegourmande@free.fr • Mar-sam (plus lun en été, tlj déc) 8h15-12h15, 14h15-19h15 (en continu en été et déc).* Maison fondée en 1901, s'il vous plaît. Une belle épicerie fine avec une grande gamme de bons produits d'Ardèche (charcuteries, miels et tout ce qu'on peut imaginer à base de châtaignes...) ou de plus loin. Les vins sont présentés dans une cave voûtée de toute beauté. Accueil très sympa et disponible.

La Musette *(plan D2,* ***42****)* **:** *pl. de l'Airette. ☎ 04-75-35-21-73. Mar-ven 9h-12h30, 15h30-19h ; sam 8h-12h30.* « Produits de nos fermes, vendus par nous-mêmes ! », annonce la vitrine. On n'a rien à ajouter. Cette coopérative de producteurs vend ici tous les produits ardéchois : pain bio, châtaignes, confitures, caillettes, miel, pain d'épice, vins, légumes frais, produits cuisinés en bocaux...

Sabaton *(hors plan par D4,* ***43****)* **:** *42, rue Paul-Sabaton, Z.A. La Plaine. ☎ 04-75-87-83-87. • sabaton.fr • À l'extérieur de la ville, direction Montélimar. Lun-ven 8h-12h30, 13h30-18h30, plus sam en déc.* Une des grandes adresses gourmandes du département, depuis 3 générations : châtaigne ardéchoise, crème de marrons et marrons glacés. Petite vidéo explicative. Les bonnes boutiques de la ville proposent également leurs produits.

Biscuiterie Les Châtaignettes *(hors plan par C1,* ***40****)* **:** *chemin du Praneuf, 07200* ***Saint-Privat.*** *☎ 04-75-35-93-02. • les-chataignettes.fr • Lun-jeu mat 8h-12h, 13h30-18h. Congés : janv-fév et fêtes de fin d'année.* Délicieux biscuits à base de farine de châtaigne : croquettes aux écorces d'orange, aux amandes, soufflé aux noisettes croustillant sous la dent... Également des boutiques à Ruoms et Vallon-Pont-d'Arc.

À voir. À faire

Le château *(plan C2)* **:** *pl. de l'Hôtel-de-Ville (ou du Château). ☎ 04-75-87-81-11.* ***Attention, toujours fermé pour travaux.*** Un impressionnant château du XIIe s mais qui a subi au fil des siècles de nombreuses modifications. Il reste pourtant l'une des grandes réussites architecturales du département sur le plan civil, où se mêlent les influences de chaque siècle. Depuis ce château posé au-dessus de la vallée – site éminemment stratégique – plusieurs grandes familles ont dominé la région : les Montlaur, Maubec (période Renaissance), Modène, puis d'Ornano, et enfin Vogüé, au XVIIIe s. Le château vient d'être superbement rénové (et il est joliment éclairé la nuit). On remarque tout d'abord les 2 grosses tours rondes et défensives, du XIVe s, flanquées aux angles de la façade. L'adjonction de la porte à bossage (style Louis XIII), des fenêtres et des toits décoratifs, où l'on reconnaît les motifs géométriques et colorés de style bourguignon, se fit au XVIIe s, quand le château perdit son aspect défensif. L'intérieur doit, dans un futur plus ou moins proche, accueillir le 1er centre d'art contemporain d'Ardèche.

L'église Saint-Laurent *(plan B-C2-3)* **:** *en général, ouv 9h-12h, 15h-18h.* Même si l'église date du XIIIe s, elle fut reconstruite 4 siècles plus tard et subit encore de nombreux remaniements. Curieuse façade néoromane, peu inspirée. Si on vient ici, c'est surtout pour l'admirable retable baroque et rococo en bois de noyer du XVIIIe s, qui provient d'un collège de Jésuites. Superbes colonnes torses décorées d'entrelacs végétaux de toute beauté. Un vrai travail d'orfèvre.

Le centre historique : si les siècles sont passés par là, il conserve un sacré caractère, ce centre historique. À visiter le nez en l'air, pour, place de l'Hôtel-de-Ville face au château, ne pas louper la ***maison aux Gargouilles,*** demeure Renaissance qui porte bien son nom. Plusieurs autres maisons Renaissance, grand-rue ou rue du 4-Septembre, avec par exemple au n° 34, la ***maison Lafaye-Lanthozet*** : tour à pans coupés et façade du XVIIIe s. C'est ici que furent assassinés les bienheureux (sic !) martyrs d'Aubenas, le père Salès et le frère

Sautemouche, 2 jésuites envoyés ici au XVIe s, alors que la ville était aux mains des protestants. Ils furent relâchés, mais – fausse joie – assassinés dès leur sortie. Par sa cruauté, ce crime favorisa quelque peu la reconversion des habitants au catholicisme... Au départ de la place du 14 juillet (la plus ancienne de la ville), la rue Sainte-Claire aligne quelques boutiques médiévales aux étals de pierre. Petit détour enfin jusqu'à la ***porte Valleton,*** dernière des 7 portes d'Aubenas encore debout.

Le dôme Saint-Benoît *(plan B1) : ouv seulement dans le cadre des visites guidées de la ville.* C'est une ancienne chapelle du XVIIe s faisant partie d'un couvent de Bénédictines dont il ne reste que quelques ruines. Elle échappa aux destructions de la Révolution pour devenir une halle aux grains. On y trouve le mausolée de la famille d'Ornano et une petite collection d'art religieux.

Fête et manifestations à Aubenas et dans les environs

– ***Invitation à... :*** *fin fév.* • *sallelebournot.fr* • Autour d'un pays ou d'une région pour aller à la rencontre des cultures du monde (expos, concerts, spectacles...).
– ***Carrefour européen du 9e Art et de l'image :*** *en mars.* • *aubenasbdimage.com* • *GRATUIT.* Rencontres autour de la B.D. : cinéma, illustrations, expositions, dédicaces...
– ***Cinéma sous les étoiles :*** *juil-août.* • *maisonimage.eu* • Projections en plein air dans une trentaine de villages d'Ardèche méridionale.
– ***Rencontres des cinémas d'Europe :*** *2de quinzaine de nov.* • *maisonimage.eu* • Présentation de films européens en présence des réalisateurs, courts et longs métrages, films jeune public, films muets en musique, rencontres...

DANS LES ENVIRONS D'AUBENAS

Ailhon *(07200) : à env 10 km au sud-ouest d'Aubenas.* Tranquille et mignon « village de caractère », cerné par une superbe forêt de pins (plantés autour de 1825). Ailhon ordonne ses maisons de pierres autour d'une charmante place centrale où l'on prendra la peine de pousser la porte de l'église Saint-André, largement romane. À l'intérieur : culs-de-lampe joliment sculptés, couvercle de sarcophage du XVe et, curiosité, la base du tronc, tourmenté, d'un orme de Sully qui trônait autrefois sur la place.

LA VALLÉE DE LA VOLANE

VALS-LES-BAINS (07600) 3 650 hab. *Carte Ardèche, A2*

• Plan *p. 73*

Vals est l'une des 3 stations thermales du département. Un autre visage de ville, une autre personnalité apparaît ici. À Aubenas, haut perchée, c'est encore l'Ardèche du soleil, des cigales et des garrigues. À Vals, on est dans

une petite Suisse ardéchoise plantée de pins, de châtaigniers, de vignes, de mûriers et de figuiers... Ça sent la montagne et encore la Méditerranée. Au fond d'une vallée où se rencontrent 3 cours d'eau, l'Ardèche, le Voltour et la Volane, Vals est une étape « art de vivre », où se mêlent douceur et dynamisme. Vals est l'unique endroit en Ardèche où boire de l'eau est autant un plaisir que de boire du vin !

UN PEU D'HISTOIRE

Vals fut longtemps écrasée par sa voisine Aubenas puisqu'elle dépendait des mêmes seigneurs entre le XIe et le XVIIIe s. Les guerres laissèrent d'importantes traces, ici comme ailleurs. Vals, majoritairement protestante en ces temps-là, tout comme Antraigues, fut toujours en butte aux rivalités de sa grande voisine, plus catholique. De nombreuses guerres de pouvoir, tant religieuses que politiques, entraînèrent sa destruction au fil des siècles : batailles rangées, interdiction de culte pour les protestants, soulèvement des calvinistes, assassinats, dragonnades. En 1709, c'est la dernière insurrection des camisards, mais il faut encore attendre quelques années et l'arrivée de Louis XV sur le trône pour que les esprits s'apaisent et que revienne la liberté de culte.
Vals ne sort véritablement de l'ombre qu'avec la mode d'aller prendre les eaux. Avec ses 143 sources, la ville est bien placée et on y ouvre un important établissement thermal, puis des hôtels chics pour curistes et touristes. Pas étonnant que ce soit un des lieux choisis pour le repos des soldats américains durant la Première Guerre mondiale. C'est encore à Vals que certaines personnalités furent astreintes à résidence lors de la Seconde Guerre mondiale.

LES EAUX DE VALS

Dès la découverte de la 1re source, en 1601, on viendra prendre les eaux ici. Et on en boira dans la foulée à Paris. Claude Expilly, conseiller du roi, fait une cure à Vals et en dira beaucoup de bien. Très en vogue sous Louis XIV, les eaux de Vals sont expédiées aux plus grands personnages de la cour à Versailles. On découvre très vite leurs vertus thérapeutiques. Jean-Jacques Rousseau, mais surtout Mme de Sévigné profitent des bonnes eaux et utiliseront plusieurs litres d'encre pour dire dans leurs lettres ô combien tout cela est bon.
Les sources ne sont plus toutes en service aujourd'hui, mais il reste de quoi guérir à peu près toutes les affections. Précisons tout de même que la ville est spécialisée dans le soin des intestins. Les très grandes qualités des eaux de Vals permettent d'utiliser chaque source pour ses qualités chimiques et biologiques, toutes différentes. Mais, si elles sont curatives, les eaux de Vals sont aussi simplement bonnes à boire. Aujourd'hui, au-delà des soins, la mode de la remise en forme prend le relais sur le thermalisme curatif pur et dur. Dès le petit matin et tout au long de la journée, n'hésitez pas : hop ! un p'tit verre de Béatrix, puis un autre de Précieuse, un 3e de Désirée...

Adresse et infos utiles

Office de tourisme (plan A1) : *maison Champanhet, 7, rue Jean-Jaurès (entrée par le passage à droite). ☎ 04-75-89-02-03. • aubenas-vals.com • Juil-août, lun-sam 9h-19h, dim 9h-13h ; le reste de l'année, lun-sam 9h-12h, 14h-18h.*

Tout'enbus : *• toutenbus.fr •* Liaison avec Aubenas.
– **Marchés :** *dim mat ; et petit marché primeur jeu mat.*
– **Marché nocturne :** *jeu en juil-août.*

Où dormir à Vals et dans les environs ?

Campings

⛺ ***Au Fil de la Volane*** *(hors plan par A-B1,* ***13****) : route d'Antraigues, à Vals. ☎ 04-75-37-46-85. • camping.aufildelavolane@wanadoo.fr • campingaufildelavolane.com • À 500 m du centre-ville, juste derrière le stade. Ouv avr-sept. Forfaits pour 2 pers, 14-22 €. 66 empl.* Familial, ombragé et au calme, il a l'avantage d'être situé à proximité du centre. Sanitaires impeccables. Petite piscine, accès à la rivière (pour les pêcheurs, on ne s'y baigne pas vraiment). Petite épicerie. Snack, mais pas tous les jours. Animations.

⛺ ***Le Pastural*** *(hors plan par B3,* ***12****) : le Pastural, 07200* ***Ucel.*** *☎ 04-75-37-60-28. • campinglepastural@hotmail.fr • campinglepastural.com • À 2 km au sud-est de Vals. Ouv d'avr à mi-oct. Forfaits pour 2 pers, 13-24 €. 76 empl.* Un camping de type familial, très bien tenu et tranquille, à proximité de la forêt et juste au-dessus de la petite rivière du Sandron. Grands emplacements bien ombragés et sanitaires flambant neufs. Snack. Piscine chauffée avec pataugeoire, salle de jeux, laverie, etc. Mobile homes. Pour les fans de VTT : 100 km de circuits au départ du camping (pas mal de randos pédestres aussi).

⛺ ***Domaine de Gil*** *(hors plan par B3,* ***11****) : 91, route de Vals, 07200* ***Ucel.*** *☎ 04-75-94-63-63. • resa@domaine-de-gil.com • domaine-de-gil.com • ♿ À 4 km au sud-est de Vals. Ouv fin avr-fin sept (resto de mi-juin à fin août seulement). Forfaits pour 2 pers, 21-42 €. 52 empl.* Dans un beau site, un vaste camping (4,5 ha) avec un équipement de qualité. Ambiance plus club (avec plus de locatifs que d'emplacements) que petit camping tranquille toutefois. Accès direct à l'Ardèche. Piscine chauffée.

Prix moyens

🏠 ***Hôtel Saint-Jacques*** *(plan A3,* ***16****) : 8 ter, rue Auguste-Clément, à Vals. ☎ 04-75-37-46-02. • hotelsaintjacquesvals@orange.fr • hotelsaintjacquesvals.com • Ouv mai-fin sept. Doubles 65-81 € ; familiales. Parking privé gratuit.* Au calme, perché dans les sapins et les châtaigniers, à 150 m de la rue principale de la partie thermale de la ville, cet hôtel abrite des chambres fonctionnelles, un peu datées certes, mais confortables. Une majorité dispose d'un balcon avec vue sur la vallée. Accueil vraiment sympa.

🏠 🍴 ⛱ ***Hôtel Saint-Jean*** *(plan B2,* ***14****) : 112 bis, rue Jean-Jaurès, à Vals. ☎ 04-75-37-42-13. • hotel.st.jean@wanadoo.fr • sjean.fr • Ouv fin avr-oct. Doubles dès 65 €. Formule 19,90 € et menus 23,90-26 €, servis midi et soir. Parking.* Plutôt spectaculaire cet hôtel familial, installé depuis 1875 dans un haut édifice presque accroché à la pente, au-dessus d'une petite rivière. À deux pas du centre mais tranquille. Cheminées, papiers peints : un certain charme à l'ancienne même si la déco fait dans la simplicité. Excellent accueil. Grande salle de resto aux larges baies vitrées et vaste terrasse avec vue. Service diligent pour une cuisine de tradition et de région, généreuse et bien tournée.

De chic à plus chic

🏠 ⛱ ***Grand Hôtel des Bains*** *(plan B3,* ***15****) : 3, montée des Bains, à Vals. ☎ 04-75-37-42-13. 📱 06-81-67-59-10. • grand.hotel.des.bains@wanadoo.fr • domainedesbains.com • ♿ Ouv avr-oct. Doubles 105-135 € ; familiales. ½ pens possible. Parking. Apéritif maison offert sur présentation de ce guide.* À deux pas du centre, hyper calme, juste derrière les thermes, un grand établissement thermal comme on en faisait au XIXe s (c'est le 1er du genre à avoir été construit ici, en 1866), aux chambres largement plus contemporaines, toutes impeccables et agréables. Vastes salons, terrasse généreuse, et sur le côté, 3 piscines dont une chauffée et semi-couverte. Bon accueil.

🏠 🍴 ⛱ ***Grand Hôtel de Lyon – Restaurant les Arcades*** *(plan B3,* ***17****) : 11, av. Paul-Ribeyre, à Vals.*

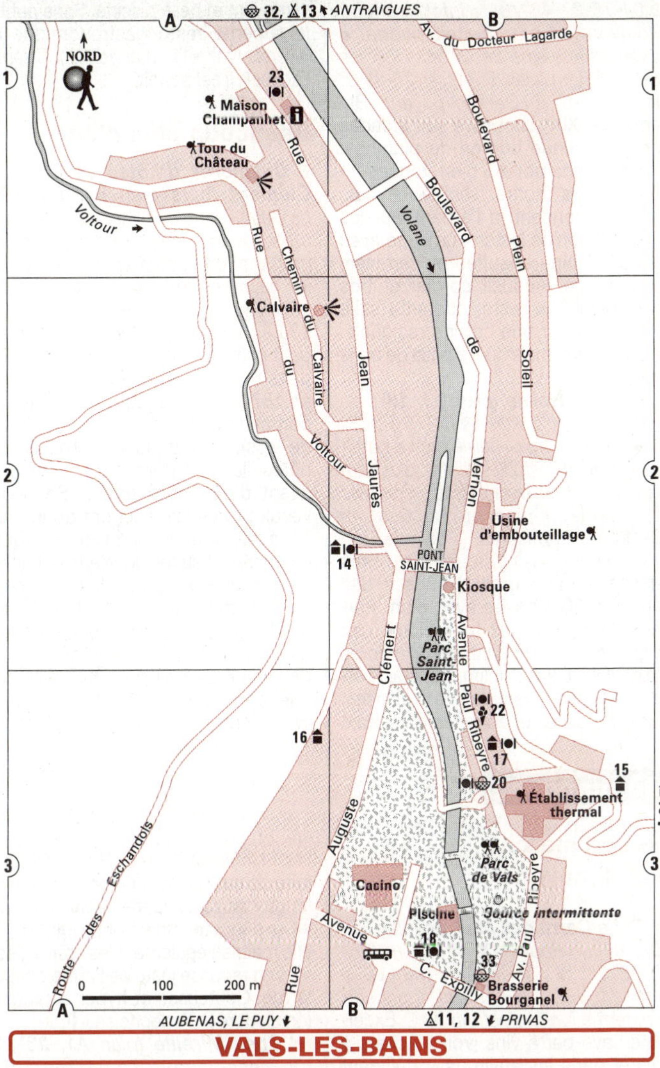

VALS-LES-BAINS

Adresse utile

Office de tourisme (A1)

Où dormir ?

11 Domaine de Gil (hors plan par B3)
12 Le Pastural (hors plan par B3)
13 Au Fil de la Volane (hors plan par A-B1)
14 Hôtel-restaurant Saint-Jean (B2)
15 Grand Hôtel des Bains (B3)
16 Hôtel Saint-Jacques (A3)
17 Grand Hôtel de Lyon (B3)
18 Hôtel Helvie (B3)
19 Chambres d'hôtes Le Château Clément (hors plan par B3)

Où manger ?

14 Hôtel-restaurant Saint-Jean (B2)
17 Les Arcades (B3)
18 Le Vivarais (B3)
20 Le Carré des Maîtres (B3)
22 Béatrix – Côté Crêpes (B3)
23 Chez Mireille (A1)

Où déguster une bonne glace ?

22 Glacier Béatrix (B3)

Achats

20 Le Carré des Maîtres (B3)
32 La Reine des Basaltes (hors plan par A1)
33 Brasserie Bourganel (plan B3)

☎ 04-75-37-43-70. • info@grandhoteldelyon.fr • grandhoteldelyon.fr • ♿ Ouv de mi-avr à début oct. Doubles 78-102 € ; familiales. Formules 25-38 € ; menus 29-57 €. Garage payant. Bel immeuble XIXe qui ouvre ses arcades sur une avenue bordée de platanes. Grandes chambres, bien tenues et confortables (coffre, sèche-cheveux, clim) qui donnent, à l'arrière, sur les jardins. Salon de lecture, un autre avec billard. Piscine chauffée en terrasse, au 1er étage. Accueil cordial et très attentionné. Au resto, coquette salle à manger pour une cuisine régionale, fraiche et bien maîtrisée, à base de bons produits.

Hôtel Helvie *(plan B3, **18**) : av. Claude-Expilly, à Vals. ☎ 04-75-94-65-85. • courriel@hotel-helvie.com • hotel-helvie.com • Resto tlj sauf lun (plus sam midi et dim soir hors saison). Congés : de mi-fév à mi-mars et nov. Doubles 80-190 € ; familiales. Formule déj 31 € ; menus 47-119 €. Parking.* Près du casino, une grosse bâtisse des années 1920 rénovée avec soin. Parties communes, aux tons vieux rose et gris, pleines de charme. Chambres d'excellent confort (clim, minibar, coffre...). Mobilier cossu, teintes raffinées. Quelques suites et appartements. Parc verdoyant et belle piscine. Sans oublier le superbe resto gastronomique *Le Vivarais* (voir « Où manger ? »). Quant à l'accueil, il est parfait.

Beaucoup plus chic

Chambres d'hôtes Le Château Clément *(hors plan par B3, **19**) : La Châtaigneraie, à Vals. ☎ 04-75-88-33-53. • contact@auchateauclement.com • auchateauclement.com • Sur les hauteurs de Vals, à env 800 m du centre-ville. Ouv avr-oct. Doubles 180-230 € ; suites ; petit déj en sus.* Un petit château sorti d'un conte de fées, dans un cadre enchanteur. Construit en 1870 pour Auguste Clément (qui commercialisa les eaux minérales de Vals), le château a vu passer des hôtes illustres (dont Vincent Auriol...) avant d'être abandonné. Ses nouveaux propriétaires lui ont donné une 2de jeunesse en aménageant quelques chambres et suites douillettes et richement équipées, auxquelles on accède par un imposant escalier à double révolution. Beaucoup d'espace, d'élégance et de charme. Superbe mobilier, débauche de boiseries XIXe s et parquet de chêne massif. Piscines chauffées et spa.

Où manger ?

De bon marché à prix moyens

Le Carré des Maîtres *(plan B3, **20**) : 6, av. Paul-Ribeyre. ☎ 04-75-88-93-64. • carredesmaitres_vlb@orange.fr • En juil-août, tlj ; hors saison, fermé lun-mar. Menu 23 €.* Excellente cave-bar à vins (voir « Achats à Vals et dans les environs ») délivrant également une cuisine du jour, suivant scrupuleusement le marché. Carte courte mais tout est donc très frais. Décor bois et bouteilles, arrangé avec goût. Belle sélection de vins. Chouette terrasse dominant la Volane. Accueil très sympa.

Béatrix – Côté Crêpes *(plan B3, **22**) : 3, av. Paul-Ribeyre. ☎ 04-75-37-52-90. • glacier.beatrix@yahoo.fr • En été, tlj 10h30-minuit en continu. Galettes et crêpes 8-10 €.* Si *Béatrix* sait faire de succulentes glaces depuis fort longtemps (c'est la même maison ; voir « Où déguster une bonne glace ? »), elle maîtrise également les crêpes, servies en terrasse juste de l'autre côté de la rue. Goûteuses et hyper copieuses (on a adoré l'« Ardéchoise » !).

Chez Mireille *(plan A1, **23**) : 3, rue Jean-Jaurès. ☎ 04-75-37-49-06. • delepinejeanmarc@orange.fr • En saison, tlj sauf mer ; sinon, fermé soir lun et dim. Menus 15 € déj sem et 22-33 € ; carte env 40 €. Café offert sur présentation de ce guide.* Une minuscule bonbonnière où se concocte une cuisine à la fois (exercice difficile) généreuse et raffinée : salade de ravioles poêlées, joue de porc à la bière de marrons, ballottine de pintade à la châtaigne... Les menus se révèlent d'un très bon rapport qualité-prix.

🍽 Voir aussi plus haut dans « Où dormir ? » les restos de l'hôtel ***Saint-Jean*** *(plan B2, **14**)* et ***les Arcades*** au ***Grand Hôtel de Lyon*** *(plan B3, **17**)*.

Plus chic

🍽 ***Le Vivarais*** *(plan B3, **18**) : av. Claude-Expilly. ☎ 04-75-94-65-85. • courriel@hotel-helvie.com • Tlj sauf lun (plus sam midi et dim soir hors saison). Formule déj 31 € ; menus 47-119 €.* Mention spéciale pour la table de l'*Hôtel Helvie.* Dans la grande salle à manger cossue et Art déco, le chef affiche un savoir-faire de haute volée. Servie par un personnel au top, voici une cuisine enlevée et goûteuse, pleine de raffinement, osant les alliances des saveurs et des textures, sans jamais tomber dans le travers de l'apprenti sorcier. De l'audace certes, mais savamment dosée. C'est exquis de bout en bout, pour les yeux comme pour les papilles, et ce pour des tarifs plus que raisonnables. Bravo, chef !

L'ARDÈCHE

Où déguster une bonne glace ?

Glacier Béatrix *(plan B3, **22**) : 3, av. Paul-Ribeyre. ☎ 04-75-37-52-90. Ouv avr-fin sept.* Un excellent glacier dont la réputation remonte à 1923 (date de construction du joli petit immeuble Art déco qui l'abrite). Des glaces fabriquées artisanalement, qu'on déguste en terrasse, à l'ombre bienfaisante des platanes, face au parc Saint-Jean.

Achats à Vals et dans les environs

La brasserie Bourganel *(plan B3, **33**) : av. Claude-Expilly. ☎ 04-75-94-03-16. • bieres-bourganel.fr • Ouv avr-oct. Fermé dim ; plus lun hors saison. Visite guidée seulement ; appeler pour les horaires. Entrée : 4 €, dégustation comprise.* Étonnant de découvrir une brasserie dans une ville d'eaux ? Eh bien, pas tant que ça ! Il faut savoir qu'on utilise 11 l d'eau pour faire 1 l de bière (filtration, cuisson, nettoyage des cuves...). D'origine ardéchoise, les proprios brassent leur bière à Vals depuis 2000, dans un établissement très moderne. Bière brassée (et non aromatisée) à la myrtille, à la châtaigne, au nougat et à la verveine. On vous expliquera l'histoire de ce breuvage, le mélange des malts, le concassage, l'empattage, la filtration... pendant la dégustation. Et on y trouve même un soda, le Col'ardèche, aux extraits de châtaigne évidemment.

Le Carré des Maîtres *(plan B3, **20**) : 6, av. Paul-Ribeyre, à Vals. ☎ 04-75-94-00-89. En été, tlj 9h-23h en continu.* Juste à côté du restaurant du même nom, une belle boutique où tous les producteurs de la région sont représentés : caillettes, miel, confitures, vins...

La Reine des Basaltes *(hors plan par A1, **32**) : Le Raccourci, **Asperjoc.** ☎ 04-75-38-71-91. ♿ À 5 km au nord de Vals. Lun-ven 8h-12h, 14h-17h, plus sam mat.* Eau gazeuse, riche en magnésium, réputée pour être bonne pour la digestion (donc le foie). C'est la plus petite source familiale française.

À voir. À faire

Le quartier médiéval

La maison Champanhet *(plan A1) : 7, rue Jean-Jaurès. ☎ 04-75-89-02-03. • aubenas-vals.com/maison-champanhet • ♿ Entrée par l'office de tourisme. Tte l'année, lun-sam 9h-12h, 14h-18h, jusqu'à 12h30 et 19h dim, et 9h-13h en* *juil-août ; dernier billet 1h avt fermeture. Entrée : 3,50 € ; réduc ; gratuit jusqu'à 5 ans. Compter 1h.* La 1re salle narre l'histoire de la famille Champanhet, à l'origine du processus d'embouteillage de l'eau de Vals (meubles de famille, orgue, photos, cuisine d'époque...). Petite évocation de l'activité économique de la ville et de sa région durant les XVIIIe et XIXe s, ainsi que l'histoire des eaux minérales et thermales de Vals. À l'étage, une vidéo et des panneaux portent un regard sur les savoir-faire agricoles ardéchois, notamment à travers les paysages en terrasses *(faysses)* et leur système d'irrigation *(béalière)*. Vous apprendrez tout sur l'artisanat local, le travail de la pierre, du bois et du métal.

🚶 ⋞ ***L'ancienne tour du château*** *(plan A1)* **:** *accès libre, tlj 8h-22h.* Une courte grimpette à travers les ruelles un peu biscornues du vieux Vals (quartier minuscule mais riche en très vieilles maisons) gagne un belvédère aménagé au sommet de cette portion d'une ancienne tour médiévale. C'est l'ultime vestige d'un château qui a subi les foudres du duc de Montmorency pendant les guerres de Religion. Panorama sur la ville avec ses toits ocres et bruns, la vallée qui s'enfonce jusqu'à Antraigues, les collines boisées et le mont Sainte-Marguerite qui culmine à 985 m.

🚶 ⋞ ***Le calvaire*** *(plan A2)* **:** *chemin du Calvaire. Accès libre tlj 9h-19h.* Une gentille collinette au sommet de laquelle on trouve une petite chapelle construite en 1732 par un chirurgien, Louis Malmazet, protestant converti au catholicisme après avoir miraculeusement guéri d'une grave maladie. Chemin de croix contemporain. Et comme du sommet de la tour du château, vue sympathique.

Le quartier thermal

🚶 ***L'usine d'embouteillage*** *(plan B2)* **:** *ne se visite pas.* Plantée au bord de la Volane, c'est ici que, depuis le début du XXe s, on met en bouteilles l'eau de Vals, soit plus de 37 millions par an. Bel exemple d'architecture industrielle, massive et géométrique, style Belle Époque.

🚶🚶 ***Le parc Saint-Jean*** *(plan B2-3)* **:** un tout petit parc qui borde la Volane. L'agencement respire le style de Jean-Michel Wilmotte, moderne, créatif et agrémenté de petits canaux et de chevaux sculptés, à l'ombre des marronniers. Dans le parc, un petit pavillon, kiosque des années 1930 où l'on pouvait découvrir 3 eaux de Vals *(lun-jeu et sam 10h-12h, 16h-18h ; ven 15h-18h)*. On n'en déguste plus qu'une seule, la *Béatrix*. Dommage ! Dans le parc, quelques sculptures de Pierre-Louis Chipon (voir « Le col de l'Escrinet » plus haut).

🚶🚶 ***Le parc de Vals et la source intermittente*** *(plan B3)* **:** superbement arboré, au bord de la Volane, avec ses ponts de fer, ses bancs, ses cèdres centenaires et, à deux pas, un séquoia de 55 m de haut (classé « Arbre remarquable » par l'ONF) qui règne sur ce paradis végétal. Au centre, une source, mélange d'eau et de gaz carbonique, jaillit toutes les 6h *(5h30-23h30 en été)*. Le jaillissement de la source, dû à la pression exercée par le gaz accumulé, est en effet régulé artificiellement (ce geyser local s'avérant au naturel un peu capricieux).

🚶 ***L'établissement thermal de Vals*** *(plan B3)* **:** *15, av. Paul-Ribeyre. ☎ 04-75-37-46-68. ● thermesdevals.com ● ♿ Avr-oct, tlj sauf dim 7h30-20h. Nombreux forfaits proposés.* Ici, on a capté, assemblé et chauffé 6 sources différentes. Ça donne un établissement qui traite aussi bien ceux souffrant de diabète et de maladies nutritionnelles que les bien-portants. Centre avec spa, piscine couverte, hammam, jacuzzi et aquajets.

– ***La piscine municipale*** *(plan B3)* **:** *juste de l'autre côté du parc de Vals. ☎ 04-75-37-46-24. De mi-mai à mi-sept, tlj horaires variables. Entrée payante.* Une piscine d'été en plein air, longue de 50 m, en plein centre-ville et au milieu des pins. Toboggan, bassin bébés... Un vrai bonheur !

Randonnées pédestres et spéléologie

■ ***Randonnées avec guide :*** *avec* ***Ardèche Randonnées,*** *07-86-43-31-81.* • *ardeche-randonnees.fr* • Pour découvrir le secteur avec un guide. Randonnées à la demi-journée et à la journée (faune, flore, sortie bivouac, raquettes en hiver...). Également des randos pour les week-ends et courts séjours.

■ ***Randonnées avec un guide spéléo et canyon :*** *avec la* ***Base Canyon de la Besorgues,*** *07-86-22-78-45.* Excellents guides qui organisent à la demi-journée des activités canyon en famille (à partir de 4 ans) du côté de Labastide-sur-Besorgues, ainsi que des sorties spéléo à Saint-Étienne-de-Fontbellon.

Festival

– ***Festi-Vals du jeu :*** *le 3e w-e de juil, sam-dim 16h-minuit.* ☎ *04-75-37-49-21.* • *lesquinconces.com* • *GRATUIT.* On part à la découverte de plus de 200 jeux traditionnels ou insolites, d'ici et d'ailleurs, animés par une centaine de passionnés qui les expliquent et font jouer aussi bien les enfants que les adultes.

ANTRAIGUES-SUR-VOLANE

(07530) 500 hab. *Carte Ardèche, A2*

« Pour vivre heureux, vivons perchés », pourrait être la devise de ce gros village. Là-haut sur son piton volcanique, ses pieds léchés par 3 rivières à truites – la Volane, la Bise et le Mas –, Antraigues semble chargé de surveiller les volcans et les ruines du château de Crau, là-bas en bordure de cratère, pas loin des châtaigniers en terrasses, qui se rendent en rang jouer de l'orgue de basalte. Une situation exceptionnelle, une atmosphère différente, rythmée par le choc des boules sur la place du village.
Petite ou grosse, pétanque ou lyonnaise, ici, la boule roule l'été comme roulent les bogues de châtaignes en octobre. Car ce « village de caractère » est aussi celui de la châtaigne, qu'on fête chaque année à la Toussaint. Village d'artistes également, de sculpteurs surtout, qui ont fait surgir des murs, des ruelles et des calades des visages curieux de voir et d'être vus.

JEAN FERRAT À ANTRAIGUES-SUR-VOLANE

Son ami peintre et décorateur de théâtre, Jean Saussac, lui avait fait découvrir Antraigues dans les années 1960. Dans la vallée, il y avait une maison à vendre, au bord du torrent le Mazelande. Le site naturel, ombragé par des châtaigniers, est remarquable. Coup de foudre, Jean Ferrat l'achète en 1964 pour 9 000 francs de l'époque. Les maçons retapent la ruine. Inspiré par l'Ardèche, et pour la

QUAND FERRAT TIENT LE CAP

Jean Tennenbaum ? Jean Laroche ? Franck Noël ? 3 noms qui n'ont guère laissé de trace dans l'univers des poètes et chanteurs français. Pourtant, ce sont les noms de baptême, puis de scène de celui qui adopta en 1960 le pseudonyme plus connu de Jean Ferrat, en référence à Saint-Jean-Cap-Ferrat. Un cap décisif pour sa carrière.

remercier de tout ce qu'elle lui donnait – « la beauté, l'authenticité et la paix » –, il compose *La Montagne,* un de ses grands succès musicaux. « Pourtant, que la montagne est belle, comment peut-on s'imaginer... »
Le chanteur s'intègre vite à Antraigues, fréquente les bistrots, sympathise avec les habitants, joue à la pétanque sur la place de la République, devient conseiller municipal (tendance communiste) de 1965 à 1971, et adjoint au maire (Jean Saussac toujours) de 1971 à 1977. ***Le couple Christine-Jean Ferrat*** s'installe définitivement dans sa maison d'Antraigues en 1973. Ils n'en bougeront plus (ou si peu) pendant ***37 ans,*** recevant leurs amis parisiens, Claude Nougaro, Gilbert Bécaud, Georges Brassens et Jacques Brel. Et l'histoire continue avec la visite de la maison Jean-Ferrat, où le souvenir du chanteur-militant est plus vivant que jamais.

Adresse et info utiles

Office de tourisme : *montée de la Croisette, à gauche en arrivant au village. ☎ 04-75-89-02-03. • aubenas-vals.com • Juil-août, lun-sam 9h-12h30, 14h-19h, dim 9h-13h ; sept-nov, vac scol automne et hiver et avr-juin, mar-sam (seulement ven-sam nov-avr). Fermé 23 déc-20 fév.* Plan de 4 balades à faire dans et autour du village, fiches rando et topoguides (en vente).

Marché : *mar mat de juin à mi-sept, au centre du village.*

Où dormir ? Où manger ? Où boire un verre ?

Camping municipal d'Antraigues : *Pont-à-Huile. 06-79-28-12-18. • campingantraigues07@gmail.com • antraigues.org • Ouv de mi-juin à mi-sept. Forfaits pour 2 pers, 11-15 €. CB refusées. 25 empl.* Simple, modeste mais situé sur une pelouse bien plane et ombragée, au pied du village. Peu d'emplacements, peu de douches aussi. Mais c'est un lieu à taille humaine, bon marché et sans locatifs : les campeurs purs et durs apprécieront. Tables, barbecues et éclairage solaire des allées.

Chambres d'hôtes Le Boustrophédon : *montée de la Croisette. 06-74-40-89-73. • laurent.chaillou@gmail.com • Dans la montée vers le village, en face de la Poste. Double 80 €. Repas 22 €.* Luc et Laurent tenaient l'Ancienne Épicerie, une de nos adresses préférées à Aix-en-Provence. Une envie de changer d'air et on les retrouve, avec plaisir, dans cette maison de village du XIXe. Avec, comme à Aix, toujours un réussi décor d'épicerie d'autrefois au rez-de-chaussée, des chambres simplement charmantes dans les étages, un touffu jardin sur l'arrière. Et du petit déj à la table d'hôte en passant par la pause goûter au salon de thé, toujours d'excellentes recettes ensoleillées. Quant au Boustrophédon... faites-vous expliquer ici l'origine de ce drôle de nom.

Chambres d'hôtes Lo Fédou : *1, montée du Portail. 06-84-24-33-12. • lofedou@live.fr • lo-fedou-antraigues.com • Double 70 €.* À 100 m de la place du village, à l'angle de la rue, une petite maison restaurée abritant 2 chambres charmantes aux couleurs provençales, avec vue (superbe) sur les vallées de la Bise et de la Mazélande. Le petit déj se prend sur une terrasse face à ce beau paysage. Accueil affable.

Café des Serres : *depuis la pl. principale, suivre le chemin de la Soie, puis celui des Muletiers, c'est (fléché) à 90 m. ☎ 04-75-88-20-12. • kassumaye@gmail.com • Juil-sept, tlj. Assiettes env 20 €. CB refusées.* Personne n'a jamais regretté d'avoir poussé au bout de cette ruelle pour découvrir cette belle terrasse au calme, avec vue plongeante sur la vallée ! On y déguste une cuisine légère et copieuse à la fois, réunie dans des assiettes « Saveurs du pays » ou « Saveurs du jour ». Du travail de qualité, réalisé avec des produits choisis et servi avec le sourire. Bière artisanale, et l'après-midi, d'excellents sirops locaux.

Où dormir ? Où manger ? Où boire un verre dans les environs ?

Chambres d'hôtes Le Baladou : *Bise-Nord, 07530* ***Genestelle.*** *☎ 04-75-38-71-77. 06-74-87-91-32. • bernadette.mazoyer@wanadoo.fr • lebaladou.com • À 5 km au nord-est d'Antraigues. Congés : déc-fév. Double 55 €. Formule assiette gourmande et dessert 15 € (sauf mer et dim).* Dans un hameau vraiment tranquille et une maison de pierre, 5 chambres, plutôt petites, toute simples mais agréables, avec sanitaires privés (sauf une).

Lou Tarare : *Freyssenet, 07600* ***Labastide-sur-Bésorgues.*** *☎ 04-75-88-22-58. • loutarare@yahoo.fr • À env 10 km au nord-ouest d'Antraigues. Tlj sauf lun et mer hors saison. Assiette env 15 €.* Le seul et unique lieu de vie et d'animation dans ce village isolé. Ce bistrot de pays multifonctions fait bar-tabac-épicerie, cave à vins et resto. Petite cuisine toute simple pour l'assiette du jour : charcuteries, caillette, picodon... Concerts et nombreuses expos (dont des toiles du maître des lieux) en saison.

Kaizaco : *Le Col, 07530* ***Aizac.*** *☎ 04-75-38-65-34. • kaizaco.cafe.curieux@gmail.com • À env 6 km d'Antraigues, dans le village. Ouv le midi tlj sauf lun-mar, plus le soir sur résa mer-sam ; également ouv pour le petit déj. Congés : de mi-déc à fin janv. Menu unique entre 25 et 30 €. Digestif maison offert sur présentation de ce guide.* On a l'impression d'arriver au bout du monde, mais on ne regrette pas le détour. Andrès est chilien, Léonor (alias Léo) est une jeune femme du pays. Tous les 2 ont décidé de faire revivre un vieux bistrot de village pour en faire un « café curieux » : comprendre un resto de potes, un bar d'amis, un lieu de rencontres. Les produits sont locaux (très même : vinaigre et moutarde viennent de chez le voisin), et la cuisine signée Léo est du tonnerre, toute en fraicheur, en générosité et en goûts. Adorable petite salle colorée et vue sublime depuis la terrasse. On s'y attarde dans l'après-midi pour une bière locale, un thé de qualité, une part de gâteau. Juste à côté, même proprios et même bons produits locaux pour l'épicerie *(en saison, tlj 8h30-20h30).* Un endroit qu'on aime vraiment bien.

L'ARDÈCHE

À voir

La maison Jean-Ferrat : *pl. de la Résistance. ☎ 04-75-94-73-49. • maison-jeanferrat.com • Avr-oct, tlj 9h-12h, 14h-18h ; le reste de l'année, fermé mar. Entrée : 5,50 € ; réduc ; gratuit moins de 18 ans. Petite précision : il ne s'agit pas de la maison habitée par Jean Ferrat (qui ne se visite pas).* Quelque chose nous dit que la maison choisie pour évoquer la mémoire de Jean Ferrat n'occupe pas cette place de la Résistance par hasard ! Sur 4 niveaux, son épouse a voulu poursuivre la poésie de ce (très) grand de la chanson française. Au rez-de-chaussée, une expo baptisée « Jean des Encres, Jean des Sources » avec quelques œuvres de l'ami, pionnier du street art, Ernest Pignon-Ernest. Au 1er, son piano et des écrans qui racontent l'artiste. À l'étage supérieur, son bureau reconstitué et la bibliothèque. Enfin, en mezzanine, quelques photos qui jalonnent son parcours au sein du village. Tout ici respire la vie de cet auteur-compositeur et interprète de génie. On arrête là les compliments, sa moustache commence à frémir ! Et à la fin de la visite, on chante : *Hourrah !*

À la recherche des visages de pierre : Antraigues se savoure le nez en l'air, à la recherche des visages sculptés qui sortent des murs de pierre. Une bonne centaine, discrètement fichés aux angles ou en plein mur, à hauteur d'homme, de femme, de chien ou de géant, c'est selon. Si vous êtes avec des enfants, c'est un formidable terrain de jeu. Bonus à ceux qui trouveront la bouille de Jean Ferrat ! Cette idée vient du ***peintre Jean Saussac,*** ancien maire, qui, au milieu des années 1990, décida de mettre une bonne partie des habitants du village au boulot. Chacun sculpta à sa guise un visage à partir de la roche basaltique du coin.

Le cimetière : *montée de la Croisette (fléché).* Pour la tombe de Jean Ferrat. Très classique, en marbre gris – avec l'inscription « Jean Tennenbaum dit Jean Ferrat (1930-2010) » – elle se trouve dans la partie haute du cimetière, contre le mur. Elle est devenue, pour les fans du chanteur, un lieu de pèlerinage, donc toujours très fleurie.

Fête et manifestation

– ***Festival Ferrat :*** *le 3e w-e de juil. • festivaljeanferrat.fr •.*
– ***Fête de la Châtaigne :*** *le dernier w-e d'oct. Infos à l'office de tourisme d'Antraigues.* Tous les producteurs de la vallée se réunissent. Démonstrations de l'artisanat local, vente de châtaignes et de produits à base du célèbre fruit.

LE PLATEAU DU COIRON

Entre Aubenas et Privas, ce plateau s'étage de 400 à 750 m d'altitude. Long de 22 km et large de 16, il monte jusqu'au col de l'Escrinet et descend jusqu'à Rochemaure, dans la vallée du Rhône. Une forte érosion a donné au Coiron la forme d'une feuille de chêne : un plateau souligné de falaises noires, ciselé par des ravines sombres et minérales comme par de petites vallées discrètes et paisibles, piquées de bosquets de chênes et de bouquets de genêts. Pour construire les villages, on a utilisé du basalte, cette pierre volcanique issue des coulées de lave provenant des volcans du Massif central qui ont façonné le plateau du Coiron. C'est ici le pays des necks, anciennes cheminées volcaniques, transformées (au long de quelques 8 millions d'années) par l'érosion en pointus pitons et des dykes, roches magmatiques qui souvent font penser à un mur construit par quelque géant.
Sur le plan historique, pendant les guerres de Religion, ces villages passèrent de main en main, même s'il y eut prédominance du pouvoir des réformés. Lors de la dernière guerre, en août 1944, des résistants attaquèrent une division allemande qui tentait de s'enfuir par le nord. En réponse, les Allemands feront plusieurs milliers de prisonniers.
Avec l'élevage et grâce au tourisme, les villages sont toujours en vie et on ne peut que s'en réjouir.

VILLENEUVE-DE-BERG

(07170) 3 000 hab. *Carte Ardèche, B3*

Posée au pied du plateau du Coiron, cette ancienne bastide royale reste aujourd'hui, malgré son riche passé, essentiellement une ville-étape.

Adresse utile

Office de tourisme : *590, chemin de la Cave, quartier Gare-Montfleury, 07170* ***Mirabel.*** *☎ 04-75-94-89-28. • berg-coiron-tourisme.com • À env 4 km au nord-ouest de Villeneuve, sur la N 102. Juil-août, tlj sauf l'ap-m les w-e et j. fériés 9h30-13h, 15h-18h30 ; mai-juin et sept, lun-ven 9h30-12h30, 14h30-18h, et sam mat ; le reste de l'année, se renseigner.* Toutes les infos sur l'ensemble du plateau du Coiron.

Où dormir ? Où manger à Villeneuve-de-Berg et dans les environs ?

De bon marché à prix moyens

Chambres d'hôtes de Laudun : *59, impasse Plaine-de-Tournon, à Villeneuve-de-Berg. ☎ 04-75-94-75-63. • nicole.loyrion@gmail.com • laudun-ardeche.fr • À 2 km au sud-ouest du centre. Tte l'année. Double 68 € ; familiales. Repas 23 €.* Des chambres fort agréables, contemporaines et confortables, et une suite pour les familles avec terrasse et entrée indépendante. Jardin au calme, environnement dégagé et accueil sympathique.

Le Relais Saint-Germain : *quartier de la Gare, 07170* **Saint-Germain.** *☎ 04-75-94-74-98. À 2 km à l'ouest de Villeneuve, sur la N 102, en face de la coopérative viticole. Ouv lun-ven. Menu 15 € en sem (midi et soir).* L'adresse de bord de nationale, pratique et économique. 2 salles et une grande terrasse, ce n'est point de trop pour ce populaire relais routier qui aligne souvent plus de 30 camions sur son parking et presque autant de camionnettes d'EDF et de voitures de VRP. Toujours un signe infaillible de la qualité des lieux. Grand buffet de hors-d'œuvre, de charcuteries fraîches... et de plats mijotés. Pizzas et quelques chambres, au cas où...

Chic

Chambres d'hôtes Domaine de la Manse : *Le Petit-Tournon, à Villeneuve-de-Berg. ☎ 04-75-94-74-39. • contact@lamanse.com • lamanse.com • À env 2 km du centre. Congés : de mi-nov à mi-déc. Doubles 126-138 €. Assiettes (tlj midi et soir) 19 € et repas (sam et j. fériés seulement) 38 € tt compris.* Grande et imposante demeure ancestrale (elle a été construite en 1839), face à un vaste paysage d'oliviers, de prés et de vignes. Véronique est une artiste peintre très accueillante. Derrière d'épais murs de pierre, chaque chambre est à thème, décorée avec goût et imagination. Cuisine familiale. Belle piscine dans le jardin. Sauna, spa et massages (en supplément).

La Table de Léa : *823, plaine de Tournon à Villeneuve-de-Berg. ☎ 04-75-94-70-36. • latabledelea@orange.fr • Tlj sauf mer et le midi lun, mar et jeu. À env 2 km du centre. Congés : 2 sem fin mars et nov. Menus 28-67 €.* C'était autrefois une grange mais difficile de l'imaginer à la vue de cette salle, franchement contemporaine, lumineuse avec ses amples baies vitrées. Agréable terrasse sous les marronniers, ouverte sur un immense jardin (avec jeux pour les enfants). Belle cuisine d'aujourd'hui, au fil du marché, signée d'une chef passionnée et inspirée. Belle carte des vins, très axée sur les vignerons régionaux.

Auberge de Montfleury : *200, route des Cépages, Saint-Denis, 07170* **Saint-Germain.** *☎ 04-75-94-74-13. • contact@auberge-de-montfleury.fr • À env 5 km à l'est de Villeneuve. Tlj sauf mar-mer et dim soir. Formules et menus 22-25 € (déj sem), puis 47-64 €.* Cette petite maison posée non loin de la Nationale abrite une salle élégamment contemporaine et une agréable petite terrasse. C'est la grande (grande : le chef a désormais la tête dans les étoiles) table du coin. Les prix sont à la hauteur de cette cuisine d'exception. Mais le « menu affaires » servi à midi en est vraiment une.

Où goûter et acheter du vin dans les environs ?

Domaine Arsac : *La Chaumette, 07580* **Saint-Jean-le-Centenier.** *06-31-82-33-68. • domainearsac@gmail.com • À 2 km au nord-est de Villeneuve-de-Berg. Tlj sauf dim 9h-19h (jusqu'à 12h30 et 14h-18h30 lun-mar).*

Un domaine plutôt récent mais qui compte 4 générations de vignerons. La dernière est passée en bio pour des côteaux-de-l'ardèche qui se tiennent bien, notamment les rouges : cuvées Les galets de la Condamine et Les Aourtes (dont les vignes, plantées en sirah, poussent sur des roches volcaniques).

À voir

L'ancienne bastide : Villeneuve-de-Berg a conservé pas mal de vestiges (qui gagneraient à être, un jour, mieux mis en valeur) de son passé de bastide royale créée au XIIe s. Quelques tours des anciens remparts : *tour des Astars* (dans la rue du même nom), *tour Neuve*, la *porte de l'Hôpital,* ancienne entrée principale de la bastide. Et quelques maisons bourgeoises de la Renaissance et autres hôtels particuliers des XVIIe-XIXe s. Une courte balade urbaine à faire en levant le nez pour découvrir les nombreux balcons aux ferronneries ouvragées, les cadrans solaires...

L'hôtel de Malmazet de Saint-Andéol : *33, Grande-Rue. Ouv en fonction des expos, musée sur rdv (mairie : ☎ 04-75-94-80-09). GRATUIT.* Un hôtel particulier du XVIIe s, comme il y en a quelques-uns en ville, avec de hautes fenêtres et des balcons à accolades. Abrite des expos temporaires (peinture, photo, artisanat...), ainsi qu'un ***musée des traditions et arts populaires*** du pays de Berg qui inclut une expo permanente consacrée à Antoine Court. Originaire de Villeneuve-de-Berg, c'est lui qui réintroduisit (clandestinement d'abord) le protestantisme en France.

Fête et manifestation

– ***Foire du 1er mai :*** *le 1er mai, pardi !* Ancienne foire aux bestiaux qui existe depuis le Moyen Âge. Aujourd'hui, la foire accueille des exposants de tout poil.
– ***Fête médiévale :*** *le 2e w-e de déc.* Diverses manifestations et concert dans l'église.

DANS LES ENVIRONS DE VILLENEUVE-DE-BERG

Le vélorail du Sud Ardèche : *Nivet, 07580* ***Saint-Jean-le-Centenier.*** *07-68-30-63-47. • velorail.fr • À 5,5 km au nord-est de Villeneuve. D'avr à mi-nov. En été, départ ttes les 2h, 10h-18h ; hors saison, 1 à 3 départs/j., mer à 14h, sam à 14h et 16h, dim à 11h, 14h et 16h. Prix : 13 € ; réduc ; gratuit moins de 5 ans.* Sur une ancienne voie ferrée désaffectée, on a installé 20 vélorails, de drôles de machines qui permettent, à la force du mollet, d'enfiler facilement les 11 km (aller-retour) de ce joli parcours. Une belle balade à faire en famille.

MIRABEL (07170) 670 hab. *Carte Ardèche, B2-3*

Un nom charmant et savoureux comme un fruit, pour ce petit village perché dans les collines du plateau du Coiron. Il est surplombé par un haut monolithe de pierre basaltique sur lequel est spectaculairement plantée une tour toute noire.

OLIVIER DE SERRES, AGRONOME VISIONNAIRE

Protestant, agronome, écrivain. En 3 mots, on peut tracer les grandes lignes de vie d'Olivier de Serres au nom prédestiné. Né à Villeneuve-de-Berg vers 1539, il achète à 19 ans le vaste domaine du Pradel (150 ha), au pied du village de Mirabel. C'est là qu'il écrit en 1600 sa grande œuvre : *Théâtre d'agriculture et mesnage des champs*. Il divise ses jardins en 4 parties : le potager, le bouquetier (où qu'on met les bouquets, pas les boucs !), le verger et le jardin médicinal.

Ses expériences se déroulent en grande majorité sur ce domaine qui restera dans la famille durant plusieurs siècles. ***Il développe la culture de la garance*** (pour le fort pigment rouge extrait de ses racines, le rouge garance), ***du houblon*** (en provenance d'Angleterre) ***et du mûrier*** importé d'Italie. Il est aussi à l'origine du ***développement de la sériciculture*** (élevage des vers et production de la soie). Le roi Henri IV, enthousiaste, découvre son travail. Il commande à Serres 20 000 mûriers blancs qu'il fait planter dans les jardins des Tuileries en 1603, et il fait imprimer le chapitre de son livre sur la production de la soie pour le faire diffuser. À cette époque, la France dépensait d'importantes sommes pour faire importer la belle étoffe. La diffusion des procédés utilisés par Olivier de Serres provoque une véritable explosion de l'élevage des vers dans toutes les Cévennes et le Vivarais, qui se couvrent de magnaneries.

Par ailleurs, Olivier met au point les ***techniques d'assolement*** (alternance des cultures sur un même terrain) qui vont permettre un bond énorme de la production agricole. Cette technique, poussée à l'extrême, est l'ancêtre de ce qu'on appelle la culture intensive... mais à l'époque où les campagnes étaient dévastées par les guerres de Religion, il s'agissait d'abord de nourrir tout le monde.

Le domaine du Pradel à Mirabel sera détruit sur ordre de Richelieu en 1628, puis aussitôt reconstruit par le fils d'Olivier de Serres au même endroit et il sert toujours de champ d'expérimentation et d'apprentissage pour le lycée agricole.

UN HOMME GÉNÉREUX

Outre ses recherches agronomiques et son domaine de 150 ha à Mirabel, Olivier de Serres devait nourrir et s'occuper de ses 7 enfants, mais aussi des 9 enfants de son frère cadet Jean, pasteur et chroniqueur du roi Henri IV, décédé en 1598. Un expert au grand cœur.

L'ARDÈCHE

À voir. À faire dans le coin

La tour de Mirabel : vous remarquerez sans doute en grimpant jusque-là que la base de la masse rocheuse horizontale qui porte la tour rappelle quelques tuyaux d'orgues. Cette grande tour noire est l'unique vestige d'un château qui a rendu l'âme au XVIIe s. De ce château édifié entre le XIIIe et le XVIe s, les réformés avaient fait une de leurs forteresses. Durant les guerres de Religion, les catholiques contrôlant la vallée du Rhône et le passage du col de l'Escrinet, Mirabel jouait un rôle stratégique et assurait le passage des Huguenots vers le Dauphiné et la Suisse.

Démantelé en 1629 sur ordre de Richelieu, le château est tout de même resté habité jusqu'à la fin du XVIIIe. Les siècles suivants se sont acharnés à le faire disparaître, n'épargnant que la tour qui a renoué avec son rôle de poste d'observation pour les FFI en 1943-1944. Presque démantelée, puis consolidée en 1970, elle a finalement échappé à la ruine. Panorama surprenant sur le plateau et le village de Saint-Laurent-sous-Coiron, juste en face.

Le domaine Olivier-de-Serres : *le Pradel. ☎ 04-75-36-76-56. • olivierdeserrestourisme.eu • À env 4 km au sud du village de Mirabel ; bien fléché. Juil-août, mar-ven 15h-19h, avec visite guidée à 15h ; mai-juin et sept-oct, mar et* *jeu-ven 13h30-17h ; nov-avr, jeu seulement 13h30-18h. Entrée : 6 € ; réduc ; gratuit moins de 6 ans.* L'ancien domaine de l'agronome Olivier de Serres est donc aujourd'hui le lycée agricole d'Aubenas. Il s'agit donc d'un grand champ d'action pour les agriculteurs, les écoles, les lycées et les universitaires, les historiens et les agronomes. On peut visiter l'***« espace de restitution »***, une sorte de musée où est évoqué le travail d'Olivier de Serres au travers des saisons, le travail du vin et de la campagne. Plutôt bien fait. La visite se poursuit dans les jardins à l'endroit même où Olivier de Serres cultivait jadis.

Les Balmes de Montbrun : *à environ 10 km au nord-est de Mirabel (mais compter 20 mn en voiture) ; bien fléché depuis Saint-Jean-le-Centenier. Accès aux balmes à pied en 5 mn depuis le petit parking.* Site naturel remarquable (et classé monument historique !) que ces grottes troglodytiques (ou balmes), accrochées aux versants d'un étroit vallon de basalte, cette pierre volcanique brune omniprésente dans le coin (Montbrun, vous avez compris...).

Par un court chemin, on accède à un point de vue idéal sur la falaise d'en face, où les balmes forment de gros yeux noirs. Et dire qu'hommes et bestiaux vivaient dans ces orbites obscures aux XIIe-XIIIe s ! Par un simple système d'accès d'échelles et de cordes, qu'ils pouvaient remonter, ils se plaçaient à l'abri du danger.

L'ARDÈCHE

SAINT-LAURENT-SOUS-COIRON

(07170) 100 hab. *Carte Ardèche, B2*

Le site (qui se remarque de loin) est superbe : un village vraiment perché, minuscule mais qui semble presque à l'étroit sur cette corniche basaltique qu'il occupe depuis le XIIe s. Vieilles maisons aux murs de galets de basalte typiques du Coiron, jolie petite église romane de la même pierre. Vue époustouflante sur tous les environs depuis l'esplanade aménagée sur les anciens remparts. Saint-Laurent a naturellement obtenu le label « village de caractère ».

Où dormir dans les environs ?

Camping Les Lavandes : *340, route de la Violle, 07170* ***Darbres.*** *☎ 04-75-94-20-65. • campinglesla vandes@wanadoo.fr • les-lavandes-darbres.com • À env 9 km au nord-est de Saint-Laurent-sous-Coiron ; fléché dans le village. Ouv début avr-fin oct. Forfaits pour 2 pers, 15-27 €. 21 empl. Une bière offerte sur présentation du guide.* À l'orée d'un village plutôt typique, un très joli camping, aménagé en terrasses, ombragé. Ambiance très familiale, peut-être un peu trop tranquille pour les grands ados mais très bien pour les adultes et les enfants. Grande piscine et pataugeoire, aires de jeux sympa. Studios et chalets. Bar et resto. Soirées à thème de mi-juillet à mi-août.

SCEAUTRES

(07400) 150 hab. *Carte Ardèche, B2-3*

Un peu perdu au bout de jolies petites routes, ce tout petit village serre ses maisons au pied du plus gros neck d'Europe. Un site étonnant.

Où dormir ? Où manger dans les environs ?

Hostellerie Gourmande La Mère Biquette : *Les Allignols, 07580* **Saint-Pons.** *☎ 04-75-36-72-61. • info@merebiquette.fr • merebiquette.fr • À env 5 km à l'ouest de Sceautres. Congés : 19 nov-2 fév. Doubles 68-120 €. Menu 26 €.* Sur un versant de montagne, dominant avec superbe une verdoyante vallée en pente douce. C'est dans ce site exceptionnel que se cache cette auberge, éminemment tranquille. Côté hôtel, en surplomb du resto, des chambres avec un certain charme, profitant de baies vitrées ouvrant parfois sinon souvent sur des terrasses avec vue. Bon standing (clim, minibar, etc.) même si les moins chères s'avèrent un peu petites. Piscine dans un immense jardin, tennis... Le restaurant (lui aussi avec vue panoramique) tient toutes les promesses de l'enseigne : menu unique pour une gourmande cuisine de marché et de région. Terrasse ombragée. Accueil décontracté et plein d'humour. On l'aime bien cette Mère Biquette.

À voir. À faire

Rien de spécial, sinon se balader dans les 2 minuscules ruelles du village, bordées de maisons médiévales, passer derrière l'église et puis grimper au ***sommet du neck*** (543 m) par le court sentier, en un petit quart d'heure. Statue (contemporaine) de la Vierge et beau panorama, inutile de le souligner. On peut aussi faire le tour du rocher en 40 mn, histoire de découvrir plusieurs dykes. Possibilité de visite avec un audioguide (gratuit) disponible auprès de l'office de tourisme (voir à Villeneuve-de-Berg).

– On parle du col de l'Escrinet dans le chapitre consacré à la région de Privas, même s'il fait géologiquement partie du plateau du Coiron.

ALBA-LA-ROMAINE (07400) 1 500 hab. *Carte Ardèche, B3*

On remarque de loin la silhouette de ce bourg, méridional en diable avec ses allures de gentille forteresse et son château qui le coiffe comme une vénérable couronne. L'histoire d'Alba est double, pour le plus grand bonheur du visiteur qui navigue entre 2 époques, 2 civilisations et 2 sites admirables. Sur les hauteurs, c'est Alba la Médiévale, avec son château, ses ruelles pavées et étroites, et ses maisons de calcaire et de basalte, ornées de sculptures et de linteaux, blotties les unes contre les autres dans l'enceinte fortifiée.

En descendant de la colline, on quitte le Moyen Âge pour remonter dans le temps et visiter Alba la Romaine, avec son théâtre, romain bien sûr, et les vestiges de sa ville antique dont l'histoire est mise en valeur par un très intéressant musée. Tombée dans l'oubli pendant des siècles, la ville romaine a été redécouverte dès le XVIIIe s, puis rendue à la lumière de l'astre solaire dans les années 1980 lorsque a été déplanté un vignoble de mauvaise qualité.

En contrebas du village, le hameau de la Roche se fédère autour d'un impressionnant dyke basaltique, duquel on peut admirer la plaine, les mauves et les verts des vignobles.

UN PEU D'HISTOIRE

Alba était une splendeur aux temps antiques. C'était la capitale des Helviens au début du Ier millénaire, sous le nom d'« *Alba Helvorum* », selon Pline l'Ancien, écrivain de l'époque.

Alba la Romaine

Entre le Ier et le IVe s, la ville occupe une trentaine d'hectares : administrations, commerces, sanctuaires, temples. Les espaces cultivés s'étendent de part et d'autre de la rivière Escoutay, et la cité doit compter quelques milliers d'âmes. Déjà à cette époque, on négocie le vin, on y apprécie le théâtre, on y élève des monuments impressionnants. Au IVe s, c'est le temps des chrétiens. Alba devient le siège du 1er évêché. Mais cette apothéose est de courte durée, puisque moins d'un siècle plus tard, on lui retire ces prérogatives : le siège épiscopal est transféré dans la vallée du Rhône, à Viviers. Alba perd son poids religieux et son importance politique. Peu à peu désertée, Alba la Romaine se couvre de cultures et sombre dans l'oubli, cédant le haut de son pavé à Alba la Médiévale.

Alba la Médiévale

Au Moyen Âge, une nouvelle bourgade émerge donc, à l'écart de l'ancienne ville, sur les hauteurs, autour d'un bout de château qui ne fera que prendre de l'ampleur. L'ensemble du bourg qu'on découvre aujourd'hui date essentiellement des XVIe et XVIIe s, avec des ajouts plus tardifs, mais certains édifices remontent aux XIVe et XVe s, et la plupart des rues ont conservé leur tracé médiéval, dessinant un éventail autour du château.
Alba change de nom pour devenir *Aps,* et au début du XVIIe s, le seigneur de la région siège aux États du Vivarais. La Révolution passe par là, ruine le château, la plupart des églises, et les riches s'en vont.

Déclin, oubli et renaissance

Aps redevient Alba au début du XXe s, mais il faudra attendre la fin des années 1940 pour qu'une nouvelle ère s'ouvre pour le village. Une vague d'artistes venus du monde entier investit cette année-là, la cité, son château et le hameau de la Roche (voir encadré). Kees van Willingen et Charles T. Nix viennent de Hollande, Berndt Helleberg de Suède, Hope Manchester, Hellen Philipps, Theodore Appleby (enterré au cimetière d'Alba) et Gabriel Kohn des États-Unis, Juana Muller et Eudaldo Morales du Chili. En 1950, Alba devient une « Cité des Arts » très cosmopolite ! Ces artistes rachètent des maisons en semi-ruines, les retapent et continuent à graver, peindre, sculpter. Dans les années 1960, des fouilles archéologiques sérieuses et suivies seront engagées, des richesses répertoriées, une histoire retrouvée. Aujourd'hui, sur la colonie d'artistes débarqués dans les années 1950, Patricia Sanderson White et Marita Poest Clement, les 2 dernières de la « grande époque », vivent toujours à Alba.

UN VILLAGE SAUVÉ PAR LA PRESSE

Un article d'André Lhote, paru dans le journal Combat *en septembre 1948, incitait les artistes à venir taquiner leur inspiration dans ce joli village oublié de la campagne ardéchoise. Et le miracle artistique eut lieu ! Une bonne vingtaine de peintres et de sculpteurs affluèrent à Alba d'un peu partout, redonnant un 3e souffle à cette terre : Alba la Romaine, devenue Alba la Médiévale, se transforma en Alba la Muse.*

Adresse utile

Office de tourisme : *rue du Barry.* ☎ *04-75-52-45-86.* • *sud-ardeche-tourisme.com* • *Dans le village. Juil-août, lun-sam 10h-12h, 14h-17h, dim 10h-12h ; mai-juin et sept, lun-sam 10h-12h, 14h-17h ; avr et oct, fermé le mat des lun, mer et ven, ansi que mar et jeu tte la journée. Fermé nov-mar.* Organise, en été, des visites guidées (gratuites) du village médiéval et du hameau de la Roche.

Où dormir ? Où manger ?

Camping

⛺ ***Le Camping du Théâtre :*** *Ribeyras. ☎ 09-72-46-18-32. • lecamping.com • Entre le village et le site archéologique. Ouv mars-oct. Forfaits pour 2 pers, 18-20 €.* Modeste camping aux installations plus toutes jeunes (mais en cours de rénovation). Emplacements bien ombragés, resto-bar, piscine et soirées animées en été.

De prix moyens à chic

Chambres d'hôtes Le Jeu du Mail : *85, chemin du Jeu-du-Mail. ☎ 04-75-52-41-59. • lejeudumail@gmail.com • lejeudumail.free.fr • Doubles 70-95 € ; familiale. Bouteille de vin de pays offerte sur présentation de ce guide.* Belle demeure en pierre, ancienne magnanerie construite au XIXe s, au bout du village. Intérieur chaleureux et accueil d'une grande amabilité. Maurice Arlaud est un jovial vigneron retraité, plein d'humour. Avec son épouse Marie-Françoise, ils accueillent les visiteurs depuis les années 1970. Chambres avenantes et coquettes, à la déco gentiment kitsch. Dans le jardin, une tonnelle et une belle piscine.

|●| ***Saveurs d'Alba :*** *pl. du Château. ☎ 04-75-46-32-79. Tlj sauf mer (et mar soir hors juil-août). Menu 19,50 €.* Resto idéalement situé sur la place du château. Dans la petite salle voûtée ou en terrasse, on déguste une cuisine bien fraîche, locale et de saison (un peu d'attente, mais c'est justifié). Assiettes soignées, ambiance intimiste et accueil fort agréable. Une excellente adresse.

Où dormir ? Où manger dans les environs ?

|●| ***Chambres d'hôtes La Grange au Nègre :*** *Saint-Philippe, 07400, **Alba-la-Romaine.** ☎ 04-75-52-44-67. • grangenegre@gmail.com • lagrangeaunegre.sitew.com • À env 3 km au sud d'Alba-la-Romaine. Double 72 €. Repas 18-25 €. Réduc de 10 % sur le prix de la chambre (sauf juil-août) sur présentation de ce guide.* Une ancienne ferme en pierre entièrement retapée et dotée de 3 chambres d'hôtes bien confortables (clim). Que ce soit la « Méditerranéenne », l'« Africaine » ou l'« Ardéchoise », elles sont toutes lumineuses, agréables, aménagées avec sobriété et goût. On est entouré par les vignes, les champs, la garrigue et le grand jardin ombragé. Cuisine à disposition des hôtes séjournant plusieurs jours. Bonne atmosphère familiale.

Où déguster et acheter du bon vin ?

Cave coopérative d'Alba : *379, route de la Cave. ☎ 04-75-52-40-23. • caveau-alba.fr • ♿ Pâques-sept, tlj sauf dim 9h-12h, 14h-19h ; le reste de l'année, fermeture à 18h et lun mat.* Riche d'une bonne centaine de vignerons et de jolies choses en vins de pays des coteaux de l'Ardèche, en rouge comme en blanc.

Caveau Louis Latour : *quartier Téoule. ☎ 04-75-52-45-66. • louislatour.com • Tte l'année, lun-sam 9h-12h, 14h-18h, ainsi que certains j. fériés et ts les dim en déc.* On ne peut louper ces grands bâtiments qui abritent les installations viticoles de la célèbre maison bourguignonne Latour, installée en Ardèche depuis la fin des années 1970. On trouve ici un excellent chardonnay de l'Ardèche, et surtout son « Grand Ardèche » (toujours du chardonnay), réalisé avec des raisins sélectionnés et dont la vinification comporte un passage en fût de chêne.

À voir. À faire

Le château : *sur les hauteurs du village. ☎ 04-75-52-42-90. • chateaudalba.com • Du 1er jour du printemps à fin mai et de mi-sept à début nov, mer-dim 14h-18h ; juin, w-e et j. fériés 14h-18h ; de fin juin à mi-sept, tlj sauf lun 10h30-18h30. Juil-août, visite guidée tlj à 11h et 15h ; sur rdv le reste de l'année. Entrée : 7 € ; réduc ; gratuit moins de 8 ans. Fréquentes expos d'art contemporain.* 2 châteaux en 1 : en entrant dans l'enceinte, faire quelques pas sur la gauche pour découvrir les vestiges du donjon du XIe s, partie la plus ancienne du château, construit sur un dyke volcanique par les évêques de Viviers. Ont été ajoutés par la suite une façade entière puis le Château neuf du XVIIe s avec sa grande porte décorative et enfin la façade en trompe l'œil réalisée au XIXe s à la demande de Viollet-le-Duc. Dans cet ensemble très composite, les siècles se percutent et se mélangent. Au fil du temps, 2 grandes familles émergent : les Adhémar, la branche cadette de Grignan, et la famille de la Baume de Suze, qui détenait des droits de passage sur le Rhône. Sur le portail ornementé de l'entrée du logis, les armoiries de la famille de Montagut qui a transformé le château au XVIIe. Habité par les familles du village suite au partage en 7 lots après la Révolution, le château est repris par le docteur Gaillard au XIXe s, et c'est alors une période de grande refonte : on refait les toitures, les fenêtres, les intérieurs.
En 1974, il est vendu à Magdeleine Frimat, médecin lyonnais qui le sauve de la ruine (ce sont ses enfants qui vous feront visiter les lieux). Elle entreprend de gros travaux de restauration et l'ouvre au public en 1976. Elle lance enfin des concerts et des expositions d'art.
Visite de la cuisine médiévale (cheminée en un seul arc), de la salle des Fresques, de l'ancienne bibliothèque curieusement décorée de fresques fantaisistes de 1934 et, dans la tour du Marin, de la chapelle. Beaux parquets du XIXe s dans le salon du rez-de-chaussée et, au 1er étage, salle de danse de style néo-gothique assez grandiose. Enfin, depuis la chambre du Roi, vue extraordinaire sur l'ancienne ville romaine et le hameau de la Roche.

Le village médiéval : joli dédale de ruelles bordées de maisons médiévales en pierre calcaire et basaltique (en noir et blanc, quoi). Les pierres blanches proviennent à 90 % des ruines de la ville antique, qui servait de carrière aux habitants. Des pierres déjà taillées, quelle aubaine ! Au départ du château, pittoresque ***rue du Four.*** Après quelques enjambées, on arrive à la ***place de l'Horloge,*** avec sa tour du XVIIe s, où se déroulaient foires et marchés au XIVe s. À deux pas de là, les arcades et la ***chapelle Saint-André,*** 1er lieu de culte du village médiéval qui remonterait aux alentours du Xe s. Dans la ***Grande-Rue,*** on trouve des témoignages architecturaux du XVIIe s (linteau de porte daté), contreforts médiévaux qui servaient parfois de passage d'une habitation à l'autre. Cette Grande-Rue aboutit au ***portail de la Trappe,*** d'où l'on peut jeter un coup d'œil à la 1re partie du château (XIe s) et profiter du point de vue sur le massif du Coiron.

On peut aussi pousser jusqu'à l'***église Saint-André,*** enfichée dans le rempart, de telle manière que le clocher est parallèle à la nef et non perpendiculaire. Son flanc sud s'est construit sur le rempart même, empruntant moult pierres issues des églises détruites lors des guerres de Religion et des anciens monuments romains. Petite échauguette d'angle (tronquée par la rénovation de l'église), dont on ne sait plus trop si elle appartient au rempart ou à l'église.

Le hameau de la Roche : en contrebas du bourg d'Alba, cet échantillon de village se présente comme une réduction de sa grande voisine. Imposant dyke basaltique autrefois fortifié, qui domine le hameau. Un reste de donjon, des maisons médiévales, une ravissante chapelle qui abrite des expos d'art gratuites (durant la saison estivale), et plein de passages de charme...

MuséAl : *quartier Saint-Pierre. ☎ 04-75-52-45-15. • museal.ardeche.fr • À 1 km au nord du village, immanquable sur la D 107. Juil-août, tlj 10h-13h, 14h-18h ; w-e, fermé le mat. Sept-nov et fév-juin, mer et ven-lun 13h30-17h30, plus mar et jeu pdt vac scol. Fermé déc-janv sauf vac scol. Visites guidées en alternance du musée et du site (juil-août, visite du musée dim-lun et ven 14h30-15h30 et visite du site 16h-17h). Tarif : visite libre 5 €, visite guidée (du musée ou du site) 7 € ; billet combiné 11 € ; réduc ; gratuit moins de 6 ans.* Ce beau musée moderne présente les collections issues des fouilles du site antique, et permet de se plonger dans la ville romaine, 2 000 ans en arrière. Au gré des 3 grandes sections thématiques (naissance et évolution de la cité, le quotidien, la religion et la mort) à la muséographie sobre, aérée et efficace, on découvre près de 200 objets, dont un magnifique buste impérial, des fragments de mosaïques, des outils... Des expositions temporaires l'accompagnent.

Le site antique : *accès à droite du musée. Ouv tte l'année. GRATUIT. Visites guidées : voir ci-dessus les infos de MuséAl. Également, plus insolite, une visite guidée par un vigneron et un guide du site, juil-août, mer à 16h30 ; départ de la cave coopérative à l'entrée du village (prévoir 3 €).* Vestiges arasés de l'ancienne Alba, cité commerçante et prospère qui s'étendait sur 30 ha. On devine ici un temple, là un bâtiment monumental agrémenté en son centre d'une vaste cour et d'un bassin, témoins de l'ancienne somptuosité des lieux publics romains. Quelques maquettes permettent de mieux visualiser ce qu'était cette cité. Plus loin, une allée à portique dont il ne reste que les fondations, puisque la plupart des pierres de la ville furent utilisées au cours des siècles pour bâtir Alba la Médiévale et les villages environnants. Le site fut ensuite abandonné progressivement à partir du IVe s et recouvert par les vignes. Les seules ruines vraiment parlantes sont celles du ***théâtre antique,*** successivement modifié du Ier s av. J.-C. au IIe s apr. J.-C., il est traversé par un petit ruisseau qui occupe toujours son lit depuis l'époque romaine. Près de 3 000 spectateurs pouvaient y prendre place. C'est toujours le cas depuis une franche rénovation en 2020 (du bois a remplacé la pierre) puisque c'est dans ce théâtre que se déroule le festival de cirque d'Alba en été (voir « Manifestations »).

Manifestations

– ***Une saison au château :*** *pdt tt l'été. Rens au château : ☎ 04-75-52-42-90.* Musique de chambre dans les pièces du château, ainsi qu'un grand concert en extérieur pour la soirée d'ouverture.
– ***Le Festival d'Alba-la-Romaine :*** *1 sem autour du 14 juil. • lefestivaldalba.org •* Un sympathique festival qui anime la cité. Spectacles de cirque dans le village et sur le site antique. Certains gratuits, d'autres payants.

SAINT-THOMÉ (07220) 460 hab. *Carte Ardèche, B3*

Un temps débaptisé à la Révolution pour répondre au doux patronyme de L'Isle-la-Montagne, ce qui plantait bien le décor de ce beau village isolé. Quelques maisons bien ardéchoises, serrées les unes contre les autres, juste l'espace pour concéder le passage à d'étroits chemins envahis par la végétation. Un charme brut qui vous mène jusqu'à la petite église romane au lourd clocher carré.

Où dormir ? Où manger ?

Chambres d'hôtes Le Moulinage de Saint-Thomé – Restaurant Le Magnan : *chemin des Carmes. ☎ 04-75-52-62-11 ou 04-75-53-50-59 (resto). 06-09-48-80-14. • contact@le-moulinage.com • le-moulinage.com • Fermé de mi-déc à fin mars. Double 170 € ; suite 3-4 pers 270 €. Formule déj sem 16 € ; formule et menu soir 19-25 €.* Une adresse loin du bruit, dans un environnement de rêve. Au cœur d'un petit vallon sauvage, un ancien moulinage admirablement restauré et proposant 3 chambres très spacieuses et aménagées avec un goût très sûr (le charme de l'ancien s'y marie avec quelques touches très contemporaines). Superbe piscine chauffée dans une immense salle voûtée, avec hammam et sauna à dispo (en supplément). Coin avec transats aménagé au bord de la petite rivière qui forme ici un charmant petit bassin naturel où se baigner également. Au restaurant, jolie cuisine de région, fraîche et à prix d'amis.

VALVIGNÈRES (07400) 480 hab. *Carte Ardèche, B3*

Au cœur d'une campagne de douces collines couvertes de garrigue, de champs de lavande, d'allées d'oliviers, de bosquets de pins sylvestres et de beaucoup de ceps de vigne. Puisque ce village discret, modeste, presque oublié, tire son nom de *Vallis Vinaria,* la « vallée du vin ». On y fait les vendanges et on y presse le raisin depuis la nuit des temps.

LES VINS DE PAYS DES COTEAUX DE L'ARDÈCHE

La diversité du sol – anciennes terrasses alluviales, terre de garrigues, pentes de sols minces d'érosion marneuses, collines sablo-argileuses rouges, sols caillouteux comme ces cônes d'éboulis au débouché des combes – assure une grande diversité de vins (en IGP depuis 2011) qui méritent qu'on s'y intéresse (elle est loin derrière l'époque de « l'horrible piquette » chantée par Ferrat).
À 200 m d'altitude en moyenne, les ***cépages grenache, syrah, cabernet, sauvignon, cinsault*** et ***merlot*** produisent les rouges. Pour les blancs, la ***clairette*** blanche et rosée, l'***ugni*** blanc et le ***grenache*** blanc sont plantés sur les coteaux et soumis au mistral dans le sillon rhodanien. Quelquefois, ***marsanne, bourboulenc, chardonnay, viognier*** et ***sauvignon blanc*** sont élaborés à part, pour être vendus en monocépages. Avec une robe qui varie de paille à dorée, ce vin blanc sec peut se marier aux fruits de mer et poissons de rivière. Quant aux rouges, ils accompagnent parfaitement un gibier.

Où goûter et acheter du vin ?

Cave coopérative de Valvignères : *315, route de Saint-Thomé. ☎ 04-75-52-60-60. • cavevalvignieres.fr • Caveau ouv tte l'année lun-sam 9h-12h, 14h-18h (19h juin-août), plus dim ap-m juil-août.* C'est le royaume des coteaux ardéchois dans les 3 couleurs.

Le Mas d'Intras : *Intras. ☎ 04-75-52-75-36. • masdintras.fr • À env 3 km au sud-ouest du village. Caveau ouv lun-sam 10h-12h, 13h30-18h30.* Ce petit domaine familial (on y est vignerons depuis 4 siècles) produit, en bio, d'intéressants vins à prix tout à fait raisonnables. Dégustation plutôt ludique (à base d'énigmes).

LA VALLÉE DE L'ARDÈCHE, D'AUBENAS AUX GORGES

En aval d'Aubenas, la rivière a tracé son chemin dans le calcaire creusant une vallée bordée de falaises certes moins vertigineuses que celles des gorges mais qui font leur effet. Vallée jalonnée en outre d'un chapelet de villages, tous différents, tous superbes, passage obligé donc, de ce département.

VOGÜÉ (07200) 1 120 hab. *Carte Ardèche, B3*

Le site, déjà, est superbe : le village s'est blotti tout au bord de la rivière dans un amphithéâtre de hautes falaises. Ce qui frappe ensuite, c'est cet imposant château, flanqué de 4 tours, qui domine les ruelles tortueuses du village ombragées de maisons médiévales. Vogüé, logiquement, accumule les récompenses : « Plus beau village de France », « Village de caractère d'Ardèche ».

LES VOGÜÉ, UNE NOBLE DYNASTIE ARDÉCHOISE

Vogüé, c'est avant tout une famille. Les Vogüé justement, qui furent, à l'époque médiévale, suzerains de toute la moyenne vallée de l'Ardèche. Ici, c'est l'un des rares endroits où les marchands et voyageurs pouvaient franchir la rivière à gué, moyennant un octroi. D'où la fortune des Vogüé.
Le château témoigne, sur plus de 8 siècles, des périodes de faste et de décadence d'une famille noble. À la fin du XIIe s, Raymond, le 1er des Vogüé élève une haute tour avec un logis seigneurial à ses pieds et une chapelle. Le château est vendu au XIIIe s à la famille Rochemure, qui, durant la guerre de Cent Ans, fait dresser les 4 tours rondes. Au XVe s, on réaménage doucement, on perce quelques fenêtres. Les guerres de Religion ruinent les Rochemure, et revoilà les Vogüé.
Dans la famille Vogüé, je demande le fils : bonne pioche ! Guillaume de son prénom, chef de guerre catholique qui sort de 40 années de guerre civile marque le début de plusieurs siècles d'ascension sociale ininterrompue.
En 1603, voilà Melchior de Vogüé. C'est lui qui rachète aux Rochemure le château de ses ancêtres. Il y entreprend de gigantesques travaux afin de le transformer en une demeure digne de son rang (il a le titre de grand bailli) : hautes toitures vernissées, fenêtres sur toutes les façades, appartements d'apparat, parcs et jardins. Grâce à une bonne gestion, des alliances calculées et de savants placements dans les industries de pointe (métallurgie et verrerie), la famille constitue une des plus grandes fortunes du royaume. Elle quitte alors le château de Vogüé, en 1736, pour le château d'Aubenas, plus à la mesure de sa nouvelle position, puis s'établit à Dijon, au centre de ses immenses domaines de Bourgogne.
La Révolution ne freine qu'un temps cette croissance : le patrimoine bourguignon est préservé. Cependant, les Vogüé n'ont pu éviter la confiscation de leurs biens en Ardèche. En 1840, Léonce de Vogüé fait un pèlerinage dans le berceau de sa famille. Bouleversé par les ruines du château, il les rachète et les réhabilite. Régulièrement, des membres de la famille Vogüé s'offrent le pèlerinage jusqu'au château. Au début du XXe s, 2 académiciens, membres de la famille, écrivent des

lignes des plus émouvantes sur l'attachement à l'Ardèche, reprises à leur compte par les nombreux Ardéchois exilés : ***Charles-Jean Melchior de Vogüé*** (1829-1916), grand archéologue et diplomate, et son cousin ***Eugène-Marie Melchior*** (1848-1910), diplomate également, qui introduit en France les grands auteurs russes (Dostoïevski, Tolstoï, Gogol...).

Adresse et info utiles

Office de tourisme : *52, Grande-Rue. ☎ 04-28-91-24-10. • pontdarc-ardeche.fr • Juil-août, tlj 9h-13h ; hors saison, horaires restreints.* Dépliant gratuit décrivant un circuit balisé dans le village médiéval. Visite guidée au départ de l'office en juillet-août, le mardi matin.

Marché : *lun mat en juil-août, à Vogüé-Gare.*

Où dormir ? Où manger ?

Campings

Les Roches : *215, montée des Carriers. ☎ 04-75-37-70-45. • contact@campinglesroches.fr • campinglesroches.fr • À env 2 km au sud du village ; fléché. Ouv juin-août. Forfaits pour 2 pers, 17-29 €. CB refusées. 100 empl.* Dans la même famille depuis 1965, un bien joli camping sur un terrain qui a du charme. Environnement bucolique : pas mal d'arbres (donc de l'ombre), quelques rochers. Et des oies et chevrettes qui animent le tout. Belle piscine en terrasse. Mobile homes. Animations et activités sportives en saison. Pizza-snack à l'entrée *(ouv juil-août seulement)*.

Les Chênes Verts : *665, route de Saint-Germain. ☎ 04-75-37-71-54. • chenesverts2@wanadoo.fr • chenesverts.com • À 2,5 km au sud-est du village. Ouv avr-sept. Forfaits pour 2 pers, 22-28 €. 35 empl.* Le camping est petit, et seuls quelques emplacements (ombragés) sont réservés aux tentes. Le site est néanmoins plutôt agréable, organisé en petites terrasses, soigné et paisible. Choisir un emplacement dans la partie haute, plus tranquille. Piscine, coin lessive, petite restauration, bar-buvette. Bon accueil.

De bon marché à prix moyens

Hôtel La Falaise : *Grande-Rue. ☎ 04-75-37-72-59. • hotel-restaurant-lafalaise.com • À l'entrée du village. Fermé en hiver. Doubles 50-60 €. Formule déj en sem 19 € ; carte env 30 €.* Chambres simplement confortables et bien tenues. En choisir une au 1er étage, avec petit balcon côté rivière (parce que les autres n'ont pas de vue). Le resto possède une terrasse ombragée en surplomb de la rivière, et c'est surtout ça qu'on retient. Cuisine classique.

Domaine Lou Capitelle : *☎ 04-75-37-71-32. • resa@loucapitelle.com • loucapitelle.com • Ouv tte l'année. Juil-août, compter 600-800 €/pers par sem en pens complète ; le reste de l'année, à la nuitée 75-100 €. Congés : 2 sem autour de Noël.* Vaste village de vacances aménagé entre la rivière Ardèche et les falaises, face à Vogüé, dans un bien bel environnement. Les hébergements sont distribués dans plusieurs pavillons et immeubles. De la chambre double au gites (jusqu'à 6 pers), déco contemporaine et bon confort général. Et plein d'équipements : piscine chauffée (de mai à septembre), espace spa et bien-être (payant), terrain multisports, salle de cardio-training, minigolf. Resto et bar. Animations enfants pendant l'été.

L'Esparat : *14, Grande-Rue. ☎ 04-75-38-86-21. • restaurant.esparat@orange.fr • À l'entrée du village. Tlj sauf mar (plus mer hors juil-août) ; mars-nov, ouv seulement le soir ven-sam et dim à déj. Formules déj 14-17 € ; le soir, formule et menu 25-29 €.* La salle niche un décor sobrement contemporain sous de séculaires voûtes de pierre. Produits frais, joliment mis en assiettes, avec juste ce qu'il faut d'imagination. Petit bout de terrasse avec vue sur... rue.

Chez Popeye : *2, voie sur Berge. ☎ 04-75-37-56-01. Ouv mi-mars à début déc, tlj (jusqu'à 23h en saison). Formules 12,50-19 € ; carte 25-30 €.* Une adresse populaire dans le coin pour sa (plutôt) grande terrasse en surplomb de la rivière et sa longue carte de pizzas, salades (et quelques viandes). C'est sans prétention aucune mais la jeune équipe qui anime l'endroit est aussi dynamique que sympathique. Et l'addition est légère si l'on s'en tient aux formules.

À voir. À faire

Le château de Vogüé : *2, impasse des Marronniers. ☎ 04-75-37-01-95. • chateaudevogue.net • De juil à mi-sept, tlj 10h-19h. Avr-juin et de mi-sept aux vac de la Toussaint, tlj sauf mar (tlj pdt vac scol) 10h30-13h, 14h-18h. Fermé Toussaint-Pâques. Entrée : 5,50 € ; réduc ; gratuit moins de 8 ans. Visite guidée (fort intéressante !) le w-e avr-juin et sept-oct, tlj juil-août. Le reste du temps, visite libre seulement. L'été, visites décalée ou familiale animée autour des 5 sens.* On l'aime bien, ce château bâti au XIIe s. On rajouta au XVIIe s des fenêtres plus larges, un généreux balcon, puis des jardins pour en faire une grande demeure d'agrément. On dit que Louis XIII y séjourna en 1629, après avoir écrasé Privas, mais c'est une légende. Définitivement abandonné en 1739 par les Vogüé, qui avaient d'autres châteaux à fouetter, il tombe doucement en ruine, puis est confisqué à la Révolution. En 1840, les Vogüé le sauvent de ses ruines. Ainsi, cette jolie façade qui révèle une fausse austérité date-t-elle du XIXe s. L'absence de décoration et de fioritures est compensée par la présence de larges fenêtres à meneaux et œils-de-bœuf. Une curieuse élégance, comme un château fort qui aurait retrouvé la paix. Son intérêt réside surtout dans le fait qu'il appartient à la même famille depuis plus de 8 siècles (voir les détails dans l'intro sur la famille Vogüé).

On déambule dans une douzaine de pièces qui ne rappellent en rien le passé de la famille, si ce n'est une salle consacrée à l'histoire des Vogüé précisément (expo avec photos des proches ancêtres) et une chapelle du XVIe s. Visite de la salle des États du Vivarais, où se tenaient les états généraux. La toile au fond de la pièce représente la réunion des états généraux du Languedoc en 1704. Accès possible aux sous-sols et aux cachots. Expo sur l'évolution architecturale du château. Des œuvres d'artistes contemporains (peinture, sculpture, photo, céramique, verre, etc.), comme les gravures du célèbre Jean Chièze, sont présentées temporairement. Vue remarquable depuis les jardins en balcon sur l'Ardèche.

➢ **Le sentier de la Pierre bleue :** *parcours de 4 km ; compter 1h.* Balade facile au départ de l'office de tourisme jusqu'à une ancienne carrière où des panneaux expliquent bien l'histoire de l'extraction et du travail de la pierre.

Au pied du village, une plagette propice à la baignade (non surveillée), idéale pour se rafraîchir en été.

– **Location de canoës-kayaks : Les Argonautes** *(☎ 04-75-39-79-96 ; • descente-ardeche-canoe.fr • ; ouv de Pâques à mi-sept).* On peut faire un petit (jusqu'à Saint-Maurice) ou grand (jusqu'aux gorges) bout de chemin sur l'Ardèche à partir de Vogüé. Précisons toutefois que sur ces parcours on n'est pas dans la nature sauvage des gorges et que la route est parfois toute proche.

La via Ardèche : plus de trains depuis longtemps au cœur de l'Ardèche mais d'anciennes voies ferrées à parcourir à vélo comme celle-ci. En cours d'aménagement, pour l'instant, belle balade d'une trentaine de km au long de l'Ardèche au départ de Vogüé.

LANAS (07200) 460 hab. *Carte Ardèche, B3*

Encore un village baigné par l'Ardèche, où le temps semble s'être arrêté et où les maisons jouent à touche-touche. De la petite place, partez explorer les passages étroits, les voûtes touffues et les ruelles herbeuses, avant de buter sur quelques ruines. En essayant de se perdre, on est tombés sur un bout de ruelle répondant au doux nom de Raccourci-de-l'École, qui aboutit... aux rives de l'Ardèche. Ça ne s'invente pas.

UN PAPILLON ARDÉCHOIS

Tout le monde connaît Henri Charrières, né en 1906 dans la montagne ardéchoise, sous son surnom de Papillon. Depuis le succès mondial de son autobiographie du même nom sortie en 1969 et du film qui en a été tiré. Steve Mc Queen y joue le rôle de ce bagnard, condamné en 1931 à perpète pour un meurtre (qu'il a toujours nié) et qui n'a eu de cesse de s'évader. Pour finalement y arriver, en 1944. Décédé à Madrid en 1973, Papillon repose, selon ses dernières volontés, au cimetière de Lanas, à côté de sa mère.

L'ARDÈCHE

Où dormir ? Où manger ?

▲ ***Camping de l'Arche :*** *240, route de Vogüé. ☎ 04-75-37-79-15. • contact@camping-de-larche.fr • camping-de-larche.fr • ♿ À 800 m du centre (fléché). Ouv avr-sept. Forfaits pour 2 16,50-23,50 €. 10 empl.* Camping familial en terrasses, juste au-dessus de l'Ardèche et en contrebas d'une petite route. Endroit calme, agréable, à taille humaine et bien ombragé. Excellent rapport qualité-prix-tranquillité. En vrac : barbecues, baby-foot, soirée paella... Mobile homes et bungalows toilés. Les enfants apprécieront la piscine (avec transats) et les ânes !

🏠 🍴 ⛱ ***Auberge du Vieux Lanas :*** *2, pl. du village. ☎ 04-75-37-77-09. • auberge.lanas@hotmail.fr • vieux-lanas.fr • Resto tlj sauf lun en été ; en basse saison, ½ pens uniquement, le soir et en sem. Congés : Toussaint-Noël. Doubles 62-86 €. Menus 20-29 €. Garage pour motos.* Sur une adorable placette, la bonne vieille auberge de village (les murs datent du XIe s) remise au goût du jour. Chambres, revues et corrigées avec goût et plein d'idées déco qui, toutes, offrent un excellent confort (clim, belles salles de bains, literie de qualité). Petit coin salon dans les parties communes. Le resto est dans la même ligne : plats de terroir (entre Ardèche et Drôme) travaillés avec soin, sans s'éloigner du produit. Jolie terrasse à l'ombre des platanes. Service jeune et plein d'entrain.

ROCHECOLOMBE (07200) 210 hab. *Carte Ardèche, B3*

On s'éloigne de la rivière pour grimper jusqu'à ce minuscule village comme accroché à la falaise et qui conserve un caractère médiéval marqué. Il faut aussi grimper jusqu'aux ruines du château par un chemin carrossable (qu'on peut parfaitement suivre à pied). Vue superbe sur la vallée. Ça sent tellement le Sud par ici qu'on s'attend presque à voir la mer au loin.

BALAZUC

(07120) 350 hab. *Carte Ardèche, A-B3*

La belle Ardèche musarde entre des falaises et des pitons ciselés dans le calcaire. Classé parmi les « Plus Beaux Villages de France » (et, naturellement « village de caractère d'Ardèche »), perché sur un piton rocheux, Balazuc fait partie de ces « miracles de pierre », fier, dominant la rivière sans jamais l'écraser. Un labyrinthe de ruelles de gros pavés, de venelles pluriséculaires jalonnées de maisons à tuiles romaines et fenêtres à meneaux, une église romane chapeautée d'un beau clocher à peigne, un château et son donjon du Xe s : tout était à l'abandon dans les années 1950. Aujourd'hui, Balazuc a retrouvé son caractère, sa personnalité, et dégage un charme fou. Avec l'ouverture du Muséum de l'Ardèche (lire la rubrique « À voir »), le village, s'il en avait besoin, redouble d'intérêt. Balazuc, pèlerinage de beauté obligatoire !

Adresses et infos utiles

Point Info : *pl. du Portalas. Juil-août seulement, tlj 10h-18h30.* Au rez-de-chaussée d'un donjon du XIIe. En « libre-service », on peut y trouver un plan du village, toujours utile, vous verrez...

– **Parkings :** *en haut et en bas du village, payants : 3 €.* Balazuc se découvre à pied uniquement.

Où dormir à Balazuc et dans les environs ?

Camping

La Turelure : *365, impasse de Fontane, 07110* ***Uzer.*** *☎ 04-75-89-29-21. • contact@camping-la-turelure.com • camping-la-turelure.com • À env 8 km à l'ouest de Balazuc. Ouv de mi-avr à mi-sept. Forfaits pour 2 pers, 15-31 €. CB refusées. 45 empl.* On est bien à *La Turelure* : pas trop grand, confortable (sanitaires bien tenus, piscine, café, épicerie) et profitant d'un bel environnement au confluent de 2 petites rivières, déroulé tout au long de la berge face à une impressionnante falaise. Sur l'arrière, des vignes et des champs. Impeccable pour la baignade et la pêche ! Une situation stratégique à la fois très nature et à deux pas des axes. Snack le soir et animations en été. Prêt de quelques kayaks.

Bon marché

Granja delh Gourmandas : *pl. du Portalas. ☎ 04-75-37-12-09. • granjadelhgourmandas@gmail.com • Tout en haut du village. Ouv (en principe) de fin avr à fin août. Tlj juil-août ; ven, w-e et j. fériés seulement hors saison. Fermé parfois quand il pleut... Assiette-repas 18 €. Menus 16 € (midi et soir) et 26 € (soir seulement).* Une table en plein air, avec juste une agréable terrasse-jardin. Produits d'ici pour une cuisine d'ici : criques, caillettes, généreuses salades, planches de charcuteries ardéchoises et autres fromages de chèvre. Les desserts sont maison, les glaces artisanales, les bières locales, les vins bio, l'accueil épatant. Concerts le jeudi en été.

De prix moyens à beaucoup plus chic

Chambres d'hôtes Les Dolines : *hameau d'Audon. ☎ 04-75-89-17-70. 📱 06-85-70-18-85. • lesdolines@gmail.com • lesdolines.fr • À env 3 km à l'ouest de Balazuc (fléché). Ouv mars-oct. Doubles 80-105 €. Repas 29 €.* Qu'elles soient voûtées ou ouvertes sur le jardin, les chambres ont du caractère, et la décoration est soignée. Belle piscine dans le jardin, avec d'agréables transats et terrasse qui embrasse toute la vallée. Accueil jovial des proprios qui ont beaucoup voyagé avant de se fixer ici pour restaurer cette vieille demeure un peu loin de tout. Le soir, on a tout simplement envie de rester là, à profiter.

Chambres d'hôtes Château d'Uzer : *15, pl. du Général-Mangin, 07110* ***Uzer.*** *☎ 04-75-36-89-21. • chateau.uzer@gmail.com • chateau-uzer.com • À env 5 km au nord-ouest de Balazuc. Ouv avr-oct. Doubles 155-250 € ; roulottes 2-5 pers 110-250 € ; cabanon 2 pers 220 €. Repas 43 € (tt compris). Sur présentation de ce guide, apéritif, café ou digestif offert.* Adorable petit château, en plein cœur du village, qui abrite des chambres et suites de prestige à la déco soignée, mêlant ancien et contemporain, un jardin aussi beau qu'insolite avec sa palmeraie et sa bambouseraie, et tout au fond, une belle piscine pour se ressourcer au calme. Les proprios ont le sens du beau, et l'accueil est à la hauteur, attentif et discret. On a aussi le sens de l'humour, avec des suites portant les doux noms de Zéphir, Céleste, Pom et Flore (relire *Babar* dans le texte !). Et il y a même un campement de roulottes et un charmant cabanon pour une nuit romantique.

À voir. À faire

Le village : on flâne le nez en l'air le long des ruelles pour se retrouver, tôt ou tard, au pied de l'église romane, petite et adorable, avec ce clocher-mur trilobé qu'on gagne par un étroit escalier. Elle abrite de superbes vitraux de Jacques Yankel et peut se visiter pendant les périodes d'exposition (de mars à septembre). Vue sur l'avalanche de toits de tuiles, de cheminées, des pans de pierres blanches ou grises, selon la lumière. En dessous, le bruissement de la rivière et la falaise silencieuse. Du bel ouvrage, madame ! Et puis d'autres passages, d'autres impasses, encore des venelles, toujours plus d'arcades et d'escarpements qui mènent au pied d'improbables remparts, devant quelques ruines d'un château du XIIIe s.

Le Muséum de l'Ardèche : *La Croisette. ☎ 04-28-40-00-35. • museum-ardeche.fr • En contrebas du village ; fléché. Avr-début nov, tlj : juil-août, 10h-18h30 ; le reste du temps, 10h-12h30, 14h-17h30. Entrée : 7,70 € ; réduc ; gratuit moins de 5 ans. Visite libre, mais également visite guidée (entre 2 et 7/j., selon période, sans supplément), que l'on conseille vivement. Ateliers animés (en été) sur résa : 4 € en sus.* La grande salle de ce passionnant musée, lumineux et bien agencé, vaut déjà la visite. Elle abrite les 1res traces de vie, sous forme de fossiles, dont la très grande majorité est issue de la terre ardéchoise. Toute l'histoire du vivant est fixée dans la diatomite (pierre tendre composée de sédiments), sur une période allant de 300 à 50 millions d'années avant notre ère, comme si le film de la vie s'était soudainement arrêté. Et c'est de toute beauté. Les guides savent merveilleusement narrer l'histoire de ces animaux figés pour l'éternité. Les vitrines, classées par espèces, permettent de se rendre compte de la diversité : voir l'incroyable couple de *microstonix* (ancêtre du sanglier géant), saisi l'un derrière l'autre, en plein mouvement ; les poissons d'eau douce (silures, vandoises, barbots...), dont l'un est mort étouffé en avalant un plus petit que lui ; les requins qui semblent prendre la pose ; et puis les belles cigales, les serpents... Sans oublier une pièce unique, un *hipparion* (ancêtre du cheval), emprisonné avec son fœtus. La récente *galerie des dinosaures* ravira petits et grands avec des moulages de squelettes de ces bestioles d'il y a bien longtemps plus ou moins sympathiques (même en os et sans chair, le T-Rex impressionne) et, là encore, de superbes fossiles.

Petite expo temporaire, et, à l'extérieur, ateliers de fouilles pour les Indiana Jones en herbe. Autres ateliers judicieux proposés : l'extraction de fossiles et le labo des dinosaures, où chaque enfant repart avec son moulage de griffes ou de dents de dino. Également des conférences astronomiques de temps en temps et des balades géologiques (infos sur le site).

Café-glacier *(tlj sauf sam, 10h-19h)* bien sympathique, avec boissons, sandwichs à base de produits locaux et glaces artisanales.

En contrebas du pont, belle petite ***plage,*** pour se rafraîchir. Baignade surveillée l'été.

– ***Location de canoës-kayaks : Le Fazao*** *(☎ 04-75-37-00-44 ; • balazuc-canoe.com • ; d'avr à mi-sept).* Il n'y a pas qu'à Vallon-Pont-d'Arc que l'Ardèche soit praticable. On ne le sait pas assez, mais on peut depuis Balazuc, profiter de la rivière jusqu'à Ruoms ou Vogüé. Évidemment, les paysages sont moins impressionnants que dans les gorges, mais il y a moins de monde en été.

DANS LES ENVIRONS DE BALAZUC

LE VIEIL-AUDON (07120)

La balade vers Le Viel-Audon est un complément indissociable à la visite de Balazuc, pour continuer en douceur cette exploration de l'art de vivre. Le hameau est ouvert à tous, tout le temps, toute l'année. On s'y promène, on s'y baigne, on s'y restaure, et on peut même y dormir. Et c'est une vraie leçon de vie ! Attention, il faut compter 15 min de marche pour accéder au village (voitures interdites).

Association Le Mat : *☎ 04-75-37-73-80 • levielaudon.org •.*

ABANDON ET RENOUVEAU

Le Viel-Audon raconte une belle aventure humaine : celle d'un bouquet de maisons, d'un ensemble de bergeries et d'une chèvrerie tout doucement retapés par un groupe de doux dingues. Dans les années 1970, tout était en ruine ici, parce que les habitants du Viel-Audon avaient quitté les rives de l'Ardèche pour le « nouvel » Audon, perché sur la falaise. Au départ, 8 familles vivaient là. Au cours du XIXe s, l'élevage du ver à soie était en pleine expansion et demandait beaucoup de place. On édifia donc la magnanerie sur la falaise surplombant l'Ardèche, alors que les habitants continuaient à résider en bas. Mais, petit à petit, les familles abandonnèrent le hameau pour s'installer là-haut. On démonta les toitures et les encadrements de portes et fenêtres, et on laissa le reste se faire dévorer par les herbes folles.
Dans les années 1970, un Ardéchois d'Aubenas et quelques autres découvrent le coin, en tombent amoureux et décident de retaper le lieu, sans but vraiment précis, si ce n'est d'y réinsuffler de la vie avec l'aide de nombreux bénévoles. Plus de 40 années de travail, des matériaux transportés à dos d'homme ou à la brouette et si certaines maisons ont été redressées, le chantier est loin d'être terminé...

LE NOUVEL AUDON

Aujourd'hui, Le Viel-Audon est un lieu associatif vivant, où résident à l'année une poignée d'irréductibles ne craignant pas les frimas de l'hiver. Une association gère le lieu : il y a la partie jardin et élevage, l'épicerie et la buvette, les hébergements (on y reçoit classes vertes, petites colos, groupes...), les cours et formations (c'est aussi un centre d'éducation à l'environnement, au développement durable et à la coopération, créé bien avant que ce soit la mode) et l'organisation des chantiers de jeunes qui, chaque été, poursuivent la restauration sans fin du hameau.
On élève ici des chèvres (poules, cochons...), on produit du lait, du fromage (excellent), des plantes aromatiques (en sirop aussi), ainsi que des légumes, produits qu'on retrouvera à la boutique.

Comment y aller ?

➢ ***À pied :*** *env 800 m depuis le pont de Balazuc ; compter 15-20 mn.* À Balazuc, passer le pont sur l'Ardèche et, juste après, emprunter sur la gauche le bon sentier qui longe en surplomb la rivière.

➢ ***En voiture, puis à pied :*** prendre à gauche après le pont et suivre la route jusqu'au prochain petit pont, sur la gauche ; le traverser, c'est fléché ensuite. Jolie petite route en sous-bois jusqu'au parking. Un sentier muletier, plutôt caillouteux (on évite les tongs) permet de descendre jusqu'au hameau en moins de 10 mn.

Où dormir ? Où manger ?

Gîte d'étape du Viel-Audon : *☎ 04-75-37-73-80. • accueil@levielaudon.org • levielaudon.org • Ouv tte l'année. Résa indispensable. Nuitée 19 € (petit déj en sus). Repas 18 € ; pique-nique 9 €.* En tout, une cinquantaine de couchages en dortoirs de 4 à 10 lits. Prévoir un duvet ou un sac à viande (couverture fournie). Également quelques chambres privatives. Cuisine équipée, salle commune, terrasse... le tout à deux pas de la rivière. Tiens, puisqu'on est dans un lieu très écologique, on apporte aux cochons ses déchets organiques. Les enfants adorent. À la table d'hôtes, produits de la ferme et biologiques.

Buvette-boutique paysanne : *sous la halle. Buvette et boutique tte l'année, tlj 11h-19h ; petite restauration, avr-sept, 11h-19h. CB acceptées avr-sept seulement.* En terrasse, sous la halle, on peut goûter jus de fruits de variétés anciennes, cafés et thés du commerce équitable, étonnants sirops de plantes aromatiques, bières artisanales, vins bio. Et, en saison, une petite restauration genre bonnes planches de charcuteries locales et de fromages (succulente faisselle, entre autres), tartines, assiettes végétales et glaces artisanales. La boutique paysanne propose les productions du Viel-Audon (fromages de chèvre, sirops, bocaux de légumes, etc.) et une petite sélection d'autres produits ardéchois (vins, miels).

À voir. À faire

Le hameau : *accessible tte l'année.* On se balade librement dans ce hameau, ici ou là, encore très brut de décoffrage (c'est le cas de l'écrire). Les curieux peuvent toujours aller glaner des informations à la petite buvette-boutique sous la halle où quelques panneaux présentent l'incroyable histoire du hameau et de l'association qui l'anime aujourd'hui. Vous verrez la traite des chèvres (en fin d'après-midi), les animaux tout autour, quelques sculptures...

Belle prairie à deux pas du hameau, juste au bord de la rivière où il est tentant de se baigner. Et des arbres sur l'arrière pour s'offrir une petite sieste à l'ombre.

RUOMS

(07120) 2 300 hab. *Carte Ardèche, A3*

Le bourg se niche dans une plaine traversée par l'Ardèche, qui coule ici dans des gorges doucement encaissées. Avec ces falaises calcaires, ciselées par l'érosion, le pays de Ruoms est devenu le royaume de l'escalade (superbes murs d'école), de la pêche tranquille, du canoë, et tout simplement des plaisirs de la baignade.

L'accès à Ruoms n'a rien de spectaculaire et la rue principale, avec ses commerces à touche-touche, rappelle celles de pas mal de stations balnéaires populaires. Il faut pénétrer à l'intérieur des remparts pour découvrir les ruelles du vieux village, serrées autour de l'église, et mieux apprécier l'intérêt de ce gros bourg.

LA PIERRE DE RUOMS

Ruoms a connu son heure de gloire grâce à sa pierre. De ses nombreuses carrières, on a extrait un calcaire de qualité, très dur, matière première d'une bonne partie des constructions du sud-est de la France au tournant du XXe s : l'actuel pont d'Avignon, la cathédrale de Gap, le théâtre de Montpellier. Cette pierre de Ruoms est toujours utilisée aujourd'hui, notamment sous forme de dalles de carrelage.

SUR CETTE PIERRE, J'ÉRIGERAI UNE STATUE

À Ruoms, au comptoir des populaires bars du Commerce ou des Sports, vous trouverez bien quelqu'un pour vous raconter qu'à New-York, la statue de la Liberté a été construite sur de la pierre de Ruoms. Sauf que le socle de la statue de la Liberté est en... béton, recouvert de dalles de granit du Connecticut.

Arriver – Quitter

➢ Bus pour ***Montélimar*** et ***Valence-TGV,*** ligne n° 76. Infos sur *• auvergnerhonealpes.fr •*

➢ Bus pour ***Avignon*** et ***Aubenas,*** ligne n° 15. *☎ 04-75-39-40-22. • auvergnerhonealpes.fr •*

Adresse et info utiles

i ***Office de tourisme :*** *9, rue Alphonse-Daudet. ☎ 04-28-91-24-10. • pontdarc-ardeche.fr • En été, tlj 9h30-13h, 15h-18h ; le reste de l'année, horaires restreints.* Topoguides et carto VTT (payants).

– ***Marchés :*** *ven mat. Marché bio et de producteurs locaux dim mat (de début mai à mi-sept). Marché nocturne mer en juil-août.*

Où dormir ? Où manger ?

Camping

⛺ ***Yelloh ! Village La Plaine :*** *La Grand-Terre. ☎ 04-75-39-65-83. • info@yellohvillage-la-plaine.com • camping-la-plaine.com • ♿ À env 4 km au sud de Ruoms. Ouv de mi-avr à mi-sept. Forfaits pour 2 pers, 18-47 €. 124 empl.* Un site agréable, bordé par les vignes : grand cirque de verdure qui fait face aux falaises. Ambiance village de vacances (mais qui reste familiale) et ensemble bien tenu. Emplacements larges et ombragés. Cottages. Grande piscine et bel espace aquatique couvert, avec bains bouillonnants et toboggans. En contrebas, petite plage aménagée au bord de l'Ardèche. Salle de remise en forme. Location de kayaks, minigolf, pizzeria, alimentation.

De prix moyens à chic

🏠 🍽 ⛱ ***Hôtel Savel :*** *38, rue des Brasseries. ☎ 04-75-39-60-02. • accueil@hotel-savel.com • hotel-savel.com • Resto le soir et sur résa seulement. Doubles 70-125 €. Menu 27 €.* Tranquille, à peine à l'écart du centre, une imposante maison bourgeoise du XIXe complétement rénovée de frais, avec du goût et de l'idée. Belles chambres.

Et belle cuisine d'aujourd'hui (de terroir et inventive) au resto avec une terrasse romantique dans le parc.

Le Terminus : *124, rue Nationale. ☎ 04-75-35-54-33. Tlj sauf midi jeu et sam l'été ; tlj sauf mer-jeu hors saison. Congés : fêtes de fin d'année. Formules et menus 14-19 € (déj sem) et 27-32 €.* Ce terminus marque la fin de la rue Nationale, longue artère centrale de Ruoms. Et l'arrêt est bienvenu : jolie cuisine, fraîche et maligne, jeune équipe à l'accueil décontracté mais prévenant, carte des vins qui mérite qu'on s'y attarde (la maison fait également caviste), plaisante petite salle au goût d'aujourd'hui, terrasse sur rue mais plutôt tranquille.

Restaurant des Pommiers : *rue Fontaine-des-Pommiers. 06-46-86-07-16. À 200 m du centre (c'est indiqué). Ouv avr-oct. Tlj en haute saison ; fermé lun et mar midi en basse saison. Formule déj 21 € ; menu 29,50 €. Apéritif maison offert sur présentation de ce guide.* Une atypique maison surélevée à l'orée de la roseraie des Pommiers (lire la rubrique « À voir. À faire »). La généreuse terrasse qui court tout autour de la maison permet d'embrasser un champêtre panorama. Mais embrassons plutôt notre assiette ! Bonne cuisine « franco-ardéchoise », avec quelques accents plus exotiques (la chef est née en Casamance). Les copieuses salades (aux légumes du jardin) fréquentent le loup au four mariné à la sénégalaise ou les ravioles aux cèpes. Le vendredi soir en été, concerts jazz (avec menu à 28 €). Belle ambiance.

Où boire une bière ?

Dans les années 1950, la bière de Ruoms se vendait dans tout le sud de la France, voire jusqu'au Maghreb. Si la Brasserie Générale du Midi fondée en 1876 a cessé d'exister en 1967, de petites brasseries artisanales ont récemment renoué avec la tradition.

Krügs Brewpub : *9, pl. du Colonel-Tourre. ☎ 04-27-52-99-59. • brasserie.krugs@free.fr • Au centre. Tlj en saison, 11h-14h, 17h-1h ; hors saison, ven-dim seulement.* Les bières brassées sur place et celles des copains brasseurs d'Ardèche servies avec le sourire au comptoir ou dans une petite cour-jardin sur l'arrière. Souvent des concerts. Et si ça vous tente, la joyeuse équipe organise des stages de brassage.

L'Atelier : *8, rue des Brasseries. ☎ 04-75-39-03-71. • yohanarnou@hotmail.fr • Au centre. Tlj le soir ; plus le midi juil-août et vac scol Pâques et Toussaint. Carte env 25 €.* Le bar (à la salle qui, évidemment, ressemble à un atelier) de la micro-brasserie *Loupolo* (houblon en espagnol) où goûter des bières de toutes les couleurs (dont une rose !). On peut aussi y manger. C'est simple mais frais et bon : burgers, salades, viandes grillées. Petit bout de terrasse sur rue.

Où dormir ? Où manger ?
Où boire un verre dans les environs ?

Campings

Camping du Pont : *225 A, route du Cirque-de-Gens, 07120* ***Pradons.*** *☎ 04-75-93-93-98. 06-08-93-99-30. • campingdupont07@wanadoo.fr • campingdupontardeche.com • À env 4 km au nord de Ruoms. Ouv de mi-avr à mi-sept. Forfaits pour 2, 16-35 €. 59 empl.* Petit (un beau terrain de 2,5 ha) camping familial à l'agréable atmosphère. Plusieurs points forts : le site, un typique méandre de la rivière Ardèche, et l'accès à une charmante petite plage de sable naturel, dominée par les falaises calcaires. Pizzeria et plats à emporter. Animations et activités sportives. Belle piscine chauffée. Location de tentes nomades, chalets, mobile homes, cottages et un gîte. Excellent accueil.

Camping International : *La Coustace, 07120* ***Pradons.*** *☎ 04-75-39-66-07. • contact@camping-international-07.fr • camping-international-07.fr • ♿ À 4,5 km au nord-est de Ruoms. Ouv avr-oct (jusqu'en nov pour les loc). Forfaits pour 2 pers, 15-29 €. 15 empl.* Des allées délimitées par des cyprès sculptés, des emplacements ombragés, un accès à la rivière et la proximité d'une plage privée en été : on est bien ici. Comme ce n'est pas trop grand, tout le monde se connaît bien vite. Piscine chauffée avec pataugeoire, jacuzzi... Mobile homes, bungalows et chalets.

Les Coudoulets : *chemin de l'Ardèche, 07120* ***Pradons.*** *☎ 04-75-93-94-95. • camping@coudoulets.com • coudoulets.com • ♿ À env 4 km au nord de Ruoms. Ouv de mi-avr à mi-sept. Forfaits pour 2 pers 21-44 €. 121 empl.* Camping fort bien tenu, avec de beaux espaces et des emplacements tout confort (avec sanitaires privés pour les plus chers !). Espace aquatique : piscine chauffée et bassin balnéo, accès direct à l'Ardèche. Location de canoës-kayaks. Un endroit agréable, surtout avec de jeunes enfants (sanitaires bébés impeccables, grande aire de jeux...). Bar-glacier, pizzeria-resto. Location de tentes, mobile homes et de vraies petites maisons. Beaucoup de monde en été, mais chouette ambiance.

Les Chênes : *420, route du Boulodrome, 07120* ***Chauzon.*** *📱 06-72-71-52-69. • leschenes07@gmail.com • campingleschenes07.com • À env 6 km au nord-est de Ruoms. Ouv fin mars-fin sept. Forfaits pour 2 pers, 12-22 €.* Sympa, tout simple (pas de piscine), un camping à prix doux pour ceux qui apprécient la tranquillité. Emplacements sur plusieurs terrasses dévalant jusqu'au bord de l'Ardèche. Location de cabanes (sans sanitaires) et de mobile homes. Snack-pizza.

De bon marché à prix moyens

Chambres d'hôtes Lou Couradou : *Végias, 07120* ***Grospierres.*** *☎ 04-75-39-79-97. 📱 06-75-38-76-84. • lou.couradou@free.fr • lou.couradou.free.fr • À env 8 km au sud-ouest de Ruoms ; fléché. Congés : déc-fév. Doubles 73-92 € ; familiales. Repas (hors juil-août) 27 €, tt compris.* Dans une jolie maison, très provençale d'esprit, perchée sur un mamelon. 5 chambres à la déco toute simple mais coquettes. Grande terrasse, mare naturelle, barbecue. À la table d'hôtes, gourmande cuisine familiale volontiers voyageuse même si à base de bons produits locaux, très souvent bio. Accueil sympa de proprios qui organisent régulièrement des stages de vannerie.

Chambres d'hôtes Les Monteils : *Les Monteils, 07120* ***Grospierres.*** *☎ 04-75-36-67-48. • chlesmonteils@gmail.com • lesmonteils.fr • À 8 km au sud-ouest de Ruoms. Doubles 65-68 €. Réduc de 5 % sur le prix de la chambre sur présentation de ce guide.* Ancienne ferme du XVIIIe s avec cour intérieure fleurie et jardin. En rez-de-chaussée, 4 chambres sous voûte, à la gentille déco rustique. Toutes avec entrée indépendante. Murs épais, fraîcheur en été. Coin cuisine et barbecue à disposition.

Chambres d'hôtes Les Clapas : *35, ancien chemin d'Uzer, 07120* ***Chauzon.*** *☎ 04-75-39-79-67. • contact@lesclapas.com • lesclapas.com • À env 6 km au sud de Ruoms. Congés : vac scol de Noël. Doubles 58-67 € ; familiales.* Dans une ancienne ferme du XVIIIe s entièrement réaménagée, tenue avec soin par une viticultrice dynamique et souriante. 5 chambres simplement plaisantes et tout confort (clim). Piscine dans le jardin, en plein village.

De bon marché à prix moyens

Le Pont : *1345, route des Blaches, 07150* ***Chauzon.*** *☎ 04-75-93-35-44. • lebistrotdemma@gmail.com • En saison seulement, tlj sauf lun, le soir seulement (plus le midi dim). Formule et menu 22-26 €.* Un bistrot coloré à la jolie déco un peu décalée, avec pas moins de 2 terrasses : un grande à l'angle du pont, et un balcon, superbement posé en aplomb de l'Ardèche. Dans l'assiette : des burgers et une cuisine largement voyageuse, des rives de la Méditerranée à l'Asie. Tapas le soir.

La Folie en Tête : *1200, route des Blaches, 07150* ***Chauzon.*** *☎ 04-75-39-70-69. • lafolieentete@neuf.fr • Facebook • À env 4 km au nord de Ruoms. Mai-sept, tlj midi et soir ; nov-avr, ouv le soir jeu-dim, plus le midi dim. Congés : oct. Carte env 35 €.* C'est d'abord une des plus belles terrasses panoramiques de la région, avec une vue wahou sur l'Ardèche. C'est ensuite un bar avec de bons cocktails et de fréquents concerts. C'est enfin un resto avec une cuisine qui se tient bien, entre grands classiques (salade de chèvre chaud, ravioles) et pizzas au feu de bois.

Où goûter et acheter du vin dans les environs ?

Château de la Selve : *D111, 07120* ***Grospierres.*** *☎ 04-75-93-02-55. • chateau-de-la-selve.fr • À env 10 km au sud-ouest de Ruoms. Mai-sept, lun-sam 9h-19h ; le reste de l'année, mar-sam 9h-13h, 14h-18h (plus sam pdt vac scol).* Un beau château du XIIIe s (ancien relais de chasse), entouré d'un domaine viticole de 40 ha exploité en biodynamie, avec le savoir-faire et la passion du vigneron Benoît Chazallon. Résultat remarquable ! Des vins de terroir vivants et d'une grande finesse. Coups de cœur, dans les rouges, pour le Berty et le Beaulieu.

À voir. À faire

Le vieux village : situé au cœur du bourg, avec au centre l'église Saint-Pierre, surmontée d'une grosse tour carrée dont il subsiste quelques éléments romans. Sur la place de l'Église, la petite porte Saint-Roch, du XIIIe s, qui donnait sur un prieuré et dépendait un temps de l'abbaye de Cluny. Tout autour, un réseau de jolies rues pavées, de maisons en pierre qui semblent ignorer l'animation hors les remparts. En vous baladant, vous tomberez certainement sur la maison dite « du Baron », du XVIe s, avec ses fenêtres à meneaux, ou sur la maison de justice avec son linteau gravé.

La roseraie des Pommiers : *rue Fontaine-des-Pommiers. ☎ 04-75-88-30-56. • roseraie-des-pommiers.com • À 200 m du centre. En principe mai-sept, tlj 11h30-15h30, 18h30-23h. Entrée : 3 € ; gratuit moins de 12 ans.* Sur un peu plus de 1 ha, un jardin consacré aux roses (plus de 600 variétés) et aux arbres fruitiers, dont on profitera seulement à la belle saison. Sa propriétaire, Éléonore Cruse, s'est fait connaître avec la roseraie de Berty à Largentière (voir ce chapitre). On retrouve ici la même passion encyclopédique et botanique pour les fleurs, les arbres et les plantes, dans un souci de biodiversité.

Néovinum : *bd de l'Europe-Unie. ☎ 04-75-39-98-08. • neovinum.fr • ♿ Avr-sept, caveau ouv tlj sauf dim ap-m 9h30-13h, 14h30-19h (juil-août en continu) ; oct-mars, lun-sam 9h-12h, 14h-18h. Visite guidée et dégustation : 8 € ; gratuit moins de 18 ans.* Espace de découverte œnologique dont la mise en scène s'articule autour des 5 sens (voir, sentir, goûter...) au gré d'espaces interactifs. Vente de l'ensemble des vins ardéchois.

Fête et manifestation

– **Aluna Festival :** *sur 3 j., fin juin. • aluna-festival.fr •* Musiques plurielles (chanson française, rock, rap...). Têtes d'affiche et découvertes. Le plus gros festival du genre en Ardèche.
– **Fête des Vignerons ardéchois :** *le 2e dim d'août.* Randonnée cycliste, charrettes dans les rues et dégustation de plein de bonnes choses. Le soir, grand concert gratuit.

DANS LES ENVIRONS DE RUOMS

Les défilés de Ruoms : traverser l'Ardèche et emprunter la route vers Largentière pour découvrir non pas le canyon du Colorado, mais une route pittoresque qui, sur 7 km, suit d'abord le cours de l'Ardèche puis celui de la Ligne. Les rivières ont creusé, ici plus qu'ailleurs, la tendre roche calcaire. La route passe sous des tunnels et se faufile pour proposer toujours de plus belles perspectives. Les parois du défilé sont constituées d'une couche de calcaire tendre, alternant avec une autre de calcaire plus dur, d'où ce curieux aspect d'empilement.

Le cirque de Gens : *à env 5 km au nord de Ruoms.* Superbe cirque naturel formé par une boucle de l'Ardèche. On pousse jusque-là pour la vue (depuis le belvédère), pour la baignade ou pour s'attaquer aux falaises : pour l'escalade, c'est un des spots les plus réputés de la région avec pas moins de 320 voies. Quelques belles balades tout autour.

LABEAUME

(07120) 700 hab. *Carte Ardèche, A3*

On fait une petite infidélité à la rivière Ardèche pour remonter le cours d'un de ses affluents, la Beaume, jusqu'à ces falaises calcaires aux formes découpées, ciselées par le temps, qui dominent les gorges de la rivière (où l'on peut se baigner). Le village de Labeaume se niche dans une faille de ce relief chaotique et ruiniforme qui, à certaines heures, prend un aspect lunaire...
Et ce village abandonné, qui a été relevé de ses ruines au long d'années de passion et de labeur, s'avère aujourd'hui tout mignon.

Où dormir ? Où manger ?

Camping de Peyroche : *route de Saint-Alban-Auriolles.* ☎ *04-75-39-79-39.* • *info@camping-peyroche.com* • *camping-peyroche.com* • *À 4 km à l'est de Labeaume. Ouv de fin mars à mi-sept. Forfaits pour 2 pers, 18-25 €. 117 empl.* Un grand camping fonctionnel, bien équipé, et bien situé, pile entre les rivières Ardèche et Beaume (à 400 m), avec de jolis coins de baignade. Clientèle familiale. Snack, pizzas et grillades. Mobile home et bungalows. Animations régulières. Petite épicerie (produits fermiers du coin) à 300 m.

Hôtel La Garenne : *pl. du Jumelage.* ☎ *04-75-89-29-00.* • *contact@hotel-lagarenne.fr* • *hotel-ardechesud.com* • *Ouv de mars à mi-nov. Doubles 68-103 €. Carte snack env 15 €.* Petit hôtel de village, entièrement construit à la main par le père et le fils. Le Saint-Esprit n'était pas absent car l'architecture, le style, la déco et l'ambiance n'ont pas été négligés, au contraire. Les chambres, simples et confortables (toutes avec clim), où domine le bois blanc, encadrent un carré de pelouse. Au bar avec terrasse, au déjeuner, sur le pouce, on peut commander tarte salée, pain bagnat, glaces artisanales...

Le Bec Figue : *pl. de l'Église.* ☎ *04-75-35-13-32.* • *pierigaud@wanadoo.fr* • *Assiettes déj 12-19 € ; formules 24-28 €.* Dans une belle maison traditionnelle, tout en pierre, sur l'adorable place du village. Intérieur style bistrot et jolie terrasse en été. On y sert une cuisine de grand-mère sans complication, fraîche et gourmande. Plats de toujours, longuement mijotés, recettes ardéchoises et, parfois, quelques parfums plus exotiques... Dans l'après-midi, excellents sirops (fabrication locale) et glaces (idem). Épicerie sur place, si les produits (très locaux) servis à table vous ont plu (le contraire nous étonnerait).

À voir

Le village : classé « Village de caractère d'Ardèche », Labeaume se visite à pied. Après la baignade, fainéantez donc un moment sur la belle place Sablas, avec ses gros platanes et sa jolie fontaine au bord de l'eau. Et partez ensuite vous perdre dans un presque labyrinthe de calades (rue pavées) souvent très étroites : des maisons de maîtres à arcades, d'autres plus rustiques en pierre ou en galets ; sur la place de l'église, une haute tour-clocher, soutenue par 2 colonnes aussi incongrues qu'imposantes et les vestiges d'un château sur un piton rocheux.

Les jardins suspendus du Récatadou : *à 1 km au nord-ouest du village ; fléché.* Surprenants jardins en terrasse, aménagés à partir du XVIIIe s sur une falaise qui surplombe d'une cinquantaine de mètres la rivière. Les Labaumeois qui les cultivaient autrefois ne devaient pas avoir le vertige. Les habitants du village étaient d'ailleurs surnommés les « sauteurs de rocher ». Et pour renouer avec la tradition d'un autre de leurs surnoms (les becs figues), un verger de figuiers a été replanté ici.

Manifestation

– **Festival Labeaume en musiques :** *le soir jeu-ven en juil-août, mais aussi hors saison. Infos : ☎ 04-75-39-79-86. • labeaume-festival.org •* Concerts à Labeaume et dans les villages environnants. Musique classique essentiellement, mais aussi un peu de jazz et un soupçon de musiques du monde. Une notoriété justifiée par la grande qualité des formations. Mariage habile entre les sites naturels et la musique.

SAINT-ALBAN-AURIOLLES

(07120) 850 hab. *Carte Ardèche, A3*

Tranquille village de Saint-Alban (et son hameau d'Auriolles) posé non loin du confluent du Chassezac et de l'Ardèche, au royaume du calcaire et des pierres sèches, dans une campagne parfumée par le thym, le genévrier et le buis. Une véritable garrigue pleine de micocouliers, de mûriers et de chênes verts. Habitée depuis des millénaires, et encore parsemée de mégalithes, dolmens et capitelles que l'on croise au hasard des promenades.

Où dormir dans le coin ?

Chambres d'hôtes La Tour d'Auriolles : *910, chemin de Champagnac. ☎ 04-75-36-50-18. 06-29-60-51-85. • roland.cayla@orange.fr • tourdauriolles.com • Sur les hauteurs d'Auriolles (et tout près, à pied, de Labeaume). Doubles 80-130 €.* On a un peu l'impression de mener la vie de château dans cette adresse en tous points charmante : la maison, déjà, dont les origines remontent au XVIe s (cheminées, boiseries), les chambres ensuite qui invitent à un voyage dans le passé avec meubles anciens (de famille) et bibelots, tapisseries, tableaux, sculptures... Et il y a la terrasse avec vue, un jardin si grand qu'on peut l'appeler parc, la jolie piscine et l'accueil.

Chambres d'hôtes chez Danielle Hours : *Le Pazanan, Berrias-et-Casteljau, 07230* ***Lablachère.*** *☎ 04-75-39-01-57. • danielle.hours@orange.fr • À 10 km au sud-ouest de Saint-Alban. Double 60 €.* Prix bien raisonnable pour cette ferme ancienne en pierre sèche, dans un mignon hameau. 2 chambres toutes simples mais agréables. Salle à manger, cuisine et barbecue à disposition. Petit déj servi sur la terrasse aux beaux jours. Bon accueil.

À voir. À faire

Le mas Daudet : *710, chemin de la Vignasse. ☎ 04-75-39-65-07. • musee-daudet.com • Juil-août, lun-ven 10h30-18h30 et w-e 14h30-18h30 ; mai-juin et sept, tlj sauf lun et dim mat 10h-12h, 14h-18h ; avr et oct, tlj sauf lun 14h-17h. Régulières visites guidées. Animations familiales pdt les vac. Entrée : 6,50 € ; réduc ; gratuit moins de 5 ans.* Ce très beau mas abrite le musée Alphonse-Daudet, mais il témoigne aussi de la vie rurale ardéchoise au XIXe s. Outils d'autrefois (fournil, forge, moulin à olives), cuisine ancienne typique et magnanerie (élevage de vers à soie). Portraits, caricatures, ouvrages et poèmes inédits retracent le talent de l'écrivain. Le mas propose aussi de suivre un sentier de découverte du domaine agricole. Organise chaque année la *fête de la Soie et du Pays d'autrefois* (le dimanche de la Pentecôte), avec animations et démonstrations autour des anciens savoir-faire. Exposition temporaire, snack-bar et boutique. Possibilité de pique-niquer dans le parc.

LE JOLI GOUFFRE D'ÉMILIE

En septembre 2011, un spéléologue a, un peu par hasard, découvert une nouvelle grotte ornée à Saint-Alban-Auriolles : un dessin qui représente une tête de cheval de Przewalski et des empreintes de mains sont visibles sur les parois. Peintures qui dateraient de 17 000 à 20 000 ans. Modeste, le gouffre d'Émilie (du prénom de la fille de son inventeur) n'a pas l'importance de la grotte Chauvet. Et n'espérez, évidemment, pas le visiter.

Randa Ardesca – Archéosite d'Ardèche : *1800, route de Chandolas. 06-40-21-02-14. • randaardesca.fr • Ouv de mi-avr à début nov. Visites guidées seulement : en juil-août, lun-ven à 10h30, 15h et 16h. Tarif : 7 € ; réduc ; gratuit moins de 6 ans. Spectacle jeu soir en juil-août : 8 € ; réduc.* Un lieu d'« archéologie expérimentale » où une équipe de passionnés a décidé de reconstituer des villages d'il y a bien bien longtemps, au rythme de 3 grands chantiers collectifs par an. Derrière les hautes palissades de bois, ont déjà été élevés quelques ***ateliers de l'époque gallo-romaine*** (verrier, potier, tisserand) et un ***oppidum gaulois*** comme il y en avait ici au Ve s prend forme. Suivront des maisons du Néolithique, une motte castrale féodale... La visite guidée explique le projet, permet de découvrir les artisans au travail et les chantiers en cours. Et la taverne de boire un coup !

Chemins et dolmens : l'Ardèche est, après l'Aveyron, le département qui compte le plus (quelques 900 exemples de ces monuments funéraires) de ***dolmens*** en France. Plusieurs sentiers de découverte (reliés par une route des Dolmens) permettent de les découvrir dans le coin : le chemin des Combettes à Saint-Alban-Auriolles, mais aussi le chemin du Ranc d'Avène à Chandolas, celui du Ranc de Figere à Labeaume...

LES GORGES DE L'ARDÈCHE

• Carte *p. 106-107*

Une région d'une grande richesse, dont les gorges constituent la vitrine éclatante. Mais une fois descendues, il faut savoir les quitter, ces gorges, pour explorer tranquillement les alentours et découvrir d'autres merveilles, notamment ces incroyables grottes qui font la réputation de la région.

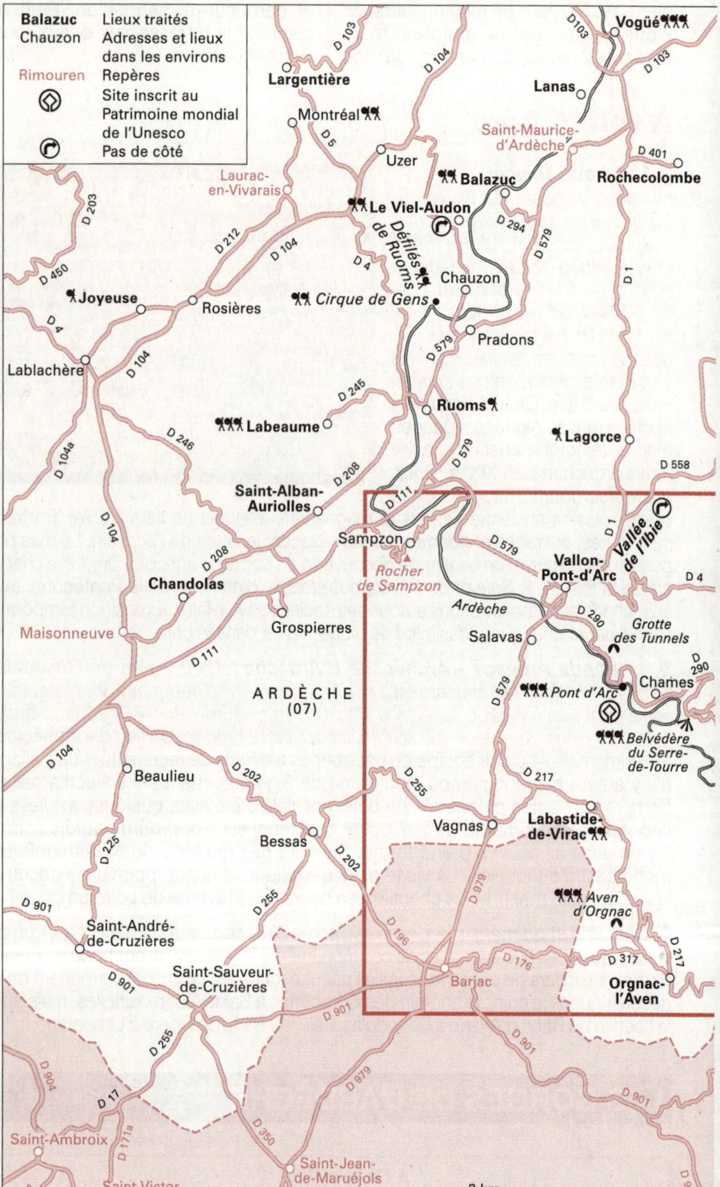

Balazuc Lieux traités
Chauzon Adresses et lieux dans les environs
Rimouren Repères
Site inscrit au Patrimoine mondial de l'Unesco
Pas de côté
Vogüé
Lanas
Largentière
Montréal
Uzer
Saint-Maurice-d'Ardèche
Rochecolombe
Balazuc
Laurac-en-Vivarais
Le Viel-Audon
Défilés de Ruoms
Chauzon
Cirque de Gens
Joyeuse
Rosières
Pradons
Lablachère
Ruoms
Labeaume
Lagorce
Saint-Alban-Auriolles
Vallée de l'Ibie
Sampzon
Rocher de Sampzon
Vallon-Pont-d'Arc
Chandolas
Ardèche
Grospierres
Grotte des Tunnels
Maisonneuve
Salavas
Chames
Pont d'Arc
ARDÈCHE (07)
Belvédère du Serre-de-Tourre
Beaulieu
Vagnas
Labastide-de-Virac
Bessas
Aven d'Orgnac
Saint-André-de-Cruzières
Saint-Sauveur-de-Cruzières
Barjac
Orgnac-l'Aven
Saint-Ambroix
Saint-Jean-de-Maruéjols
Saint-Victor-de-Malcap
3 km
D 103
D 104
D 5
D 401
D 203
D 212
D 294
D 579
D 1
D 450
D 4
D 245
D 246
D 104a
D 558
D 208
D 111
D 290
D 217
D 202
D 255
D 225
D 901
D 979
D 196
D 176
D 317
D 904
D 17
D 171a
D 37
D 350
D 980

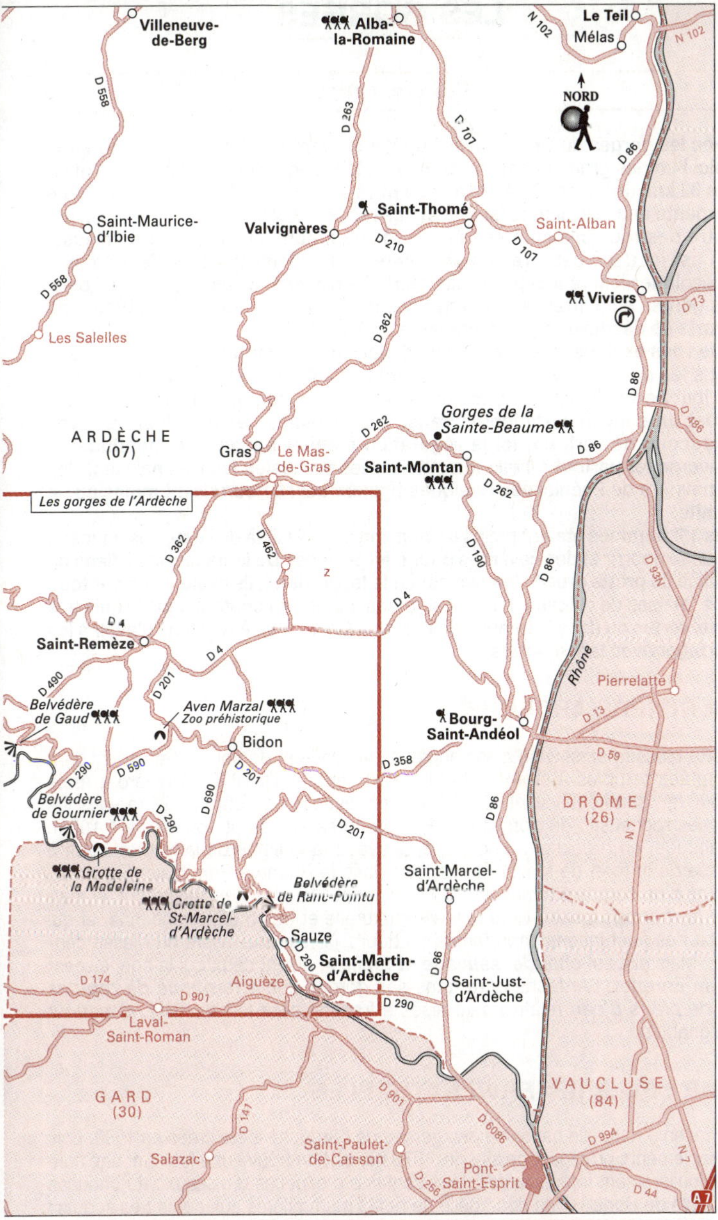

LA RÉGION DES GORGES DE L'ARDÈCHE

LES GORGES

• Carte *p. 110-111*

Avec les gorges du Tarn et celles du Verdon (notre « Colorado méridional »), voici l'un des grands canyons du sud de la France. Sur une distance d'environ 32 km, de Vallon-Pont-d'Arc à Saint-Martin-d'Ardèche, la rivière Ardèche serpente entre de hautes falaises calcaires (200 à 300 m de hauteur), glissant entre des rocs blanchâtres, au sein d'une nature sauvage et prodigieuse. On est ici dans cette région charnière où le climat tempéré de tendance océanique vient rencontrer le climat méditerranéen. En été, sous le ciel bleu, les gorges sont littéralement envahies par les baigneurs et les amateurs de sports de découverte. L'activité reine : le kayak.
Que vous exploriez les gorges à pied, que vous les longiez en voiture ou que vous les descendiez en kayak, le spectacle est sublime. Privilégiez d'y aller un jour de semaine, par exemple, en mai, juin, septembre ou octobre.
C'est un canyon vertigineux creusé par le temps, le vent, l'eau. Et avec beaucoup de vert, car ici la végétation méditerranéenne a l'habitude de s'accrocher partout où elle le peut : sur les verticales falaises naissent des genévriers de Phénicie ou quelques figuiers qui se nourrissent moins qu'un ermite.
Les 1ers hommes étaient pleins de bon sens. Il y avait là de l'eau, des animaux pour se nourrir et des cavernes pour s'en protéger. De leurs grottes à flanc de falaise (la grotte ornée Chauvet est juste là, derrière), ils avaient vue sur tout. Des falaises de calcaire, blanches, grises, roses, qui chutent dans la paix des eaux vertes ou dans le tumulte de l'écume. Belles à en être jaloux d'avoir à les partager avec tant d'autres.

LA RIVIÈRE ARDÈCHE

Cette fausse paresseuse a ses accès de violence et de colère. Ses crues sont réputées terribles à la fin de l'été. Le 21 septembre 1890, la rivière a roulé 7 500 m^3, soit l'équivalent du Rhône. Son niveau est monté de 21 m sous les arches rocheuses du pont d'Arc. Elle prend sa source et son élan à 1 100 m d'altitude, en Ardèche, au col de la Chavade (à la limite de la Haute-Loire), à l'orée de la forêt de Mazan, et se jette dans le Rhône à Pont-Saint-Esprit, au terme d'un parcours tumultueux de seulement 112 km. C'est avant tout, et malgré les barrages, une rivière qui reste naturelle et très méditerranéenne, et qui subit des fluctuations importantes de débit. « C'est une rivière du Massif central. Mais elle est ***chaude, sauvage et facile*** », disent ceux qui la connaissent bien. En effet, l'Ardèche offre dans ses gorges une ***alternance de rapides et de plans d'eau*** relativement aisés à franchir pour le kayakiste, et partout baignables.

UNE BELLE RÉSERVE NATURELLE

La réserve naturelle nationale des gorges de l'Ardèche a été créée en 1980. Lois et règlements protègent ce site de 1 570 ha, où l'on trouve une faune et une flore particulièrement intéressantes. Une centaine d'espèces d'oiseaux : du choucas à l'aigle de Bonelli. Une ribambelle de petits mammifères aux noms très scouts : loutres, fouines, putois... Les reptiles sont bien représentés : couleuvres de Montpellier, lézards ocellés. On y rencontre aussi des castors et des sangliers, assez nombreux par ici, sans oublier les chèvres et boucs sauvages qu'on sent avant de voir.

Descendre les gorges de l'Ardèche en canoë-kayak

Comme les milliers de personnes qui descendent chaque année cette superbe voie liquide, vous êtes certainement un peu venu là pour ça, non ? Normal, c'est vraiment une superbe balade, ludique, instructive, familiale et sportive à la fois. En fait, la grande particularité de cette rivière, et surtout de la partie enserrée dans les gorges, est qu'elle est ***accessible pratiquement à tout le monde*** (à partir de 7 ans, par arrêté préfectoral) et pratiquement tout le temps. Des barrages en amont, notamment celui de Pont-de-Veyrières, gèrent son débit. Elle est toujours praticable, sauf lors des crues, à savoir une dizaine de jours par an.

Les périodes critiques et les périodes privilégiées

Pour échapper à la foule qui peut être impressionnante, il faut ***éviter les week-ends de l'Ascension et de la Pentecôte*** et, de manière générale, ***l'été de juin à août.*** On insiste vraiment sur l'importance de choisir le bon moment, car la descente peut être vraiment gâchée par la surpopulation. Les ***meilleures périodes*** se situent ***au printemps*** (avril, mai et juin, hors week-end, ça va de soi), mais aussi dans la ***1re moitié du mois de septembre.*** L'avantage des hautes eaux, à partir de mi-septembre, est que la navigation est plus facile et l'on fait moins d'efforts. C'est, en revanche, un peu plus sportif et l'on se mouille plus. Les périodes de basses eaux se situent surtout en juillet et août. Il y a de moins en moins d'eau à mesure qu'on va vers fin août.

« L'engorgement des gorges »

Certains passages étroits, souvent au niveau des rapides au cœur des gorges ou des glissières à bateaux (en amont de Vallon), se transforment en un gigantesque embouteillage d'embarcations au cœur de la saison.

Si autrefois les 2 bivouacs situés au milieu des gorges étaient très fréquentés, ils sont désormais un peu délaissés, les touristes préférant opter pour la descente entre Sampzon et Chames (environ 12 km). C'est vraiment la foule en été dans cette partie-là, et l'on ne profite même pas des gorges !

Les types de bateaux

Sont loués ici des kayaks 1, 2 ou 3 places, embarcations hybrides conçues de manière intelligente, alliant sécurité, confort et une certaine sportivité pour ceux qui le souhaitent. On y est plutôt confortablement installé. Ils sont « autovideurs » et « insubmersibles » et se dirigent avec une pagaie double.

Avec chaque bateau, on vous fournit 1 ou 2 gros bidons étanches qui se fixent avec une sangle sur votre canoë. Nous vous conseillons vivement d'y placer TOUTES vos affaires et votre pique-nique. Considérez tout ce que vous n'avez pas mis dans le bidon comme perdu ! On vous aura prévenu...

ATTENTION, FAUX AMIS !

On associe toujours canoë et kayak, alors que ce sont 2 embarcations différentes. Le canoë, inventé par les Indiens, se pratique à genoux et avec une pagaie simple. Le kayak, lui, fut d'abord utilisé par les Inuits. On le pilote assis et avec une pagaie double. Un point commun toutefois : leur instabilité !

Règles de sécurité

1) Si la rivière est accessible à presque tous, il faut tout de même avoir ***7 ans minimum et savoir nager.*** On vous fera signer une attestation. Et ce n'est pas

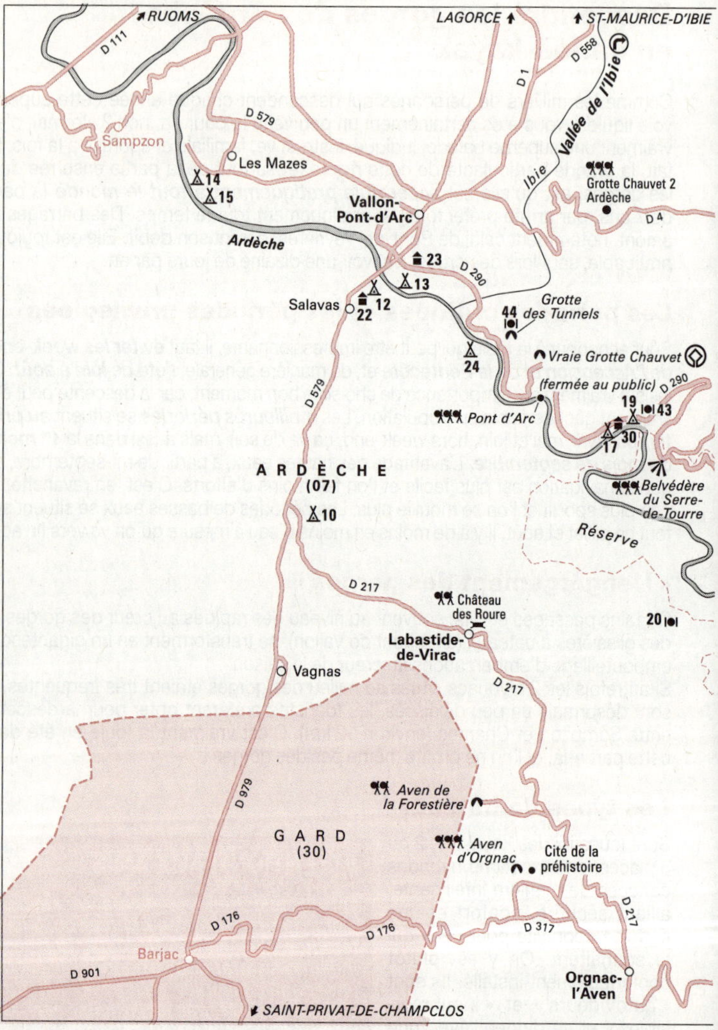

Où dormir ?

10 Camping Huttopia Sud Ardèche
11 Camping Mille Étoiles
12 Camping de l'Ardèche
13 Camping Nature Parc L'Ardéchois
14 Camping Bonhomme
15 Camping La Plage Fleurie
17 Camping La Rouvière

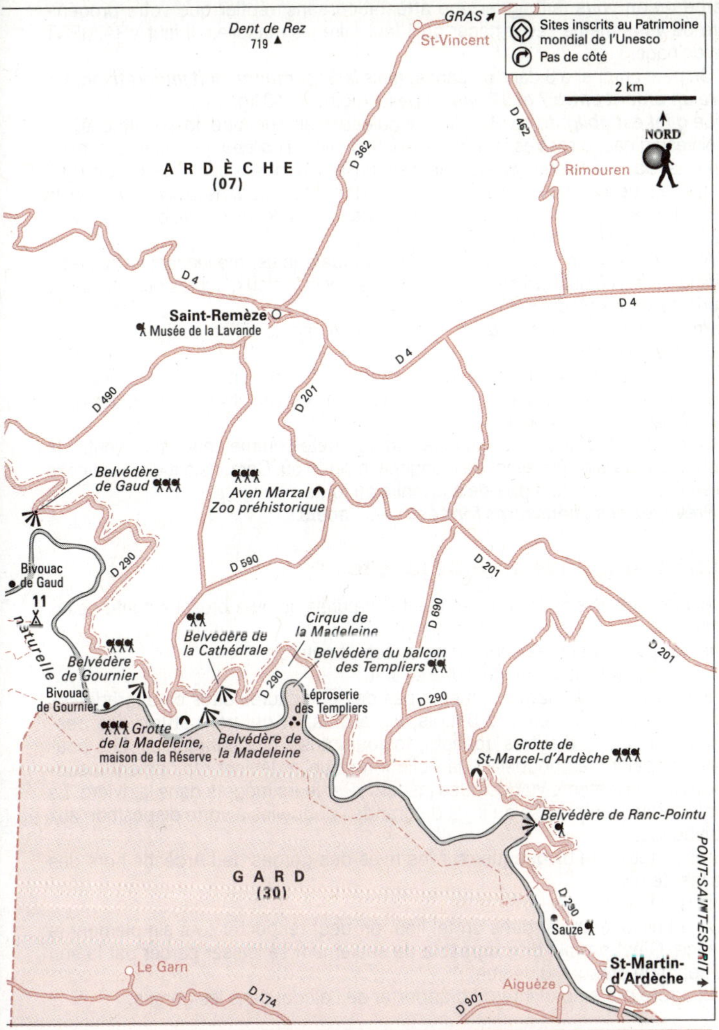

LES GORGES DE L'ARDÈCHE

19 Camping Le Camp des Gorges	**30** Hôtel des Touristes
20 Chambres d'hôtes Le Mas Rêvé	**Où manger ?**
22 Hôtel des Sites	**43** Le Resto du Village
23 Hôtel Le Clos des Bruyères	**44** La Grotte des Tunnels
24 Domaine des Blachas	

parce qu'on vous fait signer une attestation sans vérifier que votre progéniture ou vous-même savez nager qu'il faut faire les mariolles. Il faut VRAIMENT savoir nager !
2) On peut grimper à 3 dans un canoë, mais ***la 3e personne doit impérativement être un enfant entre 7 et 12 ans,*** et peser moins de 40 kg.
3) ***Le gilet est obligatoire.*** Pas dans le bateau, mais sur votre dos, et attaché.
4) Niveau d'eau : il est très surveillé. Il existe ***3 niveaux d'eau,*** mesurés au pont de Salavas. Dans le niveau ***vert,*** la rivière est ouverte à tous ; dans le niveau ***orange,*** on ne peut descendre l'Ardèche qu'avec un moniteur ; et dans le niveau ***rouge,*** la navigation est interdite, sauf aux licenciés des clubs de la Fédération. Au-dessus de 4 m, la rivière est inaccessible à quiconque.
5) Avant de partir, ***s'informer de la météo locale*** (c'est moyennement drôle de faire la descente quand il pleut). Soit sur Internet ou, mieux, auprès des offices de tourisme locaux ou de votre loueur.
6) Prévoir une ***réserve d'eau*** pour au moins 7h, même si l'on en trouve dans les 2 aires de bivouac.
7) ***Poste de secours :*** durant toute la saison, on trouve un poste de secours dans chacune des aires de bivouac, ainsi que des pompiers au niveau des rapides de la Dent-Noire et de La Toupine.
8) ***Se couvrir la tête*** si le soleil tape. Un truc bête comme chou, mais vérifier la profondeur de la rivière avant de plonger n'importe où. Certains ont des souvenirs cuisants. D'autres n'ont plus de souvenirs du tout...
9) ***Prévoyez des chaussures fermées sans lacets.***

Respecter la réserve naturelle

Quelques gestes simples qui semblent si naturels qu'on a presque honte de les écrire...
– Ne rien cueillir dans le périmètre de la réserve naturelle.
– Ne pas polluer l'eau avec quoi que ce soit.
– Ne rien laisser derrière soi, même pas des épluchures dites biodégradables qui vont pourrir là pendant 6 mois, voire plus, et qui vont attirer des bestioles... ainsi que d'autres déchets, toujours aussi biodégradables. Les poubelles appelant les poubelles, la pollution visuelle devient rapidement insupportable. On a même vu quelques lascars jeter leurs mégots dans la rivière. La honte totale ! On précise qu'il y a de grandes poubelles à votre disposition aux 2 bivouacs.
– Il est interdit de bivouaquer sur les rives des gorges de l'Ardèche hors des 2 aires de bivouac.
– Ne pas faire de feu.
– Ça a l'air bête mais, dans un tel lieu, on peut respecter tout simplement le silence. C'est parfois bien agréable de seulement se laisser bercer par le son du néant, le presque 0 décibel.
– Un arrêté préfectoral interdit d'apporter de l'alcool dans les gorges.

Les différentes descentes possibles

Longue de 32 km, la descente des gorges peut se faire de différentes manières (lire le détail ci-dessous). Les points de départ sont tous au même endroit, répartis sur quelques kilomètres entre Vallon-Pont-d'Arc et Chames. Faites-vous bien préciser par votre loueur le lieu exact de l'arrêt, surtout si vous faites la minidescente.

➢ ***La minidescente*** *(appelée « la 8 km ») :* *env 24 €/pers.* Elle démarre à Vallon-Pont-d'Arc et va jusqu'à Chames, soit environ 2h de navigation pour parcourir environ 6 km. ***C'est notre préférée.*** Vers la fin du parcours, on passe le fameux rapide *Charlemagne,* juste avant de passer sous le non moins célèbre pont d'Arc. Attention, c'est le parcours le plus fréquenté. La fin de la descente se trouve sur la rive gauche, environ 2 km après avoir passé l'arche. Il y a des numéros sur la rive (de 1 à 7) avec le nom du loueur qui vous indique où vous devez stopper. Demandez l'heure exacte à laquelle on doit venir vous chercher.

➢ ***La descente entre Sampzon et Chames*** *(entre 12 et 14 km selon le point de départ)* **:** *env 26-29 €/pers.* Cette descente intermédiaire, entre la mini et la grande, attire ceux qui considèrent la première trop courte et l'autre trop fatigante. Mais, gros inconvénient, elle ne se situe pas dans les gorges même, autant le savoir, donc les paysages sont beaucoup moins spectaculaires. À dire vrai, cette descente ne présente à nos yeux que peu d'intérêt. Par endroits, la présence de la route rompt carrément le charme. Par ailleurs, il n'y a aucun rapide sur ce parcours, puisque la descente est régulée par plusieurs glissières à bateaux (4 ou 5 en fonction d'où l'on part). En été, c'est d'ailleurs un vrai embouteillage pour les passer puisqu'un seul kayak peut les emprunter à la fois. Vous l'avez compris, ce n'est pas notre descente préférée. Les 6 derniers kilomètres correspondent à la minidescente (voir ci-dessus).

8 MOINS 2 FONT 6 !

La minidescente, un des parcours en kayak sur l'Ardèche les plus fréquentés, est communément appelée « la 8 km ». Or, quelle que soit la manière dont on la mesure, elle ne fait en réalité que 6 petits kilomètres, même en faisant des zigzags ! Les loueurs de kayaks, qui se mènent une concurrence terrible, pourraient tout de même accorder leurs violons. 6, c'est 6, pas 8 !

➢ ***La grande descente en 1 jour*** *(32 ou 25 km)* **:** *env 30-35 €/pers.* Si vous n'avez qu'une journée et que vous tenez à faire la descente entièrement, nous vous conseillons vivement de partir en aval du pont d'Arc (le site) plutôt que de Vallon-Pont-d'Arc (la ville). Ça raccourcit le parcours d'environ 7 km et ça permet de descendre plus tranquillou. En effet, se taper les 32 km en une seule journée, surtout avec des enfants et en période de basses eaux (l'été, peu de courant porteur), peut avoir quelque chose d'indigeste. Écourter un peu le trajet permet de faire plus de haltes, de se baigner... bref, de profiter de la nature. Si vous optez pour cette solution, le loueur vous déposera sans problème à ce point de départ décalé. Vous verrez, après les 25 km, vous serez déjà bien cuit. Pour faire votre descente tranquillement, il faut partir entre 8h et 9h30, pas après. En été, partir tôt permet d'éviter une partie de la foule sur une partie du circuit. Les 25 km se parcourent en 5h-5h30 de navigation, auxquelles il faut ajouter en moyenne 2h d'arrêt, mais compter 6h30-7h pour les 32 km. On arrive à la fin du parcours, à Sauze, entre 16h et 18h, horaires auxquels se font toutes les remontées en bus jusqu'à Vallon-Pont-d'Arc.

➢ ***La grande descente en 2 jours*** **:** *env 50-55 €/pers, plus le bivouac (voir plus loin).* Si vous avez un peu de temps, c'est vraiment le truc à faire. En fait, c'est de loin la meilleure manière de s'immerger dans ce monde particulier. Départ de Vallon-Pont-d'Arc. Ne partez qu'après 10h, il y aura beaucoup moins de monde. Comptez environ 3h de navigation la 1re journée et environ 4h la seconde. Le grand avantage de la descente en 2 jours est qu'on prend tout son temps, en pagayant à son rythme, tranquillement. Sachez ranger votre kayak, et à vous les arrêts multiples sur les plages au soleil, l'exploration des rives, les haltes baignade !

– ***Le bivouac*** **:** il y a 2 aires de bivouac autorisées dans la réserve, non loin l'une de l'autre, à respectivement 3 et 4h de navigation du point de départ de Vallon. Ce sont les ***aires de Gaud et de Gournier,*** qui sont ouvertes plus ou moins de mi-avril à fin septembre (parfois octobre). Celle de *Gaud* n'est ouverte qu'au cœur de l'été. On y trouve un coin douche (pas toujours chaude), des w-c, des poubelles, des barbecues avec charbon de bois à disposition et gratuit, ainsi qu'un poste de secours d'urgence. On dort à la belle étoile, sous sa propre tente ou en *Marabout* collectif (20 places, mais à la dure, sans matelas ni tralala). À noter que l'***aire de Gaud*** est beaucoup plus spacieuse que celle de ***Gournier,*** et qu'en période d'affluence on s'y sent plus à l'aise. Une grande clairière accueille les dormeurs à la belle étoile et les petites tentes.

■ ***Réservations de nuit en bivouac :*** *auprès de la centrale de résas de la réserve naturelle à l'office de tourisme (voir « Adresses utiles » à Vallon-Pont-d'Arc). ☎ 04-75-88-00-41. • reservation@gorgesdelardeche.fr • gorgesdelardeche.fr • Prix de la nuit : 14-16 €, ou 12 € en tente collective* Marabout. Apportez votre duvet ainsi qu'un petit tapis de sol. À noter qu'à certaines périodes les nuits peuvent être animées, un peu plus que de raison. ***Toutefois, la consommation d'alcool est interdite sur le domaine public fluvial et sur les aires de bivouac de Gaud et de Gournier (arrêté préfectoral).*** Parfois, ce sont les sangliers qui s'intéressent aux restes de nourriture (!). En haute saison, essayez d'arriver assez tôt en fin d'après-midi pour profiter d'un bon emplacement. Par ailleurs, partir de bon matin le 2e jour vous permettra de vous retrouver seul dans les gorges pendant au moins 2 bonnes heures. Le pied !

– ***La descente avec moniteur :*** *• guides-nature-gorges-ardeche.net •* Chaque descente peut se faire avec un moniteur, mais si vous optez pour cette solution, c'est évidemment la descente dans les gorges (à la journée) qui est la plus intéressante. La découverte du site avec un moniteur diplômé permet de porter un œil différent sur ce que l'on voit. Les guides nature rassemblent souvent les clients pour constituer un groupe (maximum 15 personnes). Cette formule est autorisée aux enfants de moins de 7 ans sachant nager (c'est impératif). On découvre alors des aspects parfaitement insoupçonnés des gorges, impossibles à connaître seul. On est sensibilisé à la beauté, à la protection et au respect de la nature. Les guides sont incollables sur la faune, la flore, la préhistoire... Très instructif. En été, ils organisent également une minidescente au crépuscule, très sympa.

– ***La descente accessible à tous :*** la *Confrérie des bateliers* permet à ceux qui ne savent pas nager de découvrir sereinement les gorges en descendant la rivière dans une barque à fond plat, modèle identique à celui qui servait aux temps jadis à transporter le charbon de bois et les animaux ; 6 personnes maximum, 4 minimum, et 2 bateliers. Départ le matin de Chames (à 9h) et arrivée à Sauze en fin d'après-midi (24 km en tout), retour assuré par les bateliers. *Résas auprès des offices de tourisme de Vallon (☎ 04-75-88-04-01) ou de Ruoms (☎ 04-75-93-91-90) ; • bateliers.net • Fonctionne en principe du printemps à mi-oct. Un seul inconvénient, le prix : 108 €/pers (75 € moins de 12 ans) !*

– ***Petit parcours en barque à fond plat :*** une balade idéale, notamment pour les jeunes familles (enfants à partir de 5 ans), pour s'initier en douceur à la descente des gorges, avec le batelier Dominique, du pont d'Arc. *Avr-sept, tlj. Inscription auprès de l'office de tourisme des gorges. Tarifs : 9 € ; 7 € 3-12 ans. Durée : 30 mn.*

Conseils de base pour canoéistes débutants

Loin de nous l'idée de vous distiller ici un cours de kayak, ça risquerait de mouiller les pages de ce bouquin. Mais voici tout de même quelques petits conseils de base.

– ***Diriger le bateau :*** il peut vous arriver d'avoir à diriger le bateau en utilisant votre pagaie comme un gouvernail, en la positionnant vers l'arrière et en l'orientant. Ce mouvement, systématique quand on est dans un canoë avec une pagaie simple, l'est beaucoup moins quand on est équipé d'une pagaie double sur un kayak. On prend vite le coup cependant.

– ***La circulaire :*** il s'agit d'un mouvement ample de la pagaie, à réaliser au plus loin du bateau, exercé avec la pagaie à plat. Il permet de redresser très rapidement le nez du bateau quand vous vous laissez embarquer dans le courant

de manière involontaire. Si vous partez sur la droite, grande circulaire à droite, et hop, le bateau retrouve l'axe désiré. Fastoche, non ?
– ***Aborder les rapides :*** ce sont les passages les plus difficiles, et les plus rigolos. À ces endroits, un rocher, un rétrécissement de la rivière, une courbe serrée, une déclivité plus importante provoquent une accélération brutale du courant. La plupart des rapides sont indiqués sur les cartes des gorges. Les principaux : le *Charlemagne* (juste avant le pont d'Arc), les *Trois-Eaux,* la *Dent-Noire,* le *Figueras,* la *Toupine-de-Gournier,* le *Grand-Gour* et celui de la *Pastière.* Il y en a en tout sept sur le parcours des gorges. Leur difficulté est variable en fonction du niveau d'eau. De manière générale, les passages se font à l'intérieur du virage, là où le courant est le plus faible et où il y a moins de cailloux. Si vous vous sentez à l'aise, essayez donc de mettre le nez de votre canoë légèrement orienté vers la sortie du virage (virage à droite, nez à droite).
Juste un mot sur le dernier rapide. Outre le fait qu'il n'est pas évident à négocier, il vous faudra compter sur un effet plus... pervers : face à ce rapide, on trouve un camping naturiste et le gros rocher planté au milieu de la rivière accueille en général quelques naïades seulement vêtues de leur petite fourrure naturelle. Ainsi, l'attention des pagayeurs est-elle subitement détournée par cette vision. Et ce qui doit arriver arrive ! Le pagayeur se retrouve à l'eau, tout *cabussé,* comme on dit ici, chamboulé émotionnellement, tout retourné physiquement. Il paraît qu'un bateau sur 3 se met en vrac l'été. Certains, sur la rive, s'amusent beaucoup de ces petites scènes.
– ***La vitesse :*** ne restez jamais passif dans un rapide, mais montrez bien à la rivière que vous ne vous laissez pas mener par le bout du nez. Vous êtes le maître à bord, que diable ! C'est-à-dire qu'il s'agit d'aller plus vite que le courant. Donc, ne jamais se laisser porter, mais avoir un pagaiement dynamique dans le rapide.
– ***Le drossage :*** dans les rapides, dont la particularité est d'accélérer le rythme de la descente (d'où leur nom), on rencontre fatalement ce qu'on appelle un ou plusieurs drossages, terme qui qualifie un obstacle (la plupart du temps un rocher), ce qui provoque un changement d'orientation brutal du courant. Dans le cas d'un gros caillou au centre de la rivière (ce qui est fréquent), il s'agit de s'en éloigner dès que vous le voyez, sinon le courant vous « drossera » sur le rocher, c'est-à-dire qu'il vous attirera sur lui de manière automatique.
– ***La cravate :*** ce phénomène arrive quand un bateau se met en travers d'un caillou et reste bloqué par la puissance du courant. Bravo, vous venez de faire une cravate ! Évitez, en tout état de cause, de vous pencher du côté du courant et tentez de maintenir le bateau stable. Facile à dire !
– ***En cas de retournement :*** si vous devez quitter le bateau dans le courant, évitez de vous trouver entre l'obstacle et le bateau. Si vous êtes pris par le courant, ne cherchez pas à vous accrocher au bateau ; s'il continue son chemin, n'ayez crainte, vous le retrouverez un peu plus loin. Cherchez à gagner la berge en faisant la planche, sans nager, pieds en avant, bien à l'horizontale (pour éviter les cailloux).

Un tuyau pour ceux qui souhaiteraient descendre une rivière plus calme et moins fréquentée :
Louez un kayak sur la rivière Le Chassezac. Conviendra aux jeunes enfants. *Location aux Vans : ☎ 04-75-37-33-60. • ccc-canoe.com • Départ au lieu-dit Les Assions, à 3 km à l'est des Vans.* Optez pour la descente la plus courte (2h). Un bus vous ramènera au point de départ.

Où louer un canoë ou un kayak ?

Ce ne sont pas les loueurs qui manquent à Vallon-Pont-d'Arc. On en compte plusieurs dizaines ! Compte tenu du nombre de prestataires qui font tous la même chose, nous ne donnons aucun nom de loueurs : à vous de le choisir sur le site internet de l'office de tourisme, sur les sites en direct, ou sur place en arrivant.

Ils pratiquent les mêmes tarifs, à quelques euros près. Leurs embarcadères sont situés le long de l'Ardèche, à Salavas ou dans les gorges mêmes, juste avant le pont d'Arc, en fonction de la descente choisie.
La location prévoit le kayak (1 à 3 places) et les pagaies, les gilets (obligatoires), les bidons étanches et la remontée des embarcations (et de leurs passagers !) jusqu'à Vallon. Pour la grande descente, l'arrivée se situe à Sauze, juste avant Saint-Martin-d'Ardèche, sur une grande plateforme bétonnée.
Il n'existe que peu de différence entre les loueurs (mêmes bateaux et mêmes gilets, à savoir aux normes de sécurité). La seule variante est la durée d'attente entre votre arrivée à la fin de la descente et le moment où l'on va vous remonter en camionnette. Parfois une petite demi-heure (acceptable), parfois une grosse heure (inacceptable). En été, c'est souvent le grand bazar ! Un regret : le sourire et l'accueil sont souvent des données bien rares (bien qu'elles existent).
On trouve également une dizaine de loueurs à Saint-Martin-d'Ardèche. Prix identiques à ceux de Vallon.

Comment remonter à sa voiture quand on a fait la descente avec son propre kayak ?

■ ***Canoës Service Transport :*** *route des Gorges, à Vallon-Pont-d'Arc. ☎ 04-75-88-07-34. • ardeche-canoe.com • Ouv avr-oct. Compter 10 €/pers et 15 €/kayak selon taille.* Ce transporteur peut vous remonter de Sauze à Vallon après votre descente avec votre kayak. Appeler auparavant.

Où faire garder le petit dernier pendant la descente ?

■ ***Crèche/halte-garderie Les Galopins :*** *pl. Allende-Neruda, à Vallon-Pont-d'Arc. ☎ 04-75-37-19-39. Lun-ven 7h30-18h30. Résa impérative.* Selon les places disponibles, possibilité de faire garder votre petit (de 3 mois à 6 ans) pour permettre aux grands de faire la descente tranquilles. Pratique et sympa.

Descendre les gorges de l'Ardèche à pied

C'est possible, si, si ! C'est une randonnée de 25 km qui suit la rivière au plus près de son lit. Elle s'étale sur ***2 journées*** impérativement. Compter environ ***6h de marche le 1er jour et 5h le 2d.*** Prévoir le bivouac à l'aire de Gournier. Réservation du bivouac auprès de la centrale de résas de la réserve à Vallon (voir « Adresses utiles » à Vallon-Pont-d'Arc). Comptez 8 € avec votre propre tente, 10 € sous tente *Marabout*.

➢ ***La randonnée :*** attention, la balade est parfois un peu sportive (quelques passages délicats), soyez prudent ! Départ de Chames et arrivée à Saint-Martin-d'Ardèche (suivre le balisage jaune et blanc). Le parcours suit les méandres de la rivière et comporte 2 passages à gué (ceux des Champs et de Guitard). Attention, renseignez-vous auprès de la centrale de résas pour savoir si le passage à gué est possible en fonction du niveau des eaux. Cela dit, en juillet et août, il n'y a en général jamais de problème. À peu de chose près, on bénéficie des mêmes paysages que les kayakistes, avec un rythme différent et en profitant du fait d'être en marge de la troupe. À défaut de rapides, certains passages sont équipés de main courante métallique ou d'échelles. Prévoir de l'eau et de la nourriture, car les seuls points d'eau se situent aux bivouacs. Ce n'est pas indispensable, mais on peut faire la randonnée avec un moniteur (voir plus haut « Descendre les gorges de l'Ardèche en canoë-kayak. Les différentes descentes possibles »).

– ***Pour le retour à Vallon :*** voir plus haut « Descendre les gorges de l'Ardèche en canoë-kayak. Comment remonter à sa voiture quand on a fait la descente avec son propre kayak ? ». C'est le même prestataire.

Faire de la spéléologie dans les gorges et autour de Vallon

Les massifs de l'Ardèche sont essentiellement calcaires, d'où une profusion de grottes et d'avens. Certains servaient d'habitat aux hommes d'hier. Ils donnent des frissons à ceux d'aujourd'hui. La roche tendre et érodée du calcaire a permis à l'eau de creuser des merveilles de galeries, couloirs, passages, gouffres, terrain de jeux miraculeux pour les amoureux du sous-sol. Ce calcaire, résidu de conglomérats, de sédiments marins et de coquillages fossiles, témoigne ici de la présence d'une mer retirée depuis bien longtemps. Plusieurs milliers de grottes font ressembler le Sud-Ardèche à un immense morceau d'emmental. Il y a les sites qui sont protégés (les célèbres grottes ornées ne sont pas visitables), les grottes aménagées pour la visite (la Madeleine, Orgnac, Saint-Marcel, l'aven Marzal, la Cocalière et les Tunnels...) et tout un réseau souterrain que des moniteurs en spéléologie vous proposent de découvrir.
Si vous souhaitez vous offrir un voyage au centre de la terre, il vous faudra contacter un moniteur spécialisé via l'office de tourisme de Vallon. Les explorations se font à la demi-journée, à la journée, et même de nuit, en groupe de 8 personnes maximum. On vous fournit combinaison, baudrier, casque et lampe. Prévoir bottes ou vieilles chaussures, vieux vêtements à manches longues et pique-nique. Chaque moniteur a sa ou ses grottes favorites, toujours impressionnantes.

VALLON-PONT-D'ARC ET LA GROTTE CHAUVET

(07150) 2 400 hab. *Carte Ardèche, B3*

• Carte Les gorges de l'Ardèche *p. 110-111*
• Plan Vallon-Pont-d'Arc *p. 121*

En été, Vallon, c'est Canoë-City, Kayak-Ville ! Aucune ville de France ne vit autant au rythme de sa rivière et du canoë-kayak. La population est multipliée par 40 à la belle saison. Pourquoi Vallon-Pont-d'Arc ? Parce qu'elle est le point de départ de la descente des gorges de l'Ardèche. Vallon, c'est le cœur battant de la région aux beaux jours. De juin à septembre, quelques centaines de milliers de personnes pagaient sur la rivière. Dans les gorges de l'Ardèche en été, ce sont parfois plus de 3 000 embarcations qui voguent quotidiennement sur l'eau, dévalent les rapides, glissent au pied des majestueuses falaises.

LA BELLE HISTOIRE DE LA DÉCOUVERTE DE LA GROTTE dite CHAUVET

Attention, la grotte authentique n'est pas ouverte au public. Seule la grotte Chauvet 2 est visitable ; une reproduction sacrément bien imitée !
C'est une belle histoire, celle de gens du pays, passionnés de spéléologie : Jean-Marie Chauvet, à l'époque chargé de la protection des grottes ornées de l'Ardèche, Éliette Brunel-Deschamps, vigneronne, et Christian Hillaire qui, quand il ne s'enfonce pas dans les entrailles de la terre, bosse à l'E.D.F. Tous 3 passent leurs loisirs à explorer le sous-sol ardéchois, à y chercher de nouvelles grottes. C'est dans la combe du Pont-d'Arc que le trio découvre, en

décembre 1994, ce qui est aujourd'hui devenu ***l'une des grottes les plus célèbres du monde.*** Étrangement, elle se situe exactement à l'endroit où tout le monde la cherchait, à savoir près du seul moyen de traverser la rivière à l'époque, l'arche naturelle du pont d'Arc. On trouve aujourd'hui l'endroit sublime, il devait être tout aussi magique pour nos ancêtres. Pourtant, des générations de spéléologues se sont succédé à cet endroit précis, à la recherche du Graal mais sont toutes passées à côté. La chance a fini par récompenser les plus persévérants.

Un trou gros comme un poing

Au départ, il n'y avait au fond d'une galerie souterraine qu'un trou de la grosseur d'un poing, que les inventeurs (on est l'inventeur d'une grotte, pas son découvreur) ont agrandi à l'explosif jusqu'à pouvoir s'y glisser. Les 3 spéléologues posent alors les yeux sur un incroyable patrimoine, vierge de toute influence extérieure et ***vieux de 30 000 à 32 000 ans.*** Ça, c'est de la découverte !
Dans cette grotte, l'homme témoigne simplement et magistralement de sa capacité éternelle de dire le beau, de crier ses craintes et peut-être ses adorations. La grotte Chauvet abrite en effet le plus bel ensemble de peintures et de gravures du monde. Et le plus ancien : elles sont datées de 15 000 ans avant Lascaux. En tout, près de 1 000 dessins, dont 430 figures animales (mammouths, rhinocéros, ours, lions...), y ont été recensés, des animaux impressionnants et jamais chassés, à l'inverse d'autres grottes dans lesquelles sont plutôt référencés des herbivores. Imaginez quelques instants l'ampleur de l'émotion au moment de la découverte, la force du mouvement intérieur de celui qui cherche... et qui trouve... En tout cas, la découverte est telle qu'elle a été classée au Patrimoine mondial de l'Unesco en 2014.

À L'ORIGINE DU MONDE...

En 2001, les équipes de chercheurs ont découvert tout au fond de la grotte, une représentation d'un sexe féminin. Un vaste pubis noir, simplement fendu en son milieu, et des jambes à peine esquissées. Un sexe brutal et essentiel, qui est – avec le dessin voisin, un homme à tête de bison, sûrement un chamane de l'époque – la seule représentation humaine dans la grotte. Et cette « Vénus » est tout simplement le plus ancien dessin érotique de l'histoire de l'humanité : 32 000 ans ! Gustave Courbet n'avait rien inventé avec sa toile qui fit scandale, L'Origine du monde.

Un visionnaire dans la grotte Chauvet

Ce sera sans doute l'unique fois que la grotte Chauvet (fragile et définitivement fermée au public) aura été filmée. Et pas par n'importe qui. Par l'une des grandes figures du cinéma des années 1970-1980 : ***Werner Herzog,*** réalisateur notamment d'*Aguirre, la colère de Dieu.* Fasciné depuis son enfance par la culture paléolithique et l'art de la préhistoire, il désirait voir la grotte. Il y a d'abord passé 1h30 seul et sans caméra. Puis pendant 6 jours, à raison de 4h par jour, accompagné d'une équipe de scientifiques dirigée par Jean Clottes, il a filmé la grotte, équipé d'une caméra 3D.
Pour Herzog, c'est « une des plus grandes découvertes dans l'histoire culturelle de l'humanité... Une découverte phénoménale... comme la mise en scène d'un opéra de Wagner ». Le résultat est un magnifique documentaire : ***La Grotte des rêves perdus,*** sorti en 2010 (disponible en DVD ou en VOD sur internet). C'est le plus bel hommage que le cinéaste pouvait rendre à la grotte Chauvet. « La grotte Chauvet n'est pas la propriété de l'Ardèche ni de la France, c'est la propriété de nous tous, de l'humanité », dit-il.

L'espace de restitution de la grotte Chauvet (voir plus loin)

Comme la grotte de Lascaux, la grotte Chauvet restera à jamais fermée aux visiteurs pour des raisons de préservation. Pour permettre au grand public de découvrir les trésors qu'elle abrite et son incroyable richesse historique et artistique, un projet colossal porté par le Département, l'État, l'Union européenne et un investisseur privé a rassemblé pendant plusieurs années les meilleurs experts et les plus grands artistes pour créer un espace de restitution appelé la ***Grotte Chauvet 2 Ardèche,*** à l'échelle 1/1, établi ***sur le plateau du Razal,*** à quelques kilomètres de Vallon-Pont-d'Arc, sur la route de Saint-Remèze. Une merveille et une halte obligatoire, même pour ceux qui ne s'intéressent que de loin à l'art pariétal.

Arriver – Quitter

En train et en bus

Descendre à la gare de Montélimar ou d'Avignon. À Vallon, gare routière à 5 mn du centre à pied.

➢ ***À Montélimar :*** bus *CRA* n° 76 pour Vallon. Infos sur • *rhonealpes.fr* •

➢ ***À Avignon :*** bus *Ginhoux* (• *lesept.fr* •), tlj l'été, lun-sam hors saison.

➢ Pour circuler dans la vallée, une ***navette gratuite*** relie Vallon (la ville) au pont d'Arc (le site), tlj, ttes les 15 mn en été, 8h-21h. À prendre à la gare routière.

Adresses utiles

🛈 ***Office de tourisme*** *(plan B2)* **:** *215, vieille route de Vallon, quartier Ratière.* ☎ *04-28-91-24-10.* • *info@pontdarc-ardeche.fr* • *pontdarc-ardeche.fr* • *En été, lun-sam 9h-19h, dim 9h30-16h30 ; juin et sept, tlj 9h-18h (13h dim) ; le reste de l'année, lun-ven 9h-12h, 14h-17h, plus sam mat.* Vente de topos de randonnées, guides d'escalade, réservation de billets de train.

🛈 ***Centrale de réservation des bivouacs*** *(plan B2)* **:** *même adresse que l'office de tourisme.* ☎ *04-75-88-00 41.* • *reservation@gorgesdelardeche.fr* • *gorgesdelardeche.fr* • *Juil-août, tlj 8h30-16h ; mai-juin, 8h30-15h, avr et sept, 8h30 13h (15h sam).* Plein d'infos sur les gorges. C'est ici que l'on fait ses résas pour les nuits aux bivouacs de Gaud ou de Gournier, qu'on dorme à la belle étoile, sous sa propre tente ou sous une tente *Marabout,* qu'on soit kayakiste ou randonneur. Si vous avez réservé par Internet, vous devrez tout de même y passer pour retirer votre ticket de réservation (à donner à l'arrivée au bivouac).

Taxis : ***Taxi Gilou,*** 📱 *06-79-06-17-07.* ***Taxi Maroo,*** 📱 *06-45-69-50-40*

Location de VTT : ***Central Location,*** *Z.A. Les Estrades.* ☎ *04-75-88-02-57.*

Où dormir ?

Campings

On signale ici quelques campings proches du centre de Vallon, mais il y en a une bonne vingtaine dans le secteur (voir aussi notre rubrique « Où dormir ? Où manger sur la route des gorges ? »).

Camping de l'Ardèche *(carte Les gorges de l'Ardèche,* ***12****)* **:** *100, chemin de la Plage, Salavas.* ☎ *04-75-88-04-73.* • *campingvallonpontdarc@gmail.com* • *campingdelardeche-vallonpontdarc.fr* • ♿ *À env 2 km au sud-ouest du centre. Ouv de mi-mars à fin sept. Forfaits pour 2 pers, 15-27 €. 150 empl.* Classique (avec ses emplacements séparés par des haies), modeste mais sympathique camping familial à proximité de la rivière. Grands emplacements avec une partie bien ombragée et une autre qui l'est, hum, nettement moins... Location de tentes. Pas de piscine mais plage privée et une autre (surveillée l'été) pas loin. Snack-bar, pizzeria.

⛺ ***Bonhomme*** *(carte Les gorges de l'Ardèche,* ***14****)* **:** *Les Mazes. ☎ 04-75-88-04-62. • reza@camping-bonhomme.com • camping-bonhomme.com • ♿ À 4,5 km à l'ouest du centre. Ouv mars-début nov. Forfaits pour 2 pers, 15-24 €. 100 empl.* Un petit camping familial simple et agréable, composé de plusieurs clairières ombragées, au bord de l'Ardèche. Pas de piscine, pas d'animations (mais ce n'est pas un reproche !). La section mobile homes manque un peu de charme, mais on s'y sent bien tout de même. Snack, bar et resto.

⛺ ***La Plage Fleurie*** *(carte Les gorges de l'Ardèche,* ***15****)* **:** *Les Mazes. ☎ 04-75-88-01-15. • info@laplagefleurie.com • laplagefleurie.com • ♿ À 4 km à l'ouest du centre. Ouv de mi-avr à début sept. Forfaits pour 2 pers, 24-60 €. 201 empl.* Dans la zone tranquille des Mazes, correctement ombragé, avec plage de galets sur l'Ardèche (et plage de sable aménagée en juillet-août), juste devant le camping. 2 grandes piscines (dont une chauffée), toboggans, animations, etc. Location de chalets et mobile homes. Adresse plutôt tranquille malgré la taille du site. Idéal en famille. Resto, snack et épicerie.

⛺ ***Nature Parc L'Ardéchois*** *(carte Les gorges de l'Ardèche,* ***13****)* **:** *route des Gorges. ☎ 04-75-88-06-63. • info@ardechois-camping.com • ardechois-camping.com • ♿ À env 2 km au sud-est du centre. Ouv début avr-début oct. Forfaits pour 2 pers, 34-60 € pour un empl classique. 250 empl. Sur présentation de ce guide, 10 % de réduc pour un séjour de plus d'une sem, hors juil-août.* Le camping 5 étoiles de luxe, avec des emplacements dont certains bénéficient de la totale : vaste espace, hamac, salon de jardin... Très bonnes prestations : tennis, piscines chauffées avec jacuzzi, jardins fort bien entretenus, resto qui tient la route, et même une supérette bien fournie. Les locations – avec, notamment, de rigolotes cabanes comme sorties d'un conte de fées – sont également remarquables. Prix en conséquence !

De prix moyens à plus chic

🏠 🍴 ***Chambres d'hôtes Au Clos d'Hélène*** *(plan A2,* ***29****)* **:** *172, rue Henri-Barbusse. ☎ 04-75-37-11-63. • helene@chambredhote-vallonpontdarc.com • chambredhote-vallonpontdarc.com • Doubles 68-78 €. Repas : 25 €.* En pleine ville et pourtant au calme, une vieille maison de pierres qui abrite 4 chambres tout confort, coquettes et de caractère (dont une familiale avec 2 chambres séparées), donnant sur une cour intérieure tranquille et dotée d'une agréable terrasse surélevée pour prendre le petit déjeuner.

🏠 🍴 ***Chambres d'hôtes La Bastide de Vallon*** *(plan B1,* ***25****)* **:** *3, route du Bourg. ☎ 04-75-88-15-70. • contact@labastidedevallon.com • labastidedevallon.com • Doubles 76-128 €.* À 2 mn à pied du centre de Vallon, une ancienne magnanerie en pierre, rénovée joliment. Les 4 chambres d'hôtes sont situées à l'étage. Déco agréable. Piscine avec transats, le tout très au calme car bien en retrait de la route. Resto sur place, ***La Table de mon Fils*** *(tlj sauf lun-mar).*

🏠 ***Résidence Odalys Les Sources de Manon*** *(hors plan par B1,* ***27****)* **:** *lieu-dit Mas-de-Boulle. ☎ 04-75-87-56-35. • sourcesdemanon@odalys-vacances.com • Ouv avr-oct. Compter 82-201 € pour 2.* Idéalement située à 5 mn à pied du bourg, la résidence réunit 2 ensembles composés d'îlots résidentiels de 4 à 6 appartements avec cuisinette (en tout, 160 logements), autour de 2 piscines (dont une chauffée). Ensemble à l'architecture d'apparence anodine, mais bien entretenu et très calme. Pas de resto, mais dépôt de pain à la réception. Les habitués privilégient les appartements donnant sur l'extérieur plutôt que sur les piscines, plus tranquilles.

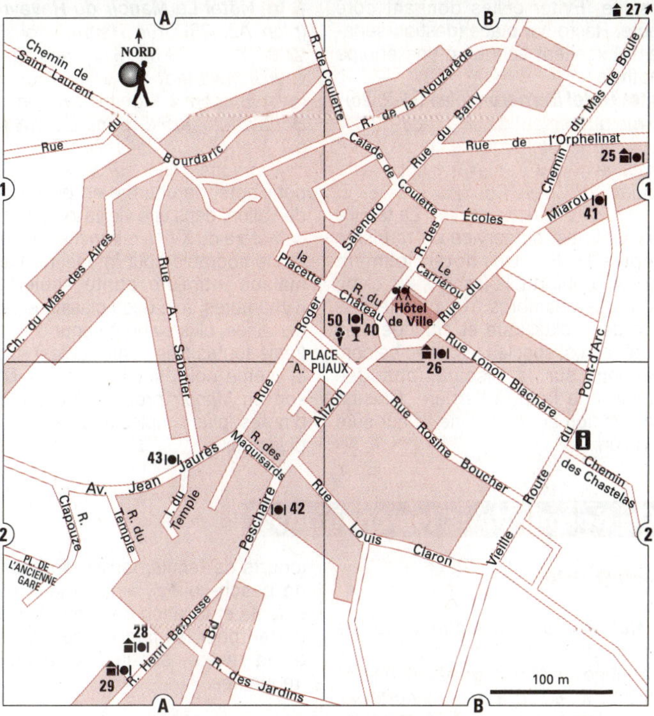

VALLON-PONT-D'ARC

Adresse utile

Office de tourisme et Centrale de réservations des bivouacs (B2)

Où dormir ?

25 Chambres d'hôtes La Bastide de Vallon (B1)
26 Hôtel Berneron (B1-2)
27 Résidence Odalys Les Sources de Manon (hors plan par B1)
28 Le Manoir du Raveyron et La Maison du Manoir (A2)
29 Chambres d'hôtes Au Clos d'Hélène (A2)

Où manger ?

40 Café du Nord (B1)
41 Le Petit Jardin (B1)
42 Le Chelsea (A2)
43 Les Galapians (A2)

Où manger une bonne glace ?

50 Glacier Béatrix (B1)

Hôtel Le Clos des Bruyères *(carte Les gorges de l'Ardèche,* ***23****) : route des Gorges. ☎ 04-75-37-18-85. • closdesbruyeres07@gmail.com • closdesbruyeres.fr • ♿ Ouv avr-sept. Doubles 115-135 €, petit déj compris.* À 150 m de la rivière, un hôtel moderne de bon confort, bien tenu, avec un beau jardin, une piscine à l'arrière, et un espace détente (en supplément). Chambres fonctionnelles climatisées, spacieuses et bien arrangées, dans les tons gris, violines et blancs. Mention spéciale pour celles, de plain-pied, qui ouvrent directement sur la pelouse, côté piscine. Éviter celles donnant côté route. Resto sur place (gestion séparée). Excellent accueil d'une équipe motivée.

Hôtel Berneron *(plan B1-2,* ***26****) : 6, rue du Miarou. ☎ 04-75-88-02-12. • contact@hotel-ardeche.com • hotel-ardeche.com • ♿ Ouv avr-oct. Resto seulement le soir. Doubles 115-160 €. Menu 35 €. Parking payant.* La famille Berneron est au service du tourisme depuis 1937 ! Un hôtel joliment rénové, confortable (ascenseur, clim), avec des chambres très bien tenues à la déco classique et soignée. Les supérieures, spacieuses, avec balcon, donnent sur la piscine (chauffée quand il le faut), à l'arrière. Cuisine de tradition au resto. Une valeur sûre à Vallon.

Hôtel Le Manoir du Raveyron *(plan A2,* ***28****) : rue Henri-Barbusse. ☎ 04-75-88-03-59. • le.manoir.du.raveyron@wanadoo.fr • manoir-du-raveyron.com • Congés : nov-mars. Doubles 90-115 €. Dans* ***La Maison du Manoir,*** *doubles 70-90 €, petit déj compris. Dîner sur résa 30 €.* Un petit hôtel de charme en plein cœur de Vallon, dans une vieille demeure de caractère du XVIe s retranchée au fond d'une adorable cour intérieure. Cette maison intimiste abrite seulement 8 chambres, à la déco classique pour certaines, plus élaborée pour d'autres (mais toutes très confortables). Dans la même cour, sur le côté, *La Maison du Manoir* propose 3 chambres d'hôtes, plus simples et à prix un peu plus doux.

Où dormir dans les environs ?

Campings

Huttopia Sud Ardèche *(carte Les gorges de l'Ardèche,* ***10****) : 145, route d'Orgnac, 07150* ***Vagnas.*** *☎ 04-75-38-77-27. • sud-ardeche@huttopia.com • huttopia.com • ♿ À env 6 km au sud de Vallon. Ouv de mi-avr à fin sept. Forfaits pour 2 pers, 29-68 €.* Sur 14 ha de sous-bois, parfaitement au calme, l'enseigne *Huttopia* s'est installée en Ardèche, avec la remarquable qualité de ses hébergements variés et fort bien pensés. Pour les campeurs, de grands emplacements et beaucoup d'ombre. Services de qualité : resto, animations, terrain de pétanque, aire de jeux, et une vaste piscine posée sur une grande terrasse de bois. Assez exceptionnel !

Domaine des Blachas *(carte Les gorges de l'Ardèche,* ***24****) : 2590, route du Chassel, 07150* ***Salavas.*** *☎ 04-75-88-02-07. • contact@lesblachas.com • lesblachas.com • Forfaits pour 2 pers, 20-49 €. 18 empl.* Quelques emplacements où planter sa tente mais aussi et surtout un vaste ensemble d'hébergements, allant de la tente *Tithome* aux mobile homes de 2 à 6 personnes. Piscine chauffée, plage, équipements sportifs (courts de tennis, terrain de basket, de beach-volley), aire de jeux pour enfants et location de canoë-kayaks. Parfait pour les familles car au bord de la rivière, sur la rive la moins fréquentée.

De bon marché à prix moyens

Hôtel des Sites *(carte Les gorges de l'Ardèche,* ***22****) : 705, route de Barjac, 07150* ***Salavas.*** *☎ 04-75-88-00-85. • hoteldessites@gmail.com • hoteldessites.com • À 2 km au sud-ouest de Vallon. Ouv de fin mars à mi-nov. Doubles 54-82 € ; familiales. Café offert sur présentation de ce guide.* Un petit hôtel, à l'ambiance familiale et à l'accueil tout en gentillesse. Cette maison de village abrite une douzaine de chambres, spacieuses et qui possèdent leur petit charme : peintures à l'éponge, couleurs chaleureuses. En choisir impérativement une qui donne sur l'arrière et la campagne car celles sur l'avant peuvent subir les bruits de la route. Les plus chères disposent d'une belle terrasse. Et le petit déj (avec, en autres, des crêpes maison) est très bien.

Où manger ?

Les restos et les chefs changent allègrement à Vallon, et il n'est pas évident de dénicher des adresses stables au fil des ans. Quelques exceptions toutefois.

Café du Nord (plan B1, **40**) : *pl. de la Résistance. ☎ 04-75-88-02-31. En plein centre. Avr-sept, tlj ; hors saison, fermé sam. Repas jusqu'à 22h env, bar jusqu'à 1h-2h selon les soirs. Plat du jour 9,50 € ; carte env 35 €.* Un café-bar-resto offrant l'une des plus belles et grandes terrasses de Vallon, avec jolie vue sur la mairie. Belles et copieuses assiettes ardéchoises, omelettes, pizzas, grosses salades et sandwichs. Cuisine simple et revigorante. Ce qu'on aime bien ici, c'est l'atmosphère vraiment cool, matin, midi et soir.

Le Petit Jardin (plan B1, **41**) : *20, rue du Miarou. ☎ 04-75-94-77-45. En saison, tlj sauf lun et mar midi ; hors saison, ouv le midi mer-dim, plus le soir ven-sam. Menu 20 €.* Maison discrète, à l'écart de l'agitation du centre, proposant une petite terrasse au calme et un accueil tout en douceur. Le menu change régulièrement et la cuisine suit les saisons. Tout est réalisé avec des produits régionaux, simple et réussi : pâtes fraîches maison, pizzas, salades...

Le Chelsea (plan A2, **42**) : *43, bd Peschaire-Alizon. ☎ 04-75-88-01-40. • info@lechelsea.com • Fermé de mi-nov à mi-fév. Tlj sauf mer (et mar soir en basse saison). Formule déj en sem 13 € ; formules 22-26 € et menu 31 €.* Maison en vieille pierre, ambiance chaleureuse et jolie terrasse sur le côté de la rue, coquette et au calme. Bonne cuisine locale ou plus exotique servie comme il faut. Et pour les petites faims, de belles salades-repas.

Les Galapians (plan A2, **43**) : *24, av. Jean-Jaurès. 📱 06-38-22-55-34. • lesgalapians07@gmail.com • Tlj sauf mer et le midi jeu, ven et sam. Menu 32 €. Carte env 35 €.* Le menu du soir propose de beaux et bio produits d'Ardèche, travaillés avec juste ce qu'il faut de créativité. La petite carte pour le déjeuner est plus simple (salades, omelettes, caillettes, planches de charcuteries...). La salle est sympathique, la terrasse sur une placette également. Et l'accueil donne envie de revenir voir ces Galapians.

Où boire un verre ? Où manger une glace ?

Outre le **Café du Nord** (voir « Où manger ? ») sur la place de la Mairie, juste à l'arrière, la place Armand-Puaux abrite quelques ***troquets*** ouverts tard le soir en saison, où la jeunesse se retrouve.

Glacier Béatrix (plan B1, **50**) : *pl. Armand-Puaux. ☎ 09-73-56-82-08. • glacierbeatrix.fr • Tlj 10h-23h.* Excellent glacier de Vals-les-Bains qui a ouvert une antenne à Vallon. Et le résultat est pareillement bon avec d'étonnantes associations de saveurs.

À voir

L'hôtel de ville (plan B1) : *pl. de la Résistance. ☎ 04-75-88-02-06. ♿ Lun-ven (sauf j. fériés) 9h-12h, 14h-18h30. Entrée : 2 €, dépliant inclus.* Avant de devenir hôtel de ville, c'était un château construit au XVIIe s sur les vestiges d'un édifice médiéval ravagé par les guerres de Religion. Massive mais élégante bâtisse aux murs de pierres et de galets, équipée d'un contrefort d'angle ajouté au siècle suivant. Très beau hall, escalier majestueux en pierre blanche d'Orgnac avec une rampe, petit chef d'œuvre de ferronnerie (l'ensemble est du XVIIe s et classé).

Mais le clou de la visite est cet ***ensemble de tapisseries d'Aubusson,*** visibles dans la salle des mariages et classées en 1881 par Jules Ferry. Il en reste 7 sur les 70 qui avaient été tissées au XVIIIe s pour les comtes de Vallon, anciens propriétaires du château : 6 d'entre elles concernent l'épopée du sieur Godefroi de Bouillon à Jérusalem en 1099, reprise en poésie baroque par Le Tasse au XVIe s. Observez les superbes rouges organiques, dont le rouge cramoisi qui provient du Pérou et du Mexique. On y voit Godefroi en prière, Pierre l'Ermite argumentant devant Tortose, la demande en grâce de 2 jeunes chrétiens, l'enterrement du chevalier Dudon, Godefroi blessé à la jambe sous la muraille de Jérusalem et, enfin, le combat d'Argant contre Tancrède. La 7e tapisserie évoque... la greffe d'un arbre fruitier.

Le petit jardin ampélographique du domaine du Colombier : *route de Ruoms. ☎ 04-75-88-01-70. • domaineducolombier.fr • À 2 km au nord-ouest du centre. Avr-fin oct, tlj 9h30-13h, 15h-19h ; le reste de l'année, lun-sam 10h30-12h, 14h30-17h, dim sur rdv.* Ici, on fait du vin et on aime en expliquer la fabrication. Un ancien viticulteur, qui a aujourd'hui passé la main à son fils, a planté sur un petit carré de terre une vingtaine de cépages différents, dont 4 cépages hybrides historiques (jacquet, clinton, villars blanc et couderc). Vous pénétrerez aussi dans une cuve carrelée de la fin du XIXe s. Dégustation et vente de vins de pays des Coteaux de l'Ardèche.

Le Moulin des Gorges : *rond-point des Gorges. ☎ 04-75-88-07-46. • moulindesgorges.com • À env 1 km au sud-ouest du centre. Juil-août, tlj 9h-12h30, 14h-19h ; le reste de l'année, tlj sauf dim, horaires variables. Visite guidée de l'atelier sur résa.* Vente d'huile d'olive fabriquée au moulin, de cosmétiques à base d'huile d'olive...

DANS LES ENVIRONS DE VALLON-PONT-D'ARC : LA GROTTE CHAUVET

La Grotte Chauvet 2 Ardèche *(carte Les gorges de l'Ardèche) : plateau du Razal. ☎ 04-75-94-39-40. • grottechauvet2ardeche.com • Tlj, tte l'année ; horaires variables selon saison (voir sur le site) : 9h-20h et jusqu'à 23h en été (17h en hiver) ; visites guidées (55 mn) ttes les 5 mn en hte saison et ttes les 15 mn le reste du temps.* ***Dernière entrée 2h avant la fermeture du site. Résa des billets sur Internet vivement recommandée.*** *Entrée, avec visite guidée de la grotte et de la galerie de l'Aurignacien : 17 € ; 8,50 € 10-17 ans ; gratuit moins de 10 ans. Photos interdites à l'intérieur. Aire de pique-nique et resto-cafétéria La Terrasse (ouv tlj, tte la journée ; menu 20 €).* L'enjeu était considérable : offrir à chacun la possibilité de découvrir la ***reconstitution de la grotte Chauvet*** (inscrite à l'Unesco en 2014), le chef-d'œuvre inestimable du berceau de l'humanité en Europe, en le préservant pour les générations futures. Le défi a été relevé avec panache ! En pleine nature, sur un large plateau, dans l'un de ces environnements superbes dont l'Ardèche a le secret, on a édifié différents édifices sobres, élégants,

CHAUVET, GROTTE, CAVERNE ? ON S'Y PERD !

La « vraie » grotte, la « grotte dite Chauvet », celle que ni vous ni nous ne verrons jamais, portait le nom de son « inventeur » (c'est le terme consacré !) principal. Classée à l'Unesco en 2014, on dut modifier son patronyme pour celui de « grotte ornée du Pont d'Arc », car les sites classés ne comportent jamais de noms propres. Mais pour l'espace de restitution (comme on dit savamment), il fallait une autre appellation. Pour ne pas la confondre, on choisit donc « caverne du Pont d'Arc ». Résultat, tout le monde s'emmêle un peu les pinceaux.

en béton gris clair pour la grotte, en pierre locale pour les autres bâtiments, parfaitement intégrés dans le paysage tout en présentant une identité en eux-mêmes. Rien ne dépasse du niveau des arbres ! Le bâtiment le plus important évoque une sorte de carte dépliée. Il abrite la ***Grotte Chauvet 2 Ardèche,*** reconstitution d'une partie de la grotte ornée du Pont d'Arc à l'échelle 1. C'est une véritable merveille technologique et artistique. Un autre édifice abrite un centre de découverte, la ***Galerie de l'Aurignacien,*** tandis qu'un 3e espace accueille des ***salles pédagogiques.*** Un peu plus loin, on trouve le resto et la boutique. À noter, l'élégance de l'espace d'accueil, un bel édifice de pierre, dessiné en arc de cercle. Pour profiter de l'ensemble du site sans courir, compter environ 3h.

– ***La Grotte Chauvet 2 Ardèche :*** la visite permet d'ouvrir le grand livre de l'histoire au commun des mortels. Même les spéléologues les plus confirmés restent sans voix devant la qualité des réalisations, datant de ***36 000 ans*** pour les plus anciennes. Pour réussir cette prouesse, les artistes ont obtenu l'autorisation de se rendre dans la grotte originale pour faire des esquisses in situ, et s'imprégner de l'atmosphère avant de travailler dans les ateliers selon les procédés de nos lointains ancêtres. Quant à la grotte, il s'agit d'un condensé de 3 000 m² au sol des éléments les plus remarquables, sélectionnés parmi les 8 500 m² que totalise l'originale. ***Le résultat est éblouissant*** : par groupes de 28 personnes (maximum), on suit le parcours naturel de la grotte, éclairé par les explications d'un guide, dans un environnement de 8 200 m² (sols, parois et plafonds) reconstitué dans ses moindres détails. Stalactites, stalagmites et autres draperies sont rigoureusement identiques, tandis que l'obscurité, la fraîcheur, l'hygrométrie renforcent l'impression d'être dans la « vraie » grotte. Sur le sol, des ossements d'ours des cavernes et de loups, sur les murs, gravures, dessins et peintures composent un bestiaire exceptionnel. Il ne s'agit plus d'illusion mais d'immersion.

Sur les 1 000 dessins répertoriés, plus de 400 sont des dessins animaliers. ***Technique du poing-paume,*** mains positives, mains négatives, ocre ou charbon de bois, ***tout est là, les matériaux et les techniques. Parmi les animaux, ce sont surtout les bêtes non chassées qui ont été représentées : mammouths, lions, rhinocéros, ours.*** Et un seul oiseau, un grand duc. Quant aux représentations humaines, outre les mains, les artistes se sont concentrés sur l'essentiel : le triangle de vie. On tremble d'émotion en parcourant du regard le ***panneau des chevaux,*** sublime dans ses nuances et incroyable de réalisme. Mais le clou du spectacle, quelques mètres plus loin, est sans conteste le ***panneau des lions,*** que l'on découvre grâce à un ingénieux système d'éclairage recréant un effet « lampe à graisse ». Face à nous, des lions des cavernes, des rhinocéros en mouvement, en relief, comme s'ils allaient sortir des murs et plonger sur nous... Époustouflant ! Un voyage magique aux origines de l'homme... et de l'art.

– ***La Galerie de l'Aurignacien :*** c'est un centre de découverte complémentaire à la visite de la Grotte, où sont présentés 3 thèmes, « L'Ardèche d'il y a 36 000 ans », « Nos ancêtres préhistoriques » et « L'art pariétal, art des origines ». Tablettes multimédias et panneaux interactifs sont d'une grande convivialité. Les plus spectaculaires exposent les reproductions de magnifiques animaux grandeur nature, qui rappellent la dureté de l'environnement auquel devaient faire face les 1ers hommes. Tout est ludique et instructif, jamais barbant.

– ***Les salles pédagogiques :*** nombreuses animations et ateliers durant les vacances scolaires, en général l'après-midi. Contes animés, miniconférences, lancer de sagaies, initiation à l'art pariétal (en vrai !)... Voir le site pour le programme et les horaires.

– En se promenant sur le site, à l'extérieur, on rencontre ***5 points de découverte,*** autant d'éclairages sur des thèmes particuliers.

– De grandes ***tables de pique-nique*** sont aménagées sur la grande terrasse, et le ***resto La Terrasse*** (justement) propose de bonnes formules une fois le tour du site terminé.

LAGORCE (07150)

À 7 km au nord de Vallon-Pont-d'Arc, par une jolie petite route. Lagorce, perché au-dessus d'un doux vallon sauvage, est un village mignon comme tout avec ses maisons rurales et les ruines de son château féodal. Remarquer ses cuves à grain fichées dans les murs du castel. Elles servaient à mesurer la part de récolte des paysans qui revenait au seigneur du coin.

Où manger ?

Les Tilleuls : *240, rue de la Traverse. ☎ 04-75-37-72-12. • info@restaurant-lestilleuls.com • Ouv de mi-mars à oct, tlj sauf lun (plus dim soir en basse saison). Formule déj en sem 19,50 € ; menus 23-48 €.* Au cœur de ce charmant village dominant la campagne, un bon resto avec une cuisine dans la tradition mais avec une pointe d'imagination et le talent du chef en plus. Bon menu du marché. Belles assiettes gourmandes, parfaites pour l'été. C'est frais, savoureux, soigné, varié. Vins de producteurs locaux, tous très bien choisis. Très belle vue de la terrasse. Une valeur sûre.

À voir

Ver à soie – musée-magnanerie : *320, rue de la Traverse. ☎ 04-75-88-01-27. • mamagnanerie.com • Dans le village, indiqué. Ouv de mi-avr à fin sept : juil-août, mar-ven et dim 10h-12h30, 14h-18h ; mai-juin et sept, mer-dim 10h30-12h, 14h-17h30. Entrée : 6 € ; réduc ; gratuit moins de 7 ans. Visites guidées et ateliers découverte à 11h (15h hors saison) et 16h30 (pour la visite guidée, ajouter 2-4 € ; résa conseillée).* Pour découvrir dans un cadre authentique ***l'histoire de la soie*** (de la Chine à l'Ardèche) et toute les phases de la sériciculture, de l'œuf pondu par le papillon jusqu'au cocon que l'on récolte (la maison accueille plusieurs élevages de vers à soie). Chaque semaine, 600 bébés chenilles naissent et mangent uniquement les feuilles de mûriers. Petit film sur le cycle de vie du bombyx. Le musée n'est pas bien grand, mais la visite est vivante, intéressante, et on apprend plein de choses surprenantes.

Melvita : *4595, route d'Aubenas, La Fontaine du Cade. À 5 km au nord de Lagorce. Visites guidées sur résa seulement, lun-ven ; infos au ☎ 04-75-88-78-00 ou • reservations.visites@melvita.com • ; GRATUIT. Boutique tlj sauf dim, 10h-12h30, 13h30-18h (jusqu'à 18h30 mar-ven).* Cette marque de cosmétiques élabore ses produits à partir de composants naturels, de plantes, de miels et d'essences issus de cultures biologiques. L'usine, paumée en pleine nature et écologique dans ses moindres détails, se visite. À la boutique, shampoings, savons, huiles essentielles, etc., avec 10 % de réduc.

Manifestations

– **Raid nature du pont d'Arc :** *le w-e de Pâques. • raid-nature-vallon.fr •* Sur une journée, on enchaîne course à pied, canoë, VTT, etc., avec au choix 2 parcours : parcours *Raid* ou *Aventure*. Le samedi, place à la version familiale avec le *Kid Raid* (un adulte et un enfant de 10 à 16 ans).

– **Festival Môme Z'émerveille :** *mi-mai. Infos à l'office de tourisme de Vallon-Pont-d'Arc : ☎ 04-28-91-24-10.* Manifestation dédiée aux enfants et à leurs familles. Pendant 2 jours, le village de Vallon est ouvert aux spectacles et aux animations diverses, axés sur les enfants. Une vraie réussite !

– ***Marathon international des gorges de l'Ardèche :*** *autour du 10 nov.* ☎ *04-75-37-12-94.* • *marathon-ardeche.com* • *Accessible à ts.* On y trouve des champions olympiques, anciens et actuels. Il s'agit de descendre les gorges en canoë ou en kayak. Plus de 2 000 participants qui souquent ferme de Vallon à Saint-Martin. Les meilleurs font la descente en 2h ! À vos pagaies !

LA ROUTE DES GORGES DE L'ARDÈCHE

On l'appelle ici la route touristique (elle est parcourue chaque année par plus de 1,5 million de visiteurs !). Elle surplombe les gorges de l'Ardèche sur 32 km et permet de suivre la rivière à une hauteur moyenne de 200 m. Spectacle grandiose ! Étonnant de savoir que cette route n'a été percée qu'en 1968.
L'intérêt de la parcourir est double : les nombreux belvédères aménagés (pris d'assaut en été...) permettent d'admirer les boucles moirées de l'Ardèche. Plusieurs sentiers, plus ou moins aisés, partent de cette route de corniche et descendent au bord de l'eau. Le 2d intérêt est la visite des nombreuses grottes aménagées, un peu à l'écart de la route des Gorges mais jamais bien loin, toujours bien indiquées, et qui pour certaines sont vraiment époustouflantes de beauté. Elles ont fait, avec les gorges, la réputation internationale de la région. Certains sites comme la Madeleine ou l'aven d'Orgnac méritent vraiment la visite.

Où dormir ? Où manger dans les gorges ?

Campings

Le Camp des Gorges *(carte Les gorges de l'Ardèche,* ***19****) : route des Gorges, Chames, 07150* ***Vallon-Pont-d'Arc.*** ☎ *04-75-88-00-05.* • *campdgorge@aol.com* • *camping-camp-des-gorges.com* • *À env 7 km de Vallon-Pont-d'Arc, sur la route des Gorges et à 1 km en aval de l'arche naturelle du pont d'Arc. Ouv avr-sept. Forfaits pour 2 pers, 18-27 €. 100 empl.* Fondé en 1958, un des plus vieux campings d'Ardèche. Idéalement situé, établi sur un agréable terrain ombragé qui descend vers la rivière et la plage privée. Sanitaires récents, machine à laver. Tentes équipées et mobile homes. Location de canoës. Resto sur place et snack.

La Rouvière *(carte Les gorges de l'Ardèche,* ***17****) : route des Gorges,* ***Chames,*** *07150* ***Vallon-Pont-d'Arc.*** ☎ *04-75-37-10-07.* 📱 *06-26-98-45-83.* • *ardbat@yahoo.fr* • *campinglarouviere.com* • *À 6 km de Vallon-Pont-d'Arc. Ouv de mi-mars à début nov. Forfaits pour 2 pers, 20-30 €. 150 empl.* Sous de grands arbres, des emplacements en bordure de rivière, tandis que les mobile homes occupent des terrasses en surplomb du site. Pas de piscine mais plage vraiment sympa, face à d'imposantes falaises à excavations. Alimentation, sanitaires corrects. Animations sportives : aire de jeux, beach-volley, pétanque, ping-pong... et kayak, évidemment (location sur place). Soirées dansantes en été.

Mille Étoiles *(carte Les gorges de l'Ardèche,* ***11****) : mas de Serret, 07150* ***Labastide-de-Virac.*** ☎ *04-75-38-42-77.* 📱 *06-10-85-04-98.* • *nadine@campingmilletoiles.com* • *campingmilletoiles.com* • *Sur la rive droite, donc l'accès se fait via Labastide-de-Virac. Ouv de mi-avr à début oct. Forfaits pour 2 pers, 17-23 €. 33 empl.* Il n'y a que 2 campings à être installés en pleine réserve naturelle des gorges de l'Ardèche. En voici un, vraiment tranquille. Juste un détail : il n'est pas en bord de rivière (compter un gros ¼ d'heure pour y descendre) et il n'y a pas de piscine. Quelques emplacements traditionnels (vastes et agréables), mais aussi et surtout des hébergements originaux : yourtes meublées ou tentes-*lodges* de bon confort. Sympa, bien organisé (sanitaires propres et kitchenette à dispo dans des cabanons attenants)... Location de vélos. Bon petit resto. Accueil tout sourire.

De bon marché à prix moyens

Hôtel des Touristes *(carte Les gorges de l'Ardèche,* ***30****) : route des Gorges, La Rouvière, 07150* ***Vallon-Pont-d'Arc.*** *☎ 04-75-88-00-01. • hoteldestouristes.e-monsite.com • À env 5 km de Vallon. Ouv de début avr à fin oct. Doubles 44-76 € (certaines avec toilettes dans le couloir).* Un des derniers petits hôtels des gorges, qui propose des prix doux et un confort modeste mais suffisant. Éviter les chambres sur route. Sur le côté, quelques-unes avec terrasse. C'est simple, propre et familial, avec un bar-resto au rez-de-chaussée, prolongé par une grande terrasse. Quant à l'accueil, c'est le strict minimum ! Bref, une adresse de dépannage.

Le Resto du Village *(carte Les gorges de l'Ardèche,* ***43****) : route des Gorges, Chames, 07150* ***Vallon-Pont-d'Arc.*** *☎ 04-75-37-51-57. Ouv mai-sept ; tlj, sauf lun et mar soir hors saison. Plat du jour 13,50 € ; carte env 25 €.* Entre le saloon du Far West et la guinguette. En passant sur la route des Gorges, on est irrémédiablement attiré vers ce sympathique bric-à-brac, décalé juste comme il faut. Le sympathique patron donne la couleur du lieu et énonce les plats du jour avec force détails. On sent qu'il aime ce qu'il fait. Les assiettes sont à la hauteur, copieuses, soignées, goûteuses. Rien que des produits choisis, locaux et souvent bio, et toujours de qualité. On aime ! Concerts de temps à autre.

La Grotte des Tunnels *(carte Les gorges de l'Ardèche,* ***44****) : route des Gorges, Arduc, 07150* ***Vallon-Pont-d'Arc.*** *☎ 04-75-88-70-81. • lagrottedestunnels@hotmail.fr • À env 2 km de Vallon. Tlj, sauf lun hors saison. Fermé fin sept à début avr. Carte env 25 €. Café offert sur présentation de ce guide.* Le bar, dans un style rustique, est dans l'entrée même d'une grotte, qui d'ailleurs se visite. Le restaurant, simple et sans prétention, se trouve en terrasse, de l'autre côté de la route. Au menu, bonnes viandes grillées au feu de bois (brochette d'onglet à l'échalote, côtes de bœuf, travers de porc...), d'un bon rapport qualité-prix. Le tout arrosé de petits vins de la région ou d'une bière locale. Sympa et convivial.

De chic à beaucoup plus chic

Chambres d'hôtes Le Mas Rêvé *(carte Les gorges de l'Ardèche,* ***20****) : Le Mas Rêvé, 07150* ***Labastide-de-Virac.*** *☎ 04-75-38-69-13. • info@lemasreve.com • lemasreve.com • Sur la rive droite des Gorges ; à 3 km à l'est de Labastide-de-Virac. Ouv mai-sept. Doubles 110-160 €.* Un charmant petit manoir ardéchois du XVIIe s, au cœur des vignobles. 5 chambres à l'accès indépendant, toutes décorées avec goût et entretenues avec amour. Ici un lit à baldaquin, là un voilage, ailleurs une voûte élégante. Une suite avec cheminée Renaissance et terrasse panoramique. Dans la courette glougloutent 2 fontaines, et dans le salon commun, plein de jeux en cas d'averse. Au bout de l'allée de cyprès, piscine avec transats à l'ombre. Et le mas est situé à 500 m des gorges, auxquelles on accède par des sentiers menant à de petites plages presque désertes...

À voir. À faire

Le pont d'Arc *(carte Les gorges de l'Ardèche) : à 5 km de Vallon.* Vous connaissez sûrement déjà ce gigantesque arc de triomphe taillé par la nature dans le souple calcaire urgonien, évidé en son milieu par l'action des eaux. Primitivement, l'Ardèche contournait ce promontoire par un large méandre. Et puis, petit à petit, la rivière a décidé de couper le fromage et de cheminer au plus court, creusant patiemment la roche tendre. L'autre passage, abandonné par la rivière comme une vieille chaussette, est aujourd'hui planté de vignes. Mais ce site naturel n'est en fait pas complètement naturel : un fort existait ici à l'époque de Louis XIII et un sentier au sommet de l'arche reliait les 2 rives. Il fut détruit lors des guerres de Religion. Ainsi l'aspect actuel de l'arche doit-il un peu à la main de l'homme. Point de vue fantastique sur le site depuis le belvédère situé au sud de l'arche, surtout depuis qu'elle a été dégagée de son emprise végétale qui la faisait quasiment disparaître. 2 plagettes en contrebas (voir plus loin « Où se baigner dans les gorges ? »). Au parking, fermez bien votre voiture et prenez vos objets de valeur avec vous !

Le belvédère du Serre-de-Tourre *(carte Les gorges de l'Ardèche)* **:** superbe panorama, évidemment... Au levant vers les gorges et au ponant vers les Cévennes. Quelles merveilles !

Le belvédère et le château de Gaud *(carte Les gorges de l'Ardèche)* **:** encore du beau panorama, à une douzaine de kilomètres de Vallon. Le château, quant à lui, n'est autre qu'un ancien pavillon de chasse d'un certain Reynaud, que son cousin Alphonse Daudet immortalisa sous le nom de Tartarin de Tarascon... Un sentier y mène mais il n'a rien de particulièrement passionnant.

Le belvédère de Gournier *(carte Les gorges de l'Ardèche)* **:** le paysage change, mais c'est toujours aussi beau.

La grotte de la Madeleine, les belvédères et la Maison de la réserve *(carte Les gorges de l'Ardèche)* **:** *☎ 04-75-04-22-20. • grottemadeleine@wanadoo.fr • grottemadeleine.com • Avr-oct, tlj 10h-18h (19h juil-août, 17h oct) ; dernière visite env 40 mn avt la fermeture. Visite de la grotte (toujours guidée ; durée 1h) : 11 € ; réduc ; gratuit jusqu'à 5 ans. Départ des visites ttes les 30 mn env. Snack l'été et tables de pique-nique. Activités pour les enfants (atelier moulage, chasse au trésor, etc.). Et plusieurs parcours spéléo sur résa.* Géré par la commune de Saint-Remèze, ce site formidable est une étape incontournable, notamment grâce à l'accueil très sympa de son équipe dynamique.

– La ***Maison de la réserve*** *(accès libre)* se trouve dans le hall d'accueil de la grotte. Elle propose une petite exposition pédagogique sur les gorges. Présentation claire, simple et intéressante, à l'aide notamment de jeux interactifs. On y évoque la formation des gorges, la présence humaine, la faune, la flore, ainsi que les problèmes de pollution (les chiffres sont effrayants !).

– ***Les belvédères* :** avant ou après la visite de la grotte, allez donc faire un tour à l'extérieur, sur le sentier de découverte qui mène au belvédère de la Cathédrale (comptez 20 mn, depuis le parking) et qui offre un merveilleux point de vue sur le rocher du même nom. Le belvédère de la Madeleine offre quant à lui un panorama différent mais tout aussi magique sur les gorges et le méandre des Templiers. Lunette pour observer les oiseaux qui se plaisent dans ces vertigineuses falaises. Quelques tables pour pique-niquer, sous les chênes verts.

– ***La grotte* :** tout bonnement superbe, elle fut découverte en 1887 par le berger Rigaud. Qu'il soit ici salué ! La Madeleine est une grotte semi-active, à savoir que la faible présence d'eau provoque encore des formations mais très, très lentes. Prévoir une petite laine car il fait 15 °C à l'intérieur. C'est la grotte karstique par excellence, avec toutes les variétés possibles de concrétions. Mais soyons un peu plus précis, car la visite comprend en réalité 2 grottes, celle de Lescure et celle de la Madeleine, reliées par un tunnel. On descend au gré de différents escaliers jusqu'à 65 m de profondeur et l'on découvre les orange-ocre donnés par l'oxyde de fer et les matières organiques, toutes les nuances de gris qui trahissent la présence d'oxyde de manganèse, puis les grandes formations blanches, de calcite pure. Sous la forme de stalagmites ou stalactites, de larges colonnes ou de fins tuyaux, ou encore d'excentriques, de grandes draperies (les plus grandes atteignent les 6 m !). De toute beauté. Une beauté transcendée à l'occasion d'un son et lumière, agrémenté de projections vidéo sur les parois. Très bien fait.

L'aven Marzal (carte Les gorges de l'Ardèche) : *depuis la route des Gorges, prendre la D 590 sur 4,5 km (bien indiqué). ☎ 04-75-04-12-45. • aven-marzal.com • Début juil-fin août, visite de la grotte tlj, ttes les heures 10h30-17h30 ; musée du Monde souterrain et zoo préhistorique 9h30-19h (19h30 pour le zoo). Début avr-début juil, sept et vac scol de la Toussaint, visites de la grotte tlj à 11h30, 14h, 15h15 et 16h30 ; musée et zoo 10h30-17h30. Pdt vac scol d'hiver, la grotte est fermée, mais le zoo est ouv 14h-16h30. Entrée couplée grotte + zoo : env 16,50 € ; grotte ou zoo seulement : respectivement 10,50 et 9 € ; réduc enfants ; gratuit jusqu'à 3 ans. Durée de la visite guidée de la grotte : 45 mn-1h.* Impressionnant gouffre, profond de plus de 125 m. Plusieurs centaines de marches nous attirent vers les profondeurs : on découvre alors cet étrange paysage hérissé de stalactites et de stalagmites dont les couleurs varient du brun sombre au blanc neigeux. Une des plus belles grottes souterraines de France, avec des salles pleines de majesté, hérissées d'une série de fines stalactites et contenant un disque assez rare. Ossements de cerfs, rennes, ours, chevaux et bisons.
– ***Le musée du Monde souterrain :*** *à proximité de l'entrée de l'aven Marzal. GRATUIT.* On vous raconte ici l'histoire de la spéléo à travers le matériel et les objets ayant appartenu aux pionniers. Jolie petite barque en bois de Martel. Évocation de la vie du grand spéléologue Norbert Casteret, qui explora de nombreuses grottes entre 1920 et 1960. Impressionnant matériel de Guy de Lavaur, pionnier de la plongée en siphon. Noter l'incroyable combinaison confectionnée par ses soins. Fallait avoir du courage pour enfiler ça ! Et puis le matériel de Robert de Joly, qui mit au point, notamment, l'échelle dite « électron ». C'est lui qui découvrit l'aven d'Orgnac. Observer les chaussures dont les crampons sont composés d'ogives de balles. De vrais pionniers, qu'on vous dit ! En vitrine, quelques ossements découverts dans la grotte.
– ***Le zoo préhistorique :*** *dépend de l'aven Marzal, mais à env 150 m de là.* Les amateurs de dinosaures seront comblés avec ce curieux zoo : plusieurs reconstitutions surgissent des taillis et des buissons, au fil d'une promenade de 800 m dans la garrigue, dans une sorte de grand jardin de 2 ha où l'on rencontre de curieux animaux préhistoriques grandeur nature. Aire de jeux, trampoline et petite zone de fouilles à explorer tout seul. Amusant, surtout avec des enfants.

D'autres **belvédères** (carte Les gorges de l'Ardèche) sur la route, notamment celui **de la Cathédrale,** et le **balcon des Templiers,** d'où l'on peut apercevoir les ruines de la léproserie des Templiers, de l'autre côté de la rivière.

La grotte de Saint-Marcel-d'Ardèche, histoire d'une rivière fossile (carte Les gorges de l'Ardèche) : *sur la route des Gorges. ☎ 04-75-04-38-07. • grotte-ardeche.com • De fin mars à mi-nov, tlj 10h-18h (9h-20h juil-août) ; dernier billet 1h avt la fermeture. Départ ttes les 30 mn en juil-août. Entrée : 11 € ; réduc ; gratuit jusqu'à 5 ans. Visite épicurienne (sur résa seulement) : 25 € ; réduc.* Site classé au Patrimoine national. En tout, 58 km de galeries, dont 500 m sont aménagés pour le plus grand bonheur des visiteurs, entre 30 et 150 m de profondeur. On accède à cette grotte, découverte en 1836 par un chasseur, en descendant un long tunnel qui s'enfonce doucement avant de se retrouver dans un immense espace où court une incroyable galerie, appelée « ***galerie des Peintres*** » à cause de la variété des couleurs de la roche.
Vous avez remarqué ces sortes de vagues sur les murs, comme si le clapotis de la rivière avait été fossilisé ? Superbes draperies. Et puis le clou de la visite : disposés par paliers successifs, une série de gours (ce sont des

vasques ou bassins) savamment éclairés et remplis d'eau, d'un effet exceptionnel. Ils sont d'ailleurs remarquablement mis en scène dans le cadre d'un son et lumière. Enfin, l'ultime ***salle, dite « des cathédrales »***, aux dimensions extraordinaires, également bien mise en lumière. On en prend plein les yeux, les oreilles... et le nez ! Car vous aurez sans doute remarqué l'odeur entêtante du vin.
Une partie de la grotte sert en effet de cave de vieillissement aux viticulteurs du secteur qui se proposent de vous les faire découvrir dans le cadre de ***« visites épicuriennes »*** avec dégustation à 45 m sous terre.
➢ À l'extérieur, ***chemin de la Grosse Pierre*** (guide GPS multimédia disponible à l'accueil) : en tout, 2,5 km où l'on retrouve toute la végétation méditerranéenne comme le chêne vert... Tiens, un petit dolmen, et même un menhir. Obélix ne doit pas être bien loin...
– Aire de pique-nique bien sympathique.

Arrêt obligatoire au ***belvédère de Ranc-Pointu*** *(carte Les gorges de l'Ardèche)*, une sorte de chaire d'évêque surplombant une jolie courbe de la rivière. Superbe ! On sort ensuite de la réserve, et les gorges reprennent la leur. Les rives s'échancrent, le paysage devient plus sage, moins majestueux.

Sauze *(carte Les gorges de l'Ardèche)* **:** c'est la plage d'arrivée de la descente en kayak. Un peu la foire d'empoigne l'été à l'arrivée des bateaux.

Où se baigner dans les gorges ?

Il existe de multiples accès à la rivière Ardèche tout au long de son cours. Attention, certains accès sont privés et dédiés à la mise à l'eau des kayaks. Mais en cherchant bien, on trouve toujours des petits coins agréables, sans trop de monde. Bon à savoir : la rive droite, moins accessible, est largement moins fréquentée ! Au niveau de la réserve naturelle, l'accès n'est pas toujours évident puisqu'on est dans des gorges abruptes.

Il y a 2 ***plages*** au niveau du pont d'Arc, l'une juste en amont et l'autre juste en aval de l'arche (panneau « sentier pour piétons, pont d'Arc, 0,2 km »), qui passe le long du *Camping du Pont d'Arc.* Aux abords du pont d'Arc, on trouve un grand parking gratuit (sûrement plus pour longtemps), et un peu plus loin, un autre payant (5 € quelle que soit la durée !). Inutile de préciser que l'été, c'est vraiment Saint-Trop' sur ces plagettes, car tout le monde veut être proche de cette arche naturelle qui fonctionne comme un véritable aimant. On vous les signale car elles sont relativement faciles d'accès, mais ce n'est pas le meilleur plan.

SAINT-MARTIN-D'ARDÈCHE

(07700) 990 hab. *Carte Ardèche, B3*

Au débouché des gorges de l'Ardèche, voici un patelin paisible en hiver, très touristique et bondé en été.

BREF ÉPISODE ARDÉCHOIS D'UN ARTISTE GÉNIAL

En 1937, le peintre Max Ernst rencontra Leonora Carrington, avec laquelle il vécut jusqu'en 1940, dans une maison du quartier des Allibets, à

Saint-Martin-d'Ardèche. À l'époque, cet artiste dada et surréaliste est montré du doigt comme un original un peu fou. Son ancienne maison ne se visite pas, mais la façade, que l'on peut admirer depuis la petite route, est couverte de ses œuvres sculptées. Dénoncé (en tant qu'« étranger ennemi » !), Max Ernst fut arrêté par la Gestapo et interné dans le camp des Milles près d'Aix-en-Provence. Il parvint à quitter le pays par Marseille avec Peggy Guggenheim, et se réfugia aux Etats-Unis, où les 2 oiseaux se marièrent l'année suivante.

Adresse et infos utiles

ℹ ***Office de tourisme :*** *pl. de l'Église. ☎ 04-75-54-54-20. • rhone-gorges-ardeche.com • Avr-sept, lun-sam 8h30-12h30, 14h-18h (19h juil-août), plus mat des dim et j. fériés ; mars et oct, mar-ven 9h-12h, 14h-17h, sam 10h-12h30. Fermé nov-fév.* Résa possible pour les bivouacs dans les gorges.

– Si vous avez une question sur la vie du peintre Max Ernst, qui vécut dans le coin pendant 3 ans, vous pouvez téléphoner à l'*Association Max Ernst* (*☎ 04-75-98-72-48).*

– ***Marchés :*** *ts les dim mat de mi-juin à mi-sept, plus mer mat en juil-août, sur les quais d'Ardèche.*

– ***Marché nocturne :*** *ts les ven (voire jeu) en juil-août.*

Où dormir ? Où manger ?

Camping

⛺ ***Huttopia Le Moulin :*** *quartier du Moulin. ☎ 04-75-04-66-20. • moulin@huttopia • ♿ À 1,5 km au sud-ouest du centre, sur la D 290. Ouv de mi-avr à mi-oct. Forfaits pour 2 pers, env 21,90-38,50 €.* Site exceptionnel au bord de l'Ardèche avec accès direct à la plage. Emplacements spacieux pour les tentes, ombragés ou non selon les goûts, répartis sur un vaste terrain de 7 ha. Nombreux types d'hébergements de qualité. Bonnes prestations dans l'ensemble : 2 petites piscines sur une grande terrasse de bois, resto, aire de jeux, terrain de pétanque et volley... Location de vélos.

Prix moyens

🏠 🍽 ⛱ ***Hôtel L'Escarbille :*** *rue Andronne. ☎ 04-75-04-64-37. • lescarbille@wanadoo.fr • hotel-restaurant-lescarbille.com • ♿ Tlj sauf lun-mar hors saison. Fermé de mi-nov à début mars. Doubles 74-84 € ; familiales. Menus 21-33 €. 2 apéritifs offerts sur présentation de ce guide.* Une belle maison de pierre en L, au calme, organisée autour d'une cour arborée et d'une piscine très agréable. Les chambres ne sont pas toujours bien grandes (certaines, avec mezzanine, sont tout indiquées pour les familles) mais toutes ont clim, coffre, sèche-cheveux. Bon confort général. Quant au resto, sur la terrasse au bord de la piscine, il propose une bien bonne cuisine, parfaitement maîtrisée, copieuse, présentée avec soin et servie avec le sourire.

🏠 ***Hôtel Les Petits Oreillers :*** *rue du Candelas. ☎ 04-75-04-87-85. • les.petits.oreillers@orange.fr • lespetitsoreillers.jimdofree.com • ♿ Congés : déc-fév. Doubles 81-98 €. Parking.* Cette maison est au centre du village, mais au fond d'une courette intérieure. Chambres impeccables, rénovées dans un style sobre et élégant (tons gris-blanc, marron-beige), dotées de tout le confort et de salles de bains séduisantes (belle douche à l'italienne ou baignoire). Sur l'arrière, celles du rez-de-chaussée donnent sur un espace avec quelques fauteuils et fausse pelouse. Pas de jardin ni dégagement, en revanche. Propriétaires aux petits soins pour leurs hôtes.

À faire

➢ ***La descente de l'Ardèche :*** on trouve ici quelques loueurs de kayaks. Votre loueur vous emmène vers l'amont des gorges de l'Ardèche. Ainsi, après la descente, vous retrouvez tout de suite votre véhicule.

Baignade : plage du Grain-de-Sel.

LA VALLÉE DE L'IBIE

À l'écart de sa célèbre voisine (l'Ardèche) qui lui fait de l'ombre, la petite vallée de l'Ibie est souvent délaissée par les touristes. Même si le cours d'eau est souvent à sec l'été, les curieux emprunteront la D 558 qui serre au plus près ses rives et permet de découvrir les atouts de cette ravissante vallée. Du bonheur sur une quinzaine de kilomètres, avec quelques jolis coins de baignade comme le Trou de la Lune et des villages typiques comme *les Salelles* (maisons possédant des *couradous*) et *Saint-Maurice-d'Ibie* (église romane).

Où dormir ? Où manger dans la vallée ?

Campings

Camping de Coucouzac : *Cocusas, 07150* ***Lagorce.*** *☎ 04-75-37-16-61. • camping.coucouzac@wanadoo.fr • domaine-de-coucouzac.com • Ouv d'avr à mi-oct. Forfaits pour 2 pers, 22-24 €. 14 empl.* En pleine campagne, un des campings à la ferme les plus sympa que l'on connaisse, tout petit et convivial. On plante sa tente sous les arbres, là où l'on veut. Dominique Roume cultive la vigne (mais c'est aussi une artiste plasticienne) et reçoit de façon délicieuse. Emplacements calmes et bucoliques à souhait, sanitaires impeccables. Piscine sur l'arrière. Location de « safari lodge ». Sympathique petite boutique paysanne, pleine de bons produits. Et puis, sur le terrain, de belles œuvres artistiques géantes, réalisées par l'un des fils de la maison. Mérite le détour !

Camping Ibie : *75, chemin du Torrent, 07150* ***Lagorce.*** *☎ 04-75-88-01-26. • contact@camping-ibie.com • camping-ibie.com • Ouv fin mars-fin sept. Forfaits pour 2 pers, 10-23 €. 30 empl.* Au bord de cette jolie petite rivière Ibie, un camping très agréable à caractère familial, sur un très grand domaine, loin de l'agitation. Emplacements spacieux (80 à 100 m^2), organisés en terrasses, sur une colline boisée de 5 ha. Sanitaires propres. Roulottes, mobile homes, bungalows et chalets. Jeux pour enfants, ping-pong, baby-foot, piscine, barbecue, etc. Accueil sympa, et un chaleureux petit bar-resto.

Prix moyens

Auberge des Salelles : *les Salelles, 3755, route de Vallon, 07170* ***Saint-Maurice-d'Ibie.*** *☎ 04-75-94-84-80. • philippesantaro@gmail.com • Dans un hameau à 4 km au sud de Saint-Maurice-d'Ibie. Tlj sauf mer midi (tlj en saison). Congés : 11 nov 1er avr. Menus 19,80-28,50 €. Café offert sur présentation de ce guide.* Une auberge tranquille dans un village tranquille, reprise par le fils. Dans les assiettes, il conserve une bonne cuisine de terroir, de saison, à base de produits locaux, et de qualité. Terrasse sous la glycine, à moins de préférer la belle salle rustique.

Au Levant : *310, rue des Puits-Fontaines, 07170* ***Saint-Maurice-d'Ibie.*** *☎ 04-75-94-70-89. Au centre du village. Tlj sauf lun-mar. Congés : fév. Menus 25-33 € (déj en sem), puis 27-33 €. Café offert sur présentation* *de ce guide.* Ici, les familles sont à la fête. Car, c'est assez rare pour le signaler, ce sympathique bistrot de pays dissimule une grande véranda, donnant sur un jardin avec terrasse... et une aire de jeux ! Les petits sont ravis, mais les grands aussi, car la cuisine traditionnelle se révèle bien bonne, copieuse et servie avec le sourire.

LE PLATEAU DU LAOUL

Petite incursion au nord des gorges de l'Ardèche, où sur ce plateau d'humeur très provençale, entre vignes et champs de lavande, on découvre des villages de pierre tranquilles, d'agréables haltes au gré des départementales. Il faut se laisser tenter par les odeurs, les panoramas incroyables, juste à l'écart des gorges chaudes, parfois trop chaudes en été.

SAINT-REMÈZE

(07700) 890 hab. *Carte Ardèche, B3*

Au cœur du plateau, un gentil et tranquille village, patrie des côtes-du-vivarais, vins locaux gouleyants. Pour arpenter à votre rythme ce charmant territoire d'Ardèche, n'hésitez pas à suivre les sentiers pédestres et les circuits VTT qui permettent de découvrir un beau petit patrimoine insoupçonné (dolmens, moulins) et quelques sites naturels d'exception comme la dent de Rez. Fiches disponibles à l'accueil de la mairie.

Où dormir ? Où manger ?

Camping Domaine de Briange : *1890, route de Gras. ☎ 04-75-04-14-43. • contact@campingdebriange.com • campingdebriange.com • ♿ À env 2,5 km au nord-est de Saint-Remèze. Ouv de mi-avr à fin sept. Forfaits pour 2 pers, 18-39 €. 80 empl.* En pleine campagne, un camping très nature, très écolo même : location de vélos et voitures électriques, ateliers recyclage, produits d'entretien naturels, jardins en permaculture... Vastes emplacements abrités par un petit bois de chênes. Plein d'hébergements : bungalows, gîtes comme roulottes ou cabanes dans les arbres. Boutique de produits 100 % locaux qu'on retrouve dans les assiettes du resto du camping. Rigolo sentier de découverte (avec un « champ à coucher » !) sur le site.

Camping Carrefour de l'Ardèche : *D 4. ☎ 04-75-04-15-75. • carrefourardeche@yahoo.fr • ardechecamping.net • ♿ À 1 km à l'est. Ouv de mi-avr à fin sept. Forfait pour 2 pers, 19-27 €. 90 empl.* Grand camping d'excellent confort. Emplacements herbus et espaces bien délimités. Bonnes prestations : bar-resto sympa avec baby-foot, épicerie, grande piscine (toute ronde pour changer !), club enfants en été, et toutes sortes de soirées à thème et animations diverses. Location de chalets et mobile homes.

Auberge Chez Laurette : *rue principale. ☎ 04-75-46-14-15. • auberge.chez-laurette@gmail.com • aubergechezlaurett.wix.com/chezlaurette • ♿ (resto). Pâques, été et Toussaint, ouv tlj ; le reste de l'année, fermé dim soir, lun et mar soir. Congés : 3 sem en fév, 1 sem en oct et 3 sem en déc. Doubles 64-75 €, petit déj inclus ; familiales. Formule déj 14,90 €. Carte env 30 €.* L'auberge de campagne comme on les aime, animée par une jeune et accueillante équipe. D'un côté le café, sympa à toute heure avec son comptoir en terrasse quand il fait soleil et ses fréquents concerts. De l'autre, le restaurant, où l'on sert dans une salle bistrotière, une jolie et lumineuse véranda ou sur une terrasse ombragée, une cuisine de terroir, toute fraîche, toute bonne à base de bons produits, très locaux. Volailles à la broche pour les amateurs. Et pour prolonger le plaisir, vous pouvez même loger à l'étage dans l'une des 4 chambres joliment personnalisées.

Où goûter et acheter du vin dans les environs ?

Domaine Alain Dumarcher : *250, chemin de Combe-Charel, Le Clos de prime, 07700* ***Gras.*** *☎ 04-75-04-31-82. • domainealaindumarcher.com • À env 8,5 km au nord-est de Saint-Remèze. Tlj (sauf mer sept-mars et sur rdv dim) 10h-19h. Mieux vaut téléphoner avt. Congés : janv.* Un domaine familial qui produit de jolis vins, dans toutes les couleurs en AOP côtes-du-vivarais comme en IGP ardèche. Dégustation-vente au caveau. Excellent accueil.

L'ARDÈCHE

DANS LES ENVIRONS DE SAINT-REMÈZE

Le domaine Lavandaïs – Musée de la Lavande : *à 2 km du village, par la D 490 en direction des gorges de l'Ardèche (fléché). ☎ 04-75-04-37-26. • museedelalavandeardeche.com • Avr-sept, tlj 10h-19h (dernière visite à 18h) et vac de la Toussaint, 14h30-17h. Entrée : 8,50 € ; réduc ; gratuit moins de 10 ans. Sympathique aire de pique-nique aménagée en bordure de 2 ha de lavande.* En pleine campagne, un musée bien fait qui rend hommage à la lavande, dont la culture a débuté en Ardèche en 1885. En introduction, on embarque à bord d'un petit train pour une visite commentée des champs de lavande du domaine. Suit une vidéo de 15 mn consacrée à l'histoire de cette belle plante à travers les âges (depuis les Égyptiens jusqu'à nos jours). Puis place à la salle des alambics, qui rassemble tous les ustensiles nécessaires pour la distillation. On ne manquera pas d'admirer l'atelier des parfumeurs, dans lequel on ne pénètre pas, mais un simple coup d'œil suffit pour plonger immédiatement dans un univers plutôt magique. Enfin, la visite guidée aborde en détail le processus de distillation (on peut même observer la fabrication en direct, puisque le musée produit des essences vendues en boutique), avant de découvrir un petit jardin botanique avec différentes espèces et variétés de lavande (on en recense 39 dans le monde !).

➢ Ici, les marcheurs ne seront pas en reste : belle randonnée qui peut vous mener, depuis le hameau de Gogne, jusqu'au ***col d'Eyrole,*** puis, de là, grimper jusqu'à la ***dent de Rez,*** qui domine le plateau à 719 m.

AU SUD DES GORGES

LABASTIDE-DE-VIRAC (07150) *Carte Ardèche, B3*

Adorable village, perché sur une sorte de téton où trône un ancien château fortifié qui commandait le passage des gorges de l'Ardèche au niveau du pont d'Arc. Vieilles ruelles pavées de minuscules galets ronds, maisons patinées par le temps et restaurées avec soin. Lors des attaques ennemies au Moyen Âge, les habitants du village se réfugiaient dans le château en

traversant les maisons qui communiquaient toutes entre elles. Depuis le château des Roure, la vue embrasse un paysage de chênes verts, de chênes blancs, avec les vignes et la garrigue en toile de fond. Superbe.

Où manger ?

La Petite Auberge : *3, route d'Orgnac. ☎ 04-75-38-61-94. • bbense@orange.fr • Ouv de Pâques à mi-nov, tlj sauf lun (et mer hors saison). Résa conseillée. Menus 28-55 €.* Charmante auberge de village, discrète et dans la même famille depuis plus de 40 ans, avec une terrasse ombragée et une vue qui porte au loin, au-delà des vignes. Le soir, l'ambiance est assez intime et, confortablement installé sur la terrasse, on peut profiter d'une cuisine traditionnelle française de bonne facture. Du classique mais du bon. Service soigné. Une adresse sûre !

Où dormir ? Où manger dans les environs ?

Prix moyens

Chambres d'hôtes Le Florenson : *50, chemin de Boirol, Brujas, 07150* ***Vagnas.*** *☎ 04-75-38-60-17. 06-35-34-01-31. • ncbuisson@wanadoo.fr • leflorenson.cabanova.com • À env 10 km à l'est de Labastide-de-Virac. Ouv 1er avr-1er nov. Doubles 56-63 €. Un produit régional offert sur présentation de ce guide.* Dans une ancienne petite magnanerie, 3 chambres à l'étage, climatisées et entretenues avec soin par l'accueillante Nicole. Prix économiques, confort suffisant, simplicité et tranquillité. On prend le petit déj sur un bout de terrasse.

De chic à beaucoup plus chic

Chambres d'hôtes Château de Bessas : *12, rue du Château, 07150* ***Bessas.*** *☎ 04-75-38-64-34. • contact@chateau-de-bessas.com • chateau-de-bessas.com • À 11 km à l'est de Labastide-de-Virac. Congés : 15 déc-15 janv. Doubles 75-100 €. Repas 26 €, tt compris. Bouteille de vin offerte (au départ) sur présentation de ce guide.* Face à l'église de ce minuscule village, on peut difficilement louper cet adorable petit château du XIVe s, flanqué de 2 tours joufflues et protégé par un haut mur. Derrière celui-ci, une courette avec petite piscine (pas d'époque !), et à l'étage, une adorable loggia ajoutée au XIXe s, où l'on prend le petit déjeuner. Au même niveau, 4 chambres bien aménagées, profitant de la vue sur les alentours. Et s'il y a une attaque, c'est sûr, on se sent bien protégé !

Hôtel La Bastide d'Iris : *280, route de Barjac, 07150* ***Vagnas.*** *☎ 04-75-88-44-77. • bienvenue@labastidediris.com • labastidediris.com • À 4 km au sud-ouest de Labastide-de-Virac. Congés : 2de quinzaine de déc. Doubles 90-216 € ; familiales.* Longue bastide ocre aux volets verts qui semble avoir toujours été là même si elle est de construction récente. Au calme, car située en retrait de la route. À l'arrière, la terrasse du petit déjeuner donne sur la campagne. De l'élégance, du calme, de l'espace, de la sérénité... et du confort (clim, coffre, peignoir, minibar, etc.). Du joli petit luxe, mais en simplicité, tout comme l'accueil, en douceur et gentillesse. Vaste rez-de-chaussée aux couleurs et à la déco qui sentent bon la Provence, tout comme la quinzaine de chambres et les 6 suites. Un peu à l'écart, une jolie piscine et un bassin balnéo.

Auberge des Granges : *Les Granges, 07150* ***Bessas.*** *☎ 04-75-38-02-01. À 12 km à l'ouest de Labastide-de-Virac. Tlj sauf dim soir-lun et le midi du mar au jeu. Mais mieux vaut téléphoner. Congés : janv. Menus 34-100 €.* Le chef est passé chez quelques belles toques avant de reprendre l'auberge fondée par son grand-père Léonce. Sous la voûte en pierre de la grande salle, ou sur la terrasse champêtre ombragée par un vénérable pin, on déguste une cuisine bien d'aujourd'hui, fraîche et inventive. Le chef s'inspire de traditions plutôt méditerranéennes qu'il transcende selon son humeur. La plume, le poil ou l'écaille, c'est tout bon !

À voir

Le château des Roure : *au cœur du village. ☎ 04-75-38-61-13. • chateaudesroure.com • Juil-août, tlj 10h-19h ; Pâques-juin et sept, tlj sauf mer 13h-18h. Entrée château-magnanerie et écomusée de la Soie : 9,80 € ; réduc ; gratuit moins de 6 ans. Visite audioguidée d'excellente qualité, très instructive.* Ce château féodal, (fin XIVe s-début XVe s), a longtemps constitué un important bastion stratégique posé en vue du pont d'Arc. Habité dès le XVIe s par Pierre de Beauvoir de Grimoard du Roure (ouf !), le château reste dans la famille jusqu'en 1825. Ce haut lieu des guerres de Religion subit les représailles de Louis XIII et de Richelieu et accueille des chefs huguenots, tels que le duc de Rohan. La révocation de l'édit de Nantes oblige pourtant les propriétaires à se convertir au catholicisme, même si c'est encore en ces lieux que les camisards (calvinistes cévenols) se dressent contre l'autorité royale...

En parcourant les différentes salles (9 commentaires audio en tout), on apprend beaucoup sur l'histoire mouvementée du château et de ses occupants. Une des salles est dédiée à la ***magnanerie,*** l'élevage des vers à soie (vidéo sur l'histoire de la soie dans la région). On peut voir l'évolution des cocons et des vers à soie à différents stades. Grimpez jusqu'au chemin de ronde pour profiter d'une vue extraordinaire sur le beau village, les Cévennes et le plateau ardéchois. Du donjon, vue à 360° ! En redescendant, dans la cour, ne pas manquer l'***écomusée de la Soie.*** On y découvre les différentes étapes de la confection du précieux tissu, de l'élevage des vers au tissage, en passant par le filage des cocons. Vidéo sur le travail de la soie.

Nombreuses animations : avec rien de moins que ***le plus grand trébuchet du monde*** qui tire ses boulets depuis la terrasse du château ou pour les enfants, une rencontre avec le fantôme des oubliettes... Ça fiche la trouille ! Boutique, snack et aire de pique-nique.

ORGNAC-L'AVEN (07150) *Carte Ardèche, B3*

Par une jolie petite route qui musarde dans les collines, on arrive à ce village tranquille, sans charme débordant (pour une fois !), mais qui peut constituer une halte sympathique, un peu à l'écart du tumulte des gorges. D'autant que la commune abrite plusieurs grottes dont une des plus célèbres de France, sinon d'Europe.

Où dormir ? Où manger ?

Hôtel Les Stalagmites : *Le Fès. ☎ 04-75-38-60-67. • contact@lesstalagmites.com • lesstalagmites.com • À 200 m au sud du centre. Ouv début avr-début nov. Resto tlj sauf lun soir hors saison. Doubles 58-70 €. Menus 13 € (déj en sem), puis 19,50-26 €.* Hôtel sans chichis et sympathique, dans la même famille depuis 4 générations, avec un bar fréquenté par les locaux et des chambres modernes, sobres et confortables (certaines avec clim). La route passe devant, mais le soir, c'est calme, et les chambres sont en retrait. Grande terrasse sous la vigne vierge pour une cuisine familiale du style caillette maison ou magret de canard au miel. L'ensemble offre un bon rapport qualité-prix.

DANS LES ENVIRONS D'ORGNAC-L'AVEN

L'aven d'Orgnac, « Grand Site de France », grotte et Cité de la préhistoire : *☎ 04-75-38-65-10. • orgnac.com • À env 2 km au nord-ouest d'Orgnac-l'Aven. Site ouv tlj de fév à mi-nov et pdt vac scol de Noël. Pour la **grotte** et la **Cité** : en saison, tlj 9h30-19h ; le reste de l'année, horaires restreints ; voir le site. Entrée Pass Grand Site (grotte et Cité) : 14,50 € ; réduc. Cité seule : 6,90 €. Visite guidée de la grotte (durée : 1h, compter 2,50 € en sus). Apporter un vêtement chaud (12 °C à l'intérieur !). Snack et boutique.* Nombreuses sorties spéléologiques (sur résa) dont une pour les enfants de 7 à 12 ans (*Spéléominot*).
Ce site majeur comprend en réalité 2 entités distinctes : la célèbre grotte et la Cité de la préhistoire.

La grotte
Parmi les 17 (à ce jour... la liste d'attente est longue) « Grands Sites de France », l'aven d'Orgnac a été le 1er labellisé, et c'est la seule grotte. Un aven est un puits naturel formé par la dissolution des roches calcaires ou par l'effondrement de la voûte. L'aven d'Orgnac est l'un des plus importants d'Europe par sa taille et par la richesse de ses concrétions. On y trouve notamment la plus grosse stalagmite de France : 24 m de haut et 15 m de diamètre. Un gros pain de sucre ! Aujourd'hui, on ne visite qu'une petite partie des 20 ha de galeries, mais la fascinante exploration entraîne tout de même les spéléologues du jour jusqu'à 120 m sous terre, grâce à un escalier de... 720 marches (on les a comptées !). La remontée se fait par un ascenseur... ouf ! La 1re salle se révèle gigantesque, absolument impressionnante, avec, au plafond, l'orifice par lequel Robert de Joly et son équipe pénétrèrent pour la 1re fois en 1935. À ses pieds s'élève un amoncellement formé de roches et d'ossements d'animaux qui ont chuté par mégarde.
Plusieurs salles, toujours plus profondes, reliées par des volées de marches, nous permettent d'approcher toutes sortes de merveilles. On découvre progressivement, et grâce à un éclairage réussi, d'incroyables « piles d'assiettes », des gours et des excentriques, des concrétions qui se forment par cristallisation sans subir la loi de la pesanteur, une forêt de « palmiers », un somptueux « buffet d'orgue », de majestueuses draperies et, enfin, une salle rouge qui doit sa couleur à de l'argile ferrugineuse. Son et lumière pour conclure la visite.

La Cité de la préhistoire
Installée dans un bâtiment contemporain entouré de belles terrasses paysagères, une salle diffusant une vidéo de présentation et une autre dédiée aux expos temporaires. La section permanente offre une muséographie exemplaire. Écrans tactiles, bornes interactives, maquettes et reconstitutions jalonnent un parcours à la fois chronologique et thématique, permettant d'évoquer en détail le quotidien des hommes du Paléolithique jusqu'à l'âge du fer. Chacun y trouvera son compte. Les informations sont claires, très accessibles, mais également suffisamment fournies pour contenter les plus érudits. Et dans un registre ludique, différents ateliers sont proposés durant les vacances scolaires : observation de la taille du silex, allumage du feu, atelier chasse... À la fin de la visite, vous saurez tout de la vie difficile d'un chasseur-cueilleur, des techniques de chasse adaptées en fonction de la faune, des balbutiements de l'art, des débuts de l'élevage, et de la sédentarisation progressive avec pour conséquence l'apparition de l'agriculture, de nouveaux rites funéraires et du développement de l'artisanat. Très complet et fascinant.

– À l'extérieur, on peut flâner sur le ***sentier du Maubois*** (plan à l'accueil), partiellement ombragé et décliné en 2 boucles (30 mn et 1h). En cours de route, tiens, un dolmen !

L'aven de la Forestière : *col de la Forestière. ☎ 04-75-38-63-08. • grotte-ardeche.fr • À env 5 km au nord-ouest d'Orgnac-l'Aven. Avr-sept, tlj 10h (12h30 mer et sam)-17h (tlj 9h-20h juil-août) : visite libre avec lampes frontales (fournies). Entrée : 11 € ; réduc enfants. Et on peut même y dormir à 2 (et sur résa, longtemps à l'avance • avenforestiere@gmail.com •) dans un « Spélé'hôtel ».* Tout à fait différent de celui d'Orgnac, puisqu'on ne descend que 53 marches, soit une trentaine de mètres sous la surface. Et de fait, ce qui frappe, c'est la présence de ces immenses racines qui traversent le sol pour venir se pendre ici. Cet aven a été découvert en 1966 ; on y a trouvé de nombreux ossements de rennes, de rhinocéros, de mammouths laineux, de mégacéros (un cerf géant) et de chevaux préhistoriques. De petites grottes, certes plus modestes que dans sa prestigieuse voisine, mais qui révèlent tout de même un vrai intérêt, notamment pour cette constellation de concrétions d'une extrême finesse, ainsi que la présence de formations très rouges dues à la présence d'oxyde de fer. Étonnant « lapiaz inversé », sorte de roche torturée et alvéolée à l'extrême, tandis que le sol ressemble à un champ de choux-fleurs.

LES CÉVENNES D'ARDÈCHE

• Carte *p. 141*

Cette partie du département comprenant la Cévenne ardéchoise et la haute vallée de la rivière Ardèche est un peu une Ardèche en miniature. À l'extrême sud, aux portes du Gard, on sent le souffle chaud du Midi et le soleil qui picote la peau agréablement. Ce soleil qui grille la garrigue fait éclater les cosses de genêt en plein mois d'août, mûrit les olives et donne du sucre au raisin. Puis en montant – si peu – vers le nord, on quitte les oliviers pour immédiatement pénétrer le royaume du majestueux châtaignier, arbre nourricier à l'ombrage chargé d'histoire. Plus haut encore, entre 500 et 800 m, dans le massif du Tanargue, on sent une bise fraîche, parfois mordante, qui semble venir de la montagne, on flaire le sanglier à chaque lacet des petites routes, on se croirait en Corse l'espace d'un instant. Si le châtaignier est encore présent, le mûrier ne l'est plus guère. Il fut pourtant des siècles durant une autre source de richesse de la région, avec un nombre incroyable de magnaneries.

L'ARBRE D'OR OU L'AVENTURE DE LA SOIE

La découverte de la soie bouleversa la civilisation chinoise et assura, près de 50 siècles plus tard, la prospérité des Cévennes et du Vivarais. C'est dans la région d'Anduze en effet, au XIIIe s, que l'on fait mention pour la 1re fois de la soie et du mûrier. À la fin du XVIe s, l'***agronome Olivier de Serres*** donne sa 1re impulsion à cette nouvelle activité : la sériciculture. Mais c'est aux XVIIe et XVIIIe s qu'elle va s'étendre à l'ensemble des Cévennes, se substituant progressivement à l'exploitation des châtaigniers, détruits par le terrible hiver de 1709. Le XIXe s est l'âge d'or de la soie pour les Cévenols, qui en tirent une grande partie de leurs revenus. ***Les mûriers, appelés « arbres d'or », couvraient les versants des montagnes.*** Dans chaque ferme, il y avait une grange pour l'élevage des cocons.
En fait, le fil à soie provient de larves : des chenilles voraces, *Bombyx mori,* qui ne se nourrissent que des feuilles des mûriers. Ces vers grandissent dans des magnaneries. Puis, devenus plus gros, ils sont accrochés sur des branches de

bruyère pour qu'ils y tissent leur cocon. Après quelques semaines, on retire ces cocons pour en dévider le fil. C'est le rôle des filatures, qui employaient des milliers de femmes. Dernière étape : le tissage.
Les filatures de soie des Cévennes vendaient leurs tonnes de fil à des manufactures de Nîmes ou de Lyon où l'on tissait des bas, des bonnets et toutes sortes de vêtements en vogue à l'époque. La concurrence des fils synthétiques, les maladies du ver à soie et l'abandon de la soie dans la tenue vestimentaire des bourgeois du XIXe s provoquèrent le déclin de la sériciculture cévenole.

LA ROUTE DE LA SOIE

Une légende raconte qu'une princesse chinoise – Dame Xiling – aurait découvert le fil de soie vers l'an 3000 av. J.-C. Alors qu'elle prenait son thé sous un mûrier, un cocon tomba dans sa tasse. En voulant le retirer, elle accrocha le fil avec son ongle et le déroula. C'est au VIe s que des moines importèrent clandestinement quelques œufs de vers à soie dans l'empire byzantin. Les croisés se chargeront un peu plus tard d'importer l'important mûrier (les larves se nourrissent de ses feuilles) en Europe.

LE CHÂTAIGNIER OU L'ARBRE À PAIN

Le maïs aux Mexicains, le riz aux Chinois et les châtaignes aux Cévenols... Pendant des siècles, les habitants d'ici ont mangé des châtaignes midi et soir, parfois au petit déjeuner. Symbole des Cévennes, rude à l'extérieur, douce à l'intérieur, la châtaigne a engendré un véritable mode de vie original. Le châtaignier était ***surnommé l'« arbre à pain »*** car il assurait la subsistance quotidienne des montagnards. Au XVIe s, tous les versants des Cévennes entre 500 et 800 m d'altitude étaient plantés de ces beaux arbres aux feuilles en dents de scie qui laissent tomber leurs fruits à l'automne, tandis que la bogue protectrice hérissée d'épines reste accrochée à la branche.
Tout était utilisé dans le châtaignier : les feuilles servaient de fourrage aux moutons et aux chèvres, de litière aux porcs. Le bois imputrescible servait à fabriquer des charpentes, des tuiles, des planchers, des meubles, des tonneaux, des berceaux, des paniers, des outils... Une fois ramassées, les châtaignes étaient séchées dans la *clède* (petite maison à part), décortiquées avec des *soles* (chaussures à pointes), puis consommées fraîches *(blanchettes),* grillées ou sous forme de soupe, le *cousina.*

LE PARC NATUREL RÉGIONAL DES MONTS D'ARDÈCHE

Créé en 2001, le 40e parc régional, 6e du genre en Rhône-Alpes, a rapidement décroché une nouvelle récompense : en 2014, le parc rejoint le club très fermé des ***Geoparks,*** label d'excellence soutenu par l'Unesco pour aider un territoire à valoriser ses richesses géologiques, et à développer un tourisme durable autour de cette thématique. C'est la reconnaissance officielle des beautés naturelles de cette lande à myrtilles, de ces plateaux ventés, du mont Mézenc au piémont cévenol. Car le patrimoine du parc est multiple, et nul besoin d'être un spécialiste pour ressentir la magie qui se dégage de paysages volcaniques, granitiques et sédimentaires, ou pour apprécier l'héritage laissé par les vestiges miniers.
Les Geoparks, c'est plus de 50 sites remarquables identifiés par des géologues, à découvrir sur le formidable territoire du parc naturel qui couvre 180 000 ha et englobe 132 communes. Grosso modo, le parc occupe tout le secteur situé à

LES CÉVENNES D'ARDÈCHE

l'ouest de la ligne qui passe par Les Vans, Aubenas, Privas et Vernoux, Lamastre et Saint-Agrève, qui constituent chacune des entrées au parc. En bref, presque tout le tiers sud-ouest du département entre Cévennes et Boutières ardéchoises. C'est le pays des sources, du Gerbier-de-Jonc, des rivières sauvages, de la culture en terrasses et de la châtaigneraie. Châtaigne qui est d'ailleurs le symbole du parc et dont l'AOC a été accordée en 2006.
Pour préparer votre visite du parc et vous informer sur les événements qui rythment l'année (castagnades, marché de la myrtille, samedi découverte, etc.) : • *parc-monts-ardeche.fr* • Vous pouvez également consulter le site • *geopark-monts-ardeche.fr* • pour connaître la liste des sites remarquables à découvrir.
– ***La ligne de partage des eaux :*** • *lepartagedeseaux.fr* • environ 100 km ; compter 2 jours en voiture et 5 jours à pied, le long du GR 7. Toutes les œuvres sont accessibles en voiture, à l'exception du Phare, de Gloria Friedmann, érigé sur les crêtes de Borne (compter 1h30 de marche accessible à tous, au départ du parking du Bez). Comment voir l'invisible ? En l'occurrence la ligne fictive de partage des eaux, qui conduit cours d'eau et eaux pluviales vers l'Atlantique ou la Méditerranée. La commande du parc naturel régional des Monts d'Ardèche nous donne à voir cette ligne qui court en Ardèche à une altitude d'environ 1 000 m, de Notre-Dame-des-Neiges aux portes du Gévaudan, jusqu'à Saint-Agrève, est aujourd'hui ponctuée par 7 installations in situ. Gloria Friedmann, Stéphane Thidet, Gilles Clément, la star de l'anamorphose Felice Varini... Une initiative originale qui créée un dialogue avec de superbes environnements ou avec des monuments historiques.

BANNE

(07460) 690 hab. *Carte Ardèche, A3*

Accroché à un versant des Cévennes, perché au milieu des rocailles, des roches calcaires et des bois de châtaigniers, Banne est littéralement coupé en 2 par un profond vallon. D'un côté, quelques maisons autour d'une église néogothique. De l'autre, la partie la plus charmante de ce « Village de caractère d'Ardèche » : une adorable place ombragée par quelques figuiers d'où l'on grimpe jusqu'au château, à travers rues et ruelles en escaliers bordées de maisons médiévales.

Adresse utile

Point Information : *quartier Lochère. ☎ 04-75-39-87-18. • info@banne.fr • Ouv avr-sept ; hors saison, contacter la mairie (☎ 04-75-39-82-66).*

Où dormir ? Où manger dans les environs ?

Camping

Camping de la Claysse : *La Digue, 07460* ***Saint-Sauveur-de-Cruzières.*** *☎ 04-75-35-40-65. 06-48-75-03-14. • camping.claysse@wanadoo.fr • campingdelaclaysse.com • À 14 km au sud-est de Banne. Ouv avr-sept. Forfaits pour 2 pers, 22-32 €. CB refusées. 58 empl.* Des emplacements de bonne taille (90 m²) au bord de la rivière qui donne son nom au camping. Endroit calme et ombragé, à l'écart de la route et à deux pas du bourg. La famille Vezon vous accueille dans son beau pays, où elle produit et presse des olives (voir plus loin « Où acheter de la bonne huile d'olive... ? »). Piscine, mur d'escalade, randonnées VTT, resto (plats à emporter), soirées dansantes à thème, concours, etc. Location de vélos.

De prix moyens à chic

🏠 🍽 ***Chambres d'hôtes Le Mas des Monèdes :*** *50, route des Pins, 07460* ***Saint-Paul-le-Jeune.*** *☎ 04-26-62-54-03. 📱 06-20-96-06-37. • lemasdesmonedes@gmail.com • lemasdesmonedes.fr • Doubles 66-81 €. Repas (lun et jeu soir) 20 €. Apéritif maison offert sur présentation de ce guide.* Sur un versant de colline plantée de châtaigniers et d'oliviers, cette ancienne magnanerie a été restaurée avec passion par un jeune couple sympathique et accueillant. Gros murs en pierre, décoration design et sobre, l'ancien et le moderne se marient bien. Chambres toutes décorées avec goût et très confortables. Vue sur le jardin (avec petite piscine).

🏠 🍽 ***Chambres d'hôtes Le Mas des Molières :*** *Les Molières, 07460* ***Saint-Sauveur-de-Cruzières.*** *☎ 04-75-39-08-75. 📱 06-37-59-77-43. • reservation@masdesmolieres.com • masdesmolieres.com • À 16 km au sud-est de Banne. Ouv avr-oct. Doubles 80-110 €. Repas 30 €, tt compris.* Joli mas du XVIe s posé au milieu des vignes. Ça sent le début de la Provence... 5 chambres spacieuses, installées dans une bergerie ou à l'étage avec terrasse. Déco de bon ton avec frises au pochoir et jolies toiles. Une cuisine recherchée et parfumée, qui sent bon l'huile d'olive. Agréable salon. Sans oublier une belle piscine.

🍽 🍷 ♪ ⛱ ***La Gare aux Saveurs :*** *La Gare, 07460* ***Beaulieu.*** *☎ 04-75-93-61-06. • lagareauxsaveurs@gmail.com • À 9 km à l'est de Banne. Juil-août, tlj sauf mer midi et soir jeu-dim ; reste de l'année, tlj sauf midi lun-mar (en hiver, dim soir-lun et mar soir). Congés : de mi-déc à mi-fév. Menus 17 € (déj sem) et 27-42 € le soir.* Il y a, dans cette ancienne gare (évidemment), de la place pour accueillir un bar (à habitués du village, à vins, à tapas, à concerts, etc.) et un resto avec terrasse. La salle manque peut-être un peu de personnalité mais la cuisine, à la fois de terroir et d'aujourd'hui, est très loin d'être insipide : très beaux produits locaux, travaillés avec sincérité et créativité.

🍽 ***La Cuisine d'Édith :*** *720, route de Saint-Ambroix, Pierregras, 07460* ***Saint-André-de-Cruzières.*** *☎ 04-75-93-21-45. 📱 06-76-19-10-30. • lacuisinededith@gmail.com • À env 11 km au sud-est de Banne. Ouv tte l'année, sur résa uniquement. Menu unique 25 €.* Au milieu des vignes et des oliviers, ne pas s'attendre à un resto classique mais plutôt à une table du marché, comme le précise la charmante Édith, âme active de cette bonne maison. Sa cuisine d'inspiration méditerranéenne n'utilise que des produits locaux sélectionnés avec soin : viandes et volailles fermières, fromages de chèvre, légumes, fruits, lait et œufs bio... C'est raffiné, naturel et savoureux. Organise des cours de cuisine et des week-ends gourmands.

🍽 ⛱ ***Carabasse :*** *route de Saint-André, Pléoux, 07460* ***Beaulieu.*** *📱 06-17-89-73-58. • info@restaurant-carabasse.fr • À env 11 km à l'est de Banne. Tlj sauf dim-lun, le soir seulement et uniquement sur résa. Menu unique : 35 €.* Le genre d'adresse qui se mérite un peu. Parce qu'il faut impérativement réserver, parce qu'il est parfois difficile de faire partie de la quinzaine de convives réunis dans la salle toute en pierres ou sur la terrasse de cette petite maison un peu paumée dans un hameau. Mais si c'est votre jour de chance, attendez-vous à un moment d'exception parce que le jeune chef, autodidacte doué, travaille avec le goût de l'époque de superbes produits d'ici.

Où acheter de l'huile d'olive dans le coin ?

🧺 ***Moulin à huile Vezon :*** *La Claysse, 07460* ***Saint-Sauveur-de-Cruzières.*** *☎ 04-75-39-30-61. À 14 km au sud-est de Banne. Ouv en principe tlj sauf dim mais téléphoner avt.* Sur leur *Camping de la Claysse* (voir plus haut « Où dormir dans les environs ? »), la famille Vezon a aménagé, tout à côté de leur moulin, une boutique pour vendre leur huile d'olive. Principalement de la rougette, mais aussi de la verdale, de la bouteillan et de la picholine. Également des olives en bocaux, des tapenades et produits dérivés.

GAEC Jeune Frères : *Lascous, route de Bessas, 07460* ***Saint-Sauveur-de-Cruzières.*** *06-99-56-71-83. À 16 km au sud-est de Banne. Mieux vaut téléphoner avant de vous déplacer.* La famille Jeune (dont l'équipe compte aussi des sœurs...) produit ses propres olives et les presse dans son moulin. Très belle huile à prix bien raisonnable.

À voir

Le château : il ne reste que quelques ruines de ce château médiéval longtemps puissant, détruit par un incendie en 1792 puis transformé en carrière de pierres. Jolie vue sur les environs depuis l'esplanade (avec une inévitable table d'orientation). Les anciennes écuries du château sont, elles, toujours là, impressionnantes avec des voûtes qui courent sur plus de 50 m de long et larges de 8 m. Magnifiques jeux d'ombre et de lumière.

Fête et manifestations

– ***Festival d'art singulier :*** *4 j. d'expo, le w-e de la Pentecôte et le 3e w-e de juil, dans le quartier du fort. Infos sur • festivaldebanne.over-blog.com •* Exposition d'une quarantaine d'artistes internationaux non conventionnels (peintres, sculpteurs). Les exposants doivent se confectionner un chapeau singulier et farfelu pour le vernissage...
– ***Théâtre, musique... :*** *en juil-août.* Représentations dans les écuries du château.
– ***Fête votive :*** *le 1er w-e d'août, sur la pl. du Fort.* Bals populaires, tiercé de chèvres.

DANS LES ENVIRONS DE BANNE

La grotte de la Cocalière : *30500* ***Courry.*** *☎ 04-66-24-34-74. • grotte-cocaliere.com • À env 7 km au sud de Banne. Juil-août, tlj 9h30-19h (résa conseillée) ; de mi-mars à fin juin et sept-Toussaint, tlj 10h-18h (dernier départ env 15 mn avt). Fermé le reste de l'année. Entrée : 13,50 € ; réduc ; gratuit moins de 6 ans. Visite guidée (env 1h). Prévoir un vêtement chaud car la température à l'intérieur de la grotte est de 14 °C.* À cheval sur 2 départements, le Gard et l'Ardèche, ce qui explique sa présence dans ce guide. L'entrée naturelle de la grotte se situe sur la commune ardéchoise de Saint-André-de-Cruzières et forme un aven de 30 m de large. Celle réservée aux visites est dans le Gard, à Courry. Son nom signifie « conche (coquillage) emplie de lierre ».
Si les spéléologues ont exploré le réseau sur une bonne trentaine de km, la visite guidée n'en parcourt qu'environ 1 km. Après avoir descendu 252 marches (on comprend de suite l'intérêt du petit train qui, à la sortie de la visite, vous ramène à l'accueil), on suit le cours d'une ***rivière souterraine*** sur une piste cimentée, pour admirer les classiques stalactites et stalagmites, draperies, etc.
– À l'extérieur, sympathique ***sentier de découverte*** géologique *(GRATUIT)* qui amène vers une tour d'observation (avec table d'orientation) : vue peu commune sur la forêt du plateau des Gras, véritable océan de verdure qui semble s'étendre à l'infini.

LES VANS

(07140) 2 750 hab. *Carte Ardèche, A3*

• Plan *p. 147*

Au pied des pentes des Cévennes (d'où, a priori vient son nom, du celte « versant »), Les Vans est une petite bourgade hybride : son site et ses forêts de châtaigniers en font une cité cévenole ; mais par ses oliveraies proches et son caractère, elle reste bel et bien sous influence méditerranéenne. Est-ce un hasard si on la considère comme la petite capitale du pays des oliviers ? Cette riante cité est l'endroit idéal pour établir un campement, car ses proches environs sont délicatement parsemés de villages rivalisant de beauté. Et il y a les sites naturels, les gorges du Chassezac et le bois de Païolive, forêt enchantée qui draine tant de curieux, à juste titre.

UN PEU D'HISTOIRE

C'est souvent autour d'un prieuré que se construit un village. C'est ce qui s'est passé aux Vans au XIIe s, autour de l'abbaye bénédictine de Saint-Gilles. Et quand il y a de l'eau en abondance, c'est une bonne raison pour qu'une industrie se développe. Le ***travail des peaux et du cuir,*** un peu aussi celui de la laine, font vivre la cité, qui devient dès le XIIIe s un centre marchand. Argent et pouvoir ont toujours fait bon ménage, donc la petite ville prend une importance politique qui attire officiers royaux et gens de loi en plus des hommes d'Église.
Le 1er quart du XVIe s sonne l'heure de la ***Réforme,*** et la cité fortifiée devient pour un temps protestante. L'église sera une des dernières de la région à être rendues au culte catholique. La paix retrouvée, les affaires reprennent et, rapidement, les Vanséens se lancent dans la ***sériciculture*** (culture de la soie) et profitent de son essor extraordinaire. La Révolution, pourtant particulièrement sanglante aux Vans, ne freine que pour un temps le développement économique. C'est le début du XXe s qui sonnera le glas de l'ère industrielle.

Adresses et infos utiles

Office de tourisme *(plan A1)* **:** *pl. Léopold-Ollier.* ☎ *04-75-37-24-48.* • *cevennes-ardeche.com* • *Ouv tte l'année : juil-août, tlj sauf dim ap-m 9h-13h, 14h30-18h30 ; hors saison, tlj sauf dim (horaires variables, se renseigner).* Visites guidées (nombreux circuits).

Gare routière : *face à la poste.* Bus n° 74 pour Aubenas, Montélimar et Valence-TGV. Infos sur • *auvergne rhonealpes.fr* •

– ***Marché local :*** *sam mat.*

– ***Marché des producteurs et artisans créateurs :*** *mar en saison, 18h-22h30, dans le centre historique.* Les exposants sont exclusivement des artisans, artistes et producteurs du canton, donc le tout est garanti 100 % ardéchois.

– ***Marché des potiers :*** *3es jeu-ven de juil, pl. L.-Ollier.* Grand rendez-vous des potiers d'art.

Où dormir ? Où manger ?

Camping

Le Pradal *(hors plan par A1,* ***10****)* **:** *Le Pradal.* ☎ *04-75-37-25-16.* *06-89-21-37-35.* • *camping.lepradal@free.fr* • *camping-lepradal.com* • *À env 3 km à l'ouest du centre-ville. Ouv d'avr à mi-oct. Forfaits pour 2,*

13-22 €. 36 empl. Un petit camping familial et ombragé avec de larges emplacements s'étageant doucement sur une petite colline, au sein d'une belle nature sauvage, avec vue sur les vignes. Piscine, bar et barbecue collectif. Simple et sympa.

De très bon marché à prix moyens

La Feuille de Chou (plan A2, **20**) : *24, rue du Temple. ☎ 04-75-88-51-12. Juil-août, tlj sauf lun ; en basse saison, tlj sauf mar-mer. Résa conseillée. Compter env 15 € pour la formule en sem ; carte 25-30 €.* Petite salle voûtée vite remplie pour une belle cuisine pleine de fraîcheur et de talent, à base de produits naturels. Des petits plats simples, goûteux, parfumés et servis généreusement. Évidemment, il y a parfois un peu d'attente compte tenu de la qualité des plats, d'autant que c'est souvent complet. Accueil courtois.

Le Local (plan B1, **22**) : *4, pl. de l'Église. ☎ 04-75-37-13-66. Tlj en saison, 9h-19h. Sandwichs env 4-7 €. Plats du jour 12-15 €.* Selon l'humeur, on attrapera un sandwich au comptoir ouvert sur la rue ou, s'il reste de la place sur les 2 tables qui se battent en duel en terrasse, on se posera pour un plat du jour, voire pour une gaufre à l'heure du goûter. Dans tous les cas, c'est simple mais bon, parfois teinté d'exotisme mais (évidemment vu l'enseigne), à base de produits très locaux (et bio).

Don Camillo (plan B1, **21**) : *3, rue du Cancel. ☎ 04-75-94-91-20. • restodoncamillolesvans@gmail.com • En saison, tlj ; hors saison, tlj sauf lun. Congés : déc-fév. Menu 24 €. Digestif offert sur présentation de ce guide.* Dans la zone piétonne de la ville, c'est d'abord (comme son nom peut le laisser supposer) une pizzeria. Mais le menu propose également une cuisine simple et authentique, concoctée à base de produits locaux et artisanaux. Le tout accompagné de vins et apéritifs du terroir. Salle voûtée ou terrasse en été.

De prix moyens à beaucoup plus chic

Hôtel Le Carmel (plan A1, **12**) : *7, montée du Carmel. ☎ 04-75-94-99-60. • contact@le-carmel.com • le-carmel.com • Resto ouv tlj sauf dim-lun en oct. Congés : nov-début mars. Doubles 65-113 € ; familiales. Formule et menu déj sem 15-18 € ; autres menus 26-32 €.* Une adresse, un peu cachée dans un coin du bourg, calme et toute en sérénité. Normal : c'est un ancien couvent (1845) de carmélites dont l'aspect extérieur est demeuré inchangé. Chambres classiques, claires et spacieuses, ouvrant sur un joli jardin. Piscine. Le resto a tout autant d'allure avec une salle aménagée dans l'ancien cloître et une terrasse agréable sous sa tonnelle. Cuisine de tradition (avec quelques intentions exotiques), très bien maitrisée.

Chambres d'hôtes le 35 mai (plan A1, **11**) : *15, rue des Bourgades. 06-71-71-31-52 ou 07-81-49-88-09. • le35mai07@gmail.com • le35mai.com • Tte l'année. Doubles 145-155 €.* Ce qui ne se voit pas à l'extérieur de cette haute maison de ville du XIXe se vit à l'intérieur : des chambres à la déco pensée jusqu'au moindre détail, où meubles chinés des années 1950-1960-1970 voisinent avec carrelages d'origine, souvenirs de voyages et papiers peints contemporains. Superbe piscine jalonnée d'oliviers et de figuiers. L'accueil des proprios (qu'on avait déjà croisés au château d'Uzer) fait rimer décontracté avec attentionné. Et si vous partagez leur passion pour la déco, il y a une boutique au rez-de-chaussée.

Où boire un verre ?

Le Serre de Bar (plan A1, **30**) : *1, rue du Quai. ☎ 04-75-37-69-40. • serredebar@free.fr • Facebook • Tlj 8h-1h (jusqu'à 2h ven-sam) sauf dim. Congés : janv.* Jeu de mots pour l'enseigne (le Serre de Barre est un

L'ARDÈCHE

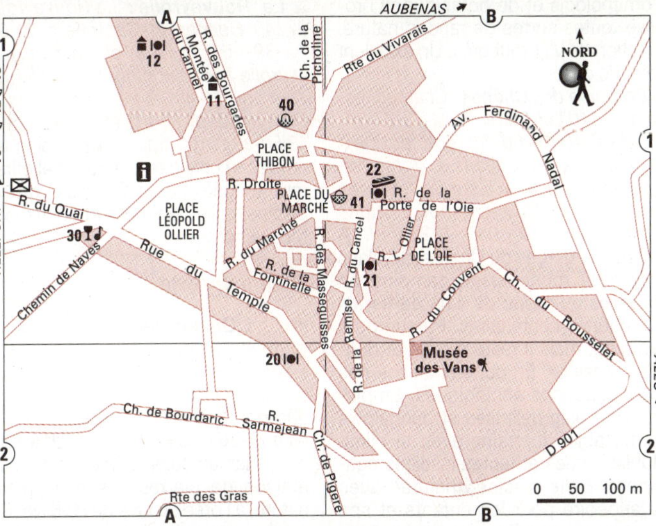

LES VANS

■ **Adresse utile**

- Office de tourisme (A1)

Où dormir ?

- **10** Camping Le Pradal (hors plan par A1)
- **11** Chambres d'hôtes 35 mai (A1)
- **12** Hôtel-restaurant Le Carmel (A1)

Où manger ?
Où boire un verre ?

- **20** La Feuille de Chou (A2)
- **21** Don Camillo (B1)
- **22** Le Local (B1)
- **30** Le Serre de Bar (A1)

Où acheter de bons produits ?

- **40** Vins sur Vans (A1)
- **41** L'Olivier de Vincent (B1)
- **42** Moulin Froment (hors plan par A1)
- **43** Aux Fermes des Rayols (hors plan par A1)

massif ardéchois), cadre coloré, clientèle populaire et un poil bohème, terrasse animée et fréquents concerts... Bières artisanales locales et petits vins de pays à prix d'amis.

Où dormir ? Où manger dans les environs ?

Campings

La Vignasse : *Terres du Moulin, 07140* ***Berrias-et-Casteljau.*** *☎ 09-86-77-31-34. 06-84-11-64-91. • campinglavignasse@gmail.com • lavignasse.com • À 10 km à l'est des Vans. Ouv avr-fin oct. Forfaits pour 2, 14-20 €. 51 empl. Sur présentation de ce guide et pour toute location de mobile home ou chalet, une bouteille de vin de pays offerte.* À l'orée des gorges du Chassezac, joli camping à taille humaine, avec des emplacements peu nombreux pour les tentes, mais tous bien ombragés. Mobile homes et chalets en bois plutôt mignons. Accompagnateur en montagne et moniteur VTT, le très sympathique proprio est un passionné d'ornithologie et de botanique. Il propose toutes sortes de randos nature. Location de VTT tout près. Un excellent point de chute.

Domaine des Chênes : *Chassagnes-Haut, 07140* ***Les Vans.*** *☎ 04-75-37-34-35. 06-10-18-60-71. • reception@domaine-des-chenes.fr • domaine-des-chenes.fr • À 5 km à l'est des Vans, fléché. Ouv avr-sept. Forfaits pour 2 pers, 18-36 €. 122 empl.* À 500 m des gorges du Chassezac, dans un cirque rocheux, un camping en terrasses au milieu de 4 ha de terrain aux chênes centenaires. Pas un petit camping, mais il reste à taille et densité humaines. En outre, il affiche des préoccupations écologiques. Emplacements bien délimités et bungalows confortables (certains avec la clim). Mobile homes et tentes insolites également. Belle piscine chauffée avec pataugeoire pour les enfants et spa pour les parents. Pas mal d'animations en saison. Bar-glacier et bon resto sur place.

Les Actinidias : *Les Lauzasses, 07140* ***Berrias-et-Casteljau.*** *☎ 04-75-39-02-79 ou 04-75-37-29-06 (hors saison). • actinidias@orange.fr • actinidias.com • À env 10 km au sud-est des Vans. Ouv de mi-mars à mi-sept. Forfaits pour 2 pers, 16-23 €. 81 empl.* Un grand camping, à proximité de la rivière Chassezac, avec accès direct à la plage. C'est le rendez-vous des grimpeurs, car une quarantaine de voies d'escalade sont accessibles à proximité. Location de chalets et mobile homes. Et, au fait, l'actinidia est la plante qui donne le kiwi.

La Rouveyrolle : *La Rouveyrolle, 07140* ***Berrias-et-Casteljau.*** *☎ 04-75-39-00-67. • info@campingrouveyrolle.fr • campingrouveyrolle.fr • À env 10 km à l'est des Vansdu. Ouv avr-sept. Forfaits pour 2 pers, 13,50-30 €. 100 empl.* Un camping aux emplacements bien ombragés et offrant tout le confort d'un 4-étoiles : grande piscine, salle de fitness et animations. Mobile homes.

Prix moyens

L'Olivier de Païolive : *5115, route de Païolive, 07140* ***Les Vans.*** *☎ 04-75-37-33-33. À env 5 km au sud-est des Vans. Tlj sauf lun-mar. Fermé déc-début avr. Formule et menu déj sem 17-20 € ; carte 35-40 €.* Une jeune et souriante équipe anime cette grosse maison de pierres posée en pleine nature, à l'orée du bois de Païolive. Des pierres encore (et du bois) pour la salle et une agréable terrasse où découvrir une cuisine de région avec de l'idée. Intéressante carte des vins (avec un bon choix au verre).

Le C4 : *Les Lauzasses, 07460* ***Berrias-et-Casteljau.*** *☎ 04-75-39-35-33. À env 10 km au sud-est des Vans. Ouv d'avr à mi-sept, tlj 12h-22h30. Carte env 40 €.* Ancienne bastide, joliment relevée de ses ruines dans les années 1970 avec une grande terrasse ombragée par de grands et beaux arbres pour de croustillantes pizzas (au feu de bois), et de bonnes viandes (au feu de bois aussi, comme les légumes qui les accompagnent) : magret, saucisses de porc locales....

Où acheter de bons produits ?

Vins sur Vans *(plan A1,* ***40****) :* *pl. Thibon. ☎ 04-75-88-56-46. • vinssurvans.fr • Tlj sauf dim ap-m 9h30-12h30, 16h-19h30.* La petite boutique d'un caviste indépendant qui n'écoute que sa raison et ses goûts personnels. Vins naturels et bio d'ici ou de plus loin, sélectionnés avec soin et vendus à des prix sages.

L'Olivier de Vincent *(plan B1,* ***41****) :* *pl. du Marché. ☎ 04-75-36-00-42 ou 04-75-37-98-45. • olivierdevincent.fr • Pâques-oct, tlj sauf dim ap-m 10h30-12h30, 15h-19h30. Fermé en hiver.* Une simple et petite boutique tenue par des passionnés d'olive. Plein de produits, et même du gel douche. Tout ce que vous devez savoir sur ce fruit aux mille vertus sans avoir jamais pensé à le demander ! L'atelier, ***Lo Molin de Vincent,*** se trouve près de Payzac, dans le hameau de **Brès** (voir plus loin « Dans les environs de Joyeuse »).

Moulin Froment *(hors plan par A1,* ***42****)* **:** *10, route des Cévennes. ☎ 04-75-37-34-88. Visite du moulin : en juil-août, 9h30-12h, 15h30-18h ; hors saison, se renseigner. GRATUIT. Horaires variables également pour la boutique.* Un personnage, ce M. Froment qui comme son nom ne l'indique pas fabrique de l'huile d'olive et non de la farine. On peut visiter les moulins, l'historique dans la même famille depuis 1900 et le nouveau où l'on suit la petite chaîne de fabrication (à l'ancienne, avec une meule de pierre) et de mise en bouteille de cette bonne huile d'olive. Au passage, on jette un coup d'œil à la collection de motos, voitures et bicyclettes anciennes, toutes restaurées par le maître des lieux. Pas un pic de rouille, bien graissées les pétrolettes. Normal, dans un moulin à huile ! Vente et dégustation sur place.

Aux Fermes des Rayols *(hors plan par A1,* ***43****)* **:** *4, av. Charles-de-Gaulle. ☎ 04-75-94-00-93. Mar-ven et sam mat 9h-12h30 (13h sam), 16h-19h.* Une boutique de producteurs des environs : viandes, légumes, huiles...

L'ARDÈCHE

À voir

Le musée des Vans *(plan B2)* **:** *4, rue du Couvent. ☎ 04-75-37-08-62. • les-vans.fr/musee • Pdt vac scol, lun-ven 10h-12h, 14h-17h (15h-18h juil-août) ; le reste de l'année, mer 10h-12h, 14h-17h, sam 10h-12h. Visites guidées sam à 10h30, plus l'été mar et ven à 10h30. Fermé janv. Entrée : 3 € ; réduc ; gratuit moins de 12 ans. Ateliers enfants mer à 15h.* Situé en bordure du centre ancien des Vans, le musée est installé dans un ancien couvent et une ancienne filature de soie. À travers 5 expositions, il dévoile les différentes facettes d'un territoire très contrasté mais qui forme un tout singulier : les Cévennes d'Ardèche. Les collections de géologie, d'archéologie, d'ethnographie et de médecine font découvrir la nature, la culture ou la personnalité des hommes qui ont façonné cette région historique. Au cours de la visite, on découvre notamment la vie et l'œuvre de Léopold Ollier, précurseur de la chirurgie moderne, né aux Vans en 1830. Régulièrement, expositions temporaires et événements : concert, lecture, conférence...

DANS LES ENVIRONS DES VANS

Le bois de Païolive : *à env 7 km au sud-est des Vans. 3 parkings d'où partent des sentiers balisés : la Vierge (1,5 km, 1h), la Corniche (4 km, 1h30-2h) et Saint-Eugène (5 km, 2h).* Cette petite forêt, traversée par les gorges du Chassezac, fait partie, comme Brocéliande en Bretagne, de ces lieux rares, mystiques, magiques, où les légendes se marient à la nature. L'érosion a mis des millions d'années pour sculpter le calcaire, et pourtant, en une seule minute, on est littéralement happé par l'atmosphère de ce labyrinthe végétal et minéral, par les formes étonnantes, surprenantes, fascinantes (et plein d'autres mots en -ante) qu'ont pris les rochers (l'Ours et le Lion, Jean de la Lune, le pont des Fées...).

Les gorges du Chassezac et la descente en kayak : le site, certes moins noble que celui de sa sœur aînée l'Ardèche, reste tout de même d'une rare beauté et beaucoup plus accessible avec des enfants. Cette rivière est également moins physique et technique, donc tout à fait accessible pour canoter en famille, sans entraînement. On peut y pratiquer canoë-kayak et paddle et, bien sûr, tout simplement s'y baigner. Les falaises offrent également pas mal de sensations aux grimpeurs.
Le Chassezac est une rivière plus calme et moins fréquentée que l'Ardèche. Vous pouvez la descendre en kayak (la descente conviendra aux jeunes enfants).

Location aux Vans : ☎ 04-75-37-33-60. • ccc-canoe.com • Départ au lieu-dit Les Assions, à 3 km à l'est des Vans. Optez pour la descente la plus courte (2h). Un bus vous ramènera au point de départ. Prévoir absolument casquette, eau et chaussures fermées sans lacets.

Naves *(07140) : à 4 km au sud-ouest des Vans ; on peut y grimper à pied (compter 1h aller), descriptif de la balade dans le plan donné à l'office de tourisme.* Verdoyant « village de caractère d'Ardèche » perché sur un des 1ers contreforts des Cévennes. L'ensemble, des calades aux maisons d'autrefois en passant par la très mignonne église romane a presque été trop proprement rénové. Mais on s'y balade avec plaisir, de passages couverts en placette.

JOYEUSE

(07260) 1 750 hab. *Carte Ardèche, A3*

Peut-on imaginer un nom aussi loin de la mélancolie et de la tristesse ? Non. Pourtant il ne vient pas d'un adjectif, mais, selon la légende, du nom de l'épée que Charlemagne aurait égaré dans le coin en 802. En tous cas, Joyeuse conserve en son centre, dressée sur une colline, une vraie atmosphère médiévale.

JOYEUX LURONS, JOYEUX MACARONS

En 1581, le duc de Joyeuse épousa la belle-sœur du roi Henri III. Les noces furent parmi les plus belles jamais organisées au royaume de France. Catherine de Médicis fit venir des pâtisseries aux amandes d'Italie : les maccarone. Émerveillé, le duc de Joyeuse les introduisit dans son duché ardéchois. Voilà pourquoi c'est ici qu'il faut les acheter et les déguster... joyeusement !

Adresse et infos utiles

Office de tourisme : *63, av. François-Boissel. ☎ 04-75-37-24-48. • cevennes-ardeche.com • Ouv tte l'année : juil-août, tlj sauf dim ap-m 9h-13h 14h30-18h ; le reste de l'année, se renseigner.* Parcours ludiques pour les enfants. Ville labellisée « Ville et Métiers d'art ».

Arrêt des cars : *sur la D 104, à 50 m de l'office de tourisme.* Bus nº 74 pour Aubenas, Montélimar et Valence-TGV. Bus nº 13 pour Alès. Infos sur *• auvergnerhonealpes.fr •*

– **Marché :** *mer mat, pl. de la Grand-Font.*

– **Marché nocturne :** *dim soir en juil-août, pl. de la Gare, et « marché des créateurs » dans la vieille ville.*

Où dormir ? Où manger ?

Camping

Le Sous-Perret : *180, chemin de Garel, Sous-Perret. ☎ 04-75-39-50-54. • jacques.silhol@wanadoo.fr • campinglesousperret.com • ♿ À env 3 km au sud-est du centre ; fléché. Ouv d'avr à mi-oct. Forfaits pour 2 pers, 17-26 €. 75 empl.* Un joli 3-étoiles au bord de la Beaume et au calme. Emplacements bien ombragés, atmosphère familiale. Sanitaires impeccables. Piscine et pataugeoire. Mobile homes. Le bourg est à 10 mn de marche.

De bon marché à prix moyens

Hôtel de l'Europe : *D 104. ☎ 09-74-56-60 44. • hotel-europe3@wanadoo.fr • ardeche-hotel.net • Juste en contrebas de la vieille ville. Doubles 68-75 €. Pizzas 8-13 €.* Chambres simples et classiques, à choisir de préférence côté vallée. Grande piscine couverte et chauffée *(accessible mai-sept).* Agréable terrasse aux beaux jours. Au resto, une cuisine traditionnelle de bonne tenue, ainsi que des pizzas au feu de bois qui remportent tous les suffrages. Globalement, un excellent rapport qualité-prix pour une étape.

Ristorante Valentina : *pl. de la Peyre. ☎ 04-75-39-90-65. • dolo.shirley@orange.fr • Dans la rue principale de la vieille ville. Ouv avr-sept. En saison, tlj sauf dim soir ; hors saison, tlj sauf dim-lun. Formule 19 € et menus 22-25,50 €. Carte env 35 €.* Au cœur du vieux Joyeuse, le *Valentina* dispose d'une terrasse au calme, donnant sur une placette agréable où glougloute une petite fontaine. Côté cuisine, les plats sont sous influence italienne, mais avec souvent une bonne dose d'imagination en plus. Bonne cave de vins italiens. Une bonne adresse où se pratique parfois le fameux adage italien « *chi va piano va sano* » (un peu longuet, quoi).

Chic

La Maison de Nany : *6, pl. de la Peyre. 06-26-59-53-37. • lamaisondenany@hotmail.fr • Dans la rue principale de la vieille ville. Tlj sauf lun-mar. Congés : janv à mi-fév. Carte seulement, env 35-50 €.* La chef s'appelle évidemment Nany et sa petite maison est bien agréable avec sa fraiche déco néo-campagnarde sur fond de vieilles pierres et sa miniterrasse tranquille dans cette rue piétonne. Sa cuisine est bien plaisante aussi, de saison et aussi inventive que les intitulés poético-rigolos des plats. Et l'accueil fait chaud au cœur.

Où boire un verre ?

Le Ginko Biloba : *rampe de Cluchet. ☎ 09-86-24-63-19. • lesoiseauxdepassage07@gmail.com • Facebook • En contrebas de la départementale qui traverse le bourg. Ouv juin-début sept, tlj 19h-1h. Assortiment de tapas 16 €.* Un bel endroit, à ciel ouvert : petit comptoir et immense terrasse dans une ample cour intérieure ombragée (mais on n'y a pas vu de ginko biloba). Bonne ambiance, bières et vins du coin, cocktails... Tapas (souvent version locale aussi, du genre crique, cassolette de chèvre et charcut') pour faire passer. Quelques vrais plats (souvent d'humeur exotique) aussi. Et des concerts chaque fin de semaine.

Où dormir ? Où manger dans les environs ?

Camping Domaine Arleblanc : *Arlebanc, 07260* ***Rosières.*** *☎ 04-75-39-53-11. • info@arleblanc.com • arleblanc.com • À env 5 km au sud-est de Joyeuse. Ouv début avr-fin oct. Forfaits pour 2 pers, 20,50-41 €. 170 empl.* Situé dans un fort bel environnement, à l'entrée des gorges de la Beaume donc en bord de rivière (où l'on peut se baigner et pagayer), c'est l'un des plus anciens campings de l'Ardèche. Emplacements ombragés sur un domaine de 7 ha. Très confortable, et familial malgré la superficie (c'est, en été, une vraie petite ville). Espace aquatique avec piscine chauffée et toboggans, plein de terrains de sport (tennis, foot, volley) petit supermarché, bar, resto, animations multiples, dynamique club enfants, chalets et mobile homes... Bon accueil.

Chambres d'hôtes L'Oustalou : *Augnac, 07260* ***Rosières.*** *☎ 04-75-39-57-05. 06-07-91-28-62. • loustalou@wanadoo.fr • loustalou-ardeche.com • À 5 km au nord-est de Joyeuse. Ouv de début mars à mi-nov. Doubles 80-99 €. Repas 29 €.* Charmant mas perché au sommet d'une petite colline, entourée de conifères, où l'on n'entend que le chant des oiseaux et des cigales. Le domaine de 2 ha s'étage sur des *faysses* (terrasses en pierres sèches), avec une grande piscine lovée dans la verdure. Un couple très sympathique y a aménagé 5 chambres, à la déco sobre et de bon goût, aux noms de châtaignes (parce que, oui, il y a plusieurs variétés de châtaignes). À la table d'hôtes, les légumes du jardin et les plantes sauvages sont à l'honneur. D'ailleurs, la maison organise des séjours à thème, autour de la cueillette et de la cuisine de ces plantes sauvages.

Chambres d'hôtes Le Mas de la Cigale : *La Croix, 07260* ***Vernon.*** *☎ 04-75-39-68-69. • masdelacigale07@gmail.com • lemasdelacigale.com • À 6 km au nord-ouest de Joyeuse. Fermé nov-fév. Doubles 98-110 € ; familiale.* Adresse chic et charme. Mas de village en pierre sèche, bénéficiant d'une vue superbe sur la nature environnante (vignes, oliviers, châtaigniers) tenu par une bien accueillante maîtresse de maison. 5 vastes chambres rénovées dans un esprit très contemporain et tout confort (clim). Petit déj dans la belle salle voûtée ou en terrasse. Salons, espace bibliothèque, grande piscine.

Hôtel Le Mas de Baume : *Baume, 07260* ***Rosières.*** *☎ 04-75-93-76-88. 📱 06-09-65-42-92. • hotellemasdebaume@orange.fr • mas-debaume.com • À env 7 km au nord-est de Joyeuse. Ouv de mi-avr à mi-nov. Resto (réservé aux résidents), le soir seulement les mar, jeu et w-e. Doubles 90-190 € ; familiales. Menu 28 €.* Tranquille, au milieu d'une vaste pinède, une ancienne ferme fortifiée récemment transformée en un hôtel en tout point charmant et respectueux de l'environnement : isolation, électricité, chauffage... tout a été soigneusement étudié. Très belles chambres climatisées et décorées dans un style rustique-chic : pierre, bois, cuir. Belle piscine naturelle. Jardins avec salons extérieurs où l'on laisserait facilement filer la journée.

Où acheter de délicieux macarons ?

Maison Charaix : *av. François-Boissel. ☎ 04-75-39-66-70. • maisoncharaix.com • Tlj 9h-12h, 14h-19h (18h lun).* Les macarons sont une spécialité de la ville depuis la fin du XVIe s. Chez *Charaix,* la tradition du vrai macaron se perpétue, basée sur des produits naturels et un savoir-faire remarquable. On retrouve le goût unique du macaron du XVIe s. Autre boutique dans la vieille ville *(au 4, Grande-Rue).*

Où goûter et acheter du vin dans les environs ?

Cave la Cévenole : *1, pl. du Chatus, 07260* ***Rosières.*** *☎ 04-75-39-90-88. • cavelacevenole.com • À env 2 km à l'est de Joyeuse. En saison, tlj sauf dim ap-m 9h-13h, 15h-19h (18h lun).* Coopérative créée en 1939 où faire l'expérience d'un de ces vins (rouges ou rosés), très terroir, à base de châtus, un cépage autochtone (dont au XVIe, Olivier de Serres vantait déjà les mérites), disparu avec le phylloxéra mais que de courageux vignerons ont replanté à partir des années 1980. Plein d'autres appellations ardéchoises au programme, évidemment.

À voir. À faire

Castanea – Espace découverte de la châtaigne d'Ardèche : *parvis de l'Église. ☎ 04-75-39-90-66. • castanea-ardeche.fr • Ouv avr-oct : juil-août, mar-ven 10h-18h, lun et w-e 14h-18h ; le reste de l'année, mar-dim (sauf w-e en avr)*

14h-18h. Dernier billet 1h avt fermeture. Entrée : 6,50 € ; réduc ; gratuit moins de 6 ans. Rencontres avec les producteurs jeu en juil-août. Belle entrée en matière : un tube de crème de marrons de producteurs locaux est offert avec le ticket d'entrée ! Castanea, c'est le nom savant du châtaignier dont vous saurez tout dans ce bel espace contemporain, installé dans l'ancien collège des Oratoriens, bâtiment du XVIIe s. La culture de l'arbre (au fait, ces paysans-là s'appellent des castanéiculteurs), la récolte des châtaignes, leur transformation... Didactiques et ludiques, les salles d'exposition font le tour de la question et témoignent des liens étroits qui unissent, depuis des siècles, les Ardéchois avec l'arbre à pain.
Belle boutique de produits du terroir, pour beaucoup à base de... châtaignes (évidemment).

➢ ***Visites théâtralisées :*** *06-70-72-18-07. • cppj07.com • Juil-août, mer-jeu, départ à 20h45, pl. de la Recluse ; sur résa mars-juin et sept-oct à l'office de tourisme. Tarifs : 8 € ; réduc.* Pour retrouver, à travers les rues de la cité médiévale, les principaux personnages qui ont marqué l'histoire de Joyeuse. Une idée originale et pleine d'humour, ce qui n'empêche pas le sérieux des explications historiques.

L'ARDÈCHE

Manifestation

– ***Salon gourmand et artisanal :*** *3e w-e d'oct. • castagnades.fr •* Gastronomie, terroir, artisanat, le tout baignant dans l'odeur des châtaignes grillées.

DANS LES ENVIRONS DE JOYEUSE

Payzac : *à env 10 km au sud-ouest de Joyeuse.* Beau village aux maisons de grès blotties autour d'une église romane à clocher-peigne. Le paysage est marqué par le vignoble en terrasses et les champs d'oliviers où l'on récolte la rougette de Payzac, petite olive qui donne une huile bien fruitée.

De Payzac, continuer jusqu'au hameau de ***Brès,*** 3 km au nord. Nous sommes encore dans le pays du grès, cette fois-ci aux tonalités nettement roses et ocre. Là encore, charmant village de montagne. Voir l'*église* à l'imposant chevet de grès rouge. Superbe point de vue. Et visiter (c'est gratuit et passionnant) le producteur d'huile d'olive (voir la rubrique « Où acheter de bons produits ? » aux Vans) ***Lo Molin de Vincent :*** ☎ *04-75-36-00-42. En principe, tlj sauf dim 15h-19h ; pdt la période de fabrication de l'huile – fin oct-fin déc –, ouv tte la journée mais mieux vaut téléphoner avt ; fermé de janv à mi-mars.* Boutique sur place.

La corniche du Vivarais : une jolie route (la D4) suit, de Lablachère jusqu'à Montselgues (voir plus loin), cette crête du sud Cévennes et offre de grandioses panoramas sur, de part et d'autre, les profondes vallées de la Drobie et de la Thines.

THINES (07140) 250 hab. *Carte Ardèche, A3*

Un hameau cévenol typique, perché et retiré, auquel on accède par une petite route (D 513) étroite et sinueuse. Elle suit les méandres de la Thines, rivière qui creuse ici de splendides gorges. Et on jurerait que cette route a été dessinée par un âne ivre. Le charme de ce minuscule village réside dans ses venelles et ses maisons aux toits de lauzes, qui résistent aux violents orages. Et dans sa splendide église romane, parmi les plus belles du sud de la France. Petit resto-bar dans le village.

À voir. À faire

L'église Notre-Dame : construite au XIIe s, elle est presque disproportionnée pour un si petit village. Et c'est un monument majeur de l'art roman (classé dès 1848 par Prosper Mérimée). Imposant escalier d'accès au portail latéral superbement sculpté (remarquable linteau) comme le chevet et les chapiteaux à l'intérieur. Belle abside toute en grès bichromes (rouges et beiges pour faire moins savant).

La maison du Gerboul : *à l'entrée du village. ☎ 04-75-36-22-10. • maisondugerboul-thines.fr • De mi-juin au 30 sept, tlj 11h-19h ; de mi-fév à mi-juin, tlj 14h-18h ; le reste de l'année, ouv l'ap-m le w-e. Fermé de mi-déc à mi-fév. GRATUIT.* C'est l'une des 2 maisons du parc naturel régional des Monts d'Ardèche. On y trouve donc beaucoup de doc, des expos temporaires et une boutique largement ouverte aux producteurs et artisans locaux. Terrasse avec vue panoramique sur la vallée, où prendre un verre ou manger une glace.

L'ARDÈCHE

MONTSELGUES (07140) 90 hab. *Carte Ardèche, A3*

Un village du bout du monde, accessible par une route étroite. Prudence ! On est là sur un plateau pelé, perché à 1 000 m d'altitude, battu par les vents du nord, couvert de genêts et de jolie bruyère et qui abrite de rares tourbières. Et on est comme en suspension, avec en bas les gorges de la Loire (Haute-Loire) et, au loin, le mont Lozère. Ce n'est plus tout à fait l'Ardèche, et c'est presque l'Auvergne.

Où dormir ? Où manger ?

Gîte d'étape de la Fage : *au centre du village. ☎ 04-75-36-94-60. • contact@gite-lafage.com • gite-lafage.com • (1 chambre). Ouv de mi-mars à mi-nov. Résa très conseillée en été. ½ pens 42-47 €/pers. Parking. Apéritif offert sur présentation de ce guide.* Cette grande maison est LE rendez-vous des marcheurs de la région : super équipe (très impliquée dans le développement du territoire et la préservation de l'environnement), bon confort (espaces de vie sympa avec coin TV, cheminée et piano, et 36 lits répartis en 9 chambres nickel de 2 à 4 personnes avec ou sans salle de bains privée) et cuisine de qualité, qui respecte les saisons et mise tout sur des spécialités locales préparées avec les ingrédients du coin.

Auberge L'Aure : *pl. de l'Église. ☎ 04-75-39-98-45. • aureliepoudevigne@gmail.com • auberge-montselgues.fr • Tlj sauf mer pdt vac scol. Résa conseillée au resto. Double en ½ pens 110 €. Menus 15 € (déj en sem)-20 €. CB refusées.* Au cœur du village, une auberge de poche tenue avec conviction par une femme fort sympathique et énergique. Pour le gîte, 3 chambres pimpantes et tout confort, où le bois domine (belle charpente apparente) ; et pour le couvert, une petite salle rustique où l'on déguste dans la bonne humeur une cuisine familiale goûteuse, préparée en fonction des matières premières dénichées au marché. Simple, très bon et généreux. Sinon, possibilité de se restaurer à toute heure de bonnes charcutailles, fromages, crêpes, glaces...

Ferme-auberge Chez Francine : *59, rue du Village. 06-42-45-21-81. À 2 pas de l'église. Tlj sauf sam midi. Résa obligatoire. Menu 25 €. Café offert sur présentation de ce guide.* Une authentique ferme-auberge qui propose une bonne cuisine traditionnelle et familiale, à partir de ses produits ou de ceux du voisinage (porc, œufs, fromages, légumes du jardin). Délicieux desserts et confitures de châtaigne maison. Gentille salle à manger rustique, simple et conviviale, et bon accueil. Terrasse face à la campagne aux beaux jours. Accueil jovial.

À voir. À faire

L'église de Montselgues : romane et massive, avec son gros clocher trapu pour éviter qu'il ne s'envole et son élégant toit de lauzes. Porche à voussures et chapiteaux sculptés. Avec son cimetière attenant, l'ensemble rappelle presque un enclos paroissial comme on en trouve en Bretagne, mais en plus modeste évidemment.

➢ ***Le chaos de Montselgues :*** *sentier balisé en boucle (9 km, compter 4h).* Puisqu'on était en Bretagne quelques lignes plus haut, restons-y avec cette étonnante randonnée à travers des amoncellements de roches granitiques sculptées par l'érosion, qui rappellent certains coins du Finistère ou des Côtes d'Armor. Classé Geopark par l'Unesco.

➢ ***Balade à cheval et à poney avec Danielle Faure :*** *dans le village. 06-42-45-21-81. • promenades-cheval-montselgues.fr • Juil-août seulement.* Balade à poney non accompagnée, mais avec accompagnateur pour les promenades à cheval. Qu'est-ce qu'on est bien à trotter ou à galoper dans la lande et la bruyère ! Même au pas, pour les débutants, la balade est extra. Et puis on a trouvé Danielle sympa.

➢ ***Randonnée avec un âne :*** c'est le *gîte de la Fage* (voir « Où dormir ? Où manger ? ») qui organise cette balade avec un âne bâté à la journée *(env 50 € la journée, 40 € la ½ journée).*

AUTOUR DU MASSIF DU TANARGUE

Un pays de transition entre les Cévennes, qui flirtent ici avec la Lozère, et la région des sucs, ces volcans depuis longtemps endormis comme le fameux mont Gerbier-de-Jonc. Ce massif tire, a priori, son nom de Tanaris, dieu celte du Tonnerre : il est vrai que la foudre y tombe souvent (donc la pluie : c'est un des coins les plus arrosés de France). Peu de monde au long de cette crête qui affiche des paysages plutôt tourmentés mais qui rivalisent de beauté, parfois sinon toujours sauvage.
Les amoureux des sports de nature seront comblés : sentiers de randonnée par dizaines (dont beaucoup de randonnées familiales), circuits de VTT, escalade et un des rares sites du département où l'on peut pratiquer le canyoning dans les gorges de la Borne. Et comme il y neige, l'hiver, ski de fond, ski alpin, raquettes ou luge à *La Croix-de-Bauzon.*

SAINT-LAURENT-LES-BAINS

(07590) 180 hab. *Carte Ardèche, A3*

C'est la 3e station thermale de l'Ardèche par ordre d'importance (elle fait partie de la très sérieuse *Chaîne thermale du soleil*) ; elle accueille les curistes atteints de rhumatismes et propose également des séjours de remise en forme. Toujours agréable de se faire dorloter.

Ce village de poche est encaissé au fond d'une minuscule vallée pleine de charme. Les eaux sortent des entrailles de la terre (à plus de 1 500 m de profondeur) à une température de 53 °C. Elles sont utilisées sous forme de bains mais peuvent aussi se boire (mais pas à 53 °C...).

Adresse et info utiles

ℹ ***Office de tourisme :*** *☎ 04-66-46-69-94. Juil-août, tlj 9h-12h, 14h-17h ; le reste de l'année, horaires restreints. Fermé de mi-nov à mi-mars.*

*– **Marché des producteurs :** avr-nov, 1er et 3e jeu du mois.*

Où dormir ? Où manger ?

⛺ ***Camping du Ceytrou :*** *Pont de Ceytrou. ☎ 04-66-46-02-03. • campingleceytrou@wanadoo.fr • campingleceytrou.free.fr • À env 2 km au sud-est de Saint-Laurent. Ouv de mi-mars à mi-nov. Forfaits pour 2 pers, 14,40-17,50 €. 60 empl.* Bien situé au fond de la vallée, dans un très bel environnement bucolique au calme, au bord d'une petite rivière (baignade). Emplacements herbus et ombragés. Un petit côté familial très sympa. Barbecue collectif. Tennis et minigolf.

Gîte d'étape-restaurant Au Chat Bleu : *dans la partie haute du village (bien indiqué). ☎ 04-66-46-22-17. • contact.auchatbleu@gmail.com • auchatbleu.fr • Ouv de mi-mars à mi-nov, gîte sur résa seulement. Resto tlj (sur résa de préférence). Double 46 €. Dortoir en ½ pens seulement 50 €/pers. Menu déj 16,50 €. CB refusées.* Charmant gîte aménagé dans une vieille maison cévenole retapée et modernisée. Au total, 3 chambres doubles, 2 dortoirs de 5 places et un dortoir de 10 places, le tout bien tenu et confortable. Quant au resto, il fait dans le convivial et le chaleureux, avec une salle rustique dotée comme il se doit d'une cheminée. Au menu, cuisine traditionnelle à base de produits frais et du terroir. En prime, vue superbe sur le village ensoleillé depuis la grande terrasse. Une adresse réjouissante tenue par un jeune couple très sympa.

À voir. À faire

*– **Le centre thermal de Saint-Laurent :** au cœur du village. ☎ 04-66-69-72-72. • chainethermale.fr • Ouv de mi-mars à mi-nov.* Bains hydromassants, massages aux huiles essentielles, bain de boue, douche au jet... Plusieurs forfaits et formules également. Installations d'un très bon niveau.

Au centre du village, la ***source*** sourd naturellement à 53 °C dans un lavoir. Au-dessus du village, ***tour médiévale*** du XIIe s qui accueille « L'Odyssée des eaux », une expo artistique et scientifique sur le thème de l'eau *(entrée payante ; infos à l'office de tourisme).*

DANS LES ENVIRONS DE SAINT-LAURENT-LES-BAINS

L'abbaye de Notre-Dame-des-Neiges : *à env 6 km à l'ouest de Saint-Laurent-les-Bains, sur la frontière avec la Lozère. ☎ 04-66-46-59-00. • notredamedesneiges.com • ♿ Accueil tlj 8h30-11h45, 13h30-18h15.* Cette massive abbaye aux puissants murs est en fait assez récente, puisque fondée en 1850. On l'aborde en traversant un admirable sous-bois. Elle est vaste, sobre et se compose de plusieurs bâtiments disséminés dans un bel univers verdoyant. C'est ici que le père Charles de Foucauld fit son apprentissage de la vie monastique. Une salle lui est consacrée. Plus amusant, Robert Louis Stevenson et son ânesse Modestine y firent halte lors de leur traversée des Cévennes à l'automne 1878. Aujourd'hui, les moines y vivent toujours selon la rigoureuse règle de saint Benoit. On ne peut donc visiter qu'une toute petite partie de l'abbaye. À l'accueil, une courte vidéo présente la vie des moines. Et dans les anciens chais se découvre une étonnante œuvre d'art contemporain du projet de la ligne du partage des Eaux : « Terre Loire » de l'artiste japonais Köichi Kurita.

Boutique de l'abbaye : *☎ 04-66-46-59-00. • notredamedesneiges.com • Lun-sam 10h-12h, 14h-18h (17h en hiver) ; dim 14h-17h30.* Les moines ne produisent plus eux-mêmes d'alcool depuis quelques années, mais leurs apéritifs, vins et liqueurs sont toujours en vente dans cette boutique où l'on trouve la production d'autres monastères (bières trappistes par exemple), mais aussi des produits régionaux : crème de marrons, farine de châtaigne, miel, saucisson, pâtés, fromages...

L'atelier de tournage d'art sur bois : **La Baraque.** *☎ 04-66-46-03-50. • elisabeth-molimard.com • À 4 km au sud-ouest de Saint-Laurent. Avr-nov, tlj 9h30-19h ; le reste de l'année, téléphoner.* Élisabeth Molimard est une des rares femmes en France à exercer le tournage sur bois. Elle parle avec passion de son art, des essences de bois qu'elle utilise (une cinquantaine) et des superbes pièces qu'elle crée. Expo et démonstration dans son atelier.

SAINT-ÉTIENNE-DE-LUGDARÈS

(07590) 420 hab. *Carte Ardèche, A2*

Un village isolé, loin du tapage, où l'on fera notamment halte pour son église du XIXe. Saint-Étienne-de-Lugdarès est également le point de départ de nombreuses randonnées.

Adresse utile

Office de tourisme : *Masméjean. ☎ 04-66-46-65-36. • contact@montagneardeche.com • montagneardeche.com • Dans le moulin de Masméjean (lire plus loin). Ouv tte l'année : juil-août, tlj 9h-18h ; le reste de l'année, horaires restreints lun-ven.* Vente de cartes de randonnées et de VTT sur les balades dans la région.

Où dormir ? Où manger dans les environs ?

Auberge du Bez : *Le Bez, 07590* ***Borne.*** *☎ 04-66-46-60-54. • contact@aubergedubez.com • aubergedubez.com • ♿ À env 8 km à l'est de Saint-Étienne. Resto tlj sauf sam. Congés : 15 oct-fin nov. Résa conseillée. Nuitée 15 €/pers en gîte (draps inclus) ; doubles 47-55 €. Formule 16 € ; menus 23-26 €.* Pile sur la ligne de partage des eaux entre l'Atlantique et la Méditerranée. Pile aussi à la croisée du GR 4 et du GR 7-72, sur le tour de la montagne ardéchoise. Difficile de faire plus stratégique pour cette auberge, vieille affaire de famille, récemment reprise par un accueillant jeune couple. Gîte d'étape dans une maison indépendante, avec un vaste espace à vivre bien équipé (cuisine, TV...), et de jolis dortoirs avec une bonne literie. Pour plus de confort, direction les 8 chambres d'hôtel, fort mignonnettes (les moins chères, se partagent la salle de bains). Au resto, aménagé dans une ancienne grange de 1850, bonne cuisine de terroir, à base de produits 100 % locaux.

Gîte d'étape-restaurant du Mas du Pas de l'Âne : *Bel-Air, 07660 Astet. ☎ 04-75-88-51-99. • masdupasdelane.belair@gmail.com • masdupasdelane.fr • À 15 km au nord-est de Saint-Étienne. Resto fermé en avr. Sur résa. Compter 45 €/pers en ½ pens. Menus 13-20 €.* Le camp de base idéal pour sportifs et amoureux de la nature. Jouxtant la belle forêt de Bauzon, ce beau gîte d'étape et de séjour abrite 15 lits répartis en 3 chambres ; sanitaires communs. Cadre de bois blanc, salle commune avec longue table conviviale et cheminée. Accueil chaleureux et plein d'infos sur les nombreuses possibilités de la région. Randos (on est à la croisée des GR 7 et GR 4), accueil des cavaliers, escalade, ski nordique, raquettes, possibilité de balades avec chiens de traîneau. Bonne étape aussi pour se restaurer ou boire un verre (salle à manger-véranda avec belle vue) : casse-croûte, goûter campagnard, spécialités régionales comme la *bombine* et la tarte à la châtaigne, mais aussi crêpes, glaces, etc.

À voir. À faire

L'église Saint-Étienne : *immanquable, au centre du village.* On la surnomme un peu pompeusement « la cathédrale de la Montagne ». Certes, vu la taille du village, elle semble bien disproportionnée mais on est loin d'une cathédrale... Construite en 1880, dans un style néo-gothique, en bandeaux polychromes de granit et de pierres volcaniques. Grandiose façade. Jetez un coup d'œil à l'intérieur (si elle est ouverte) pour son maître-autel en marbre qui vient de la voisine abbaye cistercienne (aujourd'hui détruite) des Chambons.

Le moulin de Masméjean : *à env 5 km à l'est de Saint-Étienne. ☎ 04-66-46-65-36 (office de tourisme). Juil-août, tlj 14h30-18h ; mai-juin et sept, tlj, visite guidée à 14h, 15h et 16h. Entrée : 6 € ; réduc ; gratuit moins de 6 ans.* 2 visites en une : d'une part, celle du moulin du XVIIe s parfaitement restauré (démonstrations de la fabrication de farine pendant la visite guidée) ; d'autre part, celle d'une exposition sur les énergies renouvelables. Intéressant et bien en phase avec notre époque.

➢ **Randonnées pédestres :** nombre incroyable de randos à réaliser dans ce secteur ! Les étendues sont sauvages, les paysages contrastés, les chemins et GR nombreux (dont l'un permet de découvrir le « Phare » de Gloria Friedmann, une œuvre contemporaine de la ligne du partage des eaux). Le plus simple est de se rendre dans les offices de tourisme et d'acheter les cartes détaillées. On pourra vous conseiller sur de petites balades de 1h30 ou des randonnées à la journée.

LOUBARESSE

(07110) 40 hab. *Carte Ardèche, A3*

Encore un village de poche, encore un site enchanteur, au panorama plus ouvert qu'ailleurs car dominant une butte, et surtout quelques très bonnes adresses pour le repos des randonneurs et pour rassasier tous ceux qui auront un petit creux.

Où dormir ? Où manger ?

Gîte d'étape de l'Église : *1, pl. de l'Église. ☎ 04-75-88-99-38. 06-71-17-29-70. • gitedeloubaresse@gmail.com • gitedeloubaresse-ardeche.fr • Au cœur du village. Fermé de mi-nov à mars. Résa indispensable. En ½ pens seulement, 48 €/pers en chambre ou 42 €/pers en dortoir. Menu 20 €. Apéritif maison offert sur présentation de ce guide.* Nichée à côté de l'église, cette sympathique petite adresse se partage entre 2 maisons. La 1re, moderne et bien tenue, accueille le gîte d'étape, avec au choix un dortoir de 6 lits (prévoir son duvet) ou des doubles fonctionnelles (douche et/ou w-c privés pour les chambres ; tout en commun pour le dortoir). La 2de, rustique, est celle du resto, adorable avec sa petite terrasse dominant la vallée et sa salle qui rappelle les vieux bistrots d'autrefois. Bons petits plats qui raviront les randonneurs.

Le Pégan : *au village. ☎ 04-75-88-96-48. • lepegan07@orange.fr • Ouv le midi tlj sauf sam. Formules et menus 14-25 €.* L'un des fleurons des « Bistrots de pays » ardéchois. Le cadre est typique (une demeure traditionnelle en pierres sèches, avec sa terrasse et une salle pleine de cachet), et la cuisine évidemment de terroir. Qu'il s'agisse d'une belle salade, d'une omelette ou d'un plat bien local, c'est simple, bon et bien servi. Bon accueil.

À faire dans les environs

– **Parapente :** *☎ 09-79-59-85-00. 06-22-20-75-40. • parapente-ardeche.com • Batpême env 90 €. Envol depuis le col de Meyrand (1 400 m), arrivée à* ***Valgorge*** *(600 m). Durée : env 1h.* Des moniteurs sérieux qui possèdent une expérience et du matériel de qualité. Balade aérienne époustouflante au-dessus du massif du Tanargue et du piémont cévenol.

DANS LES ENVIRONS DE LOUBARESSE

LA VALLÉE DE LA BEAUME

On l'aime bien cette petite rivière (parfois orthographiée Baume) qui prend sa source dans le Tanargue, vers Loubaresse. La Beaume creuse ses premières gorges, en aval du lieu-dit Pied-de-Bœuf (sur la commune de Rocles). Joli coin, verdoyant et tranquille que suit gentiment la petite D 203. Quelques plagettes. La rivière rejoint ensuite sa grande sœur l'Ardèche après avoir baigné le superbe village de Labeaume (dont on parle dans le chapitre « La vallée de l'Ardèche, d'Aubenas aux gorges »).

Où dormir ? Où manger dans le coin ?

Chambres d'hôtes la Petite Cour Verte : *La Roche, 07110* ***Beaumont.*** *☎ 04-75-39-58-88. 06-78-01-43-19. • thomas@lapetitecourverte.com • lapetitecourverte.com • Dans un hameau, sur les hauteurs ; fléché depuis la D203. Doubles 98-147 € ; familiale. Repas 29 €, tt compris.* Un peu perchée, une bastide du XVIe, pas mal transformée mais qui a conservé le charme des vieilles pierres. Plein de coins et de recoins (dont, naturellement, une petite cour verte). Chambres de bonne taille, à la déco sobrement contemporaine, toutes sauf une prolongées de terrasses ou de balcons de bois, face à de superbes paysages. Petite piscine chauffée, couverte mais largement ouverte sur la nature, sauna, hammam (en supplément). Bonne table d'hôte à base de produits très locaux et bio, avec pas mal de plats de région. Même si le poulet au comté trahit les origines des accueillants proprios. Et même s'ils organisent des séjours autour du... jeûne (entre autres thèmes).

LARGENTIÈRE (07110) 1 690 hab. *Carte Ardèche, A3*

On quitte, à travers monts et vallées et au fil de routes sinueuses, le massif du Tanargue pour découvrir un paysage où s'opère une étrange alchimie : le monde de la plaine, des garrigues et des oliviers croise le royaume des châtaigniers. Accrochée aux flancs des collines du piémont cévenol, Largentière est, juste derrière Castellane dans les Alpes de Haute-Provence, la plus petite sous-préfecture de France. Et ce bourg, traversé par les eaux de la Ligne, mérite une halte pour son caractère médiéval encore très marqué.

UN PEU D'HISTOIRE

Le nom de la ville vient des mines d'argent (plus exactement de plomb argentifère) qui ont fonctionné depuis le IXe s jusqu'en 1983. Les évêques de Viviers ont rapidement géré l'extraction du précieux métal et ont fait battre monnaie dès le Xe s. Qui dit argent dit convoitise, et cette cité médiévale a dû se protéger en bâtissant des remparts, encore visibles à la porte des Récollets et à celle de Tauriers. Si aujourd'hui, à Largentière, on ne vit plus grâce aux revenus de l'argent, on est fier d'avoir adopté une main-d'œuvre harki spécialement venue dans les années 1960. Après la guerre, la mine ; et les voilà ardéchois. À Largentière, la xénophobie, on ne connaît guère.

Adresse et info utiles

Office de tourisme : *8, rue Camille-Vielfaure.* ☎ *04-75-89-33-30.* • *tourisme-valdeligne.fr* • *Avr-sept, tlj sauf dim 10h-12h, 14h-18h (en continu juil-août, plus ouv dim ap-m) ; oct-mars, lun-mer 10h-12h, 14h-17h.* Visite commentée de la ville certains jours de mi-juillet à mi-août.

– **Marchés :** *tte l'année mar mat ; en été, marché nocturne ven et intéressants marchés de producteurs dans les villages alentour (rens à l'office de tourisme).*

Où manger ?

Le Marléone : *35, av. de la République.* ☎ *04-75-39-40-65.* • *lemarleone.largentiere@gmail.com* • *En saison tlj sauf lun, midi et soir le w-e, soir seulement en sem. Formule déj sem 15 € ; carte 30-35 €.* Sur l'avenue (un peu passante l'été) qui contourne la ville médiévale, cette petite adresse ne paye pas de mine. Pourtant, dès l'accueil, tout en gentillesse et sincérité, on est séduit. Et les plats confirment : beaux produits du coin, bonne cuisine de tradition, en simplicité mais en finesse. Pizzas pour les amateurs. Petite salle contemporaine sous de vieilles voûtes de pierre et terrasse en surplomb de la rivière (mais longée par cette fameuse avenue).

Où dormir ? Où manger dans les environs ?

Camping

⛺ ***Le Roubreau :*** *le Roubreau, route de Valgorge, 07110* ***Joannas.*** *☎ 04-75-88-32-07. • camping@leroubreau.com • leroubreau.com • À env 10 km au nord-ouest de Largentière. Ouv de mi-avr à mi-sept. Forfaits pour 2, 15-28,50 €. 69 empl.* Au bord d'une rivière, un camping de taille moyenne sur un terrain bien ombragé de 3 ha. Très bon accueil. Équipements aux normes. Location de tentes safari, cottages et mobile homes. Piscine, snack-bar, dépôt de pain.

De prix moyens à chic

Chambres d'hôtes le Domaine du Fayet : *1605, chemin de Rochepierre, Le Fayet, 07110* ***Sanilhac.*** *📱 06-29-54-78-95. • info@fayetardeche.com • fayetardeche.com • À 7,5 km au sud-ouest de Largentière. Doubles 80-120 €. Repas 23 €. Apéritif maison offert sur présentation de ce guide.* Quand Susanne est arrivée d'Allemagne à l'époque *peace and love,* elle a eu le coup de foudre pour ce coin de nature exceptionnel, où elle a ouvert les 1ers gîtes d'Ardèche. Son fils Pascal et sa femme Fanny, ardéchois de cœur, passionnés et charmants, continuent son œuvre, avec ténacité et ingéniosité. La grande maison principale abrite toujours des gîtes de caractère. En contrebas, 2 très belles chambres d'hôtes autour d'un patio où glougloute une source. Vue magnifique sur les collines couvertes de châtaigniers et, au loin, l'horizon dégagé. Location de vélos électriques.

Auberge de la Tour de Brison : *La Chapelette, 07110* ***Sanilhac.*** *☎ 04-75-39-29-00. • belin.c@wanadoo.fr • belinbrison.com • ♿ À 7,5 km au sud-ouest de Largentière. Resto tlj sauf mer (hors clients de l'hôtel), sur résa. Fermé nov-mars. Doubles 80-129 €, familiales. ½ pens 75-99 €/pers, demandée en juil-août. Menu 33 €. Parking (garage gratuit pour les motos).* Dans ce village à flanc de montagne, un genre d'institution locale, dans la même famille depuis 1902. Si la façade a le charme de l'ancien, les chambres sont au goût du jour, très confort (clim partout, certaines avec bains à remous, douches à hydrojets). Et pour celles avec vue, le Ventoux au loin (et les Alpes, encore plus loin). Au resto, vue tout aussi magnifique depuis la salle en verrière ou la terrasse et bonne cuisine de terroir. Piscine et grand jacuzzi couvert tout autant ouverts sur l'horizon. Et aussi chambres d'hôtes de 2 à 22 personnes.

Hôtel Le Chêne Vert : *Rouchas, 07110* ***Rocher.*** *☎ 04-75-88-34-02. • contact@hotellechenevert.com • hotellechenevert.com • ♿ À 5 km au nord de Largentière. Ouv avr-oct. Resto tlj de mi-avr à mi-sept ; fermé lun-mer de mi-sept à début-oct. Fermé début oct-mars. Doubles 90-120 €. Menus 25-45 €.* Au bord d'une petite route tranquille, dans un bel environnement de collines. Construction classique, moderne et rassurante, avec un intérieur agréable, abritant des chambres bien entretenues, les plus vastes étant dans la partie la plus récente. Certaines disposent d'un balcon. Cuisine régionale très soignée, servie dans une belle salle à manger voûtée en pierre (de 1839). Accueil familial et franc. Piscine chauffée, salle de remise en forme et jacuzzi.

Cabane Perchée : *1595, route de la Vernade, 07110* ***Vinezac.*** *☎ 04-75-88-93-60. 📱 06-11-76-60-10. • cabane-perchee@orange.fr • cabane-perchee.com • À 7 km au nord-est de Largentière. Compter 115 €/nuit (min 2 nuits) ou 730 €/sem.* Le nom « Cabane » est trompeur car en fait il s'agit d'un éco-hébergement chic à l'architecture d'avant-garde, intégré dans un sous-bois, à flanc de coteau, avec bain nordique et sauna chauffé par un poêle à bois. Son propriétaire, venu d'Europe du Nord, a réalisé son rêve en pleine nature. Original, insolite et de très bon confort. Pour jouer à Robinson, mais version grand luxe !

L'ARDÈCHE

Où acheter de bons produits ?

L'Ardéchoise : *av. de la République. ☎ 04-75-39-11-02. • lardechoise.net • Tte l'année, tlj sauf dim ap-m 8h-12h30, 14h30-19h.* Une caverne d'Ali Baba pour les amateurs de vins du pays (belle sélection côté cave). On y trouve aussi fruits et légumes, et toute une gamme de produits du terroir ardéchois (souvent bio) dont des spécialités à base de châtaignes faites maison. Quel que soit le rayon, la saveur est au rendez-vous, et l'équipe accueille avec chaleur et enthousiasme.

À voir. À faire

La cité médiévale : il faut flâner dans ce charmant réseau de calades, traverses et passages voûtés au-delà de la *porte des Récollets,* datant du XVe s. En surplomb de la place du même nom, surprenant palais de justice de style néoclassique, à la façon d'un temple grec, et de proportions peu communes pour cette toute petite ville. En contrebas, le canal, encore visible, permettait de faire tourner de petites industries (moulin, tannerie, armurerie...). Intéressant hôtel de ville installé dans une maison Renaissance, aux élégantes grilles, fenêtres à meneaux et anse de panier, et quelques beaux hôtels particuliers. Dans l'église au doux nom de *Notre-Dame-des-Pommiers,* du XIIIe s bien que largement « gothiquisée », un rare sarcophage de l'époque carolingienne. À l'extérieur, une tour des remparts encastrée dans l'église.

Le ***château des Évêques,*** qui semble avoir fleuri sur la rocaille, veille toujours sur ce petit monde d'un air sévère. Il ne se découvre que dans le cadre du *Temps des Chevaliers* (voir plus loin la rubrique « Manifestations »).

Le musée de la Soie – Les Ateliers du Moulinet : *route de Valgorge. ☎ 09-83-08-67-43. • ateliersdumoulinet.com • À 1,5 km au nord de Largentière. De mi-avr à fin sept, mar-ven et dim 14h-18h. Entrée : 5 € ; réduc ; gratuit moins de 6 ans.* Ancien moulinage du XIXe s qui abrite au sein de ses somptueuses salles voûtées un élevage de vers à soie, des costumes et machines d'époque, une salle vidéo et une boutique de créations locales.

Manifestations

– ***Le Temps des chevaliers :*** *• audeladutemps.fr • Mi-juil à fin août, lun-ven 14h-20h. Entrée 11 € ; 6-14 ans 6 € ; forfait famille 32 €.* Une dizaine de comédiens plongent, le temps d'une journée, le visiteur en plein Moyen Âge : petites pièces de théâtre, ateliers artisanaux (forge, herboristerie, taille de pierre, échoppes, etc.).
– ***Les Castagnades :*** *plusieurs w-e oct-nov dans différents villages autour de Largentière (rens à l'office de tourisme).* Ça *castagne* sous toutes ses formes : en rôties, en conférences, en expositions...

DANS LES ENVIRONS DE LARGENTIÈRE

La roseraie de Berty : *Berty. ☎ 04-75-88-30-56. 📱 06-09-65-42-92. • roseraie-de-berty.com • À env 10 km au nord-ouest de Largentière (dont 2 km de piste). En principe de mi-mai à mi-juin, tlj 10h-18h. Entrée : 5 € ; réduc ; gratuit moins de 12 ans.* Au cœur de la petite vallée du Roubreau et d'une nature sauvage, Éléonore a aménagé un petit éden bucolique et champêtre à souhait, classé « Jardin remarquable » (on comprend pourquoi). Des roses, plein de roses, en massifs, en bouquets, dégringolant des tonnelles, de toutes les couleurs. Et pas n'importe lesquelles, plus de 700 variétés, toutes anciennes ! Au passage, saviez-vous que

la rose à l'état sauvage existe seulement dans l'hémisphère nord (évidemment, l'homme la cultive également dans l'hémisphère sud) ? Et puis il y a aussi ces fleurs sauvages qu'Éléonore laisse entrer dans son jardin, parce qu'elles sont belles, tout simplement...
Petit salon de thé où l'on peut siroter, entre autres, du sirop de rose. Les jardiniers en herbe pourront rapporter des spécimens de ces rosiers. Éléonore a ouvert aussi la roseraie des Pommiers à Ruoms (voir ce chapitre).

Le château de Montréal *(07110) :* *☎ 04-75-89-91-81. 07-86-53-06-48. • chateau-montreal.com • À 3 km au sud de Largentière. Mars-juin et sept-déc, visites tlj sauf ven mat et dim 9h-12h, 14h-18h ; juil-août, tlj sauf sam 10h30-13h, 15h-19h. Entrée : 10 € ; 5 € 5-14 ans. Hors saison, entrée : 6,50 € ; réduc ; gratuit moins de 5 ans. Animations médiévales et visites théâtralisées début juil-fin août, tlj sauf sam. Animations vac de Pâques : voir le site.* Dans un village médiéval comme sculpté dans le grès, un château du XIIIe s (avec une partie XVIIe s) qui mérite notre admiration, tout comme son propriétaire, un maçon devenu châtelain. Il le restaure seul avec les moyens du bord. Durant l'été, le château propose des visites théâtralisées et des animations médiévales où des artisans en costume travaillent devant vous. Il y a le forgeron, l'archer, le calligraphe, le verrier, le luthier, le maître d'armes... qui vous racontent leur métier. Très beau donjon du XIIe s. Magnifique coup d'œil sur la nature, particulièrement modelée par la main de l'homme, avec de nombreuses cultures en terrasses.

Joannas *(07109) : à env 8 km au nord-ouest de Largentière.* C'est autant l'adorable route sinueuse que le site lui-même (à 400 m d'altitude) qui rend Joannas attachant. Dominé par un vieux château ayant résisté aux turpitudes des siècles, ce petit village (342 habitants) du piémont cévenol se trouve sur la ligne de rencontre entre l'influence méditerranéenne et la montagne. La mairie s'est installée dans une aile du château.

Vinezac *(07110) : à env 10 km au sud de Largentière.* Solide petit bourg médiéval fortifié, étendu dans la plaine, au milieu du vignoble. Classé « Village de caractère d'Ardèche », bien conservé mais pas « maquillé ». Pas moins de 3 châteaux (qui ne se visitent pas) et une église romane du XIIIe s, au clocher à gargouilles très particulier. Pour les amateurs, dans les environs, nombreux témoignages de la préhistoire, comme de beaux dolmens et des pierres levées.

Chassiers *(07110) : à 2,5 km au nord de Largentière.* Ce « village de caractère d'Ardèche » se niche dans un paysage cévenol où les courbes de niveau se confondent avec les murets de pierres sèches délimitant les cultures en terrasses. Son origine pourrait remonter à la préhistoire. Au gré de ses calades se révèle une riche architecture : façades Renaissance de la place centrale, châteaux de la Motte et de la Vernade, tour à bossages, gothique église fortifiée Saint-Hilaire et romane chapelle Saint-Benoît, assez unique avec ses 2 absides différentes. Chouette visite en famille au travers d'une chasse au trésor (à retirer à la mairie du village ou à l'office de tourisme de Largentière).

MEYRAS ET NEYRAC-LES BAINS

(07380) 970 hab. *Carte Ardèche, A2*

Perché sur les hauteurs, Meyras est un « Village de caractère », typique de ces joyaux de l'Ardèche. Des passages voûtés, de vénérables maisons de lourdes pierres qui ont vu défiler plusieurs siècles, une église austère mais intéressante pour son portail gothique taillé dans une pierre volcanique.

À un petit km, Neyrac-les-Bains est une station thermale aujourd'hui sans réel charme mais bien connue de tous ceux qui souffrent de maladies de peau et de rhumatismes (et depuis l'époque romaine où, déjà, l'on louait les bienfaits du limon de Neyrac).

Adresse utile

*Office de tourisme : 2, pl. du Bosquet, **Neyrac-les-Bains.** ☎ 04-75-36-46-26. • ardechedessourcesetvolcans.com • Juil-août, lun-ven 9h-13h, 15h-18h, sam-dim 9h-13h ; avr-juin et sept-oct, lun-ven 9h-13h, 14h30-17h30 ; nov-mars, lun-ven 13h-17h.* Guide volcanisme, vente de topoguides.

Où dormir ? Où manger dans le coin ?

***Le Mas du Pestrin :** 2662, route de la Fontaulière, à **Meyras.** ☎ 04-75-94-57-51. • lemasdupestrin@orange.fr • lemasdupestrin.com • À 3 km au nord de Meyras. Double 70 €. Hébergements insolites : 78-130 € pour 2, petit déj compris. « Plateau gourmand » le soir 18 €. Une bière (bio et locale) offerte sur présentation de ce guide.* Sur le grand terrain vallonné et verdoyant qui entoure leur maison, les souriants proprios ont installé un joli choix d'hébergements insolites : une yourte cosy avec sa déco colorée, une cabane sur pilotis cachée dans les arbres, une petite roulotte et une « bulle » aux parois transparentes qui promet des nuits étoilées et romantiques. Dans la maison, une chambre d'hôtes plus classique. Cuisine dans le jardin à dispo, petite piscine, jacuzzi en été (et bain nordique en hiver).

***Chambres d'hôtes La Demeure des Maîtres :** la Chabanne, 07380 **Chirols.** ☎ 09-67-20-12-28. 06-14-12-97-69. • lademeuredesmaitres@yahoo.fr • lademeuredesmaitres.com • À env 10 km à l'est de Meyras. Doubles 70-115 €.* Perchée au-dessus du village du Chirols (ça grimpe sec et la route n'est pas bien large !), une demeure de « maîtres » donc, superbement retapée par un sympathique couple originaire de la région. 3 suites de grande classe à la déco qui mêle verre, bois, métal et pierre avec beaucoup d'harmonie et de goût. Chacune dispose de sa kitchenette (pas de table d'hôtes et 1er resto à 10 mn de route) et d'une terrasse privée. Environnement sublime et accueil adorable.

***Bistrot Brioude :** 7, rue Mazade, à Neyrac-les-Bains. ☎ 04-75-36-41-07. • info@claudebrioude.fr • Tlj (sauf lun et w-e) à déj et le soir jeu-ven. Formule et menu 19-23 €.* L'annexe à prix gentils de l'institution gastronomique (depuis 1887) de cette petite station thermale. Les chefs – père et fils – réinventent dans ce bistrot les classiques de leur terroir de naissance et de cœur et quelques-uns des plats qui ont fait l'histoire de la maison. Du 100 % ardéchois dans l'assiette comme dans le verre (avec pas mal de vins bio ou nature). Agréable petite terrasse-jardin.

À faire

– ***Établissement thermal :** ☎ 04-75-36-46-00. • thermesdeneyrac.com •* Forfaits de remise en forme à la carte (piscine couverte, jacuzzi, etc.).

Fête et manifestations à Meyras et dans les environs

– ***Foire de la Saint-Blaise :** le 1er dim de fév, à Meyras.* Foire locale traditionnelle qui remonte au IXe s. Les gens de la montagne y achetaient autrefois des râteaux et des paniers en bois de châtaignier. En effet, cet arbre ne poussant pas sur la

montagne, il fallait descendre à la foire pour trouver du matériel imputrescible. Aujourd'hui encore, un artisan vient ici vendre ses paniers comme au temps jadis.
– ***La Passion du Christ :*** *le Vendredi saint, à* ***Burzet.*** Toute la population revit la passion du Christ. Montée au calvaire (chemin coriace). Très haut en couleur car tout le monde est costumé.
– ***Fête de la Châtaigne :*** *en oct, à* ***Meyras*** *ou à* ***Jaujac.*** *● castagnades.fr ●* Les *castagnades* locales.

DANS LES ENVIRONS DE MEYRAS

L'ARDÈCHE

Le château de Ventadour : *Roulandy. ☎ 04-75-38-00-92 (juil-oct). 📱 06-70-32-27-34 (nov-juin). À 4,5 km au sud-est de Meyras. Juil-sept, tlj 9h-12h, 14h (15h w-e)-18h ; pour le reste de l'année, se renseigner. Entrée : 5 € ; gratuit moins de 12 ans.* Surplombant majestueusement le confluent de la rivière Ardèche et de la Fontaulière, cette forteresse d'origine médiévale, bien amochée par la guerre de Cent Ans, les guerres de Religion et par les conséquences de la Révolution (c'est original !), a aujourd'hui fière allure grâce aux innombrables chantiers menés depuis près de 50 ans par de courageux bénévoles. Ils ont relevé l'incroyable défi de redonner vie à ces illustres pierres. On déambule dans l'histoire en laissant vagabonder son imaginaire dans ce vaste ensemble harmonieux.

Jaujac *(07300) : à 7,5 km au sud-ouest de Meyras.* « Village de caractère d'Ardèche » joliment posé sur une imposante ***coulée basaltique*** (la plus belle d'Europe nous a-t-on dit ici) et de part et d'autre du Lignon, petite rivière qu'enjambe un pont romain. On y part à la découverte du quartier médiéval du Chastelas et de plusieurs châteaux dont le domaine de Rochemure qui abrite la Maison du parc naturel (lire ci-dessous).

La Maison du parc naturel des monts d'Ardèche : *domaine de Rochemure, 07300* ***Jaujac.*** *☎ 04-75-36-38-60. ● maison.parc-monts-ardeche.fr ● À 8 km au sud de Meyras. De mi-juin à mi-sept, lun-ven 13h30-18h, w-e et j. fériés 10h-12h30, 13h30-18h. GRATUIT.* Bon point d'information sur le parc. On y découvre également un bassin de biodiversité, un « hôtel » à insectes, une mare aux libellules et un sentier, *La Coulée vive,* à la découverte de la Coupe de Jaujac, le plus jeune volcan d'Ardèche (quelques dizaines de milliers d'années, quand même).

THUEYTS

(07330) 1 230 hab. *Carte Ardèche, A2*

Attention, on prononce « Tueille » ! Traversé par cette longue nationale 102 qui monte vers les montagnes et les hauts plateaux, en direction du Puy-en-Velay. Labellisé « Village de caractère d'Ardèche » pour la beauté de son centre historique, ce modeste bourg est assis sur la coulée basaltique qui a détourné l'Ardèche à l'époque quaternaire. Inutile de dire qu'on ne risque pas le glissement de terrain ! La rivière Ardèche s'offre ici un beau plongeon avec la cascade de la Gueule d'enfer, déversant des mètres cubes d'eau sous le pont du Diable... Tout un programme !

Adresse utile

Office de tourisme : *10, rue Pouget. ☎ 04-75-36-46-79. ● ardechedessourcesetvolcans.com ● Ouv tte l'année : juil-août, lun-ven 9h-13h, 15h-18h ; w-e et j. fériés 9h-13h. Le reste de l'année, lun-ven 9h-13h, 14h30-17h30 (17h nov-mars).*

Où dormir ? Où manger ?

Camping

⛺ ***Camping de Belos :*** *820, chemin de Belos, Le Luzet. ☎ 04-75-36-44-35. • campingbelos@wanadoo.fr • camping-belos.com • À env 4 km au sud-ouest de Thueyts. Ouv mai-sept. Forfaits pour 2 pers, 17-23 €. 67 empl.* Au bout d'une jolie (mais étroite) route de montagne, posé au bord de l'Ardèche (où l'on peut se baigner), un charmant camping loin du tintamarre. Grands emplacements ombragés par de beaux arbres, sur des terrasses verdoyantes, et séparés par des haies. Chalets et mobile homes. Petit bar-snack à côté d'une piscine agréable.

De prix moyens à chic

Hôtel Les Marronniers : *18, pl. du Champ-de-Mars. ☎ 04-75-36-40-16. • contact@hotel-les-marronniers.com • hotel-les-marronniers.com • ♿ Resto tlj sauf dim soir (et lun hors saison). Fermé de mi-nov à début mars. Doubles 67-105 €. Menus 24-36 €. Parking.* Un petit hôtel familial où l'on se sent tout de suite à l'aise : l'accueil est chaleureux, les chambres simples, classiques et de bonne tenue, et le petit déj de qualité (brioche maison, fromages locaux, fruits d'un producteur du coin). Les marcheurs aux mollets fatigués auront même plaisir à se détendre autour de la jolie piscine. Dans l'assiette, une cuisine de terroir franche et naturelle. Une bonne adresse, sur la place centrale du village.

Chambres d'hôtes Mas Casta Néa : *95, chemin des Higoux. ☎ 04-75-36-62-02. • info@casta-nea.com • casta-nea.com • À 300 m de la pl. du Champ-de-Mars ; c'est indiqué. Doubles 80-95 €.* À l'arrière du village, une vénérable maison forte du XIVe s, massive et superbe, qui abrite entre ses épais murs de pierre 3 chambres spacieuses et lumineuses. Parquet, mobilier classieux, grandes salles de bains, vue sur la vieille ville et calme absolu. Bons petits déj maison et super accueil.

Les Pavés Gourmands : *3, rue de la Fontaine. ☎ 04-75-39-18-55. • lpgthueyts@hotmail.com • ♿ Dans le centre historique. Tlj sauf mar et mer midi hors saison. Fermé de mi-nov à mi-mars. Menus 16 € déj sem et 24 € ; carte env 25 €. Apéritif maison offert sur présentation de ce guide.* Une terrasse à l'ombre des vénérables demeures du village, une belle salle aux voûtes de pierre... voilà pour le cadre, éminemment sympathique. Et si la carte reste assez classique (côte de bœuf, suprême de poulet...), le chef concocte chaque jour des menus inventifs et variés où les recettes du terroir sont revisitées avec talent. Accueil souriant de la jeune patronne, hyper pro.

Où dormir dans les environs ?

Chambres d'hôtes Quinte & Sens : *Le Bardy, quartier de Lafarre, 07330* ***Barnas.*** *☎ 04-75-39-88-54. • quinte.et.sens1@gmail.com • chambrehotesardeche.com • À 5 km au nord-ouest de Thueyts. Congés : de mi-nov à janv et de mi-mars à fin avr. Double 78 €. Repas 32,50 €, tt compris.* Bienvenue chez un couple de sympathiques néoruraux qui ont choisi cette superbe vallée pour changer de vie. Leur vieille maison perchée à flanc de montagne a été soigneusement restaurée, avec des matériaux écologiques. Le résultat est séduisant, tout comme les chambres décorées avec des têtes de lit en bois de récup et dotées d'étonnants meubles en carton. On retrouve cette même passion à la table d'hôtes, soignée, et dans les séjours à thème organisés, notamment à l'occasion de la saison des champignons (madame est mycologue).

À voir. À faire

Le vieux village : *accès en 5 mn à pied depuis la place du Champ-de-Mars.* En flânant dans les ruelles anciennes, on découvre un riche patrimoine bâti : le château de Blou (château médiéval transformé en demeure de plaisance au XVIIIe s), et beaucoup d'élégantes maisons Renaissance (comme celle dite de la tour Pouget).

Le musée de l'Ardèche d'autrefois : *pl. du Champ-de-Mars. 06-75-68-22-24. Ouv avr-oct : en principe, juil-août, lun-sam 9h30-12h, 15h-19h, plus dim mat ; le reste du temps, tlj sauf dim et mer ap-m 9h30-12h, 15h-18h. Entrée : 4 € ; réduc.* Petit musée à l'ancienne mode plein d'atmosphère, créé par un couple de passionnés, qui présente au gré d'un véritable inventaire à la Prévert une ribambelle d'objets sur la vie paysanne au XIXe s. Mobilier d'époque, quelques costumes, instruments agraires, outils, horloges... Sympathique.

Le belvédère de la Gueule d'enfer : *à deux pas du centre, sur la droite en allant vers Aubenas.* Admirable panorama sur le pont du Diable, la chaussée des Géants (une des coulées basaltiques les plus hautes d'Europe, 80 m par endroits) et la jolie courbe que dessine l'Ardèche.

Le pont du Diable et l'Échelle du Roi : *petite rando de 2 km (compter 1h15).* Depuis l'office de tourisme, traverser le parc du château de Blou puis le parking ; fléché ensuite à gauche. Le sentier descend et passe sous le pont de l'Apic (datant du XVIIIe s) puis longe la ***chaussée des Géants.*** À hauteur du 1er virage, vue sur la ***cascade de la Gueule d'enfer*** (à certaines saisons). On rejoint alors l'impressionnant ***pont du Diable,*** pont romain en dos d'âne qui enjambe élégamment une Ardèche qui, à moins de 25 km de sa source, offre ici ses eaux les plus cristallines et sa plus grande fraîcheur. Au pied du pont et autour, baignade obligatoire ! Petites plages de galets et de sable pour se sécher entre chaque bain. Pour rejoindre le village par l'*Échelle du Roi,* prendre après le pont l'escalier à droite.

➢ **La via ferrata du pont du Diable :** *rens et loc de matériel complet (env 16 €/pers) auprès de la mairie (☎ 04-75-36-41-08). Celle-ci peut aussi vous fournir une liste de guides (env 40 €/pers).* Autour du site du pont du Diable, un parcours câblé serpente sur de belles parois rocheuses et passe au-dessus de la rivière (tyrolienne et pont de singe). Accès libre depuis le parking au niveau du stade de foot. Parcours de 2h environ. Mais attention, ce n'est pas une simple balade dominicale, mais de l'escalade sportive ! Un guide professionnel est indispensable si vous n'êtes pas expérimenté.

LA MONTAGNE ARDÉCHOISE

• Carte *p. 170-171*

Cette région d'Ardèche exhale un fort parfum auvergnat. Avec la Haute-Loire frontalière côté ouest, les influences sont franches à plus d'un titre. Vous ne trouverez pas ici les plus beaux villages du département, mais la nature vous fera vibrer d'une façon particulièrement intense. Tout est resté à l'état brut, sans presque aucune trace de la main de l'homme, ni cultures ni grandes villes.
Et puis cette partie d'Ardèche offre le plus beau des présents à la France en faisant jaillir de sa terre et d'entre ses pierres un fleuve roi : la Loire. L'habitat, rare également, abrite ces montagnards ardéchois, peu nombreux mais qui occupent leur terre avec conviction, comme on affirme une volonté, « noueuse comme un pied de vigne ». Car il est bien plus rude de vivre ici que

dans le sud du département. Les hivers sont longs et traversés par la burle, terrible vent du nord, tandis que les étés se révèlent plus chauds que l'altitude ne pourrait le laisser croire. C'est donc une terre de caractère, presque sauvage, très éloignée de l'agitation estivale du sud du département (hormis au pied du mont Gerbier de Jonc). Des passionnés préservent leur patrimoine, comme ces fermes de granit au toit de genêts ou de lauzes, que vous aurez l'occasion de visiter en fredonnant «... que la montagne est belle... »

LE FIN GRAS DU MÉZENC

Peut-on être gras et fin à la fois ? C'est le cas de cette viande bovine exceptionnelle, appelée le fin gras du Mézenc, produite dans les montagnes de l'Ardèche et de la Haute-Loire. Il s'agit de la 3e AOC de viande bovine de France (avec la limousine et la charolaise). Issue de l'engraissement hivernal des génisses et des bœufs nourris au foin du Mézenc (riche d'une plante au goût anisé prononcé, le fenouil des Alpes, localement appelé ciste), cette viande possède un goût, une saveur et une fraîcheur uniques, et une étonnante richesse aromatique... à découvrir chez les bouchers et restaurateurs ardéchois. • *aoc-fin-gras-du-mezenc.com* •

AUTOUR DES SOURCES DE LA LOIRE

On est ici sur un haut plateau où prennent naissance dans des paysages sauvages des centaines de sources, dont une tire mieux que les autres son épingle du jeu : la Loire.

COUCOURON (07470) 810 hab. *Carte Ardèche, A2*

À 8,5 km de la nationale qui relie Aubenas au Puy-en-Velay (Haute-Loire). Un des derniers villages du haut plateau ardéchois (1 150 m d'altitude), avant les horizons du Velay. Petite place, ruelles étroites où se blottissent poste, mairie et église. Elle a d'ailleurs de l'allure cette église, surtout la façade avec son porche roman du XIIe s, ses contreforts et son clocher-peigne à 4 arcades du milieu du XIXe s. Mis à part cela, c'est surtout pour sa proximité avec le lac d'Issarlès (et le petit lac de Coucouron) que ce bourg tranquille séduit les visiteurs.

Adresse utile

Office de tourisme : *pl. du 14-Juillet. ☎ 04-66-69-09-37. • tourisme-coucouron@montagne-ardeche.fr • Juin-sept, tlj 9h-12h, 14h-18h ; le reste de l'année, lun-ven 9h-12h, 13h30-17h30.*

Où dormir ? Où manger ?

Camping

Camping municipal de Coucouron : *☎ 04-66-46-13-08. • camping municipal.coucouron@orange.fr • coucouron.fr • Ouv juin-sept (mai-oct pour les loc). Forfait pour 2 pers, env 10 €. 85 empl.* Dommage, il n'est pas situé au bord du lac (à 400 m) mais à 5 mn du centre du village. Le modeste camping municipal, bon marché, bien tenu mais sans charme. Location de chalets, un peu à touche-touche.

De bon marché à prix moyens

Hôtel Enjolras : *pl. de la Mairie. ☎ 04-66-46-10-04. • hotel-enjolras.fr • Mai, resto ouv le midi tlj, le soir les w-e et j. fériés, et sur résa, hôtel ouv w-e et j. fériés sur résa ; juin-sept, hôtel et resto ouv tlj ; oct-déc et fév-avr, resto ouv le midi tlj, hôtel sur résa. Congés : Noël-fév. Double 49 €. Formules déj 13,50 €. Menus 18-29 €.* Une affaire familiale au parfum des années 1970, sérieusement tenue depuis 3 générations. Bon rapport qualité-prix, autant pour l'hôtel que pour le resto. Cuisine régionale copieuse et honnête (sauté de veau, croustade aux champignons...). Côté chambres, c'est aussi sobre que propre ; avec vue sur la campagne, c'est mieux, évidemment.

Où dormir ? Où manger dans les environs ?

À Lanarce (07660)

Hôtel Le Provence : *rue principale (N 102). ☎ 04-66-69-46-06. • reservation@hotel-le-provence.com • hotel-le-provence.com • ♿ Ouv de mars à mi-nov. Resto tlj. Doubles 61-90 €. Formules déj 15-18 €, menus 22-30 €.* La façade principale donne sur la route, mais l'autre à l'arrière ouvre joliment sur la vallée. Chambres impeccables, sobrement décorées (côté route elles sont bien insonorisées). Petite piscine et spa. Excellente cuisine traditionnelle avec une touche d'inventivité, servie dans une pimpante salle à manger. Service alerte et souriant. Une bonne adresse.

La Fourchette Ardéchoise : *rue principale (N 102). ☎ 04-66-69-44-93. • celinebrient@wanadoo.fr • ♿ Ouv le midi tlj, plus le soir ven-dim et j. fériés en juil-août. Menus 19,90-34,90 € ; carte env 25 €.* Une adresse appréciée de la clientèle locale. Qualité régulière et bonnes spécialités, comme la traditionnelle *maouche* (estomac de porc farci au chou et au cochon haché) ou le veau aux cèpes. Petite terrasse aux beaux jours.

Où acheter de la bonne charcuterie à Coucouron et dans les environs ?

Dans la montagne ardéchoise, vous êtes au cœur d'une région riche en charcuteries et autres salaisons. Vous trouverez notamment, à Coucouron, la boucherie-charcuterie ***Jolivet et Fils*** *(☎ 04-66-46-10-42),* qui travaille une viande issue des fermes locales. Il faut aussi aller, à ***Lanarce,*** chez ***Noël Puzzi*** *(☎ 04 66-69-44-79),* qui a remporté de nombreux prix. Terrines, pâté de campagne, saucissons (dont le gros jésus), boudins, andouillettes, etc. Toujours à ***Lanarce,*** la charcuterie ***Coudene*** *(☎ 04-66-69-46-12)* est également une adresse sûre.

À faire

Le lac de Coucouron : *à 1 km du village.* Lac artificiel de 14 ha, pour la pêche ou la baignade. Planche à voile, location de canots à pédales, etc. Baignade surveillée en juillet-août, mais eau souvent frisquette. Ambiance familiale et jolies balades sur les hauteurs.

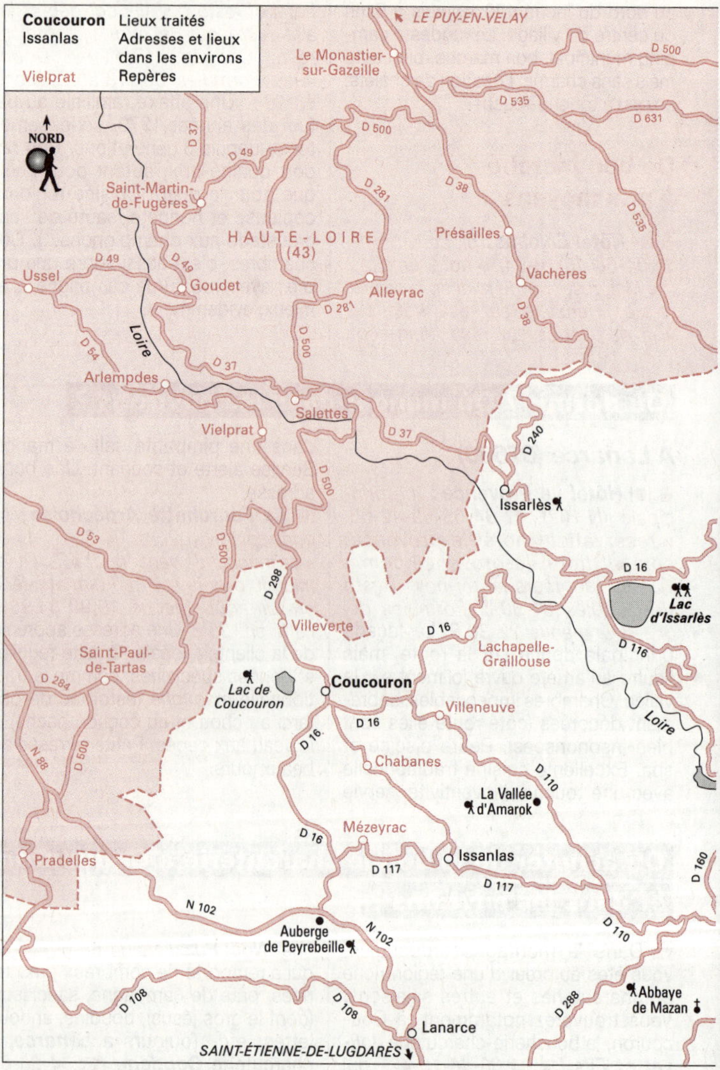

DANS LES ENVIRONS DE COUCOURON

La vallée d'Amarok : *mas des Fayolles d'Issanlas, 07510* ***Issanlas.*** *☎ 04-75-38-91-41. 06-83-37-02-25. • vallee-amarok.com • À env 7 km au sud-est de Coucouron. Juil-août, tlj 14h-18h ; hors saison, sur résa. Tarif : 7,50 € ;*

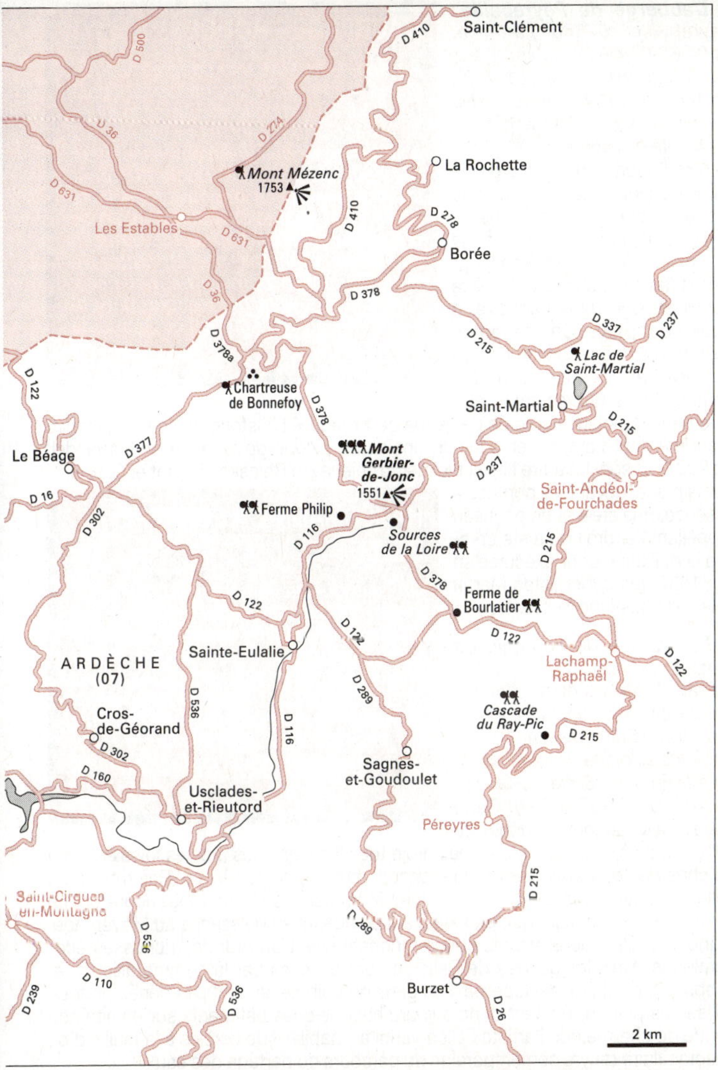

LA MONTAGNE ARDÉCHOISE

réduc ; gratuit moins de 4 ans. Un parc qui rassemble une cinquantaine d'***animaux venus du Grand Nord*** (huskys, chiens du Groenland, mais aussi samoyèdes, rennes, etc.) dans un environnement qui rappelle la Scandinavie. Film, expo et visites guidées organisées par une équipe de passionnés. Différentes activités proposées : « cani-rando » et « cani-trottinette » en saison, balades en traîneau en hiver, etc. Un vrai rêve de gosse !

L'auberge de Peyrebeille : *Peyrebeille, 07660 **Lanarce.** ☎ 04-66-69-47-51. À 7 km au sud de Coucouron, sur la N 102. Tlj 9h-18h. Entrée : 4 €. Visite guidée d'env 25 mn. Le billet s'achète au bar à côté de l'auberge.* Depuis l'époque des aubergistes criminels (voir encadré), l'auberge a peu changé. Elle a été aménagée en petit musée. On n'y mange et n'y dort plus depuis bien longtemps (en revanche, on peut être nourri et logé dans l'annexe, à quelques pas). On découvre aujourd'hui une reconstitution en suivant avec attention les commentaires qui restituent parfaitement l'ambiance sordide de l'auberge « rouge ». L'histoire de ce lieu a inspiré Claude Autant-Lara, qui en a fait un film intitulé *L'Auberge rouge,* avec Fernandel. En 2007 est sorti un autre film sur le même sujet avec Balasko, Jugnot et Clavier. Sur la place, devant les pompes à essence, une stèle et un panneau rappellent l'endroit où a été dressée la guillotine pour exécuter, en juin 1833, les aubergistes Martin et leur domestique Rochette.

L'AUBERGE « ROUGE »

Au début du XIXe s, le couple d'aubergistes Martin avait une notion de l'hospitalité très particulière... Après le dîner, et en accompagnant leurs clients aux chambres, ils les faisaient assommer par leur domestique Rochette, pour les trucider et les dépouiller de leurs biens. Cet accueil frappant n'a pas connu de crise de 1810 à 1833. Aucun cahier de comptes n'a été retrouvé pour estimer le nombre de victimes... Les hôteliers et le domestique ont été guillotinés en 1833 sur le lieu même de leurs forfaits.

Les ruines de l'abbaye de Mazan : *au cœur du village de **Mazan-l'Abbaye,** pardi ! À 19 km au sud-est de Coucouron. Accès libre. Visites guidées (env 3 €) en été (infos à l'office de tourisme de Sainte-Eulalie : ☎ 04-75-38-89-78 ou 📱 06-11-97-84-04).* Cette abbaye a vu le jour au début du XIIe s. Et, à l'époque, ce n'était pas drôle tous les jours : les moines faisaient vœu de chasteté, de pauvreté et d'obéissance, mais aussi de silence. Pas moyen de tailler une petite bavette entre copains ! Même si ces ruines font encore bonne figure, elles ne reflètent que partiellement ce que fut sa puissance au Moyen Âge. Vignobles, élevage et vastes cultures constituaient de grandes richesses économiques. Mais les guerres de Religion sont passées par là comme ailleurs, et l'abbaye a perdu de sa superbe. Les gens du coin ne se sont pas gênés pour en utiliser les pierres. Restent donc aujourd'hui quelques bâtiments sur un site non dénué de charme que l'artiste Felice Varini a « habillé » de cercles à la feuille d'or, spectaculaire œuvre contemporaine du parcours du partage des eaux.

HAUSSMANN L'A ÉCHAPPÉ BELLE !

On sait que le fameux baron Haussmann, en voyage entre Aubenas et Le Puy, fit escale dans la fameuse « auberge rouge ». Le destin et la chance ont voulu qu'il ne soit pas séduit par l'inconfort de la maison. Il préféra continuer sa route de nuit jusqu'au Puy. S'il avait dormi à Peyrebeille, le Paris haussmannien n'aurait peut-être jamais vu le jour...

LE LAC D'ISSARLÈS

(07470) 290 hab. *Carte Ardèche, A2*

Avec pareil nom, on se doute bien qu'il y a un lac à deux pas de ce village. Comme un gros miroir aux couleurs changeantes, posé dans un cirque de montagnes boisées, ce lac d'altitude change de teinte selon le temps

et les saisons, passant du bleu outremer au vert émeraude, ou au gris argentifère sous les nuages de pluie. Des couleurs dues aussi à une profondeur vertigineuse, atteignant 137 m. Bien sûr, on s'y baigne, mais on y pratique aussi des sports nautiques et la pêche. En faire le tour (5 km) constitue une belle balade d'une bonne heure. Vous l'aurez compris, il y a largement de quoi faire au bord de ce grand lac, très fréquenté en été.

Adresse utile

Office de tourisme : *pl. de l'Église. ☎ 04-66-46-17-69. • coucouron-lacdissarles.com • De juin à mi-sept, tlj.*

Où camper ?

La Plaine de la Loire : *Moulin du Lac. 06-24-49-22-79. • campinglaplainedelaloire@gmx.fr • campinglaplainedelaloire.fr • À 1 km à l'ouest du lac (fléché). Ouv mai-début oct. Forfait pour 2 pers, 12,50 €. CB refusées. 30 empl. Sur présentation de ce guide, prêt de canoës, de vélos enfants et de barbecue.* Posé – comme son nom l'indique – au bord de la Loire dans un bel écrin de verdure, un adorable petit camping familial qui s'étale sur un grand terrain plat et bien ombragé. Les sanitaires accusent leur âge mais sont bien entretenus. Petite plage pour se baigner dans la rivière, resto-snack et atmosphère très cool, en pleine nature.

Où dormir dans les environs ?

Chambres d'hôtes Le Paradoxe Perdu : *Malaval, 07510* ***Cros-de-Géorand.*** *☎ 04-75-38-60-13. 06-22-94-47-06. • contact@paradoxe-perdu.com • paradoxe-perdu.fr • À 6 km au sud-est du lac. Congés : janv. Doubles 95-110 €. Roulotte et caravane : 75 € pour 2. Assiette-repas 15 €. Pot de bienvenue offert sur présentation de ce guide.* Une ferme rénovée, retapée et décorée avec beaucoup de goût dans un mélange de pierre, de bois et de métal. À l'étage, une poignée de petites chambres coquettes et colorées. Autour de la maison, une roulotte de toutes les couleurs et une caravane très Sixties. Super petit déj concocté par les hôtesses de maison, avec les produits bio du jardin. Calme absolu (on s'endort bercé par la Loire qui coule en bas de la vallée...) et accueil souriant.

À voir

L'habitat troglodytique : *suivre le sentier qui surplombe la plage (fléché). Fin avr-fin oct, tlj 9h-19h. GRATUIT.* C'est l'ancien logement du garde-pêche du lac, creusé à même la roche et transformé en petit musée du patrimoine naturel et culturel du coin.

Le village : peut-être l'un des villages les plus charmants du plateau, à l'urbanisme atypique pour la région. Mais peut-on parler d'urbanisme pour un petit village ? Quasi absence de rues, maisons articulées autour de placettes, nombreux espaces engazonnés. Grande et belle école prouvant que le village a été plus animé qu'il ne l'est aujourd'hui.

LE MONT GERBIER-DE-JONC

Carte Ardèche, A2

Le Gerbier, comme on dit par ici. Tout le monde en a entendu parler de ce mont qui pointe sur ce haut plateau de la montagne ardéchoise. Et tout le monde a appris à l'école que les sources de la Loire, au petit débit d'eau mais au gros débit de touristes sortent de terre à ses pieds. Alors on va voir couler le fleuve naissant, puis on fait l'ascension du fier « pain de sucre » pour découvrir ce superbe paysage aux horizons lointains.
C'est la nature à l'état pur. À plus de 1 000 m d'altitude, jusqu'au sommet du mont Mézenc (1 753 m), les hauts plateaux ondulent sous le ciel qui semble se rapprocher de la terre. Prairies vertes et fleuries au printemps, blanches sous la neige de l'hiver, piquées de bosquets d'arbres résistant au vent et au froid intense, vieilles chaumières couvertes de genêts, grosses fermes aux murs en pierre épais comme des murailles de château, étranges sucs (pitons) volcaniques venus d'un autre âge... Tout évoque ici un monde enclavé mais heureux, retiré mais pas reclus, des lieux solitaires habités par des gens solidaires. Avec le développement du tourisme vert, stimulé par des acteurs locaux créatifs et dynamiques, jamais la montagne ardéchoise n'a été aussi bien mise en valeur que maintenant.

Adresses utiles

ℹ ***Maison de site du Gerbier-de-Jonc :*** *au pied du mont. ☎ 04-75-38-84-90. • gerbier-de-jonc.fr • Ouv avr-début nov : juil-août, tlj 10h-18h ; mai-juin et sept, mer-ven 14h-18h, w-e 10h-18h ; oct, seulement mer et w-e 14h-17h30. Attention, horaires particuliers pdt vac de Pâques et de la Toussaint : mer-dim, 14h-17h.* Point d'informations très complet sur le mont Gerbier-de-Jonc, le mont Mézenc et les fameuses sources de la Loire. En été, organise des visites guidées sur le ***sentier des Sources*** *(départ tlj 14h et 16h30 ; 3 €).*

ℹ ***Office de tourisme :*** *pl. de la Mairie, 07510* ***Sainte-Eulalie.*** *☎ 04-75-38-89-78. • montagnedardeche.com • Juil-août, tlj sauf dim ap-m 9h-12h, 13h30-17h30 ; hors saison, lun-ven 8h30-12h, 14h-17h30.* Infos sur le mont bien sûr et sur l'ensemble de la montagne ardéchoise.

Où dormir ? Où manger autour du mont Gerbier-de-Jonc ?

À Sainte-Eulalie (07510)

🏠 🍴 ***Chambres d'hôtes et restaurant Les Violettes :*** *68, rue du Gerbier. ☎ 04-75-37-63-42. • lesviolettes07@gmail.com • lesviolettes-ste-eulalie.com • Ouv 15 avr-15 oct. Resto tlj sauf dim soir et lun. Nuitée en dortoir 30 €. Doubles 45-50 €. Formule et menu 17-20 € ; carte env 25 €. Café offert sur présentation de ce guide.* Une petite auberge avec un minidortoir et des chambres simples mais nickel, tenue par une jeune équipe sympa comme tout. À table, cuisine de terroir concoctée avec de frais et bons produits du coin. Assiettes joliment dressées. Une excellente adresse, sans doute la plus animée du village.

🏠 🍴 ***Hôtel du Nord :*** *pl. de l'Église. ☎ 04-75-38-80-09. • hotelnord.mouyon@orange.fr • hoteldunord-ardeche.com • ♿ Ouv avr à mi-nov. Resto seulement le soir et réservé aux clients de l'hôtel. Doubles 72-81 €. Menu env 29 €. Apéritif maison offert sur présentation de ce guide.* Chambres classiquement confortables.

2 salons, avec vue, magnifique, sur la campagne où la Loire naissante n'est qu'un gros ruisseau. Au resto, cuisine de terroir et de tradition, produits très locaux (superbes viandes dont, puisque c'est le coin, du Fin Gras du Mézenc) et un chef de talent (passionné de pêche à la mouche, au cas où). Les randonneurs apprécieront également le jacuzzi et le sauna, parfaits après une longue journée de marche. Agréable jardin pour la pause également. Une institution qui ne déçoit pas.

À Sagnes-et-Goudoulet (07450)

Auberge Chanéac : *Les Sagnes. ☎ 04-75-38-80-88. • bienvenue@auberge-chaneac.fr • auberge-chaneac.fr • Dans le village. Resto ouv juil-août, le soir tlj ; hors saison, midi et soir les w-e et j. fériés seulement. Résa conseillée. Doubles env 53 € ; familiales. Menus 27-35 €. CB refusées. Digestif offert sur présentation de ce guide.* Difficile de trouver auberge plus ardéchoise que celle-ci. On se sent bien dans cette maison aux murs épais, blottie entre pierre et bois, aux chambres rustiques mais confortables. Le chef a hérité de sa grand-mère et de sa maman le goût des bons produits et des plantes sauvages, son frère est producteur dans le bio... À table, c'est donc une affaire de terroir, pour ce qu'il a de meilleur, des plats mitonnés avec les produits du pays, mijotés le temps qu'il faut pour magnifier les saveurs. Ajoutons un accueil exquis, une belle salle de resto, et on tient là un lieu de séjour idéal.

Chambres d'hôtes La Ferme de Suchasson : *Suchasson. 06-07-81-14-86. • cthomas.suchasson@orange.fr • suchasson.fr • À 1,5 km du village. Double 72 € ; familiales. Repas 26 €.* Au milieu de 30 ha verdoyants, une belle ferme du XVIIe s en pierre recouverte de lauzes. Petite rivière et GR 73 tout à côté. Bon accueil. Chambres de caractère et d'excellent confort. On dîne dans l'agréable salle à manger aux vénérables poutres : production de la ferme ou locale, pommes de terre bio, lasagnes aux épinards sauvages, velouté d'ortie, tarte aux châtaignes ou encore la fameuse *maouche* (d'octobre à avril). Une adresse pour amateurs de grands espaces et de sérénité.

Au Béage (07630)

Gîte d'étape de la ferme du Verden : *☎ 04-75-38-85-43. • verden07@laposte.net • gite-ferme-de-verden.fr • À 300 m du Béage en direction de Sainte-Eulalie. En dortoir, nuitée 20 €/pers ; double (w-c sur palier) 48 €. Petit déj en sus. Dîner 16 €. CB refusées.* Sur le GR3 (et on accueille ici ânes et chevaux mais pas votre toutou), un gîte d'étape d'une douzaine de places (1 grand dortoir et 1 chambre) dans une vraie ferme en pleine nature (membre d'« Accueil paysan »). Penser à apporter son duvet (sinon, supplément draps à prévoir). On déjeune et on dîne à la table familiale, où l'on se régale des produits de la ferme, bien sûr : fromages, terrines, viande de veau, pommes de terre et carottes, le tout est bio (et on peut également acheter ces produits sur place). Confort sommaire, entretien un peu bohème, mais ambiance franche et chaleureuse.

Hôtel Beauséjour : *dans le village. ☎ 04-75-38-85-02. • nicolasvernet@orange.fr • beausejouraubeage.com • Resto tlj sauf dim soir, lun et mar midi (plus lun soir hors saison). Congés : 15 nov-15 fév. Doubles 60-72 €. Menus 15-32 €.* Hôtel de campagne, familial depuis 3 générations. Chambres à la déco colorée, entièrement restaurées. Les n°s 3 et 4, avec balcon, donnent sur la belle vallée de Veyradeyre. Resto dans la plus pure tradition régionale (80 % des produits sont issus du terroir) et pourvu d'une grande baie vitrée s'ouvrant sur la vallée (terrasse en été). Accueil plein d'attention et de gentillesse.

À Usclades-et-Rieutord (07510)

Ferme-auberge de la Besse : *Rieutord. ☎ 04-75-38-80-64. • eliane.mejean@me.com • Ouv de mi-mars à mi-déc, sur résa seulement. Menus 35-37 €. CB refusées.* Un endroit assez unique en son genre, dans la famille Méjean depuis 5 siècles. Pour le cadre d'abord : cette belle ferme typique (classée Monument historique) abrite une magnifique salle voûtée du XVe s dotée d'une cheminée monumentale. Pour la cuisine ensuite, brillante ; évidemment de terroir (mais avec plein d'idées d'aujourd'hui), évidemment de saison avec de superbes produits : agneau noir du Velay, bœuf fin gras du Mézenc, légumes du potager et champignons, racines et plantes sauvages qui poussent autour de la ferme. Jolie carte des vins (locaux aussi). Accueil plein de gentillesse.

À La Rochette (07310)

Chambres d'hôtes La Retrouvade : *Chauvy. ☎ 04-75-29-11-94. 06-20-25-64-39. • laretrouvade@gmail.com • retrouvade.com • Ouv tte l'année. Double 68 €. Repas 22 €.* À 1 200 m d'altitude, au pied du mont Mézenc, une bonne grosse demeure montagnarde retapée et tenue par un couple plein d'idées, soucieux de l'environnement. 4 chambres confortables de 2 à 5 personnes dans une décoration de bois simple et chaleureuse. Table d'hôtes de qualité, avec des produits sains et naturels : plantes sauvages, légumes et fruits rares, herbes aromatiques et médicinales... Activités liées à la nature : randonnées pédestres, raquettes en hiver, balades botaniques à la découverte des marmottes, etc.

Où acheter de bons produits dans le coin ?

Charcuterie Rome : *au centre du village, 07510* ***Sainte-Eulalie.*** *☎ 04-75-38-83-60. • charcuterie-rome.com • Tlj sauf mer et dim ap-m.* Dans la région, tous les chemins mènent à la *Charcuterie Rome* depuis... 1880 ! Jambons secs, saucissons en pagaille, terrines de toutes les couleurs, caillette, etc. De quoi préparer un bon pique-nique ou rapporter des produits de qualité à la maison.

Les Confitures de Nicole : *Les Échaffis, 07510* ***Sainte-Eulalie.*** *☎ 04-75-38-89-82. • lesconfituresdenicole@orange.fr • lesconfituresdenicole.com • ♿ À 600 m du parking du mont Gerbier-de-Jonc, en direction des Estables, sur la D 378. De Pâques à fin nov, ouv ttes vac scol, tlj 9h-19h. Hors saison, téléphoner. Café ou autre boisson offert sur présentation de ce guide.* Lorsqu'elle ne cueille pas ses fruits et ses plantes sauvages ou ne s'affaire pas dans son atelier pour concocter de fines confitures (qui ont séduit toutes les grandes tables de la région), Nicole est dans sa boutique, aménagée dans une ancienne ferme retapée, à 1 400 m d'altitude, pour servir un goûter aux touristes et aux randonneurs de passage : pâtisseries maison (hmm, la tarte aux myrtilles !) et boissons locales. Seulement quelques tables, face à une grande baie vitrée qui s'ouvre sur les pâturages et le mont Mézenc. Cadre bois et pierre, et atmosphère chaleureuse. Vente d'autres produits locaux (miel, vin...).

À voir. À faire

Le sommet du mont Gerbier-de-Jonc : avec le pont d'Arc, l'autre star du tourisme local. On vient de toute la France pour admirer ce mont Gerbier-de-Jonc dont souvent on nous a rebattu les oreilles à l'école primaire (quelle est la longueur de la Loire, au fait ?). Ce n'est pas le point culminant de la montagne ardéchoise, mais il atteint fièrement les 1 551 m, soit 203 m de moins que son voisin le mont Mézenc. Il doit sa forme étrange à la lave visqueuse dont il est constitué, qui s'est élevée en se solidifiant au sortir du cratère. C'était à la fin de l'ère tertiaire. Eh oui, nous sommes ici sur un volcan ! La phonolithe, cette lave qui doit son nom au bruit qu'elle produit lorsqu'on la heurte, est délitée en lauze, celle-là même que l'on retrouve sur quelques toits de la région. Malheureusement, le coût est élevé et la technique se perd.
Pour ce qui est de l'ascension du suc, elle est relativement aisée à condition d'être en bonne condition physique (certains passages sont un peu « sportifs » et nécessitent le port de bonnes chaussures) et ne présente pas plus de 150 m de dénivelée depuis

le parking. Après 30 mn de grimpette, on est largement récompensé par une vue à couper le souffle, qui porte jusqu'aux Alpes, sans oublier les Cévennes, la vallée du Rhône et, plus près, le Mézenc, les sucs de Sara et du Montfol, etc.

– Sur le parking, la petite statue d'un parachutiste rappelle que l'endroit était bien connu des ***maquisards*** et ***résistants*** de l'armée secrète d'Aubenas et des FTP Ardèche. Au cours de l'été 1943, ces hommes courageux, pourchassés par les Allemands, vinrent réceptionner ici des « colis importants » c'est-à-dire des armes et des chargés de mission, parachutés par les avions venus de Londres.

Les sources de la Loire : pour beaucoup d'entre vous, ça va rappeler (une fois encore) une leçon de géographie de l'école primaire. Eh oui ! Vous y êtes ! Le plus grand fleuve de France prend sa source ici même, à 1 430 m d'altitude, à l'ombre du mont Gerbier-de-Jonc. Ce petit ruisseau va sinuer, s'élargir, rassembler les eaux de nombreux affluents avant de se jeter dans l'Atlantique 1 012 km plus loin (voilà la réponse à la question posée plus haut !).

– Pour les marcheurs, un ***sentier des Sources,*** balisé (compter 1h15 environ), débute juste en face du parking du mont Gerbier-de-Jonc. Possibilité de visite guidée en été (voir plus haut à la Maison du site du Gerbier-de-Jonc).

UN FLEUVE QUI TIENT LA DISTANCE

Tous les bons petits Gaulois l'ont appris à l'école : la Loire prend sa source au mont Gerbier-de-Jonc. Et, ajoute l'instit : « C'est le plus long fleuve français, avec ses 1 012 km. » Et pourtant... et pourtant, l'Aigue-Nègre a parcouru déjà 4 km lorsqu'il conflue avec la Loire, qui ne mesure alors que 2,5 km. Alors, lequel des 2 est le plus long fleuve de France ?

UNE SOURCE DE CASSE-TÊTE !

L'emplacement exact de la naissance du cours d'eau fait débat depuis des siècles. Autour du mont Gerbier-de-Jonc, 3 sites s'en disputent la légitimité (la « source authentique » d'un côté, la « source géographique » de l'autre et, un peu plus loin... la « source véritable » !). D'après nos investigations, le site « officiel » se trouverait à l'entrée de la boutique de souvenirs La Source de la Loire. *Mais là encore, difficile de véritablement « sourcer » l'information...*

La ferme Philip : *à deux pas du mont Gerbier-de-Jonc (c'est fléché).* ☎ *04-75-38-80-00. De mi-juil à août, lun-ven 15h-18h ; sinon, sur rdv. Visite guidée : 5 €, réduc ; gratuit jusqu'à 9 ans.*

Beaucoup de gens l'appellent « la chaumière ». Le toit n'est pourtant pas de chaume mais de genêt, qui pousse naturellement, en quantité, dans la région. La 1re tâche consiste donc à le ramasser, mais encore faut-il savoir le « piquer » sur la toiture pour assurer une bonne étanchéité, puis ensuite l'entretenir régulièrement. Cette ferme du XVIe s, qui embellit le paysage, est la propriété de la famille Chareyre, et c'est à Léon, piqueur-lauzeur de son métier (malheureusement décédé en 2020), que l'on doit la restauration de ce superbe bâtiment, classé Monument historique en 2018. Titanesque rénovation et admirable résultat. Les quelque 650 m² de toiture sont entièrement recouverts de genêt. Du fenil (la grange, située au-dessus de l'étable et du logis, donc sous la toiture), on peut admirer ce travail colossal « de l'intérieur » : des milliers de plants serrés les uns contre les autres, la tige dirigée vers l'intérieur.

La partie habitation est dans son jus. Émouvante cuisine, véritable pièce à vivre où tout se passait autour de la cheminée. Rare lit clos disposé tout contre l'étable pour profiter de la douce chaleur des animaux, installés sur un véritable « plancher des vaches ». Visite passionnante et instructive par des membres de la famille.

La ferme de Bourlatier : *à env 4,5 km au sud-est du mont Gerbier-de-Jonc.* ☎ *04-75-38-84-90.* ● *bourlatier.fr* ● *Juil-août, tlj 10h30-18h ; mai-juin et sept, mer*

14h30-17h30, w-e et j. fériés 14h-18h. Entrée : 4,50-6 € ; réduc ; gratuit moins de 8 ans. Visite libre ou guidée l'ap-m (en été tlj ; le reste de l'année le w-e seulement ; sans supplément). Animations diverses (balades botaniques, etc.). Non loin de la ligne de partage des eaux entre l'Atlantique et la Méditerranée, une immense ferme de granit et basalte, vraisemblablement bâtie vers 1642. Elle dépendait autrefois d'un château qui n'existe plus. Magistralement restaurée en 1988, on vous recommande vivement sa visite, surtout si vous vous intéressez à l'habitat rural en particulier ou à l'architecture en général. Fort imposante de l'extérieur, presque aérodynamique, avec ses longs murs sans saillie et un lourd toit de lauzes (150 t sur 900 m² !), elle l'est tout autant intérieurement. La grange à foin est immense, longue comme une salle de bowling ou un loft new-yorkais. La charpente en forme de vaisseau renversé est typique des granges de la région. Splendide abreuvoir. La visite continue par la partie d'habitation, et enfin le fenil sans fin, sous quelques tonnes de lauzes. Là encore, l'espace est impressionnant. La ferme abrite régulièrement des expos temporaires sur le patrimoine local.

À 1 km au sud de la ferme se dresse la Tour à Eau du jardinier-paysagiste Gilles Clément, œuvre d'art contemporain qui suggère que la Loire aurait pu (pourrait, qui sait ?) basculer vers la Méditerranée.

L'ARDÈCHE

La chartreuse de Bonnefoy : *à 7 km au nord-ouest du mont Gerbier-de-Jonc, fléché. ☎ 04-75-38-89-78. Visites guidées de juil à mi-août, mer à 14h30 seulement (le reste de l'année sur résa). Entrée : 3 €.* Ni la burle ni la neige ou la pluie ne prennent en pitié ces splendides ruines. La tour carrée du XIIe s et la façade du XVIIIe s luttent seules contre les éléments, comme si elles n'avaient pas perdu espoir qu'un jour on leur porte secours. Ce sont des moines chartreux, au XIIe s, qui ont choisi ce plaisant vallon pour vivre en ermites. Dévastée pendant les guerres de Religion, puis reconstruite et à nouveau meurtrie à la Révolution, elle dresse ses derniers murs au milieu des arbres et des ronces. Dans le cadre du projet de la ligne de partage des eaux, l'artiste contemporain Stéphane Tidet a inséré des miroirs dans les fenêtres et portes de ces murs, pour refléter le paysage, l'histoire, le temps...

Le mont Mézenc : *à 12 km au nord du mont Gerbier-de-Jonc.* Encore en Ardèche, mais il s'en est fallu de peu, car on est à la frontière de la Haute-Loire. Ce mont a donné son nom au massif (au passage, on prononce « Mézain »). Après une bonne heure de marche sans difficulté *(départ depuis le col de la Croix des Boutières ou le col de la Croix de Peccata),* on se retrouve à 1 753 m d'altitude. Splendide coup d'œil à 360°, du haut de cette étrange pyramide dont la construction semble ne jamais avoir été achevée. Végétation variée, très différente de celle du plateau. Quelques espèces de gentianes, anémones des Alpes, ainsi que des marmottes, réintroduites dans le massif en 1985. En hiver, beaucoup de monde aussi à la « zone nordique » où se retrouvent les amateurs de ski de fond qui apprécient les quelque 100 km de pistes.

UNE NUIT SUR LE MONT MÉZENC

La « jeune fille rangée » des années 1920 l'a été un peu moins par la suite. Mais de toutes ses nuits, Simone de Beauvoir, écrivait, dans La Force de l'âge, *que celle qui lui avait « laissé le plus vif souvenir » avait été passée au sommet du mont Mézenc. Randonnant en Ardèche au cours de l'été 1936, elle avait dormi dans une cabane de pierres et « dans une haute solitude ».*

L'ère du Tchier de Borée : *sur les hauteurs du village de Borée. GRATUIT.* Une œuvre de land art, créée, à domicile, par les artistes contemporains Serge et Fabienne Boÿer : un champ de mégalithes en forme de cercle. 70 pierres dressées avec méthode, polies et gravées de signes parfois étranges, pour former un calendrier poétique... alchimique même, en prise directe avec les éléments. Chaque roche fait référence à une pensée fondatrice des philosophes du monde. Un endroit donc pour méditer, rire ou rêver...

L'École du vent : *au cœur du village de* ***Saint-Clément*** *(07310). ☎ 04-75-30-41-01. • ecole-du-vent.com • À env 30 km au nord-est du mont Gerbier-de-Jonc. Juil-août, tlj 10h30-12h30, 14h-18h30 ; mai-juin et sept, mer-dim 14h30-18h. Entrée : 6 € ; réduc. Visite : env 1h30.* Posé sur un plateau volcanique de 12 coulées de lave, face à un paysage extraordinaire de « sucs », le petit village de Saint-Clément est battu par tous les vents. Pour sauver cette minuscule commune de l'exode de population qui menaçait sa survie, des passionnés ont monté dans les années 2000 cette « École du vent », un lieu assez unique qui mélange activités ludiques, recherches scientifiques et créations artistiques autour du thème du vent, de l'air, des objets volants, etc. De mai à novembre, plein d'activités sympa, voire insolites : ateliers de cerfs-volants, simulateur de vol, roses des vents et sorties nature accompagnées par des guides spécialisés, à pied, en voiture.

Le lac de Saint-Martial : *à 11 km au sud-est du mont Gerbier-de-Jonc.* 13 ha d'eau entourés de quelques milliers d'ha de verdure. Sympathique base de loisirs avec un ponton, des embarcations à pédales à louer, une zone de baignade tranquille (surveillée l'été), un espace pour pique-niquer.

La cascade du Ray-Pic : *à env 18 km au sud-est du mont Gerbier-de-Jonc, sur la commune de* ***Péreyres.*** Une belle cascade qui dégringole parmi une série d'orgues basaltiques. Belvédère en bord de route pour l'admirer de loin. Et jolie balade (sentier bien aménagé, compter 15 mn aller) pour l'admirer de plus près. Site volcanique classé depuis 1931 (et désormais géosite Unesco).

CHOUAN ARDÉCHOIS

Il y avait, comme dans l'ouest de la France, des chouans sur ces hautes terres. Le plus connu s'appelait Jean-Pierre-François Chanéac. Riche fermier et fervent catholique, fin connaisseur de ces plateaux, il a constamment tenu en échec les troupes révolutionnaires. Jamais blessé, le « grand Chanéac » (avec ses 2 m, il méritait le surnom) est mort de sa belle mort dans son mas, à 81 ans. Ses descendants habitent toujours le coin.

Fête et manifestation autour du Mont Gerbier-de-Jonc

- **Fête du Fin Gras :** *le 1er w-e de juin, dans un des villages du massif Mézenc-Gerbier.* Le dimanche, grand rassemblement des éleveurs du fin gras (viande qui a obtenu l'AOC en 2006).
- **Foire aux violettes :** *le 2e w-e de juil, dans le bourg de Sainte-Eulalie.* La plus grande foire du coin.

LA VALLÉE DE L'EYRIEUX ET LE MASSIF DES BOUTIÈRES

• Carte *p. 182-183*

L'Eyrieux est l'un des principaux affluents du Rhône que cette rivière rejoint à la Voulte-sur-Rhône (dont on vous parle, logiquement, dans le chapitre « Le rivage, la vallée du Rhône ardéchoise »). Cette petite région offre des aspects très contrastés. Avec le massif des Boutières, aussi rude que splendide, puis une descente dans les vergers qui bénéficient d'infiniment plus de douceur grâce au couloir rhodanien et se parent d'un superbe manteau de fleurs au printemps.

La Dolce Via : agréable promenade à vélo au fil de l'Eyrieux en suivant le tracé d'une ancienne voie de chemin de fer, abandonnée en 1968. D'une rive à l'autre, on s'attarde à admirer un ouvrage d'art, on étend sa serviette pour une petite baignade dans la rivière... Le tracé couvre environ 90 km entre Saint-Agrève et La Voulte-sur-Rhône. On traverse des vergers, on longe l'Eyrieux, on croise des villages... tout en douceur.

SAINT-AGRÈVE

(07320) 2 400 hab. *Carte Ardèche, A-B1-2*

À plus de 1 000 m d'altitude, tourisme vert, tourisme sportif et étés culturels animent ce bourg isolé sur son haut plateau, à l'ombre du majestueux mont Chiniac. Ce n'est pas un village dit « de caractère », mais Saint-Agrève n'en manque pourtant pas. Cette grosse bourgade s'est construite autour d'une longue rue principale et d'un dédale de ruelles plus ou moins perpendiculaires. On apprécie, aux beaux jours, ses nombreuses placettes, idéales pour prendre un verre au soleil. Enfin, dans les environs proches, le lac de Devesset et ses environs boisés régaleront les amateurs de grands espaces et de sports d'eaux.

UN PEU D'HISTOIRE

Saint-Agrève a été construit sur le flanc du mont Chiniac, par une tribu gauloise, les Ségovellaunes. Ce cône de granit au milieu des bois s'appelait alors le mont Ursin, la montagne aux Ours. Les Romains rebaptisent l'endroit *Cinnacum,* la ville de Cinna. Il faut attendre le VIIe s pour qu'un évêque du Puy, répondant au prénom d'Agrippa, évangélise la région et perde la tête (au sens propre...) au pied du mont Chiniac pour que le village soit à nouveau rebaptisé *Sanctus Agrippa,* puis Saint-Agrève. À l'époque, il est fortifié, et ce depuis la période romaine, car situé sur une ***voie de commerce*** stratégique entre le Sud et Le Puy-en-Velay. C'est la route du sel et d'autres denrées, elle le restera jusqu'au XVIIIe s.

Mais avant cela, au XVIe s, pendant les ***guerres de Religion,*** Saint-Agrève est le triste théâtre de sanglantes batailles et rasé à plusieurs reprises, malgré une incroyable résistance des protestants ardéchois. À l'inverse, la Révolution épargne la région de ses violences.

C'est à partir du début du XXe s que le village reçoit les 1ers touristes, grâce à la compagnie des chemins de fer départementaux qui assure la liaison avec Valence via la vallée de l'Eyrieux. Parmi ces touristes, un certain ***Marcel Pagnol,*** qui écrit ici le scénario de *La Femme du Boulanger.*

Pendant la Seconde Guerre mondiale, les populations du plateau ont, à grande échelle, recueilli, caché et sauvé la vie de très nombreux juifs. Son histoire d'accueil des persécutés est semblable à celle du Chambon-sur-Lignon, en Haute-Loire voisine.

Arriver – Quitter

En bus

➢ ***Liaisons avec Tournon-sur-Rhône*** (ligne 5) via Lamastre et Désaignes, ***et avec Valence*** (ligne 3+ ; gare routière) avec *Le Sept* (● *auvergnerhonealpes.fr* ●) ; 2 bus/j. tte l'année.

➢ ***Liaisons avec Saint-Étienne :*** via Dunières et Montfaucon (ligne 37 ; Châteaucreux gare SNCF), 2 bus directs/j., avec les *Autocar Gounon* (☎ *04-71-59-81-78*).

Adresse et infos utiles

🛈 ***Office de tourisme :*** *35, Grand-Rue. ☎ 04-75-64-80-97. • tourisme-valeyrieux.fr • En saison, lun-sam 10h-13h, 15h-18h ; dim et j. fériés 10h-13h. Hors saison, tlj sauf mer et dim 10h-12h, 14h-17h.*

– ***Marché :*** *lun mat tte l'année.* L'occasion d'acheter de bons produits du terroir. Curnonsky (fondateur de l'Académie des gastronomes, quand même !) a décrit Saint-Agrève comme la Mecque de la charcuterie.

– ***Marché du terroir :*** *mai-sept, jeu 17h-19h, pl. de Verdun.*

Où dormir ? Où manger ?

Auberge des Cévennes : *10, pl. de la République. ☎ 04-75-30-10-22. • rochedy07@orange.fr • Resto tlj sauf ven en basse saison. Congés : nov. Doubles 65-90 €. Menus 16-30 €.* Au cœur du village, sur une placette où glougloute une fontaine, un hôtel-resto de campagne comme on les aime. Excellent accueil. Chambres mignonnes, donnant sur la rue mais pas d'inquiétude, les nuits sont calmes à Saint-Agrève. Cuisine régionale bien amenée (crique aux champignons, escargots en persillade, etc.), à base de bons produits du terroir.

Où dormir ? Où manger dans les environs ?

Campings

Camping du Lac de Devesset : *07320* ***Devesset.*** *☎ 04-75-30-00-37. 📱 06-87-19-37-34. • lac.de.devesset@gmail.com • lac-de-devesset.fr • ♿ À 7 km au nord de Saint-Agrève. Ouv de mi-avr à fin oct. Forfaits pour 2 pers, 13-21 €.150 empl.* En pleine nature, au calme, à quelques pas du lac de Devesset, frangé de pins et de sapins, un très agréable camping bien équipé et ombragé. Équipement, accueil et entretien sérieux. Location de caravanes, mobile homes, chalets. Et il y a de quoi s'occuper à la base de loisirs du lac (école de voile, location de canoës, pêche, etc.).

Le Riou la Selle : *Le Riou la Selle, 07320* ***Saint-Agrève.*** *☎ 04-75-30-29-28. • camping.lerioulaselle@live.fr • camping-riou.com • ♿ À 3 km au sud du bourg. Ouv de mi-avr à mi-oct. Forfaits pour 2 pers, 17-20 €. 30 empl.* Un bien beau domaine, à taille humaine. Du calme, de l'espace, une grande piscine, et des emplacements bien ombragés par une forêt de pins. Bons équipements (jeux pour enfants, bar-resto, terrains de sport, etc.), excellent accueil et entretien nickel. Mobile homes et jolis chalets en rondins de bois. Bonne ambiance.

De prix moyens à chic

Chambres d'hôtes du Moulin de Montabonnel : *la scie de la Bâtie, 07320* ***Devesset.*** *☎ 04-75-65-15-34. 📱 06-98-45-38-74. • moulin-de-montabonnel@orange.fr • moulin-de-montabonnel.com • À 9 km au nord-ouest de Saint-Agrève. Double 89 €. Ardoises-repas 16-29 €.* Trônant au milieu d'un jardin étagé sur des terrasses en pierres sèches, une maison qui ne manque pas de caractère. À l'intérieur, dans les 4 chambres comme dans les pièces communes, le rustique se mêle avec harmonie à des touches design, entre bois blond, pierre et métal. L'ensemble a énormément d'allure et l'accueil, adorable, ne gâche rien.

La Table de Fred – Domaine de Rilhac : *Rilhac, 07320* ***Saint-Agrève.*** *☎ 04-75-30-20-20. • hotelrestaurantrilhac@gmail.com • À 2 km au sud du bourg. Avr-nov, tlj sur résa. Menus 16 € (déj sem)-27 € (soir et*

w-e). Le cadre, une maison de maître du XVIIe s nichée dans un environnement enchanteur avec une vue sublime, donne le ton : le domaine de Rilhac, c'est la grande classe. Si les chambres sont chères (un peu trop, à notre goût), l'excellente table est des plus abordables. Dressage soigné et accueil adorable de Fred (évidemment), un chef amoureux de son terroir, qui revisite avec talent les grands classiques du coin. Aux beaux jours, on s'installe dans le jardin, sous les peupliers...

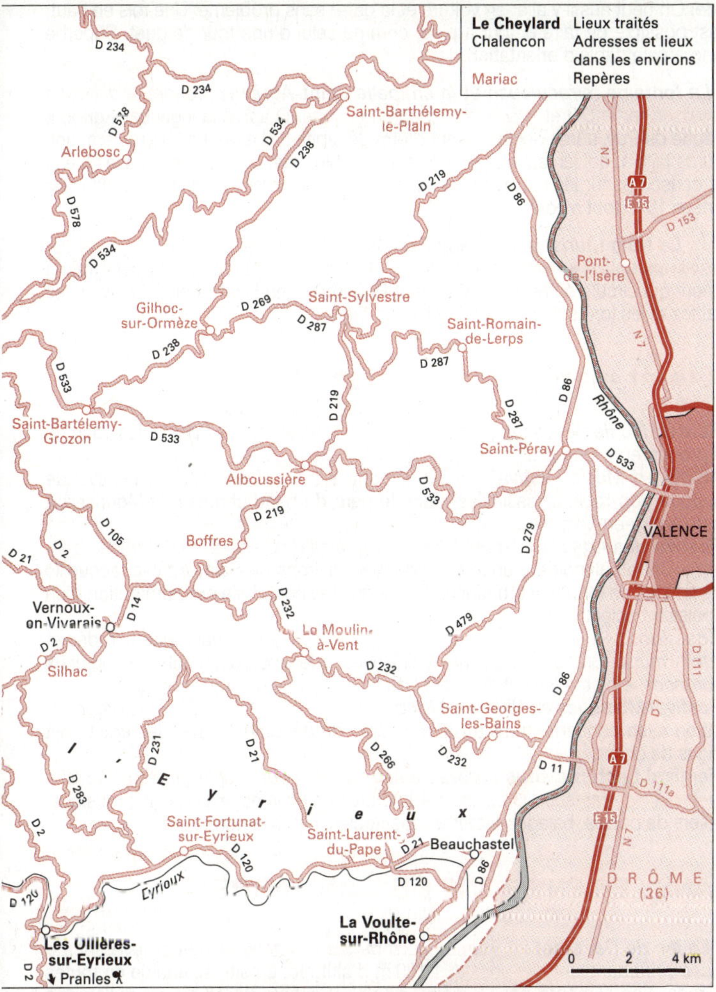

LA VALLÉE DE L'EYRIEUX ET LE MASSIF DES BOUTIÈRES

À voir. À faire

⛰ ≪ ***Le mont Chiniac :*** une bien belle promenade que l'ascension de ce mont-là, qu'on peut faire en « candidat libre » ou au gré d'un parcours jalonné de panneaux explicatifs (renseignements à l'office de tourisme). On vous conseille de partir de la place de la République, la boucle est un peu plus longue, mais la montée moins rude. On peut aussi y aller en voiture et la garer sans problème. Une fois en haut, il est possible de faire le tour à pied, comme celui d'une tour de guet. Superbe panorama et table d'orientation.

La fontaine miraculeuse et la chapelle Saint-Agrève : *prendre la direction Devesset par la D 9 et suivre le fléchage à gauche.* D'après la légende, Agrippa, évêque du Puy, aurait déclaré avant d'être décapité : « Là où ma tête roulera, une source jaillira, qui jamais ne tarira » ; et c'est, bien sûr, ce qui s'est passé ! L'eau est censée guérir les maux des yeux, du nez et des oreilles. Petite chapelle des années 1940 tout à côté.

Le train touristique « Velay Express » : *infos à l'office de tourisme et sur • velay-express.fr • Avr-oct. Compter 13-19 € selon le parcours.* Un petit train à vapeur qui circule entre Saint-Agrève et Raucoules (en Haute-Loire) à travers les prairies et les forêts de plateau du Vivarais-Lignon.

Fête et manifestations dans le coin

– ***Fête du lac de Devesset :*** *début juil. • lac-de-devesset.fr •* Spectacles, marché de producteurs locaux…
– ***Montivert Music Festival :*** *fin juil. • montivertmusicfestival.com •* Festival de musique pop-rock (et assimilés) dans le parc du beau château de Montivert à Saint-André-en-Vivarais.
– ***Festival des Arts :*** *fin juil-début août, à la grange de Clavière. • festival-des-arts.com •* Cette splendide grange des proches environs de Saint-Agrève, accueille des artistes de renom international. Concerts et expos. Belle programmation d'un réjouissant éclectisme.
– ***Équiblues :*** *4 j. autour du 15 août. • equiblues.com •* Festival western, rodéo et *country music.* Grande fête à l'américaine avec rodéo, parade, montes de taureaux et *broncos*, etc., et bien sûr des concerts de rock et de musique country.
– ***Festival Musiques en Vivarais-Lignon :*** *la 2de quinzaine d'août.* Belle programmation avec concerts, mais aussi moments de découverte avec les artistes et stages de chant.
– ***Festival Lectures sous l'arbre :*** *autour du 20 août, sur le plateau Vivarais-Lignon. • lectures-sous-larbre.com •* Lectures en plein air, expositions, musique, ateliers de poésie, balades-lectures, spectacles, repas lecture…

DANS LES ENVIRONS DE SAINT-AGRÈVE

Le lac de Devesset : *à 8 km au nord de Saint-Agrève. • lac-de-devesset.fr • Accès voiture payant juin-août.* À 1 100 m d'altitude, un site splendide en toutes saisons. Lac alimenté par l'Eyrieux, d'une superficie de 48 ha, au milieu des sapins. Plage aménagée avec structure gonflable en juillet-août, base nautique, baignade surveillée (juillet-août), école de voile et tyrolienne.

LE CHEYLARD

(07160) 3 100 hab. *Carte Ardèche, B2*

Au cœur d'une partie de la vallée de l'Eyrieux particulièrement verdoyante, où la burle glaciale des proches hauteurs ne descend guère. Le Cheylard a été construit à la fois sur les bords de la Dorne et de l'Eyrieux, 2 rivières vives qui traversent la ville et lui procurent la fraîcheur et l'énergie nécessaires

à l'industrie locale intégrée au paysage. Le Cheylard, 2e pôle industriel du département, est également réputé pour son artisanat, à commencer par ses bijoux.

BIJOUX, GILETS PARE-BALLES ET CHAMPAGNE

Rustique, laborieux mais glamour : voilà Le Cheylard. Ce gros bourg un peu loin de tout, encastré dans un relief impossible, entre monts altiers et rivières caracolantes, continue à être le moteur économique de la région. L'usine de ***bijoux fantaisie GL*** *(Georges Legros)* est une institution locale (si ça vous intéresse, il y a un magasin d'usine). La société *Chomarat,* elle, est spécialisée dans les ***textiles dits « intelligents »*** et complexes (fibres pour les coques, gilets pare-balles...). Sans oublier la société familiale *Perrier,* qui n'a rien à voir avec l'eau du même nom : elle fabrique des machines pour la ***mise en bouteilles,*** notamment utilisées dans le monde du champagne et des parfums de luxe.

Adresse et info utiles

Office de tourisme : *4B, rue Saint-Joseph. ☎ 04-75-64-80-97. • accueil@tourisme-valeyrieux.fr • Ouv tte l'année : juil-août, tlj 10h-13h, 15h-18h ; hors saison, fermé dim (lun et sam en hiver).* Dans le même bâtiment, on trouve la Maison du Bijou (voir plus loin « À voir. À faire »).

– ***Marchés :*** *mer mat. Également un marché des producteurs locaux en juil-août, lun et ven vers 17h.*

Où dormir ? Où manger ?

Camping

Camping du Cheylard sur Eyrieux : *RD 120, Le Vialon. ☎ 04-75-29-09-53. 06-16-26-65-68. • campingducheylard@gmail.com • campingducheylard.com • À env 2 km au nord du centre-ville. Ouv avr-oct. Forfaits pour 2 pers, 17-19 €. 61 empl.* Sur un terrain plat et ombragé posé sur les rives de l'Eyrieux, pas loin de la Dolce Via, un petit camping familial repris par une dynamique nouvelle génération. Pas de piscine mais une jolie petite plage de sable sur la rivière (baignade surveillée en été). Bungalows toilés et mobile homes. Pizzeria. Épicerie à moins de 1 km. Accueil souriant et disponible.

De prix moyens à plus chic

Hôtel Le Provençal : *17, av. de la Gare. ☎ 04-75-29-02-08. • contact@hotelrestaurantleprovencal.com • hotelrestaurantleprovencal.com • Resto tlj sauf lun, plus dim soir et ven soir hors saison. Congés : 3 sem en janv et 1re quinzaine de nov. Double 80 €. Formule et menu déj sem 18-24 € ; menus 30-50 €. Parking.* Accueil sympathique et service professionnel pour ce petit hôtel agréable occupant une maison à la façade fleurie. Dans les 2 salles, les grands classiques du terroir, cuisinés avec application, sont servis en portions fort généreuses. Les chambres sont dans le même esprit, simples et confortables, avec de bonnes meringues maison à disposition. Terrasse pour les beaux jours. Piscine.

Où dormir ? Où manger dans les environs ?

Chambres d'hôtes La Croix de Pierre : *07310* ***Saint-Martin-de-Valamas.*** *☎ 04-75-30-29-25. • rioulebon@orange.fr • À 8,5 km au nord du Cheylard. Congés : déc-janv. Double 85 €. Repas 25 €.* Une belle maison bourgeoise entourée d'un jardin avec 5 grandes chambres spacieuses, agréables et confortables, qui donnent sur un tranquille jardin. Chanceux gourmands, elles portent des noms de grands crus de chocolat. Car le proprio, Dominique Riou, est un chocolatier hors pair (sa boutique se trouve au Cheylard ; voir plus loin), qui vous fera découvrir quelques belles surprises à sa table (une p'tite mayonnaise au chocolat, ça vous tente ?)...

Chambres d'hôtes La Bergerie de l'Aulagner : *1165, route de Trouiller-le-Bas, Saint-Julien-Labrousse, 07160* ***Belsentes.*** *☎ 09-88-18-63-61. 06-51-47-11-86. • labergeriedelaulagner@gmail.com • bergerie-aulagner.fr • À env 8 km au sud-est du Cheylard. Doubles 68-88 €. Repas 22 €. Digestif maison offert sur présentation de ce guide.* C'est un brin excentré, mais qu'est-ce qu'on y est bien ! Une ancienne bergerie (évidemment), entièrement restaurée et largement modernisée, joliment installée en surplomb de l'Eyrieux et d'un vaste jardin. On y devine la piscine et, plus loin, les oies et les chèvres de la maison. Les enfants seront aux anges ! Quant aux chambres, coquettes et soignées, elles portent bien leur nom de fleur (jasmin, coquelicot, etc.). Aux beaux jours, on prend le petit déj sur la terrasse panoramique. Une adresse chaleureuse, comme l'accueil.

Où acheter de bons chocolats ?

Chocolatier-confiseur Riou : *pl. Saléon-Terras. ☎ 04-75-29-90-80. Tlj 9h-12h, plus lun, mer, ven et sam ap-m.* Un chocolatier de talent avec dans sa boutique, plein de chocolats succulents aux parfums divers et variés. Il n'a de cesse de travailler de nouvelles saveurs, sans oublier les produits du terroir comme ces chocolats aux fleurs de châtaignier. On y vient et on y revient, parfois de très loin... Glaces maison, l'été.

À voir. À faire

L'Arche des Métiers : *pl. des Tanneurs. ☎ 04-75-20-24-56. • arche-des-metiers.com • Lun-ven 14h-18h. Fermé nov-fév. Entrée : 6 € ; réduc ; gratuit moins de 6 ans. Tte l'année, conférences gratuites. Propose l'été des activités (payantes) sur la science (sorties, ateliers planétarium, etc.).* Un bel espace consacré à la transmission des savoir-faire industriels ardéchois et à l'innovation des entreprises locales. Un hymne aux réussites du genre, comme celle de René Perrier, inventeur de procédés mécaniques majeurs dans l'embouteillage, mais aussi à l'art de la bijouterie, aux eaux minérales, à la soie, à la tannerie, etc. Conçu de manière très ludique et pédagogique : il ne faut pas hésiter à fouiner, ouvrir les tiroirs, appuyer sur les poignées... Tous les sens sont mis à contribution ! Des événements toute l'année, des expos temporaires et des temps forts. Les enfants, petits et grands, seront ravis !

La Maison du Bijou : *4B, rue Saint-Joseph. ☎ 04-75-64-80-97. • lavalleedubijou.com • Mêmes horaires que l'office de tourisme. Entrée : 4 € ; réduc ; gratuit moins de 18 ans.* Un espace ludique et vivant qui ouvre les portes d'un univers précieux, d'une tradition *made in* Ardèche. Pièces de collection, techniques utilisées, créations originales... On met ici en lumière les créateurs et l'on peut même inventer virtuellement son propre bijou sur un mode interactif. Une visite... brillante !

DANS LES ENVIRONS DU CHEYLARD

L'Atelier du Bijou : *420, rue du Pont, 07310* ***Saint-Martin-de-Valamas.*** *☎ 04-75-64-80-97. • lavalleedubijou.com • À 9 km au nord-ouest du Cheylard. Juil-août, lun-sam 10h-12h30, 14h30-18h, dim et j. fériés 10h-13h. Entrée :*

L'ARDÈCHE

6 € ; réduc. Gratuit moins de 18 ans. Idéal complément de la Maison du Bijou du Cheylard. Dans cette ancienne usine, on plonge vraiment dans ce qu'était la petite industrie du bijou dans les Boutières au tournant des XIXe et XXe s. Et on entrevoit le futur de ce savoir-faire ardéchois puisque l'endroit abrite une pépinière de jeunes talents de la bijouterie.

Le château de Rochebonne : *sur la commune de* ***Saint-Martin-de-Valamas.*** *À env 13 km au nord du Cheylard ; de la route, on y accède à pied après 20 bonnes mn de grimpette.* Forteresse bâtie au XIe s par la famille de Châteauneuf, pratiquement détruite lors des guerres de Religion. Mais quelles ruines ! Et quel site ! De loin, on ne peut différencier les lambeaux de murs de la roche granitique, tant les 2 matières sont burinées, érodées et fissurées par le temps et les éléments. Elles ont comme fusionné, ont fait osmose, et ce n'est qu'en s'approchant que l'on peut les distinguer. De ce piton, magnifique vue sur la vallée du haut Eyrieux puis, de loin en loin, jusqu'au Gerbier-de-Jonc.

Le chemin des Cinq Sens : *infos et carte détaillée à l'office de tourisme du Cheylard.* « L'art dans la nature, la nature dans l'art. » Est-ce l'art qui copie la nature ou l'inverse ? À 17 km au sud du Cheylard, entre Saint-Christol, Le Chazel, Le Fau, le promeneur inspiré peut suivre les *circuits Rubis, Azur* ou *Émeraude,* au gré de sentiers de moyenne montagne ponctués d'œuvres qui épousent la nature ardéchoise. On peut faire toute la boucle (12 km) ou bien de petites boucles plus courtes.

LES OLLIÈRES-SUR-EYRIEUX

(07360) 1000 hab. *Carte Ardèche, B2*

Un certain charme avec l'Eyrieux qui semble avoir décidé de prendre son temps pour traverser le bourg (vous pouvez en faire de même à bord d'un kayak). Quelques vestiges d'une industrie de la soie, très vivante jusqu'à la Seconde Guerre mondiale. Et des environs superbes au bout de ces toutes petites routes dont l'Ardèche a le secret.

Où dormir ? Où manger dans les environs ?

Chambres d'hôtes Porte de Besse : *porte des Autrichiens, 07240* ***Chalencon.*** *☎ 04-75-58-15-18. • contact@portedebesse.fr • portedebesse.fr • À env 15 km au nord des Ollières. Ouv avr-Toussaint. Double 70 €. Repas 17-26 € (tt compris pour ce dernier).* Dans un ravissant petit village (voir plus loin les lignes qui lui sont consacrées). Les chambres sont carrément installées autour d'une des portes d'entrée de l'époque médiévale, dans les anciens remparts donc (un des murs fait 1,20 m de large !). Demeure historique mais déco contemporaine et tout le confort actuel. Table d'hôtes à base de produits de pas loin, dans l'ancienne salle des gardes, superbement voûtée et dotée d'une monumentale cheminée du XVe. Très bel accueil.

Chambres d'hôtes Le Mas de Bouilhac : *La Pize, 07000* ***Pranles.*** *06-50-98-06-57. • lemasdebouilhac@gmail.com • À env 6 km au sud-ouest des Ollières. Doubles 90-110 €. Table d'hôtes 33 €.* 3 chambres à la déco très soignée, bien équipées, avec literie de qualité et petit déj à la hauteur (avec de bons produits maison). Une roulotte pour 2. Le tout dans un environnement superbe, à flanc de colline, avec la piscine, le jacuzzi et les transats en bonne place. Accueil sympa et dynamique. Table d'hôtes de très bonne tenue (généreuse cuisine de terroir).

Où manger (et acheter) de succulentes glaces dans le coin ?

Terre Adélice : *Le Moulinon, 07190* ***Saint-Sauveur-de-Montagut.*** *☎ 04-75-65-43-00. • terre-adelice.eu • À env 4 km au nord-ouest des Ollières. Juil-août, lun-ven 14h-19h ; sam 10h-12h, 14h-19h ; dim 15h-19h. Le reste de l'année, lun-ven 14h-17h.* Belle aventure que celle de ces 2 frères qui, au mitan des années 1990, se sont lancés, un peu par hasard, dans la fabrication de glaces, 100 % made in Ardèche et bio. Un choix incroyable de parfums, classiques ou beaucoup plus inattendus, voire carrément insolites (la liste est longue comme le bras !). L'entreprise fournit les plus grands chefs : Ducasse, le grand voisin Régis Marcon... Une halte obligatoire dans cet ancien et immense moulinage (où l'on fabriquait autrefois de la soie) pour un frisson de plaisir garanti !

DANS LES ENVIRONS DES OLLIÈRES-SUR-EYRIEUX

Le moulin de Mandy : *870, chemin du Moulin-de-Mandy, 07000* ***Pranles.*** *☎ 04-75-64-24-03 ou 04-75-65-02-63. • moulindemandy.fr • À env 8 km au sud-ouest des Ollières. Juil-août, mar, jeu-ven et dim 14h30-18h30 (visite commentée) ; mer 10h30-18h30 avec animation autour du four à pain, cuisson et dégustation (à 11h30). Et ttes vac scol, le mer à 15h. Entrée : 5 € ; réduc ; gratuit moins de 6 ans.* Des bénévoles ont retapé – un travail d'une bonne vingtaine d'années – cet ancien moulin, qui fonctionne comme s'il ne s'était jamais arrêté (le dernier meunier est parti en 1939).

On peut admirer tout le mécanisme qui s'ébranle en cours de visite, notamment la roue d'entraînement avec son diamètre de 6,50 m. On visite également la salle des meules, des engrenages et du four à pain pour saisir cette sympathique plongée dans l'univers des maîtres-meuniers. Également une expo sur les moulins et les paysages d'Ardèche, réalisée par le parc naturel régional des monts d'Ardèche.

➢ Une promenade découverte permet de suivre le *sentier des « béalières »,* ces canaux qui acheminent l'eau des ruisseaux grâce à des petits barrages jusqu'au moulin.

Chalencon (07240) **:** *à env 15 km au nord des Ollières.* Ce délicieux patelin classé « Village de caractère d'Ardèche » mérite une halte à plus d'un titre. Les fortifications de cette ancienne baronnie ont malheureusement été saccagées en 1623 sur ordre de Richelieu, pour écraser « l'ennemi huguenot » mais il en reste de beaux... restes : la tour de Diane, ainsi qu'une porte, baptisée au début du XIXe s « porte des Autrichiens ».

Dans le ***temple*** *(ouv en saison),* ne pas manquer d'aller observer la rare ***chaire du désert.*** Cette émouvante « tribune portative » a été fabriquée après la révocation de l'édit de Nantes, lorsqu'il fallait se cacher pour célébrer les offices. En sortant du temple, s'arrêter aussi près de la ***fontaine,*** devant les splendides, massives et lourdes mesures à grain en granit datant de l'Ancien Régime. Et ne pas oublier de se poser sur la place du Valla pour jouir de la ***vue sur la vallée*** de l'Eyrieux.

– ***Été musical :*** *de la 2e sem de juil à mi-août.* Concerts dans le temple ou dans l'église de Chalencon (programmation variée).

Le musée du Vivarais protestant : *Le Bouschet, 07000* ***Pranles.*** *☎ 04-75-64-22-74. • museevivaraisprotestant.org • À env 8 km au sud-ouest des Ollières. Mai-juin, w-e et j. fériés 14h-18h ; juil-août, tlj 10h-18h ; sept, tlj sauf lun 14h-18h. Entrée : 5 € ; réduc.* C'est dans cette maison forte typique des Boutières que sont nés, en 1700 et 1711, le pasteur Pierre Durand et sa sœur Marie, qui vouèrent leur vie au protestantisme. Leur volonté commune était de restaurer les églises réformées en Vivarais. Ayant contrevenu aux ordres royaux, Pierre fut pendu à l'âge de 32 ans, à Montpellier. Marie, quant à elle, fut enfermée à la tour de Constance à Aigues-Mortes pendant... 38 ans. Libérée en 1768, elle revint finir ses jours ici. Dans les salles, une multitude de documents témoignent de la résistance huguenote dans le Vivarais, et des persécutions dont ils furent victimes. Les passionnés d'histoire apprécieront. Les autres se contenteront de visiter cette belle maison du XVe s et d'admirer le panorama qui domine les vallées de l'Eyrieux et du Rhône.

SAINT-PIERREVILLE

(07190) 550 hab. *Carte Ardèche, B2*

On quitte la vallée de l'Eyrieux pour grimper jusqu'ici par de petites routes de montagnes, sinueuses et tranquilles, typiques de ce relief accidenté des Boutières. Unanimement reconnu comme la capitale de la châtaigne, et c'est vrai qu'à l'approche du village, ce ne sont que châtaigniers à perte de vue, qui s'étendent sur des centaines d'hectares.

Adresse et info utiles

Office de tourisme : *rue du Moulinage. ☎ 04-75-64-80-97. • tourisme-valeyrieux.fr • Juil-août, jeu-lun 10h-13h, 15h-18h ; sept-oct, ven-sam.*

Marché du terroir : *le dim avr-oct.* Produits du terroir et artisanat à tous les étages (plus des animations au cœur de l'été).

Où manger ?

La Cerise sur l'Agneau : *sur le site d'Ardelaine (lire plus loin « À voir »). ☎ 04-75-66-62-66. • restau@ardelaine.fr • Avr-nov, ouv le midi tlj, plus le soir sam (tlj midi et soir en juil-août). Formule déj 17 €. Autres formules 21-24 € et menus 26-34 €.* L'excellent site d'Ardelaine a en outre l'avantage de proposer au choix une très bonne table (savoureux plats de terroir élaborés avec des produits de saison, essentiellement bio, et sélectionnés dans les fermes du coin), ou un café où l'on sert à toute heure des tartines gourmandes (comme celle à la caillette !) et des crêpes. Bien pratique, délicieux... et même festif à l'occasion des concerts en été (tous les lundis, en théorie).

Où dormir ? Où manger dans les environs ?

Camping rural le Folastère : *Intres, 07190* ***Saint-Julien-du-Gua.*** *☎ 04-75-66-85-04. • le-folastere@gmail.com • le-folastere.fr • À 17 km au sud-ouest de Saint-Pierreville. Ouv fév-déc. Forfait pour 2, env 19 €. 20 empl.* Dans un hameau un peu loin de tout comme il y en pas mal dans les Boutières, un camping pas comme les autres, emmené par une jeune équipe bien engagée dans l'écologie. Emplacements en terrasse (avec vue), à l'ombre de vieux châtaigniers. Côté hébergements : cabanes, roulotte, yourte, caravanes relookées... Potager et verger. Chouette piscine. Et accueil naturellement très cool.

Chambres d'hôtes Au Fil de Soi : *2395, route de la Mairie, 07190* ***Issamoulenc.*** *☎ 04-75-64-06-73. • 07aufildesoi@orange.fr • aufildesoi07.fr • À env 12 km au sud de Saint-Pierreville. Résa conseillée. Doubles 60-70 € ; cabane perchée (2 nuits min en été) 110-170 € pour 2. Repas : 23 €.* Dans un vallon verdoyant et paisible, un ancien moulinage de fil de soie du XIXe s longé par une petite rivière, restauré avec de vrais préoccupations écolos : matériaux naturels (peintures à l'argile), panneaux solaires, chauffage au bois, récupération des eaux de pluie... Les 2 chambres comme les pièces communes ont beaucoup de charme. Et il y a cette extraordinaire cabane perchée à 8 m de hauteur, dans un bosquet d'arbres bicentenaires... Un vrai rêve de gosse ! Grand lit en mezzanine, lits superposés, coin cuisine équipée, toilettes sèches (douche au pied de la cabane) et grande terrasse avec hamacs. Table d'hôtes bio. Un fort bel endroit.

Chambres d'hôtes et restaurant Le Relais de Sully : *pl. de la Liberté, 07190* ***Gluiras.*** *☎ 04-75-64-10-28. • le-relais-de-sully@orange.fr • lerelais-desully.fr • À env 10 km au nord-est de Saint-Pierreville. Resto tlj sauf jeu (le soir seulement en saison) et dim soir. Doubles 47-55 €. Formule déj 15 € et menus 21-30 €. Sur présentation de ce guide sont offerts apéritif maison au resto et à l'hôtel, réduc de 10 % sur le prix de la chambre.* Agréable maison ancienne (c'est l'ancien prieuré du village) face à une fontaine. 4 petites chambres, à la déco toute simple. Simple (également) mais bonne cuisine de tradition (à base de produits du coin, souvent bio) au resto.

À voir

La Maison du châtaignier : *pl. Neuve. ☎ 04-75-66-64-33. Avr-nov, mer, sam-dim et j. fériés (tlj juil-août) 11h-12h30, 14h30-18h30. Entrée : 4,50 € ; réduc. Visite suivie d'une dégustation 8-10 €.* Le département possède 2 lieux consacrés à la châtaigne, l'autre étant établi à Joyeuse. À Saint-Pierreville, on apprend tout ce qu'il faut savoir sur la châtaigne, le châtaignier et le castanéiculteur. Dans le passé, bien sûr, mais aussi aujourd'hui. Photos, documents sonores, outils, archives et vidéos à l'appui, on découvre un métier, un produit et une région. Également une petite boutique pleine de bons produits.

Ardelaine : *☎ 04-75-66-63-08. • ardelaine.fr • Tlj 10h-18h. Tarifs : 8,50-19 € (1-3 visites) ; réduc. Resto de qualité sur place,* La Cerise sur l'Agneau *(voir « Où manger ? ») ; également un café-librairie.* Visite extrêmement instructive, dans un musée bien vivant. Équipe très dynamique et engagée, celle de la ***coopérative Ardelaine,*** qui vous présente, selon la visite choisie, plusieurs races d'ovins, leur élevage, et qui vous fait suivre la chaîne de la laine, de la matière première brute au produit fini, ou encore les processus qui ont amené la mécanisation du travail de la laine. Tonte, lavage, cardage, filage n'auront plus de secret pour vous. Chez *Ardelaine,* ce sont près de 50 000 moutons qui sont tondus tous les ans. Et pour finir, vente de beaux articles en laine produits sur place *(tlj 10h-18h).*

La Fabrique du pont d'Aleyrac : *pont d'Aleyrac. ☎ 04-75-66-65-25. • mirabelbe@wanadoo.fr • Prendre la minuscule ruelle qui descend depuis la place du village, juste en face du monument aux morts. En principe, mai-nov, ven-dim 15h-19h (et sur rdv). GRATUIT.* Expositions temporaires d'artistes internationaux, modernes et contemporains, qui font bon ménage avec les vénérables murs de cet ancien moulinage. Sculptures, photographies et peintures investissent 3 salles d'exposition.

DANS LES ENVIRONS DE SAINT-PIERREVILLE

Le moulinage de la Neuve : *à* ***Marcols-les-Eaux*** *(07190). ☎ 04-75-65-69-70. • moulinages.fr • À 12 km à l'est de Saint-Pierreville. Juil-août, visite* *guidée mer et dim à 15h et 16h30 ; sinon, sur rdv. Fermé déc-mars. Tarif : 5 € ; réduc ; gratuit moins de 7 ans.* Au gré de cette visite, on découvre l'un des maillons de l'industrie de séricículture locale (la vallée comptait pas moins de 15 moulinages au XIXe s). Le moulinage était l'une des dernières étapes de la fabrication textile, entre filature et tissage. On a même droit à la remise en service de certaines anciennes machines, toujours vaillantes à travailler...

L'ARDÈCHE VERTE

• Carte *p. 193*

S'étirant du massif du Pilat au plateau de Saint-Agrève, les monts du haut Vivarais s'étendent du nord au sud sur près de 100 km à des hauteurs comprises entre 1 000 et 1 400 m environ. Vers l'est, ce chaos de montagnes bascule rapidement sur le « Piémont » vivarois, vaste plan incliné s'étageant de 800 à 300 m. Ce plateau morcelé et parcouru d'innombrables torrents vient buter à l'est sur une petite corniche qui surplombe le couloir rhodanien, tandis qu'au sud il s'interrompt sur la vallée de l'Eyrieux. Constituée de vignobles et de vergers, de forêts de hêtres et de sapins, de collines et de sommets, de rivières et de gorges, cette Ardèche verte est encore peu connue des touristes. Pourtant, ce paradis des pêcheurs, des baigneurs ou des randonneurs est une région paisible et secrète, qui vaut la peine d'être explorée.

LA VALLÉE DU DOUX

Les hautes falaises des gorges de l'Ardèche font finalement beaucoup d'ombre aux autres rivières qui arrosent ce département. Et pourtant, il y a aussi, au fil de ce Doux, de quoi pagayer dans des gorges superbes et un chapelet de villages qui rivalisent de caractère.

La Dolce Via : une variante de cette jolie voie verte de la vallée de l'Eyrieux suit, également, sur une dizaine de km, la vallée du Doux. Nombreux ouvrages d'art (viaducs, tunnels, etc.) au programme.

DÉSAIGNES (07570) 1 130 hab. *Carte Ardèche, B2*

Ce très beau village médiéval (labellisé « Village de caractère d'Ardèche ») possède beaucoup de charme et un patrimoine remarquable. Au début du XVIe s, Désaignes était la cité la plus peuplée du Vivarais. Dès 1561, des pasteurs viennent y prêcher les idées de Calvin. Comme la plupart des villes réformées, elle passera successivement d'un parti à l'autre, connaissant exactions et pillages. Malgré cette période troublée, Désaignes a su sauvegarder d'importants vestiges de son riche passé. Derrière son mur d'enceinte, accessible par 3 superbes portes fortifiées quasi intactes, les ruelles cachent de vieilles portes, des grilles en fer forgé, des fenêtres à

meneaux et un temple adossé à un château abritant un petit musée. Et puis il y a ici un adorable coin aménagé pour la baignade ! Bref, arrêt fortement conseillé !

Adresse utile

Office de tourisme : *pl. de la Mairie. ☎ 04-75-06-61-19. • desaignes.fr • Juil-août, tlj sauf dim ap-m 9h30-12h, 14h-18h ; avr-juin et sept, mar-sam ; oct, seulement mer et sam.*

Où manger ?

Auberge de la Fontaine : *pl. de la Fontaine. ☎ 04-75-07-17-94. • aubergelafontaine@outlook.com • Tlj (sauf lun hors saison). Menus 14 € (déj sem) et 25 €.* Idéalement situé en plein centre du vieux village, c'est le genre de bonne petite auberge que tout le monde recherche. Ici, on travaille avec cœur et sincérité : l'accueil est charmant, la salle conviviale, et la cuisine sans complication mais fraîche, locale et préparée avec application.

À voir

Le château-musée : *rue du Temple. ☎ 04-75-06-66-21 ou 04-75-07-77-67. • chateaudesaignes.org • Ouv Pâques-Toussaint : juil-août, tlj sauf mar 15h-19h ; le reste du temps, seulement w-e 14h-18h. Entrée : 4,50 € ; réduc ; gratuit moins de 12 ans. Audioguide : 2 €.* Ce château du XIVe s mérite bien une petite halte. La visite débute par la salle à manger et un hommage à la vie rurale traditionnelle (différents outils et objets exposés). Ensuite, direction la cuisine avec sa cheminée monumentale, et la cour (noter le superbe puits) donnant accès à des caves voûtées. Puis un escalier à vis dessert une poignée de pièces (chapelle du XIVe s, appartements avec cheminée et armoiries), pour grimper jusqu'à l'ancien poste de gué. Au long de la visite, plusieurs expositions intéressantes : sur l'architecture médiévale et religieuse de la région, l'histoire des huguenots en Vivarais ou encore la résistance dans la région pendant la Seconde Guerre mondiale.

LAMASTRE

(07270) 2 380 hab. *Carte Ardèche, B2*

Au cœur de la vallée du Doux, dans un écrin de verdure et de fraîcheur (forêts, pâturages, ruisseaux et rivières), Lamastre est une agréable bourgade, à mi-chemin entre la plaine et la montagne, qui se divise en 2 parties : le bas, commerçant et animé, et, sur les hauteurs, le quartier historique de Macheville, qui mérite bien une petite balade. Ne pas manquer les jours de marché et les soirées d'été (spectacles).

Adresse et info utiles

Office de tourisme : *22, av. Boissy-d'Anglas. ☎ 04-75-06-48-99. • pays-lamastre-tourisme.com • Juil-août, lun-sam 9h30-12h30, 13h30-18h, dim et j. fériés 9h30-14h30 ; le reste de l'année, mar-sam 10h-14h30.*

– **Marchés :** *grand marché mar mat. Marché du terroir sam mat.*

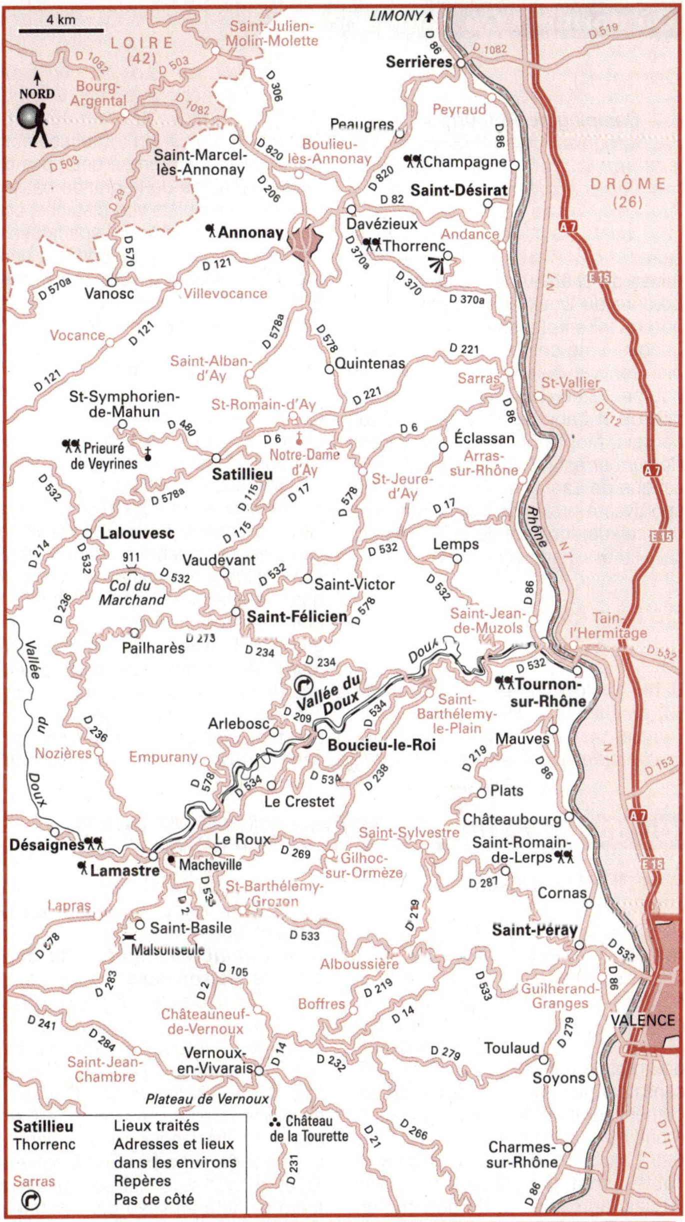

L'ARDÈCHE VERTE

Où dormir ? Où manger ?

Camping

Camping de Retourtour : *1, rue de Retourtour. ☎ 04-75-06-40-71. • campingderetourtour@wanadoo.fr • campingderetourtour.com • ♿ À env 2 km au nord-ouest du centre. Ouv 10 avr-17 sept. Forfaits pour 2 pers, 17-24 €. 37 empl.* Au pied des ruines du château du même nom, en bordure du Doux et d'un plan d'eau naturel : l'emplacement est remarquable. Côté confort, le camping est bien tenu, suffisamment ombragé et équipé. Glacier-pizzeria, bar (avec billards et baby-foot), épicerie, dépôt de pain. Mobile homes et caravanes. *Retourtour* est par ailleurs le pôle touristique de Lamastre. Plein d'activités sportives à proximité immédiate : site d'escalade, location de VTT, minigolf, salle fitness, badminton...

De bon marché à prix moyens

Hôtel des Négociants : *14, pl. Rampon. ☎ 04-75-06-12-20. • hoteldesnegociants@wanadoo.fr • hoteldesnegociants.fr • Resto tlj sauf ven soir, sam et dim soir en basse saison. Congés : déc-janv. Doubles 62-70 €. Formule déj sem 13,50 € ; menus 21-29 €.* Un établissement classique et bien tenu à deux pas du centre. À l'étage de la grande bâtisse de pierre aux volets vert pistache, une dizaine de chambres, spacieuses, claires et au calme, qui donnent pour la plupart sur la belle piscine. Jolie salle à manger et terrasse pour déguster caillettes, ravioles ou de délicieux desserts.

Chez Germaine : *31, rue de Macheville. ☎ 04-75-06-41-26. • chez.germaine@wanadoo.fr • ♿ Mai-sept, tlj sauf mer soir et dim soir ; hors saison, ouv le midi seulement, sauf sam. Congés : fêtes de fin d'année. Formule et menu déj sem 13,50-15,50 €. Menus 22-27 €. Café offert sur présentation de ce guide.* On célèbre ici depuis 1970, sans chichis ni tralalas, une cuisine dans la grande tradition française : belles pièces de viande, cuisses de grenouilles et salades copieuses. Ça tourne. Aux beaux jours, profitez de la grande terrasse sous sa vigne vierge avec vue imprenable sur la ville basse, pendant que les enfants s'ébattent dans l'aire de jeux. Bonne atmosphère.

Où dormir ? Où manger dans les environs ?

Hôtel L'Escapade : *route d'Empurany Le Groubon, 07270* **Le Crestet.** *☎ 04-75-06-33-90. • restaurant-lescapade@hotmail.fr • hotel-lescapade.com • À 3 km au nord-est de Lamastre. Tlj sauf le midi mer et lun. Doubles 60-70 €. Formule et menus 26-33 €.* Un hôtel-resto dans une grosse bâtisse des années 1970 sans charme particulier. Mais c'est largement compensé par le très bel environnement, surtout si l'on choisit l'une des chambres dotées d'un balcon. Toutes sont par ailleurs très bien tenues, agréables et de bon confort (super literie). Cuisine traditionnelle et savoureuse, servie dans une salle classique ou en terrasse aux beaux jours, avec vue sur la grande piscine, le Doux et le Mastrou. Une bonne adresse tenue par un jeune couple sympathique.

Chambres d'hôtes du château de Maisonseule : *Maisonseule, 07270* **Saint-Basile.** *☎ 04-75-06-49-06. • chateaudemaisonseule@gmail.com • maisonseule.fr • À 8 km au sud-ouest de Lamastre. Doubles et suites 190-320 €. Repas 58 €.* Construit en pierre ocre du Vivarais, ce beau manoir fortifié flanqué de tours domine un paysage superbe. Édifié entre le XIe et le XVIIe s, le château médiéval a été racheté en 1990 par l'imitateur Yves Lecoq (grand amateur de vieilles pierres), qui poursuit patiemment sa restauration. Nos lecteurs en fonds apprécieront ses chambres de grand charme, entre mobilier d'époque, cheminées monumentales, plafonds peints et armoiries... Table d'hôtes proposant des spécialités traditionnelles élaborées avec de bons produits locaux de saison.

À voir. À faire

Le vieux quartier de Macheville : *sur les hauteurs du village.* Macheville s'est établi au Moyen Âge autour d'un prieuré, puis une petite bourgade aux ruelles pentues et étroites s'est développée au pied de l'église. Macheville sera rattaché à Lamastre en 1790. Du prieuré ne subsistent qu'une tour ronde et une belle porte de style Renaissance, protégée par une bretèche. L'église, dont les fondations remontent au Xe s, a été profondément transformée au XVIIe s. Très dépouillée, elle a conservé ses beaux vitraux d'origine.

Lamastre en lumières : le temps d'une balade au cœur de la vallée du Doux (env 2 km), c'est l'occasion de découvrir l'histoire de Lamastre, notamment à travers ses activités artisanales qui perdurent depuis des siècles. Pochette explicative avec plan et ***jeux de piste pour les enfants*** (en vente à l'office de tourisme).

Le plan d'eau de Retourtour : *à 2 km de Lamastre, sur la route de Saint-Agrève. Baignade surveillée de mi-juin à début sept.* Adorable site de baignade aménagé sur le Doux, vraiment sympa, avec son petit plongeoir et son eau super propre.

➢ ***Le train de l'Ardèche :*** Lamastre est la gare d'arrivée de ce train touristique (voir le chapitre Tournon-sur-Rhône).

Manifestation

– ***Le Grand Prix de la châtaigne :*** *dernier sam d'oct, à 19h30.* On fête la châtaigne non par un grand prix automobile, mais par un cross qui se finit autour d'un festin... de châtaignes !

DANS LES ENVIRONS DE LAMASTRE

La ferme du Châtaignier : *le Roux, 07270* ***Lamastre.*** *☎ 04-75-06-30-19. • ferme-du-chataignier.com • À 5 km à l'est de Lamastre. Avr juin ot sept-nov, mer et sam 15h-18h ; juil-août, tlj sauf dim 11h-19h.* Une exploitation familiale qui propose aux visiteurs de tout découvrir sur la culture et la transformation de l'un des produits phares du département : la châtaigne. Visite d'une châtaigneraie et de l'atelier de transformation, qui sert également aux producteurs du coin. Possibilité de manger un bon goûter avec crêpe et boisson *(5 €).* Bien entendu, vente de produits à base de châtaignes (crème, farine, compote, etc.) et plein de bonnes confitures faites maison. Une halte sympathique.

Vernoux-en-Vivarais *(07240)* ***:*** *à env 15 km au sud-est de Lamastre.* Posé sur un vaste plateau qui domine la vallée de l'Eyrieux, un gros bourg qui ramasse ses maisons, parfois un peu bourgeoises, autour d'un clocher visible à plusieurs kilomètres à la ronde. Il est le symbole de la volonté de reconquête qu'a mené, au XIXe s, le clergé catholique sur ce plateau à forte tradition protestante (le temple de Vernoux, du XIXe aussi, est un des plus grands de France...). Le carillon, perché à 55 m de hauteur, exécute une musique de Vincent d'Indy (contemporain de Debussy), qui aurait été le 1er organiste de l'église. On peut se rendre jusqu'au ***château de la Tourette*** (XIVe s), dont il ne reste que quelques ruines superbes et mélancoliques surplombant les gorges de la Dunière et de l'Ève. D'innombrables sentiers et de superbes petites routes sillonnent ce plateau riant et frais, couvert de cultures, de vergers, de prairies et de bois de châtaigniers.

BOUCIEU-LE-ROI (07270) 270 hab. *Carte Ardèche, B2*

Un adorable petit village perché sur une croupe au-dessus d'un méandre du Doux. C'est l'un des joyaux de la vallée, labellisé « Village de caractère d'Ardèche ». Le village tire son nom de son ancien statut de bailliage royal, qui officia sur tout le haut Vivarais de 1291 à 1562, avant qu'il ne soit transféré à Annonay. Le bailli parti, l'importance du bourg et son activité déclinèrent, jusqu'à donner le paisible village que l'on découvre aujourd'hui. La belle maison du bailli est reconnaissable à son échauguette (XVe s). Maisons traditionnelles en pierre granitique. Remarquer notamment, dans la rue principale, cette belle maison avec *aître,* un perron recouvert d'une toiture soutenue par des colonnes de pierres taillées et superposées, localement appelées « fromages ».

À faire

Le vélorail des gorges du Doux : *gare de Boucieu. ☎ 04-75-08-20-30. • veloraillardeche.com • Fin mars-début nov, jeu, w-e et j. fériés (tlj pdt vac scol). Résa conseillée en été. Fonctionne en cas de pluie. 4 circuits sont proposés. Compter de 1h30 à une 4h selon parcours l'A/R. Tarif : 16-34 €/adulte selon parcours ; 10-18 € jusqu'à 13 ans inclus. Jusqu'à 5 places (dont 3 enfants) par voiturette.* Ce n'est pas un train classique, mais une embarcation à pédales sur rail, en somme. Un engin à roues qui se déplace sur les rails d'une ancienne petite ligne de chemin de fer. le circuit est superbe. Une option « Journée sans voiture » combine le Vélorail avec le train des gorges du Doux (voir le chapitre Tournon-sur-Rhône).

DE LA VALLÉE DU DOUX À ANNONAY

SAINT-FÉLICIEN (07410) 1 210 hab. *Carte Ardèche, B1*

Ce village tranquille à flanc de colline possède une belle église romane, ancienne chapelle d'un prieuré fondé par les chanoines aux XIe et XIIe s. Étape sportive par excellence (c'est de là que part la célèbre course cyclo Ardéchoise), Saint-Félicien offre d'innombrables possibilités de balades, à pied ou à vélo. C'est également la patrie du caillé doux, petit fromage de chèvre qui ressemble un peu au picodon (mais pas au saint-félicien !), et de Charles Forot. L'écrivain, éditeur, homme de théâtre et poète vivarois a célébré ainsi les charmes de son village : « Vieux bourg qui sous ton ciel contient tout l'univers, pays de châtaigniers et d'exquise lumière, San Farcio, je te dois la source de mes vers. »

L'ARDÉCHOISE, GRANDE COURSE CYCLISTE

Chaque année, pendant 4 jours à la mi-juin, le village s'anime lors du départ de la célèbre Ardéchoise, l'une des plus grandes concentrations cyclotouristiques au monde ! Au départ du village, ce sont près de 15 000 participants qui s'élancent sur une quinzaine de circuits (de 60 à 630 km). *Infos sur cette grande course cycliste au ☎ 04-75-06-13-43 ou sur • ardechoise.com •*

Sur les routes de l'Ardéchoise

La renommée de la célèbre course cycliste Ardéchoise n'est plus à faire. Elle se décline en version « Sur les routes de l'Ardéchoise », donnant l'opportunité pour tous d'emprunter à la carte les 13 circuits de l'événement, toute l'année (parcours balisés). Du challenge sportif à la découverte itinérante, il y en a pour tous les mollets. Le périple est jalonné d'hébergements labellisés « Accueil vélo », qui facilitent la balade (local à vélos, kit de réparation, petit déjeuner adapté, transport des bagages...). On trouve plein de bonnes infos auprès de l'association *Sur les routes de l'Ardéchoise, quatre saisons (☎ 04-75-07-27-38 ; • carte.ardeche-guide.com/velo •).*

Adresse utile

ℹ ***Office de Tourisme :*** *pl. de l'Hôtel-de-Ville. ☎ 04-75-06-06-12. • ardeche-hermitage.com • Juil-août, tlj sauf dim ap-m 9h-12h30, 14h-18h30 ; horaires restreints le reste de l'année.*

Où dormir ? Où manger ?

🏠 🍽 ***Hôtel Le Félicien :*** *10, rue du Bois-Madame. ☎ 04-75-09-14-73. • contact@hotel-le-felicien.fr • hotel-le-felicien.fr • En centre-ville. Congés : 4-28 janv. Doubles 60-74 €. Formules et menus 13-16 € (déj sem) et 21,50-29,50 €. Parking gratuit. Café offert sur présentation de ce guide.* Laissé à l'abandon pendant une bonne trentaine d'années, cet ancien pensionnat religieux à la façade massive a été entièrement rénové et transformé en un hôtel-resto d'excellente tenue. Chambres à la déco sobrement contemporaine et au confort d'aujourd'hui. Resto à la cuisine toute simple, à prix doux. Personnel aux petits soins.

Où dormir ? Où manger ? Où boire un verre dans les environs ?

⛺ ***Camping du Viaduc :*** *Le Banchet, 07410* ***Arlebosc.*** *☎ 04-75-06-74-49. • camping.viaduc@yahoo.com • camping-ardeche-viaduc.com • À env 14 km au sud de Saint-Félicien. Ouv mi-mars à mi-sept. Forfaits pour 2 pers, 16-20 €. 49 empl.* Le viaduc, vous le croiserez forcément en descendant la petite route qui conduit à ce camping, joliment posé au bord du Doux (où on peut faire trempette). Les emplacements sont de bonne taille. Et les hébergements représentent à peu près tout ce qui existe aujourd'hui : du mobile home à la cabane perchée dans les arbres, du tipi au chalet en passant par le tonneau de vin, le kota finlandais... Resto aux saveurs locales. Superbe accueil.

🏠 🍽 ***Chambres d'hôtes Le Petit Marchand :*** *4015, route de Lalouvesc, le Petit-Marchand, 07410* ***Pailharès.*** *☎ 04-75-06-06-80. • petitmarchand07@gmail.com • petitmarchand-ardeche.fr • À env 8 km au nord-ouest de Saint-Félicien. Ouv Pâques-Toussaint. Double 62 €. Repas 20 € tt compris.* À 900 m d'altitude, jolie ferme ouvrant sur des monts boisés. Dans une petite maison indépendante, 2 chambres claires et spacieuses, joliment décorées de meubles en rotin coloré. En contrebas, dans le jardin, une roulotte au confort plus rudimentaire (toilettes sèches, pas de douche). À la table partagée en commun, de goûteuses spécialités ardéchoises. Adresse idéale pour les amateurs de nature et de randonnée. Accueil particulièrement chaleureux.

Chambres d'hôtes l'Atelier du Philosophe : *40, chemin du Petit-Théolier, Deyras, 07410* ***Saint-Victor.*** *☎ 09-87-39-70-95. 06-07-80-87-30 ou 06-07-96-75-55. • contact@atelierduphilosophe.com • atelierduphilosophe.com • À env 11 km à l'est de Saint-Félicien. Double 90 € ; familiale. Repas 32 € tt compris.* Au cœur d'un hameau et d'une adorable campagne, de jolies chambres, à la déco néo-campagnarde. Piscine. Produits du coin (et du jardin) à la table d'hôtes. Quant au nom, les propriétaires (charmants) de cette ancienne ferme devraient volontiers vous raconter l'histoire.

La Récré : *70, route de Satillieu, 07410* ***Vaudevant.*** *☎ 04-75-06-08-99. • restaurant-la-recre@outlook.fr • À 3 km au nord de Saint-Félicien ; au centre du village. Tlj sauf dim soir et lun-mar (plus le soir en sem et sam hors saison). Congés : déc-janv. Menu sem l'été 19,90 € ; menus 25,90-46,90 €. Digestif offert sur présentation de ce guide.* Installé dans l'ancienne école du village avec une salle qui, entre tableau noir et vieilles cartes de France, réveille quelques souvenirs (comme les menus aux noms de classes d'école primaire). Agréable terrasse ombragée aux beaux jours. Accueil qui ne donne plus envie de repartir, service dans le même esprit, cool mais concerné. Et très belle cuisine, inventive sans en rajouter, qui respecte les saveurs de jolis produits locaux, au gré des saisons. Pain, glaces et sorbets, quasiment tout est fait maison et servi généreusement. Très belle carte des vins. Toujours, une de nos plus belles adresses en Ardèche, c'est dit !

Auberge-brasserie Longue Vie : *château de Corsas, 07410* ***Saint-Victor.*** *☎ 04-75-06-69-30. • contact@longue-vie.fr • À env 9 km à l'est de Saint-Félicien. En saison, tlj sauf mer à partir de 17h. Carte 15-20 €.* Vieille ferme où s'est installée cette micro-brasserie dont on va classer les bières (bio) parmi nos préférées en Ardèche. Et, bonne idée, ces brasseurs y ont ouvert une auberge où goûter – dans une sympathique petite cour quand la météo le permet – leurs bières (et si elles vous plaisent, en acheter). À accompagner de très jolis produits du coin : planches de charcuteries, fromages, tartinades de légumes... Petite carte de vins, bio ou nature.

LALOUVESC (07520) 400 hab. *Carte Ardèche, B1*

À la montagne, posé sur un col à 1 080 m d'altitude, abrité des vents du nord par le mont Chaix, Lalouvesc (on dit « Lalouvé ») bénéficie d'un climat sain et vivifiant, très appréciable pendant les chaudes journées d'été. Entouré de rivières aux eaux pures, de forêts balisées de nombreux sentiers, le village se révèle un véritable paradis pour les randonneurs et les amoureux de calme et de verdure. Qui croiseront ici quelques pèlerins venus marcher sur les pas de saint François-Régis.

UN PÈRE DES PAUVRES DEVENU SAINT

Né en 1597 à Fontcouverte, près de Narbonne, ***Jean-François Régis*** commence ses études au collège des Jésuites de Béziers. À 19 ans, il entre au noviciat à Toulouse, où il est ordonné prêtre en 1631. C'est l'époque de la Contre-Réforme.

Le Vivarais, sorti exsangue des guerres de Religion, a perdu la foi. En 1634, mis à la disposition de l'évêque de Viviers, Régis est envoyé pour prêcher dans les campagnes revenues à des pratiques superstitieuses et à la sorcellerie. Il parcourt la région, allant de village en village, passant la belle saison au Puy, arpentant les montagnes l'hiver lorsqu'il sait qu'il pourra trouver les paysans chez eux. Logeant chez les humbles, attentif aux besoins de tous, animé d'un franc-parler sans égal, il sait vite gagner le cœur des populations.
Déjà, dans les montagnes du Velay et du Vivarais, on le nomme le saint Père. Le 23 décembre 1640, il part du Puy pour une mission dans le modeste village de « La Louvesc ». Égaré sur les pentes de la montagne de Chaix en pleine tempête de neige, il est contraint de se réfugier à Veyrines, déserté de ses habitants (ceux-ci l'attendent déjà à Lalouvesc). Il passe la nuit dans un abri exposé à la burle glaciale. Le lendemain, veille de Noël, il rejoint finalement la petite église de Lalouvesc, où une foule dense l'attend. Durant 2 jours, il prêche et confesse sans relâche. Le mercredi 26 décembre, en pleine confession, Jean-François Régis chancelle et s'affaisse. Transporté à la cure, il rendra l'âme 5 jours plus tard.
La nouvelle de sa mort se répand dans les montagnes comme une traînée de poudre, et le village regorge bientôt de monde. Le 2 janvier, 22 curés se trouvent à l'enterrement. La foule, quant à elle, emporte tous les objets ayant appartenu au père, jusqu'à la terre qui vient de recouvrir son cercueil ! De peur qu'on leur enlève le corps du père Régis, son cercueil est remplacé par un tronc de châtaignier creusé et cerclé de fer, enterré sous un amas de poutres entrelacées. Dès lors, un ***pèlerinage*** se développe sur sa tombe, où se sont, paraît-il, multipliés les miracles. Jean-François Régis sera canonisé en 1737 sous le nom de saint François-Régis.

L'ARDÈCHE

Arriver – Quitter

En bus

Avec *Le Sept (● auvergnerhonealpes.fr ●).*

➢ ***Pour Annonay :*** 2-3 bus/j. selon saison.
➢ ***Pour Valence, Saint-Félicien et Tournon :*** 2 bus/j. en été ; hors saison, 1 seul bus ven.

Adresses et info utiles

Office de tourisme : *rue Saint-Jean-François-Régis. ☎ 04-75-67-84-20. ● valday-ardeche.com ● En été, tlj 9h-12h, 14h-18h ; hors saison, fermé dim-lun.*
■ ***Maison de la Randonnée – Bureau des guides :*** *mêmes adresse et horaires d'ouverture que l'office de tourisme.* Topoguide (en vente) détaillant une vingtaine de randos dans le secteur et toutes les infos nécessaires pour préparer vos balades.
– Pas de distributeur automatique de billets dans le village.

Où dormir ? Où manger ?

Camping municipal de Lalouvesc : *Pré du Moulin. ☎ 04-75-67-84-86. ● camping.lalouvesc@orange.fr ● lalouvesc.com ● Ouv mai-fin sept. Forfait pour 2 pers, env 11 €. 70 empl.* À 300 m du centre du village et déjà quasiment en pleine nature, un agréable terrain en lisière de forêt. Des chalets et mobile homes à louer, bien équipés et tout confort. Sanitaires nickel, bon équipement, jeux pour enfants, tennis, ping-pong, salle TV... Et, bien sûr, départ de nombreux sentiers aux portes mêmes de ce joli camping.
Le Relais du Monarque : *9, rue des Alpes. ☎ 04-75-67-80-44. ● relais.monarque@orange.fr ● lerelaisdumonarque.com ● Ouv mai-oct. Doubles 56-70 €.* Un ancien relais muletier ouvert en 1678, transformé en hôtel

en 1890 (désormais sous l'appellation B&B), à l'atmosphère rustico-bourgeoise patinée par le temps. Salon avec cheminée, immense salle à manger meublée d'ancien : la maison a tellement de cachet que certains passants demandent à la visiter, comme un musée. Dans les étages, chambres d'un autre temps aussi (moquette, papier peint gentiment kitsch et meubles d'autrefois) mais, comme le reste de la maison, charmantes. Préférez celles qui donnent sur la vallée, pour leur vue imprenable sur... le mont Blanc (si, si !). Belle terrasse verdoyante et grand jardin ombragé, avec piscine. Bon accueil des nouveaux proprios, des Belges qui ont amené quelques bières dans leurs valises.

Hôtel Le Vivarais : *1, rue des Cévennes. ☎ 04-75-67-81-41. • levivarais@alicepro.fr • levivarais.fr • Ouv tte l'année. Doubles 48-70 €. Menus 23-27 €.* Une grosse bâtisse bien rustique qui abrite quelques chambres plutôt spacieuses. Pas de cachet exceptionnel (même si les murs de certaines chambres ont décidé de jouer les couleurs flash), mais rien à redire niveau confort. Cuisine traditionnelle de qualité au resto, avec des plats du jour à prix doux.

À voir

La basilique : *au centre du village.* Achevée en 1900, de style romano-byzantin, cet édifice, évidemment disproportionné pour le village, est l'œuvre de Pierre Bossan, l'architecte de la basilique d'Ars et de celle de Fourvière à Lyon. Bâti en granit et en marbre gris, son extérieur plutôt simple et dépouillé contraste avec la richesse intérieure : colonnes de marbre aux chapiteaux finement sculptés, arcades dorées et ciselées, coupole richement peinte de pèlerins célèbres, vitraux très colorés illustrant la vie du saint... Chasse des reliques de Thérèse Couderc, autre sainte locale (1805-1885). Celles de saint Régis, sont sous la basilique, dans une crypte emplie d'ex-votos.

Le musée Saint-Régis : *rue Saint-François-Régis. ☎ 04-75-67-82-00. Mai-oct, tlj 8h-19h ; le reste du temps, sur rdv. GRATUIT.* Pour tout savoir sur la vie du saint homme, une vingtaine de petits dioramas retracent les principaux épisodes de sa vie. Également 2 beaux anges de marbre blanc, socle d'une châsse (disparue à la Révolution) ayant contenu ses reliques, un lit dans lequel il a dormi...

La chapelle Saint-Régis : c'est ici que Régis (pas encore saint) est mort. Cet ancien presbytère a été transformé en chapelle par les Jésuites en 1848, qui y ont conservé un pan de mur et la cheminée. Un gisant en stuc représente le saint dans son lit, au moment de sa mort. Nombreux ex-voto, autel tout de marbres et ors, et remarquables peintures dans la coupole.

Manifestations

– **Carrefour des Arts :** *en juil-août. Rens : • carrefourdesarts-lalouvesc.com •* Une grande expo de peintures, sculptures, photos... de renommée internationale.
– **Promenades musicales :** *en août, dans les différentes communes.* Répertoire classique essentiellement.

SATILLIEU

(07290) 1 620 hab. *Carte Ardèche, B1*

Ancien berceau des comtes de Tournon, Satillieu est aujourd'hui un gros bourg agricole et industriel. La mairie est installée dans l'ancien château des marquis de Satillieu. 2 salles y ont conservé leur décor d'antan : la

chambre de la marquise, tapissée de papier peint datant du Premier Empire, et le grand salon – aujourd'hui la salle des mariages – orné de 6 belles toiles peintes de la fin du XVIIe s au début du XVIIIe s, illustrant, avec beaucoup de charme, quelques-uns des plus célèbres épisodes de *Don Quichotte de la Manche.* Satillieu est aussi une bonne base de départ pour de nombreuses balades (GR 42 et autres sentiers balisés).

Adresse et info utiles

i ***Bureau d'accueil :*** *Grande-Rue. ☎ 04-75-34-91-02. ● valday-ardeche.com ● Ouv juil-août seulement ; sinon, s'adresser à l'office de tourisme de Lalouvesc (☎ 04-75-67-84-20).*

➢ ***Bus*** pour Annonay et Lalouvesc.

Où dormir ? Où manger à Satillieu et dans les environs ?

Campings

L'Oasis : *Le Petit-Chaléat, 07370* ***Éclassan.*** *☎ 04-75-34-56-23. ● info@oasisardeche.com ● oasisardeche.com ● ♿ À env 17 km à l'est de Satillieu. Ouv fin avr-fin août. Forfaits pour 2 pers, env 18-30 €. 63 empl.* L'un des plus séduisants campings d'Ardèche, bien caché en pleine nature. On le découvre tout à coup dans les plis d'une douce colline, étagé au sein d'une nature splendide. Beaucoup de charme, et de larges emplacements bien séparés. Engagement écolo (gestion de l'eau et des déchets...). Accueil sympathique et bon confort général, bien que les sanitaires soient un peu vieillissants. Belle piscine chauffée et pataugeoire, aires sportives, bar, resto (en saison) et accès direct à la joyeuse petite rivière Ay, qui coule en bas (claire et peu profonde). On est au milieu de nulle part... mais on y est bien !

De bon marché à prix moyens

Hôtel Chaléat Sapet : *1, pl. de la Faurie, à Satillieu. ☎ 04-75-34-95-42. ● contact@chaleatsapet.com ● chaleatsapet.com ● ♿ Fermé de nov à mi-mars. Doubles 68-80 €. Menus 19 € (tlj) et 30 € (dim midi) ; carte env 30 €. Apéritif maison offert sur présentation de ce guide.* Au cœur du village, un hôtel familial prodiguant un accueil courtois et une cuisine de région de bonne qualité. Repas en terrasse aux beaux jours. Côté hébergement, des chambres confortables et rénovées, aux teintes claires. Clim dans tout l'établissement. Piscine extérieure chauffée en saison (ainsi qu'un jacuzzi avec supplément).

Chambres d'hôtes La Chastanha : *53, route de Gaspard, 07290* ***Saint-Symphorien-de-Mahun.*** *☎ 04-75-34-90-08. ● chastanha@orange.fr ● chastanha.com ● À 7 km à l'ouest de Satillieu par la jolie, étroite et sinueuse D 480. Congés : déc à mi-fév. Double 82 € ; familiales. Cabane 105 € pour 2. ½ pens conseillée 84 €/pers. Apéritif maison offert sur présentation de ce guide.* En surplomb du joli village de Saint-Symphorien, une grande demeure de la fin du XIXe s, qui abrite 5 chambres à la déco soignée et de bon goût. Parties communes de toute beauté, entre grande salle à manger, bibliothèque, cheminée qui crépite aux jours froids, salon TV et terrasse ombragée. Atmosphère chaleureuse. Cuisine aux triples influences (Ardèche, Méditerranée et Alsace) de grande qualité. Dans le jardin, petite piscine, ainsi qu'une cabane écolo (en bois, avec toiture végétalisée), très sympa pour 2 personnes. Une belle adresse, dans un environnement superbe.

DANS LES ENVIRONS DE SATILLIEU

Le prieuré de Veyrines : *à 7 km à l'ouest de Satillieu. Pas d'horaires, la petite porte sur la gauche de l'entrée est (normalement) toujours ouverte.* Dans ce petit hameau au milieu de nulle part se trouve un joyau de l'art roman. Le prieuré, fondé autour de 1050 et dont il ne reste que l'église (bâtie au XIIe s), est aussi remarquable à l'extérieur qu'à l'intérieur. Imposant clocher carré, abside à pans coupés, portail avec chapiteaux décorés d'élégants feuillages... Tout respire la sobriété et l'élégance. À l'intérieur, d'un grand dépouillement, il faut surtout s'attarder sur la beauté des chapiteaux, dans un style roman très pur. 3 sont superbement historiés (*La Tentation d'Ève, La Descente du Christ aux limbes* et *Le Combat de deux guerriers*). À remarquer également, 2 bénitiers anciens et un bel autel en bois finement sculpté du XVIIe s dans la chapelle de droite. Possibilité de se rendre à pied jusqu'au prieuré par une agréable balade au départ de Satillieu ou de Lalouvesc (4h30 de marche environ ; balisage blanc-jaune et blanc-rouge du GR 421).

ANNONAY (07100) 18 000 hab. *Carte Ardèche, B1*

• Plan *p. 204-205*

Ville la plus peuplée du département, capitale du nord de l'Ardèche, bâtie en amphithéâtre aux flancs de 7 collines qui lui donnent une topographie quelque peu déroutante, Annonay est aujourd'hui encore l'héritière d'une longue tradition industrielle.
Pourtant, la renommée de la ville ne vient ni de ses murs chargés d'histoire ni de ses usines... mais du ciel ! En effet, c'est à Annonay qu'a eu lieu, en 1783, le 1er vol d'un ballon gonflé à l'air chaud réalisé par 2 enfants du pays : les fameux frères Montgolfier...
Aujourd'hui, la ville semble vraiment à la recherche d'un 2nd souffle mais de jeunes adresses enthousiasmantes s'y sont ouvertes qui, tout autant que les vieux quartiers, méritent une halte.

UN PEU D'HISTOIRE

Du XIIIe au XVe s, les eaux pures des rivières d'Annonay (la Deûme et la Cance) attirèrent, toujours plus nombreux, les mégissiers et les tanneurs, dont le travail de la peau et de la laine fourniront aux siècles suivants la colle forte et les chiffons nécessaires aux papetiers. Les célèbres papeteries *Canson* naquirent ici.
Bastion du protestantisme, Annonay sera mise à sac 7 fois pendant les guerres de Religion, ce qui explique l'absence de vestiges du Moyen Âge. Mais la ville s'illustrera particulièrement au XVIIIe s, à travers ses enfants...

Les frères Montgolfier...

Qui aurait cru que le rêve d'Icare ou celui de Léonard de Vinci se serait en partie matérialisé à la fin du XVIIIe s dans une petite papeterie familiale d'Annonay ? Nés dans une famille de 16 bambins, Joseph et Étienne vont vite s'élever au-dessus de la mêlée, l'un grâce à son tempérament rêveur, l'autre grâce à ses aptitudes scientifiques.

Des petits essais amateurs au concept du ballon, le temps passe vite pour ces passionnés qui réalisent leur 1re véritable expérience chez eux, le 14 décembre 1782. Mettant le feu à un petit tas de laine et de paille mouillée, un ballon de papier doublé de toile s'élève tant bien que mal dans les airs... Mais au cours de leurs nombreuses tentatives de nuit, l'un de leurs plus gros ballons rompt ses amarres et s'envole vers les cieux. La rumeur s'enflamme et qualifie les 2 frères d'apprentis « sorciers » ! Pour y mettre fin, la famille décide d'organiser une démonstration publique le 4 juin 1783 sur la place des Cordeliers à Annonay. Pour la première officielle devant le conseil général de l'époque, une énorme toile s'élève au-dessus d'un feu de paille et de laine. Ce 1er véritable aérostat monte jusqu'à 1 000 m d'altitude, avant de retomber comme une crêpe dans une vigne ! Mais c'est gagné : malgré toutes les craintes et les superstitions, la montgolfière est née. Les frères Montgolfier réalisent très vite le 1er vol habité. Devant la cour de Louis XVI, une montgolfière s'envole le 19 septembre 1783 avec à son bord... un canard, un coq et un mouton ! Tous 3 rescapés, ils sont accueillis en héros à leur atterrissage. Pour parachever cette espèce de fable de La Fontaine, le mouton, seul animal qui ne soit pas ailé, aura même droit de finir ses jours dans la ménagerie royale ! Berceau d'inventeurs et de consciences éclairées...

TOUT FEU TOUT FLAMME !

Le principe de la montgolfière arriva telle une révélation par un soir d'orage, en 1782, lorsque Joseph Montgolfier, tout mouillé, fit sécher sa chemise au-dessus du feu de la cheminée. Celle-ci s'éleva soudainement, portée par l'air chaud du foyer (plus léger que l'air froid)... Papetier de profession, Joseph Montgolfier se mit à construire un ballon tout en papier, avec une source de chaleur à la base.

... et quelques autres

N'oublions pas non plus que les Montgolfier créèrent le papier vélin, et que leurs parents proches, la famille de ***Canson,*** inventèrent le papier-calque et les célèbres papiers à dessin du même nom. Comme les chiens ne font pas des chats, le petit-neveu des frères Montgolfier, ***Marc Seguin,*** inventera pour sa part le principe du pont à câbles suspendu (il fait encore des petits aujourd'hui dans le monde entier !) et travaillera à la conception de la chaudière tubulaire qui permettra d'accélérer la vitesse des trains. Il construira d'ailleurs de nombreuses lignes de chemin de fer.

Et puis, une révolution technologique pouvant en cacher une autre, bien plus sociale et considérable, la Révolution française mettra un autre enfant du pays sous les feux des projecteurs : l'avocat ***Boissy d'Anglas.*** Protestant attaché aux libertés publiques et individuelles, il est élu député par le tiers état, puis dirige la Convention, avant de s'exiler et de revenir avec les honneurs sous Bonaparte et Louis XVIII. Bref, on peut dire qu'à Annonay le Siècle des lumières aura laissé quelques traces...

Adresse et info utiles

i *Office de tourisme* *(plan D3)* **:** *pl. des Cordeliers. ☎ 04-75-33-24-51. • ardechegrandair.com • Mar-sam 9h30-12h30, 13h30-17h30 (18h en été), plus dim mat en été.* Organise d'intéressantes visites guidées (gourmande, théâtralisée) de la ville et des environs en haute saison.

Gare routière *(plan B1)* **:** *av. de l'Europe. ☎ 04-75-33-44-45.* Nombreuses liaisons avec Lyon et Valence (gares TGV) et Saint-Étienne. Également des bus pour les communes des environs : Saint-Péray, Satillieu, Lalouvesc, Lamastre.

– ***Marchés :*** *mer et sam mat, pl. de la Liberté. Un autre marché sam mat, pl. de la Libération.* Marchés de producteurs locaux, sympathiques et animés.

■ **Adresse utile**

i Office de tourisme (D3)

Où dormir ?

11 Hôtel du Midi (D2)
12 Chambres d'hôtes L'Air du Tan (hors plan par B1)

Où manger ?
Où boire un verre ?

20 Radicelles (D3)
21 Au Pré d'Ici (D3)
22 Le Lieu (D3)

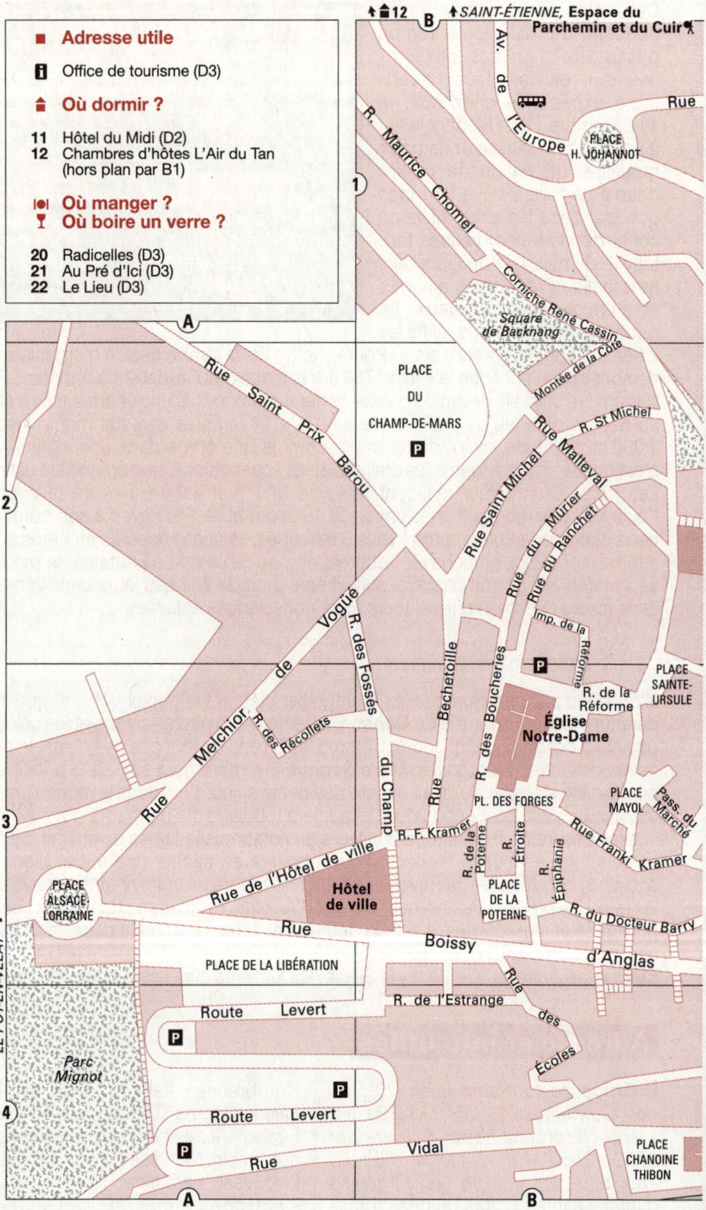

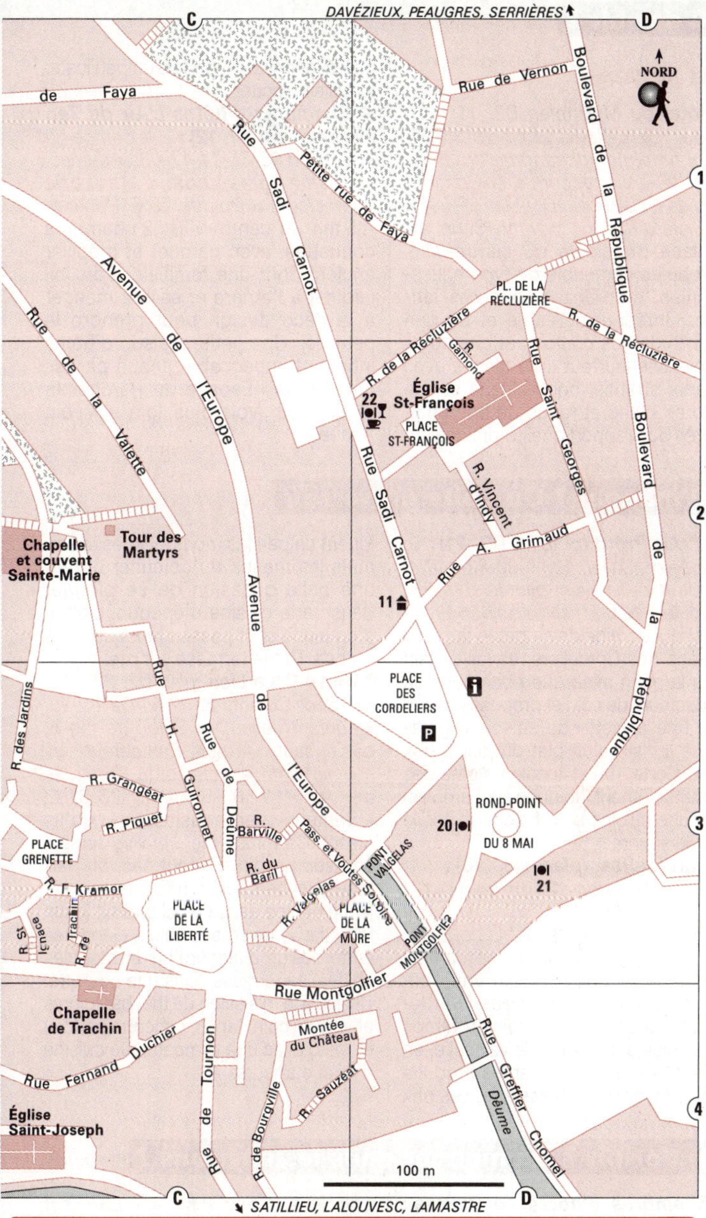
DAVÉZIEUX, PEAUGRES, SERRIÈRES
NORD
de Faya
Rue Sadi Carnot
Petite rue de Faya
Rue de Vernon
Boulevard de la République
PL. DE LA RÉCLUZIÈRE
R. de la Récluzière
R. Gamond
Avenue de l'Europe
Rue de la Valette
Église St-François
22
PLACE ST-FRANÇOIS
Rue Saint Georges
R. Vincent d'Indy
Rue A. Grimaud
Tour des Martyrs
Chapelle et couvent Sainte-Marie
11
PLACE DES CORDELIERS
R. des Jardins
Rue H. Guironnet
Rue de Deûme
R. Grangeat
R. Piquet
R. Barville
Pass. et Voûtes Soubise
PONT VALGELAS
ROND-POINT DU 8 MAI
20
21
PLACE GRENETTE
R. du Baril
R. F. Kramor
PLACE DE LA LIBERTÉ
R. Valgelas
PLACE DE LA MÛRE
PONT MONTGOLFIER
R. St Ignace
R. de Trachin
Rue Montgolfier
Chapelle de Trachin
Montée du Château
Rue Fernand Duchier
Rue de Tournon
R. Sauzéat
R. de Bourgville
Rue Greffier Chomel
Deûme
Église Saint-Joseph
100 m
SATILLIEU, LALOUVESC, LAMASTRE

ANNONAY

Où dormir ?

Prix moyens

Hôtel du Midi *(plan D2, **11**) : 17, pl. des Cordeliers. ☎ 04-75-33-23-77. • hoteldumidi.annonay@orange.fr • hotel-annonay.com • ♿ Congés : fêtes de fin d'année. Doubles 59-69 € ; familiales. Parking payant.* Situé sur la place principale du centre-ville, un robuste immeuble de type haussmannien, surprenant sous ces latitudes. Intérieur agréable et de bon confort : larges couloirs et chambres spacieuses (surtout côté place), avec parquet stratifié, bonne literie et une déco en blanc et rouge de bon goût. Un très bon rapport qualité-prix malgré une insonorisation parfois un peu juste. Excellent accueil.

Chambres d'hôtes L'Air du Tan *(hors plan par B1, **12**) : 2, la combe du Prieuré. 📱 06-81-11-17-08. • dumas.tourisme@gmail.com • tanneriedumas.com • Double 70 €. Parking.* À 5 mn du centre-ville, 2 chambres coquettes, avec parquet et mobilier ancien, dont une familiale. Fort joli jardinet à l'arrière et salle à manger à la déco design pour prendre le petit déj. Une petite maison d'hôtes intime et impeccable, tenue par les gérants de l'Espace du Parchemin et du Cuir (voir plus loin « À voir. À faire »).

Où manger ? Où boire un verre ?

Au Pré d'Ici *(plan D3, **21**) : 6, montée du Savel. ☎ 09-80-82-44-04. Ouv le midi lun-ven, plus le soir ven. Formule 24,50 € ; carte env 25 €.* Ce resto, qui domine de sa petite terrasse la place des Cordeliers, travaille main dans la main avec une ribambelle de producteurs du coin et propose chaque midi une assiette de saison végétarienne, ainsi qu'un plat du jour à prix doux. Carte 100 % locale (origine des produits dûment indiquée sur l'ardoise) pour une cuisine bien fraîche et servie avec le sourire.

Radicelles *(plan D3, **20**) : 21, rue Montgolfier. ☎ 09-54-78-12-41. Tlj sauf dim-lun et soir mar à jeu. Formule et menu 22-27 € déj sem, 43-55 € soir.* « Cuisine enracinée » assure l'enseigne. Et c'est vrai, tout – ou presque – est, ici, *made in* Ardèche, de la déco (dans l'air du temps avec cuisine ouverte) à la vaisselle, en passant évidemment par les produits (bio), joliment mis en assiette. Les prix jouent un peu les montgolfières le soir mais les menus du déjeuner offrent une belle occasion de se plonger dans cette cuisine d'époque, signée d'un jeune chef passé chez quelques grands. Petite terrasse sur rue.

Le Lieu *(plan D2, **22**) : 26, rue Sadi-Carnot. ☎ 07-81-02-85-25. • contact@lelieu.fr • Salon de thé et bar tlj sauf dim soir. Restaurant ouv soir jeu-sam et midi dim. Formules déj 9,50-13,50 €. Menus 28-31 €.* « Semeur d'enthousiasme » qu'ils disent. Ça tombe bien, la ville semble en avoir besoin. En tout cas, on partage volontiers l'enthousiasme de cette jeune équipe dans ce bel endroit (enfin joli « lieu »), avec ses salles élégantes entre design d'aujourd'hui et meubles chinés, sa terrasse dans une courette. Un lieu à la fois salon de thé, bar (bières et vins du coin, tapas, concerts parfois) et resto avec une sympathique cuisine d'ici et d'ailleurs.

Où dormir ? Où manger dans les environs ?

Chambres d'hôtes La Palisse *: 804, route de Cheval-La Palisse, 07340 **Peaugres.** ☎ 04-75-67-08-37. 📱 06-03-34-97-19. • abg.morel@wanadoo.fr • lapalisse-peaugres.com • ♿ À env 8 km au nord-est d'Annonay. Double 87 € ; familiale. Bouteille de jus de pomme offerte sur présentation de ce guide.* Une belle maison d'architecte, spacieuse et lumineuse. 3 superbes grandes chambres contemporaines aux noms évocateurs (Madurai, Beijing – avec lit *king size* –, Voyages), ouvrant chacune sur une terrasse d'où l'on pourrait presque entendre, en tendant l'oreille, les rugissements des lions du parc animalier... Copieux petit déj. Piscine autour d'une belle terrasse en teck. Très bon accueil.

Auberge du Lac : *Le Ternay, 07100* ***Saint-Marcel-lès-Annonay.*** *☎ 04-75-67-12-03. • contact@aubergedulac.fr • aubergedulac.fr • À env 10 km au nord d'Annonay. Resto tlj sauf lun-mar. Congés : janv et 1 sem à la Toussaint. Doubles 129-169 €. Menus 39-64 €. Apéritif maison offert sur présentation de ce guide.* Entre lac et montagne, cet hôtel chic compte une douzaine de chambres de très bon standing (dont quelques-unes avec baignoire balnéo ou douche à jets). Certaines avec terrasse donnant sur le lac (plus chères, évidemment). Belle déco à motifs floraux. Les chambres côté route sont toutefois un peu bruyantes. Piscine, à débordement s'ouvrant sur le lac. Au resto, un chef formé à bonne école qui aime à travailler les produits nobles (homard, etc.), donc prix en conséquence.

À voir. À faire

Les vieux quartiers : petite balade au départ de la ***place des Cordeliers*** *(plan D2-3),* où a eu lieu, le 4 juin 1783 et pour la 1re fois au monde en public, l'envol d'un ballon gonflé à l'air chaud. Une plaque commémorative rappelle cet événement qui rendra célèbres ses inventeurs, Joseph et Étienne Montgolfier. En surplomb, sur la gauche, la ***tour des Martyrs*** *(plan C2),* du XIIIe s, l'un des derniers vestiges des anciennes fortifications, est dominée par l'imposant bâtiment du couvent Sainte-Marie.

De la place, on franchit le joli ***pont Valgelas*** *(plan D3)* en dos d'âne, ancienne entrée de la ville fortifiée, qui date du XIIIe s.

Au-delà du pont, le passage et les voûtes Soubise (rue couverte qui circulait sous les remparts) permettent de rejoindre la ***place de la Mure,*** bâtie sur les contreforts du château aujourd'hui disparu. En prenant la rue d'Arvants et la rue Valgelas (vieilles portes cloutées et tourelles), on arrive sur la ***place de la Liberté*** *(plan C3),* où une statue rend hommage à un autre Annonéen Illustre, Marc Seguin. À gauche, belle vue sur le clocher octogonal de la ***chapelle de Trachin*** *(plan C4),* seul vestige d'un ancien prieuré fondé au début du XIVe s. La chapelle ne se visite que lors des visites guidées. Au-dessus du porche de style gothique, tête sculptée de son fondateur, Gigues Trachi, et Vierge à l'Enfant en pierre du XVIIe s.

CONCOURS LÉPINE

Petit-neveu de Joseph de Montgolfier, Marc Seguin (1786-1875) avait hérité du génie inventif de son ancêtre. Outre ses talents de procréateur (jusqu'à l'âge de 75 ans, il eut 19 enfants de ses 2 femmes !), il donna naissance à la chaudière tubulaire, et surtout au pont suspendu. Plusieurs ponts de ce type enjambent le Rhône aujourd'hui encore.

Au fond de la place de la Liberté, des escaliers permettent de rejoindre la ***rue Franki-Kramer,*** l'artère principale de la ville jusque dans les années 1850. Les convois de muletiers chargés de blé, de vin ou de poissons séchés empruntaient alors cette grande rue, au grand dam des habitants qui durent barder leurs murs de fer pour les protéger de l'assaut intempestif des roues ! On peut y voir de belles demeures bourgeoises avec cours intérieures, escaliers et rampes en fer forgé des XVIIe et XVIIIe s (nos 7, 11 et 13, puis 14), et le temple protestant installé depuis 1808 dans un bâtiment du XVIIe s (beau portail).

La ***place Grenette*** *(plan C3),* créée en 1480, ancien centre du commerce des grains, abritait en son centre une importante halle dont subsistent piliers et arcades. Au nº 1, splendide porte cloutée avec fronton de pierre du XVIe s. Dommage que presque toutes les boutiques de ces vieux quartiers soient fermées, symboliques de ces villes moyennes où le développement de zones commerciales en périphérie a porté un sérieux coup au centre-ville...

L'Espace du Parchemin et du Cuir (hors plan par B1) : *4, la combe du Prieuré. 06-81-11-17-08. • tanneriedumas.com • À 1 km au nord du centre-ville. Juil-août, mar-sam 14h-18h, dim 15h-18h ; le reste de l'année, lun-ven 14h-18h. Congés : vac scol d'hiver. Entrée : 6 € ; réduc ; gratuit jusqu'à 6 ans.* Installé sur le site de l'une des 3 dernières parchemineries encore en activité en France, cet étonnant musée dédié à l'histoire et à la fabrication du parchemin vaut le détour. Il s'organise autour du dernier séchoir à peaux d'Annonay et présente en détail le métier de parcheminier (avec démonstration à la clé !), et plus largement l'univers de la tannerie. On y trouve aussi une boutique qui propose des articles fabriqués à partir des matières naturelles animales (os, corne, laine, soies), tombées en désuétude avec l'expansion du plastique.

Faire un vol en montgolfière

– **Ardèche Montgolfières :** *64, montée des Aygas. ☎ 04-75-69-39-39. • ardeche-montgolfieres.fr • Avr-oct, sur résa, les w-e (mat seulement) et j. fériés (tlj en été). Vol de 1h min avec petit déj ; compter env 200 €/pers (tarifs dégressifs) ; 165 € enfants.* Cette agence a été agréée par l'Aviation civile. Décollage tous les jours par temps propice, sur réservation uniquement ou en fonction des places disponibles.

Fête et manifestations à Annonay et dans les environs

– ***Festival international du Premier Film :*** *10 j. début fév. • annonaypremierfilm.org •* Sélection internationale de 1ers longs-métrages inédits, des courts-métrages, des regards sur le cinéma d'un pays, d'une région ou l'œuvre d'un réalisateur, débats et rencontres. Un grand rendez-vous cinéphile.
– ***Fête de la Montgolfière :*** *1er w-e de juin.* Le dimanche matin, reconstitution en costumes d'époque du 1er envol de 1783. Un spectacle coloré et inoubliable.
– ***Les Gourmandises d'Ardèche :*** *2e w-e de nov.* Une cinquantaine de producteurs ardéchois, avec dégustation gratuite de charcuteries, fromages, confitures, etc. Les villes jumelées avec Annonay proposent aussi leurs spécialités gastronomiques. Délectable !
– ***Ardèche Balloon Festival :*** *le dernier w-e de juin, à* ***Quintenas.*** Rassemblement de passionnés de vols en montgolfière, avec baptêmes, démonstrations, vols acrobatiques et de nombreux concerts.

DANS LES ENVIRONS D'ANNONAY

Le musée des Papeteries Canson & Montgolfier : *700, rue de Vidalon, 07430* ***Davézieux.*** *☎ 04-75-69-89-20. • musee-papeteries-canson-montgolfier.fr • À env 4 km au nord-est d'Annonay. Juil-août, tlj 14h15-18h ; le reste de l'année, mer et dim 14h30-18h. Congés : fêtes de fin d'année. Entrée : 5,50 € ; réduc ; gratuit moins de 6 ans.* Aménagé dans la maison natale des fameux frères Montgolfier, ce musée retrace plus de 3 siècles de l'histoire de la papeterie annonéenne. Après une vidéo de présentation d'une dizaine de minutes sur la fabrication du papier, on découvre au gré d'une dizaine de salles de nombreux souvenirs de la famille (arbre généalogique, photos, impressionnants livres de comptes de la fin du XIXe s, etc.), et l'histoire de l'usine de Vidalon et de l'évolution des techniques papetières. Reconstitution d'un atelier et d'un laboratoire du début du XXe s. Au sous-sol, à la place même d'un ancien atelier, nombreuses et superbes machines d'époque. Vous aurez même droit à une démonstration de création à la main d'une feuille à l'ancienne.

Le Safari de Peaugres : *à 6 km au nord-est d'Annonay, au bord de la D 82.* ☎ *04-75-33-77-99.* • *safari-peaugres.com* • *De mars à mi-nov : juil-août, tlj 9h30-19h ; le reste du temps, se renseigner. Venir de préférence assez tôt car il y a de quoi passer la journée. Entrée : 24 € ; 21 € 3-12 ans ; réduc.* Un des plus beaux parcs animaliers du sud de la France. Créé il y a plus de 40 ans par Paul de La Panouse, concepteur-réalisateur du parc de Thoiry en région parisienne, le Safari de Peaugres permet de découvrir plus d'un millier d'animaux des quatre coins de la planète. D'un côté, un itinéraire pour les voitures permet de circuler au milieu des ours, bisons, zèbres, éléphants, rhinos, girafes, etc. Vous pourrez donc observer en toute sécurité tout ce petit monde vivant en liberté sur un vaste territoire de 50 ha de bois, de prairies ou de plans d'eau. Fermeture des vitres obligatoire et moments intenses garantis !

De l'autre côté de la route, un parc de 35 ha, que l'on visite à pied (compter 2-3h en prenant son temps), permet de rencontrer de plus près une faune tout aussi riche et variée : gibbons, pandas roux, tapirs, girafes, otaries, lémuriens, etc. On peut même traverser le territoire des lions, des tigres, des hyènes et des loups dans un tunnel de verre ! Dans les sous-sols du château (belle bâtisse de la fin du XIXe s), immersion dans l'univers souterrain d'animaux nocturnes, au gré d'un parcours scénarisé sombre à souhait et riche en surprises. Une miniferme également. On a bien aimé la *Serre aux 1 000 cachettes,* où l'on découvre toute l'ingéniosité des animaux pour se cacher et échapper à leurs prédateurs naturels. Et à propos de serre, celle « *des Minus* » est dédiée aux plus petits singes de la planète, dans un décor de forêt luxuriante.

Tout au long de la journée, différentes animations sont proposées par les soigneurs du parc, comme le moment riche en émotions de l'entraînement des otaries. Ajoutons que le Safari de Peaugres participe également à la sauvegarde de plus de 20 espèces protégées ou en voie de disparition.

L'espace Joseph-Besset, musée du Charronnage au car : *Fontaines de Vanosc, 07690* ***Vanosc.*** ☎ *04-75-34-79-81.* • *lavanaude.org* • *À env 12 km à l'ouest d'Annonay. Mi-avr à mi-oct, mer-dim 15h-18h30 ; et sur rdv tte l'année. Entrée : 6 € ; réduc ; gratuit moins de 15 ans.* Un musée qui rend hommage à l'enfant du village, Joseph Besset, charron carrossier de métier, mais surtout un sacré entrepreneur et visionnaire qui fut à l'origine, en 1938, du 1er car européen *Isobloc* à structure autoportante avec moteur à l'arrière. À l'époque, c'est une véritable révolution, et le succès ne se fait pas attendre ! Ces modèles sillonnent rapidement les routes de l'Europe, de l'Afrique du Nord, de l'Indochine et d'Amérique du Sud. Une véritable industrie se développe au niveau local, et Annonay devient la capitale française du car. Espace muséographique très bien fait (visite guidée par des passionnés), avec reconstitution d'un atelier de charron, parcours de Joseph Besset, histoire de la production des cars à Annonay, collection de modèles réduits, projection vidéo, et bien sûr, clou de la visite qui ravira les passionnés : une exposition d'une dizaine de superbes véhicules datant de 1928 à 1984 (Citroën P32 et P45, Tubincendie, Isobloc, etc.).

Randonnée de la vallée de la Cance : une super rando de 6 km (env 2h30 A/R), à faire depuis le village de Vernosc-lès-Annonay (à 7,5 km à l'est d'Annonay). On descend dans la vallée de la Cance, sauvage et encaissée, jusqu'à la majestueuse ***roche Péréandre,*** qui trône au milieu de la rivière. En chemin, on passe devant le pont suspendu de Moulin-sur-Cance, bâti d'après la technique inventée

L'ARDÈCHE

par Marc Seguin et classé Monument historique. Les plus pressés (pour ne pas dire les paresseux) iront se garer au parking de la roche Péréandre (indiqué depuis Vernosc-lès-Annonay). De là, 10 mn de marche pour rejoindre le pont.

LE RIVAGE (LA VALLÉE DU RHÔNE ARDÉCHOISE)

Si la rivière Ardèche a laissé son nom au département, c'est le Rhône qui y fait le plus long parcours (quelques 150 km). Et sur cette rive droite du Rhône, qu'on appelle ici tout simplement « le rivage », c'est encore une autre facette du département qui se dévoile, plus industrieuse, plus urbanisée. Mais les petites villes cachent de vieux quartiers de charme (Viviers, ancienne capitale du Vivarais mérite vraiment l'arrêt, tout comme Tournon). Et on s'offre quelques échappées vers des villages qui, comme souvent sinon toujours en Ardèche, ne manquent pas de caractère. Tout comme les vins qu'on produit ici.

La ViaRhôna : cette voie cyclable qui suit le cours du fleuve sur 815 km, du lac Léman à la Méditerranée, traverse l'Ardèche sur 93 km, répartis en 4 tronçons, avec, en alternance, des passages dans la Drôme : de Sarras à Glun, de Soyons à La Voulte-sur-Rhône, du Pouzin à Rochemaure et de Viviers à Bourg-Saint-Andéol. On emprunte des ouvrages d'art exceptionnels comme les 1ers ponts suspendus historiques du nord de l'Ardèche ou la passerelle himalayenne de Rochemaure, créée pour la *ViaRhôna* en réutilisant les piles du vieux pont. Et sans vouloir, chers lecteurs, vous pousser à la consommation, signalons quand même qu'un Routard « Spécial Vélo » est spécifiquement dédié à cette *ViaRhôna*.

SERRIÈRES

(07340) 1 160 hab. *Carte Ardèche, B1*

Posée sur la rive droite du Rhône, une très ancienne cité qui accueillait autrefois une importante communauté de mariniers et des équipages locaux très renommés. Malgré la disparition de la batellerie, la petite ville a conservé une de leurs belles traditions : celle des joutes nautiques. On y trouve une école et une équipe de jouteurs comptant plusieurs champions de France ! De grands tournois ont lieu sur le Rhône (le week-end qui suit le 14 juillet et le 2e samedi de septembre). La ville est entourée de vignobles en AOC saint-joseph et condrieu.

Adresse et info utiles

Pavillon du tourisme : *83, quai Jules-Roche. ☎ 04-75-33-24-51. Ouv en saison seulement.*

➢ **Bus** directs pour Annonay et Lyon.

Où dormir ? Où manger ?

Hôtel Schaeffer – Restaurant Saint-Georges : *34, quai Jules-Roche. ☎ 04-75-34-00-07. • info@hotel-schaeffer.com • hotel-schaeffer.com • (resto seulement). Resto tlj sauf mar-mer. Congés : 17 janv-2 fév, 1 sem début juin et 17 août-1er sept. Doubles 79-98 €. Formule et menu* *déj sem 17-25 € ; autres formules et menus 37-44 €.* Depuis plus de 80 ans, quelques générations se sont succédé aux fourneaux de cette grande maison au bord du Rhône, sans jamais démériter. La cuisine est à la fois de tradition et au goût d'aujourd'hui et les meilleurs produits sont à la fête. Dans le même esprit, séduisante carte des vins, privilégiant bien entendu les côtes-du-rhône septentrionaux (splendides saint-joseph). Service attentionné. À l'étage, une quinzaine de chambres aux couleurs pimpantes, modernes et fonctionnelles, insonorisées et climatisées. On aime bien celles avec vue sur le Rhône et le pont éclairé le soir. Une halte de grande qualité.

Où goûter et acheter du vin ?

Domaine Louis-Cheze : *Pangon, 07340* ***Limony.*** *☎ 04-75-34-02-88. • domainecheze.com • À 3 km au nord de Serrières. Tlj sauf dim.* Louis Cheze est l'un de ces vignerons méritants qui ont courageusement replanté le vignoble de Seyssuel détruit par le phylloxéra : des vins rouges à découvrir. Mais son domaine couvre plusieurs appellations. En saint-joseph, essayez sa cuvée dédiée à sa fille Caroline, ou sa « Ro-Rée » (forêt de chênes) en blanc, qui restent très accessibles. Et si vous voulez vraiment vous faire plaisir, ouvrez votre bourse pour sa Cuvée des Anges, qui mérite bien des louanges.

À voir

Le musée des Mariniers : *rue du Musée. ☎ 04-75-34-00-46 (mairie). Juin-Journées du patrimoine, tlj sauf mar et j. fériés 10h-12h, 14h30-18h. Entrée : 5 € ; gratuit jusqu'à 12 ans.* Installé dans l'ancienne église Saint-Sornin, monument classé, pour l'essentiel du XIVe s (bel ensemble de fresques d'époque, superbe charpente de bois de la nef). Intéressante expo autour de la batellerie de halage avec une petite collection de croix de mariniers, maquettes, costumes anciens, etc.

DANS LES ENVIRONS DE SERRIÈRES

L'église Saint-Pierre : *à* ***Champagne*** *(07340). À 6 km au sud de Serrières.* Bien que situé sur la rive droite du Rhône, Champagne, fief des seigneurs d'Albon, fut terre dauphinoise jusqu'à la Révolution. Ce n'est qu'en 1790 que la commune fut rattachée au département de l'Ardèche. Les dimensions de cette église témoignent sans doute de l'intérêt que présentait cette place forte, enclave impériale dans un Vivarais royal. Prieuré vraisemblablement fondé au IXe s par les chanoines de Saint-Barnard-de-Romans, il est placé aux XIe et XIIe s sous la dépendance de l'archevêque de Vienne, qui le confie aux moines bénédictins de Saint-Chef-en-Viennois. Ce sont eux qui, à priori (les historiens s'interrogent toujours) reconstruiront solidement cette église en lui donnant des allures de forteresse. C'est d'ailleurs toujours aujourd'hui l'église de l'abbaye voisine. Belle crucifixion sur le tympan central. La nef est une des très rares en France à être couverte de coupoles (avec celle de la cathédrale du Puy-en-Velay ou de l'église Saint-Hilaire à Poitiers). Autel contemporain.

La Treille : *13, route de Saint-Désirat, 07340* ***Champagne.*** *☎ 04-75-34-20-68. • bainas.daniel@bbox.fr • Ouv le midi tlj sauf lun, plus le soir ven-sam. Congés : 1 sem fin août et fêtes de fin d'année. Résa souhaitée. Formule déj 14 € et menus 19-28 €. Café offert sur présentation de ce guide.* C'est le rendez-vous des habitués, dont les employés de la cave coopérative voisine. Cuisine familiale, très terroir : crique, terrine maison, cuisses de grenouilles en persillade... Terrasse ombragée par une vraie vigne, bien agréable l'été.

SAINT-DÉSIRAT (07228) 900 hab. *Carte Ardèche, B1*

Jadis célèbre pour ses potiers, ce paisible village est aujourd'hui connu pour ses vignobles qui produisent l'un des meilleurs crus des côtes-du-rhône septentrionaux : le Saint-Joseph.

Où dormir ? Où manger ?

Hôtel La Désirade : *245, route de la Syrah. ☎ 04-75-34-21-88. • ladesirade2@orange.fr • hotel-ladesirade.fr • Resto le soir seulement, tlj sauf dim (mais planches-repas pour les clients de l'hôtel). Doubles 79-84 € ; familiales. Menu 26 €. Parking. Digestif maison offert sur présentation de ce guide.* Grosse maison de famille bicentenaire transformée en hôtel de charme, avec ses jardinières fleuries, son petit parc agréable et sa piscine pour se relaxer, sans oublier les vignes exploitées par le patron. Chambres à la déco rustico-chic (avec papier peint à motifs gentiment kitsch mais c'est fait exprès !) ou un peu plus contemporaine. Cuisine de terroir saine et parfumée. Accueil convivial.

À voir et... où goûter vins et eau-de-vie ?

La cave de Saint-Désirat et la maison des Arômes : *☎ 04-75-34-22-05. • cave-saint-desirat.com • ♿ Tlj 9h-12h, 14h-18h30 (en continu dim et j. fériés). GRATUIT.* De nombreuses fois primée pour la qualité de son travail de vinification, cette cave réunit les producteurs de Saint-Joseph, Condrieu et vins de pays. L'occasion de faire son choix entre les différents millésimes, qu'une dégustation vous permettra de départager. En sous-sol, intéressante expo interactive pour s'initier aux multiples arômes délicats (pain d'épice, champignon, fleurs blanches, etc.) que dégagent les différents cépages et pour travailler votre « nez ». Plus étonnant, on vous propose également une visite des caves à l'aide d'un casque... 3D ! Enfin, n'hésitez pas à parcourir le *sentier du domaine de Rochevine,* itinéraire fléché de 1h30 qui permet de découvrir cet adorable vignoble aménagé en terrasses (mais autant vous prévenir : ça grimpe ici ou là, plutôt sec).

Le musée de l'Alambic : *distillerie Jean-Gauthier, 600, route de la Syrah. ☎ 04-75-34-23-11. • jeangauthier.com • Lun-sam 8h (10h sam)-12h, 14h-18h (18h30 sam) ; dim et j. fériés, l'ap-m seulement. Se présenter 1h avt la fermeture. GRATUIT. Dégustation.* Au cœur de la distillerie Jean-Gauthier (qui transforme chaque année plus de 7 000 t de fruits en eau-de-vie !), le musée relate le charme d'une mémoire rurale aujourd'hui disparue, celle des « bouilleurs de cru ambulants ». Au début du XXe s, l'Ardèche comptait encore plus de 1 000 bouilleurs itinérants, qui officiaient dans les cours des fermes, les caves ou sur les places de village. 100 ans plus tard, on peut compter sur les doigts d'une main ceux qui s'évertuent à perpétuer cette vieille tradition, qui consiste à transformer des fruits en alcool.

Sur 1 400 m² d'exposition, de superbes appareils en cuivre, une collection de matériel, ustensiles et outils anciens, une vingtaine de dioramas commentés et plusieurs « alambics ambulants » assez impressionnants. Très bien fait et passionnant ! Après la visite, passage par la boutique pour piocher dans les belles bouteilles de la maison.

DANS LES ENVIRONS DE SAINT-DÉSIRAT

THORRENC (07340)

À 4 km environ au sud de Saint-Désirat. Adorable petit village de pierre plein de charme, blotti au creux de la vallée du Thorençon et au pied d'un château du XIe s. Depuis la route d'Annonay, point de vue remarquable sur le ***village et son château,*** et depuis la colline sur laquelle ils sont perchés, vue sur les Alpes, la vallée du Rhône et le Dauphiné.

L'Auberge de Thorrenc : *au village. ☎ 04-75-34-21-02. • contact@auberge-thorrenc.com • auberge-thorrenc.com • Resto ouv dim et le soir seulement jeu-sam. Congés : 21 déc-31 janv. Doubles 69-118 €, petit déj compris. Menu 33 €.* Une auberge installée dans une vaste et belle maison en pierre (l'ancienne ferme du château). Cuisine d'inspiration régionale et de bonne tenue. Jolies salles aux murs de pierre (dont une avec cheminée, très agréable dès les 1ers frimas), ou cour avec le glouglou de la rivière en fond sonore. Dans le bâtiment adjacent, 5 chambres rustiques et confortables, dont 3 avec mezzanine (bien en famille). Planchers de bois blond, quelques pans de pierres sèches et une déco dépouillée.

L'ARDÈCHE

TOURNON-SUR-RHÔNE

(07300) 10 800 hab. *Carte Ardèche, B1*

• Plan *p. 215*

Quel site naturel remarquable ! Le Rhône large et majestueux coule au pied de collines couvertes de champs de vigne en terrasses (rive gauche, la Drôme), et de parois rocheuses plus abruptes (rive droite, l'Ardèche). Un grand pont et une passerelle à haubans relient les 2 rives du roi des fleuves. À la croisée du Dauphiné et du Massif central, au cœur du berceau de l'appellation saint-joseph, 5e ville du département, Tournon est une petite cité commerçante, prospère et animée, notamment le samedi matin, jour du marché. On prend plaisir à se balader dans son centre piéton ou sur les bords du fleuve, avant d'aller visiter son vénérable château perché sur son piton rocheux, qui veille depuis des siècles sur le Rhône et l'entrée de la vallée du Doux. Déjà méridionale avec ses joueurs de boules, ses terrasses ombragées de platanes et ses vieilles pierres, Tournon mérite définitivement une escale.

LE FIEF D'UNE PUISSANTE ET ILLUSTRE FAMILLE

Du XVIe au XVIIe s, la ville rayonne grâce à la famille de Tournon, qui la transforme en une grande cité artistique, intellectuelle... et profondément religieuse. Famille dont on retrouve le nom dans certains chapitres de l'histoire du royaume de France. En 1525, Just Ier de Tournon meurt à la bataille de Pavie en combattant aux côtés de François Ier contre les armées de Charles Quint. Son frère, le cardinal François de Tournon, est chargé de mener les ***négociations pour faire libérer le roi de France, prisonnier de Charles Quint à Madrid.*** En échange, la France doit céder le duché de Bourgogne à son ennemi juré.
Son succès diplomatique lui donne accès au rang de ministre en 1541. Plus tard, il sera envoyé à Rome comme ambassadeur par Henri II. Successivement abbé de

Saint-Antoine puis de La Chaise-Dieu, cardinal, doyen du Sacré Collège et archevêque de Lyon, il faillit même être pape ! En 1536, le collège qu'il fonde à Tournon devient le pôle intellectuel et artistique de la ville et de la région.
La Réforme s'installe, et les idées nouvelles enflamment la cité. Ce qui ne plaît pas du tout au cardinal ! Il retire la direction de son collège aux laïcs pour la confier aux Jésuites en 1560. Le calme revenu, la religion catholique reprend le dessus, et on se glorifie alors de n'avoir plus un seul réformé dans les murs de la ville. ***La famille s'éteindra finalement en 1644,*** avec la mort de Just-Louis II à la bataille de Philisbourg. Sans descendance, sa succession fera l'objet de nombreuses convoitises. Après plusieurs années de procès, l'héritage est attribué à Marguerite de Montmorency Ventadour, sa grand-mère, puis, par des jeux d'alliances, à des seigneurs qui, finalement, se désintéresseront de Tournon et de ses terres, et le château sera transformé en prison.
En 1825, le 1er pont suspendu « en fil de fer » français, œuvre de l'Annonéen Marc Seguin, est lancé entre Tournon et Tain. Mais il génère un tel trafic qu'un 2d doit être construit un peu plus loin (l'actuelle passerelle piétonne et cycliste) quelques années plus tard. Tournon partage aujourd'hui ses intérêts entre sa vieille tradition commerçante, agricole, industrielle, et le tourisme.

LE SAINT-JOSEPH

Ce sont les Jésuites de Tournon qui, au XVIIe s, ont donné son nom de baptême à cet historique breuvage. Au Moyen Âge, on l'appelait simplement vin de Mauves du nom d'un petit village à une poignée de km au sud de Tournon. Et on en chargeait de pleines barriques sur le dos des mulets pour, à travers les Cévennes, ravitailler la cour de Charlemagne.
Du tout petit terroir d'origine, l'AOC créée en 1956, s'étend aujourd'hui à 26 communes, sur une soixantaine de km le long du Rhône entre Chavanay dans la Loire et Guilherand-Granges en Ardèche.
Mais ce vin a toujours autant de cœur et quelque chose de vrai, de simple, avec des sensations brutes, nature, fortes, authentiques.
Sur ces échalas, la syrah bâtit son saint-joseph rouge à la robe marron-beige, aux notes cuivrées, qui s'accommode très bien des petites caillettes ardéchoises, tandis que le saint-joseph blanc coule des demoiselles marsanne et roussanne et se marie facilement avec le saint-félicien.

Adresses et infos utiles

Office de Tourisme *(plan A1)* **:** *2, pl. Saint-Julien. ☎ 04-75-08-10-23. • ardeche-hermitage.com • De mi-juin à mi-sept, lun-sam 10h-18h30, dim 10h-13h ; le reste de l'année, horaires restreints lun-sam.* Propose en été des visites guidées du centre historique de Tournon et de Tain-l'Hermitage, et ***les Estivades,*** visites gourmandes, ludiques...

Gare routière *(hors plan par B2)* **:** *rue Pasteur.* Point de départ de plusieurs compagnies desservant le département et celui de la Drôme. La plupart des liaisons sont assurées par *Le Sept (• auvergnerhonealpes.fr •).*

Où dormir ? Où manger ?

Camping

Camping de Tournon HPA *(plan A1,* ***10****)* **:** *1, promenade Roche-de-France, à Tournon. ☎ 04-75-08-05-28. • camping@camping-tournon.fr • camping-tournon.fr • ♿ Congé : déc-janv. Forfaits pour 2 pers, 22-28 €. 70 empl.* Emplacement idéal, au centre de la ville, près des commerces et au bord du Rhône, sur un grand terrain plat ombragé. Vue sur le fleuve et les

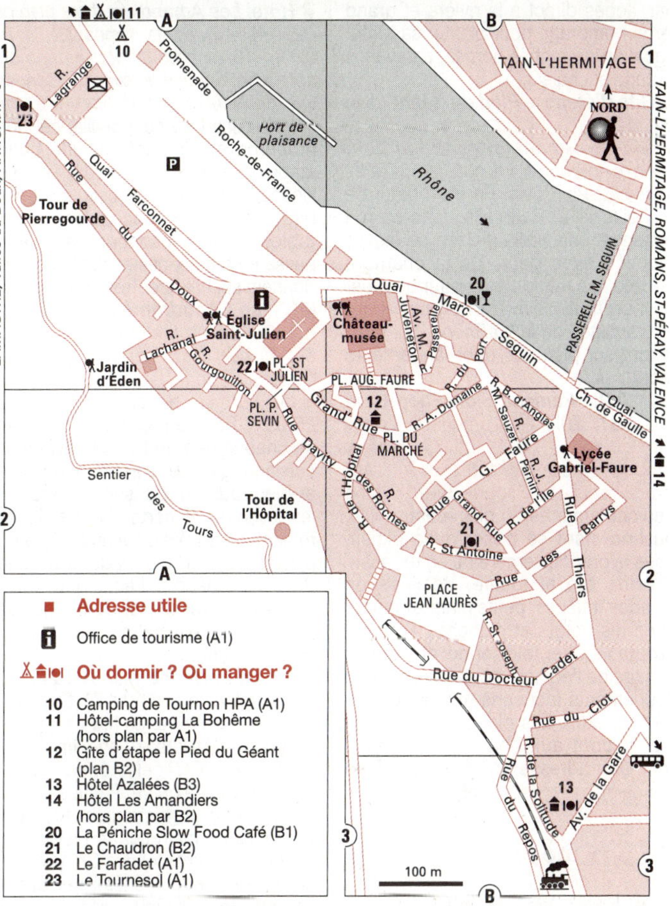

TOURNON-SUR-RHÔNE

collines de Tain-l'Hermitage sur la rive gauche. Autre avantage, ce camping, bien tenu, est ouvert (presque) toute l'année.

Bon marché

⛺ 🏠 🍽 ***Hôtel-camping La Bohême*** *(hors plan par A1,* ***11****)* **:** *222-226, route de Lamastre. ☎ 04-75-08-02-50. • contact@laboheme-ardeche.com • laboheme-ardeche.com •* ♿ *(camping). Ouv mars-oct (resto mi-mai à mi-sept, tlj sauf lun). Forfait camping 15-24 €. Doubles 50-69 €. Carte env 20 €. 30 empl. Café offert sur présentation de ce guide.* Sur les rives du Doux, à 5 mn de route de Tournon, une grosse bâtisse aux volets bleus qui abrite des chambres mignonettes, avec moquette, mobilier en bois clair et des touches de déco bien senties. Certaines partagent une salle de bains ou les toilettes sur le palier. Piscine, bar, accès direct à la rivière et grand terrain ombragé pour planter sa tente. Location de mobile homes, caravanes vintage et chalets.

Gîte d'étape le Pied du Géant (plan B2, **12**) : *25, Grande-Rue.* *06-75-37-44-05.* • *contact@gite-tournon.fr* • *gite-tournon.fr* • *Doubles 50-70 € ; nuitée 22-25 €/pers.* En plein cœur de la vieille ville, tranquille dans sa rue piétonne, une vieille maison de famille rénovée avec goût. De la chambre double au minidortoir pour 5, c'est mignon tout plein. Un bon plan pour les cyclistes de la *ViaRhôna,* qui trouveront sur place de quoi ranger leurs montures.

La Péniche Slow Food Café (plan B1, **20**) : *2, promenade Léon-Perrier.* ☎ *04-69-11-00-75.* • *slowfoodcafe@lapeniche.biz* • *Tlj sauf mer. Formule 14 € ; carte 15-20 €.* Une péniche amarrée en plein centre-ville, où l'on vient se poser avec plaisir, sous la grande verrière ou en terrasse. Cuisine bio et locale, déclinée en salades fraîches, petits plats à manger avec les doigts et planches « casse-croûte ». Clientèle jeune et cool, à l'image de l'équipe, qui organise moult événements (concerts, expos, conférences, etc.). Les places sont chères sur le pont aux beaux jours, venez tôt ! Une adresse qui marche à fond (de cale).

De prix moyens à chic

Hôtel Azalées (plan B3, **13**) : *6, av. de la Gare.* ☎ *04-75-08-05-23.* • *contact@hotel-azalees.com* • *hotel-azalees.com* • *Doubles 75-99 €. Formule déj en sem 15,50 € ; menus 24-40 €. Parking gratuit. Réduc de 10 % sur le prix de la chambre sur présentation de ce guide.* Hôtel très bien tenu, abritant des chambres à la déco soignée et colorée, toutes confortables et climatisées. Annexe côté parking, façon motel américain. Savoureuse cuisine traditionnelle à base de produits locaux (et légumes du jardin), élaborée par un maître restaurateur consciencieux. Belle carte des vins à prix sages. Excellent accueil.

Hôtel Les Amandiers (hors plan par B2, **14**) : *13, av. de Nîmes.* ☎ *04-75-07-24-10.* • *hotel@hotel-amandiers.com* • *hotel-amandiers.com* • *Congés : vac de Noël. Doubles 86-110 €. Parking.* À l'écart du centre-ville, cet hôtel moderne et pimpant est une bonne étape dans cette portion de la vallée du Rhône. Pas de charme rustique ici, mais des chambres impeccables, confortables et bien insonorisées (avenue passante à deux pas). Les plus calmes donnent sur l'arrière. Très bon accueil.

Le Chaudron (plan B2, **21**) : *7, rue Saint-Antoine.* ☎ *04-75-09-63-67. Tlj sauf dim, mar soir et jeu soir. Congés : 2 sem début août et vac de Noël. Formule déj sem 16 € ; menus 25-35 €.* Pas de potion magique dans ce chaudron-là, mais une savoureuse cuisine régionale, classique, copieuse et bien tournée, qui suit le marché et les saisons. La carte change régulièrement, mais le ris de veau aux morilles est toujours un plat vedette du chef. Salle à la déco à l'ancienne et très agréable terrasse qui donne sur une petite place au calme, au cœur du vieux Tournon.

Le Farfadet (plan A1, **22**) : *14, pl. Saint-Julien.* ☎ *04-75-08-53-03.* • *lefarfadet07@orange.fr* • *Ouv le midi mer-dim, plus le soir ven-sam. Menus 22,90-26,90 €. Digestif offert sur présentation de ce guide.* Petite salle voûtée à l'ambiance bistrotière et terrasse, tranquille en plein centre piéton, face à l'église Saint-Julien. On y mange simple mais bon : généreuses salades comme plats de région (caillette, ravioles, cuisses de grenouilles) à base de jolis produits du coin dont pas mal de légumes oubliés. Et l'accueil est tout sourire.

Le Tournesol (plan A1, **23**) : *44, av. du Maréchal-Foch.* ☎ *04-75-07-08-26.* • *contact@letournesol.net* • *Tlj sauf dim soir et mar-mer. Menus 22 € (déj sem) et 32-52 €.* Fraîcheur et qualité des produits, travail net et précis, une bonne dose d'inventivité et des assiettes bien présentées. Jolie cave, riche en côtes-du-rhône. La salle, toute en poutres et pierres a de l'allure et à l'arrière, la terrasse ombragée est bien sympa. Service irréprochable. Belle adresse, au final.

Où dormir ? Où manger dans les environs ?

Camping Ferme de Simondon : *370, chemin Simondon, 07300* ***Plats.*** *☎ 04-75-07 65-75. • brunoprimois@gmail.com • restaurant-gite-camping-simondon.com • À 12 km au sud-ouest de Tournon. Camping ouv mars-sept, chambres tte l'année. Forfaits pour 2 pers, 18-23 €. Nuitée en dortoir, 23 €/pers. Double 78 €. 27 empl.* Un ancien hameau dans une tranquille campagne, un peu en hauteur (sympathique panorama sur le Vercors). Dans les champs, des ânes, des moutons et des chevaux. Sur les terrasses, de vastes emplacements où planter sa tente. Cabane-lodge, tentes trappeur ou médiévale à louer. Dans les maisons, des gîtes, un minidortoir (6 lits) et une jolie chambre d'hôte. Piscine. Sauna et spa (en supplément). Épicerie-bar et resto. Accueil très amical.

Chambres d'hôtes Le Château de Lemps : *100, rue de l'Église, 07610* ***Lemps.*** *☎ 04-75-06-80-08. 07-85-64-69-15 • chateaudelemps@gmail.com • chateaudelemps.com • À 12 km au nord-est de Tournon. Ouv avr-oct. Double 75 € ; familiale. Repas 25 €.* Une adresse chargée d'histoire. Dans ce petit village habité par quelques familles, le château d'Iserand s'élève depuis le IXe s. Sa ferme, rescapée de l'histoire, est devenue le château de Lemps et appartient à la famille de vos hôtes depuis 2 siècles. 4 chambres d'excellent confort, dont la plus belle, la bleue, donne sur le parc de 3 ha. Bonne table d'hôtes dans la salle à manger de style néomédiéval et super petit déj avec délicieuses confitures maison. Accueil chaleureux. Une adresse qui réjouira les amateurs d'ambiance d'autrefois.

Du Jardin à l'Assiette : *12, av. Saint-Jospeh, 07300* ***Mauves.*** *☎ 04-75-07-25-56. • contact@dujardinalassiette.fr • À 4 km au sud de Tournon. Ouv lun-ven. Congés : 2 sem en fév et 2 sem en août. Formule déj en sem 14,90 €. Carte 35 €.* Petite salle à la déco moderne, presque toujours pleine, et ce grâce au talent du chef, qui exprime son savoir-faire avec des produits de qualité. Cuissons parfaites, assiettes soignées, accompagnements originaux. La carte est courte et tourne au fil des mois. Aux beaux jours, courette sur l'arrière. Très fréquenté par les gens du coin, et c'est un signe qui ne trompe pas.

Où goûter et acheter du vin dans les environs ?

Domaine Bernard Gripa : *5, av. Ozier, 07300* ***Mauves.*** *☎ 04-75-08-14-96. Tlj sauf sam (sauf résa) et dim. À env 4 km au sud de Tournon.* Bernard Gripa et son fils Fabrice, réputés entre autres pour leurs saint-joseph, produisent également d'excellents saint-péray en rouge comme en blanc.

À voir

Le château-musée (plan B1) **:** *14, pl. Auguste-Faure. ☎ 04-75-08-10-30. • chateaumusee-tournon.com • De mi-mars à fin juin et de sept à mi-nov, tlj 14h-18h ; juil-août, tlj 10h-19h ; de mi-nov à déc, tlj 14h-17h30. Visites guidées (+ 2 €) : en été, tlj à 15h et 16h30. Entrée : 4 € ; réduc ; gratuit jusqu'à 7 ans et pour tous le 1er dim du mois (hors juil-août).* Perché sur son piton rocheux, le château a été construit entre le Xe et le XVIe s. Prenez le temps, à l'entrée, d'admirer la superbe porte cloutée donnant accès à la cour d'honneur : elle en impose ! Le bâtiment sur la droite de la cour est le dernier vestige d'un ancien donjon du Xe s, dont la partie supérieure a été rasée pour y aménager les jardins en terrasse ; à gauche, une aile du XIVe s, qui abrite désormais une vaste salle d'expositions temporaires, et au fond, un grand bâtiment Renaissance accueille le musée. Après cette mise en bouche, on se balade entre les étages pour découvrir les différentes expositions, entre l'histoire de la famille de Tournon, la batellerie (croix de mariniers, maquette du 1er pont suspendu de Marc Seguin...) et de belles peintures d'artistes d'ici ou d'ailleurs (Marcel Gimond, Raoul Dufy...). Les terrasses permettent de profiter d'une vue exceptionnelle sur les vignobles, le Vercors, le Rhône et les vieux quartiers de Tournon. Elles donnent surtout accès à la jolie *chapelle Saint-Vincent,* qui renferme le clou de la visite : un magnifique triptyque (daté de 1555) de l'artiste florentin Giovanni Capassini.

L'église Saint-Julien *(plan A1)* **:** collégiale jusqu'en 1790, elle date pour l'essentiel du XIVe s. Remarquer la présence incongrue de 5 maisons directement accolées à la façade de l'église, qui remplacèrent de petites chapelles détruites en 1790 par décision révolutionnaire ! Intérieur de style gothique flamboyant. Belles fresques des XIVe-XVIIe s ornant la chapelle des Pénitents et le chœur. Quant à la chapelle de l'Immaculée-Conception, elle abrita durant 11 ans le cercueil du dauphin François, mort au château en 1536 et dont les funérailles n'eurent lieu qu'à la mort de son père, François Ier ! Une fresque exécutée par l'artiste tournonais Paul Sevin rappelle cette longue présence.

Le lycée Gabriel-Faure *(plan B2)* **:** *visite lors des Journées du patrimoine et expos temporaires dans la bibliothèque.* 2e plus vieux lycée de France fondé en 1536 par le cardinal François de Tournon, dont la statue se dresse sur la place (le lycée n'adoptera son nom actuel qu'en 1967). Pendant des siècles, toutes les familles importantes du Vivarais y ont envoyé leurs fils. Au début du XVIIe s, le collège recevait entre 1 500 et 3 000 élèves, alors que la ville ne comptait guère que 3 000 habitants !
Parmi quelques élèves ou enseignants devenus célèbres : saint François-Régis (grand apôtre du Vivarais), Jean-François Gondi (1er archevêque de Paris), et Stéphane Mallarmé, qui y obtint son 1er poste de professeur d'anglais à partir de 1863 (il se fera renvoyer en 1866 et aura cette formule sur l'Ardèche : « ce département renferme les 2 mots auxquels j'ai voué ma vie : art, dèche »). La très belle chapelle baroque construite au XVIIIe s fut la seule, avec l'impressionnant portail d'honneur Renaissance, à échapper à un terrible incendie qui ravagea les bâtiments et la riche bibliothèque du cardinal, dans laquelle il stockait également de précieuses œuvres d'art du début du XVIIIe s.

Le jardin d'Éden *(plan A1)* **:** *8, rue Lachanal.* ☎ *04-75-07-05-27.* • *edenparc.eu* • *Ouv printemps-automne : juin-août, tlj 10h-19h ; avr-mai, tlj sauf mer 14h-19h. Entrée : 6 € ; réduc. Visite guidée assurée par le propriétaire.* Un parc de 1 ha autrefois propriété d'un monastère du XVIe s, situé en plein centre-ville. Murailles Renaissance, chemins étroits, ruisseaux, petits ponts et bassins. C'est un lieu idyllique et insolite où il fait bon flâner en contemplant Tournon du haut de sa magnifique terrasse.

À faire

Le train de l'Ardèche : *gare de Tournon-Saint-Jean.* ☎ *04-75-06-07-00.* • *trainardeche.fr* • *Résa obligatoire. Label Accueil Vélo (parc à vélos, bornes de recharge VAE, fourgon à bagages dans le Mastrou).* Propose plusieurs trajets.
– **Le train des gorges :** *en service mars-nov. Départs presque tlj (jusqu'à 2/j. à certaines dates l'été) ; consulter le site. A/R : 16,50 € ; 8,10 € 4-13 ans ; gratuit jusqu'à 4 ans. Durée : 1h15.* Tracté par une antique locomotive à vapeur, dans une voiture panoramique, on remonte la partie la plus encaissée des gorges du Doux jusqu'à la petite gare de Colombier-le-Vieux. Puis retour.
– **Le Mastrou :** *avr-oct, départ ts les mar et jeu (plus mer et dim en juil-août) à 10h de Tournon ; retour de Lamastre à 16h30. Juil-août, départ dim à 10h. A/R : 22,50 € ; 4-14 ans 11 € ; gratuit jusqu'à 4 ans.* 28 km de balade pépère, au rythme effréné d'un TGV (Train Gentiment à Vapeur). Plein d'eau en cours de route à Boucieu-le-Roi et 3h d'arrêt à Lamastre pour écumer le marché hebdomadaire.

➢ Les courageux emprunteront ces rails d'une autre façon, originale... à la force de leur sueur à bord d'un *vélorail* (voir le chapitre « la vallée du Doux »).

Manifestations

– ***Les Petites Scènes découvertes :*** *au printemps et à l'automne, ts les 2 ans.* • *kiteus.fr* • Festival jeune public. À Tournon et à Tain-l'Hermitage.
– ***VoChora :*** *en juil.* • *vochora.fr* • Festival d'art polyphonique et vocal à Tournon, Tain-l'Hermitage et dans les petites communes de la vallée du Doux. Concerts en saison également de septembre à avril.
– ***Festival Shakespeare :*** *la 2de quinzaine de juil.* • *festivalshakespeare.fr* • Une compagnie de jeunes amateurs et de professionnels (âgés de 12 à 20 ans) talentueux mettent Shakespeare et le monde élisabéthain à l'honneur, dans la cour du château et dans les environs. Quelques compagnies étrangères également.
– ***Festival national des humoristes :*** *10 j. fin août.* • *festivaldeshumoristes.com* • Né en 1989 grâce à une bande de joyeux lurons de Tournon, ce festival connaît une renommée et un succès croissants et largement mérités. Spectacles d'artistes confirmés, découverte de nouveaux talents (y ont été révélés, entre autres, Dany Boon, Éric et Ramzi, Kavanagh). Ambiance pleine de convivialité et de gentillesse. Également à noter, les « Préludes à l'humour », dans plusieurs communes de la région à cheval sur l'Ardèche et la Drôme, juste avant le début des grandes soirées du festival de Tournon.
– ***Foire aux oignons :*** *le 29 août.* Gigantesque rendez-vous autour du fameux oignon de Tournon et de l'ail, son cousin, avec plus de 1 000 exposants. Également des produits du terroir, du matériel traditionnel et de nombreux... bestiaux. Une ambiance d'un autre temps pour ce grand et sympathique rassemblement dont l'origine remonte au XIVe s !

SAINT-PÉRAY (07130) 7 500 hab. *Carte Ardèche, B2*

On voit se dessiner sur la rive du Rhône, un massif de hautes collines rocheuses. Perchées sur un de ces éperons vertigineux, les ruines romantiques du château de Crussol dominent le village de Saint-Péray, blotti dans une petite vallée et entouré de vignes. Les vins AOC de ce terroir sont bien connus des amateurs : le saint-péray, vin blanc tranquille ou pétillant, et le cornas, vin rouge de garde produit dans la petite commune du même nom, à 2 km au nord.

LE CORNAS

Officiellement « Appellation d'origine contrôlée cornas » depuis l'été 1938, ce vin de qualité, surtout quand on sait l'attendre, a un goût de terroir caractéristique. Connu depuis les Romains, recherché et apprécié depuis le Moyen Âge, un vin dont la couleur grenat foncé a fait dire de lui, sous Louis XV, qu'il était « un très bon vin noir ».
L'appellation cornas se limite à la seule commune de Cornas, aux vins rouges et au cépage syrah : une petite trentaine de producteurs se partagent à peine plus de 100 ha. Un petit vignoble donc. Prétendument sévères dès leur naissance, ces vins apparaissent durs et peu aromatiques dans leur prime jeunesse ; puis, avec le temps, ils s'arrondissent. Ils se révèlent au bout de 5 ans et se comportent très bien jusqu'à 20 ans.

LE SAINT-PÉRAY

Sûrement le moins connu des vins des côtes-du-rhône. Le village de Saint-Péray avait été rebaptisé en 1793, Péray-Vin-Blanc. Parce qu'ici on élabore des vins blancs dont, depuis le XIXe, un bon quart de pétillants ; et quels pétillants ! Des vins effervescents, en méthode traditionnelle, qui permettent aujourd'hui encore à ce village de se faire surnommer le Reims de l'Ardèche, même si son sol n'a rien à voir avec les terres de Champagne. Ici, en Ardèche, c'est la rocaille, et le saint-péray est remarquable pour sa « minéralité ».
Oui, l'Ardèche, c'est sec, mais les vins de Saint-Péray, eux, sont fins, avec une robe légèrement jaune. Il faut dire que jadis on vinifiait ici en « vendanges tardives », bien avant qu'on ne pense aux bulles. Aujourd'hui, cette toute petite appellation de même pas 100 ha, continue à affirmer sa singularité. Alors, goûtez (avec modération, of course) au saint-péray pétillant comme l'ont fait Wagner et Baudelaire (ou le pape Pie VII...), qui ne tarissaient pas d'éloges sur ce vin.

Adresse utile

Office de tourisme : *1, rue de la République. ☎ 04-75-40-46-75. • rhone-crussol-tourisme.com • Mar-sam 9h-12h30, 15h-19h (10h-12h, 14h-17h oct-mars).* En été (le jeudi après-midi), propose des visites de vignobles (payantes) accompagnées par les viticulteurs.

Où manger à Saint-Péray et dans les environs ?

De prix moyens à chic

Auberge de Crussol : *chemin de Beauregard, à Saint-Péray. ☎ 04-75-40-47-65. • aubergedecrussol@gmail.com • Sur le parking du château de Crussol. Tlj midi et soir. Menu env 30 €. Carte env 35 €.* Situation privilégiée pour ce resto installé au pied des ruines du château de Crussol. Et vue enchanteresse depuis la grande terrasse ombragée qui domine les coteaux de Saint-Péray et de Cornas. Cuisine de bistrot d'aujourd'hui bien ficelée (avec des burgers d'anthologie). Chouette carte des vins, à prix gentils.

Plus chic

Le Carré d'Alethius : *4, rue Paul-Bertois, 07800* ***Charmes-sur-Rhône.*** *☎ 04-75-78-30-52. • lecarredalethius@orange.fr • À 10,5 km au sud de Saint-Péray. Tlj sauf dim soir, lun et le midi mar-mer. Congés : 15-30 août. Menus 32 (déj sem)-110 €.* L'adresse gastronomique du secteur. Au centre d'un petit village, ce resto chic et design porte le nom d'un sénateur romain dont le sarcophage est conservé à Charmes. En salle ou dans le patio intérieur, on déguste une cuisine inventive et raffinée, d'un des grands talents de la région, étoilé depuis 2014. Dommage, justement, que les prix se soient envolés avec cette étoile ! Mais, vu la cuisine, le menu du déjeuner reste franchement accessible.

Où goûter et acheter du vin dans les environs ?

Domaine Alain Voge : *4, impasse de l'Équerre, 07130* ***Cornas.*** *☎ 04-75-40-32-04. • alain-voge.com • Lun-ven 9h-18h.* La vigne se développe où elle se plaît, et à priori, ici, elle aime s'enraciner. Chez ce producteur de cornas, le saint-péray coule également, tranquille (sans bulles) ou pétillant.

Cave J.-L.-Thiers : *725, route de Biguet, 07130* ***Toulaud.*** *☎ 04-75-40-49-44. • domainedubiguet.fr •*

Tlj sauf mar et dim. Ici, c'est l'esprit terroir avant tout, l'attachement aux valeurs et aux coutumes. Alors, à Toulaud, on fait du saint-péray tranquille (sans bulles), mais aussi du cornas, ou encore ce saint-péray « Terres rouilles », à prédominance roussanne, davantage complexe et ample que le « tranquille ».

Domaine Courbis : *6, route de Saint-Romain, 07130* ***Châteaubourg.*** *☎ 04-75-81-81-60. • vins-courbis-rhone.com • Lun-ven 9h-12h, 14h-18h ; sam sur rdv.* « Propriétaire-éleveur », dit l'enseigne, et c'est vrai qu'ils savent l'élever leur cuvée Royes en appellation saint-joseph. Mais ils produisent également d'intéressants cornas.

À voir

Le château de Crussol : *chemin de Beauregard. ☎ 04-75-81-00-51. • chateaudecrussol.com • Une route, étroite et sinueuse, monte jusqu'au parking. Accès à pied ensuite (environ 800 m). À l'accueil (ouv avr-nov), expo sur l'histoire et la restauration du site ; ruines en accès libre tte l'année. Visites guidées mer et sam-dim (à 14h avr et sept ; à 10h30 mai-août) : 5 € (compter 1h30).* À l'instar de toutes les bourgades implantées le long du Rhône, Saint-Péray a une origine très ancienne. Un éperon rocheux, endroit clé de la vallée, qui séduit les Gallo-Romains dès le début de notre ère. On y adorait le dieu Mars. À partir du Xe s, la famille de Crussol, seigneurs des lieux y édifient leur château. 6 siècles plus tard, ce nid d'aigle stratégique comporte une multitude d'enceintes ceinturant un logis seigneurial. À ses pieds, le quartier de la Villette compte une centaine de maisons où la population vient s'abriter en période de conflit. Au XVe s, les habitants, lassés des conditions de vie trop dures, quittent finalement le site du château de Crussol pour se fixer dans la vallée qu'arrose le Mialan et pour reprendre une activité que les Romains avant eux pratiquaient déjà : l'exploitation de la pierre blanche. La famille de Crussol, quant à elle, finit à son tour par déserter les lieux. Devenus par alliance ducs d'Uzès, pairs et cousins du roi accédant aux plus hautes charges, ils abandonnent petit à petit le château.

Incendié par 2 fois durant les guerres de Religion, effondré sous les mines des carriers qui exploitent le calcaire en contrebas, le château reçoit le coup fatal en 1952, lorsque la foudre abat la dernière tourelle.

Les ruines du château sont aujourd'hui un site romantique par excellence. En 1839, Victor Hugo émerveillé avait déjà dessiné Crussol comme un « burg » de la vallée du Rhin. Des ânes vivent ici pour éviter l'embroussaillement. Et c'est un site naturel classé. Sur les pelouses sèches poussent pas moins de 40 espèces d'orchidées sauvages et quelques oiseaux rares se plaisent ici : discrets choucas ou merles bleus et rapaces (circaète Jean-le-blanc, milan noir)... Et de là-haut, ***remarquable point de vue*** sur la vallée du Rhône.

DES RUINES INSPIRÉES

Thomas E. Lawrence, alias Lawrence d'Arabie, traversait l'Ardèche à vélo en 1907. Il découvrit les ruines de Crussol et y passa la nuit : « Beau château du XIIe s sur un précipice à 150 m au-dessus du Rhône. » Un avant-goût des vertigineuses citadelles des croisés qu'il allait découvrir plus tard au Proche-Orient...

Fêtes et manifestations à Saint-Péray et dans les environs

- ***Fête de Crussol :*** *le dernier w-e de juin, au château.* Spectacle et embrasement du château.
- ***Fête du Vin :*** *le 1er w-e de sept, à Saint-Péray.* Marché aux vins, animations, concerts, etc.

– ***Marché de potiers du pays de Crussol :*** *le 3ᵉ w-e de sept.* Marché tournant sur 6 communes alentour.
– ***Marché aux vins :*** *le 1ᵉʳ w-e de déc, à* ***Cornas.***
– ***Crussol Festival :*** *le 1ᵉʳ w-e de juil, au château de Crussol.* Créé en 2017 à l'initiative de la chanteuse Zaz, un festival de musiques actuelles : grands noms et découvertes.

DANS LES ENVIRONS DE SAINT-PÉRAY

SAINT-ROMAIN-DU-PANORAMA

Le village de Saint-Romain-de-Lerps offre un tel panorama qu'il paraît que par temps clair, on pourrait y embrasser du regard jusqu'à 13 départements ! Nous, on n'en a pas compté autant, mais la vue est effectivement superbe.

Saint-Romain-de-Lerps *(07130) : à 9 km au nord-ouest de Saint-Péray.* Une très jolie route en corniche permet de rejoindre ce petit village qui offre l'un des plus grandioses belvédères du département. La montée, par une raide et étroite route pleine de lacets (la D 287), est éblouissante. Enfin, on se retrouve sur les collines dominant la plaine valentinoise. 2 balcons d'orientation aménagés de part et d'autre d'une petite chapelle offrent une vue panoramique sur la vallée du Rhône, les Alpes et les Cévennes.

Le site archéologique de Soyons *(07130) : à 7 km au sud de Saint-Péray.* *☎ 04-75-60-88-86. • rhonecrussol.fr • ♿ (musée seulement). Avr-juin et sept-oct, mer-dim visites guidées ttes les 30 mn 14h-18h ; juil-août, tlj 10h-19h ; le reste de l'année, pour les groupes sur rdv seulement. Dernière visite des grottes 1h avt la fermeture. Forfait musée + grottes : 8 € ; réduc. Prévoir un vêtement chaud pour la visite des grottes.* Modeste village établi entre des massifs calcaires où se campait un édifice fortifié dont il ne reste que la « tour penchée ». Soyons, dont le nom vient de Soïo, déesse adorée par un peuple gaulois qui fit de ce village sa capitale, possède un patrimoine archéologique qu'on peut qualifier d'exceptionnel. Le village a révélé une occupation humaine sans discontinuité depuis 150 000 ans ! Ainsi trouve-t-on à Soyons, sur une trentaine d'hectares, 7 cavités (dont 2 se visitent) et la plus grande concentration de France de vestiges de toutes les époques, du Paléolithique au Moyen Âge, dont un musée donne un petit aperçu.
– *Les grottes :* la visite (guidée) démarre par la ***grotte de Néron*** (classée Monument historique) où on s'offre un petit voyage à la rencontre de nos lointains ancêtres, les Néandertaliens. Elle se poursuit dans celle du ***Trou-du-Renard,*** où l'on peut admirer un décor féerique de concrétions calcaires : des stalactites, stalagmites, draperies, colonnes... créées par les eaux d'infiltration.
– *Le Musée archéologique (près de l'église) :* il présente des collections de la période de Neandertal au Moyen Âge. À noter, les restes d'un squelette de mammouth retrouvés en creusant la cave d'un habitant de Soyons ! Également l'autel à sacrifices de la déesse Soïo, une mosaïque romaine... Une visite qui permet d'entreprendre un fabuleux voyage dans le temps ! Des ateliers d'initiation à la fouille archéologique sont proposés aux jeunes archéologues en herbe.

Le Jardin des trains ardéchois : *1230, route de Nîmes, 07130* ***Soyons.*** *☎ 04-75-60-96-58. • jardin-des-trains.com • Ouv de mars à mi-nov : mer et sam-dim (tlj pdt vac scol de la zone A) 14h-18h ; avr-juin et sept, tlj 14h-17h30 ; juil-août, tlj 10h-19h. Entrée : 8 € ; 6 € enfants ; gratuit moins de 3 ans.* Les créateurs passionnés de ce petit parc-jardin ont reconstitué le décor naturel de l'Ardèche sur un terrain de 2 800 m². Des trains miniatures se faufilent entre plus de 900 bonsaïs, traversant rivières, viaducs, tunnels et gares, au cœur des plus fameux paysages ardéchois reproduits à petite échelle (mont Gerbier-de-Jonc, gorges de l'Ardèche, lac d'Issarlès, etc.). Un endroit accueillant et très bien aménagé, qui enchante les enfants et leurs parents.

Charmes-sur-Rhône** (07800) :* son charme (c'est facile, on sait) réside dans le ***vieux village et ses ruelles pavées à arcades, qui montent à flanc de coteau jusqu'aux ruines de l'ancienne résidence des seigneurs de Crussol. Sentier d'interprétation, le *sentier du Troubadour,* au cœur du village. En été, visites théâtrales et costumées certains soirs.

LA VOULTE-SUR-RHÔNE

(07800) 5 040 hab. *Carte Ardèche, B2*

C'est à La Voulte-sur-Rhône que l'Eyrieux mêle ses eaux fraîches à celles du Rhône. Située dans une boucle que formait jadis le grand fleuve, la petite ville en a tiré son nom *la volta,* qui signifie « la courbe » en provençal. Les amateurs de rugby des années 1970 n'ont pas oublié qu'elle fut en tête des championnats nationaux grâce aux frères Camberabero. Dans cette petite bourgade paisible dominée par son château, on découvre quelques vestiges médiévaux, et puis les traces d'un passé moins lointain, celui de l'industrie minière et de la métallurgie, qui a fait vivre la région de nombreuses années durant.

Adresse et infos utiles

***Office de tourisme** : pl. Étienne-Jargeat. ☎ 04-75-20-81-81. • ardeche-buissoniere.fr • Tlj sauf l'ap-m le w-e 9h-12h, 14h-18h.*

➢ ***Liaisons avec Valence :*** env 1 bus/h. 2 arrêts : La Voulte-Mairie (à côté de la mairie) et La Voulte-Cité.

– ***Marché :*** *ven mat, pl. Étienne-Jargeat.*

– ***Foire à la brocante-marché aux puces :*** *le 4e dim du mois, pl. Camille-Debard.*

– ***Kiosques à musique :*** *en juil-août, mer et ven soir, pl. Camille-Debard.* Les kiosques de la ville s'animent de divers concerts.

Où manger ?

***La Treille** : 21, quai Jean-Jaurès. ☎ 04-75-62-42-31. ♿ Tlj sauf lun (plus dim soir et mer soir hors saison). Formule déj en sem 15,50 € ; menus 25-33 €.* Près du Rhône et du pont suspendu de la ville, ce discret resto prolongé par une terrasse en été élabore une petite cuisine de terroir, simple et bonne, à des prix sages. Également des pizzas honorables... Accueil très sympathique. Seul bémol : la départementale qui ne passe pas bien loin...

À voir. À faire

Le sentier de Régis le Mineur** : petite balade urbaine avec panneaux explicatifs (compter 1h) au départ de l'office de tourisme (plan disponible).* On grimpe à travers la vieille ville jusqu'au château. Étroites rues et venelles qui courent le long de la pente et s'engouffrent sous de délicieux passages voûtés. Un arrêt s'impose dans l'église Saint-Vincent,*** qui possède un splendide bas-relief du XVIe s, en marbre blanc richement sculpté, Derrière le château (lire ci-dessous), dans le parc Baboin, les hauts fourneaux, impressionnants, tels des dragons assoupis.

Le château et la chapelle des Princes : *Grand-Place. ☎ 04-75-62-44-36. Visite guidée seulement, de mi-juil à mi-août, le mar à 10h. Entrée 6 € ; réduc ; gratuit moins de 8 ans.* Impressionnante masse de pierre juchée sur la roche, dominant le village et surveillant le Rhône, le château, en partie incendié en août 1944 par les troupes allemandes, a été bâti entre le XIVe et le XVIIe s. À l'intérieur, ensemble de style Renaissance, belle cour d'honneur à élégante galerie. La chapelle des Princes, de style gothique flamboyant (1485), présente un étonnant décor intérieur de 1605, dans un style maniériste, plutôt rare en sculpture.

DANS LES ENVIRONS DE LA VOULTE-SUR-RHÔNE

BEAUCHASTEL (07800)

Superbe village de poche (évidemment dans les rangs des « villages de caractère d'Ardèche »). Du château de Bellicastrelli (qui a donné son nom au village), balayé par les guerres de Religion, il ne reste aujourd'hui que quelques ruines faméliques. Le bas du village, confronté régulièrement aux violentes crues de l'Eyrieux (l'église et les remparts ont été emportés plusieurs fois) avait fini par être abandonné.
Mais grâce à la passion de quelques habitants, qui en 1973, ont créé une association chargée de restaurer et de faire revivre ce vieux village médiéval, on peut aujourd'hui profiter du charme de Beauchastel. De ces maisons de schiste ou de galets délicieusement blotties autour de jardinets, de ces ruelles étroites, passages couverts et escaliers tortueux. Et des étonnantes sculptures d'Alphonse Gurlhie (1862-1944) qu'on découvre ici ou là : un vrai petit musée d'art brut à ciel ouvert.

La voie douce de la Payre : *départ du **Pouzin** (à 5 km au sud-est de La Voulte).* Une 2de vie pour la 1re ligne ferroviaire mise en service en Ardèche en 1861 dont on a retiré les rails pour en faire une voie douce, sans véhicule, accessible aux vélos (rollers, poussettes, etc.). Une vingtaine de km jusqu'à Privas et de nombreux ouvrages intéressants le long du parcours : tunnels, viaducs, ponts, passerelles, barrages...

SAINT-VINCENT-DE-BARRÈS

(07210) 860 hab. *Carte Ardèche, B2*

Ruelles pavées, passages voûtés, maisons à touche-touche... Petit détour jusqu'à ce village-forteresse, labellisé « Village de caractère d'Ardèche », modestement perché sur un tout petit éperon de basalte. De l'enceinte médiévale (XIIe s), il ne reste que quelques belles tours rondes, tronquées mais toujours imposantes, une partie des murailles et des portes ; à l'intérieur, les vénérables maisons sont bien vivantes. Tout comme l'ambiance de ce village, étonnamment dynamique avec de nombreux artisans (il y a même un fabricant de skateboards). Devant l'église, la placette propose une vue admirable en direction du plateau du Coiron.

ORAGE FATAL

Le 13 mai 1948, un gros orage secoue le ciel ardéchois. Un petit avion s'écrase à Saint-Bauzile, à 4 km de Saint-Vincent-de-Barrès. Tous les passagers sont tués sur le coup, dont Kathleen Kennedy, la jeune sœur du futur président américain J.-F. Kennedy. Cette charmante jeune femme n'avait que 28 ans. Elle partait en week-end amoureux à Cannes avec son fiancé Peter Fitzwilliam, un noble anglais. 1er épisode de ce qu'on appelle aujourd'hui la « malédiction des Kennedy »...

Où dormir dans le coin ?

Chambres d'hôtes L'Attrape-Rêve : *le Bouchet, 07210* ***Saint-Vincent-de-Barrès.*** *06-08-21-88-09. • reservation@attrape-reve-ardeche.com • attrape-reve-ardeche.com • À 2,5 km au nord-ouest du village. Doubles 70-75 €. Dôme 70 € pour 2.* Une très belle ferme du XVIIIe s rénovée avec beaucoup de soin par un couple passionné de chevaux (les cavaliers et leur monture sont les bienvenus), de cyclisme et de permaculture (entre autres !). Sous les toits de la maison, 3 chambres coquettes aux noms de pierres précieuses, simples et charmantes. Spa extérieur (payant). Et pour une nuit insolite, un dôme géodésique toilé.

Chambres d'hôtes château de Fontblachère : *Fontblachère, 07210,* ***Saint-Lager-Bressac.*** *04-75-65-15-02. 06-11-18-23-83. • chateau@fontblachere.com • chateau-fontblachere.com • À env 7 km au nord-est de Saint-Vincent. Doubles 115-165 €. Repas 35 €.* Au cœur d'une superbe campagne, un charmant château du XVIIe s. 5 chambres d'hôtes, dont 2 suites. Belle décoration de caractère forcément rustique mais avec une touche contemporaine. Tennis et belle piscine chauffée.

Fête

– **Fête médiévale :** *ts les 2 ans (années paires), fin sept-début oct.* Le village se téléporte au Moyen Âge : costumes incroyables portés par les enfants, les parents et les grands-parents, tous à la mode d'antan. Il y a du théâtre, de la musique, de la cuisine de l'époque, des forgerons dans la rue, tout cela dans une ambiance du tonnerre.

CRUAS (07350) 3 000 hab. *Carte Ardèche, B2*

Dans la vallée du Rhône, à l'ombre des cheminées d'une centrale nucléaire et des impressionnantes installations de cimenteries, ce discret et tranquille village mérite pourtant impérativement un arrêt. Et pour cause, on y trouve un véritable joyau de l'époque romane : l'abbatiale de Cruas, une merveille à ne rater sous aucun prétexte. Au-dessus du village, une barrière rocheuse et une chapelle fortifiée, des murs crénelés et de hautes murailles, autres témoignages d'une histoire ancienne où il fallait se percher pour se défendre.

Adresse utile

Office de tourisme : *1, pl. de la Liberté. 04-75-49-59-20. • sud-ardeche-tourisme.com • Ouv tte l'année. Juil-août, tlj sauf dim ap-m 9h30-13h, 14h-18h ; sept-juin, lun-sam 9h30-12h30, 14h-17h. Fermé certains j. fériés.* Organise des visites de l'abbatiale toute l'année et du site médiéval en juillet-août.

Où dormir ? Où manger dans les environs ?

Hôtel Rose des Vents : *route de Chomérac, 07210* ***Baix.*** *04-75-85-80-64. • contact@hotelrosedesvents.fr • hotelrosedesvents.fr • À env 9 km au nord-ouest de Cruas. Congés : mi-déc à mi-janv. Doubles 55-70 € ;*

familiales. Parking. En pleine campagne, tout près de la *ViaRhôna* et de la voie douce de la Payre, dans un bâtiment moderne à la grande façade ocre, une vingtaine de chambres à la déco minimaliste (du blanc et du blanc et un peu de bois clair quand même), confortables et nickel. Agréable terrasse pour le petit déj aux beaux jours. Restaurant (indépendant de l'hôtel) à deux pas *(Les 4 Vents ; ☎ 04-75-85-84-49 ; tlj sauf dim soir et lun),* proposant une cuisine traditionnelle pas mal tournée *(formule et menu déj sem 15-19 € ; autre menu 27 €).*

À voir. À faire

L'abbatiale Sainte-Marie : *1, pl. de la Liberté. En plein centre. En juil-août : visite libre, tlj sauf dim mat 12h-13h, 16h-19h. Hors saison : visite semi-guidée au départ de l'office de tourisme, lun-sam à 11h et 15h, plus dim à 15h (oct-mars, lun-ven à 15h, plus sam à 11h). Tarif : 3 € visite libre ; 5 € visite guidée ; gratuit étudiants, demandeurs d'emploi, personnes à mobilité réduite et enfants.*
Cette admirable église, construite au milieu du XIe s, agrandie au XIIe et consacrée par le pape Urbain II, est tout ce qu'il subsiste de l'abbaye bénédictine fondée ici au début du IXe s par le comte du Vivarais.
Une abbaye qui a connu son apogée entre les XIIe et XVe s. Elle possédait de nombreuses terres et comptait une centaine de moines, qui ont défendu âprement ce fief catholique jamais conquis par les protestants. Durant les guerres, les moines choisirent de résider sur les hauteurs (on y voit toujours leur ancienne chapelle fortifiée), où ils étaient plus en sécurité. En 1741, l'évêque de Viviers, en décidant de mettre fin à la formation des moines dans l'abbaye, accéléra son déclin. ***L'église,*** seul témoin donc encore debout de ce passé prestigieux, a pourtant subi régulièrement les colères du Crûle. Le fougueux torrent a plusieurs fois charrié des tonnes de boues et de cailloux à l'intérieur de l'édifice. La couche de sédiments qui s'était accumulée au fil des siècles était si épaisse que les moines ont décidé au XVIIIe s de combler la nef de la partie basse de l'église. Il a fallu attendre 1972 pour qu'elle commence à être dégagée de ces tonnes d'alluvions. Et 1983, pour qu'enfin, l'église soit libérée des sables du temps et qu'on y découvre quelques merveilles, en particulier ***l'exceptionnelle tribune monastique et la crypte.***
L'abbaye est dissoute vers 1740 et l'abbatiale est alors attribuée au village. Il s'agit encore aujourd'hui de l'église paroissiale.
– ***À l'extérieur :*** avant de pénétrer, notez la toiture en lauze de pierre calcaire. Allez donc sur l'arrière pour découvrir les proportions globales de l'édifice, avec cette grosse tour-lanterne, la tour-clocher de style roman tardif du XIVe s. Superbe harmonie.
– ***L'église basse :*** on y accédait jadis par un large escalier descendant dans la nef centrale. Aujourd'hui, une plateforme permet de visiter la superbe ***tribune monastique.*** Il en existe 2 en France, une à Cruas et l'autre dans l'église du prieuré de Serrabone, dans les Pyrénées-Orientales. Architecture remarquable : ogives, clés de voûte toutes différentes et 15 colonnettes qui supportent d'admirables chapiteaux, également tous différents. Et, bonne nouvelle, ces chapiteaux sont à hauteur des yeux donc on peut prendre le temps de les détailler. Du milieu du XIIe s, ils sont d'une remarquable finesse d'exécution et d'une grande richesse dans les motifs : entrelacs végétaux et intéressant bestiaire. Notez le personnage qui semble mordre un buccin (instrument de musique), ou bien sont-ce des serpents qui sortent de sa bouche ? Les spirales qui sortent des oreilles évoquent l'écoute. On vous laisse découvrir les autres par vous-même, sinon on y consacrerait au moins 2 pages de ce guide.
– ***La crypte :*** on descend 3 marches et on se retrouve dans la partie la plus ancienne de l'abbatiale (milieu XIe s). Une abside, des absidioles et des chapiteaux sculptés, préromans. Le dessin est grossier, le trait naïf, mais

l'expression est vraiment présente, d'une étonnante puissance. Feuilles d'acanthe, incroyable bestiaire, puis, sur le chapiteau droit de l'autel, un bel orant (un priant ; ça vient de *orare* : « prier » en latin), qui lève les bras et semble en extase. Admirable d'évocation et état quasi parfait de conservation (malgré le polissage des millions de mains qui l'ont touché...). Sur l'autel de l'abside, belle pietà où la Vierge verse des larmes qui apparaissent en relief. Elle tient doucement la main de son fils.

– ***L'église haute :*** l'avancée du chœur dans la nef centrale constitue la partie haute de la tribune monastique. C'était l'espace réservé aux moines. Ce qui frappe ici, nichée dans l'abside, c'est de loin ***la mosaïque*** *Le Paradis promis aux justes,* avec Enoc et Elie. Au centre, 2 arbres plantés dans le jardin d'Éden. Une feuille manque, on dit qu'Adam et Ève l'auraient prise pour cacher leur nudité ! La mosaïque commémore l'inauguration de l'abbatiale par le pape Urbain II, en 1095.

En redescendant dans l'église basse, levez (haut) les yeux vers les ***nombreuses fresques*** qui ornent la nef (XIVe et XVe s). Paradoxalement, on les voit mieux d'en bas que depuis la partie haute. Au programme, le supplice de saint Sébastien avec les moines agenouillés et l'élégant archer, une scène de chasse, une Trinité... Nef romane très pure, à l'envolée majestueuse et aux colonnes engagées. On aperçoit encore au-dessus une tribune seigneuriale qui était réservée à l'abbé, considéré comme le seigneur.

Le site médiéval : *accès à pied depuis le centre (c'est fléché). Brochure gratuite disponible à l'office de tourisme et visites guidées en été (se renseigner auprès de l'office de tourisme).* Après le tremblement de terre qu'a connu la région à l'automne 2019, seul le bas du village peut se visiter. Surplombé par ce qu'on appelle le château des moines même s'il s'agit, en fait, de la chapelle Saint-Benoît (XIIe s) fortifiée, à laquelle s'est adjoint au XIVe s un logis où se réfugiaient les moines pendant les périodes troubles et les crues dans la vallée. Ils finirent par y résider de manière permanente, après la destruction des bâtiments conventuels de l'abbaye. Le village médiéval est composé d'un ensemble de maisons des XIVe et XVe s (remanié aux XVIe et XVIIe s) entourées d'une fortification élevée au XIVe s. Aujourd'hui, seuls les remparts nord et ouest sont encore debout, et des vestiges importants des remparts sud et est subsistent.

Le musée des Sports : *espace culturel Louis-Aragon, av. Jean-Moulin. ☎ 04-75-50-81-51. Juil-août, tlj 10h-12h, 14h-18h. Reste de l'année, mer-dim 14h-17h30 (tlj vac scol de la zone). Visite guidée. GRATUIT.* Il n'y a que 2 musées des Sports en France. Et si celui-ci est évidemment beaucoup plus modeste que l'immense musée de Nice, il devrait ravir les amateurs : intéressantes collections avec plusieurs centaines d'objets laissés par des athlètes des disciplines les plus variées, du taekwondo à la formule 1 en passant, évidemment par le rugby (dont cette portion de l'Ardèche est friande). Et la visite guidée, par le fondateur de ce petit musée, est pleine d'anecdotes.

Le centre André-Auclair : *av. Mercoyrol. ☎ 04-75-49-59-21. Mer-dim sauf j. fériés 15h-18h. GRATUIT.* Rétrospective de l'œuvre d'André Auclair, artiste-peintre, graveur et céramiste né à Paris en 1893 et mort à Cruas en 1976. L'histoire de la production de chaux à Cruas est également développée. Par ailleurs, expos temporaires d'artistes contemporains.

DANS LES ENVIRONS DE CRUAS

L'église Saint-Jean-Baptiste : *rue de la Vieille-Église, 07400* ***Meysse.*** *À 7 km au sud-ouest de Cruas. Juil-août, tlj 9h-17h45 (9h30-17h, w-e).* Au cœur du dédale de ruelles de ce mignon village, une petite église romane dont les origines remontent au Ve s. Pour la petite histoire, les évêques de Viviers se sont, un temps, disputés cette église avec les abbés de Cluny. Récemment rénovée et transformée

L'ARDÈCHE

en centre culturel (expos et spectacles en saison), ses murs ornés de fresques (peintes du Moyen Âge au XVIIe) abritent un exceptionnel ***baptistère*** (une vraie petite piscine sculptée dans la pierre) de l'époque mérovingienne.

ROCHEMAURE (07400) 2 330 hab. *Carte Ardèche, B3*

Un de ces « Villages de caractère » d'Ardèche qui en a, justement, beaucoup ! Si le village d'aujourd'hui, tranquillement posé au bord du Rhône, pourrait se traverser sans marquer une halte, il faut vraiment grimper vers les ruines du château fort médiéval, perché sur un abrupt piton volcanique, véritable nid d'aigle cerné de murailles crénelées.
L'histoire de Rochemaure est liée à ce site stratégique imprenable au bord du Rhône : le minuscule village blotti autour du château a été rattaché au royaume de Provence, puis au duché de Bourgogne (933-1032), annexée au Saint Empire romain germanique (1039-1308) avant de redevenir français (avec le Vivarais) en 1308.

Adresse utile

i ***Mairie :*** *2, pl. de la Mairie. ☎ 04-75-49-08-07. • mairie.rochemaure@orange.fr • rochemaure.fr • Lun-ven (sauf jeu ap-m) 8h30-12h, 13h30-17h.* Infos sur le bourg, brochures.

À voir. À faire

Le château : *sur les hauteurs, fléché (on peut y grimper à pied). ☎ 04-75-49-59-20. Juil-août seulement (visite libre, tlj sauf dim 11h-13h, 17h-19h). Visite guidée (avec accès au donjon à 10h et 16h). Entrée : 3 € (5 € pour la visite guidée) ; gratuit moins de 18 ans.* Après la courte balade dans les 2 ou 3 ruelles du haut Rochemaure, possibilité de visiter ce qu'il reste du château (XIIe s). Il fut habité jusqu'en 1630, puis abandonné. Le village près du château se compose d'une dizaine de maisons très bien retapées. ***Superbe panorama*** sur la vallée du Rhône.

La chapelle Notre-Dame-des-Anges : *sur la route qui mène au château ; 100 m avt la 1re porte crénelée, petit sentier sur la droite. Ouv en période d'expos. Entrée : 3 €.* Mignonne petite chapelle de style gothique provençal, construite au XIVe s. On peut y voir une réplique du très rare (et très mystérieux) ***carré magique,*** dont l'original a été mis en lieu sûr. Expositions temporaires d'artistes rupismauriens (c'est comme ça qu'on appelle les habitants de Rochemaure).

LE CARRÉ MAGIQUE

La chapelle Notre-Dame-des-Anges abrite l'une des rares répliques du carré magique existant au monde. Le plus vieux, découvert à Pompéi, daterait de l'année de l'éruption du Vésuve (79 apr. J.-C.). Cette mystérieuse pierre gravée de 5 lignes de 5 lettres chacune se lit dans tous les sens en révélant toujours les 5 mêmes mots : SATOR AREPO TENET OPERA ROTAS. *Soit, en latin, « Le semeur tient la charrue » (lu au 2d degré, « Dieu tient les rênes de la Création »...).*

Le pont suspendu (ou passerelle himalayenne) : il enjambe le Rhône et relie Rochemaure à Montélimar, l'Ardèche à la Drôme. Construit en 1842 avec des techniques modernes inspirées du principe des ponts de liane, il fut détruit en 1856 lors de l'une des plus violentes crues du fleuve. Bombardé en partie en 1944 (lors des crues de 1993-1994, on trouva dans le lit du Rhône 2 bombes de 250 kg qui n'avaient pas explosé). Réhabilité en 2013 grâce à une technique dite « de passerelle himalayenne », il est ouvert à la circulation des seuls 2-roues et piétons. Une belle traversée du fleuve.

LE TEIL

(07400) 8 900 hab. *Carte Ardèche, B3*

Une ville ouvrière tout en longueur, coincée entre la montagne, la nationale et la voie ferrée... Une ville charnière aussi entre le bas Vivarais, les Cévennes et l'Auvergne. On y fait halte pour admirer la jolie église de Mélas et visiter l'intéressant musée de la Résistance et de la Déportation.

Adresse utile

Office de tourisme : *pl. Pierre-Sémard. ☎ 04-75-49-10-46. • sud-ardeche-tourisme.com • Sept-juin, lun-sam 9h30-12h, 14h30-17h ; juil-août, lun-sam 9h-12h, 14h-18h, plus dim mat.*

À voir au Teil et dans le coin

Le musée de la Résistance et de la Déportation en Ardèche : *espace Aden, 15, rue du Travail, au Teil. ☎ 04-75-92-25-61. • ardeche-resistance-deportation.fr • Lun-ven (mer-ven en période scol) 10h-12h, 14h-17h (18h en été). Fermé le w-e et de mi-nov à mi-fév. Entrée : 3 € ; réduc ; gratuit moins de 12 ans.* Toute l'histoire de la Seconde Guerre mondiale par la lorgnette de l'Ardèche, racontée sur des panneaux très documentés. On découvre ainsi le courage de ces résistants ardéchois qui n'hésitèrent pas à prendre d'assaut le train d'Annonay en partance pour les camps de déportation en Allemagne : un cas unique ! Également une foule de documents poignants (tenues de déportés, photos, papiers d'identité, etc.). Le musée organise des expositions temporaires et des événements culturels (consulter son site internet).

L'église Saint-Étienne : *14, av. Vaillant-Couturier,* ***Mélas****. À 1,5 km au sud-ouest du centre-ville. Visite libre tte l'année ; visite accompagnée sur demande auprès de l'office de tourisme.* Cette église de style roman vivarois (IXe-XIIe s) est classée Monument historique depuis 1868. D'extérieur, elle se caractérise par son clocher bas, carré et trapu. Elle se compose de 3 parties distinctes : une nef ou chapelle sur le flanc nord, vestige d'un ancien monastère féminin ; la nef principale, très sobre, datant du XIIe s et arborant quelques beaux chapiteaux ; également une remarquable chapelle octogonale sur le flanc nord-ouest ainsi qu'un baptistère du IXe s (rare), surprenant avec sa coupole sur arcs doubleaux et son appareillage rustique.

VIVIERS

(07220) 3 790 hab. *Carte Ardèche, B3*

La route départementale passe si vite que peu nombreux sont ceux qui s'y arrêtent. Pourtant, à l'écart des grands circuits touristiques, Viviers est restée comme elle était autrefois, une cité millénaire, dans un site étonnant,

chargé d'histoire. La cathédrale émerge sur un éperon rocheux au-dessus de la masse verte des arbres. En contrebas, la mairie est installée dans le somptueux ancien palais des évêques... Au loin, les crêtes calcaires, ciselées et érodées, font presque songer à un paysage chinois.

UN PEU D'HISTOIRE

Le Ve s a fait de Viviers un évêché, avant de donner le nom de la ville à la vieille province du Vivarais. L'évêque y est toujours. Viviers doit son nom, dit-on, à ses vivariums qui, à l'époque romaine, permettaient d'élever, dans les eaux du Rhône, des poissons pour la cité d'Alba. De belles demeures seigneuriales élevées au fil de la richesse des commerçants et des notables, de nobles remparts, quelques tours mouchardes, une cathédrale d'une inconnue richesse, et enfin un belvédère qui résume le tout.
Pourtant, Viviers fait une erreur grossière au XIXe s : elle passe à côté de la gare, ou plutôt la gare passe à côté d'elle, en s'installant non loin, au Teil. La ville rate donc son expansion industrielle et tombe quelque peu dans l'oubli. Ce qui fait, aujourd'hui, tout son charme.

Adresse et info utiles

Office de tourisme : *2, av. Mendès-France. ☎ 04-75-54-54-20. • rhone-gorges-ardeche.com • En été, lun-sam et dim mat ; hors saison, lun-ven seulement (et sam mat en mi-saison).* Organise des visites de la ville en juillet-août, dont quelques visites-spectacles.
– **Marché :** *mar, pl. de la Roubine.*

Où dormir ? Où manger ?

Hôtel Relais du Vivarais : *31, fg des Sautelles. ☎ 04-75-52-60-41. • relais.viviers@wanadoo.fr • relaisduvivarais.fr • À env 1,5 km au nord-ouest du centre. Resto tlj sauf dim-lun. Doubles 68-95 €. Formule et menu déj sem 15,50-19,50 € ; menus 26-36 €.* L'adresse de tradition, rassurante et un brin bourgeoise, où le chef se fournit de longue date en bons produits locaux pour les transformer avec talent et une pointe de modernité. Élégante salle aux murs de pierre et terrasse ombragée. Une poignée de chambres, confortables (clim, terrasse pour les plus chères) et plutôt tranquilles même si l'ancienne nationale n'est vraiment pas loin. Jardin et sympathique piscine.

À voir. À faire

La ville basse : on s'y balade à ne plus savoir où donner des yeux, entre ruelles caladées, portes romanes en plein cintre, arcades gothiques, fenêtres à meneaux Renaissance, hôtels particuliers du XVIIIe... Le passage obligé de cette ville basse s'appelle ***la maison des Têtes*** *(ou des Chevaliers)* sur la bien tranquille place de la République qui fut autrefois le centre névralgique de la ville. Cette façade de 1546 a été plaquée sur une maison plus ancienne. Assez exceptionnelle, jamais modifiée au fil des siècles : à l'antique, avec ses 3 styles de colonnes, à commencer par le dorique au rez-de-chaussée. 3 jolies frises décorent les bandeaux : en bas, un haut-relief où apparaît un heaume de chevalier ; au 2e niveau, une frise de tournoi de chevaliers, d'où le nom de la maison ; et au 3e étage, une gerbe de fleurs. Tout en haut, cariatides et colonnes torses.

Le quartier canonial : il y a à Viviers 2 villes, la ville basse donc et cette ville haute, autour d'une cathédrale (lire plus loin) qui a su protéger comme une mère ce quartier qui n'a pas bougé depuis des siècles, encore cerné par ses remparts qu'on pénètre en passant sous la ***porte de la Gache*** (du XIVe, surmontée d'une bretèche-petite guérite en sallle). Juste avant de pousser les portes de la cathédrale, jetez un œil, sur la gauche, à la cour de la superbe ***maison de Sampzon*** (XVIe). Après la visite de la cathédrale, joli panorama, à deux pas, depuis l'***esplanade Jules II,*** vaste plate-forme d'où l'on domine le Rhône, les vignobles et les toits ocre de la cité, d'où émerge la tour crénelée de l'Horloge, couronnée de son élégante ferronnerie.

UN ÉVÊQUE AGORAPHOBE

Né en Lozère dans une famille de 16 enfants pétrie de religion, Joseph Bonnet (1835-1923) fut nommé en 1876 évêque de Viviers ; il le resta 47 ans, un record de longévité inégalé. Frappé d'agoraphobie dès 1890, il fuyait ses fidèles, devenu incapable de célébrer la messe dans sa cathédrale, et réclama à Rome un évêque « coadjuteur ». Ainsi écrit-il à ses ouailles : « Nous serons deux à vous aimer, à cause de notre décourageante infirmité. »

L'ARDÈCHE

La cathédrale Saint-Vincent : *ouv tlj 8h-17h (19h juil-août).* La plus petite cathédrale de France en activité (celle de Carpentras est encore plus petite mais on n'y célèbre plus de culte) possède un style hétéroclite mais abrite quelques merveilles. Sa construction a débuté au XIe s et la cathédrale a eu l'honneur d'être inaugurée par le pape Calixte II. Ce qui impressionne d'abord, c'est cette tour-forteresse de 40 m, édifiée entre le XIe et le XIVe s, purement romane avec ses bandes lombardes et, à son sommet, un large tambour octogonal et quelques gargouilles. Devant la cathédrale, un vaste porche élégant. Passons à l'intérieur : à l'entrée, la partie romane, et au fond, le chœur gothique flamboyant, miraculeusement épargné par les guerres de Religion. Très belles voûtes aux multiples nervures, des colonnes engagées sans chapiteaux qui donnent un sentiment d'élévation malgré une voûte de la nef en éventail assez plate, refaite au XVIIIe s. Le chœur est couvert de 5 tapisseries du XVIIIe s, réalisées aux Gobelins sur des cartons du siècle précédent, dont 3 furent offertes par amitié à monseigneur Guibert, évêque de Viviers, par Napoléon III.

Le port de plaisance : *au confluent de l'Escoutay et du Rhône.* Promenade le long du bras ancien du fleuve. Nombreux bateaux de croisière. Possibilité de pratiquer voile, aviron...

BOURG-SAINT-ANDÉOL

(07700) 7 280 hab. *Carte Ardèche, B3*

Un carrefour, animé les jours de marché, ville de passage le reste du temps. Et pourtant, quelques jolies curiosités, comme cet étrange bas-relief antique et de beaux hôtels particuliers (ne pas rater le palais des Évêques).

UN CÔTES-DU-RHÔNE TRÈS VILLAGE

Le terroir de Bourg-Saint-Andéol, englobe une partie de l'immense (44 000 ha sur 6 départements) zone d'appellation côtes-du-rhône. Avec une petite spécificité : depuis 2017, il existe une appellation très locale « côtes-du-Rhône village Saint-Andéol » uniquement pour ces vins rouges qui s'élaborent à base de cépages grenache (pour la rondeur) et syrah (pour les arômes et les tanins).

Arriver – Quitter

Gare SNCF : *☎ 36-35 (0,40 €/mn).* La gare la plus proche est à Pierrelatte (5 km), de l'autre côté du Rhône, dans la Drôme.

Cars Région : *● auvergnerhone alpes.fr ● (rubrique « Transports interurbains »).* La ligne 20 relie Pont-Saint-Esprit (Gard) et Montélimar en passant par Bourg-Saint-Andéol. Arrêts à Saint-Montan, Viviers et Le Teil.

Adresse et info utiles

Office de tourisme : *pl. du Champ-de-Mars. ☎ 04-75-54-54-20. ● rhone-gorges-ardeche.com ● Juil-août, tlj sauf dim ap-m 9h-13h, 14h-18h30 ; sept-juin, tlj sauf sam ap-m et dim 9h-12h30, 14h-18h.* Organise notamment une visite guidée de la ville et des randonnées commentées autour du vin et du vignoble.

- **Marchés :** *provençal mer mat ; bio ven ap-m à la cave coopérative ; marché aux puces le 1er sam du mois.*

Où dormir ? Où manger ?

Camping

Camping du Lion : *chemin Île-Chenevrier. ☎ 04-75-54-53-20. ● contact@campingdulion.com ● campingdulion.com ● ♿ À 2 km au nord du centre-ville. Ouv avr-sept. Forfaits pour 2 pers, env 18-30 €. 140 empl.* À quelque distance de la ville, donc au calme, un vaste camping (5 ha) offrant de grands emplacements bien ombragés. Équipements classiques, bonnes prestations. Snack, resto, bar, club enfants en été, piscine (3 bassins), jeux, supermarché à 500 m. Location de mobile homes, roulottes, chalets et tentes. Animations diverses et soirées à thème. Ambiance conviviale et familiale.

De prix moyens à chic

Hôtel Le Prieuré : *1, quai Fabry, et 2, rue Poterne. ☎ 04-75-54-62-99. ● hotellprieure@orange.fr ● hotel-restaurant-leprieure.com ● Resto tlj sauf sam midi et dim soir hors saison. Doubles 56-98 €. Menu 24 €.* Une belle bâtisse aux allures bourgeoises avec une façade qui regarde le fleuve. Si la vieille maison a du charme, les chambres, en revanche, commencent à accuser le poids des ans, mais restent bien tenues. Certaines disposent de petits balcons. Sinon, agréable salon commun à l'étage, prolongé par une terrasse dominant le Rhône. Cuisine, toute simple, mais pas mal faite au resto, avec une salle un peu bistrot pour le déjeuner *(La Cantine)*, une autre plus classe pour le dîner. Accueil sympathique.

Chambres d'hôtes du domaine Notre-Dame de Cousignac – Restaurant la Table du Vigneron de Cousignac : *quartier Cousignac. ☎ 04-75-54-61-41. 06-16-17-61-64. ● contact@ndcousignacvillegiature.fr ● ndcousignacvillegiature.fr ● À env 5 km au nord du centre-ville. Resto tlj, le soir seulement. Doubles 77-82 €. Formules 24-26 € et menu 32 €.* Une adorable chapelle dans les vignes et, attenante aux chais, la grande maison d'une famille de vignerons, qui abrite des chambres champêtres et confortables. Suite plus luxueuse aménagée dans une dépendance. Superbe vue sur la vallée depuis les terrasses, la belle piscine et le spa (massages sur réservation). Excellent accueil. Au resto, c'est du presque 100 % bio pour des plats de région avec de l'idée, à accompagner naturellement des bons vins du domaine. Activités à thème : visite du vignoble, vendanges, cueillette de champignons, œnologie, spéléœnologie... Accueil vélos.

Où goûter et acheter du vin ?

Les Vignerons des gorges de l'Ardèche : *chemin de la Barrière. ☎ 04-75-54-77-02. • vga07.com • Tlj sauf sam ap-m, dim et j. fériés 9h-12h, 15h-18h.* On trouve dans cette cave coopérative, une large gamme des AOC côtes-du-rhône, coteaux-de-l'ardèche et des vins bio. Promenade sur le sentier des vignerons. Dégustation et vente.

Domaine Coulange : *quartier Saint-Ferréol. ☎ 04-75-54-56-26. • domaine-coulange-rhone.com • Lun-ven 9h-12h, 14h-18h ; w-e et j. fériés sur résa.* Le Sud, c'est l'énorme armée des côtes-du-rhône génériques. Et pourtant, avec la diversité des vinifications et des implantations, on distingue quelques producteurs. Celui-ci en fait partie.

Château Les Amoureuses : *chemin de Vinsas. ☎ 04-75-54-51-85. • lesamoureuses.wine • En principe, accueil et dégustation tte l'année, lun-ven 8h30-12h, 14h-16h30. Également une boutique dans le centre : 6, av. Jean-Moulin ; mar-sam (tlj de mi-juil à mi-août) 12h (10h sam)-19h. Téléphoner avt.* Joli nom, ma foi, celui de la source, en contrebas, où venaient se désaltérer les amoureux. Agréable balade du bourg jusqu'au château. Restons dans la poésie pour ce côtes-du-rhône avec des notes de vanille dues au vieillissement en fût. Un vin élégant qui se marie même avec une volaille ou une charcuterie.

Château Rochecolombe : *chemin de Rochecolombe. ☎ 04-75-54-50-47. • château-rochecolombe.fr • En principe, tlj sauf dim 9h-12h, 14h-18h30.* Joli château (un vrai, style Directoire) à la drôle d'histoire qu'on vous racontera sûrement ici. Les vignes n'y sont présentes que depuis le milieu des années 1960, mais, désormais en bio, donnent vraiment d'excellentes choses en côtes-du-rhône comme dans l'appellation village Saint-Andéol (voire même en vins de table).

À voir. À faire

Le palais des Évêques : *16, rue Poterne. ☎ 04-75-54-41-76. • palais-des-eveques.fr • 15 juil-15 sept, mer-dim 14h-19h. Visites guidées. Entrée : 10 € ; réduc ; gratuit moins de 18 ans.*

Résidence des évêques de Viviers dès le XIIIe s, ce magnifique édifice sur cour fermée, classé Monument historique en 1946, a été racheté par Jacques et Nicole Lextreyt. Amoureux des vieilles pierres, ils l'ont retapé petit à petit, avec l'aide d'une poignée de bénévoles, pour en faire un espace muséographique. Le résultat est admirable !

Le palais abrite une centaine de salles, mais toutes ne se visitent pas. On ne va pas détailler le contenu des collections, puisqu'elles peuvent changer selon l'humeur et les coups de cœur des propriétaires. Au rez-de-chaussée, vous commencerez la visite en allant faire un tour sur la terrasse qui surplombe le Rhône et lèverez le nez pour admirer les belles façades gothiques.

Retour à l'intérieur. À droite, c'est la salle des banquets, richement meublée, où se réunissaient les évêques pour prendre les décisions. Remarquable cheminée du XVe s. Au fond, les grandes cuisines, avec, là encore, 2 cheminées du XVe s ornées du blason de la famille Poitiers-Valentinois. Au 1er étage, la chambre de l'évêque (qui pouvait à loisir contempler les bateaux remontant le fleuve depuis son lit !). On y admire un plafond à la française peint de décors traités à l'huile en 1638. Ensuite, direction la chambre où Mazarin dormit en 1642, alors qu'il se rendait à Lyon pour assister à l'exécution de Cinq-Mars, accusé d'avoir comploté contre Louis XIII. Richelieu, également du voyage mais trop malade pour être amené dans le palais, passa la nuit à Viviers. La date de 1642 est d'ailleurs gravée en souvenir de cet épisode sur l'une des poutres peintes du plafond... Admirez au passage la richesse des coloris !

Dans la chapelle néogothique, ne pas manquer l'expo permanente consacrée aux œuvres du peintre René Margotton. Né en 1915 à Roanne et élève de Fernand Léger, René Margotton a un style tout particulier, que l'on peut définir comme étant la synthèse entre le cubisme et la figuration. Noter sa façon de représenter les femmes avec de longs cous et des doigts graciles. Dans une aile du XIVe s, ouverture d'une nouvelle salle renfermant un ancien laboratoire pharmaceutique. Dans la cour d'honneur, minijardin à la française avec sa roseraie et son jardin médicinal ; encastré dans le mur, à droite de l'entrée, un document lapidaire (très rare) gravé en 1536 et commémorant les travaux exécutés dans le palais. Également une bibliothèque de consultation avec sa salle de lecture pour les chercheurs, ses fonds anciens et de régionalisme.
Organise également des expos temporaires et des dîners médiévaux du XVe s.

Les hôtels particuliers : il y en a pléthore à Bourg-Saint-Andéol qui compte d'ailleurs la plus forte concentration de monuments classés en Ardèche. Leur présence est liée à l'important trafic fluvial qui s'était développé entre les XVIe et XVIIe s. Vu la splendeur de ces hôtels particuliers, les commerçants de l'époque ont dû faire quelques bénéfices en accueillant les voyageurs qui faisaient halte ici avant de repartir pour Beaucaire. Impossible de citer tous ces hôtels particuliers, mais, depuis le palais des Évêques, baladez-vous seulement au long de la ***rue Paul Mazet*** où se succèdent l'hôtel Doize (XVIIIe), puis le superbe hôtel de Gabriac à la façade style Louis XIV superbement rénovée puis, à deux pas, l'hôtel Nicolay (XVIe) dont l'impressionnante tour gothique qui avait résisté aux terribles bombardements du 15 août 1944, mériterait aujourd'hui d'être réhabilitée...

L'église Saint-Andéol : *pl. de l'Église (ben voui).* Bel édifice roman au départ, maintes fois transformé au fil des siècles. Façade de style jésuite, ajoutée au XVIIIe s. Plus intéressant, le clocher du XVIe s, à dentelures byzantines. « Une des plus belles tours romanes octogonales que j'ai vues », selon Victor Hugo, qui visita l'église en 1839. On remarquera aussi l'autre petit clocher triangulaire agrémenté de quelques gargouilles, surmonté d'une jolie ferronnerie. L'intérieur, sobre, abrite un orgue classé et, à droite du chœur, un sarcophage de marbre, au couvercle sculpté façon écaille. D'après la légende, il aurait contenu le corps de saint Andéol. Venu de Smyrne (aujourd'hui Izmir en Turquie) vers 167 apr. J.-C., Andéol a fini martyrisé en 208 sur les rives du Rhône. Le sarcophage présente une face romaine opposée à une face chrétienne.

Le vallon de Tourne (bas-relief du dieu Mithra) : *à 5 mn à pied de l'office de tourisme (qui propose un fascicule gratuit), bien fléché.*
Étonnant endroit que ce petit vallon, traversé par la minuscule rivière de la Tourne. On y descend d'abord pour découvrir un étonnant bas-relief romain (IIIe s apr. J.-C.) sculpté dans une paroi rocheuse. Il représente Mitrha, dieu venu du Moyen-Orient, qui a connu un vrai succès dans la Rome antique, notamment chez les soldats qui ont laissé des *mithreum* (lieux de culte dédiés à Mithra) partout où ils sont passés : en Italie, en Espagne, en Allemagne, dans les Balkans, en Afrique du Nord...
Le bas-relief du *mithreum* de Bourg-Saint-Andéol représente le dieu en train d'immoler un taureau. Mithra a pris ici les traits d'un bel éphèbe à la cape flottant au vent et coiffé d'un curieux bonnet phrygien, en fait le symbole de l'affranchissement et de la liberté chez les Grecs et les Romains. Et puis un soleil, un corbeau, un serpent, la lune, un chien...
Le site abrite également 2 fontaines vauclusiennes (qu'on appelle ici des *gouls*). C'est, en fait, les sources de la Tourne, mais sous ces petits trous d'eau se cache l'un des plus profonds réseaux de galeries noyées du monde. Le site est d'ailleurs connu chez les plongeurs spéléo du monde entier et le Petit Goul a permis de battre le record d'Europe à 220 m en 2008. Enfin, la rivière faisait tourner des tanneries (on voit ici les bâtiments des anciens établissements *Amblard*) et alimente toujours un joli lavoir néo-classique du XIXe.

La Cascade – Maison des arts du clown et du cirque : av. de Tourne. ☎ 04-75-54-40-46. • lacascade.org • Lun-ven 9h30-12h30, 14h-17h30. La *Cascade,* unique pôle national des arts du cirque en région Auvergne-Rhône-Alpes, occupe les locaux d'un ancien couvent des Récollets. Ce superbe bâtiment est organisé autour d'un cloître majestueux. Les troupes des Nouveaux Nez et des Colporteurs y sont installées à demeure, mais *La Cascade* se veut un lieu ouvert et devient donc résidence temporaire d'artistes, lieu de formation et bien sûr de spectacles. Le cloître résonne à nouveau de cris, de rires et de pleurs parfois...

Le moulin à huile Lou Mouli d'Oli : domaine de la Souteyranne. 06-16-38-61-92. • parole-dolive.com • À 1,5 km au sud du centre-ville ; fléché. Tte l'année : avr-déc, mar-sam (plus lun nov-déc) 9h-12h, 14h-19h ; janv-mars, sur rdv. Visite commentée. Entrée et dégustation gratuites. Une affaire de famille qui a renoué avec une vieille tradition locale, stoppée en 1956 quand le gel a décimé les plantations d'oliviers.

L'ARDÈCHE

DANS LES ENVIRONS DE BOURG-SAINT-ANDÉOL

*Le musée d'Art moderne : D86, 07700 **Saint-Just-d'Ardèche.** ☎ 04-75-98-85-10. • museesaintjust.free.fr • À 9 km au sud-ouest de Bourg-Saint-Andéol ; immanquable au centre du village. Visite (compter 2h) sur résa seulement, tte l'année. GRATUIT.* Ces créations, plutôt d'art brut (artiste autodidacte) de Jean Mathon, agriculteur de son état, qu'on pourra voir comme un authentique descendant du voisin drômois le Facteur Cheval. Si vous n'avez pas le temps de le rencontrer pour une visite guidée de son univers, très personnel, faites quand même le tour de la maison (fresques, sculptures et autres œuvres abstraites sont en accès libre) et poussez jusqu'à son Bota Titanic, qui se pose là dans le genre jardin extraordinaire (on peut y pique-niquer).

SAINT-MONTAN (07220) 1 940 hab. *Carte Ardèche, B3*

Ce village est un des plus beaux sites médiévaux de la région. Il s'élève en pyramide jusqu'à son château des temps féodaux, construit sur l'éperon rocheux de l'Agache.
Dans les années 1970, c'était encore un village abandonné comme il y en avait beaucoup en Ardèche. Il a été patiemment restauré grâce à l'Association des amis de Saint-Montan. On a pavé les ruelles, reconstruit le château et les maisons en ruine, et la vie est revenue dans les vieilles pierres. Un proverbe dit que l'on ne peut pas être et avoir été : ce n'est pas vrai pour Saint-Montan, qui revit aujourd'hui sur les cendres de son passé.

UN PEU D'HISTOIRE

Le village de Saint-Montan naît au Ve s, et un château est édifié un peu plus tard. Au XIIIe s, le bourg s'agrandit, et les murailles à créneaux forment alors les limites de la basse-cour et d'un 2d château, qu'on voit encore nettement aujourd'hui. Des remparts et des tours de défense, encore visibles eux aussi, englobent toujours plus ce gros village. Une des extensions du village prend le nom curieux de San Sanmonta.
Au XVe s, Saint-Montan descend jusqu'à la rivière du val Chaud. La rue de Tour désigne l'artère qui fait « le tour » de l'ensemble médiéval. Même si le secteur est

catholique, les huguenots, et notamment l'armée de Coligny (protestants), stationnent ici en 1575. C'est alors que les remparts sont détruits. Petit à petit, le rôle défensif de la cité n'a plus lieu d'être. Pourtant, artisans, paysans et quelques coseigneurs habitent toujours la partie médiévale de la petite cité, et ce jusqu'en 1880, bien qu'elle ne corresponde plus aux critères d'habitat de cette période.
C'est l'époque où chacun a sa magnanerie pour subsister, ainsi qu'une petite exploitation de chênes-lièges pour les tanneries. On a donc besoin de place, et chacun prend position ailleurs. C'est le début du déclin. Saint-Montan se vide de ses habitants. Ils partent s'installer dans la vallée. À la veille de la guerre – la Seconde –, le village est quasiment mort.

Adresses utiles

Mairie de Saint-Montan : *☎ 04-75-52-62-09. • saint-montan.fr • Ouv lun-mer, ven et sam mat.*

■ **Association des amis de Saint-Montan :** *☎ 04-75-54-45-36.* Pour obtenir des infos sur l'histoire du village et les gîtes.

Où dormir ? Où manger ?

Chambres d'hôtes La Pacha : *6019, route de Bayne. ☎ 04-75-52-57-41. • lapacha.lemoure@wanadoo.fr • lapacha.fr • À env 3 km du village (fléché). Double 70 €. Repas 30 € tt compris. Réduc de 10 % sur le prix de la chambre sur présentation de ce guide.* Ancienne ferme ardéchoise du XVIIIe s au bout d'une petite route qui grimpe au cœur d'un vallon ombragé. Elle abrite 3 chambres de plain-pied, claires et chaleureuses, toutes avec accès indépendant et terrasse privée. Piscine à l'écart de la maison et en pleine nature (3 ha de propriété, avec vue panoramique) ! Calme garanti. Une belle adresse pour se ressourcer, tenue par des gens sympathiques et de bon conseil.

La Robe Rouge : *rue du Château. ☎ 04-75-52-11-59. Carte 20-25 €. Ouv de mi-avr à mi-oct, tlj sauf dim soir.* La petite adresse à la cool, au pied du vieux village. Accueil (très) décontracté et tout sourire. Toute petite carte pour une bonne cuisine de région. Terrasse de bric et de broc au bord de la rivière. Concerts le samedi, l'été.

Où manger dans les environs ?

La Cigale et la Fourchette : *15, lot. Sainte-Agnès, 07220* ***Larnas.*** *☎ 09-70-35-96-97. À 3 km au nord-ouest de Saint-Montan, au débouché des gorges de la Sainte-Beaume. Ouv tte l'année, tlj sauf mer et dim soir. Résa conseillée. Formule 21 € et menu 28 €, midi et soir.* On s'attend à un café-resto de village et on découvre une cuisine vive et inspirée, attachée à son terroir pour mieux s'en libérer. La carte est courte et évolue au gré des saisons, toujours en quête du meilleur produit. Petite salle de bistrot contemporain et agréable terrasse, sous les canisses.

À voir. À faire

Le village : *petit livret historique fourni gratuitement à la mairie.* Une promenade qui joue à saute-mouton avec les siècles. De passages droits en venelles en colimaçon, de rues voûtées en montées escarpées, on découvre de hautes maisons édifiées sur des rochers, soutenues par de puissants contreforts, trouées de fenêtres à meneaux, avec des portes cintrées, caractéristiques du Moyen Âge, des fenêtres géminées...

Le château : *06-65-29-68-07. • saint-montan.com • Visite avr-oct, certains w-e et j. fériés, 11h-12h30, 14h30-18h30. Entrée : 6 € ; réduc.* À la fin des années 1990, il n'était encore que ruines. Aujourd'hui, il ne demande qu'à être meublé ! Intéressante visite guidée par un historien ou l'un des membres de l'association qui a permis la renaissance de ce château, passionnés donc passionnants.

L'église San Samonta : *à la sortie du village, vers Larnas, sur la droite.* Elle est du XIIe s et accolée à une ***chapelle*** du IXe s. Elles ont été construites ici car proches d'une résurgence. Parfois ouvertes en saison, lors d'expos temporaires ; sinon, les clés sont disponibles à la mairie. Juste en face, de l'autre côté de la route, une curieuse ***fontaine.*** Elle fut édifiée par le curé qui officiait ici au début du XXe s : lors d'une visite à Lourdes, il s'enticha de la fontaine de la ville et en fit construire une sorte de copie.

DANS LES ENVIRONS DE SAINT-MONTAN

Les gorges de la Sainte-Beaume : la route de Saint-Montan à Larnas enfile les gorges de la Sainte-Beaume. Une route étroite, escarpée, qui pénètre au milieu de ces gorges nettement plus modestes que celles de l'Ardèche mais admirables, étonnantes et assez méconnues. 3 petits kilomètres et puis s'en vont. C'est court, évidemment, mais quel plaisir !

LA DRÔME

ABC de la Drôme

- ***Nom :*** il vient de *Druma,* nom de la rivière Drôme chez les Romains.
- ***Population :*** 524 574 hab.
- ***Superficie :*** 6 561 km^2.
- ***Préfecture :*** Valence (65 028 hab.).
- ***Sous-préfectures :*** Die (4 863 hab.) et Nyons (6 980 hab.). Montélimar et Romans, avec toutes 2 plus de 30 000 hab., ne sont que des chefs-lieux de canton !
- ***Géographie :*** département semi-montagneux au cheptel de caprins et d'ovins, il culmine à 2 456 m au rocher Rond.
- ***Histoire :*** haut lieu de la Résistance (dans le Vercors) pendant la Seconde Guerre mondiale.
- ***Principaux secteurs d'activités :*** 51 % dans les services et 18 % dans l'industrie (principalement nucléaire, aéronautique et agroalimentaire), 14 % pour le commerce et seulement 3,8 % pour l'agriculture.
- ***Signes particuliers :*** abrite la commune la plus méridionale de la région Auvergne-Rhône-Alpes (Ferrassières) et un village d'une seule âme à Rochefourchat, en Drôme provençale. C'est aussi le 1er département bio de France en nombre d'exploitations.
- ***Nombre de bistrots par habitant :*** on compte un café pour quasiment 2 000 habitants. Au pays de l'alcool de noix, de la clairette de Die et des côtes-du-rhône, on meurt rarement de soif.

• Carte *p. 239*

La Drôme est aux Alpes ce que l'Ardèche peut être au Massif central : c'est la descente des montagnes en douceur et en beauté. Elle enchante le visiteur qui s'y promène et l'impressionne par la diversité de ses paysages, de ses coutumes, de ses activités, de ses climats, de ses saisons... Un jour, vivez la vie de château, jouez la carte vieilles pierres et art de vivre (Valence, Crest, Grignan, Suze-la-Rousse, Montélimar) ; le lendemain, selon l'époque de l'année et l'humeur du temps, partez sur les chemins de l'*olivier* (autour de Nyons et de Buis-les-Baronnies) ou sur les routes de la *lavande* (Séderon, Grignan...) en vous arrêtant le temps d'un marché, d'une pause gourmande en terrasse, d'une visite de cave. À moins que vous n'ayez choisi de fuir la foule, en privilégiant les grands espaces, les routes en lacet, les noms qui font rêver de solitude (bien accompagnée) : Vercors, Diois, Baronnies...

AVANT LE DÉPART

Adresses utiles

i ***Agence de développement touristique de la Drôme*** *(ADT) :* *8, rue Baudin, CS 40531, 26004* ***Valence*** *Cedex. ☎ 04-75-82-19-26.*

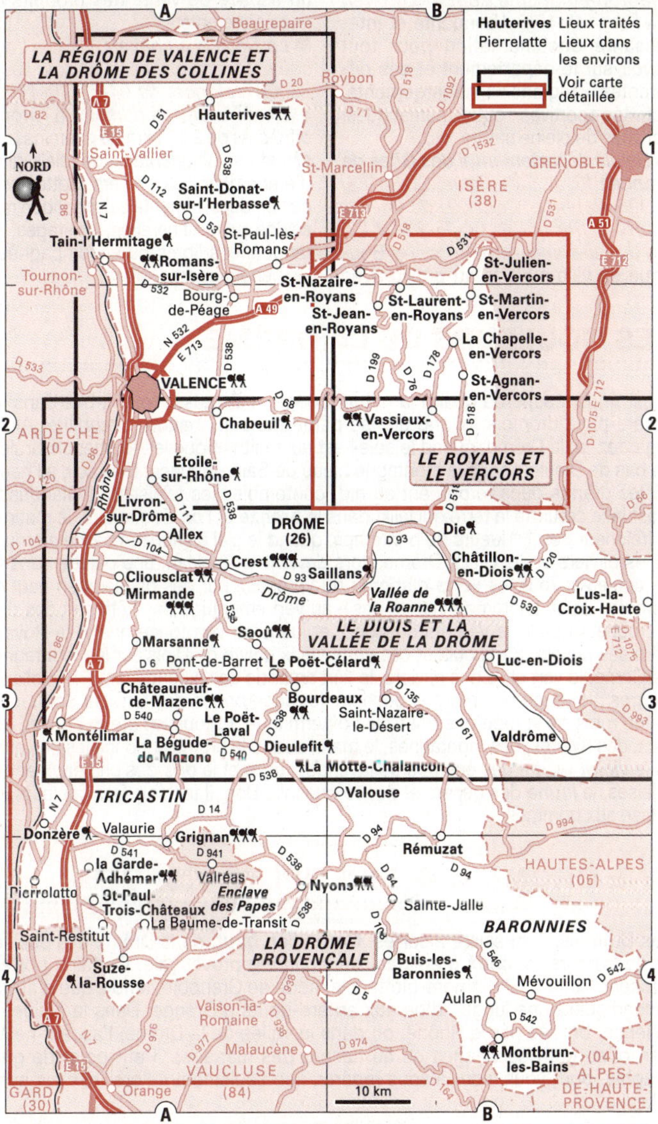
Hauterives Lieux traités
Pierrelatte Lieux dans les environs
Voir carte détaillée
NORD
LA RÉGION DE VALENCE ET LA DRÔME DES COLLINES
LE ROYANS ET LE VERCORS
LE DIOIS ET LA VALLÉE DE LA DRÔME
LA DRÔME PROVENÇALE
Beaurepaire
Roybon
Hauterives
Saint-Vallier
St-Marcellin
GRENOBLE
ISÈRE (38)
Saint-Donat-sur-l'Herbasse
St-Paul-lès-Romans
Tain-l'Hermitage
Romans-sur-Isère
Tournon-sur-Rhône
Bourg-de-Péage
St-Nazaire-en-Royans
St-Jean-en-Royans
St-Laurent-en-Royans
St-Julien-en-Vercors
St-Martin-en-Vercors
La Chapelle-en-Vercors
St-Agnan-en-Vercors
VALENCE
Chabeuil
Vassieux-en-Vercors
ARDÈCHE (07)
Étoile-sur-Rhône
Livron-sur-Drôme
Allex
Rhône
DRÔME (26)
Die
Crest
Saillans
Châtillon-en-Diois
Cliousclat
Mirmande
Drôme
Vallée de la Roanne
Lus-la-Croix-Haute
Saoû
Marsanne
Pont-de-Barret
Le Poët-Célard
Luc-en-Diois
Châteauneuf-de-Mazenc
Bourdeaux
Saint-Nazaire-le-Désert
Le Poët-Laval
Montélimar
La Bégude-de-Mazenc
Dieulefit
Valdrôme
La Motte-Chalancon
Valouse
TRICASTIN
Donzère
Valaurie
Grignan
Rémuzat
la Garde-Adhémar
Valréas
Enclave des Papes
Nyons
HAUTES-ALPES (05)
Pierrelatte
St-Paul-Trois-Châteaux
Sainte-Jalle
La Baume-de-Transit
BARONNIES
Saint-Restitut
Suze-la-Rousse
Buis-les-Baronnies
Mévouillon
Aulan
Vaison-la-Romaine
Malaucène
Montbrun-les-Bains
(04) ALPES-DE-HAUTE-PROVENCE
VAUCLUSE (84)
GARD (30)
Orange
10 km

LA DRÔME

• *ladrometourisme.com* • *Lun-ven 9h-12h, 14h-17h.* Abondante et intéressante documentation pour tout savoir sur le département et ses différentes « régions » : hébergements, activités sportives, routes thématiques, activités de pleine nature, etc.

■ ***Relais départemental des Gîtes de France :*** *13, av. Félix-Faure, CS 30169, 26906* ***Valence*** *Cedex 9.* ☎ *04-75-83-16-42. Résas :* ☎ *04-75-83-09-23.* • *gites-de-france-drome.com* • Boutique en ville ouverte au public avec un espace de vente des produits de leurs adhérents.

■ ***La Drôme à cheval :*** *71, rue Latécoère, Maison des bénévoles du sport, 26000* ***Valence.*** ☎ *04-75-75-47-89.* • *drome-a-cheval.com* • La Drôme offre près de 2 500 km de chemins balisés et une cinquantaine de relais-gîtes d'étape pour les cavaliers. Cette association départementale dynamique renseigne sur les itinéraires, les stages, les randonnées libres ou accompagnées, les hébergements, etc.

LES COULEURS DE LA DRÔME

C'est un film superbe quand la nature bouge, mais aussi, tout là-bas dans les arrière-pays drômois, quand elle se pâme dans la chaude immobilité. Alors, regardez-la, la Drôme, quand le soleil est au zénith et que les tournesols brûlent en bas de Dieulefit sous la montagne bleue de Saint-Maurice. Et le soir, à l'heure où les grands-ducs retournent au nid, contemplez les falaises du Glandasse, c'est là le cœur de la terre qui jaillit dans le ***bronze*** et l'***or.*** Et que dire, le matin, à la fraîcheur des 1res lueurs du printemps, quand le ciel à l'horizon passe au rouge et les oliviers au vert ? La Drôme alors devient un tableau, une palette sans fin de couleurs. Tous les ***verts*** d'abord : du Véronèse pur des plateaux en haut du Vercors – là où l'homme n'habite pas – au vert émeraude des hêtres et des pins à crochets quand le Vercors descend, et jusqu'au vert foncé quand le Royans offre ses noyers. Sans oublier ces verts vieux cuivre du Diois sur les montagnes de Cerne, le vert olive des oliviers, le vert amande des amandiers... Puis voilà les ***rouges*** : le rouge pomme des pêchers, le rouge brique des toits de Saoû, et le rouge rubis de la robe des bouteilles d'hermitage. Et tous les ***bleus*** du ciel, des lacs, des rivières, des montagnes, le matin quand la brume annonce les chaleurs. Et le ***violet*** tendre des champs de lavande, l'***ocre*** et le ***gris*** des châteaux et des falaises, le ***jaune*** des genêts et des tournesols. Bon. Il fait soir. Des couleurs, on passe aux hommes.

UNE DRÔME AUX MULTIPLES VISAGES

Les Drômois, il en existe 2 sortes. ***Ceux d'en haut,*** de la Drôme des collines et du Vercors, et ***ceux d'en bas,*** de la Drôme provençale. Certains portent l'accent teinté d'oïl d'arrière-glotte à la mode de Grenoble, tandis que d'autres revendiquent une langue d'oc aux arrière-goûts d'Orange. Dans la plaine de Valence, bordée par le Rhône, ou dans la vallée de la Drôme, l'accent hésite par ici au gré des villages ou au hasard des mariages. Petit point de géographie, pour vous aider à vous repérer, non seulement à l'oreille, mais aussi à la vue.

La plaine de Valence

Valence présente avec ses environs (***Bourg-lès-Valence, Chabeuil*** ou ***Portes-lès-Valence***) une entrée-étape dans le département qui en surprendra plus d'un. Ville de passage par excellence, car située sur l'axe routier le plus important d'Europe, elle a de quoi vous réconcilier avec les cités de la vallée du Rhône.

La Drôme des collines

Un peu plus au nord, la Drôme des collines est prise entre le Vercors, l'Isère et le Rhône. À son extrémité, le monument du génie compliqué d'un homme simple : le ***Palais idéal du facteur Cheval,*** « un chef-d'œuvre mondial de l'art naïf », comme disait Malraux. Vignes, vergers et forêts se succèdent dans des paysages vallonnés. Et le soir, le soleil est rouge sur les monts du Matin. Ces collines ont pour capitale ***Romans,*** dont la collégiale s'appuie sur l'art roman, bien entendu, pour jaillir dans le gothique. Et Jacquemart, sur le rempart, dit le temps aux maisons médiévales et à un escalier gothique flamboyant qui monte là-bas dans un hôtel de la place aux Herbes.

Le Royans-Vercors

Terre avant tout sauvage, de montagne et de caractère, elle reste le témoin de tristes souvenirs. ***La Chapelle-en-Vercors, Vassieux-en-Vercors...*** Les hommes de 1944, le maquis, la Résistance... Et autour de cette mémoire, un environnement presque intact, des panoramas grandioses sans fin. Le ***parc naturel régional du Vercors*** offre, au-delà de sa beauté, l'accès à de nombreuses activités de loisirs, de sports, en famille, en été comme en hiver. Sur la trace du souvenir, la vie continue...

La vallée de la Drôme-Diois

En filant vers la vallée, la Drôme se dévoile. La rivière, alimentée par tous les torrents du Vercors et du Diois, roule et explose en fraîcheur d'une eau blanche et pure comme du lait d'ânesse. Entre Vercors et Provence, on entre dans une Drôme naissant des confins des Hautes-Alpes, sous le « serre » de ***Valdrôme*** la protestante pure et dure, et qui se rue à travers tout le ***Diois,*** ce Dauphiné du Midi. Accrochés aux flancs des montagnes, des villages entourés de remparts sublimes presque abandonnés se succèdent, villages que l'on ne possède tout à fait que par le viol (rassurez-vous, le *viol* ici n'est qu'une rue étroite). On traverse la belle combe de ***Die,*** où les noyers sont pendus aux coteaux et où les vignes descendent tranquillement jusqu'aux pressoirs de la vallée, mouchetées par les 1ers champs de lavande. Dans un lointain, par-dessus Saint-Andeol, on aperçoit le ***Glandasse,*** tout mauve, à l'heure des brebis, et à l'autre lointain, on devine le col de Cabre tout étonnant à l'heure des chèvres. Mais on se retourne, on descend et voilà ***Crest,*** la commerçante, où domine le plus beau et haut donjon de l'Hexagone.

La Drôme provençale

Une fois passé Montélimar et longé le Rhône, la Drôme provençale s'offre à vous. Cette Drôme va de l'ouest à l'est, de ***Montélimar,*** où le miel se mélange aux amandes, jusqu'aux lointains pays des ***Baronnies,*** qui flirtent avec les terres de Giono. Un pays qui étale aussi ses draps mauves et rose tendre de lavande le long de l'Ouvèze. Du nord au sud, il s'étend du désert de ***Saint-Nazaire*** aux oliviers de ***Nyons,*** ville accueillante qui vit au rythme des marchés, et aux tilleuls de ***Buis-les-Baronnies.*** À ***Dieulefit,*** on salue les potiers et la ruine de la commanderie de Saint-Jean-de-Jérusalem dans le vieux village du ***Poët-Laval.*** On rejoint la vallée du Rhône par le ***Tricastin*** et ***Saint-Paul-Trois-Châteaux*** (qui n'en a en fait aucun !), avec ses habitants qui descendent, paraît-il, des Tricastéries romains par la cuisse gauche. Au loin monte ***La Garde-Adhémar,*** village sublime qui, du haut de son perchoir, surveille le Rhône et sa vallée. Sur la route, ***Grignan,*** incontournable splendeur. Désormais, les montagnes ne sont plus loin, mais l'influence méridionale a bien pris le dessus.

UNE DRÔME SPORTIVE ET EN PLEIN AIR

Avec un taux d'ensoleillement important, la Drôme est un terrain privilégié pour des activités de plein air.

À pied

Les ***randonneurs*** se délectent d'une promenade à la fraîche dans le Vercors, le Diois, la vallée de la Drôme ou autour des petits villages de la Drôme provençale.
Tout au long de ses 2 000 km, le sentier international de grande randonnée ***Sur les pas des huguenots*** suit au plus près le tracé historique de l'exil des protestants à la suite de la révocation de l'édit de Nantes. Au départ de Poët-Laval, dans la Drôme, il rejoint Bad Karlshafen, en Allemagne. Pour en savoir plus : ● *surlespasdeshuguenots.eu* ●
Pour les petites randonnées à la journée, les offices de tourisme tiennent à votre disposition des fiches itinéraires. Des circuits que vous pouvez aussi télécharger gratuitement sur ● *ladrometourisme.com* ●

À vélo

Les routes du département, certes pas toujours très larges, sont très bien entretenues, et les superbes paysages raviront les cyclistes. Et si celles-ci sont bien souvent tortueuses et en montagnes russes, que les mollets les moins aguerris se rassurent : on trouve désormais aisément des vélos à assistance électrique en location. Sincèrement, parcourir la Drôme à dos de petite reine (assistée ou non par la fée électricité) est une des plus belles façons qui soient de la découvrir. Ce n'est d'ailleurs pas un hasard si l'on y croise autant de cyclistes (attention, donc, sur les routes !). Pour vous aider à trouver un itinéraire (même si ceux-ci sont assez ardus) : *Drôme, 36 parcours vélo de route,* de Damien Rosso, aux éditions Vtopo.
Les ***VTTistes*** disposent, eux, de plus de 3 000 km de sentiers balisés. Pour les découvrir, un topoguide : *Drôme, 65 itinéraires VTT 2018/2019,* d'Olivier de Smet et Jean-Marc Brancart, également aux éditions Vtopo.
Au départ de Valence, ils pourront aussi suivre la Grande Traversée des Préalpes, « Les Chemins du Soleil », qui rejoint Grenoble d'un côté, Gap de l'autre ou, plus au sud encore, Sisteron et Nice. Pour plus d'infos sur les différents grands itinéraires à travers les Alpes à VTT, vélo de route et même vélo à assistance électrique : ● *route-grandes-alpes.com* ●
Pour tous, il existe aussi la ***ViaRhôna,*** une voie verte dédiée principalement au vélo et à tous les déplacements non motorisés, qui relie le lac Léman à la Méditerranée. Dans la Drôme, 5 tronçons sont ouverts, entre Saint-Rambert-d'Albon et Saint-Vallier (sur 15 km), de Tain-l'Hermitage à Valence (28 km), de Livron à Loriol (6 km), de Montélimar à Châteauneuf-du-Rhône (13 km), et, enfin, de Pierrelatte à Saint-Restitut (5 km). Pour en savoir plus : ● *viarhona.com* ● La *ViaRhôna* a même un Routard qui lui est consacré (*La ViaRhôna du lac Léman à la Méditerranée*) !
Pour tous encore, la belle ***Balade à vélo au fil des berges de l'Isère*** (véloroute *Voie verte Vallée de l'Isère – V63*) relie Pont-de-l'Isère et Saint-Nazaire-en-Royans (et se poursuit même jusqu'à Grenoble pour les plus courageux). En tout, 42 km alternativement sur les rives droite ou gauche de l'Isère, tantôt en zone plus urbaine, tantôt dans la campagne, pour découvrir de plus près la faune et la flore particulièrement riches des berges de cette rivière.
La ***Vélodrôme*** est une véloroute qui, elle, s'étend sur 40 km dans la vallée de la Drôme, entre Loriol et Saillans. Ici point de grand col, mais un bel itinéraire qui alterne entre relativement plat et doucement vallonné.

Et puis encore...

Vous pouvez aussi vous laisser tenter par la découverte – ou la pratique – du ***parapente,*** de l'***équitation,*** de l'***escalade,*** du ***golf,*** de la ***spéléo,*** du ***canoë-kayak*** ou encore de l'***accrobranche,*** entre autres activités estivales permettant de satisfaire toutes les tranches d'âge. Sachez encore que, quand la chaleur bat son plein, l'eau transparente de la Gervanne, de la Drôme, de la Roanne, du Roubion, de l'Eygues, de l'Ouvèze, du Bez, du Buëch ou encore du Toulourenc est parfaite pour se rafraîchir ; les rives de ces rivières regorgent en effet de lieux de baignade (non surveillée). Sans parler des nombreux plans d'eau et autres espaces aquatiques que compte le département.
Et en hiver, on dévale les pentes de ***ski*** en famille dans le Vercors (Font d'Urle-Chaud Clapier, Vassieux, col de Rousset...) ou le Diois (Jarjatte), en ski nordique ou alpin. Renseignements sur • *ladrome.fr* •

VALENCE ET SES ENVIRONS

• Carte La région de Valence et la Drôme des collines *p. 245*

Aux portes de Valence s'étend une plaine. Au centre, de vastes champs de céréales et d'arbres fruitiers viennent buter sur les lits du Rhône, de l'Isère et de la Drôme. De l'autre côté, au levant, les monts du Matin, ces 1ers contreforts du Vercors, s'étirent de la vallée de l'Isère au nord jusqu'à Crest au sud. Même si cette microrégion n'est pas la plus marquée du département, elle offre déjà quelques jolis villages et de belles balades. Et Valence tombe à « Pic », comme on dit ici, quand la fatigue vous saisit, sur la route des vacances.

VALENCE (26000) 65 028 hab. *Carte Drôme, A2*

• Plan *p. 248-249*

Sur la fameuse N 7 chantée par Charles Trenet, Valence veut faire oublier son ancienne image de ville-étape, célèbre pour ses bouchons estivaux. Son passé assez riche et son centre-ville piéton joliment mis en valeur méritent qu'on s'y attarde. Par ailleurs, Valence constitue une étape stratégique pour explorer le département. La ville est idéalement située à 2h10 de Paris en train et à 1h de Lyon, de Grenoble, des stations de ski, du massif du Vercors ou des montagnes du Diois, du soleil et du chant des cigales de la Drôme provençale. Et elle fait face à l'Ardèche. Ville fluviale, Valence s'est également dotée d'un port de 480 anneaux, situé à une journée de bateau de la Méditerranée...
Chef-lieu et préfecture de la Drôme, Valence est une ville tranquille, légèrement bourgeoise. Pas tout à fait méridionale car encore un peu trop au nord (les hivers peuvent être vifs lorsque souffle le mistral !), mais on y perçoit tout de même les 1ers accents du Sud : ruelles un peu tortueuses, agréables places ombragées de platanes et terrasses de bistrot où il fait bon s'attarder lorsque le soleil pointe son nez. Ajoutez à cela quelques perles architecturales dispersées dans la charmante vieille ville... et on oublie les désolantes zones commerciales qui gangrènent la périphérie ou la nationale et l'autoroute qui rabotent le pied de la colline.

UN PEU D'HISTOIRE

Malgré les signes d'une implantation qui remonterait à la nuit des temps, l'histoire de la cité ne débute vraiment qu'à l'***âge des conquêtes romaines.*** De simple camp d'observation militaire de la vallée du Rhône, *Valentia* (« la cité vigoureuse ») devient une colonie sous le règne de César. Au Moyen Âge, la ville, installée sur une terrasse en surplomb du fleuve et ceinturée de remparts, devient une étape importante sur la route des pèlerinages. Très active dans le mouvement de réveil et de reconstruction de la vie religieuse, Valence construit sa cathédrale et accueille la puissante abbaye des chanoines de Saint-Ruf.

De l'âge d'or aux guerres de Religion

À la veille de la Renaissance, la ville est très active, notamment grâce à l'impulsion du futur roi Louis XI. Exilé par son père dans cette contrée lointaine du Dauphiné, celui qui n'est alors que le dauphin Louis II en profite pour s'exercer aux affaires. Il renforce les nouvelles institutions communales, concède des foires et crée, en 1452, une université qui enseigne le droit, la théologie, la médecine et les arts. Ses illustres professeurs attirent des étudiants venus de toute l'Europe, attisant la vie intellectuelle et artistique de la ville. Le commerce, quant à lui, est au mieux de sa forme, facilité par cette formidable voie d'échange qu'offre le Rhône et par le négoce du sel qui assure la prospérité de ses habitants. De riches marchands se font construire de vastes et beaux hôtels particuliers qui témoignent aujourd'hui encore de cette fastueuse période (voir la maison des Têtes ou la maison Dupré-Latour).

Malheureusement, au milieu du XVIe s, ***la Réforme et les guerres de Religion*** mettent à mal ce bel essor. Le renouveau catholique qui suit transforme la ville en une véritable cité de couvents. Un chapelet d'ordres religieux s'installe dans la ville basse, ainsi qu'un des 1ers séminaires français. Malgré cette vie religieuse intense, la ville essoufflée par les guerres s'enfonce dans un marasme économique. Valence n'est plus habitée que par des artisans, des fonctionnaires, des magistrats (création d'un présidial en 1636), des universitaires et des militaires. Un peu austère, tout ça.

Des hôtes célèbres au XVIIIe s

Le 1er de la liste (et le moins chanceux) : ***Mandrin.*** La vie de ce « bandit au grand cœur », ancien marchand ruiné qui organisa un réseau de contrebande, ne fut qu'une lutte contre les fermiers de l'impôt et les régiments de hussards à ses trousses. Condamné le 24 mai 1755, il est roué vif 2 jours plus tard sur la place des Clercs, sous les yeux de plusieurs milliers de spectateurs incrédules et ébahis. Quelques années plus tard – et plus d'une dizaine de fois –, c'est le jeune ***Bonaparte,*** alors simple lieutenant en second, qui vient faire des séjours studieux dans la toute nouvelle école d'artillerie de la ville. De ces quelques mois passés en ville, on dit qu'il reçut un bon enseignement militaire, intellectuel et... amoureux !

La ***Révolution,*** accueillie avec enthousiasme, ne produit pas de grands bouleversements. Néanmoins, l'université est dissoute, les institutions religieuses démantelées et leurs biens confisqués. C'est alors un

DES FUNÉRAILLES PAPALES PAS TRÈS CATHOLIQUES

L'entourage du pape Pie VI, mort en 1799 à Valence, où l'avaient assigné à résidence les révolutionnaires, refusa que les obsèques soient célébrées par l'évêque constitutionnel de Grenoble (non soumis à l'autorité du pape). Le Saint-Père eut donc des funérailles purement civiles, sans sacrement : un comble pour un pape !

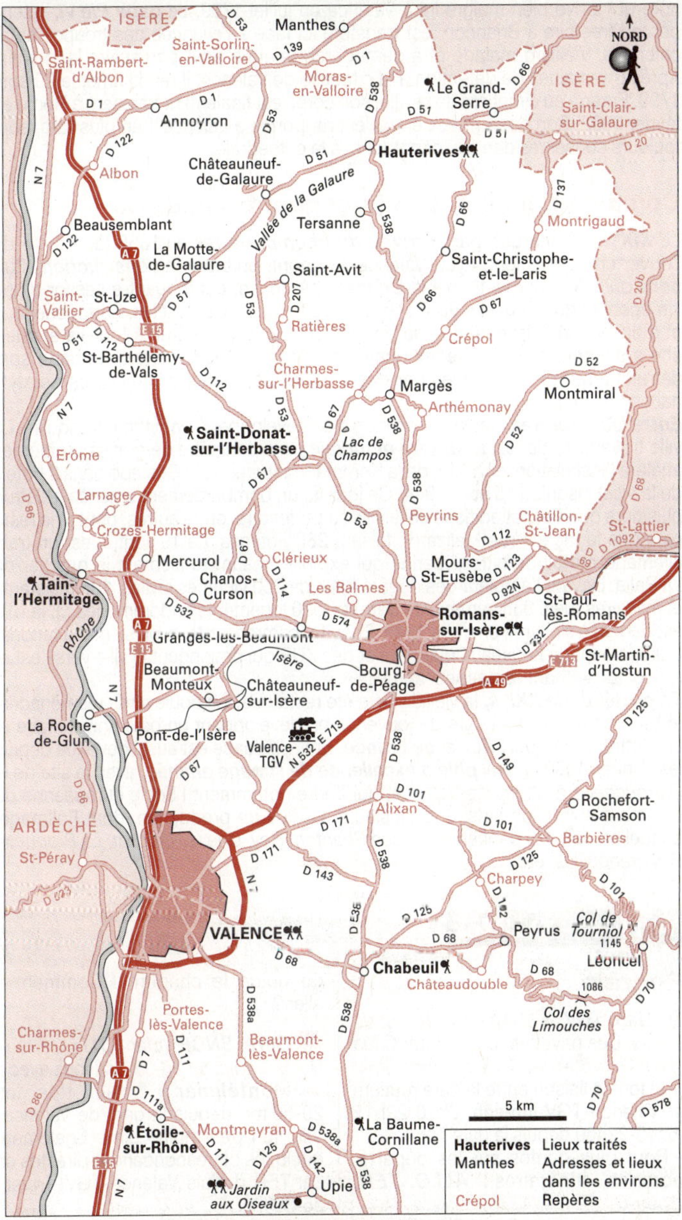

LA RÉGION DE VALENCE ET LA DRÔME DES COLLINES

hôte qui arrive bien malgré lui à Valence en juillet 1799. Le ***pape Pie VI,*** retenu par le Directoire à Briançon, est transféré ici face à l'avancée des troupes autrichiennes. Vieillard malade et à demi paralysé, il ne peut poursuivre le chemin. Après 6 semaines de détention à la citadelle de Valence, il rend l'âme, le 29 août 1799. Enterré au cimetière de la ville, son corps est finalement transféré à Rome en février 1802. Son cœur et ses entrailles, rapportés à Valence 1 an plus tard, sont toujours conservés dans un cénotaphe, à la cathédrale.

Comme un long fleuve (presque) tranquille...

Le ***XIXe s*** est marqué par l'***arrivée du chemin de fer*** en 1855 (à la suite de l'ouverture d'une ligne Lyon-Valence-Avignon), puis par la ***construction d'un pont*** qui relie pour la 1re fois la Drôme à l'Ardèche, contribuant à l'essor d'une vie économique nouvelle (tanneries, produits agricoles, textiles, cartoucherie...) et à un fort accroissement de la population. La ville construit à tout-va et cherche à s'embellir. De nouveaux quartiers naissent et les anciens remparts sont détruits pour être remplacés par des boulevards bordés d'immeubles de style haussmannien.

Entre les 2 guerres, Valence continue à se développer à un rythme tranquille. La ville traverse la ***Seconde Guerre mondiale*** sans connaître de graves problèmes (malgré l'installation, en 1942, de la Kommandantur et de la Gestapo dans 2 hôtels de la ville) jusqu'au 15 août 1944. Ce jour-là, un bombardement américain détruit plusieurs quartiers et édifices de la ville (la préfecture, entre autres, dont il ne reste plus que la façade rue Malizard), faisant 280 victimes. Le 19 août, c'est un train allemand rempli de nitroglycérine qui explose, rasant totalement le quartier de La Palla. Devant l'ampleur des dégâts (près de 200 victimes civiles, 135 résistants et militaires tués, 386 immeubles détruits, 500 logements endommagés...), la ville est déclarée sinistrée en mars 1945. Ensuite, comme partout, on se met à reconstruire, créant de nouveaux quartiers et des ZUP qui prolongent la ville vers l'est et le sud, lui donnant son aspect actuel.

En ce début de XXIe s, la vieille ville a été restaurée, les boulevards réaménagés, et Valence poursuit sa cure de jouvence en développant un pôle universitaire et en s'offrant le ***1er port fluvial de France.*** Enfin, Valence est aussi devenue depuis les années 1980 un vrai ***pôle d'excellence de l'image animée,*** avec le site de la *Cartoucherie* à Bourg-lès-Valence, qui abrite notamment l'École européenne du cinéma d'animation ainsi que plusieurs studios de production, dont Folimage, auquel on doit des pépites telles que *Phantom Boy, Une vie de chat, La Prophétie des grenouilles,* etc.

Arriver – Quitter

En train

🚂 ***Gare TGV :*** *à 10 km au nord-est de la ville.* Des navettes en bus *Inter Citéa* (☎ *04-75-60-06-26 ; ● vrd-mobilites.fr ●)* font la liaison entre la gare routière et Valence-TGV lun-sam 6h10-22h15 (6h48-22h59 depuis la gare TGV).

– Pour plus d'infos sur les départs, horaires, itinéraires : ***ALLO TER,*** ☎ *09-69-32-21-41.*

➢ Liaisons avec Paris (en 2h10 au plus court), Bruxelles, Lille, Rouen, Nantes, Lyon, Montpellier, Perpignan, Marseille et Nice (voir en début de guide le chapitre « Comment y aller ? »).

🚂 ***Gare SNCF*** *(plan C4)* ***:*** *38, rue Denis-Papin.* ☎ *36-35.* Liaisons avec :

➢ ***Montélimar :*** 1 train ttes les 20-50 mn depuis la gare de Valence-Ville (un peu moins dim). Également quelques correspondances directes en car TER depuis Valence-TGV. Trajet : 25-30 mn.

➢ ***Romans :*** 1 train ttes les 30-40 mn. Trajet : 20 mn.

➢ ***Grenoble :*** 1 ou 2 trains/h. Durée : env 1h.

➢ ***Crest, Die, Luc-en-Diois et Gap :*** en sem, car TER ttes les 40 mn-1h pour Crest et Die, plus 3 trains directs/j. continuant sur Gap (2 le w-e).
➢ ***Privas :*** 1 car TER ttes les heures en sem (un peu moins le w-e). Durée : 1h.
➢ ***Aubenas :*** en sem, car TER ttes les 1-2h (directs). Trajet : env 1h50.

En bus

Gare routière *(plan C4) : rue Denis-Papin, juste à côté de la gare SNCF. ☎ 04-74-81-72-62. • auvergnerhonealpes.fr • oura.com •*

➢ ***Montélimar :*** env 11 bus/j. (moitié moins dim) ; avec le réseau *Kéolis*, ligne n° 30. Trajet : env 1h.
➢ ***Romans :*** env ttes les 30-40 mn (seulement 5 bus dim), avec l'*Inter Citéa*. Durée : 50 mn.
➢ ***Le Vercors :*** très compliqué. Bus irréguliers (certains partent de Romans).
➢ ***L'Ardèche :*** 4 bus/j. en sem (2 sam) pour **Le Cheylard** (ligne n° 12) ; 5 bus/j. (1 seul dim) pour **Lamastre** (ligne n° 3 puis ligne n° 7 avec un changement à Annonay) et 2 pour **Le Chambon-sur-Lignon** (ligne n° 3 puis ligne n° 5 avec un changement à Tournon).

LA DRÔME

Comment se déplacer ?

La vieille ville et ses abords se parcourent aisément à pied, mais on peut aussi la découvrir à vélo.

■ ***Libélo :*** *☎ 04-75-60-06-26. • vrd-mobilites.fr •* Location de vélos à la journée ou à l'année (sur abonnement). Une vingtaine de stations réparties dans toute la ville. Plan et infos auprès de l'agence Citéa, de l'office de tourisme et de *Carbone Zéro* (voir ci-dessous).
Location de vélos : Carbone Zéro *(plan C4, **3**), 24, rue Denis-Papin. ☎ 04-75-56-99-06. • carbone-zero.fr • Mar-sam 9h-12h, 13h30-19h. Fermé dim et lun matin. Compter 20 €/j. le vélo « normal » et 40 €/j. le vélo à assistance électrique.*
■ ***ADA :*** *11, rue Pasteur. ☎ 04-75-80-10-14. Ouv tlj sauf dim.*
■ ***Hertz :*** *à la **gare TGV** (à 10 km du centre). ☎ 04-75-58-93-50. Lun-ven 8h-17h, sam 9h-16h, dim (sauf oct-mars) 16h-20h.*
■ ***Avis :*** *à la **gare TGV**. ☎ 0820-611-667. Lun-ven 8h-16h, sam 9h-13h.*
Radio-taxis Valence : *☎ 04-75-42-26-00. • radiotaxis-valence.com •*

Adresses et infos utiles

Valence Romans Tourisme *(plan C3) : 11, bd Bancel. ☎ 04-75-44-90-40. • valence-romans-tourisme.com • Ouv lun-sam 9h30-12h30, 13h30-18h30, ainsi que dim et j. fériés (sauf 1er mai) 10h-13h en juil-août.* Vente de topoguides, boutique de souvenirs, billetterie de spectacles, service de consignes extérieures, etc.
■ ***Service Patrimoine – Pays d'art et d'histoire et Centre d'Interprétation de l'architecture et du patrimoine-CIAP*** *(plan C2, **1**) : 57, Grande-Rue. ☎ 04-75-79-20-86. Programme sur • valenceromansagglo.fr •, rubrique « Culture ». Juil-août, lun-ven 9h-12h30, 14h-18h (17h30 ven) ; w-e 9h30-12h30, 14h-18h. Le reste de l'année, lun-ven 8h30-12h, 13h30-17h30 (17h ven) ; sam 9h30-12h30, 14h-18h ; dim 14h-18h. Visites à thème en été presque tlj ; plutôt en fin de sem le reste de l'année (peu de visites organisées en sept).* Installé au rez-de-chaussée de la maison des Têtes (lire « À voir. À faire »), il propose d'intéressantes visites guidées, une expo permanente gratuite sur le patrimoine bâti et naturel, ainsi que sur la période valentinoise de Bonaparte, quand il était en garnison à Valence. Nombreuses brochures pour vous aider à découvrir la ville et ses richesses architecturales.
■ ***Port de plaisance*** *(hors plan par A4, **2**) : L'Épervière. ☎ 04-75-81-18-93. • drome-portdeplaisance.com •* 1er port fluvial de France avec près de

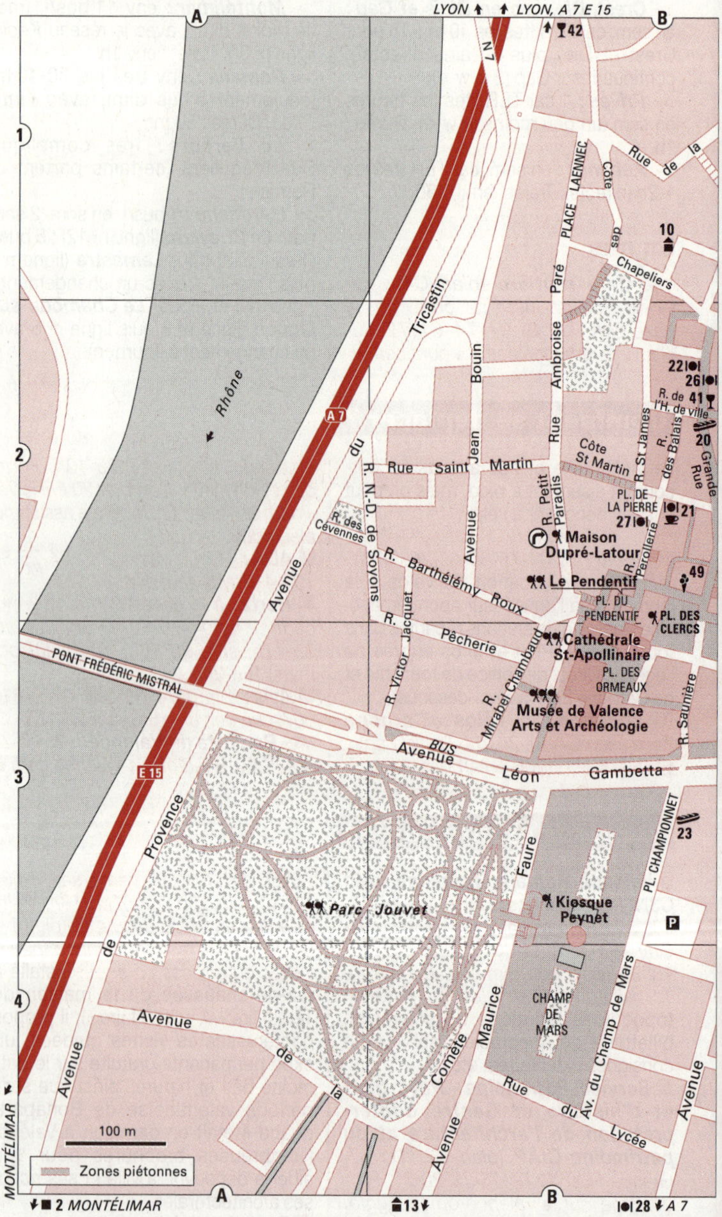
LYON
LYON, A 7 E 15
42
A
B
1
2
3
4
LN
Rue de la
Côte des Chapeliers
PLACE LAENNEC
10
Rue Ambroise Paré
Rhône
A 7
Tricastin
Avenue du Tricastin
Rue Jean Bouin
22
26
R. de l'H. de ville
41
20
Grande Rue
R. des Balais
R. St James
Côte St Martin
Rue Saint Martin
R. N.-D. de Soyons
R. des Cévennes
R. Petit Paradis
PL. DE LA PIERRE
21
27
Maison Dupré-Latour
R. Perollerie
R. Barthélémy Roux
Le Pendentif
PL. DU PENDENTIF
PL. DES CLERCS
49
R. Pêcherie
R. Victor Jacquet
R. Mirabel Chambaud
Cathédrale St-Apollinaire
PL. DES ORMEAUX
R. Saunière
Musée de Valence Arts et Archéologie
PONT FRÉDÉRIC MISTRAL
BUS
Avenue Léon Gambetta
E 15
Avenue de Provence
PL. CHAMPIONNET
23
Avenue Maurice Faure
Kiosque Peynet
Parc Jouvet
P
CHAMP DE MARS
Av. du Champ de Mars
Avenue de la Comète
Avenue
Rue du Lycée
100 m
Zones piétonnes
MONTÉLIMAR
2 MONTÉLIMAR
13
28
A 7

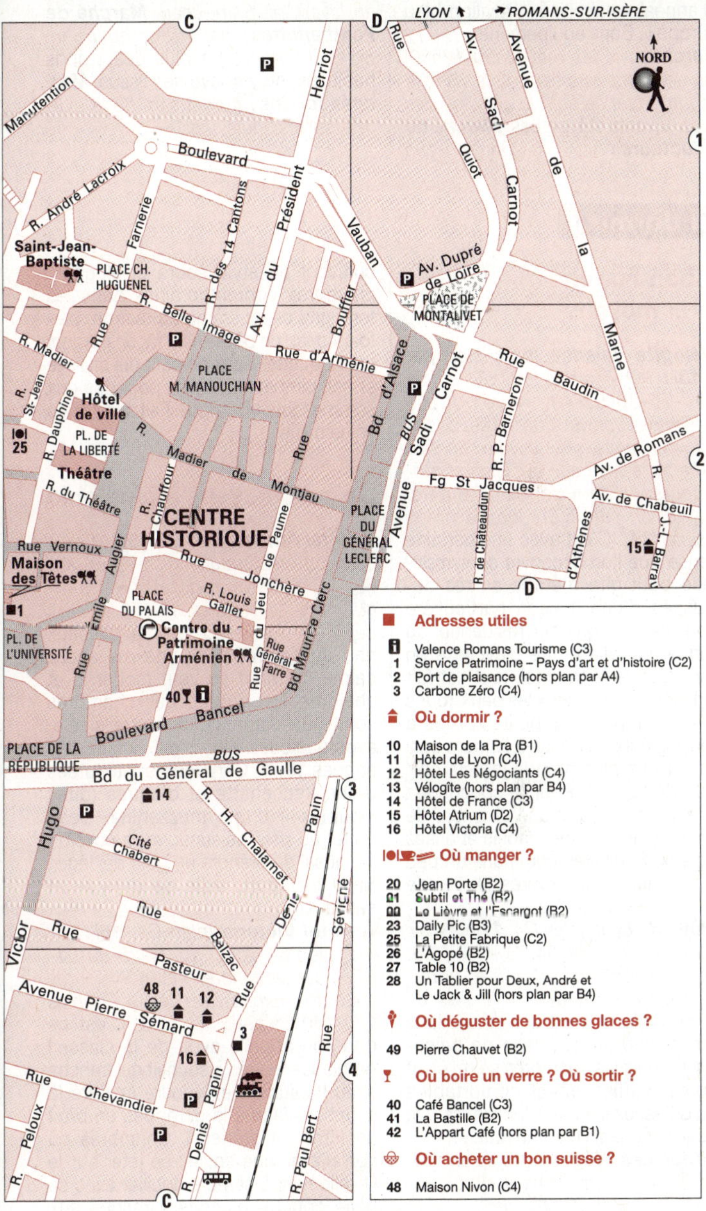

■ **Adresses utiles**

- i Valence Romans Tourisme (C3)
- 1 Service Patrimoine – Pays d'art et d'histoire (C2)
- 2 Port de plaisance (hors plan par A4)
- 3 Carbone Zéro (C4)

Où dormir ?

- 10 Maison de la Pra (B1)
- 11 Hôtel de Lyon (C4)
- 12 Hôtel Les Négociants (C4)
- 13 Vélogîte (hors plan par B4)
- 14 Hôtel de France (C3)
- 15 Hôtel Atrium (D2)
- 16 Hôtel Victoria (C4)

Où manger ?

- 20 Jean Porte (B2)
- 21 Subtil et Thé (B2)
- 22 Le Lièvre et l'Escargot (B2)
- 23 Daily Pic (B3)
- 25 La Petite Fabrique (C2)
- 26 L'Agopé (B2)
- 27 Table 10 (B2)
- 28 Un Tablier pour Deux, André et Le Jack & Jill (hors plan par B4)

Où déguster de bonnes glaces ?

- 49 Pierre Chauvet (B2)

Où boire un verre ? Où sortir ?

- 40 Café Bancel (C3)
- 41 La Bastille (B2)
- 42 L'Appart Café (hors plan par B1)

Où acheter un bon suisse ?

- 48 Maison Nivon (C4)

VALENCE

480 anneaux, labellisé « Pavillon bleu d'Europe ». Bons équipements.
– ***Marchés :*** *ts les mat (7h30-12h30) dans différents quartiers de la ville ; le plus important se tient le sam, pl. des Clercs.* Vivants et typiques. ***Marché de producteurs :*** *mar 17h-20h (16h-19h en hiver), pl. Saint-Jean.* ***Marché de Fontbarlettes :*** *mar mat et sam ap-m, pl. de l'Europe.* En plus des stands habituels, on y trouve des tissus. ***Marchés forains :*** *mer et sam tte la journée, sur les boulevards.*

Où dormir ?

De bon marché à prix moyens

🏠 ***Vélogîte Valence*** *(hors plan par B4,* ***13****) : 11, allée des Petits-Champs. ☎ 04-75-80-53-43. • velogitevalence@gmail.com • velogitevalence.fr • À 2 km du centre-ville. Ouv tte l'année ; mai-sept, réservé aux cyclistes et randonneurs. Nuit en dortoir 20 €/pers, petit déj en sus (5 €) ; loc de draps possible (3 €).* C'est avec une certaine surprise que l'on découvre ce sympathique petit gîte d'étape au rez-de-chaussée d'une maison particulière située dans un quartier résidentiel de Valence. La jolie petite bicyclette en façade donne le ton : ici, tout est fait pour accueillir au mieux les deux-roues (atelier de réparation, petite cuisine à dispo, agréable terrasse à l'arrière bordant un des plus grands jardins collectifs de la ville). Pour le couchage : 2 dortoirs de 4 lits et une chambre de 2 lits. Lumineux, impeccables et assez spacieux. Sanitaires communs un peu plus rustiques mais propres. Un lieu de rencontre et de partage.

🏠 ***Hôtel de Lyon*** *(plan C4,* ***11****) : 23, av. Pierre-Sémard. ☎ 04-75-41-44-66. • hoteldelyon@wanadoo.fr • hotel-de-lyon.fr • ♿ Double 54 €.* Pas de luxe superflu ni d'extravagance dans la déco (lino au sol, salle de bains-cabine), mais les chambres se révèlent propres, suffisamment confortables (bien qu'assez sonores), lumineuses, et l'accueil est gentil comme tout.

🏠 ***Hôtel Les Négociants*** *(plan C4,* ***12****) : 27, av. Pierre-Sémard. ☎ 04-75-44-01-86. • contact@hotellesnegociants.fr • hotel-les-negociants.com • Doubles 57-77 € ; familiales. Parking payant. Apéritif maison offert sur présentation de ce guide.* Un établissement cultivant un style sobre et élégant : chambres contemporaines dans les tons gris perle, crème ou marron, parfois « peau de bête », lino façon parquet ou moquette. Salle de petit déj stylisée et hall pimpant... Et cela pour des prix somme toute très tenus. Fait aussi resto en semaine.

De prix moyens à plus chic

🏠 ***Hôtel Atrium*** *(plan D2,* ***15****) : 20, rue Jean-Louis-Barrault. ☎ 04-75-55-53-62. • info@atrium-hotel.fr • atrium-hotel.fr • ♿ Doubles 82-172 € ; petit déj 8-15 €. Parking privé gratuit.* À deux pas du centre, dans une rue assez calme, l'*Atrium* se veut moderne et chaleureux. La déco des chambres sonne au diapason de notre siècle, avec quelques clins d'œil vintage des années 1970. Certaines sont dotées d'une kitchenette et d'autres (dites « duplex ») d'une mezzanine. Beau buffet au petit déjeuner, mais possibilité aussi de prendre un petit déj léger. Salle de sport, salle de détente et sauna.

🏠 ***Hôtel Victoria*** *(plan C4,* ***16****) : 37, rue Denis-Papin. ☎ 04-28-99-01-60. • contact@hotel-victoria-valence.fr • hotel-victoria-valence.fr • Doubles 120-140 € ; petit déj 15 €.* C'est ce que l'on appelle avoir de la classe ! Ambiance feutrée à souhait qui tranche avec l'agitation extérieure (malgré la situation, face à la gare, pas un bruit ne filtre à l'intérieur). Chambres où l'on n'a qu'une envie : se jeter sur le lit tellement il semble douillet avec sa belle couette blanche. Couloirs aux moquettes originales, chambres aux murs gris bleuté illuminées par de beaux parquets, un mobilier et des luminaires choisis, et des étagères de livres. Accueil excellent, en accord avec les lieux.

Hôtel de France (plan C3, **14**) : *16, bd du Général-de-Gaulle. ☎ 04-75-43-00-87. • info@hotel-valence.com • hotel-valence.com • ♿ Doubles 105-180 € ; petit déj 8-16 €. Parking payant.* Un hôtel à taille humaine, à la situation stratégique, que l'on recommande pour ses chambres les plus grandes, certes onéreuses (et encore, cela dépend vraiment des dates de votre séjour), mais vraiment confortables et à la déco contemporaine élégante et soignée. Les standards offrent aussi un bon confort, mais elles sont beaucoup plus petites. Accueil pro.

Beaucoup plus chic

Maison de la Pra (plan B1, **10**) : *8, rue de l'Équerre. ☎ 04-75-43-69-73. • contact@maisondelapra.com • maisondelapra.com • Doubles 145-200 € ; petit déj 18 €. Garage clos payant.* Dans le centre ancien, 4 superbes chambres aménagées dans une imposante bâtisse Renaissance. Les volumes sont magnifiques. Les chambres, orientées sur cour intérieure ou sur jardin, sont aussi vastes que hautes de plafond. La déco est sobre mais contemporaine. Une adresse de caractère. Excellent petit déj, proposé en buffet dans la salle à manger.

Où manger ?

Bon marché

Jean Porte (plan B2, **20**) : *2, rue de l'Hôtel-de-Ville. ☎ 09-86-53-77-38. Tlj sauf dim 18h-22h, plus sam 12h-14h. Pizzas 9-14 € ; formule hot dog-frites-salade 9 €.* C'est en fait une échoppe proposant hot dogs et pizzas de qualité à emporter. L'avantage ? Elle est stratégiquement située, juste en face du bar *La Bastille* (voir « Où boire un verre ? Où sortir ? »). Or les 2 établissements travaillent main dans la main : le café vous autorise à étancher votre soif tout en consommant chez lui ce que vous aurez acheté chez l'autre.

Un Tablier pour Deux (hors plan par B1, **28**) : *164, av. Victor-Hugo. ☎ 04-75-44-14-68. • 1tp2contact@gmail.com • ♿ Ouv le midi mar-sam, plus le soir jeu-dim. Fermé lun et soir mar-mer. Congés : de mi-juil à mi-août. Résa conseillée. Formules déj 19-23 € ; le soir, menus 30-37 €.* Il faut marcher un peu, mais l'escale mérite ce petit effort. Dans une sympathique ambiance de bistrot vintage, madame en cuisine vous concocte au jour le jour de savoureux petits plats locavores et de saison, tandis que monsieur, en salle, vous les sert avec une charmante bonhommie. Aux beaux jours, les nombreux habitués désertent l'intérieur pour la délicieuse terrasse, bien cachée à l'arrière.

Table 10 (plan B2, **27**) : *10, pl. de la Pierre. ☎ 04-75-43-12-77. Fermé lun et certains dim hors saison. Résa conseillée. Formules 13,50-21 € (déj en sem), puis 17,50-30 € ; plats 15-20 €.* Une petite carte : quelques entrées, quelques plats, quelques grandes salades et voilà. Les propositions, plutôt traditionnelles (criques ardéchoises, gratinées de ravioles, tartare de saumon), ont le petit plus qui réjouit les papilles, grâce à des produits de qualité (une excellente mozzarella notamment) et bien travaillés. Également brunch le dimanche. Salle étroite à l'ambiance cosy de petit bistrot un peu chic ou, aux beaux jours, belle terrasse sur la place.

Subtil et Thé (plan B2, **21**) : *2, rue Pelleterie. ☎ 04-75-56-75-06. ♿ Ouv le midi seulement. Fermé dim. Congés : 3 sem en août. Résa recommandée. Assiette env 14,90 € ; repas env 20 €.* On s'installe dans cette agréable salle au décor japonisant pour se faire plaisir, mais aussi du bien. Le chef, qui officie au-dessus de nos têtes, un peu comme dans une maison sur pilotis, réalise ses assiettes – entrées (chaude et froide), plat chaud et accompagnement salade – avec l'aide d'une diététicienne. Couleurs et saveurs s'y harmonisent en un juste équilibre. Pour satisfaire la clientèle d'habitué(e)s, les menus changent toutes les semaines. Musique zen, bien sûr, et service à la fois efficace et souriant.

Le Lièvre et l'Escargot *(plan B2,* ***22****) : 6, Grande-Rue. 06-70-65-58-70. Ouv le midi mar-sam, plus le soir ven-sam. Fermé dim-lun et j. fériés. Carte 10-15 €.* Le chef offre ici une cuisine bio, simple et sincère, dans un décor d'ancienne brocante-épicerie-bistrot de quartier. Éthique mais pas toc. Assiettes de saison, tartes salées, produits d'ici et d'ailleurs (l'Ardèche, autrement dit, voire le Vaucluse, mais pas plus loin). Accueil chaleureux et service plutôt rapide. Petit bout de terrasse.

Daily Pic *(plan B3,* ***23****) : 3, pl. Championnet. ☎ 04-75-25-08-08. • direction.valence@dailypic.fr • Lun-ven 11h-20h, sam 9h30-19h30. Formules 15,90-21 €.* La cantine gourmande d'Anne-Sophie Pic, ou l'occasion donnée à tous de toucher du bout de la langue l'univers gastronomique de la cheffe triplement étoilée ! Les petits plats vendus dans des bocaux en verre sont à emporter ou à consommer sur place, dans la salle pimpante de ce self à la fois convivial et élégant. Un seul regret : si les saveurs sont bien là, les quantités risquent de laisser certains sur leur faim.

De bon marché à prix moyens

André *(hors plan par B4,* ***28****) : 285, av. Victor-Hugo. ☎ 04-75-44-15-32. • contact@pic-valence.com • Ouv tlj. Menu 39 € ; carte 48-55 €.* Un *Relais & Château* à un prix abordable ? Vous ne rêvez pas. Vous êtes bien dans la célèbre maison de la famille Pic, qui rassemble sous le même toit *Chez Pic* (le gastro étoilé) et son annexe *André*. Sur les murs de la salle où prédomine le bois blond se succèdent des photos de la dynastie Pic. Quant à la cuisine, elle rend hommage au grand-père André, qui remplissait ici ses casseroles : fidèle à ses classiques mais délicieusement épurée et pleine de créativité.

La Petite Fabrique *(plan C2,* ***25****) : 6, rue de l'Hôtel-de-Ville. 06-08-83-60-00. Congés : 15 j. en fév, 15 j. en août, vac de Noël. Ouv le midi mar-sam, plus le soir jeu-sam (et mer en hte saison). Fermé dim-lun et j. fériés. Résa fortement recommandée. Formules 14,50-17,50 € le midi, 18-28 € le soir. Café offert sur présentation de ce guide.* Une formule qui ne peut que plaire : de vrais bons petits plats goûteux et originaux, un chef seul en cuisine et une serveuse qui se démène. Du savoureux, à ce point, ça devient rare. Le vendredi, c'est l'aïoli, comme dans le Midi. Sinon, menus et plats à l'ardoise, qui s'efface tous les jours. Il y a une terrasse sympa, mais ce sont le temps et le chef qui auront le dernier mot !

L'Agopé *(plan B2,* ***26****) : 15, Grande-Rue. ☎ 09-83-05-59-89. 06-09-54-33-58. • contact@restaurant-lagope.fr • Fermé dim-lun, mar midi et mer. Congés : 1 sem en janv, 1 sem en mai et 3 sem août. Formule déj en sem 21 € ; menus 31-49 €. Apéritif maison offert sur présentation de ce guide.* Un chef passionné qui aime partager, innover, et qui teinte volontiers sa délicate cuisine du terroir de touches plus exotiques, notamment orientales. Surtout, ne négligez pas les desserts, vos papilles pourraient vous en vouloir : les glaces et sorbets de la maison sont particulièrement redoutables !

Le Jack & Jill *(hors plan par B4,* ***28****) : 236, av. Victor-Hugo. ☎ 04-75-44-39-31. • jackandjill.com • Fermé dim-mer. Congés : de mi-juil à mi-août et vac de Noël. Formules déj 19-24 € ; le soir, menu env 32 €.* Un couple franco-irlandais aux manettes, le sourire à l'accueil, la déco tout en couleur... Le tout au service d'une réjouissante cuisine sans frontières, avec toujours une spécialité d'outre-Manche (comme le *sticky toffee pudding, of course !*).

Où déguster de bonnes glaces ?

Pierre Chauvet *(plan B2,* ***49****) : 3, pl. des Clercs. ☎ 04-75-55-47-78. Ouv tte l'année : mar-ven 9h30-12h30, 14h-19h, sam 9h-19h.* Un de ces artisans glaciers qui s'appuient sur les fruits et fleurs de la région pour composer leur palette de parfums : lavande, violette, noix-abricot, suisse, etc. C'est aussi un chocolatier, alors inutile de dire que pour certains, il est difficile de ne pas craquer !

Où boire un verre ? Où sortir ?

En journée ? ***Place des Clercs,*** pardi ! Sans doute le coin le plus séduisant pour piocher parmi les belles terrasses orientées face au soleil, comme des tournesols. Sinon, le secteur de la ***place de la Mairie*** est une bonne alternative.

C'est entre la place du Général-Leclerc et la place de la République que l'on va prendre l'air du soir. Valence rassemble ici une poignée de bars, où l'on ira commenter l'excellente programmation du cinéma d'art et d'essai **Le Navire** *(bd d'Alsace).*

La Bastille *(plan B2,* ***41****) : 1, rue de l'Hôtel-de-Ville. ☎ 04-75-43-32-39. Tlj sauf dim 8h30-1h (2h w-e et en été).* Vous n'y couperez pas ! Car ce petit troquet mignon comme tout fait partie des étapes de choix dans la tournée des bars. D'abord, pour la situation stratégique de sa terrasse ; ensuite, pour l'atmosphère conviviale et fraternelle distillée par un joyeux patchwork d'artistes, d'étudiants et autres trentenaires décontractés. Personne à suspendre à la lanterne, en somme, mais idéal pour prendre le pouls de la ville.

L'Appart Café *(hors plan par B1,* ***42****) : 11, quai Thannaron, 26500* ***Bourg-lès-Valence.*** *☎ 04-75-42-96-65. ● appartcafe.fr ● Jeu-sam, à partir de 19h45.* Café-théâtre orienté vers l'humour. Mi-broc, mi-galerie d'art, ce bar insolite entasse les antiquailles comme un collectionneur chine l'objet rare. Du coup, les cocktails et le très beau choix de champagnes n'ont pas le même goût si on est assis dans un vieux Chesterfield ou dans un fauteuil de dentiste ! Accueil personnalisé et souriant, à l'image de l'atmosphère décontractée... Bienvenue dans un café « à part ».

Café Bancel *(plan C3,* ***40****) : 7, bd Bancel. ☎ 04-75-78-35-98. Tlj 9h-1h (2h w-e et en été).* Rien ne manque à la panoplie du *Bancel* : bar en céramique façon piscine, écran plat pour les clips, mobilier contemporain en harmonie avec une salle sophistiquée... Bref, le *Bancel* reste le bar lounge chic et tendance de Valence.

Où acheter un bon suisse ?

Maison Nivon *(plan C4,* ***48****) : 17, av. Pierre-Sémard. ☎ 04-75-44-03-37. Tlj sauf lun 6h-19h30 (19h dim).* On vient de loin pour acheter ce biscuit parfumé à la fleur d'oranger et au citron, né au Moyen Âge, qui reste l'une des grandes spécialités gourmandes drômoises. L'histoire du *suisse* (qui monte la garde en vitrine) remonte à la toute fin du XVIIIe s : le pape Pie VI, prisonnier du Directoire, meurt en exil à Valence. Une boulangère décide de rendre hommage au saint homme en confectionnant un petit bonhomme en pâte sablée, parfumé aux écorces d'orange confite, reproduisant le costume (dessiné par Michel-Ange) des gardes suisses. Ce biscuit était à l'origine consommé le dimanche des Rameaux.

À voir. À faire

La place des Clercs *(plan B2-3) :* jolie place à l'ambiance méridionale, qui offre une belle vue sur le chevet de la cathédrale. Dès les 1ers beaux jours, lorsque les platanes ont revêtu leur habit d'été et que les terrasses pointent le bout de leur nez, ***ça sent bon le Midi*** ! Le samedi matin (et le jeudi midi, mais il est beaucoup moins étoffé) s'y installe un grand et beau marché typique, animé et coloré.

Le musée de Valence, Art et Archéologie (plan B3) : *4, pl. des Ormeaux (caché derrière la pl. des Clercs). ☎ 04-75-79-20-80. • museedevalence.fr • ♿ Tlj sauf lun-mar et j. fériés 10h-12h, 14h-18h. Entrée : 6 € ; 9 € billet couplé avec les expos temporaires (en été notamment) ; réduc ; gratuit 1er dim du mois sauf juil-août et jusqu'à 18 ans.* Créé en 1850, le musée de Valence est installé depuis 1911 dans l'ancien palais épiscopal, au cœur du centre-ville. Un musée étonnant à plus d'un titre, qui mérite, à lui seul, un arrêt prolongé au cœur de cette ville. La signalétique étant discrète, il faut bien ouvrir l'œil pour arriver à la porte de ce qui est, aujourd'hui, ***l'un des plus beaux musées de France.***
Seul musée des Beaux-Arts en Drôme, il présente, dans 35 salles d'exposition permanente, une riche collection d'œuvres et d'objets qui retracent l'histoire de l'homme et des arts, de la préhistoire régionale à l'art contemporain, et il offre à découvrir, en son sommet, un ***panorama à 360°*** sur le Rhône, le Vercors et l'Ardèche.
Ce musée ne cherche pas à vous en mettre plein la vue ; à tout instant, il vous place en perspective avec l'histoire, dans laquelle tous les artistes présentés sont inscrits, comme avec le paysage alentour qui leur donne du sens.
Entre ville et collections, il vous entraîne, d'étage en étage, et selon l'humeur du temps, jusqu'à un intrigant belvédère planté face à la ville, où l'on peut prendre un bain de soleil. Dans la pénombre de la salle des papiers peints, de très belles œuvres sculptées en lien avec les décors muraux baignent dans une lumière douce. On se perd dans ces escaliers, les bouts de couloirs débouchant sur d'autres temps, s'arrêtant, au passage, devant un retable de l'ancienne chapelle de l'évêque, ou devant le *Jugement de Pâris* de la salle André-Lhote, avant d'aboutir aux œuvres, très attendues, du fameux « Robert des ruines ».
Parmi les œuvres exposées figure, en effet, une exceptionnelle collection d'une centaine de peintures et dessins d'Hubert Robert (XVIIIe s), qui est la 3e collection au monde après celles du musée du Louvre à Paris et du musée de l'Hermitage à Saint-Pétersbourg.
Le voyage s'achève au rez-de-chaussée, devant un immense *dolium* (jarre) placé près d'une fenêtre avec vue sur le Rhône. Libre à chacun d'imaginer comment ce mastodonte, pouvant contenir jusqu'à 2 000 l d'huile d'olive ou de liquides divers, a pu arriver jusqu'ici...

La cathédrale Saint-Apollinaire (plan B2-3) : *4, pl. du Pendentif.* Vraisemblablement édifiée entre les XIe et XIIe s (d'après la *Chronique des évêques de France,* qui attribue sa consécration au pape Urbain II en 1095), la cathédrale, passablement malmenée durant les guerres de Religion, fut largement remaniée au fil des siècles. Superbe chevet présentant une savante progression des volumes, des chapelles rayonnantes jusqu'au transept et au massif de la nef. Seul le clocher-porche, construit au XIXe s dans un style un peu hybride, rompt cette belle harmonie. Sous le porche de la porte latérale sud, beau tympan datant de la construction de la cathédrale (XIe s). Représentation du Christ en majesté et linteau avec scène de la multiplication des pains. Intérieur très pur. Remarquer, dans le chœur, le cénotaphe surmonté d'un buste de Pie VI, servant de reposoir au cœur et aux entrailles du pape mort à Valence en 1799. Chapiteaux décorés de feuillages ou de figures d'atlantes. Imposant maître-autel en marbre décoré de figures de bronze. Beau buffet d'orgue, de la 2de moitié du XVIIIe s, en noyer massif sculpté d'anges musiciens.
– Depuis le parvis de la cathédrale, ***panorama*** impressionnant sur la basse ville, le Rhône, les ruines du château de Crussol au loin, et les montagnes ardéchoises.

Le Pendentif (plan B2-3) : bâti dans la cour bordant le cloître détruit au moment des

ÇA LUI PENDAIT AU NEZ !

Ironie du sort : le Pendentif, monument funéraire du chanoine Mistral, fut vendu à la Révolution comme bien national et transformé un temps en... débit de boissons, où l'on ne buvait pas que du vin de messe !

guerres de Religion, cet oratoire funéraire fut érigé en 1548 par le chanoine Nicolas Mistral. C'est ***l'un des 1ers monuments de France à avoir été classés Monuments historiques,*** grâce aux bons soins de Prosper Mérimée. Il doit son nom à la technique architecturale qui permet, par l'insertion de formes triangulaires (les pendentifs) aux 4 coins supérieurs d'un édifice, d'implanter une voûte hémisphérique sur une base cubique (vous avez suivi ?).

La maison des Têtes *(plan C2)* **:** *57, Grande-Rue.* Cet ancien hôtel particulier, siège aujourd'hui du *Service Patrimoine – Pays d'art et d'histoire* (voir plus haut « Adresses et infos utiles »), fut construit vers 1530 pour le riche consul de Valence, Antoine de Dorne, avant d'échoir par alliance à Barthélemy de Marquet. Un certain Napoléon Bonaparte, jeune lieutenant d'artillerie, ami du fils Marquet, le fréquenta. Belle façade, au décor de style gothique flamboyant mêlé d'influences Renaissance. Au rez-de-chaussée, 9 figures en médaillon représentent, entre autres, les matières enseignées à l'université autrefois ; au 1er étage, statues en demi-grandeur de la Fortune et du Temps. Sous la passe du toit, 4 grosses têtes joufflues symbolisent les vents.
Dans la cour, le style est plus sobre. Belle porte gothique abritée sous une galerie voûtée d'ogives (ainsi que des fenêtres ornées d'angelots et de lions ou autres personnages fantastiques). Allez admirer, sous la galerie, les 4 bustes sculptés des Pères de l'Église et, dans le corridor, les bustes en médaillon inspirés d'empereurs et philosophes antiques, qui valurent à cet hôtel particulier son nom de « maison des Têtes ».

La maison Dupré-Latour *(plan B2)* **:** *rue Perollerie.* ***Accessible seulement dans le cadre des visites organisées par le Service Patrimoine – Pays d'art et d'histoire*** *(voir plus haut « Adresses et infos utiles »).* Cet ancien hôtel particulier, qui doit son nom à ses derniers propriétaires, fut édifié vers 1522 pour la famille Genas, enrichie par le commerce du sel et proche du roi Louis XI. Bien cachée dans une petite cour intérieure, cette maison abrite pourtant un des fleurons de l'architecture Renaissance valentinoise : un escalier à vis avec tourelle, dont la porte d'accès est considérée comme une des plus belles de France ; rien de moins !

L'hôtel de ville *(plan C2)* **:** *1, pl. de la Liberté.* C'est en décembre 1894 qu'est inaugurée la nouvelle « maison de ville ». Caractéristique de l'éclectisme architectural du XIXe s et d'une époque où l'on voulait des mairies « grandes, belles et proclamatrices », le bâtiment est une juxtaposition de divers styles : imposante façade de style classique, beffroi et campanile comme on en voit dans le nord de la France, toiture polychrome de type bourguignon. Mais c'est à l'intérieur qu'il faut aller pour saluer, malgré leurs airs sévères, Maurice Clerc, Désiré Bancel et Madier-Montjau, anciennes figures politiques de la ville, avant de monter au 1er étage. De toute part, des plafonds à caissons peints, véritables panthéons des gloires locales et municipales, des fenêtres à vitraux, des planchers habilement composés, une belle cheminée monumentale d'inspiration néogothique ornée d'une mosaïque et encadrée de 2 peintures murales célébrant l'Amour.

L'église Saint-Jean-Baptiste *(plan C1)* **:** *4, rue du Petit-Saint-Jean.* Édifice dont l'origine remonterait au IXe s. Comme tous les édifices religieux de la ville, celui-ci connut une histoire mouvementée, et de son architecture primitive ne reste aujourd'hui que le clocher-porche de style roman, surmonté d'un campanile. L'ensemble de l'église a été entièrement reconstruit au XIXe s et la décoration intérieure totalement revue. Le porche abrite les vestiges d'une dizaine de chapiteaux d'époque romane (lions montant la garde, feuilles d'acanthe, femme aux serpents, etc.). À l'intérieur, quelques beaux tableaux monumentaux dont une *Vierge à l'Enfant intercédant pour les âmes du purgatoire* du XVIe s et une *Mort de saint Joseph* du XVIIe s. Face à l'église, jolie halle datant de la fin du XIXe s. Le soir, un éclairage bien conçu met en avant la couleur de la pierre et la structure du bâtiment.

Le Centre du patrimoine arménien (CPA ; *plan C2-3)* **:** *14, rue Louis-Gallet. ☎ 04-75-80-13-00. • le-cpa.com • Mar-ven 10h-13h, 14h-18h ; w-e 14h-18h. Fermé lun et j. fériés. Entrée : 4 € pour l'expo permanente ou temporaire ; 6 € pour les 2 expos ; gratuit moins de 18 ans et étudiants.* À l'extérieur, la façade en dentelle de béton s'inspire de l'architecture arménienne et veut rappeler les *khatchkars*. À l'intérieur, dans un parcours interactif (témoignages, films, cartes...), l'exposition permanente s'articule autour de l'histoire des Arméniens, persécutés, en exil, venus se réfugier en France, et dans la Drôme, dans les années 1920. À travers leur exemple, elle nous invite surtout à réfléchir sur les phénomènes migratoires en général, les notions d'exil, de génocide, de racisme, de mémoire collective, dans une approche universelle. Les expos temporaires présentées questionnent elles aussi le monde qui nous entoure, les phénomènes migratoires contemporains, les dynamiques et les échanges interculturels, le regard porté sur l'autre, la stigmatisation, etc.
Toute l'année : conférences, débats, spectacles, visites guidées thématiques, parcours famille...

Le kiosque Peynet *(plan B3)* **:** *pl. du Champ-de-Mars.* Ce joli kiosque offre une belle vue sur les montagnes ardéchoises et les ruines du château de Crussol. C'est ici qu'un soir de 1942 Raymond Peynet mit au monde ses fameux *Amoureux*. Parti de Paris pour rejoindre sa bien-aimée à Antibes, en l'attente de son train, le dessinateur désœuvré (et encore inconnu à l'époque) dirigea ses pas vers le Champ-de-Mars, attiré par le son de l'harmonie municipale qui répétait sous le kiosque. Le concert terminé, seule resta une belle jeune fille qui attendait patiemment qu'un petit violoniste eût fini de ranger son instrument. Cela fait, les 2 amoureux s'enlacèrent avant de s'éloigner vers l'autre bout de la place. Séduit par l'émotion créée par cette scène et l'endroit, Peynet immortalisa le délicat pavillon et ses 2 amoureux en une image qui fit ensuite le tour du monde, rendant internationalement célèbres son créateur et le kiosque valentinois.

UN BRASSENS TOUT PEYNET

Le dessin de Peynet, passé à la postérité en 1942, aurait inspiré à Brassens, 12 ans plus tard, un autre immense succès : Les Amoureux des bancs publics. *On passa ainsi du dessin muet au dessin chantant...*

Le parc Jouvet *(plan A-B3-4)* **:** *entrée par l'av. Gambetta ou l'av. Maurice-Faure. Tlj, tte l'année : 7h30-20h mai-sept, 8h-18h le reste de l'année.* Inauguré en 1905 par le président Émile Loubet, ce parc de 7 ha en plein cœur de la ville en est le poumon vert. Il abrite plus de 800 arbres aux essences rares et variées, labellisés « Arbres remarquables » et plantés au gré de jardins à la française ou paysagers. Jeux, petit train pour les enfants *(l'ap-m mer, w-e et vac scol)*, animalerie, canaux et bassins où s'ébattent les canards en font un lieu de promenade familiale bien agréable. Pour ceux qui sont véhiculés, parking gratuit côté berges, pratique puisqu'il suffit ensuite de traverser le parc pour accéder à la vieille ville.

Balade le long des canaux : *itinéraire détaillé dans la brochure* Le Plan des canaux, *disponible à l'accueil de la maison des Têtes ou à l'office de tourisme. Visites commentées organisées par le Service Patrimoine – Pays d'art et d'histoire ; résa et inscription par tél obligatoires (voir plus haut « Adresses et infos utiles »).* Pour une visite libre, rejoignez le parking Chamfort. De là, découvrez au gré de votre promenade les quelques canaux aux noms évocateurs (canal des Malcontents, de la Grande-Marquise, de Californie...), concentrés dans ce quartier est de la ville et qui datent des Romains. Le nom même de Valence signifierait en celte « lieu riche en eau ». Utilisés autrefois pour alimenter les lavoirs, les moulins, les scieries, et pour irriguer, ils s'étendent à ciel ouvert sur 17 km (40 km en comptant les canaux secondaires) et sont mentionnés par des itinéraires verts balisés avec des totems. Frais en été. À découvrir, vraiment.

Fête et manifestations

– ***Festival d'un jour :*** *en mars, sur... 6 j. • lequipee.com •* Un festival de films d'animation de tous les pays pour adultes et enfants, présentés dans les cinémas de la ville. Programmé par l'association *L'Équipée,* internationalement reconnue. Les 1ers jours mettent l'accent sur la participation du public sous forme d'ateliers pour petits et grands.
– ***Festival Sur le Champ :*** *4 soirs en juil.* Une tête d'affiche côtoie des pépites locales pour des concerts variés (chansons françaises, musiques urbaines...). Le festival s'accompagne d'une programmation de concerts off durant tout le mois de juillet dans différents lieux de la ville... Et le tout, gratuit !
– ***Valence en gastronomie Festival :*** *3 j. mi-sept. • valenceengastronomiefestival.fr •* Autour d'un thème annuel, ce festival met à l'honneur restaurateurs, producteurs et vignerons. Au total, une centaine d'entreprises locales gastronomiques participent et se mettent en scène dans une programmation innovante et résolument contemporaine.

ÉTOILE-SUR-RHÔNE (26800) 5 603 hab. *Carte Drôme, A2*

Situé à une dizaine de kilomètres au sud de Valence, ce gros village possède une histoire remarquable. Le bourg s'est développé dès le Xe s, autour d'un prieuré, puis de 2 châteaux. Mais c'est à la Révolution qu'Étoile connaît son heure de gloire quand, dans un hameau voisin, le 29 novembre 1789, une assemblée de 119 gardes nationaux de plusieurs communes des environs de Valence se réunit et prête serment de fédération. Cette réunion, la première du genre en province, est considérée par les historiens comme le point de départ qui aboutit à la fête de la Fédération à Paris le 14 juillet 1790... Rien de moins !
2 places ombragées de platanes, une grande rue bordée de jolies maisons en pierre, des ruelles recroquevillées au cœur d'anciens remparts, des fontaines et autres lavoirs, autant d'images pittoresques qui confèrent à la cité un charme mi-provençal, mi-médiéval.

Où dormir ? Où manger dans le coin ?

Chambres d'hôtes de la famille Chaix : *La Mare, 3480, route de Montmeyran, à Étoile. ☎ 04-75-59-33-79. 06-66-39-62-98. • la.mare@free.fr • À 3,5 km d'Étoile par la D 111b. Double 66 € ; familiales.* Les parents ont ouvert leur maison d'hôtes en 1980, avant de transmettre le goût de la formule à leur fille. On vous y réserve le meilleur accueil : des chambres chaleureuses et confortables, un petit déj de qualité servi l'été en terrasse à l'ombre d'un platane bicentenaire, des gîtes de caractère, sans oublier la roulotte de Marcel, fabriquée... par lui ! Idéal pour se ressourcer, la maison étant isolée, en pleine campagne.

Domaine de Valsoyo : *130, chemin des Sources, 26120* ***Upie.*** *☎ 04-75-60-58-06. • info@valsoyo.com • valsoyo.com • À env 11 km au sud-est d'Étoile. Résa longtemps à l'avance pour le w-e. Apparts 69-102 € pour 2 ; cabanes et roulotte 99-132 € pour 2 ; petit déj 10 €.* Sur une ancienne ferme, voici un délire de grands voyageurs. Aussi bien les couleurs que l'agencement ou le choix des matériaux, tout rappelle, dans les 8 appartements, les pays visités par les créateurs de *Valsoyo* : le « Canada » fait la part belle au bois, le « Grèce » – décliné en blanc et bleu – se prolonge par une terrasse, le vert « Irlande » possède un bar, le « Japon » est forcément très zen, etc. Ce n'est pas l'espace qui manque (« Tibet » étant le plus vaste) et tous sont dotés d'un coin cuisine équipé. Et le rêve continue dans le parc de 6 ha, avec de superbes cabanes en bois tout confort, à l'esprit volontiers tourné vers le Grand Nord. Il y a aussi une jolie roulotte. Et pour compléter le tout, de multiples activités développées autour du plan d'eau et le magnifique terrain qui l'entoure. En matière de logement insolite, voilà une adresse qui fait fort !

Le Vieux Four : *1, pl. Léon-Lerisse, à Étoile. ☎ 04-75-61-45-71. • restaurantlevieuxfour@gmail.com • ♿ Fermé lun soir et mar, plus dim soir. Formules 15 € (déj en sem), puis 26-45 €. Carte 35 €. Apéritif maison offert sur présentation de ce guide.* Agréablement installé dans un recoin d'une des places du centre-ville, ce restaurant attire nombre d'habitués et de gens de passage. Et pour cause : ceux-ci y trouvent des menus adaptés à tous les budgets. Une cuisine de prime abord plutôt classique et traditionnelle mais qui se révèle de qualité et goûteuse.

À voir. À faire

La vieille ville : Étoile possède un patrimoine remarquable. Hormis les vestiges des remparts, on y trouve l'ancien *château des Poitiers* (XIe s), dont on peut voir une partie de l'ancien corps de bâtiment, et, plus loin, sa *tour des Arbalétriers* (XIIIe s). Le château, aujourd'hui propriété privée, aurait vu naître et grandir la petite Diane (future favorite d'Henri II).
Fortement remaniée aux XVIIe et XVIIIe s, l'*église* (à la belle couleur ocre typique) a conservé les principales caractéristiques architecturales de l'art roman. Remarquer, au-dessus du portail nord, cette plaque de marbre, datée de 1244. Aymar de Poitiers, comte de Valentinois alors en guerre contre l'évêque de Valence, signa cette charte des Franchisés, se ralliant ainsi les Étoiliens en leur accordant franchise de tout impôt et autres redevances.
Sur le mur nord de l'église, on peut voir une rare mesure à grains datant du Moyen Âge. Un peu plus haut dans la Grande-Rue, une fontaine couverte d'une voûte de la même période.

Agréable ***promenade*** à faire à pied depuis l'église en remontant par le chemin qui mène au sommet de la colline. Beau point de vue sur ce village aux allures provençales et sur la région avoisinante.

DANS LES ENVIRONS D'ÉTOILE-SUR-RHÔNE

Le zoo d'Upie : *1795, route de Montoison, 26120* ***Upie.*** *☎ 04-75-84-18-71. • jardin-aux-oiseaux.com • À env 10 km au sud-est d'Étoile. Avr-oct, tlj 10h-18h (19h juil-août) ; nov-mars, tlj 13h30-17h. Fermé en janv et mi-fév. Entrée : 14,80 € ; 12,80 € 10-13 ans ; 10,80 € 3-9 ans.* Ce zoo accueille plus d'un millier d'animaux dans un parc de 6 ha, bien aménagé et ombragé. Des perroquets aux rapaces, des hiboux aux suricates, des flamants roses aux lémuriens, on rencontre ici plus de 200 espèces. Animaux d'Europe ou exotiques, un certain nombre d'espèces présentes participent à un programme de conservation. On trouve aussi une miniferme, une grande serre tropicale et une aire de jeux gonflable. Un lieu où l'on passe facilement une bonne demi-journée, d'autant plus qu'on peut y déjeuner (bar-resto sur place) ou pique-niquer dans le parc et assister à des vols de rapaces et de perroquets, ou encore au goûter des lémuriens, des pélicans, des suricates *(spectacles selon conditions météo ; avr-juin et sept, mer et w-e ; juil-août, tlj).*

CHABEUIL (26120) 7 055 hab. *Carte Drôme, A2*

À l'est de Valence, la petite ville de Chabeuil surprend le visiteur qui tombe nez à nez avec sa porte monumentale, imposant porche carré et crénelé du XIIe s, quasi unique vestige d'une ville médiévale alors ceinte de remparts. Tout à côté, la mairie a des airs de petit palais en pierre au style néo-gothique-troubadour, surmonté d'un campanile inspiré du Palazzo Vecchio de Florence ! Et à l'occasion d'une agréable balade dans les vieilles rues, on découvre l'ancien hôtel particulier des princes de Monaco dans la rue de la Correcterie. Chabeuil, eh oui, est une ancienne cité monégasque ! Cédée aux Grimaldi en 1647 par Louis XIV, la ville resta propriété du Rocher jusqu'à la Révolution.

On peut également emprunter la montée du Barda, pittoresque escalier couvert qui mène à l'église (construite à la fin du XIXe s). À gauche, la place du Four-Banal, où les habitants venaient cuire autrefois leur pain et leurs caillettes. Car Chabeuil, c'est aussi cette fameuse *caillette*, petit pâté rond à base de viande de porc et de fines herbes, qui se mange chaude ou froide mais toujours avec délectation, ou encore ce gâteau à l'amande, à l'abricot et au miel, la *pangée.*

LA DRÔME

Adresse et infos utiles

Office de tourisme : *8, faubourg de l'Hôpital. ☎ 04-75-59-28-67. • valence-romans-tourisme.com •*

– ***Marché :*** *mar mat, pl. de la Poste.*

– ***Magasin de producteurs :*** ***Court-Circuit*** *(voir « Où dormir ? Où manger... ? »).*

Où dormir ? Où manger à Chabeuil et dans les environs ?

De bon marché à prix moyens

Hôtel du Commerce et du Parc : *26120* ***Peyrus.*** *☎ 04-75-59-80-08. • hotel.commerce.parc@orange.fr • hotelpeyrus.fr • ♿ Au cœur d'un village croquignolet, à 8 km à l'est de Chabeuil. Resto fermé mer (plus mar soir hors saison). Doubles 59 €. Soirée étape (cyclistes, randonneurs, motards) 72 €/pers. Menus 18,50-32 € ; menu végétarien sur demande.* Une véritable institution locale. C'est toujours la même famille qui dirige cette grande bâtisse depuis 1847 ! Atmosphère très vieille France, genre pension de famille à l'ancienne mais qui ne manque pas de charme dans son genre. Dans le parc, une piscine irrésistible en rentrant de balade, et un local fermé pour les vélos et les motos. Quant à la cuisine, traditionnelle pour faire bonne mesure, elle emploie avec bonheur les produits de la ferme familiale.

La Pangée : *15, pl. de la Pangée, 26120* ***La Baume-Cornillane.*** *☎ 04-75-78-66-69. • resto.lapangee@orange.fr • À 12 km au sud de Chabeuil. Fermé dim soir, lun et mar soir. Formules déj en sem (¼ de vin et café compris) 16-18 € ; menu 32 €.* Au centre du village, près de la fontaine, avec une grande terrasse agréable aux beaux jours. Une bonne petite adresse de campagne, qui ne paie pas de mine à l'extérieur mais où le chef sert une cuisine de qualité avec des produits frais, sans chichis.

Café de la Poste « Chez Nico » : *5, pl. du Général-de-Gaulle, à Chabeuil. ☎ 04-75-59-02-62. • nicolas-reinke@hotmail.fr • Ouv tlj. Menu déj en sem*

14,50 € ; carte 20-25 €. Café offert sur présentation de ce guide. Le *Café de la Poste,* c'est le troquet de village comme on les aime : bon, convivial et efficace ! Terrasse aux beaux jours ; sinon, salle cachée à l'arrière où se rassemblent les habitués. Formules simples, économiques et copieuses qui font mouche.

Court-Circuit et Côté Cuisine : *quartier des Vaches, rond-point de la Fusée, à Chabeuil. ☎ 04-75-80-57-82 (Côté Cuisine), 04-75-78-30-95 (Court-Circuit). • cote.cuisine@courtcircuit.org • À env 2 km du centre-ville. Resto lun-ven 10h-14h. Magasin mar et ven 8h30-12h30, 15h-19h ; mer et sam 9h-12h30. Resto fermé 3 sem en août. Formules 11-19 €.* D'accord, on connaît cadre plus romantique pour un resto qu'un rond-point, mais, primo, il est situé bien en retrait ; secundo, le cadre de cette bâtisse en bois entourée de végétation est soigné. En réalité, il s'agit d'un magasin de producteurs bio auquel est accolé le petit resto en mezzanine, avec terrasse sur le côté. Dans l'assiette (ou la barquette à emporter), de petits plats concoctés maison avec des produits locaux mais qui emmènent vos « papilles en voyage », comme ils le proclament eux-mêmes fort justement sur leur enseigne.

L'Expression : *760, chemin de l'Échappatoire, quartier des Fontaines, à Chabeuil. ☎ 04-75-60-36-41. • restaurantlexpression@gmail.com • À env 4 km du centre-ville ; accès par la D 68 (direction aéroport). Ouv le midi lun-sam, plus le soir ven-sam (plus le jeu en été). Fermé dim. Formules 16 € (midi), puis 22-28 €.* « Fichtre ! » sera peut-être la 1re expression qui vous montera aux lèvres (à décliner selon les différents niveaux de langage usité par chez vous) en découvrant ce resto en « périphérie » de Chabeuil, au bout d'un chemin, face à une discothèque. Mais derrière le mur se cache une salle accueillante dont les baies vitrées donnent sur de belles terrasses cernées d'un jardin arboré (il y a même une piscine !). La petite carte bistronomique change au fil des saisons, mais le chef, lui, reste constant : bons produits bien travaillés et présentés avec soin. Accueil charmant.

De chic à plus chic

Chambres d'hôtes La Source : *535, chemin de la Combelle, route de Barcelonne, à Chabeuil. ☎ 04-75-60-97-53. • alasource26@gmail.com • alasource-drome.com • À 3 km au sud-est de Chabeuil ; dans le village, suivre « Barcelonne », puis le fléchage. Ouv avr-nov. Chambre ou yourte 120 € pour 2 (2 nuits min) ; tarif dégressif à partir de 4 nuits. Repas sur résa 26 €. Boisson maison offerte sur présentation de ce guide.* En pleine campagne, cette belle maison entièrement restaurée et repensée de façon écolo accueille tous ceux qui ont besoin de se ressourcer. Tout y contribue : le dépaysement des chambres thématiques (Océanie, Amérique du Sud...) ou de la yourte mongole en saison, la nature environnante, la piscine, les jeux pour enfants. Possibilité de s'initier gratuitement à la méditation *heartfulness* avec la maîtresse des lieux. Un endroit différent pour expérimenter des vacances autrement, dans un lieu exclusivement non-fumeurs, sans viande, sans alcool, mais qui, côté cuisine, ne manque pas d'imagination ni d'ingéniosité pour utiliser au mieux la généreuse production du jardin potager et du verger.

Le Domaine du Tisserand : *Les Garis, 26120* ***La Baume-Cornillane.*** *☎ 04-75-60-30-78. • domaine.tisserand@gmail.com • domaine-du-tisserand.fr • À env 9 km au sud de Chabeuil et à 2 km du village de La Baume en direction de Montvendre. Ouv de mi-juin à mi-sept. Doubles 130-150 €. Café offert sur présentation de ce guide.* Au milieu d'un parc de 8 ha, cette demeure de charme avec le Vercors en toile de fond offre 3 chambres, 2 très belles cabanes en pleine nature et 2 bulles. Accrochées dans l'arbre ou posées sur le sol, ces dernières, pour une nuit la tête dans les étoiles, sont tout aussi luxueuses et confortables que les autres chambres du domaine. Celles de la maison, spacieuses et très confortables, ont chacune une personnalité bien différente. Et pour une détente complète, la magnifique piscine !

LA DRÔME

Manifestations

- ***Rencontre entre les mondes :*** *1 sem au printemps.* ☎ *07-67-47-79-92.* Vous vouliez du décalé ? En voilà, de l'atelier de clown à la jam-session de jazz en passant par le cliché de votre plus belle grimace. Très (ré)créatif.
- ***Rencontres de la photo :*** *du 2e au 3e w-e de sept.* Une trentaine d'expositions gratuites dans différents lieux.

DANS LES ENVIRONS DE CHABEUIL

> **LE NOMBRIL DU MONDE**
>
> *D'après certains scientifiques, il y a 240 millions d'années, le village de La Baume-Cornillane n'était rien d'autre que... le centre de la Pangée, ce continent unique à l'origine des continents actuels ! Ah ! être le nombril du monde, un vieux rêve gaulois, non ?*

La Baume-Cornillane : situé entre Crest et Chabeuil, ce village possède un joli clocher (temple-église réformée de France) aux tuiles colorées et les restes d'un site médiéval (accès à pied) dominant la vallée et les monts de l'Ardèche. Le village est considéré comme le centre de la Pangée (continent unique supposé avoir existé à la surface du globe il y a... ouuuh, avant son morcellement). Des roches situées dans le centre du village constitueraient un vestige de ce continent originel. Plus d'informations sur ce phénomène géophysique auprès de l'office de tourisme de Chabeuil ou de celui de Valence.

À ***Peyrus*** (village qui doit son nom à d'anciennes carrières de tuf), remarquer la présence de 2 jolies églises : l'une, au cœur du cimetière, date du XIIe s ; l'autre fut construite par Louis XIV au XVIIe s.

À partir de Peyrus, on quitte la plaine pour monter à l'assaut des ***monts du Matin,*** ces 1ers rebords du Vercors. Superbe espace de nature préservée qui fera la joie des randonneurs et amateurs de VTT. En quelques kilomètres seulement d'une route superbe (la D 68), on passe des 300 m de la plaine aux 1 086 m du ***col des Limouches.*** Ne manquez pas de vous arrêter en chemin pour apprécier un point de vue remarquable sur la plaine et les vallées du Rhône et de l'Isère. Au col, possibilité le dimanche *(14h-17h30 ; selon météo)* de faire des provisions à la ***charcuterie des Limouches,*** fameuse ici et maintes fois primée pour la qualité de ses jambons et autres saucissons. Sandwichs bien garnis et de qualité. Les autres jours (sauf les lundi et mardi matin), rendez-vous directement à leur boutique de Châteaudouble.

LA DRÔME DES COLLINES

• Carte La région de Valence et la Drôme des collines *p. 245*

Au nord du département s'étend une région secrète et verte. Une région douce, au relief arrondi, vallonné, modelé par une longue érosion, étalant ses formes des pentes du Bas-Dauphiné à celles du Vercors, suivant à l'ouest le Rhône et la plaine de l'Isère au sud, qui ferment ses frontières. La Drôme des collines, c'est une terre parsemée de prés ou plantée de forêts, de vergers et de vignobles célèbres. La Drôme des collines, c'est une petite chapelle veillant fièrement sur des terrasses parsemées de fruits au délicieux nectar.

C'est le grès tendre de la molasse, l'argile et ses galets qui marquent les villages. C'est un modeste facteur qui, de ces pierres, éleva son palais. C'est un coin où s'épanouit la religion, édifiant une grandiose collégiale à Romans et parsemant la campagne de petites et discrètes églises romanes. Moins abrupte, tortueuse ou saisissante que ses voisines du Vercors, du Diois ou de la Provence, c'est une Drôme des tendres sentiments, qu'il faut découvrir en prenant son temps.

ROMANS-SUR-ISÈRE

(26100) 33 832 hab. *Carte Drôme, A1*

• Plan *p. 264-265*

Capitale et porte d'entrée de la Drôme des collines, Romans est une ville industrieuse mais vivante et agréable, avec un riche patrimoine historique et architectural. À 30 mn de Valence, elle tire largement son épingle du jeu grâce notamment à une bonne desserte routière, autoroutière et ferroviaire. Il fait bon flâner dans les ruelles bordées d'hôtels particuliers coulant en pente douce vers les quais de l'Isère, puis se balader le long des berges aménagées.
Autrefois capitale de la chaussure de luxe, elle a su relever la tête d'une industrie finissante, attirant les visiteurs avec les noms de ses grands créateurs, l'installation de petites entreprises locales plus orientées développement durable que mondialisation, ses magasins d'usine. La récente Cité de la Chaussure, ouverte en 2019, en est l'illustration ; elle abrite 5 ateliers de fabrication (visite sur inscription) et un magasin d'usine multi-marques. Et puis, bien sûr, on découvre à Romans le beau musée dédié à ses fameux souliers, joliment installé dans un ancien couvent.
Avis aux gourmands : Romans est aussi la capitale de la *pogne* (brioche en forme de couronne) et des fameuses *ravioles* (carrés de pâte farcis au fromage).

UN PEU D'HISTOIRE

Au IXe s, saint Barnard, archevêque de Vienne, fonde une abbaye au bord d'un gué sur l'Isère. Un bourg se développe autour de celle qui deviendra bientôt collégiale, attirant en masse marchands et artisans. Menacé par la convoitise des seigneurs d'Albon au nord, des comtes de Valentinois et évêques de Valence au sud, le bourg s'entoure de ses 1ers remparts au XIIe s. Un pont enjambe désormais l'Isère ; le commerce s'intensifie, une importante activité drapière se développe, assurant l'essor et la renommée du bourg, et l'enrichissement des chanoines qui perçoivent une taxe sur tout ce qui entre et qui sort de la ville. Au XIIIe s, l'abbé Bernin, grand bâtisseur, achève la construction de la collégiale, fait rebâtir le pont sur l'Isère, faisant ainsi sortir la ville de ses remparts. Mais la pesante tutelle du chapitre pèse sur les habitants qui, en 1280, finissent par s'insurger. Ils obtiennent ainsi confirmation de leurs libertés et maîtrise de leurs remparts, dont la construction s'achève lentement à la fin du XIVe s. C'est l'apogée de l'économie romanaise. Attirés par l'abondance des eaux et les nombreuses bêtes des proches plateaux qui leur fournissent les peaux, les 1ers mégissiers et tanneurs s'installent. L'enrichissement et l'indépendance de la cité suscitent cette fois les convoitises du dauphin Humbert II, qui annexe la ville en 1342. Mais en 1349, en proie à de grandes difficultés financières, le dauphin « cède », moyennant espèces sonnantes et trébuchantes, le Dauphiné au roi de France.

Au XVIe s, les luttes sociales, la Réforme et les guerres entraînent une période de stagnation économique et la disparition de l'industrie du drap. L'économie reprend au XVIIIe s avec l'émergence d'une industrie de la soie et le développement de la tannerie. Durant la révolution industrielle, la soie cède la place à la chaussure. Avec l'arrivée du chemin de fer, en 1864, l'artisanat du cuir s'industrialise tandis que, de l'autre côté de l'Isère, le quartier qui était devenu, en 1680, Bourg-de-Péage se fait un nom dans la chapellerie, notamment grâce à l'entreprise *Charles Mossant,* qui connaîtra une renommée internationale, jusque dans les années 1970. Touchée de plein fouet par les guerres et la crise de 1929, l'industrie de la chaussure renaît et connaît son heure de gloire après la Seconde Guerre mondiale avec une demande encore accrue et une forte évolution des techniques de production. Malheureusement, à la fin des années 1970, ces prospères industries entament un long déclin, laminées par la concurrence mondiale et la main-d'œuvre à bas coût. Des 35 fabricants que comptait Romans dans les années 1900, il n'en reste bientôt plus qu'un grand *(Clergerie)* ; en revanche plein de marques plus récentes se sont implantées ces dernières années, moins luxueuses.

À VOS MARQUES ! PRÊTS ? (RE)PARTEZ !

Romans a su heureusement préserver son savoir-faire et sa créativité dans ce domaine. Au début des années 2000, quelques nouveaux noms s'implantent dans la ville, à l'instar de ***Max Vincent,*** fabricant de sandales, qui mobilise un éventail de stylistes, modélistes et techniciens, tous anciens salariés des grandes marques romanaises. Au fil des années, de nouvelles marques voient le jour et s'installent à Romans. Vous en découvrirez une quinzaine en visitant la ***Cité de la chaussure,*** inaugurée en 2019.
Aujourd'hui encore, Romans-sur-Isère semble être une ville en transition où cohabitent 2 tendances fortes : si, à l'aube de l'an 2000, l'arrivée de ***Marques Avenue*** et de ses magasins d'usine a marqué la volonté de développer un tourisme commercial, on note aujourd'hui que le vieux centre aux nombreuses devantures fermées est peu à peu réinvesti par des petits artisans ou créateurs.

Arriver – Quitter

En train

Gare SNCF *(plan B1)* ***:*** *pl. Carnot. Infos :* ☎ *36-35.*

➢ ***Valence et Grenoble :*** env 20 liaisons/j. (parfois, les bus prennent le relais du train).

La ***gare Valence-TGV*** se trouve à 12 km au sud-ouest de la ville, sur la commune d'Alixan. Accès rapide par la 4-voies.

En bus

Pour connaître les lignes et les horaires dans l'agglomération de Valence-Romans : ● *vrd-mobilites.fr* ● Et dans la Drôme en général : ● *auvergnerhonealpes.fr* ● *oura.com* ●

➢ ***Valence :*** nombreux bus tte la journée avec la ligne *Inter Citéa* entre Romans et Valence-Ville, via la gare Valence-TGV.

Adresse et info utiles

Valence Romans Tourisme *(plan C2)* ***:*** *34, pl. Jean-Jaurès.* ☎ *04-75-02-28-72.* ● *valence-romans-tourisme.com* ● *À l'entrée de la Cité de la chaussure. Ouv lun-sam 9h30-12h30, 13h30-18h30 ; ainsi que dim et j. fériés (sauf 1er mai) 10h-13h en juil-août.*

– ***Marchés :*** *ven et dim mat, pl. Maurice-Faure (plan B3), derrière la collégiale.* Grand marché coloré et animé. *Autre marché mer et sam mat, pl. Berlioz (hors plan par D2).*

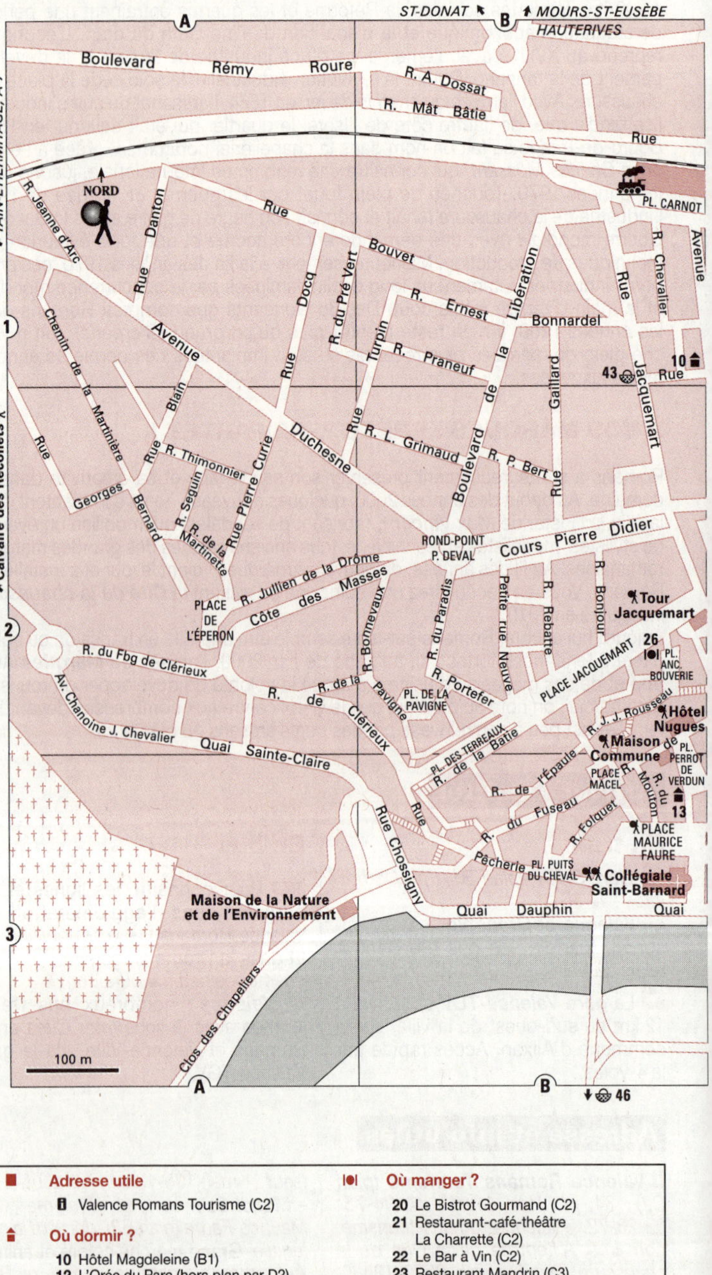

■ **Adresse utile**

- Valence Romans Tourisme (C2)

Où dormir ?

- **10** Hôtel Magdeleine (B1)
- **12** L'Orée du Parc (hors plan par D2)
- **13** Bed In Shop (B3)

Où manger ?

- **20** Le Bistrot Gourmand (C2)
- **21** Restaurant-café-théâtre La Charrette (C2)
- **22** Le Bar à Vin (C2)
- **23** Restaurant Mandrin (C3)
- **24** Villa Margot (D2)

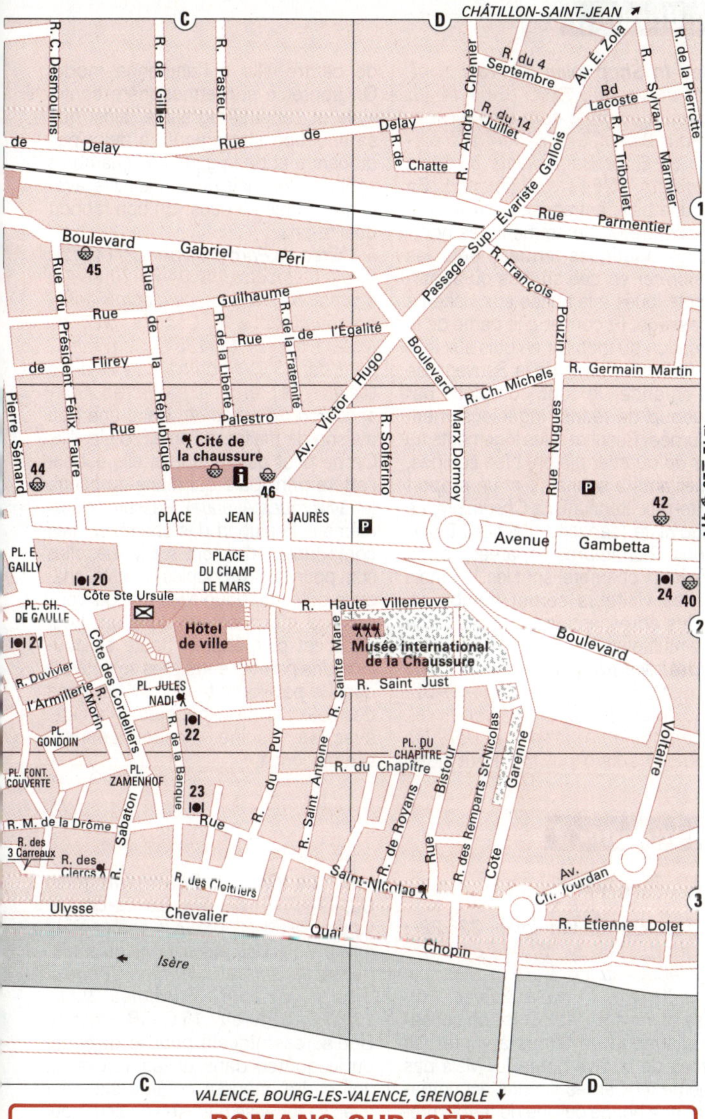

ROMANS-SUR-ISÈRE

25 Il Diciotto Ristorante Italiano (hors plan par D2)
26 Nature Gourmande (B2)

Achats

40 1083 – Modetic (D2)
41 Les Ravioles de Saint-Jean (hors plan par D2)
42 Marques Avenue (D2)
43 Maison Mourier (B1)
44 Maison Guillet (C2)
45 Ravioles Mère Maury – Cité de la Raviole (C1)
46 Musée de la Pogne et boulangerie Pascalis (C2 et hors plan par B3)

Où dormir ?

Bed In Shop *(plan B3, **13**) : 1, pl. Perrot-de-Verdun. ☎ 06-16-64-44-73. • bedinshop@gmail.com • bedinshop.fr • Pour 2 pers, La Chaumière à partir de 52 €, Le Bouquiniste 63 €, La Lavandière 65 €, et La Tannerie.* En voilà une belle entreprise : réinvestir le vieux centre et, notamment, les nombreuses boutiques fermées pour les transformer en des studios ou appartements loués à la nuitée aux visiteurs de passage. Et confier une partie de la fabrication du mobilier en bois aux jeunes de l'association de la Sauvegarde de l'enfance, le tout complété par beaucoup de récup' ingénieusement détournée. Résultat : des logements au cœur du quartier piéton, bien équipés, accueillants à souhait... et un rapport qualité-prix étonnant. *La Chaumière, Le Bouquiniste* (capacité d'accueil 5 personnes, 2 chambres séparées), et *La Tannerie* (1 chambre) sont les 1ers, mais plus les visiteurs seront nombreux, plus les adresses auront une chance de se multiplier...

Hôtel Magdeleine *(plan B1, **10**) : 31, av. Pierre-Sémard. ☎ 04-75-02-33-53. • contact@magdeleine-hotel.fr • magdeleine-hotel.fr • Doubles 55-60 €. Parking payant.* Petit hôtel de centre-ville à l'ancienne mode. On apprécie son atmosphère conviviale et l'accueil agréable, ainsi que sa situation stratégique, à deux pas du centre et de la gare. Les chambres sont simples mais de bonne taille, avenantes et bien tenues. Un bon rapport qualité-prix.

L'Orée du Parc *(hors plan par D2, **12**) : 6, av. Gambetta. ☎ 04-75-70-26-12. • contact@hotel-oreeparc.com • hotel-oreeparc.com • ♿ Congés : vac de Noël. Doubles 89-135 € ; familiales ; petit déj 13 €. 1 bouteille de 20 cl de Clairette de Die Tradition offerte sur présentation de ce guide.* Dans une jolie maison de maître, à l'orée... de la ville. On ne peut pas la louper, elle est sur l'artère principale qui mène au centre (et à *Marques Avenue*). Rassurez-vous, même si la plupart des chambres, très confortables, donnent sur la rue, elles sont pourvues de doubles fenêtres, chacune dotée du double vitrage, qui vous protège efficacement du bruit. Leur déco est pimpante et haute en couleur. Une partie d'entre elles se trouvent dans le pavillon attenant. Autre attrait des lieux : le délicieux parc à l'arrière, avec sa piscine. Accueil souriant et attentionné.

Où manger ?

Bon marché

Le Bar à Vin *(plan C2, **22**) : 13, pl. Jules-Nadi. ☎ 04-75-70-47-32. • lebav@sfr.fr • ♿ Tlj midi et soir. Fermé 1er janv, 1er mai et 25 déc. Formules et menus 10-28 €.* Ici, on consacre beaucoup de temps à vanter les mérites de la dive bouteille. Mais pas seulement ! Car les flacons accompagnent une bonne cuisine de terroir, préparée et servie avec soin par un chef qui change régulièrement sa carte. L'été, la terrasse est un plus appréciable ; l'hiver, tout le monde se rassemble avec bonne humeur dans la salle de bistrot. Une très bonne adresse, que l'on ait soif ou faim, à l'écart des modes et de la circulation.

Le Bistrot Gourmand *(plan C2, **20**) : 10, pl. Charles-de-Gaulle. ☎ 04-75-72-50-08. • zcandice@hotmail.fr • Service déjeuner jusqu'à 15h. Fermé le soir et dim-lun. Congés : 2 sem fin août. Formules 9,80-11,80 € ; carte env 15 €. CB refusées.* Une adresse idéale pour le déjeuner ou le goûter, dans un endroit relax. Joli cadre intérieur comme extérieur avec sa terrasse haute en couleur pour lézarder au soleil en contemplant le Jacquemart. Formule simple mais efficace : tartes aux légumes de saison, ravioles, délicieuses pâtisseries, le tout fait maison.

Restaurant-café-théâtre La Charrette *(plan C2, **21**) : 15, pl. de l'Horloge. ☎ 04-75-02-04-25.*

• *lacharretteromans@wanadoo.fr* • ♿ *Fermé dim. Menu 19,50 € ; carte env 25 €.* *La Charrette,* c'est une institution locale qui ne manque pas de caractère (l'adresse a ouvert en mai 1968 !), un lieu « show » connu pour ses dîners-spectacles (de septembre à juin). Mais on vient aussi s'y sustenter d'une cuisine simple, bonne, copieuse, ou dans la journée pour boire un verre. Vous pourrez alors profiter en terrasse d'un tout autre spectacle : celui de la plus jolie place de la ville.

De prix moyens à chic

Restaurant Mandrin *(plan C3,* ***23****) : 70, rue Saint-Nicolas. ☎ 04-75-02-93-55. • restaurant.mandrin@gmail.com • Fermé dim soir, lun et mer soir. Congés : 3 sem en août et Noël-Jour de l'an. Résa conseillée. Menus 25-46 €.* Côté salle, pierres, poutres apparentes et mur à colombages participent à l'esprit rustique de la maison, qui se reflète dans la déco comme dans l'assiette. La cuisine soignée, traditionnelle et régionale, resto sans reproche, mais le petit plus, c'est de pouvoir, aux beaux jours, déjeuner ou dîner dans la « cachette » de Mandrin : une cour d'hôtel particulier qui pourrait en raconter des choses...

Villa Margot *(plan D2,* ***24****) : 57, av. Gambetta. ☎ 04-82-30-20-10. • contact@lavillamargot.fr • ♿ Fermé dim et le soir lun-mar. Menus 23 € (midi)-34 €.* Le jardin de cette ancienne maison bourgeoise est devenu un de ces coins cachés dont les visiteurs de *Marques Avenue* (juste en face) ont vite trouvé l'entrée pour un déjeuner à prix raisonnable. Car il ne faut pas se fier à la façade, cette *Villa* est plutôt bonne fille, et sa cuisine colle aux envies de l'époque. Chic et *frenchy.* Coin bar à cocktails, et salons pour boire un thé et avaler quelques gourmandises en journée.

Il Diciotto Ristorante Italiano *(hors plan par D2,* ***25****) : 18, av. Gambetta. ☎ 04-75-05-28-45. • info@ildiciotto.fr • ♿ Fermé dim-lun. Carte 30-35 €.* Dans une maisonnette à l'écart de l'agitation de *Marques Avenue* malgré sa proximité, un petit resto confidentiel qui propose des spécialités italiennes et dont la carte change régulièrement. Salle tout en blancheur et cour-jardin abritée des regards.

Nature Gourmande *(plan B2,* ***26****) : 37, pl. Jacquemart. ☎ 04-75-05-30-46. • naturegourmande@aol.fr • Ouv le soir mar-sam, plus le midi sam et j. fériés. Fermé dim-lun. Congés : 15 j. août et 15 j. vac de Noël. Résa conseillée. Formules 34-60 €. Digestif maison offert sur présentation de ce guide.* En plein centre historique, un resto pour amoureux (de la cuisine) tenu par un couple qui a tout compris : Pierre, au piano, assure côté saveurs et inventivité, tout en gardant une base terroir authentique. Bons produits, cuissons justes, mariages rassurants. Quant à Gwenaëlle, elle sait accueillir, servir avec le sourire, mais aussi préparer les desserts. Pas de bruit en salle, en dehors des soupirs d'aise des convives découvrant (ou finissant) leur assiette.

LA DRÔME

Où dormir ? Où manger dans les environs ?

Camping

Camping La Combe d'Oyans : *combe d'Oyans, 26300* ***Rochefort-Samson****. ☎ 04-75-47-33-23. 📱 07-60-11-30-07. • lacombedoyans@gmail.com • lacombedoyans.com • À 13 km au nord-est de Chabeuil, puis à 1 km du village de Rochefort-Samson, sur la D 125 direction Hostun. Ouv de mi-avr à fin sept. Forfaits 17-25 € ; hébergements locatifs 4-6 pers 255-525 €/sem. 38 empl. Réduc de 10 % en basse saison sur présentation de ce guide.* Petit camping bien équipé, très joliment situé au pied du Vercors. Les emplacements destinés aux campeurs ont le mérite d'être bien ombragés. Quant aux chalets, mobile homes et gîtes, ils sont carrément installés en lisière de forêt. Grande piscine *(15 juin-15 sept seulement)* et nombreuses randonnées au départ du camping.

De bon marché à prix moyens

Chambres d'hôtes Les Pascals : *80, chemin du Stade, 26750* ***Saint-Paul-lès-Romans.*** *☎ 04-75-71-41-05. 06-63-44-79-56. • dingdong@lespascals.com • lespascals.com • À 9 km au nord-est de Romans. Congés : 2 dernières sem d'août. Double 70 €. Table d'hôtes 20 € boisson comprise. Apéritif maison et réduc de 10 % sur le prix de la chambre offert sur présentation de ce guide.* Une belle maison de village en pierre, dont le gros portail en bois lie-de-vin ouvre sur un adorable petit jardin clos. 4 chambres de bon confort, dont une familiale. Celles de l'étage disposent chacune d'un charmant petit balcon qui donne sur le jardin. Plusieurs espaces communs pour se poser, comme la grande pièce au rez-de-chaussée, le salon-bibliothèque à l'étage, la mezzanine avec hamacs ouverte sur le jardin, une cuisine à disposition et, bien entendu, le jardin avec sa tonnelle pour les repas l'été. Et pour couronner le tout, très bon accueil de Pascale et Pascal !

L'Auberge des Voyageurs : *188, rue des Deux-Clochers, 26750* ***Montmiral.*** *☎ 04-75-02-29-27. • aubdesvoyageurs@bbox.fr • restaurant-montmiral.fr • À 15 km au nord-est de Romans. Fermé lun et dim-jeu soir. Congés : janv. Formule 21 € (midi en sem), puis env 30 € ; carte 25-30 €. Apéritif maison offert sur présentation de ce guide.* Un troquet de village relooké, avec une jolie terrasse accueillante dans la rue et, sur l'arrière, une terrasse panoramique avec vue sur le Vercors. À table, une cuisine simple mais savoureuse à base de produits du terroir, cuisinés maison ou en provenance des producteurs locaux : terrines, cuisses de grenouilles (sur résa), plats en cocotte. Il y a même les pognes maison le week-end. Autre raison de passer par là : le minuscule village, tout en longueur et tout mignon.

La Cassolette : *23, chemin de Devienne, Les Revols, 26540* ***Mours-Saint-Eusèbe.*** *☎ 04-75-02-55-71. • restaurant-la-cassolette@sfr.fr • À 2,5 km du centre de Romans. Ouv le midi lun-ven, plus le soir ven. Fermé sam-dim. Congés : 3 premières sem d'août. Résa conseillée. Formule déj 16,20 € ; menus 25-36 €. Café offert sur présentation de ce guide.* Restaurant installé sur la rocade ; pas très glamour, donc ! Mais qu'on se rassure, il est situé en contrebas et donne sur l'arrière. Il cache en outre une agréable terrasse. Au menu, une cuisine traditionnelle de bonne tenue. Carte des vins bien fournie.

De prix moyens à chic

Hôtel Les Vieilles Granges : *770, route des Vieilles-Granges, 26600* ***Granges-les-Beaumont.*** *☎ 04-75-71-62-83. • info@vieilles-granges.com • vieilles-granges.com • À 7 km à l'ouest de Romans. Resto fermé dim soir, lun et mar midi. Doubles 62-83 €. Menus 20 € (midi en sem), puis 35-50 €.* Perdu en pleine campagne, cet amour de petit hôtel-resto domine l'Isère, à l'ombre des arbres fruitiers, avec une terrasse sous un énorme érable. L'environnement est délicieux, et la table une des plus savoureuses, des plus inventives de la région. Les chambres, elles, sont assez petites mais de bon confort, avec même un petit balcon pour les plus chères.

Chambres d'hôtes À la Belle Histoire : *855, route des Camarades, Grand-Courbis, 26300* ***Châteauneuf-sur-Isère.*** *06-89-29-91-00 ou 06-08-69-52-20. • alabellehistoire@gmail.com • labellehistoire.org • Doubles 88-98 € ; familiales.* À proximité des autoroutes et néanmoins en pleine campagne, blottie au fond de son jardin, une belle maison en galets du Rhône. De sa jolie piscine, on peut contempler les champs qui se déroulent jusqu'au Vercors, en toile de fond. Les chambres sont chaleureuses et douillettes. Dans chacune, une déco bien différente, plutôt contemporaine, avec une petite touche originale mais toujours en harmonie avec les vieilles pierres. Accueil charmant.

Hôtel Karène : *455, rue du Soleil, 26750* ***Saint-Paul-lès-Romans.***

☎ 04-75-05-12-50. • contact@hotelkarene.com • hotelkareneromans.com • À 3 km du centre de Romans. Doubles 75-85 €. Certes, l'environnement (type zone industrielle) ne fait pas rêver ! Mais derrière la façade (pas franchement séduisante non plus) de cet hôtel indépendant se cache un petit havre de paix à l'intérieur élégant, coloré, et des chambres de très bon confort. Petit avertissement toutefois : les moins chères, en rez-de-jardin, n'ont pas la clim et, en cas de forte chaleur, c'est un peu l'étuve ! Autre gros atout : le plaisant jardin à l'arrière, avec piscine. Accueil souriant et pro.

Achats à Romans et dans les environs

Bien sûr, il serait dommage de ne venir à Romans que pour ça, mais il ne faut pas oublier que l'on peut aussi y faire provision de chaussures, de sacs et autres articles dégriffés dans les magasins d'usine de la ville ou de Bourg-de-Péage, sa voisine.

Chaussures et prêt-à-porter

La Cité de la chaussure *(plan C2) : 36, pl. Jean-Jaurès, à Romans. ☎ 04-75-48-41-58. • citedelachaussure.fr • Tlj sauf dim 10h-19h.* Né de la collaboration entre le groupe *Archer* et l'association *Romans Cuir,* ce projet marque une forte volonté de renouer avec le passé de la ville en tant que capitale de la chaussure. Outre les ateliers de plusieurs entreprises (*Insoft, L'Atelier Cuir, 1083, Max Vincent* et *Venexan*) et la possibilité de les visiter, on trouve là une grande boutique vendant les modèles des différentes marques fabriquées à Romans.

1083 – Modetic *(plan D2, **40**) : 49, av. Gambetta, à Romans. ☎ 04-82-32-60-49. • modetic.com • Tlj sauf dim-lun 10h-12h30, 14h-19h.* Pour info, ici, jamais de soldes car on vend au prix juste. On aime beaucoup cette petite entreprise, pour la qualité de ses produits tout d'abord, mais aussi pour son dynamisme et son esprit. L'histoire commence en 2007, avec l'entreprise *Modetic,* soit des magasins vendant des marques équitables et écologiques. Et puis, en 2013, l'idée de fabriquer des sneakers écoconçus à Romans-sur-Isère ainsi que des jeans, sous la marque *1083,* voit le jour grâce à un financement participatif. *1083,* car 1 083 km séparent les 2 villes les plus éloignées de France, c'est donc la distance maximale de fabrication de ces jeans totalement *made in France.* Depuis, les collections s'adaptent à la demande et s'étoffent, en s'appuyant sur les savoir-faire locaux et en développant de nombreuses collaborations.

Marques Avenue *(plan D2, **42**) : 60, av. Gambetta, à Romans. ☎ 04-75-05-85-29. • marquesavenue.com • Tlj sauf dim 10h-19h.* Même principe qu'à Roubaix ou Troyes, mais ici, on a soigné l'environnement et l'accueil, avec 150 grandes marques éclatées dans une ancienne caserne joliment et intelligemment relookée par Wilmotte. Certains bronzent dans les transats ou boivent des verres, jouent avec les enfants sur la pelouse tandis que leur moitié (cela dit sans préciser le sexe) prend son temps pour visiter les magasins de prêt-à-porter, accessoires, linge de maison, bagages, etc. Bon, le principe de ces magasins d'usine étant d'écouler les déstockages ou les fins de série, autant savoir que vous ne trouverez pas forcément pointure à votre pied. Et puis, comme ce sont essentiellement de grandes marques, ne vous attendez pas non plus à des prix dérisoires.

Plaisirs de bouche

Romans, c'est aussi la capitale de la *pogne,* cette brioche aromatisée à la fleur d'oranger dont l'origine remonte au Moyen Âge, et du *saint-genix,* de même conception que la pogne mais parsemé de pralines. Sans oublier les *ravioles,* ces petits carrés de pâte farcis de fines herbes et de fromage frais, spécialité du Royans.

Boulangerie Pascalis *(plan C2, **46**) : 1, av. Victor-Hugo, à Romans. ☎ 04-75-02-10-73. Ou le **musée de la Pogne et Boulangerie** (hors plan par*

*B3, **46**), 86, rue Jean-Jaurès, à **Bourg-de-Péage** (il suffit de traverser le pont, à pied ou en voiture). ☎ 04-75-02-08-46. • pascalis.com • Fermé dim ap-m et lun. Visite de l'atelier 1 fois/j. en juil-août.* Pour les gourmands, la boutique du centre-ville ; pour les gourmands curieux, la possibilité de découvrir, à Bourg-de-Péage, tous les secrets de la fabrication, dévoilés entre un fournil en pleine activité et une vidéo retraçant l'épopée familiale. Et vous verrez qu'au fond il n'y a pas vraiment de secret mais du beurre frais de la ferme, des œufs de poules qui courent, et de la bonne farine de blé tendre en provenance du dernier moulin drômois... sans oublier le coup de main (et de coude !) et quelques gouttes de fleur d'oranger...

Maison Mourier *(plan B1, **43**) : 39, rue Jacquemart, à Romans. ☎ 04-75-02-32-29. Fermé dim ap-m et lun.* Une des plus vieilles maisons à fabriquer la célèbre pogne... et une des plus réputées. Fabrication artisanale et savoir-faire sans reproche !

Maison Guillet *(plan C2, **44**) : 78, pl. Jean-Jaurès, à Romans. ☎ 04-75-02-26-80. • guillet.com • Fermé lun mat.* Le maître chocolatier de la ville. Délicieux chocolats, entremets et glaces...

Ravioles Mère Maury – Cité de la Raviole *(plan C1, **45**) : 33, bd Gabriel Péri, à Romans. ☎ 04-75-70-03-59. • raviolesmeremaury.com • Fermé dim ap-m.* Cité de la Raviole (film et parcours muséal) et boutique. Une des plus anciennes fabriques de ravioles, fondée en 1875.

*Boutique d'un revendeur (« Pains, Ravioles & cie ») à **Bourg-de-Péage.***

Les Ravioles de Saint-Jean *(hors plan par D2, **41**) : 44, av. des Allobroges, à Romans. ☎ 04-75-05-83-80. • saint-jean.fr • À la sortie de Romans en direction de Saint-Paul, dans la contre-allée, entre McDo et Leclerc. Fermé dim.* Vente directe de l'usine (qui se trouve juste derrière) de ravioles, quenelles, pâtes fraîches et autres produits fabriqués ici.

À voir

Le musée de la Chaussure *(plan C-D2) : rue Bistour, portail Roger-Vivier. ☎ 04-75-05-51-81. ♿ Mar-sam (et lun en juil-août) 10h-17h (18h mai-sept), dim et certains j. fériés 14h30-18h. Fermé 15 j. après les vac de Noël. Entrée : 6 € ; gratuit jusqu'à 18 ans et 1er dim du mois (hors juil-août). Audioguide : 2,50 €.*
Installé depuis 1971 dans l'ancien couvent de la Visitation, construit du XVIIe au XIXe s. Bel ensemble architectural italianisant, entouré d'un vaste jardin clos qui abrite un musée riche.
Un brin d'infos pratiques pour commencer la visite (outils, machines, formes, documents) avant de remonter le temps et les escaliers pour 4 000 ans d'histoire à travers les 5 continents sur les pas, au sens strict, de ceux qui semblent avoir toujours trouvé chaussures à leurs pieds, quelle que soit la taille de ceux-ci.

Ces femmes qui abusaient de la chopine

C'est toute l'histoire de l'humanité chaussée que nous (ra)content, dans les anciennes cellules monastiques, près de 300 pièces rarement vues jusqu'alors, comme d'antiques sandales égyptiennes en fibres de papyrus du Nouvel Empire (de 1500 à 1085 av. J.-C.) ou des patins à la « poulaine », grossières semelles de bois surélevées plus ou moins longues selon le rang social. Celles-ci permettaient de ne pas se salir les pieds dans les rues boueuses du Moyen Âge, mais il était interdit de les porter dans les églises en raison du bruit qu'elles faisaient.
Ce n'étaient pas les hommes mais les femmes qui avaient tendance à abuser des chopines, particulièrement portées par les Vénitiennes de la Renaissance mais raillées par beaucoup d'hommes, à commencer par Shakespeare. Il faut dire que ces « chaussures », qui mettaient les femmes sur un piédestal,

pouvaient atteindre jusqu'à 54 cm. Chaussées ainsi, difficile pour elles de s'exercer à la danse, quoique... certaines y arrivaient très bien, grâce à leurs coachs de l'époque (2 serviteurs pour aider à les mettre, à marcher, et un maître de ballet pour apporter la touche gracieuse).

Des bottes de 7 lieues aux bottines des Chinoises

Difficile de ne pas remarquer aussi ces bottes de mousquetaires, très à la mode au XVIIe s, qui devaient être lourdes à porter. Et que dire de ces bottes de postillon (les fameuses « bottes de 7 lieues ») pesant plus de 4 kg ? Quelques pièces rares, comme ces souliers portés par la marquise de Pompadour, cette pantoufle ayant été chaussée par Napoléon Ier et ces bottes de cuir brodées d'argent aux initiales du jeune prince Eugène Louis Napoléon Bonaparte (fils unique de Napoléon III et de l'impératrice Eugénie).

Il faut prendre le temps d'aller d'une cellule à l'autre, de traverser le couloir pour passer des Balkans à l'Inde, du Japon à l'Afrique, avec un détour par La Mecque ou l'Amérique du Nord. Beaucoup de pièces rares à côté desquelles vous ne devez pas passer, des « patins de bain » de la Turquie ottomane aux sandales de fakir en bois hérissé de clous (si, si !), des minuscules bottines portées par les Chinoises aux pieds bandés aux bottes mongoles en peau de requin, etc.

En redescendant, place aux créateurs des XXe et XXIe s : Andrea Pfister, Carlo Pompéi, bottier de la scène et de l'écran, Sarkis der Balian, Hellstern et tant d'autres. Très belle vitrine présentant le travail des « créateurs insolites » avec des pièces très... surprenantes (chaussures fétichistes « impropres à la marche », comme ils disent, mais qui feront marcher votre imagination !). Le fonds est si riche (plus de 20 000 pièces !) qu'on le fait tourner régulièrement.

Enfin, pour compléter la visite, 2 salles d'exposition évoquent l'histoire et l'évolution de la chaussure moderne et contemporaine, en fonction du genre, des générations et au regard de la mondialisation. Et pour appuyer le propos, des chaussures du quotidien, mais aussi de créateurs.

Balade dans la vieille ville

Compter une bonne petite heure pour partir à la découverte d'un centre historique aux allures moyenâgeuses et composé d'un dédale de petites côtes et ruelles, d'escaliers anciens qui, de temps en temps, buttent sur des éléments disgracieux plus récents, mais l'atmosphère n'en demeure pas moins romanesque, surtout à la nuit tombée. N'oubliez pas de demander à l'office de tourisme la carte indiquant les circuits permettant de découvrir les sites les plus intéressants.

La tour Jacquemart *(plan B2)* **:** *2, rue Jacquemart.* Symbole de la ville, cette horloge à automate fut installée en 1429 dans une porte des 1ers remparts devenus inutiles. Cette tour en pierre du XIIe s, qui fut intégrée à la forteresse Montségur (propriété du chapitre de Saint-Barnard), servit de cachot jusqu'en 1835 ! Après avoir changé de look plusieurs fois au gré des événements (lancier polonais à l'époque napoléonienne, troubadour, puis gendarme au XIXe s), Jacquemart revêt, depuis 1910, l'uniforme des Volontaires de 1792. Témoin de la mémoire des habitants, le plus vieux des Romanais domine toujours avec prestance les rues de la vieille ville, du haut de ses 37 m.

SI J'AVAIS UN MARTEAU

Au XVe s, les consuls de Romans décidèrent d'asseoir leur pouvoir civil face au clocher de la collégiale tenue par les chanoines. L'automate frappant les heures dans la tour Jacquemart fut baptisé par le peuple « Jacques » (surnom donné aux paysans) « Marteau » (parce qu'il sonnait la cloche avec un...). Le nom, à l'usage, se raccourcit pour devenir tout simplement « Jacquemart ».

🚶 ***L'hôtel particulier Nugues*** *(plan B2)* **:** *18, rue de l'Armillerie.* Avec son portail en plein cintre orné de pointes de diamant, il mérite le coup d'œil. Si, par chance, la porte est ouverte, vous pourrez y voir une belle loggia à balustres, de style Renaissance italienne. Un peu plus loin, au n° 25, l'ancienne ***maison commune*** *(plan B2-3),* fermée par une belle porte en bois massif de la fin du XVIIe s.

🚶 À l'angle de la ***rue du Fuseau*** *(plan B3)* et de la ***rue Pêcherie,*** belle maison du XVe s avec étage en encorbellement sur angle. En remontant la rue Pêcherie, on aboutit, au niveau du n° 49, à l'***escalier Josaphat*** (escalier couvert daté du XVe s) qui descend au ***quartier de la Presle*** et aux ***quais*** bordés des anciennes maisons des tanneurs. Remarquer, sous les toits, ces galeries à claire-voie en bois : ouvertes à tous les vents, elles servaient à l'étendage des peaux.

🚶 ***La place Maurice-Faure*** *(plan B-C3)* **:** elle est bordée de beaux hôtels particuliers construits aux XVe-XVIe s. Remarquer, au-dessus de la librairie *La Manufacture,* l'ancienne demeure d'Humbert II, qui vendit en ce lieu le Dauphiné au roi de France en 1349. Au n° 24, l'*hôtel Duport-Roux,* de la 1re moitié du XVIe s. Propriété de la famille du même nom, qui compta le 1er maire élu de Romans en 1790. Si la porte est ouverte, voir le bel escalier en tourelle éclairé de 5 baies géminées.

LE DAUPHIN NAGE DANS LA PROSPÉRITÉ

Au XIVe s, le comte d'Albon, portant le titre de « dauphin » (prince du Dauphiné), était à la limite de la ruine et sans descendant. Pour assurer un devenir à son territoire, il conclut un rémunérateur traité d'allégeance avec le roi de France. Le Dauphiné revint ainsi au fils aîné du roi... d'où le titre de dauphin que l'on donnait à l'héritier de la couronne de 1349 à 1789. Le dernier dauphin disparut dans les filets de la Révolution.

🚶🚶 ***La collégiale Saint-Barnard*** *(plan B3)* **:** *3, pl. Maurice-Faure. L'Association des amis de Saint-Barnard et du calvaire des Récollets propose des visites commentées tte l'année ; rens au 📱 06-28-63-21-54 ; 5 €. Juin et sept, concerts d'orgue gratuits, en principe sam à 17h.* Au bord de l'Isère s'élève le monument le plus ancien de Romans : l'imposante collégiale, à l'origine de la création de la ville. De la 1re église, construite au IXe s par l'archevêque de Vienne, objet de plusieurs destructions et reconstructions, il ne reste rien. L'ensemble architectural que l'on voit aujourd'hui, édifié entre le XIe et le XVe s, est un mariage entre art roman (partie basse de la nef) et style gothique (partie supérieure). La partie romane de l'église, restée inachevée, se perçoit cependant dans ses colonnes ornées de beaux chapiteaux sculptés de feuillages stylisés ou de personnages. Les fenêtres et les voûtes de la nef sont gothiques, de même que le transept et le chœur. Triforium comptant pas moins de 160 arcades. Remarquer les fresques du chœur, harmonieux mélange de couleurs représentant les apôtres et de superbes motifs géométriques. Ces peintures murales datent du XIVe s. Vitraux sur le thème de l'Apocalypse, réalisés en 2000 par l'architecte allemand George Ettl.

Sur le bas-côté droit, la *chapelle du Saint-Sacrement* abrite la tenture brodée du ***Mystère de la Passion.*** Ces 9 panneaux monumentaux constituent un spécimen unique de l'art de la broderie du début du XVIe s. Sous une arche près de l'entrée, des fresques : l'une représente Exupère, Séverin et Félicien, 3 saints de la ville de Vienne vénérés par Barnard, dont il fit venir les reliques à Romans, l'autre fresque montre ces 3 mêmes saints agenouillés devant le pape, avec le palais des papes d'Avignon en arrière-plan. Sur le bas-côté gauche, la *grande sacristie* abrite de jolies boiseries du XVIIe s, avec volutes et anges en médaillon, servant d'écrin aux reliques de saint Barnard.

– Attention, la chapelle du Saint-Sacrement et la sacristie ne sont ouvertes qu'à l'occasion des visites guidées.

Au fond de la place, on aboutit sur la petite ***place aux Herbes.*** Prendre le passage. À l'angle de la ***rue des Trois-Carreaux,*** voir l'*hôtel de Clérieux* (ancien hôtel de la Monnaie, ce qui explique son architecture plutôt massive), qui hébergea 2 rois de passage, Louis XII et Henri III. Plus loin, la ***tour des Poitiers,*** donjon du XIe s établi par la famille de Clérieux pour affirmer son pouvoir face au chapitre de Saint-Barnard.

La rue des Clercs *(plan C3)* **:** au n° 5, maison de style Renaissance italienne, avec loggia visible depuis la grille d'entrée. Un peu plus loin, l'*hôtel Dochier,* au vaste couloir couvert d'une voûte en ogive aboutissant à une petite cour, qui abrita l'une des 1res fabriques de chaussures de la ville.

La rue Saint-Nicolas *(plan C3)* **:** au n° 70, belle façade de style Renaissance avec fenêtres à meneaux. Dans cet ancien hôtel particulier d'une riche famille de drapiers, on raconte que Mandrin, le bandit de grand chemin, venait retrouver sa maîtresse et qu'il y aurait peut-être caché un de ses trésors (jamais retrouvé...).

La place Jules-Nadi *(plan C2)* **:** l'hôtel de ville y occupe l'emplacement d'un ancien couvent de frères franciscains. C'est ici qu'entre le 1er décembre 1788 et le 16 janvier 1789 se déroulèrent les états du Dauphiné, prélude à la Révolution française. Joli kiosque sur la place.

Le calvaire des Récollets *(hors plan par A2)* **:** *av. Berthelot, route de Tain, en sortie de ville. Visites organisées par l'Association des amis de Saint-Barnard, sur rdv seulement au 06-28-63-21-54 (5 €).* Au début du XVIe s, alors que la Terre sainte est aux mains des Turcs, rendant le pèlerinage à Jérusalem dangereux et difficile, un riche et pieux marchand de Romans, Romanet Boffin, fait édifier à travers la ville plusieurs stations du chemin de croix « Le Grand Voyage », le calvaire en étant la dernière étape. Aujourd'hui encore, chaque Vendredi saint, de nombreux pèlerins empruntent ce chemin de croix jusqu'au calvaire situé dans un enclos attenant à l'ancien couvent des Récollets. On y trouve l'un des rares cimetières de l'époque romantique à être demeurés intacts dans leur environnement originel. Beaucoup de charme. L'ensemble est aujourd'hui classé Monument historique.

Manifestations

– ***Festival international de Romans, Culture et Traditions du monde :*** *début juil. Billetterie à l'office de tourisme et sur • empi-et-riaume.com •* Une dizaine de groupes folkloriques du monde entier se retrouvent à Romans. Ambiance et découvertes garanties !

– ***Je Dis Musik :*** *de mi-juil à mi-août. Concerts gratuits ts les jeu, pl. Gailly, au pied de la tour Jacquemart, et pl. Maurice-Faure.*

– ***Foire du Dauphiné :*** *dernier w-e de sept-1er w-e d'oct, av. des Allobroges. • foire-dauphine.com •* Créée en 1931, cette foire est devenue une institution dans la région, avec ses nombreux exposants et ses animations.

DANS LES ENVIRONS DE ROMANS-SUR-ISÈRE

Le musée diocésain d'Art sacré : *église Notre-Dame, le Village, 26540* ***Mours-Saint-Eusèbe.*** *☎ 04-75-02-96-95. 07-86-68-51-03. À 4 km au nord de Romans par la route de Hauterives (D 538). De mi-juin à mi-sept, se renseigner au préalable pour les horaires. Entrée env 3 €. Visite libre ou guidée.* Ne vous fiez pas aux apparences ! Cette petite église romane élevée au XIe s (seuls le clocher et le mur méridional sont d'origine) sert en réalité d'écrin au plus beau des joyaux : une superbe collection de 25 000 objets d'art sacré (XIVe-XXe s),

LA DRÔME

sauvés de la destruction ou de l'oubli par le prêtre de la paroisse, Raoul des Cilleuls (1924-2010). Pendant plus de 50 ans, celui-ci a rassemblé des objets témoignant de la vie religieuse et de la piété populaire, des plus modestes aux plus beaux. À peine 1/10 de la collection est présenté, faute de place, ce qui laisse présumer de la richesse du fonds ! Nombreuses statues baroques du XVIIe s (dont une émouvante Vierge au mouchoir), des dizaines de tableaux (dont un attribué à Bruegel, ou pour le moins à son école), près de 4 000 vêtements liturgiques (dont une splendide chape brodée par des bénédictines, incroyable et superbe de minutie), de très rares calices en bois ou en verre soufflé (interdits pendant très longtemps car en matériaux pauvres) et la plus vieille pièce de la collection : un ciboire en bronze doré du XIVe s. Également de beaux objets d'art populaire : des croix de bateliers, des reliquaires à papier roulé (tableaux en papier roulé et collé), des ex-voto, des bénitiers de chevet, etc. Impossible de tout vous décrire, d'autant qu'une partie de la collection est renouvelée chaque année ! Soyez sûr, en tout cas, d'y voir, modestes ou somptueux, les témoins d'une ferveur créatrice absolument superbe. Un musée totalement informel, inattendu et rare, qu'une petite équipe de bénévoles s'emploie aujourd'hui à faire vivre.

LA DRÔME

Le bois des Naix : *à* ***Bourg-de-Péage.*** *À 5 km au sud de Romans, à la sortie de Bourg-de-Péage, direction Valence. Mai-sept, tlj 7h-21h ; hors saison, tlj 9h-17h30 (19h30 avr-oct). Fermé en janv. GRATUIT.* 12 ha de verdure traversés par le ruisseau le Charlieu. Arbres centenaires, jeux pour enfants, parcours de santé et d'orientation.

Le jardin zen d'Erik Borja : *530, chemin du Jardin-Zen, 26600* ***Beaumont-Monteux.*** *☎ 04-75-07-32-27. • erikborja.fr • À 11 km à l'ouest de Romans ; accessible par une petite route partant de la D 153 entre Beaumont et Pont-de-l'Herbasse. Tte l'année, lun-ven 9h-12h, 13h30-17h30 ; plus w-e d'avr à mi-nov 10h12h, 13h30-18h. Entrée : 10 € ; réduc. Prévoir 1h30 de visite pour vraiment apprécier les lieux, d'un pas tranquille. Animaux interdits.* Annonce aux âmes stressées et pressées : il est dans ce coin de Drôme un jardin remarquable où déambuler, souffler, contempler, se poser... Créé par Erik Borja en 1973, il s'étend sur plus de 4 ha et s'inspire des jardins des moines zen, où ceux-ci pratiquent la méditation statique ou déambulatoire. En plus de procurer un sentiment de paix et d'harmonie, il a l'avantage d'être beau à chaque saison. Une mention spéciale tout de même pour la coloration automnale de ses érables du Japon, de mi-octobre à mi-novembre. D'avril à mai, c'est la floraison des pivoines, et de juin à août, celles des nénuphars et des lotus.

TAIN-L'HERMITAGE (26600) 6 366 hab. *Carte Drôme, A1*

Ville de passage, peut-être, mais étape obligée pour les gourmets ! Tain, portant le nom prédestiné issu des mots celtiques *ta* et *wyn* signifiant « bon » et « vin », est connue dans le monde entier comme le centre d'une zone de production de quelques-uns des fleurons des côtes-du-rhône septentrionaux. Cette zone, située de part et d'autre du Rhône, produit, sur sa rive gauche (côté Drôme), les fabuleux hermitage et crozes-hermitage, tandis que la rive droite (côté Tournon, en Ardèche) donne naissance aux fameux saint-joseph, cornas et saint-péray. Tous bénéficient d'une AOC. Balade dans les coteaux qui dominent la ville et visite des caves vivement conseillées ! Et puis les amateurs de chocolat ne manqueront pas d'aller visiter une maison qui approvisionne quelques-uns des plus grands chocolatiers et chefs de la gastronomie française : *Valrhona.*

L'HERMITAGE ET LE CROZES-HERMITAGE

Ici, 126 ha sont cultivés par une soixantaine de propriétaires, sur 2 communes. Le blanc, à base de marsanne et de roussanne, couvre 25 à 30 % de la superficie, et le rouge, basé sur le cépage syrah, 70 à 75 %. Ces vins peuvent se conserver entre 8 et 20 ans.
En quelques mots, voici les dominantes : pour les rouges, couleur prononcée, très tannique, parfum de violette, de framboise, de cassis. Robe allant du violet au pourpre. Et pour les blancs, parfums d'amande, de noisette et de pomme.
L'hermitage est très ancien, et la tradition fait remonter l'implantation du vignoble au moment des croisades. Le chevalier de Sterimberg, de retour d'Asie Mineure, décida d'élever sur une colline la chapelle Saint-Christophe et de mettre en production quelques pieds de syrah rapportés de ces contrées lointaines. Lorsque Louis de Bourbon, duc de Penthièvre, plus grosse fortune de France, meurt dans son lit en 1793, son gendre, Philippe Égalité, fait procéder à un inventaire d'une de ses caves, au château de Sceaux. Celle-ci renferme des tonneaux et des bouteilles, dont une majorité d'hermitage rouge, preuve du bon goût de ce duc qui ne buvait pas. Il est vrai que nous ferions les difficiles en refusant des bouteilles aussi prestigieuses que l'hermitage « La Chapelle » de Jaboulet, ou celles provenant d'autres domaines renommés tels que Grippa ou Chapoutier. Que dire en revanche de l'hermitage « vin de paille », si difficile à trouver car si rare, donc si cher ?
Quant au fameux ***crozes-hermitage,*** voici certainement ***le meilleur rapport qualité-prix*** au nord du Rhône, avec le saint-joseph. Vous qui êtes sur place, regardez du haut de cette colline magique les vignes exposées vers le sud se reflétant dans les eaux limoneuses du Rhône. Sur son versant nord, les vignes de Crozes-Hermitage, paisible village au nord de Tain, portent cette appellation. Sévissant sur les communes de Crozes-Hermitage, Serves, Erôme, Gervans, Larnage, Tain, Mercurol, Chanas-Curson, Beaumont-Monteux, La Roche-de-Glun et Pont-de-l'Isère, l'AOC produit des vins rouges plus légers que l'hermitage et des blancs très agréables en primeurs, dont la restauration raffole. Belle progression pour cette appellation, qui se prolongeait sur 550 ha en 1952 pour presque un millier aujourd'hui. Entourant l'hermitage, dont il est plus ou moins la continuité, le crozes-hermitage a l'avantage de réussir un excellent produit sur un terrain plat constitué de cailloux roulés et suffisamment pentu pour gêner l'emploi de la machine à vendanger.

Arriver – Quitter

En bus

Pour tout connaître des lignes et des horaires : • *auvergnerhonealpes.fr* • *oura.com* •

➢ Liaisons de/vers ***Romans*** (devant la gare) avec *Sradda (Sud Rhône-Alpes Déplacements Drôme-Ardèche)* ; de/vers ***Valence*** (pl. du Taurobole) avec les *Autocars Mercier* et les *Courriers Rhodaniens.*

Adresse et info utiles

Office de tourisme Ardèche-Hermitage : *pl. du 8-Mai-1945.* ☎ *04-75-08-10-23.* • *ardeche-hermitage.com* • *De mi-juin à fin août, tlj sauf dim ap-m ; horaires légèrement restreints le reste de l'année (et si ce bureau est fermé, le relais est pris par celui de Tournon, de l'autre côté du pont).* On vous fournira, entre autres, un très utile « plan balade » pour découvrir à pied les sites touristiques et les caves. Propose en saison des visites guidées thématiques (payantes) sur tout le territoire.
– ***Marché :*** *pl. du Taurobole, le sam mat... comme à Tournon, qui a aussi un marché le mer.*

LA DRÔME

Où dormir ?

⌂ ***Hôtel & Spa Fac & Spera :*** *1, av. du Docteur-Paul-Durand. ☎ 04-75-08-65-00. • contact@hotel.facetspera.fr • hotel.facetspera.fr • Doubles 105-150 € ; familiales ; petit déj 16 €. Parking gratuit.* Quand on vient de la turbulente N 7 qui borde l'établissement, on a l'impression de pénétrer dans une bulle à l'ambiance ouatée. Sauf qu'ici la ouate est un beau nuancier de gris et de noir, que les touches de couleur du mobilier, volontiers en bois, ou des draps viennent illuminer. Chambres élégantes et confortables, parfaitement insonorisées ; les plus chères donnent sur le jardin et la piscine, les autres sur la petite rue de l'autre côté (et non sur la N 7 pour la plupart). Accueil souriant et pro.

⌂ ***Hôtel Les 2 Coteaux :*** *18, rue Joseph-Péala. ☎ 04-75-08-33-01. • reservation@2coteauxhotel.fr • 2coteauxhotel.fr • Doubles 70-88 €.* Excellente adresse que ce petit hôtel convivial, situé au bord du Rhône, face à la jolie passerelle qui rejoint l'Ardèche. Les chambres, bien tenues, offrent, côté ouest, une vue splendide sur le fleuve et le château de Tournon (la plus chère possède même sa petite terrasse). Cela dit, les chambres sur l'arrière profitent aussi d'une belle vue sur les coteaux de l'hermitage. Terrasse agréable pour prendre le petit déj au soleil, en regardant couler le Rhône. Accueil très gentil.

LA DRÔME

Où manger ?

Bon marché

|●| ***Le Café :*** *45, av. Jean-Jaurès. ☎ 04-75-08-36-62. • nathaliebichet@yahoo.fr • ♿ Lun-ven 9h-19h30. Menu 15 €. CB refusées. Café offert sur présentation de ce guide.* « Restaurant ouvert et engagé », c'est écrit sur la carte. Sur l'ancienne N 7, au centre de Tain, voyage dans le temps assuré : vieux bar, déco formica années 1970, 45 tours et pubs pour les copains genre « vends tracteur bon état ». Pas de choix dans le menu du jour, mais vu le prix et la qualité de la cuisine du chef, personne ne se plaint. Même les jours ensoleillés, ici, on ne regrette pas d'avoir réservé dans une salle sans terrasse.

|●| ***La Lanterne :*** *7, rue Lanterne. ☎ 04-75-07-48-69. Ouv le midi seulement lun-sam. Fermé dim. Congés : de fin sept à mi-oct. Formule 13 € ; carte env 15 €.* Une ambiance familiale et chaleureuse, des produits frais, une cuisine de femme qui change tous les jours, selon l'humeur et le marché. Un super rapport qualité-prix.

Prix moyens

|●| ⛱ ***Marius Bistro :*** *1, av. du Docteur-Paul-Durand. ☎ 04-75-08-65-00. Tlj sauf dim. Formules 16-19,50 € (midi en sem), puis menu carte 30-38 €.* C'est le restaurant de l'hôtel *Fac & Spera* et on y retrouve la qualité de l'accueil et le même cadre soigné, l'ambiance feutrée, avec une belle terrasse sur l'arrière. Produits bio et locaux sont la base d'une cuisine séduisante tant à l'œil qu'en bouche, qui s'inspire du terroir, mais pour mieux le réinventer. Et comme l'établissement appartient à la maison Chapoutier, on ne s'étonnera pas que la carte des vins tienne elle aussi la route !

|●| ⛱ ***Le Mangevins :*** *7, rue des Herbes. ☎ 04-75-08-00-76. • mangevins@yahoo.fr • ♿ Ouv lun-ven. Congés : 1 sem début janv, 2 sem en avr et 3 sem en août. Résa conseillée. Menu 33 €.* Ce bistrot à vins, grand comme un mouchoir de poche, compte une petite trentaine de couverts (plus quelques tables en terrasse). Le patron, entre vins au verre et flacons rares, a su composer une carte des vins dont la lecture fait rêver... Petits ou grands, les côtes-du-rhône sont évidemment à l'honneur. Pour les accompagner, une cuisine contemporaine concoctée par une chef japonaise qui mêle les terroirs, en jouant avec les saisons et les couleurs.

Le Quai : *17, rue Joseph-Péala. ☎ 04-75-07-05-90. • chabran@michelchabran.fr • Tte l'année, tlj. Menus 24-42 €.* La brasserie de Michel Chabran et sa fille Carole jouit d'une jolie situation en surplomb du Rhône. Les tables en terrasse sont donc très prisées aux beaux jours, mais les grandes baies de la salle permettent elles aussi de jouir de la vue sur le fleuve. Au menu, une cuisine de bistrot, correcte et généreusement servie.

Le Vineum : *25, pl. du Taurobole. ☎ 04-75-09-26-20. • vineum@jaboulet.com • Mar-dim 10h-19h (20h en été, 17h dim hors saison). Fermé lun. Congés : 1re quinzaine de janv. Menus 27-34 €.* Créé par les domaines Paul Jaboulet Aîné, *Le Vineum* fait tout à la fois caveau, bar à vins et restaurant, et l'on y mange fort correctement. Chaleureux mais élégant, ce n'est cependant pas le type d'endroit où l'on vient en short ! À moins de profiter de la terrasse, côté place.

Où dormir ? Où manger dans les environs ?

Chambres d'hôtes La Ferme des Denis : *18, rue Champs-du-Beaume, 26600* **Chanos-Curson.** *☎ 04-75-07-34-11. • contact@lesdenis.com • lesdenis.com • À 6 km à l'est de Tain, direction Romans. Double 73 € ; familiale. Bouteille de nectar d'abricot offerte sur présentation de ce guide.* La même famille habite cette maison depuis 19 générations ! La ferme du XVe s a, bien sûr, été rénovée, mais elle présente toujours l'aspect typique d'une belle propriété viticole, avec murs en galets, grand porche et cour fermée où sommeille le pressoir. Chambres très correctes et accueil en toute simplicité. Pas de table d'hôtes, mais une cuisine et d'agréables salles communes à disposition, ainsi qu'une piscine couverte. À l'entrée de la propriété, possibilité aussi de dormir dans un tonneau *(125 € pour 2, petit déj inclus),* équipé d'une kitchenette et de sa petite salle de bains.

Auberge Monnet : *3, pl. du Petit-Puits, 26600* **La Roche-de-Glun.** *☎ 04-75-84-57-80. 06-78-90-12-59. • auberge-monnet@orange.fr • Tlj sauf 1er janv, Noël et Jour de l'an. Formule déj en sem 19,50 € ; menus 29,50-32,50 €.* Une auberge où l'on peut déguster des cuisses de grenouilles et des petites fritures avec un bon vin de la région, à l'ombre des platanes ou dans la salle avec vue sur le bassin des Musards. Un cadre de verdure plaisant, à fréquenter en famille. Quant aux amateurs de bonnes bouteilles, ils feront une escale au *Piège à Bouchons,* la petite cave à vins et bistrot attenant à l'auberge.

Où déguster ou acheter du bon vin à Tain et dans les environs ?

Des Terrasses du Rhône au Sommelier : *22, rue Bessards, à Tain. ☎ 04-75-08-40-56. • ausommeliertain.com • Mar-mer et sam 10h-15h, jeu-ven 10h-19h. Fermé dim-lun.* Fabien Louis est sommelier de formation (il a travaillé chez Pierre Gagnaire), et l'on trouve dans sa cave plus de 500 références de vins – essentiellement de la vallée du Rhône –, mais aussi des fromages de petits producteurs. Mais ce n'est pas tout : il organise également des balades aussi pointues que sympa dans le vignoble.

Cave de Tain : *22, route de Larnage, à Tain. ☎ 04-75-08-91-86. • cavedetain.com • Mar-sam 10h-12h30, 14h-18h. Visite guidée des chais mai-sept, tlj à 10h30 et 15h30 (5,50 €) ; oct-avr, w-e seulement à 10h30 et 15h30.* La cave de Tain, qui vinifie, à partir de la récolte de ses 310 adhérents, près de la moitié de la production totale des 5 appellations de la région, a été de nombreuses fois récompensée pour la qualité de son travail (vinification traditionnelle, élevage et vieillissement en fût de chêne). Remarquable hermitage rouge, velouté et puissant, typé, long, tout en nuances aromatiques. Vous pourrez donc déguster ici, en présence des vignerons, chacune des 5 AOC. Très utile pour se décider entre une bouteille d'hermitage, de crozes-hermitage, de cornas, de saint-joseph ou de saint-péray. À moins que vous ne repartiez avec une bouteille de chaque ? Parcours dans les vignes au départ de la cave (demander le livret sur place ; compter 1h30).

Domaine des Remizières : *1459, av. du Vercors, 26600* ***Mercurol-Veaunes.*** *☎ 04-75-07-44-28. Lun-sam 9h-12h, 14h-18h30. Fermé dim.* Hermitage, crozes-hermitage et saint-joseph. Avec des pointes d'asperges à la crème, leur joli hermitage blanc se démultipliera. Son nez très bavard parle de fruits exotiques légèrement miellés.

Michel Chapoutier : *18, av. du Docteur-Paul-Durand, à Tain. ☎ 04-75-08-28-65. • chapoutier.com • ♿ Lun-sam 10h-13h, 14h-18h30.* La maison Chapoutier, grand producteur-négociant depuis 1808 (7e génération), fait un travail excellent, tant en crozes-hermitage qu'en hermitage, en saint-joseph qu'en cornas. Ça, tout le monde le sait. Ce qu'on sait moins, c'est que la maison organise, depuis 1994, « les vendanges du cœur » : pour chaque kilo de raisin vendangé par les bénévoles, 0,30 € sont reversés à l'EFS (Établissement français du sang) de Valence, pour soutenir le financement de don de moelle osseuse. Les vendangeurs s'inscrivent d'ailleurs sur le fichier des donneurs. Inscription par téléphone ou sur le site par e-mail.

On ne peut pas citer tous les domaines qui vous ouvriront leurs portes sur rendez-vous et qu'on aime bien. En voilà juste quelques-uns : le ***Domaine du Colombier*** *(2, route de Chantemerle, à* ***Mercurol*** *; ☎ 04-75-07-44-07)* ou le ***Domaine Alain Graillot*** *(Les Chênes-Verts, à* ***Pont-de-l'Isère*** *; ☎ 04-75-84-67-52).* Quant au domaine voisin, ***Laurent Combier*** *(RN 7, à* ***Pont-de-l'Isère*** *; ☎ 04-75-84-61-56),* il peut s'enorgueillir d'être passé en bio dès 1970. Ces précurseurs ont su jouer les avant-gardistes de talent.

Autres adresses à découvrir, les ***Maison et Domaine Les Alexandrins*** *(14, rue Albert-Nicolas, à Tain ; ☎ 04-75-08-69-44).* Ou encore le ***Domaine Betton*** *(245, chemin des Hauts-Saviaux, N 7, Les Chassis, à* ***La Roche-de-Glun*** *; ☎ 04-75-84-70-40),* petite exploitation familiale où Christelle et Roland Betton travaillent, comme le Domaine des Alexandrins, sur les appellations crozes-hermitage et hermitage. On apprécie aussi le travail de Charles et François Tardy, qui réalisent un crozes-hermitage d'excellente tenue et qui pratiquent des prix raisonnables au ***Domaine des Entrefaux*** *(1050, chemin de Veaunes, à* ***Chanos-Curson*** *; ☎ 04-75-07-33-38).* Pour finir, direction ***Larnage,*** où Philippe Belle s'impose comme un des meilleurs vinificateurs *(****Domaine Belle,*** *510, rue de la Croix, Les Marsuriaux ; ☎ 04-75-08-24-58).* Dans le même village, poussez jusqu'au ***Domaine de la Croix du Verre*** *(15, traverse Chautin ; ☎ 04-75-07-26-29),* où tous les travaux se font toujours de façon manuelle, y compris les vendanges.

À voir. À faire

La Cité du chocolat Valrhona : *12, av. du Président-Roosevelt. ☎ 04-75-09-27-27. • citeduchocolat.com • Lun-sam 10h-19h, fermé dim et j. fériés ; fermeture de la billetterie 1h30 avt. Entrée : 10,50 € ; 8,50 € enfants. Animations-découverte (20-30 mn) : 1 €/pers. Et boutique, comme il se doit !* Un lieu pour explorer, déguster et découvrir les **secrets du chocolat,** de façon ludique, pédagogique et gourmande. Une sorte de voyage initiatique et d'immersion multisensorielle au cœur de la matière ! Les gourmets, au fur et à mesure du parcours, découvrent le goût, le geste et la matière, à l'aide de nombreux dispositifs interactifs.

La Cité se décline en 7 pôles : immersion (sentir, toucher, goûter, déguster), recettes, ingrédients, provenance et importance des gestes et du terroir, fabrication, puis un pôle où l'on peut reproduire, à l'aide de tablettes tactiles (pas de chocolat !), sous forme de jeux interactifs, les gestes et tours de main du pâtissier-chocolatier. Les enfants ne sont pas en reste puisqu'un parcours leur est spécialement dédié, avec un petit livret qui leur est remis à l'entrée afin qu'ils suivent les 2 mascottes, Lili et Zoco, et répondent à ses questions/jeux. En sortant, ce qui se cache derrière un carré de chocolat ne devrait plus avoir de secrets pour eux.
À l'étage, espaces de découverte, de dégustation et de pratique avec le Labo Dulcey (on peut participer à des ateliers de pâtisserie), ainsi qu'un espace dédié aux artisans du chocolat et un autre à l'histoire de *Valrhona.*
Saviez-vous qu'il existe ***50 goûts élémentaires de chocolat*** ? Non ? Alors il est temps de visiter la Cité ! L'endroit est certes fréquenté, mais pour cause : il est sacrément bien fichu, instructif et gourmand (on vous offre de déguster les différents chocolats de la maison pour mieux comprendre les explications ou, à la boutique, pour vous aider à faire votre choix – qui se révèle quand même très difficile pour ceux dont le cœur fond face aux carreaux chocolatés !).

La passerelle Seguin : voici une passerelle pour une promenade agréable. Elle franchit le Rhône pour rejoindre Tournon et l'Ardèche à la manière des ponts américains en câbles torsadés. Elle date de 1849 mais avait connu une 1re version en 1825. Un ancêtre du pont de Brooklyn à New York !

LA DRÔME

Fête et manifestations

– ***Salon des vins :*** *un w-e de fév.* Le principe est simple : on achète un verre de dégustation (environ 7 €), puis on fait tranquillement le tour des 80 vignerons présents pour goûter à leurs divins nectars. L'occasion d'avoir un bon aperçu des productions du Septentrion (de Vienne à Livron) et de faire l'achat de quelques bonnes bouteilles. Avant de repartir... pensez à laisser le volant !
– ***Duo de l'hermitage :*** *mi-mai.* ● *duo-hermitage.com* ● Un trail en binôme dans le cadre des vignobles pentus à souhait. Le vin, c'est pour le soir seulement !
– ***Festival Vochora :*** *pdt tt le mois de juil.* ● *vochora.fr* ● Musique classique instrumentale et vocale dans plusieurs lieux des environs de Tain et jusqu'à Tournon.
– ***Festival des Humoristes :*** *dernière sem d'août.* ● *festivaldeshumoristes.com* ● Depuis 1988, tous ceux qui font la scène des cabarets actuels sont passés ici. Un festival qui se partage entre Tournon et Tain.
– ***Fête des Vendanges :*** *mi-sept.* 2 jours de fête (avec concours de vins, élection de la reine des vendanges, soirée dansante, etc.), dont le point d'orgue est le défilé de chars fleuris du dimanche après-midi. Très populaire.
– ***Le Fascinant Week-end :*** *2 j. autour du 21 oct.* Sur toute l'agglomération de Tain-l'Hermitage et de Tournon-sur-Rhône, de nombreuses animations autour du vin, les vignobles, leur découverte.

DANS LES ENVIRONS DE TAIN-L'HERMITAGE

Les Roches qui dansent : *à* ***Saint-Barthélemy-de-Vals,*** *à 17 km au nord de Tain (fléché depuis la N 7).* Les amateurs de varappe ou (et) de phénomènes mystérieux iront saluer ces fameuses *Roches qui dansent*. Aujourd'hui encore, on n'a toujours pas élucidé l'origine de ce vaste cromlech (cercle de pierres dressées) disposé en 3 enceintes géométriques : chaos rocheux de formation naturelle né de l'érosion, œuvre de la main d'hommes des temps anciens ou de celle de quelque créature mystérieuse ?

HAUTERIVES

(26390) 1 950 hab. *Carte Drôme, A1*

Au nord du département, le petit village de Hauterives est devenu internationalement célèbre par les soins involontaires d'un modeste facteur qui y a élevé son *Palais idéal,* monument surprenant et intrigant qui mérite amplement votre venue ici. Mais il serait dommage de faire une visite éclair uniquement pour ce chef-d'œuvre de l'art naïf. Car Hauterives et sa région proposent de nombreuses et agréables balades. Même si l'on est aux portes des « terres froides » du Chambaran (vaste plateau isérois), la région est douce, séduisante et reposante, avec un paysage marqué de paisibles collines, de jolies rivières et de maisons aux murs en galets inclinés.

Par ailleurs, Hauterives fait partie des 10 « Villages botaniques » de la Drôme, avec pour thème les « fantaisies végétales ». Tout un programme...

Adresse utile

🛈 *Office de tourisme Porte de DrômArdèche :* *6, rue André-Malraux.* ☎ *04-75-23-45-33.* ● *dromardeche.fr* ● *Juil-août, tlj 10h30-18h30 ; horaires plus restreints le reste de l'année (consulter le site internet).*

Où dormir ? Où manger ?

Vous trouverez plusieurs petites adresses où vous restaurer juste avant l'entrée du Palais idéal, tel le snack ***Le Clos,*** ouvert non-stop en saison.

Camping

⛺ ***Camping Le Château :*** *5, route de Romans.* ☎ *04-75-68-80-19.* ● *contact@camping-hauterives.com* ● *camping-hauterives.com* ● ♿ *En ville, près du château. Ouv avr-sept. Forfaits 15-32 €. Hébergements locatifs 222-777 €/sem. 154 empl.* Juste à côté d'un château du XVIIe s dont le parc abrite un cèdre du Liban tricentenaire de 35 m de haut et 8 m de circonférence. Un assez grand camping, plutôt agréable, offrant de vastes pelouses bordées de haies et plantées d'arbres. Quant aux hébergements locatifs, ils sont bien à part, chacun avec son bout de pelouse. Cela va du bungalow toilé au chalet grand confort en passant par le mobile home et la cabane *lodge*. Juste derrière le camping, la piscine municipale d'eau salée chauffée, accessible gratuitement aux campeurs, ouverte de juin à septembre. En été, animations enfants. Autre détail pratique : le supermarché à 2 mn à pied.

Prix moyens

🏠 🍴 ⛱ ***Hôtel-restaurant Le Relais :*** *1, pl. du Général-de-Miribel.* ☎ *04-75-68-81-12.* ● *contact@hotel-relais-drome.com* ● *hotel-relais-drome.com* ● ♿ *Resto fermé dim soir (sauf juil-août) et lun. Résa conseillée. Doubles env 85 € ; familiales ; roulottes à partir de 126 € pour 2. Formule déj en sem 21,30 € ; menus 32,80-38,20 €.* Cette grosse demeure du XIXe s en impose par sa robustesse : larges murs, grandes pièces, mais aussi une grande et belle terrasse pour une cuisine régionale traditionnelle de bon aloi. Beaucoup de monde de passage, situation de monopole oblige, ce qui explique les tarifs rondelets des chambres, tout à fait convenables cela dit. Et les âmes vagabondes pourront même dormir dans une des roulottes tout confort installées dans le parc.

Où dormir dans les environs ?

Camping

Camping du Grand Cerf : *Le Clos-Bedier, 3, chemin du Grand-Cerf, 26530* ***Le Grand-Serre.*** *☎ 04-75-68-86-14. • contact@campingdrome.fr • campingdrome.fr • À 7 km au nord-est de Hauterives et à 200 m du village du Grand-Serre. Ouv avr-oct. Forfaits 13-25 €. Loc caravanes estivales, tentes bengalis, chalets et mobile homes. 60 empl.* Hébergements locatifs et campeurs se partagent ce petit terrain à flanc de colline, au milieu des vallons. C'est simple, familial, et les emplacements sont agréablement ombragés par de beaux arbres. Piscine chauffée avec 2 bassins, bar-restaurant *(mat, midi et soir en saison ; seulement le w-e hors saison).* Programme d'animation pour les enfants de 5 à 16 ans.

De bon marché à prix moyens

Chambres d'hôtes Le Rupicapra : *490, chemin de la Bouretière, 26350* ***Saint-Christophe-et-le-Laris.*** *☎ 04-75-05-96-48. • contact@lerupicapra.fr • lerupicapra.fr • À env 5 km au sud-est de Hauterives. Ouv mars-déc. Double 56 €.* Posées sur une butte, d'un côté la maison des accueillants propriétaires, de l'autre celle des hôtes. Des chambres agréables, coquettes, bien équipées, où il règne une atmosphère sereine. Bref, un excellent pied-à-terre où l'on prolonge volontiers le séjour. D'autant que l'été, il y a aussi la piscine, avec vue sur les ravissantes collines alentour.

Chambres d'hôtes Les Baumes de Tersanne : *1425, route du Levant, quartier le Malfas, 26390* ***Tersanne.*** *☎ 06-25-02-14-31. • contact@lesbaumes.com • lesbaumes.com • À 4 km au sud de Hauterives. Congés : fév et Toussaint. Doubles 55-75 € ; familiales. Table d'hôtes 23 €.* C'est d'abord la belle situation de la maison qui retient l'attention : au cœur d'un labyrinthe de routes qui caracolent de colline en colline. Et puis l'accueil, la piscine et le bon entretien des bâtiments confirment cette impression, même si l'enchevêtrement des gîtes et des chambres s'apparente plus à un village convivial qu'à une retraite pour amoureux...

De plus chic à beaucoup plus chic

Chambres d'hôtes Domaine de la Bonne Étoile : *1149, route du Vivier, 26240* ***Beausemblant.*** *06-70-86-05-17. • contact@labonneetoile.eu • domaine-labonneetoile.fr • À 22 km au sud-ouest de Hauterives. Doubles 160-180 € ; 5 gîtes 4-10 pers et 5 lodges 6 pers. Table d'hôtes 25 €.* Dans une demeure de caractère du XVIIe s, des chambres spacieuses, à la déco bien d'aujourd'hui, à la fois élégante et chaleureuse. L'une d'entre elles est perchée dans l'ancien pigeonnier. Pour se délasser, le joli parc, le beau bassin tout en longueur où esquisser quelques brasses, et même un tennis. Si cette adresse, de par son cadre et la qualité de la prestation, joue indéniablement dans la catégorie chic, l'accueil, lui, se révèle simple, détendu et chaleureux.

Achats dans les environs

Magasin d'usine Lafuma, Eider et Millet : *19, rue Victor-Lafuma, 26010* ***Anneyron.*** *☎ 04-75-31-31-13. • lafuma.fr • À env 15 km au nord-ouest de Hauterives. Tlj sauf dim et j. fériés 10h-18h.* C'est en fait l'usine *Lafuma* qui est née ici, mais on y trouve aussi une vaste section de vêtements et chaussures *Eider* ou *Millet.* L'endroit parfait où s'équiper pour la rando.

LA DRÔME

À voir. À faire

Le Palais idéal du facteur Cheval : *☎ 04-75-68-81-19. • facteurcheval.com • Tlj 9h30-19h juil-août, 18h30 avr-juin et sept, 17h30 fév-mars et oct-nov, 16h30 déc-janv. Fermé 1er janv, 2 sem fin janv et 25 déc. Entrée : 8 € ; réduc. Visite guidée (1-2 fois/j.) avr-sept. Audioguide : 2 €. Compter 1h30 de visite. Soirées et concerts en juin-juil.* Un jour d'avril 1879, un facteur bute sur une pierre au cours de sa tournée. Il lui trouve une forme si jolie et si pittoresque que germe en lui l'idée d'en faire quelque chose. Ce jour-là, dans la tête de Ferdinand Cheval (1836-1924), un rêve naît : il construira ici son ***palais idéal*** ! Infatigable et obstiné, chaque jour il rapportera de ses 32 km de tournée dans la campagne environnante les pierres et les matériaux qui lui serviront à bâtir son château. Dans la journée, il repère les pierres, et le soir, il revient les chercher, avec sa brouette, après le travail !
À 43 ans, il pose la 1re pierre de son futur palais. Ferdinand commence à creuser un bassin et à sculpter des animaux en ciment. Puis il construit une cascade. Viennent ensuite une 2de cascade et puis une grotte. Et de fil en aiguille... ce sont « 10 000 journées, 93 000 heures, 33 ans d'épreuves », ***le travail et le rêve d'un homme solitaire,*** en butte à toutes les railleries. Un palais unique en son genre et au monde, où se rencontrent des cultures et des croyances venues des quatre coins du globe, dans un ***univers onirique, étrange et émouvant à la fois.*** Car le facteur Cheval s'inspirait beaucoup des cartes postales exotiques qu'il distribuait. Sans aucune connaissance de l'architecture, il utilise beaucoup le mortier à la chaux (friable et fragile) avec un peu de ciment et de ferraille. Et ça tient depuis 1 siècle !
Sur ces 26 m de long, 14 m de largeur et 10 m de hauteur, 100 détails, curieux et insolites, à observer : une mosquée, un temple hindou, un tombeau égyptien, un labyrinthe qui permet de découvrir des animaux fabuleux, ou encore cette crèche faite de petits coquillages. Sans parler même des 3 géants fabuleux qui veillent sur le monument. Il faut lire toutes les citations gravées sur cette étrange construction. Mais il est impossible et inutile de vous décrire l'ampleur de cette œuvre fantastique et titanesque. Car c'est un lieu qu'il faut voir en se laissant porter par l'émotion qu'il procure (attention tout de même au monde en été).
Pour le nom du site, Ferdinand Cheval s'inspira du poème que son ami Émile Roux rédigea pour lui, *Ton idéal, ton palais,* en 1904. « Cette merveille dont l'auteur peut être fier sera unique dans l'univers », avait écrit le facteur sur les murs de son palais, comme dans un rêve, peut-être une vision. Et justement, en 1969, 45 ans après la mort de son génial créateur, le palais fut enfin classé Monument historique par André Malraux, apportant à Ferdinand Cheval la reconnaissance et l'admiration qu'il mérite.
Pour prolonger la visite, bel espace muséographique dans lequel de grands artistes rendent hommage au célèbre facteur (André Breton, Picasso, les photos du palais prises par Robert Doisneau ou encore Agnès Varda).

Ne pas manquer d'aller saluer également le facteur au cimetière communal. N'ayant pu obtenir le permis d'être inhumé dans la tombe qu'il avait creusée au cœur de son palais, Ferdinand Cheval débuta la construction, en 1914, de son ***tombeau du Silence et du Repos sans fin,*** également classé Monument historique en 2011. Œuvre ultime de sa vie (dans la même veine que son palais), qu'il termina à l'âge de 86 ans, 2 ans avant sa mort.
– Si jamais vous voulez prolonger le dépaysement, lisez *Le Palais idéal du facteur Cheval, rêves de Pierres,* de Bonifay, Schneyder et Grycan (éd. Glénat, 2006), une B.D. qui fourmille d'anecdotes sur la vie de ce personnage haut en couleur ! Ou alors visionnez le film *L'Incroyable Histoire du facteur Cheval* (2019), de Niels Tavernier, avec Jacques Gamblin et Lætitia Casta.

La Quête des 3 Géants : pour prolonger votre découverte de Hauterives en famille, de façon ludique, cet *Explor' Games* (application à télécharger gratuitement ou tablettes à louer à l'office de tourisme) vous invite à retrouver, en compagnie d'Alice, la fille du facteur, la pierre d'achoppement du palais qui a mystérieusement disparu. Or sans elle, le bâtiment risque de s'effondrer... *Parcours de 2,8 km ; durée du jeu : 1h30.*

Les labyrinthes de Hauterives : *390, Hautes-Bessées. ☎ 04-75-68-96-27. • labyrinthes-hauterives.com • À 4 km à l'est de Hauterives, en direction du Grand-Serre (fléché). De mi-avr à fin août, tlj 11h-19h ; sept, w-e 11h-19h. Entrée : 13 € ; 11,50 € 3-14 ans.* Pour se promener à travers 4 labyrinthes végétaux (cyprès, charmilles, glycines et lavande), autour d'un jeu de piste qui ravit les enfants.

Locanimo : *800, route de Gournay. ☎ 04-75-68-88-21. 06-78-10-68-96. • locanimo.fr • À 2 km du Palais idéal du facteur Cheval en direction de Romans, indiqué sur la gauche. Juil-août, mar-sam 14h30-20h, dim 10h-20h ; avr-juin et sept-Toussaint, sam (sous réserve, téléphoner avt) 14h30-19h, dim 10h-19h. Résa conseillée. Balades env 8-25 € par animal loué, selon distance.* Une adresse originale pour se familiariser avec l'univers des poneys ou des ânes et partir quelques heures en famille en randonnée. Alain Paquien connaît son sujet et profitera de la promenade pour vous faire découvrir les alentours.

LA DRÔME

DANS LES ENVIRONS DE HAUTERIVES

Le parc Oasis Aventura : *605, route de Saint-Christophe,* ***Le Grand-Serre.*** *☎ 04-75-68-94-40. • parcoasisaventura.fr • À 5 km à l'est de Hauterives. Ouv mer ap-m, w-e, j. fériés et tlj pdt vac scol : en plein été, 9h-19h ; en mi-saison, se renseigner. Fermé oct-mars. Parcours : 22 € plus de 15 ans ; 15 € enfants 1-1,30 m ; 17 € enfants 1,30 m-15 ans. CB refusées.* Si vous voulez côtoyer les cimes des arbres ou dévaler une pente accroché à une tyrolienne de 250 m, une cinquantaine d'ateliers pour 6 niveaux de difficulté sont proposés sur 10 ha. Le 1er parcours est réservé aux tout-petits. Attention, les mineurs doivent être accompagnés d'un adulte.

Le village du Grand-Serre : *à 6 km au nord-est de Hauterives, à la frontière du département de l'Isère.* Belvédère qui offre un superbe panorama sur la vallée de la Galaure, le val de Galaveyson et la forêt de Chambaran, les contreforts du Vercors et les montagnes des Alpes. Quelques belles bâtisses en galet et en molasse. Également une très vieille halle du XIVe s. Voir aussi l'***église Saint-Mamert*** *(juil-août, ts les ap-m ; le reste de l'année, s'adresser au presbytère)*, un bel édifice de type église-halle, du XIe s. Très beau clocher-porche fortifié du XIIIe s et son portail orné d'un Christ en majesté. À l'intérieur, beau décor peint des XVe et XVIe s dans le chœur et la chapelle seigneuriale gothique.

Le prieuré de Manthes : *1, montée de l'Église, 26210* ***Manthes.*** *À 9 km au nord de Hauterives.* Ce village tranquille possède un petit parc entourant un lac engendré par la remontée de la nappe phréatique. Très romantique. Au bord du lac se trouve un surprenant lavoir à l'ancienne alignant 17 battoirs au ras du sol. Mais c'est surtout sur ses hauteurs qu'il faut aller, car on y trouve un intéressant prieuré. Fondé au XIe ou au XIIe s par des moines de l'ordre de Cluny, il a subi de nombreux remaniements dont on peut voir les cicatrices sur ses différentes façades. Les bâtiments actuels sont datés des XVe et XVIe s. À l'intérieur, très belles poutres peintes au pochoir, 3 têtes primitives, un escalier à vis conduisant à la chambre du prieur et des fresques datant du XVIIe s. La 2de quinzaine de septembre, le prieuré accueille des expos de peintures, de sculptures ou de céramiques d'art.
L'***église Saint-Pierre-Saint-Paul,*** juste à côté, a conservé de l'époque romane son chevet bénédictin ainsi que les belles peintures murales du

chœur. L'abside centrale est éclairée par un vitrail du XVIe s (Pierre et Paul), superbe et unique verrière ancienne conservée dans le département. Voir également, dans le chœur, le christ sculpté en bois du XVIe s, d'un réalisme poignant.

Châteauneuf-de-Galaure : *à env 7 km au sud-ouest de Hauterives.* Patrie de Marthe Robin, née à Châteauneuf en 1902, à l'origine de la création des Foyers de Charité. Cette fille de paysan, atteinte à l'âge de 16 ans d'un mal inexpliqué qui la laisse totalement paralysée, se plonge dans une totale dévotion mystique. Un jour de l'année 1930, des stigmates apparaissent dans ses mains, manifestation qui se reproduira tous les vendredis jusqu'à sa mort. Durant 50 ans, elle reste alitée, sans dormir, sans bouger et sans voir, se nourrissant uniquement de l'hostie ! Morte en 1981, le dossier de béatification est à l'étude (le pape François l'a reconnue « vénérable »). Sa maison natale, sa tombe au cimetière de Saint-Bonnet-de-Galaure (à 2 km) et le sanctuaire qui lui est dédié attirent aujourd'hui des croyants venus du monde entier.

La Motte-de-Galaure : *à env 13 km au sud-ouest de Hauterives.* Vaut un arrêt pour aller jeter un coup d'œil, en surplomb du village, au prieuré et à l'église Sainte-Agnès, fondés au XIe s par des moines bénédictins de Tournus. L'église, à l'origine église-halle à 3 nefs, a conservé une harmonieuse façade romane à triple élévation. Y admirer notamment ce bel arc polylobé, surmonté d'un clocher-mur à 2 baies. Au-delà ne subsistent de l'édifice roman que les murs. 2 belles chapelles s'ouvrent sur un chœur à chevet droit, datant du XVIe s. L'église est entourée d'une ancienne galerie du cloître et d'un enclos paroissial qui ajoutent au charme du lieu.

Saint-Uze : *à 17 km au sud-ouest de Hauterives.* À l'entrée du défilé de Saint-Vallier, gorges pittoresques et étroites au fond desquelles coulent les eaux de la Galaure, Saint-Uze est le pôle d'une région où s'est développée, grâce à de proches carrières de kaolin, une importante activité : la porcelaine et la céramique. Ce travail, qui a fortement marqué le nord du département depuis les années 1800, est toujours bien implanté à Saint-Uze, où l'on trouve une ***Maison de la céramique,*** son exposition et ses conférences *(pl. du 8-Mai-1945 ; ☎ 04-75-03-98-01 ; • territoire-ceramique.com • ; ouv de mars à déc, mer, jeu et ven 14h-18h – mer-dim 14h-18h pdt vac scol –, sinon sur résa ; entrée : 4 €).* Voir aussi l'une des 1res fabriques de la région, créée en 1768 : ***Revol Porcelaine*** *(pl. du 29-Mars-1962 ; ☎ 04-75-03-99-81 ; magasin d'usine ouv mar-sam 10h-12h, 14h-18h – lun-sam 10h-12h, 14h-19h juil-août).*

SAINT-DONAT-SUR-L'HERBASSE

(26260) 4 285 hab. *Carte Drôme, A1*

Sur les rives de l'Herbasse et au cœur de la Drôme aux verdoyantes collines, Saint-Donat est un village tranquillement blotti au pied d'un imposant prieuré. Au VIIIe s, l'évêque de Grenoble, en fuite devant l'avancée sarrasine, se réfugie dans ce bourg gallo-romain. L'évêque est alors dépositaire des reliques d'un ermite ayant vécu au VIe s dans la montagne de la Lure, près de Sisteron. Le bourg prendra désormais son nom : Saint-Donat. Au XIe s, une église (la collégiale), un cloître et un prieuré (le palais Delphinal) ainsi qu'une chapelle sont édifiés au sommet de la colline. Ce sont eux qui dominent aujourd'hui le village, et il faut monter à l'assaut des ruelles médiévales pour visiter ce bel ensemble architectural.

Adresse et info utiles

Office de tourisme : *32, av. Georges-Bert. ☎ 04-75-45-15-32. • ardeche-hermitage.com • En été, fermé l'ap-m sam-dim ; le reste de l'année, horaires variables.* En juillet-août, programmation de visites guidées thématiques (payantes) à Saint-Donat et sur les communes du territoire.

– **Marché :** *lun mat, av. Georges-Bert. Marché de petits producteurs sam mat, pl. du 8-mai-1945.*

Où dormir ? Où manger ?

Camping du Domaine du Lac de Champos : *☎ 04-75-45-17-81. • contact@lacdechampos.com • lacdechampos.com • À 2 km de Saint-Donat par la D 67. Ouv début avr à début nov. Résa indispensable en été. Forfaits 12-17 € ; chalets et tentes aménagées 299-599 €/sem. 98 empl.* Juste en contrebas de la route, ce petit camping jouxte la belle base de loisirs, et c'est là son principal intérêt si vous voyagez avec des enfants. Car si le site réservé aux chalets est très aéré, les emplacements de camping proprement dits sont eux relativement tassés et étroits. Un seul bloc sanitaire pour tout le monde, mais propre et pratique. Accueil absolument charmant.

Au Jardin Gourmand : *39, av. Georges-Bert. ☎ 04-75-02-90-23. 06-10-67-15-64. • jonathanbelle@hotmail.fr • Fermé mar-mer et sam midi. Menus 29-39 € ; carte 30-35 €. Café offert sur présentation de ce guide.* Une cuisine plutôt traditionnelle, mais revue au goût du jour, avec tout ce qu'il faut de saveurs et de générosité pour séduire le palais et contenter l'estomac. Servie dans un joli cadre aéré, très végétal – entre troncs de bouleaux aux murs, la glycine tombant du plafond – et des luminaires balançant entre style industriel et baroque. Le tout illuminé par de grandes baies vitrées. À moins qu'aux beaux jours vous ne préfériez déguster vos mets sur la terrasse couverte adjacente.

Chartron : *1, av. Gambetta. ☎ 04-75-45-11-82. • restaurantchartron@orange.fr • restaurant-chartron.com • Resto fermé mar-mer. Doubles 85-110 € ; familiale ; petit déj 14 €. Menus 38-76 €.* Une des grandes tables du département. Élégante, raffinée, c'est la table des têtes et des célébrations ! Le cadre et le service sont à la hauteur. Mais qu'on se rassure, si l'ambiance est chic, elle n'est en aucun cas guindée. Dans l'assiette, une belle cuisine gastronomique, plus traditionnelle que créative mais très enthousiasmante. Le menu de saison met la région à l'honneur ; les autres s'autorisent quelques échappées belles. Et si vous ne voulez plus repartir, vous pouvez toujours dormir dans une des élégantes chambres de la maison.

Où dormir ? Où manger dans les environs ?

Domaine La Garenne : *156, chemin de Chablezin, 26330* ***Saint-Avit.*** *☎ 04-75-68-62-26. • contact@domaine-la-garenne.com • domaine-la-garenne.com • À env 10 km au nord de Saint-Donat par la D 53. Ne pas aller au village de Saint-Avit : le camping est sur la droite, au bout d'un chemin qui part de la départementale (fléché). Ouv de mi-avr à sept (loc tte l'année). Forfaits 15-36,40 € pour les standards, jusqu'à 48 € pour les plus spacieux ; mobile homes, chalets et locations insolites. 112 empl.* Isolé en pleine nature, ce magnifique site s'étend sur 14 ha au milieu de chênes, de pins et de prés où sont dispersés les emplacements de belle taille (ceux des catégories supérieures sont carrément immenses et dans des espaces souvent de toute beauté). Tout est fait pour préserver l'intimité et qu'on ne soit pas les uns sur les autres. Bref, un camping de rêve pour les amoureux du calme et les amateurs de tourisme vert. Le tout, sans négliger le confort : sanitaires entretenus (mais douches assez basiques pour une structure de ce type), machine à laver, boulanger tous les jours en été, 2 belles piscines et une pataugeoire. Sur les terrains en terrasses, location de chalets et mobile homes jusqu'à 11 personnes. Rivière et nombreux sentiers pédestres et VTT tout à côté.

Auberge du Pont du Chalon : *50, route des Dauphins, 26260 Margès. ☎ 04-75-45-62-13. • iresa@pontduchalon.com • pontduchalon.com • ♿ (resto). À 5 km au nord-est de Saint-Donat et à 2 km au sud de Margès, au croisement de la D 538 et de la D 155. Resto fermé dim soir et lun-mar. Doubles 89-119 €. Formule déj en sem 18 € ; menus 23-41 €.* Cette maison de famille centenaire fut d'abord celle d'un menuisier, avant d'être peu à peu transformée, au fil des générations, en un hôtel-restaurant élégant et cosy. Celui-ci abrite aujourd'hui une dizaine de chambres spacieuses et de bon confort, dont certaines avec balcon donnant sur la cour arborée. Côté resto, on ne peut qu'être séduit par l'espace octroyé à chaque table (il est rare d'être aussi peu parasité par les conversations voisines !), ce qui permet d'apprécier pleinement la cuisine. Et elle le mérite : si la carte est plutôt traditionnelle, ne vous y fiez pas. Les produits sont dûment sélectionnés et fort bien travaillés. Un régal !

Achats

Boulangerie Ronjat : *42, rue Pasteur. ☎ 04-75-45-11-67. Tlj sauf jeu. Congés : de fin août à mi-sept.* Avec une maison qui se perpétue de père en fils depuis 1720, autant vous dire que la recette est éprouvée ! Délicieuses pognes, ces délicieuses brioches parfumées à la fleur d'oranger. Fraîches du jour, elles n'ont généralement pas le temps de traîner sur les étals !

À voir. À faire à Saint-Donat et dans les environs

La collégiale, le cloître et le palais Delphinal : *montée de l'Église, à Saint-Donat. Attention, le site étant situé dans une impasse pentue où circuler s'avère compliqué, il est préférable d'y monter à pied. Tlj 9h-18h. Accès libre.* Ces bâtisses furent rudement éprouvées durant les guerres de Religion, la Révolution et les 2 guerres mondiales. Les nombreuses destructions, reconstructions et restaurations donnent un ensemble plutôt disparate.

La ***collégiale,*** entièrement reconstruite au XXe s, présente peu d'intérêt, si ce n'est un chevet gothique des XIVe-XVe s et un orgue superbe. Au-delà du porche, le ***cloître.*** Seule la partie ouest a été épargnée par les vicissitudes de l'histoire. Aujourd'hui, on peut donc admirer les restes de la galerie occidentale charpentée et ses 4 arcades. Le décor sculpté, d'une grande richesse, est d'inspiration à la fois provençale et viennoise. Statues avec un saint Jean et surtout, une très rare représentation de 2 joueurs de rebec (ancêtre du violon), dont un chantant dans une posture très amusante. Également de nombreux masques et médaillons, allégories des vices et des vertus (dont 2 Luxure aux longs cheveux, très évocatrices), travaux (forgeron, travaux des champs) et prophètes. On y retrouve également *Adam et Ève* autour de l'arbre du Bien et du Mal, et la *Visite des saintes femmes au tombeau.* Très beaux ornements de feuilles d'acanthe, de vigne, d'animaux, etc.

Les anciens bâtiments conventuels ***(palais Delphinal),*** beaucoup remaniés entre le XIe s et la Révolution, possèdent de beaux plafonds en châtaignier, des fenêtres gothiques et des cheminées des XVIIe et XVIIIe s. C'est aujourd'hui un lieu d'exposition.

La chapelle Saint-Michel : *montée de l'Église (à côté de la collégiale), à Saint-Donat. Également appelée chapelle des Évêques. Ouv lors des visites guidées et des Journées du patrimoine.* Petite chapelle de style roman provençal, bien préservée des troubles de l'histoire. Très belle et émouvante. Abside en encorbellement reposant, ce qui est rare, sur une colonne unique. À l'intérieur, belles peintures murales du XIVe s.

Le sentier « Randocroquis » : *dans le bois de Sizay. Du centre de Saint-Donat, prendre la route de Bathernay sur env 3 km ; parking en sous-bois sur la droite. Rens à l'office de tourisme.* Une initiative sympathique pour les dessinateurs amateurs. Un sentier de 2 km sillonne le bois de Sizay, avec panneaux explicatifs donnant des astuces pour croquer les arbres ou peindre un sous-bois à l'aquarelle. Matériel non fourni.

La base de loisirs du domaine de Champos : *à 3 km de Saint-Donat par la D 67, direction le lac de Champos. ☎ 04-75-45-17-81. • lacdechampos.com • Fin mai-début sept : fin juin-fin août, tlj 10h-22h (à partir de 9h le w-e) ; le reste du temps, le w-e seulement. Entrée : 6 €/voiture (5 € mai et sept).* Vaste domaine arboré de 40 ha autour d'un lac de 9 ha. Idéal pour se rafraîchir aux heures chaudes de l'été. Activités nautiques (payantes). Baignade surveillée. Snack, buvette et de jolis coins aménagés pour pique-niquer sous les arbres.

LA DRÔME

Manifestations

– ***Festival international Jean-Sébastien Bach :*** *une dizaine de j. début août. • cmi-bach.com •* La collégiale est l'hôte depuis près de 60 ans d'un festival de grande renommée internationale. Plus une saison musicale, d'ailleurs, car les concerts s'étalent toute l'année, avec un point d'orgue (!) lors du festival.
– ***Les auditions d'orgue :*** *ts les dim à 17h en juil-août, à la collégiale. Entrée à prix libre.* Des organistes venant de toute la France viennent jouer sur l'orgue de la collégiale.

LE ROYANS ET LE VERCORS

• Carte *p. 289*

Jailli du fond des mers à la fin de l'ère tertiaire, le Vercors est le plus méridional et le plus vaste des massifs préalpins du nord. À cheval sur les départements de la Drôme et de l'Isère, ce plateau calcaire est marqué d'un long pli nord-sud brisé par des gorges et des vallées. Lorsqu'on l'aborde depuis la vallée du Rhône, arrivant de Tain et approchant de Romans, les yeux butent sur cette barrière de blanches et altières falaises, énorme masse de roches et de parois abruptes plutôt intimidante. Mais c'est pourtant elle qui rosit la première en fin de journée, et pas vous.
Ancré au pied de ces falaises, à l'ouest, le Royans est un petit

RENDONS À CÉSAR CE QUI EST À CÉSAR...

Aujourd'hui, les gens assimilent le plus souvent le Vercors à sa partie iséroise. Curieux quand on sait que jusqu'à la Seconde Guerre mondiale le Vercors ne désignait en réalité que le canton de La Chapelle-en-Vercors, soit la partie drômoise. Villard-de-Lans, Lans-en-Vercors, Autrans-Méaudre appartenaient, eux, au territoire des « Quatre Montagnes » (jusqu'en 1947, Lans-en-Vercors ne s'appelait d'ailleurs que Lans). C'est en quelque sorte la guerre et le maquis du Vercors qui ont « unifié » le massif dans les esprits. Une unification encore renforcée d'un point de vue administratif par la création du parc naturel régional en 1970.

bassin encadré par les eaux de la Bourne et de la Vernaison, une petite vallée qui tente de pénétrer dans la carapace de calcaire du Vercors central.
Le Vercors, forteresse imprenable et fascinante, est resté longtemps isolé. C'est sans doute cela qui y attira des ordres monastiques, fort heureux de trouver ici la solitude nécessaire à leur idéal d'une vie éloignée de l'agitation des hommes. Les chartreux ou les cisterciens, notamment, contribuèrent à façonner son paysage : défrichement, essartage, mise en culture, exploitation de la forêt, ouverture de chemins forestiers, etc. Toujours est-il que, jusqu'au XIXe s, on n'accédait au Vercors que par de très pentus chemins muletiers, étroits sentiers aménagés au milieu des failles et des vallons. Les routes qu'on y a ouvertes dans la 2de moitié du XIXe s furent creusées, percées grâce à l'audace et à l'obstination d'hommes engagés dans une aventure immense et périlleuse. C'est grâce à eux que l'on peut aujourd'hui profiter de cet immense espace de beauté et de liberté. Un conseil : n'oubliez pas que l'on est vite en hauteur et que les températures sont souvent fraîches là-haut, même en été.

UN ESPACE NATUREL TRÈS DIVERSIFIÉ

Véritable ***carrefour climatique,*** le Vercors offre une ***diversité faunique et florale tout à fait exceptionnelle. La forêt couvre près de 60 % du territoire.*** Jusqu'à 900 m environ, c'est le règne des feuillus : hêtres, érables, frênes, acacias, saules, peupliers et, très abondants dans le Royans, les noyers, qui prospèrent grâce à l'arrosage généreux de ce flanc ouest du massif. Entre 1 000 et 1 600 m, le sol devient plus sec : au pied des falaises, c'est le règne du buis, puis vient celui du chêne ; plus haut, les sapins et les épicéas habitent les étages, tandis qu'ensuite seul le pin à crochets, adapté aux rudes climats, arrive à s'agripper au roc. C'est d'ailleurs la plus vaste forêt de ce type des Alpes occidentales. Lorsqu'on approche du Diois, vers le sud, le climat plus méditerranéen laisse la place aux pins sylvestres, chênes pubescents, peupliers, mûriers, genévriers et, encore plus bas... aux vignes. Côté flore, c'est aussi riche et varié. Dans les prés des hauts plateaux, on trouve tulipes sauvages, asters, anémones, renoncules, orchidées, edelweiss ou lys martagon. Un peu plus bas, gentianes, ancolies, bruyères, fruits des bois et le célèbre sabot-de-Vénus, la plus grosse orchidée de France. Enfin, thym, lavande ou genêt cendré règnent du côté du Diois.
Le Vercors, c'est aussi le règne des ***grands ongulés,*** dont certains ont été ***réintroduits avec succès*** : chevreuils, cerfs, chamois, bouquetins, mouflons... Selon les climats ou l'altitude s'y retrouvent également renards, blaireaux, belettes, sangliers, loirs, écureuils, martres... Quant aux ***oiseaux,*** ils ne manquent pas non plus : aigle royal, faucon pèlerin, tétras-lyre, vautour fauve, mais aussi perdrix, bartavelle, gélinotte, tichodrome (que l'on nomme joliment « papillon des rochers »), pipit rousseline...
Créé en 1970, le ***parc naturel régional du Vercors*** réunit 186 000 ha du massif, répartis sur une soixantaine de communes de l'Isère et de la Drôme. Les hauts plateaux ont été classés « réserve naturelle » en 1985, protégeant ainsi 17 000 ha de forêts, de prairies, de dalles calcaires et de falaises. Avec ses 170 km de long, c'est aujourd'hui la plus grande réserve naturelle de France.

LES ROUTES SUBLIMES

Combe-Laval, la route du col de Rousset, les gorges d'Omblèze, les gorges des Gâts : le Vercors et ses alentours recèlent un certain nombre de routes à couper le souffle... et les jambes éventuellement quand on est à vélo. Comme mentionnées en introduction, ces routes furent construites au XIXe s afin de désenclaver le massif, et ce dans des conditions extrêmement difficiles : tunnels percés dans la roche, voies taillées à flanc de falaise – certaines d'entre elles semblent carrément suspendues dans le vide. Quoi qu'il en soit, toutes méritent absolument le coup d'œil. *Pour plus d'infos sur ces routes : ● inspiration-vercors.com/destinations/sublimes-routes-du-vercors ●*

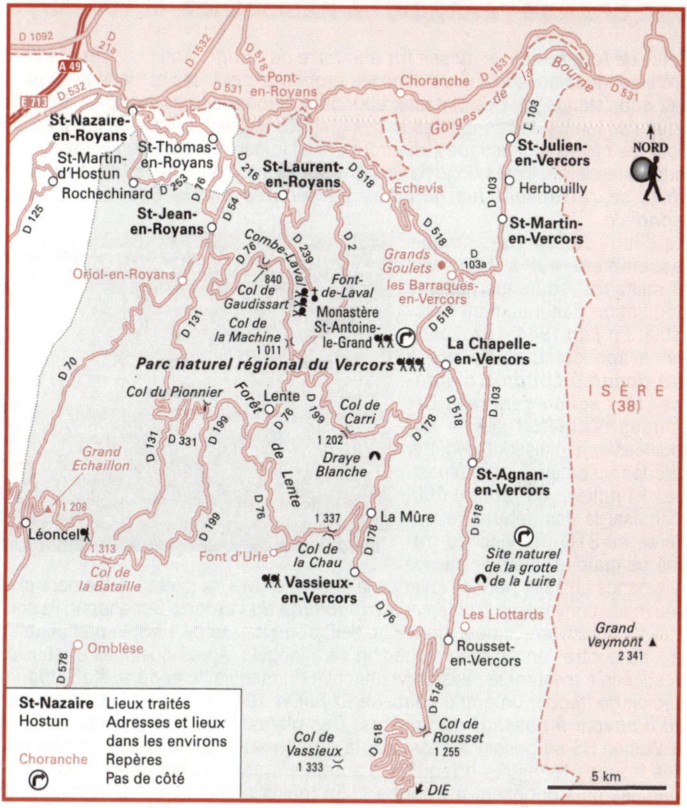

LE ROYANS ET LE VERCORS

UN VASTE TERRAIN D'ACTIVITÉS

Les attraits touristiques du massif sont bien connus : paysages et panoramas grandioses, falaises, rivières, puits, grottes et autres gouffres, sentiers balisés, stations de ski alpin ou nordique... Randonnées pédestres ou à VTT, escalade, spéléologie, canyoning, parapente, balades à raquettes, ski, le Vercors possède d'innombrables atouts susceptibles de ravir tous les amoureux des grands espaces et les adeptes des vacances nature.

Emprunter l'itinéraire prestigieux de la *GTV,* cette antithèse du TGV qui circule dans la vallée, permet de profiter pleinement de ce superbe massif. La ***Grande Traversée du Vercors*** emprunte les zones les plus belles et les plus sauvages. Chaque étape du parcours abrite un gîte ou une autre forme d'hébergement (n'oubliez pas de réserver). La GTV peut, bien sûr, se découvrir en partie ou dans son intégralité, à pied, à VTT ou à cheval, en suivant le tracé principal ou ses variantes, notamment par les hauts plateaux du Vercors.

UNE GRANDE TERRE DE LA RÉSISTANCE

Enfin, ***de tout temps, le massif fut une terre de refuge.*** Abri pour ces hommes préhistoriques qui s'installent dans les grottes protectrices et viennent trouver leur subsistance sur ces plateaux abondant de cueillette et de gibier. Terre de refuge au temps des conquêtes et des grandes invasions. Terre de prédilection pour les ordres monastiques, qui trouvent ici la paix et le calme nécessaires à leur vie recueillie. Il était donc naturel que ***sur ces terres, alors situées en zone libre, se retrouvent les hommes persécutés par la Seconde Guerre mondiale.***

Au début de 1944, les maquis rassemblent 400 à 500 civils et militaires, soutenus par une population généralement favorable. En ***juin 1944,*** l'excitation est à son comble : ***l'ordre a été donné à Londres d'entamer une action générale.*** Les entrées du massif sont « verrouillées », n'y laissant pénétrer que les volontaires qui affluent. Le 14 juillet, ils sont 4 000, maquisards des débuts, réfractaires au STO (Service du travail obligatoire, institué par les Allemands en 1943 pour envoyer de la main-d'œuvre française en Allemagne) et nouveaux convertis, à proclamer la ***république du Vercors.*** Cependant, ils sont mal ravitaillés, armés de 3 grenades, de 2 tromblons et de 10 Sten parachutés ; la lutte contre l'envahisseur allemand sera inégale. Après quelques offensives destinées à mesurer la résistance effective du maquis, le ***général Karl Pflaum*** décide de frapper un grand coup. Le ***21 juillet 1944,*** ce sont ***15 000 hommes qu'il envoie à l'assaut du Vercors.*** Des planeurs portant la croix noire de la Waffen SS se posent à Vassieux, là où l'on attendait les Alliés, tandis que des troupes terrestres attaquent d'autres entrées. Durant une semaine, les maquisards s'opposent à 4 contre 1. En moins d'une semaine, le Vercors et ses hommes sont à genoux. L'ennemi procède alors, jusqu'à la fin août 1944, à un terrible « nettoyage », fusillant sans procès jeunes et vieillards, achevant les blessés, brûlant les fermes et les villages. Le Vercors paiera un ***lourd tribut à ces 2 mois de bataille : plus de 600 résistants seront tués.*** Du ciel, ils attendaient leur salut. Du ciel a surgi la mort. Le ***« plan Montagnards »*** n'aura pas fonctionné.

LE « PLAN MONTAGNARDS »

En décembre 1942, une poignée de résistants grenoblois s'installèrent dans une ferme du Vercors, à Ambel, constituant ainsi un des 1ers maquis de France. Dès 1943, la Résistance organisa une douzaine de camps au cœur des forêts protectrices. Ce « plan Montagnards », entériné par Jean Moulin et approuvé par de Gaulle, prit corps en novembre 1943 avec le 1er grand parachutage allié d'armes et de ravitaillement.

Pour rendre hommage à la Résistance du Vercors, ne manquez pas de vous rendre au ***musée de la Résistance,*** au ***mémorial de la Résistance*** et au ***village martyr de Vassieux-en-Vercors,*** à la ***grotte de la Luire*** ou devant la ***cour des Fusillés de La Chapelle-en-Vercors.*** Et n'oublions pas qu'en Isère ils furent également nombreux à tomber sous les balles, comme le rappellent de nombreux sites historiques (nécropole de Saint-Nizier-de-Moucherotte, ruines de Valchevrière, village-piège de Malleval et piège du Pas-de-l'Aiguille).

Comment circuler en bus dans la région ?

Pour connaître les lignes et les horaires dans le Royans et le Vercors : • *auvergnerhonealpes.fr* • *oura.com* • Pour compléter ces lignes et des liaisons somme toute très limitées, le département a mis en place un ***Service de transport à la demande*** *(TAD)* de/vers les gares de Die et Villard-de-Lans (sauf dim et j. fériés). Résa 24h à l'avance.

Adresse utile

Maison du parc naturel régional du Vercors (en Isère) **:** *255, chemin des Fusillés, 38250* **Lans-en-Vercors.** *☎ 04-76-94-38-26. ● parc-du-vercors.fr ●* Situé dans l'Isère, cet accueil répond à toutes les demandes concernant le parc, aussi bien sur l'Isère que la Drôme. Hébergements, activités, brochures sur la faune et la flore, sur les activités sportives, les différents musées, et même la gastronomie (produits du parc, comme la truite ou la viande bovine du Vercors).

Manifestation

– **Les Drayes du Vercors :** *1 sam mi-juin. ● lesdrayesduvercors.com ●* 2 courses au choix de 30 ou 50 km, ainsi qu'un parcours de 11 km accessible aux moins sportifs. Et pour conclure en beauté, repas avec spécialités régionales.

SAINT-NAZAIRE-EN-ROYANS

(26190) 815 hab. *Carte Drôme, B1*

À une vingtaine de kilomètres à l'est de Romans, le village de Saint-Nazaire constitue la porte d'accès principale vers le Royans. En arrivant par l'est, on est saisi par la beauté de son aqueduc et de ses rochers rouges se reflétant dans l'eau verte de la Bourne, rivière sauvage ici domptée, qui descend du Vercors pour se jeter dans l'Isère. Et puis, au-dessous, le village et, en arrière-fond, les falaises du Vercors.

Sa situation stratégique en fit un site déjà fréquenté il y a plusieurs milliers d'années par l'homme de Cro-Magnon. Bien plus tard, au Moyen Âge, le bourg est fortifié et un château édifié. Saint-Nazaire devient capitale administrative et militaire du Royans, et le restera jusqu'à la Révolution. Mais les guerres n'épargneront pas le village, et seules quelques maisons médiévales, l'église (XIIIe s) et les ruines de la tour féodale Delphinale rappellent cette période de gloire. Dommage que la départementale traverse en partie le bourg... Saint-Nazaire demeure malgré tout la plus historique des villes du Royans.

Adresses utiles

Office de tourisme : *pl. de Thaïs – parvis de l'Aqueduc. ☎ 04-75-48-61-39. ● vercors-drome.com ● Avr-oct, 10h30-12h30, 13h30-17h30 ; tlj avr-sept et vac scol, w-e seulement en oct. Fermé nov-mars.* C'est ici que vous devez vous adresser pour accéder à l'aqueduc et à l'espace *Royans & Vercors* (lire « À voir. À faire »).

Cave Noisel : *4, route de Romans (dans le village). ☎ 04-75-48-55-35. Pdt vac scol, tlj sauf dim ; le reste de l'année, sam 11h30-18h30.* Il s'agit ici de la boutique de la maison qui a sa base à Saint-Jean-en-Royans (voir « Où acheter de bons produits ? » dans cette ville).

Où dormir ? Où manger dans le coin ?

Camping Côté Vercors : *rue des Condamines, à Saint-Nazaire. ☎ 09-52-06-00-54. 07-69-30-18-64. ● campingcotevercors@outlook.*

fr ● *campingcotevercors.com* ● *Ouv début mars à mi-oct. Forfaits 9-11 €. 75 empl.* Un camping bordé par la Bourne d'une part et des petits immeubles de l'autre. Emplacements assez grands, ombragés et pas désagréables, bien que parfois un peu bruyants. Le site est tout simple (avec un bloc sanitaire et basta), mais on est toujours bien content de trouver ce genre de sites à prix aussi doux.

Breizh K-Fé : *3090, route de Provence-Côte rouge, à Saint-Nazaire-en-Royans.* ☎ *04-75-45-92-11.* ● *margot.finot@gmail.com* ● *Fermé lun, mar soir et dim midi. Repas env 18 €. Résa conseillée. Café offert sur présentation de ce guide.* Une enclave bretonne en plein Royans ? On ne s'en plaindra pas, car la chair est bigrement bonne dans cette accueillante crêperie-saladerie. Et ça se sait ! Résultat : la jolie salle est vite prise d'assaut, et la maison affiche rapidement complet.

Jaco'Pain : *145, route du Vercors, 26190* ***Saint-Thomas-en-Royans.*** ☎ *04-75-47-59-82.* ● *jacopain@wanadoo.fr* ● *À env 6 km au sud-est de Saint-Nazaire. Congés : vac de Noël et 2 sem en août. Tlj sauf dim-lun. Formules déj : 16-24 €. Un produit de la boulangerie bio offert sur présentation de ce guide.* Boulangerie artisanale vendant du pain au levain naturel, mais qui fait aussi petite épicerie. Et un sympathique espace restauration sur le côté, proposant plat du jour, sandwich, pizzas à base de produits bio, locaux et de saison. À côté encore, y a même la terrasse abritée pour savourer son petit plat.

À voir. À faire

La grotte de Thaïs : ☎ *04-75-48-45-76.* ● *visites-nature-vercors.com* ● *Ouv d'avr à mi-oct. Départ des visites guidées (1h) à heures régulières (voir site) ; dernier billet 45 mn avt la fermeture. Entrée : 9,50 € ; 5,80 € enfants.* Découverte au XIXe s, ce n'est cependant qu'à la fin des années 1960 que toute la partie exondée de la grotte fut totalement explorée. On découvrit alors qu'elle avait abrité, il y a un peu plus de 17 000 ans, l'homme de Cro-Magnon et sa petite famille. Les fouilles ont mis au jour d'intéressants objets : os gravés, pendeloques, grattoirs, pointes, lames, aiguilles percées d'un chas (oui, on faisait déjà de la couture à cette époque) et ce qui pourrait être un très rare « os coché », soit l'un des 1ers calendriers lunaires connus au monde ! Mais la grotte présente également un grand intérêt géologique. Ciselée par l'eau durant plusieurs millénaires, elle livre le spectacle d'un entrelacs de belles concrétions, draperies et failles qui font de Thaïs l'une des grottes les plus colorées de France. Pensez à prendre une polaire, au cas où, car même les jours de grosse chaleur, il y fait 13 °C.

L'aqueduc et l'espace muséographique Royans & Vercors : ☎ *04-75-48-49-80. Mêmes horaires que l'office de tourisme. Fermé nov-avr. Entrée : 4 € ; réduc.* Construit entre 1876 et 1878 pour irriguer la plaine de Valence, ce bel ouvrage, long de 235 m, réserve bien des surprises. Catapulté à 35 m au-dessus du sol par un ascenseur panoramique, 1er miracle, vous marcherez sur l'eau. Vue remarquable sur le village, le Vercors et la vallée de la Bourne. Instructives tables d'orientation et panneaux didactiques. Poursuivez la visite avec l'espace *Royans & Vercors,* découverte originale du territoire avec sa muséographie polysensorielle (écrans, odorama, jeux tactiles, films, etc.).

Petite randonnée jusqu'au belvédère de Vanille : *compter 2h de marche.* Au départ du parvis de l'aqueduc (160 m), balade sympa qui consiste à monter à un belvédère (460 m), duquel vous aurez une vue imprenable sur l'aqueduc, le village et les eaux de la Bourne. En toile de fond, le Vercors et ses brèches : Combe-Laval, les Grands-Goulets, la vallée de la Vernaison et les gorges de la Bourne. De l'autre côté, la vallée de Grenoble et le massif de Presles.

Le bateau à roue « Royans-Vercors » : *☎ 04-76-64-43-42. • visites-nature-vercors.com • Départ au pied de l'aqueduc, d'avr à mi-oct. Tarifs : 10,50 € l'aller, 14 € l'A/R (16 € juil-août) ; forfait 20,50-21,10 €, visite jardin ou grotte comprise, ou 27,80 € tt compris.* La croisière commentée, à bord d'un bateau pittoresque évoquant les vapeurs de Louisiane, dure 2h. Elle peut s'agrémenter d'une escale à Saint-Nazaire-en-Royans pour la visite de l'aqueduc et de la grotte de Thaïs (forfait possible bateau + grotte), ou à La Sône, en Isère, pour découvrir le ***jardin des Fontaines pétrifiantes.*** On peut revenir à pied (prévoir du temps) ou à vélo.

DANS LES ENVIRONS DE SAINT-NAZAIRE-EN-ROYANS

Le musée du Royans – Vie et Traditions : *ancien presbytère, 26190* ***Rochechinard.*** *☎ 04-75-47-74-23. À 3 km au sud de Saint-Nazaire. En août, tlj sauf lun 15h-19h. Entrée : 4 € ; réduc.* Perché sur les hauteurs de Rochechinard, d'où l'on jouit d'un splendide panorama, un très beau site composé d'une église du XIIe s toute mignonne et des ruines d'un château du XIIIe s. L'ancien presbytère a été réaménagé pour accueillir un bel écomusée. Reconstituant un habitat du Royans au XIXe s, il présente joliment, à travers 9 salles réparties sur 2 étages, le passé paysan et artisanal de la région : meubles et objets anciens, vêtements, photographies, documents, outils des activités traditionnelles du Royans (le ver à soie, la noix, la filature, l'agriculture, etc.), le tout enrichi de commentaires intéressants.

SAINT-LAURENT-EN-ROYANS

(26190) 1 468 hab. *Carte Drôme, B2*

À 10 km de Saint-Nazaire-en-Royans. Petite bourgade active et assez industrieuse, qui sut très tôt tirer profit des cours d'eau et des richesses de la montagne. Métallurgie sous l'impulsion des chartreux, fabrication de peignes pour le travail de la laine, tournerie d'avirons destinés à la Marine royale de Colbert, jusqu'à s'épanouir dans la tournerie-tabletterie (fabrication d'objets en bois, tournés ou non, liés à la table), toujours actuelle. Balade familiale dans les sous-bois jusqu'à la cascade de Frochet.

Où manger dans le coin ?

Association Les Tracols : *320, chemin de Labé, Les Tracols. ☎ 04-75-47-16-13. • auberge.tracols@gmail.com • À 1,5 km de Saint-Laurent-en-Royans. En hte saison, fermé lun-mar ; hors saison, fermé sam midi et le soir dim-jeu. Congés : 1re sem de sept et 15 j. à Noël. Menu déj en sem 16 € ; carte 30 €. Apéritif maison offert sur présentation de ce guide.* Beaucoup de bons points. Le site : une belle maison en pierre sur les hauteurs, face à un superbe paysage de montagne en format grand-angle. Évidemment, aux beaux jours, tout le monde délaisse les jolies petites salles pour la terrasse panoramique ! La cuisine : familiale et régionale, à base de produits du pays (truites aux noix, caillette maison, tiramisù aux marrons...).

DANS LES ENVIRONS DE SAINT-LAURENT-EN-ROYANS

Le monastère Saint-Antoine-le-Grand : *4560, route de Laval. ☎ 04-75-47-72-02. • monasteresaintoine.fr • Prendre d'abord la direction de Lente, puis la petite D 239 sur la droite (fléché). Mai-sept, mar-sam 14h30-17h30 ; fermé dim-lun. Oct-avr, sur rdv. Entrée : 3,50 € ; réduc ; gratuit jusqu'à 12 ans.*
La route, splendide, longe le Cholet, petite rivière sauvage encaissée au milieu des falaises. Les plus courageux n'hésiteront pas à faire à pied ou à vélo tout ou partie de ces 5 km, pour apprécier doucement le charme et la magie du lieu. Et puis, tout au fond, le cirque de Combe-Laval se dévoile, avec son petit joyau d'art sacré : le monastère orthodoxe Saint-Antoine-le-Grand.
De tout temps, des hommes en quête d'absolu ont su choisir des lieux où l'âme trouve la paix. Ce fut particulièrement vrai dans le Vercors, où plusieurs communautés monastiques (chartreux et cisterciens) s'installèrent dès le XIIe s. Renouant avec cette tradition, 2 moines français venus du mont Athos (Grèce) fondèrent ici, en 1978, une communauté. 10 ans plus tard, ils bâtirent dans les règles de l'art une église de style byzantin. Et pour être sûrs de ne rien laisser au hasard, ils allèrent jusqu'à inviter au mont Athos les maçons de Saint-Jean-en-Royans, afin qu'ils puissent visiter tous les monastères et s'imprégner de leur architecture. Le résultat est saisissant. L'architecture, superbe, s'intègre admirablement dans cet écrin divin.
Mais c'est l'intérieur qui vous réserve une vision étonnante : 600 m^2 d'icônes recouvrant les murs, les voûtes et le moindre centimètre carré de l'église. Réalisées bénévolement par un couple d'iconographes russes, Galina et Yaroslav Dobrynine, ces fresques leur demandèrent 6 ans de travail !
Pour ceux qui le souhaitent, possibilité d'assister aux offices de rite orthodoxe qui se déroulent en français mais avec musique et chants byzantins (vêpres à 18h ; liturgie le dimanche à 9h30).

SAINT-JEAN-EN-ROYANS

(26190) 2 935 hab. *Carte Drôme, B2*

Capitale économique et administrative du Royans, Saint-Jean-en-Royans est une petite ville active et plaisante. Important carrefour entre le Vercors et la vallée de l'Isère, située à 275 m d'altitude, elle fut un centre important du commerce du bois exploité dans les forêts voisines, notamment par les moines chartreux établis dans le val Sainte-Marie. Très tôt, un artisanat du bois s'y développa. Au XVIe s, on y fabriquait notamment des peignes destinés au travail du chanvre et de la laine. Puis vint la fabrication d'objets plus usuels liés à la table (cuillères, louches, etc.), appelée tabletterie. Celle-ci prit un essor et un aspect plus industriels au milieu du XIXe s, lorsqu'on se mit à utiliser l'énergie de l'eau pour faire fonctionner tours et machines. Bien que toujours présente à Saint-Jean-en-Royans, cette activité traditionnelle est fortement menacée par la concurrence internationale et la hausse du coût du bois d'olivier.
Saint-Jean est un bon point de départ pour de somptueuses balades. Il ne faut pas manquer d'emprunter la route impressionnante de Combe-Laval (lire plus loin) pour mesurer l'ampleur de la tâche et l'acharnement de ces hommes qui, au XIXe s, ont sorti le Vercors de l'isolement.

Adresse et info utiles

Office de tourisme : *13, pl. de l'Église. ☎ 04-75-48-61-39. • vercors-drome.com • Ouv tlj sauf dim 9h-12h, 14h-18h.* Centre d'expositions temporaires sur place.

– **Marchés :** *agréable marché le 2e lun du mois, entre la pl. du Champ-de-Mars et la pl. de l'Église ; autres marchés le jeu mat sur la pl. de la Mairie et le sam mat sur la pl. de l'Église.*

Où dormir ? Où manger ?

Camping

Camping municipal Les Bords de Lyonne : *av. de Provence. ☎ 04-75-47-74-60. • camping.stjeanenroyans@orange.fr • camping-saintjeanenroyans.com • ♿ À 1 km du centre-ville et 50 m de la D 70. Ouv avr-sept (loc tte l'année). Compter 12,60 € pour 2 avec tente et voiture ; chalets. 77 empl.* En contrebas du village, bordé par le terrain de foot et par la Lyonne (très modeste à cet endroit, le bruit d'eau que l'on entend étant celui de l'élevage de truites voisin !), voici le camping municipal typo, avec des emplacements pas toujours très ombragés et des chalets à louer. Piscine municipale à 300 m et location de VTT, plancha, barbecue.

De prix moyens à plus chic

Hôtel Le Castel Fleuri : *16, pl. du Champ-de-Mars. ☎ 04-75-47-58-01. • contact@le-castel-fleuri.fr • hotelcastelfleurivercors.com • À l'entrée du bourg. Congés : nov. Doubles 70-95 € ; familiales.* Un hôtel au cadre séduisant et aux chambres confortables et avenantes. Celles-ci, réparties sur 2 étages, se révèlent toutes différentes. Terrasse côté parc, une belle piscine ainsi qu'un espace balnéo.

Les Cabanes de Carpat : *1325, chemin des Rimets. ☎ 04-75-47-53-91. 📱 06-72-77-29-03. • contact@cabanes-carpat.fr • cabanes-carpat.fr • ♿ Ouv avr-nov. Double 130 €, petit déj inclus ; familiale. Carte 25 € vin compris. Apéritif offert sur présentation de ce guide.* Envie de jouer les druides et de passer la nuit perché dans des chênes ? Les jolies cabanes au toit hirsute *Lune de Miel* et *Pain d'Épice* (oui, vous êtes chez des producteurs de miel !) sont faites pour vous. C'est simple (toilettes sèches à l'intérieur mais sanitaires privatifs à côté) mais chaleureux. Pour l'éclairage, c'est à la bougie et aux lanternes. Et puis quel environnement ! Panier-repas et petit déjeuner bio de la ferme.

Hôtel-restaurant du Col de la Machine : *10880, route de Lente. ☎ 04-75-48-26-36. • info@hotel-coldelamachine.com • hotel-coldelamachine.com • ♿ À 12 km au sud-est de Saint-Jean-en-Royans, par la fameuse route de Combe-Laval (éviter d'arriver de nuit, ou alors préférer l'accès par le sud, beaucoup plus simple). Resto fermé dim soir et lun. Doubles 85-95 €. Menus 23-48 €. Café offert sur présentation de ce guide.* Depuis 1848, cette grande maison de famille a gagné en confort ce qu'elle a perdu en cachet. La déco montagnarde y est déclinée du sol au plafond, dans les chambres (pas très bien insonorisées mais mignonnes) comme au resto. Aux fourneaux, le père et le fils mitonnent une délicieuse et copieuse cuisine dauphinoise. Une bonne étape à 1 015 m d'altitude, avec piscine et randonnées à portée de pieds...

Où dormir dans les environs ?

Chambres d'hôtes La Vercorelle : *145, rue des Marais, 26190* **Léoncel.** *☎ 04-75-44-42-85. • la-vercorelle@orange.fr • la-vercorelle.com • À 18 km au sud de Saint-Jean-en-Royans. Doubles 96-106 € ;*

familiales. Une visite de l'atelier de peinture offert sur présentation de ce guide. Une belle maison familiale nichée au creux d'une superbe vallée isolée à 900 m d'altitude, avec des chambres décorées sur le thème d'un métier ancien. Atmosphère conviviale et chaleureuse, que l'on retrouve à table autour d'une bonne cuisine régionale. Aux beaux jours, on profite du petit jardin de curé pour lézarder en admirant la vue sur l'abbaye et les montagnes alentour.

Où acheter de bons produits ?

Cave Noisel : *210, rue de l'Artisanat.* ☎ *04-75-48-55-35. • cave-noisel.com • Normalement lun-ven 8h-16h, w-e sur rdv uniquement.* Il serait dommage et difficile d'oublier, tant il y a de noyers par ici, que Saint-Jean-en-Royans fait partie de la zone d'AOC de la noix de Grenoble. Une large gamme de spécialités traditionnelles ou originales à base de noix : de l'huile bien sûr, mais aussi de délicieux vins et liqueurs, des tourtes, des croquants, de la confiture de noix vertes, du chutney, etc.

Ravioles à l'ancienne, boutique Saint-Jean : *av. des Pionniers-du-Vercors.* ☎ *04-75-47-52-99. Lun-ven 8h-18h (19h en été), w-e (sauf dim ap-m) 9h-12h, 14h-18h (14h-19h en été).* Inutile de vous préciser ici ce que vous allez pouvoir acheter pour vos futures agapes !

LA DRÔME

À voir. À faire

L'église : construite au XVIIe s. Style typiquement montagnard avec son beau clocher de pierre trapu. Elle est surtout intéressante pour l'autel et les splendides boiseries qu'elle renferme dans son chœur. Datés de 1710, ceux-ci proviennent de l'ancienne chartreuse du val Sainte-Marie (près de Bouvante), vendue comme bien national à la Révolution. Par bonheur, les autorités de Saint-Jean eurent la bonne idée de racheter cet ensemble, réalisé par des artistes italiens (et classé Monument historique). Très belles peintures sur bois et intéressants tableaux sculptés également.

Visite d'une tabletterie artisanale : ***Les Cuillères du Royans – Tabletterie Desfonds,*** *route de Lente.* *06-84-36-36-01. Mai-nov, mar-ven 9h-12h, 14h-18h, sam 15h-17h ; hors saison, seulement sur résa. GRATUIT.* Henri Desfonds, l'un des derniers artisans du Royans, est le digne héritier d'une longue tradition familiale : la fabrication de ces fameuses cuillères en bois d'olivier qui ont fait la renommée du Royans. Il vous guide à travers son atelier, créé par le grand-père en 1924, et vous explique avec passion toutes les étapes de fabrication. Soit pas moins de 30 à 40 manipulations et environ 20 mn pour fabriquer une seule cuillère, auxquelles s'ajoutera ensuite une vingtaine d'étapes successives de polissage, avant d'attaquer le séchage et les finitions.

La Distillerie du Vercors : *1340, route du Camp-d'Ambel.* ☎ *09-54-39-37-28. • distillerie-vercors.com • À 2 km au sud du centre-ville, par la D 131 en direction de Bouvante. Mer-sam 10h-12h, 15h-18h (sauf sam ap-m). Visite guidée (1h) possible, mais sur résa (• info@distillerie-vercors.com •). Entrée : 12 € ; 5 € enfant.* Cette distillerie de whisky, qui a ouvert ses portes en 2016, est installée dans une ancienne magnanerie (élevage du ver à soie) du XVIIIe s. Le single malt produit ici, à partir de céréales bio, a la particularité d'être distillé à basse température, dans un alambic en Inox conçu spécialement pour la distillerie. La visite du site s'accompagne d'une expo, d'un film et d'une dégustation.

Randonnées : nombreux sentiers au départ de Saint-Jean-en-Royans. Se procurer le cartoguide *Royans-Gervanne* (éd. du Parc naturel régional).

Manifestations

– ***Les Mercredis sur place :*** *mer en juil-août, sur les places du village.* Concerts, spectacles (gratuits).
– ***Biennale de musique mécanique et d'orgues de Barbarie :*** *le 1er w-e d'août les années impaires.* Concerts dans toute la ville, qui font la joie des connaisseurs comme des profanes.

DANS LES ENVIRONS DE SAINT-JEAN-EN-ROYANS

L'abbaye cistercienne de Léoncel : *à 18 km de Saint-Jean par la D 70. 06-33-05-05-22. • abbaye-leoncel-vercors.com • Tlj 8h30-20h. GRATUIT. Magasin ouv Pâques-Toussaint, le w-e seulement (tlj en plein été). Animations spirituelles et concerts en juil-août.* Venus de l'abbaye de Bonnevaux, 12 moines de l'ordre de Cîteaux s'installent à Léoncel en 1137, séduits par le cadre, d'une beauté sauvage, et le calme exceptionnel de ce vallon. La construction de l'abbatiale débute en 1150 pour s'achever un siècle plus tard. Le rayonnement de l'abbaye durera plus de 6 siècles, élargissant son influence et son domaine du Royans à la vallée de la moyenne Gervanne, de la plaine de Valence à la montagne d'Ambel. À son apogée (autour du XIIIe s), l'abbaye maîtrise plus de 10 000 ha de terres exploitées par des paysans et des frères convers ! Mais le monastère connaît une longue période de troubles dès le XIVe s, jusqu'à sa dissolution en 1790. De sa période de gloire ne restent aujourd'hui qu'une belle abbatiale, à l'architecture typique de l'art roman, et l'aile orientale des bâtiments conventuels, dont l'intérieur a été fortement réaménagé.
Malgré une apparence plutôt sévère, l'ensemble de l'édifice ne manque pas de charme. Admirer le chevet aux volumes si joliment étagés et l'imposant clocher à 2 étages (vue superbe depuis la route du col de la Bataille, un peu plus haut). Intérieur très sobre, presque austère, caractéristique de l'art cistercien.

Combe-Laval : *au sud-est de Saint-Jean-en-Royans ; accès par la D 76.* Le projet d'aménagement d'une route destinée à mieux desservir la forêt de Lente fut envisagé autour des années 1850. Mais la route initiale qui passait par le col de l'Écharasson s'avéra vite inadéquate, tant elle était pentue et trop longtemps enneigée l'hiver. On décida alors d'un autre tracé passant par Combe-Laval. La construction débuta en 1893. 5 ans plus tard, la route, qui n'était alors qu'un gros chemin forestier, fut ouverte. Elle ne devint route touristique qu'en 1936. Taillée en encorbellement dans les gigantesques falaises qui dominent de plus de 600 m la rivière en contrebas (le Cholet), c'est l'une des plus prestigieuses routes du Vercors, vertigineuse et magnifique. En fait, c'est surtout en descendant du col de la Machine à Saint-Jean qu'elle offre les vues les plus saisissantes sur la combe. À la montée, on vous conseille de faire un arrêt au ***col de Gaudissart,*** d'où l'on a une vue panoramique superbe sur le « golfe » du Royans. Ensuite, à l'attaque de la falaise ! Les parois rocheuses vous encadrent, se rapprochant, se resserrant, vous enserrant presque. Au ***col de la Machine,*** arrêt obligatoire pour profiter de la vue splendide sur le cirque (site classé !).

La forêt de Lente : immense domaine forestier qui appartenait entre le XIIe s et la Révolution aux moines chartreux installés non loin (dans le val Sainte-Marie à Bouvante). Leur empreinte reste d'ailleurs très visible dans ce paysage qu'ils ont en partie façonné. Aujourd'hui, cette vaste forêt domaniale de plus de 3 000 ha de hêtres et de sapins est un formidable terrain de balades et randonnées, à faire à pied ou à VTT. Au détour des chemins et des routes forestières, on pourra observer les différents mammifères ici présents : chamois, chevreuil, grand cerf ou sanglier, et surtout le mouflon, qui fut introduit dans la forêt de Lente dans les années 1950.

LA CHAPELLE-EN-VERCORS

(26420) 845 hab. *Carte Drôme, B2*

La Chapelle (pour les intimes), qui se situe à peu près au centre du massif, est de fait le grand carrefour économique et touristique du Vercors central. C'est également un chef-lieu très actif mais... paisible. Sur les 5 villages que compte le territoire Vercors-Drôme (La Chapelle, Saint-Agnan, Vassieux, Saint-Martin et Saint-Julien-en-Vercors), la population s'élève à 2 000 habitants seulement ! Même si le Vercors connaît un engouement touristique de plus en plus grand, vous aurez largement la place pour profiter de ce formidable et immense espace de liberté, beaucoup moins touristique que son pendant isérois. Située au cœur du plateau, La Chapelle permet de rayonner dans toutes les directions et de s'adonner à toutes sortes d'activités : visites, balades, randonnées, ski, spéléo (la ville a son festival), cyclotourisme, etc. À toutes les saisons, le choix est grand et l'environnement... grandiose !

UN PEU D'HISTOIRE

Au Moyen Âge, le village (nommé La Bâtie) était situé sur une hauteur, près d'une forteresse protégeant l'accès à la région. Lorsque cette dernière fut redevenue calme, la population descendit s'installer sur un terrain plus ouvert et mieux orienté, autour d'une église et d'une petite chapelle qui donna d'ailleurs son nouveau nom à la localité.

La Chapelle (comme l'ensemble du plateau) a subi de nombreux dégâts durant la Seconde Guerre mondiale. Bombardé mi-juillet 1944, puis mis à sac et incendié quelques jours plus tard, le village a été presque totalement détruit. Seuls vestiges du passé : le beau clocher du XIIIe s, la mignonne chapelle Saint-Antoine (XIIIe s également), la fontaine aux Ours de bronze (1894) et de rares bâtisses anciennes reconnaissables à leurs pierres de taille. Dernier vestige, autrement émouvant : 3 pans de mur de la ferme Albert, qui rappellent à notre mémoire les 16 jeunes gens qui y furent assassinés par les Allemands, le 25 juillet 1944. Le village a été entièrement reconstruit autour des années 1950.

Adresses et info utiles

Office de tourisme : *pl. Piétri. ☎ 04-75-48-22-54. • vercors-drome.com • Ouv tte l'année ; en été, tlj 9h-12h, 14h-18h.*

■ **Piscine municipale :** *☎ 04-75-47-69-77 (en été). Juil-août, tlj 10h-19h.*

– **Marché :** *jeu mat tte l'année, plus sam mat de mi-juil à fin août.* Plein de petits producteurs (fromage, miel, etc.) et d'artisans de la région se donnent rendez-vous devant l'office de tourisme pour un marché coloré, animé et très sympa.

Où dormir ? Où manger ?

Camping

Camping municipal Les Bruyères : *85, av. des Gentianes. 06-86-44-80-78. • campinglesbruyeres@gmail.com • campingmunicipallesbruyeres.blog4ever.com • Ouv début mai-fin sept. Forfaits 12-14 € ; mobile homes et chalets. 85 empl.* Un camping municipal tout simple, avec ses grandes pelouses plantées d'arbres offrant une ombre plus ou moins généreuse selon l'endroit où l'on pose sa tente. Commerces à proximité et piscine municipale à 200 m.

Gîte d'étape

La Maison de l'Aventure : *105, rue des Perce-Neige. ☎ 04-75-48-22-38. • info@maison-aventure.com • maison-aventure.com • À 200 m du centre du village (bien indiqué). Ouv tte l'année, sur résa seulement. Nuitée 21 € (draps non fournis). ½ pens (obligatoire pdt vac scol) 42,50 €. La Maison de l'Aventure,* c'est un lieu de rencontre convivial, façon auberge de jeunesse : fonctionnel mais pas impersonnel ! On y loge dans des chambres de 2, 3 ou 4, équipées de lavabos (douches et w-c communs bien tenus). Pour les pensionnaires qui choisissent de manger sur place, bonne cuisine familiale, prise dans une ambiance chaleureuse et bon enfant. En prime, large choix de séjours à thème encadrés (réservation impérative) : rando, spéléo, canyoning, raquettes, chiens de traîneau...

Prix moyens

Auberge Le Collet : *lieu-dit le Collet. ☎ 04-75-48-13-18. • contact@aubergelecollet.com • aubergelecollet.com • Sur la commune de Saint-Agnan-en-Vercors, mais à 1 km de La Chapelle, au bord de la D 518. Resto fermé le midi en sem et le soir mer-jeu (sauf juil-août). Congés : de mi-mars à début avr et de mi-nov à mi-déc. Double 62 €. ½ pens 63 €/pers. Menus 29-34 €.* Au cœur des montagnes, quelle belle option que cette grosse bâtisse en pierre pour une pause gourmande après une longue balade ou une randonnée sur le plateau ! Chambres relativement simples mais bien tenues et agréables. Côté resto, on s'y délecte d'une cuisine qui puise largement dans le terroir, mais qui se plaît à donner aux produits ou spécialités locales la petite touche qui permet de les redécouvrir ou d'en apprécier toutes les saveurs. Le même soin est apporté à la présentation. Une adresse discrète mais de qualité.

Hôtel des Sports : *av. des Grands-Goulets. ☎ 04-75-48-20-39. • hotel.des.sports@wanadoo.fr • hotel-des-sports.com • Resto fermé dim soir et lun (ouv lun soir en juil-août). Congés : de début déc à mi-janv. Doubles 63-69 € ; familiales. Formules 16 € (midi), puis 18-32 €.* Dans la même famille depuis 45 ans, cet hôtel classique fait partie des valeurs sûres du pays. Les chambres, sobres et agréables, sont impeccables, tandis qu'en salle le chef régale les habitués avec de solides spécialités régionales. Une bonne étape pour les familles ou les sportifs de passage, avec un accueil tout particulier pour les cyclistes et randonneurs.

LA DRÔME

À faire

Randonnées

Ne pas manquer la montée au ***belvédère de Révoulat.*** Cette belle randonnée, de niveau moyen, avec 350 m de dénivelée positive, vous prendra environ 3h30. Elle conduit à travers bois sur un à-pic fréquenté par les chamois, au bord des falaises dominant les gorges de la Vernaison et les Grands-Goulets. Attention, surplomb vertigineux au belvédère. Mais pour ceux qui ne sont pas sujets au vertige, un point de vue absolument inoubliable !

Une autre balade sympa consiste à monter à la ***roche du Mas,*** qui surplombe La Chapelle. Compter environ 5h. Ce circuit, assez difficile, permet de traverser des paysages variés qui donnent un bon aperçu de la végétation du Vercors central (taillis de buis et de pins, hêtraie-sapinière, combes et prairie). Vous pourrez également vous rendre aux ruines du ***château de Foirevieille,*** autour duquel s'établissait le village au Moyen Âge.

– Pour ces balades et les autres, se procurer à l'office de tourisme le cartoguide *Promenades et randonnées dans le Vercors Drôme,* édité par le parc naturel régional du Vercors, ou le dépliant gratuit remis par l'office sur les 2 circuits (*Belvédère de Révoulat* et *Les Bruyères*) autour de La Chapelle. *Le Tour du Vercors Drôme en itinérance* permet de découvrir ce territoire en 3 ou 7 jours, en allant à pied de village en village.

Fête

– ***Fête du Bleu du Vercors :*** *un w-e fin juil-début août.* Grand rendez-vous annuel autour de l'agriculture : animaux, produits du terroir et patrimoine agricole. Dans l'un ou l'autre des villages du parc du Vercors, en fait.

DANS LES ENVIRONS DE LA CHAPELLE-EN-VERCORS

Le parc de la Draye-Blanche : *à 5 km de La Chapelle, sur la route de Vassieux. ☎ 04-75-48-24-96. • drayeblanche.com • Tlj 10h-17h (18h juil-août). Fermé nov-avr. Départs des visites guidées (grotte) ttes les 30 mn env en saison. Entrée : 9,50 € (grotte), 5 € (parc) et 9,50 € les 2 ; réduc. Terrasse et aire de pique-nique. Pensez à votre petite laine, il n'y fait que 10 °C, même en plein été.*
D'un côté, un parc destiné plutôt aux enfants, pour partir à la découverte de la préhistoire et des mammouths ; de l'autre (bien plus intéressant), une des nombreuses grottes du massif du Vercors (un vrai gruyère !), et sans doute l'une des plus anciennes. Lors des fouilles, on y a découvert un site paléontologique extraordinaire : un charnier de 15 000 ossements appartenant à plus de 45 espèces animales différentes, certains vieux de 50 000 ans ! Aucun rite sacrificiel là-dedans, il s'agit tout simplement d'un puits qui s'est transformé en redoutable piège naturel... pour le plus grand bonheur des chercheurs. Quant au décor, il est tout simplement grandiose : une salle immense où l'on découvre des concrétions de tout type (draperies délicates, sculptures fantastiques, cascades stalagmitiques). La visite guidée, chaleureuse et bien adaptée, permet également d'évoquer le destin insolite de Marseille, ce curieux personnage à la fois braconnier, résistant et inventeur, qui y vécut dès 1918 et protégea jalousement sa grotte jusqu'au début des années 1970.

SAINT-MARTIN-EN-VERCORS

(26420) 375 hab. *Carte Drôme, B2*

À 10 km au nord de La Chapelle-en-Vercors, joli bourg rural et tranquille, langoureusement posé le long des prairies de la vallée de Saint-Julien. Le climat y est particulièrement doux et ensoleillé. Vu le calme régnant ici, on a du mal à imaginer aujourd'hui que Saint-Martin fut un important centre industriel entre le XVIe et le XVIIIe s. Une métallurgie très active était en effet installée au hameau de Tourtre, qui transformait en fer le minerai local extrait du cœur de la forêt. Ce dynamisme attira l'attention du ministre d'Henri IV, Sully, qui ordonna d'y planter un tilleul. Celui-ci a (beaucoup !) grandi depuis le XVIe s et ombrage toujours la place du village, entre la mairie et la vieille église.

Où dormir ? Où manger à Saint-Martin et dans les proches environs ?

Camping La Porte Saint-Martin : *à Saint-Martin. ☎ 04-75-45-51-10. 📱 06-70-93-93-59. • infos@camping-laportestmartin.com • camping-laportestmartin.com • À la sortie de Saint-Martin (direction Villard-de-Lans), sur la gauche, avt la montée vers Saint-Julien-en-Vercors. Ouv mai-début oct* *(chalets tte l'année). Forfaits 14-16,50 € ; chalets et bungalows toilés. Apéritif offert à partir de 2 nuits sur présentation de ce guide.* Environnement agréable et très calme : les voitures restent sur un parking en contrebas ; le matériel est monté (puis descendu) jusqu'au camping par des 4x4. Terrain bien entretenu et joliment situé, en surplomb de la petite route qui mène à Saint-Julien. Emplacements en terrasses sur une belle pelouse, certains bien ombragés, d'autres moins, et quelques-uns offrant une vue imprenable sur la falaise de Roche-Rousse. Belle piscine chauffée.

Hôtel du Vercors : *pl. du Tilleul, à Saint-Martin. ☎ 04-75-45-36-63. • hotelduvercors@gmail.com • hotelduvercors.fr • Doubles 62-64 €.* En plein centre du village, dans une construction tout en hauteur mêlant pierre et bois. Au rez-de-chaussée, des cabinets médicaux ; aux 1er et 2e étages, l'hôtel et son resto ; au 3e, des appartements privés. Le tout très bien agencé, avec notamment un ascenseur qui dessert tout ce beau monde. Les chambres sont simples mais très fonctionnelles, plutôt pimpantes et impeccablement tenues. Le seul bémol éventuel : une partie d'entre elles surplombe la route, et la rumeur des quelques camions passant au petit matin en gênera peut-être certains. Accueil charmant. Fait aussi resto.

Auberge de Roybon : *515, chemin de Roybon, espace nordique d'***Herbouilly.** *☎ 04-75-45-54-03. • aubergerefugeroybon@gmail.com • aubergederoybon.fr • ♿ À 8 km au nord de Saint-Martin en direction du plateau d'Herbouilly par la D 221 ; en hiver, les derniers 500 m se font à pied ou à skis ! Ouvert en continu en juil-août, fermé lun-mar en mai-juin et sept ; ouv ven-dim en oct, tlj pdt saison hivernale. Congés : avr et nov. Formules ½ pens en dortoir ou en chambre 53-62 €/pers, draps non inclus. Au resto, menus déj 19-23 € (sur résa le soir).* Isolé dans la forêt, au départ des sentiers et des pistes de ski du domaine d'Herbouilly, ce gros chalet est l'idéal du coureur de bois : chambres et dortoirs rustiques très convenables, salon commun avec TV, jeux et bouquins pour les soirées d'hiver autour d'un bon feu de cheminée. Assure également l'accueil des cavaliers. Rien ne manque à l'appel, jusqu'à la généreuse cuisine de terroir, impeccable pour reprendre des forces entre 2 sorties.

LA DRÔME

À faire

Rando d'âne du Vercors : *☎ 04-75-45-53-17. 📱 06-89-62-73-91. • randodaneduvercors.com • Ouv de mi-avr à fin oct. Randos 1-10 j.* Pour découvrir les alentours autrement et sans trop se fatiguer, pensez à l'âne ! Cette association s'occupe de tout... à moins que vous ne désiriez opter pour la formule libre. Différents circuits avec possibilité de nuit en tipi ou gîte d'étape.

SAINT-JULIEN-EN-VERCORS

(26420) 245 hab. *Carte Drôme, B1*

À 3 km au nord de Saint-Martin, aux limites du département. Niché au pied des falaises du long pli synclinal du Vercors central d'un côté, le petit village de Saint-Julien domine de l'autre la spectaculaire entaille calcaire des gorges de la Bourne. Le bourg a longtemps occupé une position privilégiée de guetteur et de défenseur de l'accès à la région, comme en témoignent les ruines de son château fort au lieu-dit... le Château. Non loin du village, au sud, on aperçoit un étrange rocher : se détachant de la paroi de Roche-Rousse, une

longue aiguille rappelle vaguement une silhouette humaine. Celle-ci a été joliment baptisée *la Vierge du Vercors.* Ce gentil bourg tranquille possède également une toute mignonne église du XIIIe s.

Où dormir ? Où manger ?

Café Brochier : *4, pl. de la Fontaine. ☎ 04-75-48-20-84. 06-51-66-87-16. • contact@cafebrochier.com • cafebrochier.com • Fermé mar, ainsi que mer hors saison. Congés : avr et nov. Doubles 60-65 € ; familiale. Formule et menu 22,50-29,50 € ; carte env 30 €. Café offert sur présentation de ce guide.* Une bonne grosse bâtisse, au cœur du village, qui domine la route de toute sa hauteur. Dès la fin du XIXe s, cette maison abrita un café. Aujourd'hui, elle est aussi un tout petit hôtel et un bistrot gourmand. Les 3 chambres, à la déco soignée, proposent un réel confort, mais on a pris soin d'y conserver l'esprit rustique des lieux. Quant à la table, on y déguste les bons produits du terroir revus à la sauce d'aujourd'hui.

À faire

Randonnées

Le moulin Marquis et la porte du Diable : *2h de marche assez facile, au départ du village.* Au XIXe s, les habitants du village descendaient à dos de mulet leur grain à moudre au moulin Marquis, prospère moulin alimenté par une source. À l'époque, il y avait tout autour une belle prairie. Depuis, la forêt s'est bien développée, et de moulin, il ne reste point. En revanche, vous y verrez la source s'échappant en une impressionnante chute de 400 m jusqu'aux eaux de la Bourne. Parcours et paysages vraiment variés. Pas trop difficile : chemins empierrés, sentiers en sous-bois. La montée vers la porte du Diable peut cependant se révéler glissante.

Au départ de Saint-Julien, d'autres balades sympa comme celle qui monte jusqu'à la ***Petite-Cornouze*** et le ***pas des Voûtes,*** qui vous permettra d'apprécier un superbe panorama sur une entaille de la Bourne (une journée de marche pour bons marcheurs). Côté est du village, le ***pas du Fouillet*** propose une balade d'une demi-journée au milieu de la forêt de Chalimont, typique du Vercors nord (hêtraie-sapinière).

En hiver

À la porte de la réserve naturelle des hauts plateaux, ***Herbouilly*** (1 200-1 650 m) fait partie du fabuleux *Espace nordique du Haut Vercors,* qui s'étend jusqu'à Corrençon, en Isère : 160 km de pistes de ski de fond damées et balisées, rien de moins (voir « À faire à Vassieux et dans les environs » à Vassieux-en-Vercors).

VASSIEUX-EN-VERCORS

(26420) 317 hab. *Carte Drôme, B2*

À 9 km au sud de La Chapelle-en-Vercors, Vassieux se situe au centre d'une cuvette évasée entourée par les crêtes des Gagères et par la montagne de Serre-Plumé à l'ouest, et la montagne de Nève à l'est. À l'extrémité sud, le plateau s'interrompt brutalement au-dessus des vallées du Diois. Séparée des sillons et des plateaux voisins, cette plaine d'une quinzaine de kilomètres

de long et de 5 km de large donne à Vassieux un paysage assez différent de ses voisins. De larges plaques de roches dénudées entourées de prairies, de pierriers et de quelques bosquets éparpillés, l'absence de rivière (l'eau disparaît dans le sol à peine tombée), lui donnent un aspect un rien austère, presque lunaire, mais qui possède beaucoup de charme.

HISTOIRE TRAGIQUE

Les 1res présences humaines remontent à fort loin. En témoignent les nombreux sites préhistoriques que l'on a découverts sur le plateau (les traces les plus anciennes remontent à 100 000 ans av. J.-C.). On peut même considérer qu'il y avait par ici de véritables manufactures de taille de silex, exploitées de façon saisonnière. Plus tard, ce furent les bergers provençaux qui utilisèrent le plateau comme zone de transhumance. Bien avant le Moyen Âge, ils s'y seraient fixés, auraient commencé des mises en culture et fondé le village.
Mais le village de Vassieux est malheureusement autrement plus connu pour les tragiques événements qui s'y déroulèrent lors de la Seconde Guerre mondiale. Alors qu'on se préparait à l'arrivée des troupes alliées, ce sont 22 planeurs allemands chargés de SS qui atterrirent ici le 21 juillet 1944. Après un bref combat acharné et sanglant, 101 résistants et 73 habitants furent massacrés (soit 15 % de la population) et le village incendié (détruit à 97 %). Reconstruit après la guerre, le village a été fait Compagnon de la Libération, le 4 août 1945, par le général de Gaulle, aux côtés de Paris, Nantes, Grenoble et l'île de Sein.

Adresse utile

■ ***Foyer de ski de fond et de randonnée :*** *La Gélinotte.* ☎ *04-27-63-08-65. Lun-ven 8h30-12h, 13h30-17h.* Location de skis, luges, raquettes, VTT.

Où dormir ? Où acheter de bons produits à Vassieux et dans les environs ?

Chambres d'hôtes Ferme de la Mûre : *2095, route de La Chapelle-en-Vercors,* ***La Mûre.*** ☎ *04-75-48-28-48. • mfrevol@gmx.fr • fermedelamure.fr • À 3 km de Vassieux en direction de La Chapelle. Doubles 70 €.* Posée au bord de la route, isolée sur le plateau, cette grande maison occupe une situation stratégique, au cœur du Vercors. Ses 3 chambres se révèlent spacieuses, plutôt agréables. Accueil très cordial.

Le Perce Neige : *15, rue de la Pouillette, à Vassieux.* ☎ *04-75-48-28-37. • epicerie.traiteur.vassieux@gmail.com • Ouv ts les jours pendant les vac scol, et fermé le jeu le reste de l'année.* La maison (4 générations !) fait *épicerie-traiteur (tlj sauf jeu 8h30-19h),* pour vous permettre de préparer votre prochain pique-nique (produits locaux et plat du jour). Et n'oubliez pas d'aller jeter un coup d'œil au *Petit Monde des santons de Provence* (lire « À voir »).

À voir

Le musée de la Résistance : *derrière l'église de Vassieux.* ☎ *04-75-48-28-46. ♿ Juil-août, tlj 10h-12h30, 13h30-18h30 ; avr-juin et sept-oct, tlj 10h-12h, 14h-18h ; nov-mars mer-dim 14h-17h. Fermé janv et 24-25 déc. Entrée : 4 € (5 € avec visite guidée, sur résa) ; réduc.* Fondé en 1973 par Joseph La Picirella, ancien maquisard et auteur de nombreux ouvrages sur la tragédie du Vercors, ce musée se révèle vraiment intéressant sous ses airs modestes. Très bien conçu, on y apprend quantité de choses (et pas que sur le maquis du Vercors). On a en effet conservé les panneaux et vitrines de la collection du fondateur (soit des témoignages concrets sur l'histoire de la Résistance dans le Vercors et des centaines d'objets et de photos d'époque), mais à ceux-ci ont été ajoutés des panneaux fort instructifs et des écrans interactifs. Ceux-ci permettent d'avoir beaucoup plus de recul et une vue globale de la guerre dans le Vercors, de ses conséquences, de ses enjeux, du quotidien de ses habitants. Simple mais passionnant, on vous dit !

Le Petit Monde des santons de Provence : *☎ 04-75-48-28-37. Pdt vac scol, tlj ; le reste de l'année, tlj sauf mer ap-m et jeu. Fermé fin mars-début avr et de mi-nov à mi-déc. Plusieurs visites guidées/j. (env 45 mn). Entrée : 4,50 € ; 2,50 € moins de 12 ans ; réduc.* Tout petit, le fils de la maison Rey (voir « Où dormir ? Où manger... ? ») collectionnait déjà les santons. Avec le temps, les dizaines de figurines sont devenues centaines, toujours plus belles, parfois articulées, souvent attachantes... Un condensé de Provence avec ses villages, ses moulins, la cueillette des olives, les vendanges, le marché traditionnel... Un tableau pittoresque, mis en valeur par un attrayant son et lumière.

À faire à Vassieux et dans les environs

Randonnées

– Pour les balades, n'oubliez pas de vous procurer le cartoguide *Promenades et randonnées en Vercors Drôme* édité par le parc naturel régional du Vercors.

Une très belle rando consiste à se rendre au ***but de Saint-Genix,*** soit par le ***col de Vassieux*** (une demi-journée de marche par le GR 95), soit par ***Font-Payanne*** (compter la journée). Ce 2d itinéraire suit la ligne de crête et offre un point de vue splendide sur le cirque de Saint-Julien-en-Quint, dans le Diois. Quoi qu'il en soit, si vous choisissez l'itinéraire du col de Vassieux, le but de Saint-Genix offre un panorama grandiose lui aussi. De Font-Payanne, vous pourrez choisir de bifurquer vers les crêtes et le ***puy de la Gagère*** par le GR 93. Vous profiterez là aussi d'un magnifique point de vue sur le plateau de Font-d'Urle et le serre de Montué (compter une bonne demi-journée de marche depuis Vassieux).

Possibilité de rejoindre à pied le ***col de la Chau*** (et le mémorial de la Résistance) et de poursuivre vers ***Serre-Plumé*** (compter une petite journée de marche et découverte depuis Vassieux). Serre-Plumé offre l'un des meilleurs points de vue de la région : à l'est, l'ensemble des crêtes des hauts plateaux où se détachent les sommets du Grand-Veymont et de la Grande-Moucherolle ; au nord, le plateau de La Chapelle et le massif des Coulmes ; à l'ouest, la forêt de Lente et les alpages de Font d'Urle ; enfin, au sud, le plateau de Vassieux et ses crêtes dominant les forêts de Marignac et de Die.

Sports d'hiver

Stade de biathlon Raphaël-Poirée : à 3 km du village, 25 km de pistes damées et balisées dans une forêt claire. Les parcours offrent des points de vue uniques, notamment sur le Grand-Veymont.

La Voie blanche : 25 km de pistes qui relient le col de Rousset à Font-d'Urle (ski de fond, raquettes). Également la plus grande piste d'Europe ouverte aux chiens de traîneau.

Station de ski de Font d'Urle-Chaud-Clapier : *à 7 km de Vassieux.* Domaine proposant 7 téléskis, 16 km de pistes de ski alpin et 170 km de pistes de ski de fond.

Station de ski du col de Rousset : *voir plus loin « Dans les environs de Saint-Agnan-en-Vercors ».*

■ ***Kiska-Vercors :*** *Le Souillet.* *06-83-03-75-54.* Organisme qui propose de découvrir la conduite d'attelage de pulkas scandinaves, à travers des balades avec chiens de traîneau en hiver. Également des balades à dos d'âne en été.

■ ***Esprit du Nord :*** *Jiri Bognar, route du col de Rousset, à Vassieux.* *06-67-60-42-80.* *• esprit-du-nord.com •* Jiri, guide pro passionné, élève des huskies et organise des stages d'initiation et des sorties en traîneau tout l'hiver. École de conduite d'attelage à la demi-journée, à la journée ou en raid. Également toutes sortes d'activités l'été (refuge 10 personnes).

– D'autres centres d'initiation et de perfectionnement à la ***conduite de chiens de traîneau.*** Toutes les adresses et infos à l'office de tourisme de La Chapelle-en-Vercors.

Manifestation

– ***Vercors Quest :*** *fin janv. • vercorsquest.fr •* Course de traîneaux à chiens entre Vassieux-en-Vercors et Font d'Urle.

DANS LES ENVIRONS DE VASSIEUX-EN-VERCORS

Le mémorial de la Résistance : *au* ***col de la Chau,*** *à 4 km de Vassieux.* *☎ 04-75-48-26-00. • parc-du-vercors.fr • Mai-sept, tlj 10h-12h, 14h-18h ; oct-avr, mer-dim 10h-12h, 14h-17h (tlj vac Toussaint). Fermé 12 nov-début vac scol de Noël. Entrée : 6 € ; forfait famille 15,30 € et réduc ; gratuit moins de 8 ans. Librairie.* ***Pour la visite, munissez-vous d'une bonne laine, même en été, car il fait froid à l'intérieur !*** Sur les hauteurs dominant ce qui fut un terrible champ de bataille, enchâssé dans la falaise, presque caché par les hêtres et les genévriers, ce mémorial s'intègre parfaitement dans le paysage. Dommage, cependant, que sa très belle architecture et certains gadgets muséographiques y prennent une telle place, au détriment parfois du contenu. Cela dit, il ne s'agit pas à proprement parler d'un musée, mais d'un lieu à la mémoire des résistants.
La partie consacrée aux témoignages – ceux des anciens du maquis, mais aussi des habitants du plateau qui racontent leur vie dans les camps ou dans la lutte –, particulièrement poignante, est d'ailleurs celle qui se révèle la plus intéressante. La visite se termine en beauté avec un superbe belvédère où la table d'orientation vous indique les sites clés de la Résistance dans le Vercors.
À voir également : la ***nécropole*** (cimetière), au carrefour du col de la Chau.

Le musée de la Préhistoire du Vercors : ***L'Hâle,*** *à 4 km au sud du village en direction du col de Vassieux (fléché). ☎ 04-75-48-27-81. • parc-du-vercors.fr • Juil-août, tlj 10h-18h ; avr-juin et sept-oct, mer-dim 10h-12h, 14h-17h (et tlj vac Toussaint). Fermé hors saison. Entrée : 6 € ; 3,30 € 6-17 ans et étudiants, gratuit moins de 6 ans.* Un musée en pleine nature, labellisé « Musée de France ». Muséographie particulièrement appréciée des enfants. Collection d'objets, documents et authentique atelier de taille de silex du Néolithique autour duquel le musée a d'ailleurs été conçu. En été, divers ateliers et animations toniques.

SAINT-AGNAN-EN-VERCORS

(26420) 385 hab. *Carte Drôme, B2*

À 4 km au sud de La Chapelle, Saint-Agnan est la dernière des 5 communes du Vercors central. Dans les environs, s'étirant le long des rives de la Vernaison, une succession de hameaux a pris place dans cette petite vallée

verdoyante. Un coin idéal pour les amateurs de pêche et pour les marcheurs, qui trouveront au départ de Saint-Agnan de nombreux sentiers balisés, notamment en direction de la réserve naturelle des hauts plateaux toute proche. Et puis, au bout du sillon, vers le sud, le col de Rousset. Celui-ci marque définitivement la limite entre les Préalpes du Nord et celles du Sud : d'un côté, le Vercors humide et froid, et dès le col passé, voilà le Diois, à la physionomie et au climat nettement plus méditerranéens.

Où dormir ? Où manger ?

Gîte d'étape et chambres d'hôtes Les Liottards : *hameau les Liottards. ☎ 04-75-48-21-18. • liottards@orange.fr • gite-vercors-chambre-france.com • À 8 km au sud de Saint-Agnan, au-dessus de Rousset. Ouv tte l'année. Gîte d'étape 16 €/nuit (draps et petit déj non compris). Double 58 €. Table d'hôtes 19 €. Apéritif maison et café offerts sur présentation de ce guide.* À flanc de montagne, à 1 000 m d'altitude, différentes formules d'hébergement proposées : en chambre d'hôtes ou gîte d'étape. Quoi qu'il en soit, c'est simple, propre, agréable. Cuisine à disposition et salle commune avec bibliothèque, jeux et cheminée... à moins de préférer la vue imprenable depuis la terrasse et son petit coin jardin. La table d'hôtes vous permettra de goûter aux produits de la ferme. Une base idéale pour s'exercer à toutes sortes d'activités, d'autant que l'accueil prodigué est sympa et arrangeant.

Chambres d'hôtes Le Havre des Trolles : *Les Bauds. ☎ 04-75-05-97-62. • havredestrolles@gmail.com • havre destrolles.com • À env 6 km au sud de Saint-Agnan, au bord de la D 518. Double 60 € ; familiale.* Des chambres confortables, à la déco plutôt traditionnelle. Le vrai plus après une journée d'activité, c'est l'espace détente *(25 €/pers),* avec hammam, bains à remous et une belle terrasse sur l'arrière.

Voir aussi l'***Auberge Le Collet*** à La Chapelle-en-Vercors.

DANS LES ENVIRONS DE SAINT-AGNAN-EN-VERCORS

Le site naturel de la grotte de la Luire : *à 6 km au sud de Saint-Agnan. ☎ 04-75-48-25-83. • grottedelaluire.com • Ouv mai-fin sept : juil-août, tlj sauf lun, 10h45 (1re visite)-17h30 (dernière visite) ; mai-juin, sept, tlj sauf lun-mar 11h-17h. Visites env ttes les 45 mn juil-août. Entrée : 9,50 € ; 7 € enfants ; réduc. Penser à prendre un vêtement chaud, à l'intérieur il fait 7 °C !* La grotte de la Luire est d'un intérêt géologique capital, car il s'y déroule un phénomène hydrologique exceptionnel : une résurgence vauclusienne reconnue comme la plus grande du monde. Lors de fortes pluies, l'eau peut remonter de 483 m à travers les galeries pour trouver la sortie par le porche et se déverser de manière spectaculaire jusque dans la vallée ! Un joli son et lumière vous expliquera ce phénomène impressionnant qui se produit régulièrement. La visite (d'environ 1h) se fait à la bougie, et occasionnellement aux flambeaux (sur résa).

LA GROTTE DE LA LUIRE, ÉTÉ 1944

Le 27 juillet, les Allemands pénètrent dans le porche de la grotte où s'est replié l'hôpital militaire de Saint-Martin-en-Vercors. Ils exécutent 11 blessés dans un champ à proximité et 8 autres un peu plus loin. Quelques jours plus tard, 3 médecins et 1 prêtre, d'abord emprisonnés à Grenoble, sont exécutés, et 7 infirmières déportées à Ravensbrück.

Balades et randonnées

Au départ du hameau de Rousset, une petite balade de 1h permet de se rendre à la jolie ***chapelle Saint-Alexis.*** Au Moyen Âge, Rousset, alors indépendant de Saint-Agnan, était une place forte qui défendait l'accès au Diois. Les ruines de l'ancien château fort témoignent de ce rôle défensif. La chapelle Saint-Alexis, reconstruite au XVIIIe s, marque l'emplacement de l'ancien village.

Le Grand-Veymont : le plus haut sommet du massif se situe, certes, en Isère. Mais cette randonnée, splendide d'un bout à l'autre, s'effectue à partir de la maison forestière de la Coche (que l'on atteint par une route forestière goudronnée entre Saint-Agnan et Rousset). Au sommet, du haut des 2 341 m du Veymont, vous découvrirez un extraordinaire panorama qui vous permettra de comprendre toute la géographie du Vercors et son ancrage dans la chaîne des Alpes : massifs du Dévoluy, de Belledonne, de Chartreuse, du Mont-Blanc, du Ventoux, etc. Tout simplement grandiose ! Attention, cette longue randonnée (une journée, 1 000 m de dénivelée) ne doit surtout pas être entreprise par mauvais temps. De plus, elle est peu balisée et demande de bien savoir lire une carte et de s'orienter avec une boussole. Si ce n'est pas le cas, faites-la accompagné.

Sports d'hiver...

La station du col de Rousset *(1 250-1 700 m) :* 26 pistes de ski alpin tous niveaux, desservies par un télésiège et 9 téléskis, en font le plus grand domaine de ski alpin du Vercors drômois. Également 12 km de pistes pour raquettes, pistes de luge, jardin d'enfants et halte-garderie. Infos à l'office de tourisme de La Chapelle-en-Vercors *(☎ 04-75-48-22-54)* ou à la station *(☎ 04-75-48-24-64).*

... et d'été

Nombreux ***sentiers pédestres*** balisés au départ du bas de la station. Pour les moins courageux, le télésiège *(tlj juil-août)* donne accès aux zones nordiques des hauts plateaux et à une table d'orientation avec superbe panorama sur le Diois et le Vercors. De là-haut, possibilité d'expérimenter la ***trottin'herbe*** ou la trottinette tout terrain, et de faire la ***descente à VTT*** (et possibilité de nombreuses balades, bien sûr). On peut aussi s'embarquer à bord d'une « luge 4 saisons » (soit une luge sur rails) ou encore sauter en freestyle sur un coussin géant.

– Essayez si possible d'assister à l'***arrivée de la transhumance*** (un week-end fin juin) : des centaines de moutons montent de Die jusqu'au col de Rousset pour leur estive (voir « Manifestations » à Die).

LE DIOIS ET LA VALLÉE DE LA DRÔME

• Carte *p. 308-309*

Entre Vercors et Provence, une entaille profonde sépare le département en 2 parties assez distinctes. Au fond de cette entaille coule la rivière qui lui a donné son nom : la Drôme. Prenant naissance dans la montagne de l'Aup, aux confins du département, se frayant un chemin parmi les gorges, les combes et les cluses, rejointe dans son parcours par de nombreux cours d'eau, la Drôme prend enfin ses aises dans une large vallée avant de se jeter dans le Rhône.

À CONTRE-COURANT DE LA DRÔME

Mais reprenons-la à contre-courant, cette Drôme. Lorsqu'on l'aborde du couloir rhodanien à l'ouest, la vallée s'ouvre à nous comme une invitation. D'abord, une plaine fruitière encadrée de paisibles collines, où s'accrochent jusqu'à Crest de petits villages qui guettent les allées et venues de ce passage depuis longtemps stratégique. Et puis, à l'approche de Crest, voilà qu'on aperçoit les 1ers sommets. Après Saillans, la rivière forme une large boucle, et après avoir franchi quelques cluses, nous pénétrons enfin au cœur du pays de Die.

Le Diois est le massif le plus septentrional des Préalpes du Sud. Dominé au nord par les dernières falaises du Vercors, il vient buter à l'est sur les aiguilles de Lus, celles-ci

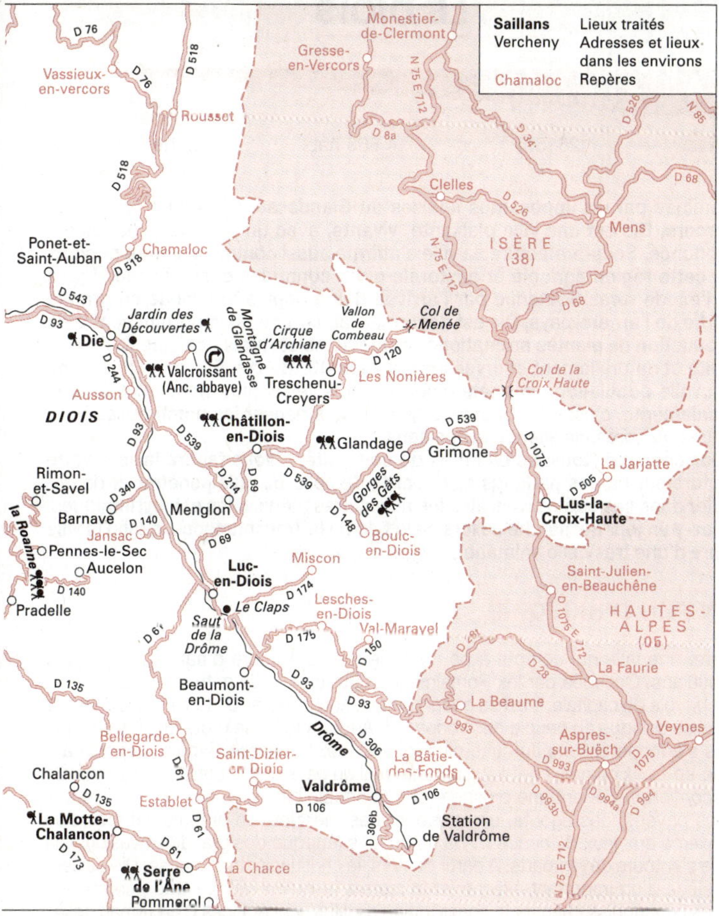

LE DIOIS ET LA VALLÉE DE LA DRÔME

le séparant ainsi nettement des Hautes-Alpes. En revanche, au sud, la transition avec les Baronnies, à la morphologie plus proche de celle du Diois, s'opère avec nuance.

ATTRAIT TOURISTIQUE

La vallée de la Drôme, qui allie beauté alpine et douceur méditerranéenne, est devenue la 2e région touristique du département. Et ça se comprend car très diverse d'aspect, elle recèle bien des trésors : merveilles de paysages, superbes petits villages accrochés aux flancs des montagnes, vallons magnifiques parcourus de sauvages rivières, un soleil éclatant 300 jours par an, une lumière et des paysages entre montagne et Provence... De multiples ingrédients aptes, effectivement, à déclencher l'enthousiasme.

LE DIOIS

DIE (26150) 4 863 hab. *Carte Drôme, B2*

Dominée par les imposantes falaises du Glandasse, ce dernier éperon du Vercors, Die est une ville plaisante, vivante, avec un caractère méridional prononcé. Sous-préfecture, la ville s'affirme aussi comme le centre nerveux de cette région agricole et pastorale qui a connu les crises économiques et l'exode rural. Soutenue par l'arrivée d'une population venue en grande partie de l'arrière-pays, Die est désormais au cœur d'un important centre de production de plantes aromatiques et médicinales, mais également d'un vin fruité et naturellement effervescent : la clairette-de-die. Elle attire aussi une nouvelle population, en quête d'une vie plus verte, plus saine, plus ancrée localement... c'est en tout cas ce que laisse à penser les nombreuses boutiques ou adresses allant dans ce sens.
Pour découvrir tous les charmes de cette cité, il vous faudra laisser votre voiture sur un des parkings aux abords de celle-ci, puis pénétrer et déambuler dans ses petites rues étroites aux allures médiévales et labyrinthiques. Allez-y un jour de marché ou lors de la fête de la Transhumance, quand la ville vibre d'une très belle animation.

UN PEU D'HISTOIRE

Rare, une ville qui compte à peu près le même nombre d'habitants qu'il y a 2 000 ans. Occupée par les Romains au début du Ier s de notre ère, elle eut très tôt un rôle de capitale, à la fois géographique et religieuse. D'abord consacrée à la déesse celtique du peuple des Voconces, Andarta (déesse protectrice des Ours), elle s'adonne ensuite au culte plus répandu de la déesse Cybèle. Supplantant Luc-en-Diois comme chef-lieu septentrional du pays des Voconces, *Dea Augusta Vocontiorum* devient une prospère et confortable cité romaine. On y trouve des rues pavées, des égouts, un aqueduc, des thermes, un amphithéâtre où l'on s'exerce aux jeux du cirque... À la fin du IIIe s (époque des grandes invasions), la ville s'entoure de remparts. À partir du IVe s, le christianisme s'impose. Die devient le siège d'un important évêché (et le restera jusqu'en 1801). Cette période voit alors l'épanouissement et la construction de plusieurs édifices d'art roman, telles la chapelle Saint-Nicolas, ou encore la cathédrale Notre-Dame, et la région se couvre de petites églises rurales. Ensuite, c'est la Réforme qui s'implante durablement. Entre 1604 et 1684, la ville est le siège d'une université protestante de renommée internationale. Mais à la révocation de l'édit de Nantes, nombreux sont les réformés contraints de s'exiler pour s'adonner à leur culte clandestinement. Le retour à la tolérance, vers la fin du XVIIIe s, permettra au protestantisme de connaître un nouvel essor dans la région.

LA CLAIRETTE, CE VIN QUI VENAIT DU FROID

Impossible d'évoquer Die sans parler de sa célèbre clairette. La culture de la vigne est une tradition locale qui remonte à l'Antiquité. Ainsi Pline l'Ancien, en l'an 73 de notre ère, vantait-il déjà, dans son *Histoire naturelle,* les saveurs d'un vin naturellement mousseux fabriqué par le peuple des Voconces. Des viticulteurs gallo-romains avaient trouvé un procédé particulier qui donna naissance à « l'aigleucos », l'ancêtre de la clairette-de-die : les jarres, plongées dans l'eau

froide des torrents, produisaient un breuvage plutôt bourru mais déjà effervescent. Aujourd'hui, la clairette (qui bénéficie d'une AOC depuis 1942) est produite dans une aire qui s'étend sur plus de 1 400 ha répartis de part et d'autre de la Drôme, entre Aouste-sur-Sye et Luc-en-Diois. Ce vignoble, l'un des plus hauts de France (600-700 m), se répartit sur de petites parcelles à flanc de coteaux, bénéficiant tout à la fois d'un climat alpin et d'un ensoleillement méridional de 300 jours par an.
La ***clairette-de-die*** provient de 2 cépages : le muscat blanc à petits grains, très aromatique et sucré, et la clairette blanche, cépage méridional aux grains oblongs aux notes de pomme verte. La méthode dioise ancestrale consiste à unir ces 2 cépages (75 % de muscat minimum). Après pressurage, les moûts sont filtrés puis refroidis afin d'obtenir une fermentation lente qui permet de conserver un taux de sucre naturel important. Ce moût mi-fermenté est ensuite mis en bouteilles, où le petit miracle de la fermentation naturelle et la prise de mousse se poursuivent durant 4 à 10 mois. Ce vin n'aura donc connu aucune addition de liqueur de tirage ni de liqueur d'expédition. Ce procédé donne un vin aromatique, fruité et léger en alcool (7-8°). Cette clairette « tradition », à servir très fraîche (6-8 °C), est agréable à boire en apéritif ou avec un dessert. Depuis 2016, la clairette-de-die rosée a fait son entrée dans l'appellation. À la composition de la clairette traditionnelle est ajouté un pourcentage de cépage rouge (le gamay) qui ne doit pas dépasser les 10 %.
Le ***crémant-de-die*** est un vin blanc brut effervescent, vinifié à l'origine à partir du seul cépage clairette. Aujourd'hui, l'aligoté et le muscat entrent également dans sa composition et lui confèrent ses arômes de fruits verts. AOC depuis 1993, il s'élabore grâce à la méthode traditionnelle, avec une 1re fermentation en cuve et une seconde en bouteille. Idéal à l'apéritif ou au cours du repas.
Enfin, la région produit également des vins tranquilles (sans bulles) sous l'appellation ***châtillon-en-diois*** (AOC depuis 1975). Les rouges et rosés, produits sur la seule commune de Châtillon, associent le gamay, la syrah et le pinot noir, qui donnent des vins assez fruités. Les blancs, produits sur 13 communes du Diois, sont des vins frais et légers élaborés à partir des cépages chardonnay et aligoté.

Arriver – Quitter

En train

Gare SNCF : *pl. Pierre-Semard. ☎ 36-35.* Die est desservie par les trains de la ligne Valence-Veynes-Gap-Briançon.

En bus

Départs devant la gare SNCF. Pour connaître toutes les lignes et les horaires : *● auvergnerhonealpes.fr ● oura.com ●*

➢ Nombreuses liaisons avec ***Crest*** et ***Valence*** (ligne 28) avec *Keolis Drôme (● keolis-drome-ardeche.fr ●).*

➢ Liaisons régulières avec ***Luc-en-Diois*** et ***Châtillon-en-Diois*** avec *Rapid's Verts (● rapid-verts.fr ●).*

➢ ***Service de transport à la demande :*** un service de taxis (au tarif autocar) pour rejoindre les différents villages du Diois non desservis par des lignes régulières. Résa 24h à l'avance au *☎ 04-28-61-26-26. ● sradda.com ●*

Adresses et info utiles

Office de tourisme du Pays diois : *rue des Jardins. ☎ 04-75-22-03-03. ● diois-tourisme.com ● De mi-juil à mi-août, lun-sam 9h-19h ; dim 9h30-12h30, 15h-18h. Mi-août à mi-juillet, lun-sam 9h-12h, 14h-18h, plus dim mat avr-juin et sept. Fermé jeu oct-mars.* Fournit plein d'idées de visites en tout genre (notamment celle de *La Savonnerie de la Drôme,* de la brasserie dioise *La Manivelle,* les baptêmes d'apiculture de la miellerie *L'Abeille du Vercors,* etc.). À la sortie, allez saluer la Brebis à la valise de

F'Murr, une statue qui évoquera des souvenirs aux amateurs de B.D.

■ ***Drôme Aventure :*** *340, route d'Ausson, Le Martouret.* *06-79-37-18-38.* *• drome-aventure.com • Avr-oct, mer 13h-17h (sur résa), w-e 11h-18h ; tlj 10h-19h en juil-août.* Des moniteurs professionnels proposent de guider les amateurs de sensations fortes dans les sites insolites et préservés de la vallée. Canyoning, via ferrata, escalade et VTT. Possibilité de louer du matériel, dont des trottinettes électriques tout terrain.

■ ***Velodrôme :*** *9, rue du Viaduc.* *☎ 04-75-22-06-27. • velodrome26.com •* Pour qui souhaiterait s'essayer au vélo électrique, cette boutique en loue différents types (vélos de route, VTT, etc.).

■ ***Be Cyclette :*** *06-24-09-64-68.* *• becyclette.com •* Propose des sorties accompagnées à VTT électriques pour des groupes de 3 à 9 personnes.

– ***Marché :*** *tte l'année, mer et sam mat.* Grand marché animé autour de la cathédrale. Tous les petits producteurs régionaux s'y donnent rendez-vous dans une ambiance très conviviale. L'hiver, le marché du mercredi est plus modeste.

LA DRÔME

Où dormir ?

Campings

Domaine du Mûrier : *1050, chemin de Chandillon. ☎ 04-75-21-30-16.* *06-32-75-57-31. • info@domainedumurier.com • domainedumurier.com • Fléché à la sortie de Die par la D 93, direction Valence. Ouv mi-avr à fin sept. Forfaits 14-18 € ; tentes lodges et gîtes. 25 empl. Réduc de 5 % sur les tarifs camping et gîtes sur présentation de ce guide.* Quelle jolie surprise que cette très belle aire naturelle de camping installée sur les terres d'une ancienne ferme du XVIe s ! Elle a beau se trouver derrière une petite zone d'activité, on a le sentiment d'être en pleine nature ! Au bord de la Drôme, le vaste terrain herbu parsemé de beaux îlots d'herbes un peu folles est bien aménagé et soigneusement entretenu. Quant aux emplacements, ils sont vastes (les plus onéreux sont vraiment très grands et entourés de hautes haies). En saison, petite restauration sur résa et, 2 fois par semaine, la table d'hôtes en extérieur (vive les grandes tablées !). Et pour parfaire ce tableau : un excellent accueil.

Camping Le Riou Merle : *330, av. Rhin-et-Danube, route de Romeyer. ☎ 04-75-22-21-31. Resto : ☎ 04-75-21-46-08. • lerioumerle@gmail.com • camping-lerioumerle-drome.com • Ouv d'avr à mi-oct. Forfaits 14-25 € ; chalets.* Un petit camping familial stratégiquement situé, dans un quartier calme à deux pas du centre-ville, avec les montagnes en toile de fond. En revanche, l'été, on peut s'y sentir à l'étroit. Piscine. Sur place, *Le Merilou,* le bar à tapas tenu par les enfants, propose aussi le petit déj et des pizzas (à manger sur place ou à emporter).

Camping La Pinède : *135, impasse du Pont-Neuf. ☎ 04-75-22-17-77. • info@camping-pinede.com • camping-pinede.com • Fléché à la sortie de Die par la D 93, direction Valence. Ouv de mi-mai à mi-sept (début nov pour les chalets). Forfaits 19-24 € pour les empl. les moins chers, mais les plus confortables grimpent jusqu'à 40 € en été ; chalets, bungalows. 163 empl. ½ journée de location de VTT offerte sur présentation de ce guide.* Joliment situé, dans une agréable pinède, sur les berges de la Drôme, un grand camping aux beaux emplacements. Très organisé, il propose de nombreuses prestations et animations, ainsi qu'un accès direct à la rivière et une piscine. Bon accueil.

Prix moyens

La Petite Auberge : *13, av. Sadi-Carnot. ☎ 04-75-22-05-91. • petiteaubergedie@orange.fr • hotel-lecarnot-die.fr • À l'entrée de Die, en face de la gare. Congés : fin nov-début déc. Double 60-70 € ; familiale. Demi-pension possible.* Si la taille des chambres varie, toutes offrent un bon confort et affichent une mine pimpante, pleine de fraîcheur. Un excellent rapport qualité-prix. Fait aussi resto (cuisine très simple).

Chambres d'hôtes Le Saule Rêveur : *194, av. du Vercors. ☎ 09-51-78-52-22. • contact@lesaulereveur.com • lesaulereveur.com • ♿ À 900 m du centre-ville. Doubles 65-77 €, petit déj bio. Table d'hôtes 25 €.* Dans un quartier résidentiel, au calme, la maison, genre gros pavillon des années 1970, ne séduit pas d'emblée. Mais il suffit de mettre un orteil à l'intérieur pour s'y sentir bien, grâce à un accueil charmant et un cadre convivial, aéré, qui mêle habilement les styles. Jolies chambres, avec coffres en bois pour vous inviter au voyage ou ambiance un peu plus chalet de montagne dans celles situées à l'étage. Pour ces dernières, 2 d'entre elles (louées comme chambre familiale ou à des gens qui se connaissent) sont communicantes et partagent la salle de bains, tandis que la 3e a ses sanitaires privés mais sur le palier.

Hôtel des Alpes : *87, rue Camille-Buffardel. ☎ 04-75-22-15-83. • info@hotel-die.com • hotel-die.com • En plein centre. Double 62 € ; familiales.* De cet ancien relais de diligences du XIVe s, il ne reste aujourd'hui qu'un très large escalier et un dédale de couloirs que ne laisse pas présager l'étroite façade. On soupçonne aussi, sous les moquettes, la présence d'anciens parquets qui grincent encore. Les chambres sont simples mais propres, certaines jouissent même d'une vue sur le massif du Glandasse. Rien de glamour, mais pratique. Pour le petit déj, en été, agréable terrasse bien cachée.

LA DRÔME

Où dormir dans les environs ?

Chambres d'hôtes La Ferme de la Source : *125, rue du Routoir, 26150 Ponet-et-Saint-Auban. 📱 06-65-47-67-61. • fermedelasource@gmail.com • fermedelasource.com • À 7 km au nord-ouest de Die ; à la sortie de Die en direction de Vassieux, prendre aussitôt à gauche la D 543 pour Ponet. Ouv d'avr à fin oct. Doubles 79-86 €.* On ne peut que se sentir bien dans cette maison isolée dans le superbe environnement de la vallée du Ponet. Les chambres, joliment restaurées, avec de beaux matériaux, sont confortables, chaleureuses, entre murs en pierres apparentes, jonc de mer ou parquet.

Ferme d'Ausson : *945, chemin de Beaufays, à Die. ☎ 04-75-22-28-39. • fermedausson@gmail.com • fermedausson.fr • À env 6 km au sud de Die, par la D 244. En chambre d'hôtes, double 150 € pour 2 nuits, petit déj inclus. En yourte (avr-nov), 70 €/nuit pour 2 pers (10 €/pers supplémentaire), sans petit déj. Gîte 4 pers. Bouteille de clairette offerte sur présentation de ce guide.* Au choix : 3 yourtes, une chambre d'hôtes ou un gîte. Le tout, parfaitement entretenu, dans un cadre magnifique, en pleine nature, au bout d'une petite route. Les yourtes ont chacune leur espace extérieur, mais elles partagent un bloc sanitaire (impeccable), une cuisine et un magnifique préau où s'attabler. Le joli petit gîte fait bande à part, avec son jardinet bien à lui. Quant à la chambre d'hôtes, cachée à l'arrière de la maison des propriétaires, c'est un joli nid tout blanc, au plafond voûté : il s'agit en fait de l'ancienne cave à vins de la ferme. Elle jouit d'un accès indépendant adapté PMR et, surtout, d'une jolie terrasse. Accueil charmant et attentionné.

Où manger ? Où boire un verre ?

Le Pain de Sophie : *111, rue Camille-Buffardel. ☎ 04-75-21-47-08. • lepaindesophie@gmail.com • ♿ Fermé mar, jeu et dim. Formule déj 11 €.* Une sympathique boulangerie qui, en plus de vendre de bons pains, propose sandwichs, tartes et glaces de qualité. Le tout à emporter ou à consommer sur place, en été, sur la jolie petite terrasse dans la rue.

Les Petits Fourneaux : *8, rue Joseph-Reynaud. ☎ 04-75-21-00-94. 06-75-75-48-90. • contact@lespetitsfourneaux.com • Ouv ts les jours sauf le dim en haute saison, le midi slt le reste de l'année sauf le dim. Carte 13-17 € le midi, 25 € le soir. Café offert sur présentation de ce guide.* Une cuisine végétarienne locavore, simple, mais de qualité. Au choix, hamburger végétarien, gratin de ravioles ou les assiettes composées aux saveurs variées qui sortent agréablement de l'ordinaire. Pour les accompagner, de délicieux petits desserts à prix très doux. À déguster sur la terrasse sous la treille ou dans la salle chaleureuse avec livres, jeux de fléchettes et petit espace enfant. Accueil souriant.

Le Café des Lys : *111, rue Buffardel. ☎ 04-75-21-01-65. • lecafedeslys@gmail.com • Tlj sauf lun soir. Plats 14-18 €. Digestif maison offert sur présentation de ce guide.* Une ardoise et sa poignée de propositions : la bien nommée « assiette des Lys », les ravioles gratinées, le burger maison en soirée, le plat du jour, etc. La 1re est un assortiment de plein de bonnes choses et les autres plats sont normalement tous accompagnés d'une belle salade. C'est relativement simple mais plein de fraîcheur, de saveurs et copieux (à tel point que le dessert ne s'impose pas !). De plus, tout est local et frais. L'endroit, convivial, est aussi sympathique pour venir boire un verre, d'autant que l'été, sa terrasse déborde largement dans la rue.

Un Air de Famille : *5, rue Kateb-Yacine. ☎ 04-75-21-48-70. • unairdefamille26@yahoo.fr • En été, ouv le midi mar-sam, plus le soir mar-dim ; hors saison, ouv le midi mar-sam, plus le soir ven-sam. Formules déj 14-16 € ; carte env 25 €. Café offert sur présentation de ce guide.* Pas vraiment un resto, plutôt une cantine, ou même un self puisque chacun va se servir au comptoir. Mais un self bien sympathique, dans une salle en mezzanine, avec mobilier chiné et tables colorées en formica. Aux beaux jours, belle ambiance dans le grand jardin aux guirlandes lumineuses. Au menu, une cuisine familiale simple qui change au gré des produits du moment et de l'humeur de ceux qui la concoctent.

Les Bons Passants : *10, pl. de la République. ☎ 04-75-21-01-02. • lesbonspassants@gmail.com • Tlj sauf mar et le soir mer-jeu. Repas 20-25 €.* Quelques propositions seulement à l'ardoise : plusieurs burgers, dont un très bon végétarien (ce qui n'est pas si fréquent), la salade, le plat du jour ou encore le gratin de ravioles. On vous annonce une « cuisine sincère ». On affirme et on approuve : c'est simple, mais goûteux et d'une grande fraîcheur, tout comme l'accueil franc, direct, plein d'humour. Quant au cadre, c'est soit 2 minisalles étroites blanches ou une grande terrasse sur place.

Achats

La Carline : *21, rue du Viaduc. ☎ 04-75-22-08-11. Fermé dim et lun mat.* Une sympathique épicerie coopérative et bio offrant un beau choix de produits locaux.

À voir. À faire

Se procurer à l'office de tourisme le plan-guide, très utile pour découvrir les richesses architecturales que cache cette jolie petite cité.

La cathédrale Notre-Dame : construite en grande partie entre le XIe et le XIIIe s mais beaucoup remaniée ensuite, la cathédrale présente tout de même un bon exemple de l'art roman rhodanien. De l'édifice primitif, il ne reste que la sacristie, datant du XIe s. Le clocher-porche, remanié au XVe et au XXe s, conserve 3 portails et 6 beaux chapiteaux du XIIe s. On y reconnaît notamment le sacrifice d'Abraham et l'offrande d'Abel. La porte, qui présente un tympan très abîmé avec un Christ en Croix, s'ouvre sur une nef unique. Celle-ci, fortement mutilée pendant les guerres de Religion, fut reconstruite, ainsi que l'abside et le mur nord, sous Louis XIV, ce qui valut à la cathédrale d'être consacrée une 2e fois en 1699.

La chapelle Saint-Nicolas : *se renseigner sur les conditions de visite auprès du musée de Die.* L'ancienne chapelle privée des évêques, intégrée au palais épiscopal, possède, hormis de superbes papiers peints du début du XVIIIe s, une magnifique mosaïque du XIIe s représentant l'Univers, la ***mosaïque des 4 Fleuves*** *(visible avr-sept, mer et sam 10h-12h ; entrée 2 €).* Autour d'une rosace symbolisant l'étoile Polaire, axe du monde, les 4 fleuves du paradis, figurés par des têtes de monstres humanisés crachant des filets d'eau en direction des 4 points cardinaux, irriguent le monde de leurs bienfaits. Végétation et animaux prennent alors vie dans des représentations assez naïves et plus ou moins fantastiques tout à fait savoureuses.

Une petite ***balade dans la vieille ville*** vous permettra de rencontrer des vestiges allant de l'époque antique au XVIIIe s. Voir notamment la ***porte Saint-Marcel,*** porte fortifiée de l'enceinte romaine sur laquelle on peut voir des sculptures (danseurs, taureaux, centaure, animaux attelés...) provenant d'un arc du IIe s. Nombreux autres ***vestiges des remparts romains*** au nord de la ville du côté de l'hôpital. Mais, à Die, il faut se perdre dans les dédales des jolies petites ruelles voûtées car on y découvre, au hasard de ses pas, rue Amédée-Rousset, une belle porte en accolade et une tourelle d'escalier à vis (XVe s), ou cette ***maison Perdrix,*** rue de l'Armellerie, dont la porte est décorée d'une cordelière et d'un blason. Voir aussi l'ancienne ***chapelle des Jésuites*** (fin XVIIe s, rue Amédée-Rousset), devenue temple protestant, l'autel taurobolique dédié à Cybèle sur la façade de l'ancien palais épiscopal, ou le fragment de sarcophage (IVe s) au-dessus de la porte d'entrée.

Le musée de Die : *11, rue Camille-Buffardel. ☎ 04-75-22-40-05. ● museedie.org ● De mi-juin à fin-sept, mar-sam 14h-18h ; de mi-avr à mi-juin, mar-ven 14h-17h. Entrée : 4 € ; réduc ; gratuit moins de 12 ans, étudiants et scolaires.* Installé dans un hôtel particulier des XVIIIe et XIXe s, le musée retrace plus de 8 000 ans d'histoire locale. Époque romaine largement représentée (tauroboles, mosaïques, statues, inscriptions, etc.) ; vestiges médiévaux des édifices religieux endommagés ou détruits, notamment pendant les guerres de Religion (dont une partie des chapiteaux de la cathédrale et d'intéressantes sculptures profanes) ; manuscrits et imprimés de l'époque de la Réforme, etc. Plus près de nous, une salle est consacrée à l'ethnographie et à l'histoire contemporaine locale. Belles photos de la fin du XIXe s, outils des champs, du travail de la soie, du bois ou du chanvre, etc.

Le Muséobulles – Cave de Die Jaillance : *355, av. de la Clairette. ☎ 04-75-22-30-15. ● jaillance.fr ● À la sortie de la ville, direction Crest. Boutique ouv tlj 9h-12h30, 14h-18h30 (9h-19h de mi-juil à mi-août). Plusieurs visites guidées/j. (env 45 mn) du Muséobulles ; résa obligatoire. Entrée : 5 €, gratuit moins de 16 ans. Entrée libre au « bar à bulles », pour les dégustations, et à la boutique.* D'un côté, le grand espace boutique et, de l'autre, en sous-sol, le *Muséobulles,* un espace plutôt ludique et instructif. On y remonte le temps jusqu'aux origines de la clairette-de-die et la naissance de la cave coopérative, créé en 1950 (elle comptait alors une dizaine de viticulteurs contre 230 aujourd'hui). Le système de « visite guidée audioguidée » peut sembler un peu étrange, mais rien ne vous empêche de poser des questions au guide qui introduit l'entrée dans chaque nouvel espace, son commentaire étant ensuite complété par un petit film (d'animation, en théâtre d'ombres chinoises, etc.). Et pour finir, on se retrouve au « bar à bulles » pour une dégustation de clairette et de crémant. Notez que ce ne sont pas les seuls vins ou produits locaux vendus sur place.

Manifestations

– ***Fête de la Transhumance de Die au Vercors :*** *2e ou 3e w-e de juin. Rens : ☎ 04-75-22-03-03 (office de tourisme) ou 04-75-22-12-52 (Association Est-Ouest qui organise l'événement).* Depuis près de 25 ans, Die remet à l'honneur une tradition ancestrale qui s'était un peu estompée depuis les années 1960 avec l'essor des transports en camion : la grande migration saisonnière des troupeaux vers leurs estives. Le samedi après-midi, passage (en musique) de milliers de moutons à travers les rues. Puis, le dimanche, c'est la montée vers l'alpage. Bien sûr, autour de cela, plein d'animations : musique traditionnelle, grillades, marché artisanal, spectacles, tontes, etc. Un rendez-vous populaire autour d'une tradition pastorale qui vaut le déplacement !

– ***Les Fêtes romaines :*** *dernier w-e de juil.* Organisées par la commune libre de Saint-Marcel. Le temps d'un week-end, retour dans le passé, au temps de nos ancêtres celtes et romains. Ateliers et animations gratuites, combats, défilés, bal gratuit le vendredi soir, etc.

DANS LES ENVIRONS DE DIE

Le temple de Pontaix : *à 11 km à l'ouest de Die, par la D 93. ☎ 04-75-21-20-22. De mi-juil à mi-août, tlj 15h30-18h30 ; d'avr à mi-juil et de mi-août à oct, sur résa.* Pontaix est un village pittoresque, blotti entre une butte surmontée des ruines d'un château fort et la Drôme. Sur la rive droite, la Grande-Rue possède, suspendues au-dessus du lit de la rivière, de belles maisons en pierre des XVe et XVIe s. Le regard y est immanquablement attiré par le *temple,* avec ses 2 jolies chapelles en encorbellement sur la rivière. Construit dans la 2de moitié du XIVe s, il servit un temps d'église. À l'intérieur, de superbes fresques du XVe s ont été découvertes, ainsi qu'une litre funéraire des seigneurs de Pontaix, datant du XVIe s. Noter son joli clocher, orné d'un cadran d'horloge à aiguille unique.

Le jardin des Découvertes – La Ferme aux Papillons : *route de Gap, quartier du Plot. 06-43-60-23-88. • jardin-decouvertes.com • À 3 km de Die, direction Luc-en-Diois. Ouv avr-sept : juil-août, tlj 10h-18h ; le reste du temps, tlj 10h-12h, 14h-17h. Entrée : 7 € ; réduc.* Une luxuriante serre de plantes exotiques en culture hydroponique : les plantes ne poussent pas dans la terre mais les pieds dans l'eau, nourries par un sérum liquide. Ici, des centaines de papillons d'Afrique, d'Asie ou d'Amérique du Sud évoluent autour de vous en totale liberté. D'autant plus magique que vous pourrez y observer tout le cycle de vie du papillon (écloserie, chrysalides, chenilles).

L'abbaye Notre-Dame-de-Valcroissant : *à 7 km à l'est de Die. ☎ 04-75-22-12-70. • abbayedevalcroissant.eu • Propriété privée ouv aux visites mai-sept. Visite à 17h : juil-août, lun, mer et ven ; juin et sept, mer ; mai, ven. Tarifs : 4 € ; réduc.* Dans un vallon sauvage et superbe, au pied d'un petit ruisseau et de la montagne du Glandasse, cette ancienne abbaye cistercienne vaut le détour, ne serait-ce que pour son cadre absolument splendide (c'est d'ailleurs un départ de balades, notamment vers le Pié-Ferré dans la montagne du Glandasse). Fondée au XIIe s par des moines venus de Bonnevaux, l'abbaye devint propriété privée agricole à la fin du XVIIIe s. Par bonheur, l'essentiel des bâtiments originels a été conservé, notamment l'ancienne église, le réfectoire et la salle capitulaire. L'ensemble, malgré une certaine austérité propre aux Cisterciens, possède un charme certain. Chaque année, de juin à septembre, des concerts de musique classique y sont donnés dans le cadre du festival de Valcroissant.

Le Glandasse : faisant partie de la réserve naturelle des hauts plateaux, le Glandasse est LA montagne des gens du Diois, qui en sont vraiment très fiers.

Et ils ont bien raison ! C'est vrai qu'il est majestueux ce roc, avec ses falaises qui dominent toute la vallée. Ce vaste plateau d'estive fut longtemps un refuge pour les ours du massif. C'est ici que l'on a aperçu le dernier de ces mammifères des Alpes françaises dans les années 1930. Une histoire qui contribue elle aussi à élever le Glandasse au rang de montagne sacrée ! Culminant à 2 041 m, le Dôme (ou Pié-Ferré) est le 2e sommet de la Drôme, après les 2 453 m du rocher Rond dans les aiguilles de Lus, à la limite est du département.

CHÂTILLON-EN-DIOIS

(26410) 679 hab. *Carte Drôme, B3*

Perché à 560 m d'altitude, au pied des falaises du Glandasse et surplombant la rivière le Bez, Châtillon-en-Diois est un paisible et charmant village, aux origines médiévales très marquées. Ne manquez pas de poser votre voiture pour profiter de ses charmes, qui restent insoupçonnés si l'on reste sur la route principale. Il faut aller flâner dans ces « viols » (ruelles) qui parcourent le village médiéval. On y découvre alors quelques vestiges d'anciens remparts, de ravissantes maisons en pierre avec de nombreux linteaux datés, abritant des petits jardins secrets, une jolie mairie (classée Monument historique), 20 fontaines fleuries (absolument superbes en été) et 3 clochers (temple, église et le beau beffroi du XVIIIe s).

Ce village est aussi classé « Village botanique » pour ses plantes grimpantes et s'avère très agréable en été les jours de canicule, car il reste relativement frais.

LE CHÂTILLON-EN-DIOIS ET LES COTEAUX-DE-DIE

Le village est au cœur de la zone d'AOC châtillon-en-diois, un des plus hauts vignobles de France. Vous ne serez donc pas surpris d'y voir se déployer un beau paysage de vignobles au milieu des champs de lavande et de tournesol.

L'appellation produit d'agréables vins blancs, rouges et rosés. Les rouges sont originaux car composés de gamay (75 % au moins), de syrah et de pinot noir, alors que les blancs sont issus de l'aligoté et du chardonnay.

Adresse utile

i ***Office de tourisme du Pays diois :*** *sq. Jean-Giono. ☎ 04-75-21-10-07. ● diois-tourisme.com ● Juil-août, lun-sam 9h30-12h30, 14h30-18h ; fermé dim. Horaires réduits hors saison. Congés : fin sept-début avr.*

Où dormir ? Où manger à Châtillon et dans les environs ?

Campings et gîte d'étape

Camping municipal Les Chaussières : *en contrebas du village de Châtillon. ☎ 04-75-21-10-30. 06-43-00-25-00. ● camping.chatillonendiois@wanadoo.fr ● camping-chatillonendiois.com ● Ouv d'avr à mi-oct. Forfaits 13-17,80 € ; mobile homes 130-590 €/sem.* Agréablement situé, ce camping est bordé d'une part par le village, et de l'autre, par un ruisseau (le Bez). Si l'espace réservé aux mobile homes, avec des maisonnettes alignées sur 1 ou 2 allées, n'est pas très réjouissant, les emplacements, eux, sont plutôt agréables. Très bien ombragés, ils sont installés sur de grandes pelouses plantées de nombreux arbres au feuillage généreux. En revanche, en pleine saison, on peut s'y sentir à l'étroit. Piscine de mi-juin à mi-septembre et tennis à deux pas.

Camping L'Hirondelle : *60, route de la Garenne, 26410* ***Menglon.*** *☎ 04-75-21-82-08. 07-82-75-63-80. • contact@campinghirondelle.com • campinghirondelle.com • À 3 km au sud de Châtillon-en-Diois, sur la D 140. Ouv de mi-juin à début sept. Forfaits 18-36 € ; tentes aménagées, mobile homes et chalets 308-1 321 €/sem. 170 empl. Réduc de 10 % sur présentation de ce guide.* Bien caché, au milieu des champs, dans un parc boisé de 14 ha, ce joli camping propose une centaine de beaux et vastes emplacements avec vue sur les collines de la vallée de la Drôme. Piscine avec 3 bassins et nombreuses animations en été.

Gîte d'étape La Sauvagine : *34, rue du Jocou, Grimone, 26410* ***Glandage.*** *☎ 04-75-21-10-06. • lasauvagine-grimone@orange.fr • gite-lasauvagine.fr • À env 18 km à l'est de Châtillon par la D 539. Ouv fév-nov. ½ pens 49,50 €/pers. Nuitée en dortoir 20 €. Panier-repas 10 €. Apéritif maison offert sur présentation de ce guide.* Enserrée dans un petit hameau d'altitude, cette belle maison traditionnelle accueille randonneurs et VTTistes de tout poil. Structure impeccable, avec 11 chambres simples et agréables de 2 à 5 places, et une grande salle d'activités. Fonctionnel, bien sûr, mais pas impersonnel. L'été, c'est évidemment sur la terrasse face aux cimes qu'on prend l'apéro.

Prix moyens

Chambres d'hôtes Le Colombier : *26410* ***Glandage.*** *☎ 04-75-21-21-51. 06-44-78-95-18. • lecolombier-diois.com • À env 13 km à l'est de Châtillon-en-Diois, par une superbe route. Dans Glandage, au bord de la route principale. Double 89 € (min 2 nuits en juil-août). Table d'hôtes 25 € ; panier-repas 10 €.* Le seul nom du village intrigue et attire... Croyez-nous, il tient toutes ses promesses ! Le superbe paysage bucolique qui l'entoure est une véritable invitation à la contemplation. Et cette belle demeure est un nid parfait pour profiter du cadre enchanteur : chambres spacieuses, confortables, offrant une vue dont on ne se lasse pas. Rien de chichiteux ni d'apprêté, mais une belle sobriété, des matériaux de qualité (parquet, murs de vieilles pierres), ainsi qu'un jardin où se prélasser.

Le Mont Barral : *Les Nonières, 26410* ***Treschenu-Creyers.*** *☎ 04-75-21-12-21. • contact@hotelmontbarral-vercors.com • hotelmontbarral-vercors.com • (resto). À 14 km au nord-est de Châtillon par la D 120. Fermé mar soir et mer hors vac scol. Congés : nov-mars. Doubles 71-95 €. Menus 24 € (midi en sem), puis 29-45 €.* À 850 m d'altitude, au pied des plateaux du Vercors, voici un petit hôtel tout à fait accueillant. Les chambres sont fraîches, pimpantes et confortables. Et il fait aussi bon de pouvoir dîner sur place. Piscine (couverte et chauffée au gré des saisons), sauna et bains à remous pour se détendre après l'effort. Belle terrasse ombragée.

À voir. À faire

Balade des Cabanons dans les Vignes : *sur le Domaine de Maupas. Au bord de la D 539, à 2 km du centre de Châtillon, direction Die.* Une très chouette balade *(env 1h-1h40 selon itinéraire suivi)*, à faire sur un sentier dans les vignes, au milieu des cabanons en pierre caractéristiques des vignobles de la Drôme et notamment du Diois. Ceux-ci datent de la fin du XIXe s quand, à la suite du phylloxéra, il fallut replanter de nouveaux cépages et leur administrer un traitement régulier. L'exploitation se trouvant en général au cœur du village, les cabanons permettaient de stocker le matériel et les outils à proximité des vignes. Ils servaient alors aussi d'abri pour la pause déjeuner, les intempéries ; certains, sur 2 étages, furent même utilisés comme logements temporaires. Tout cela vous sera expliqué par les panneaux qui jalonnent la promenade (et dans la cabane du départ, ne craignez pas de presser le bouton : vous n'appellerez pas le vigneron mais aurez droit à d'intéressantes explications sur le site). Le paysage devient particulièrement séduisant dans la belle lumière de fin d'après-midi.

Manifestation

– ***Festival Arts et Vigne :*** *du 1er au 2e dim d'août. • chatillonartsetvigne.free.fr •* Les festivités débutent par la fête du Vin, puis une découverte du vignoble avec une promenade, une dégustation et un repas champêtre. Puis elle se transforme en une galerie géante avec ses ateliers (peintres, céramistes, sculpteurs, artisans d'art...) pour poursuivre par de nombreuses animations (théâtre, cinéma en plein air, nuits aux torches, etc.). Très sympathique et vivant.

DANS LES ENVIRONS DE CHÂTILLON-EN-DIOIS

Le cirque d'Archiane : à Menée, sur la D 120 direction Grenoble, prenez la toute petite route qui part sur la gauche en direction d'Archiane, minuscule hameau ceint d'impressionnantes falaises étonnamment découpées. Le cirque d'Archiane se déploie devant vous, offrant à votre regard l'un des sites les plus majestueux du Diois. Haut lieu des amateurs d'escalade, ce cirque de falaises calcaires est également célèbre pour la présence de bouquetins ayant été réintroduits dans les années 1990, avec grand succès, par le parc du Vercors. Dans ses falaises nichent de nombreuses espèces d'oiseaux, dont le faucon pèlerin, l'aigle royal et, plus récemment réintroduits, le vautour fauve et le gypaète barbu. Côté flore, on y recense une dizaine d'espèces végétales protégées. Le site est inscrit depuis 1954 au titre de la protection du patrimoine paysager.

➢ Un sentier accessible à tous (le sentier des Vautours) permet de découvrir, en 3h environ, ce site grandiose. Une lunette installée par le Parc naturel du Vercors permet d'observer les vautours dans leur nid.

Les gorges des Gâts (ou des Gas) **:** *sur la D 539, en direction du col de Grimone.* Ces fabuleuses gorges resserrées le long de 10 km de falaises calcaires sont assez spectaculaires ! À mi-chemin de celles-ci, arrêtez-vous pour jeter un œil au ***rio Sourd,*** étroit couloir creusé par l'eau dans la roche. Dans ses parties les plus larges, la gorge mesure entre 20 et 30 m ; dans ses parties les plus étroites... de 1 à 2 m seulement ! Ce rio est un grand classique du Diois pour les amateurs de canyoning. Par ailleurs, l'œil attentif notera un détail curieux : les buis bien taillés tout le long de la route jusqu'à l'adorable village de ***Glandage.*** Il semblerait qu'après guerre, pour on ne sait quelle raison, un cantonnier ait commencé à tailler les buis et, depuis, la tradition se perpétue (sauf que ce sont désormais les services départementaux chargés de l'entretien des routes qui s'en occupent !).

LUS-LA-CROIX-HAUTE

(26620) 555 hab. *Carte Drôme, B3*

Aux confins du département, engoncé entre Isère et Hautes-Alpes, Lus-la-Croix-Haute ressemble à une enclave drômoise égarée au milieu des Alpes. D'ailleurs, sommes-nous encore dans la Drôme ? Eh bien oui, le village étant rattaché au Diois par son appartenance au canton de Châtillon. Lus-la-Croix-Haute a cependant un aspect beaucoup plus alpin que méditerranéen. Imaginez un village au pied d'aiguilles rocheuses formidablement altières, prenant place dans un val de montagne où hêtres et sapins se disputent la forêt.

Adresse utile

Office de tourisme du Pays diois : _rue Principale. ☎ 04-92-58-51-85. • diois-tourisme.com • De mi-juil à mi-août, ouv 9h-12h, plus sam 14h-18h ; fermé jeu. Horaires restreints le reste de l'année._

Où dormir ?

Camping Champ La Chèvre : _le Village. ☎ 04-92-58-50-14. 06-44-19-31-30. • champlachevre@orange.fr • campingchamplachevre.com • Au bord de la D 505 en direction de Grenoble et du vallon de la Jarjatte. Ouv de mi-avr à mi-sept (loc tte l'année). Forfaits 13,50-29,10 € ; hébergements locatifs. 100 empl. Réduc de 10 % à partir de 2 nuits et frais de dossier offerts sur présentation de ce guide._ Un vaste camping, dans un environnement majestueux, avec d'immenses pelouses tout en pente et arborées. Si possible, évitez les emplacements au bord de la route et préférez ceux bien en retrait, nettement plus nature et plaisants. Location de nombreux chalets, cabanes, mobile homes, *Coco Sweet* et tente *lodge,* mais ceux-ci s'intègrent bien au site. Belle piscine couverte chauffée, animations enfants gratuites en juillet-août et tennis à proximité.

Gîte d'étape et de groupe Le Point Virgule : _le Village. ☎ 04-92-58-52-79. 06-60-95-81-24. • gitepointvirgule@gmail.com • gite-point-virgule.fr • Au cœur du village, niché en hauteur, au bout d'une petite route qui grimpe raide. Sur résa. Nuitée 20 €/pers. ½ pens 40 €._ Dans une ancienne bergerie, 4 chambres proprettes de 2 à 6 lits (mais lits simples pour tout le monde) pour 15 personnes maximum, ainsi qu'une jolie pièce commune voûtée, avec cuisine équipée pour préparer sa popote. À moins de prendre la demi-pension, les repas étant préparés par le chef du restaurant *Le Pin d'Épices*.

À faire

En hiver

À 5 km du village de Lus, une vingtaine de kilomètres de pistes de ski de fond damées et balisées, ainsi que des pistes de raquettes. À La Jarjatte, petite station de ski alpin familiale avec 6 pistes et 4 téléskis. Également de nombreux départs d'itinéraires de ski de randonnée, cascade de glace, ski de couloir de 1 100 à 2 750 m. Nombreuses animations (randonnées à raquettes, descente aux flambeaux, etc.).

En été

– Nombreuses randonnées sur sentiers pédestres ou VTT. Sites d'escalade, via ferrata, parcours acrobatique, parcours d'orientation, équitation, activités de descente, baignade dans le Buëch, etc. Tennis, piscine et maison du Patrimoine au village de Lus.

LUC-EN-DIOIS (26310) 529 hab. *Carte Drôme, B3*

1re capitale septentrionale du pays des Voconces, peuple romain qui avait fait de Vaison sa capitale méridionale, *Lucus Augusti* fut supplantée par la ville de Die au IIe s de notre ère. C'est aujourd'hui un gros bourg rural qui

vit essentiellement de l'agriculture (noyers) et du tourisme. Attachant atelier du bourrelier qui valorise dans son jus ce métier de pays perdu depuis que la gomme a supplanté le sabot. Principaux intérêts alentour : le *Claps,* gigantesque chaos rocheux provenant de l'éboulement d'une assise du pic de Luc qui domine le village (site équipé pour l'escalade et la via ferrata), et la montagne de Clamontard, où l'on trouve un site d'envol pour les amateurs de parapente.

Adresse utile

Office de tourisme du pays Diois : *pl. de la Croix. ☎ 04-75-21-34-14. • diois-tourisme.com • De mi-juil à fin août, lun-sam 9h30-12h30, 14h30-18h ; horaires restreints hors saison.* On y trouve un dépliant explicatif pour parcourir le village et les infos pour visiter l'atelier du bourrelier. S'occupe aussi des résas du gîte d'étape municipal.

Où dormir ? Où manger à Luc-en-Diois et dans les environs ?

Camping

Camping Les Foulons : *rue de la Piscine, à Luc-en-Diois. ☎ 04-75-21-36-14. • lesfoulons.camping@gmail.com • campinglesfoulons.com • À 500 m du village. Ouv de mi-avr à fin sept. Forfaits 17,80-21,50 € ; tipis, cabanes canadiennes, roulottes, mobile homes, chalets et gîtes.* Camping tout simple, bien tenu, plutôt sympathique, où l'on plante sa tente sur de grandes pelouses, au milieu des noyers et des peupliers ; on regrette juste qu'il n'y ait aucun endroit où mettre à congeler des pains de glace ! Piscine municipale attenante (ainsi que le bar-restaurant), gratuite en été pour les clients du camping. Accueil charmant.

De bon marché à prix moyens

Chambres d'hôtes La Romarine : *le Village, 26310* ***Barnave.*** *06-37-22-78-29. • ventdecouleur@orange.fr • ventdecouleur.fr • À 11 km au nord-ouest de Luc-en-Diois. Doubles 87-91 €. Table d'hôtes 23 €. Tour en 2 CV offert sur présentation de ce guide.* Barbara a effectué elle-même la restauration de ses 2 très grandes chambres avec des matériaux naturels (chanvre, chaux, pierre, bois...) pour un résultat vraiment réussi. L'une se trouve sur les hauteurs du village, et l'autre au cœur de celui-ci, sous la maison de l'hôtesse, dans d'anciennes caves voûtées. Toutes 2 possèdent une cuisine. Excellent accueil.

L'Aubergerie : *le Village, 26310* ***Barnave.*** *☎ 04-75-21-82-13. • laubergerie@wanadoo.fr • laubergerie.com • À 11 km au nord-ouest de Luc-en-Diois. En saison, resto fermé mar ; en hiver, ouv ven soir, w-e, j. fériés et sur résa. Doubles 55-60 € ; studio 65 €. Menus 15-29 € ; carte 20-25 €. Apéritif maison offert sur présentation de ce guide.* Il y a des habitués qui se régalent d'un gratin de ravioles ou d'un lapin à la clairette dans la grande salle aménagée dans l'ancienne bergerie, tandis qu'à l'étage, dans le café à l'ancienne mode, les villageois jouent aux cartes. Une adresse authentique, idéale pour venir chercher un peu de tranquillité dans l'une des chambres simples et sympathiques (certaines avec kitchenette). Accueil très gentil.

Relais de Beaumont : *gare de Beaumont, D 93, 26310* ***Beaumont-en-Diois.*** *☎ 04-75-21-36-12. À 6 km au sud de Luc-en-Diois par la D 93, direction Gap. Tlj hors saison. Périodes de fermeture aléatoires, téléphoner. Carte 15-23 €.* Dans l'ancienne gare du village, une grosse maison isolée dans la vallée, que la patronne a relookée à coups de jardinières, de roses (des vraies et des fausses) et de bouquets de fleurs. On s'attable dans la salle-véranda ou en terrasse, sous les tilleuls (un peu proche de la route). Carte toute simple, clientèle du pays. Une adresse sans prétention qui dépanne bien pour faire une pause sur la route.

DANS LES ENVIRONS DE LUC-EN-DIOIS

Le Claps et le saut de la Drôme : en 1442, un pan entier du pic de Luc se détacha et se brisa en énormes blocs qui vinrent s'échouer dans la Drôme, interrompant son cours en 2 endroits et créant 2 lacs. Le plus grand, formé en amont dans la plaine de Beaumont (près de 5 km de long et profond d'une soixantaine de mètres), changea les données économiques du pays et donna lieu à de nombreux conflits entre seigneurs et paysans. Ce n'est qu'au début du XIXe s que la roche fut finalement percée, provoquant l'assèchement du grand lac et créant le fameux saut de la Drôme.
Aujourd'hui, la route serpente dans ce chaos rocheux impressionnant et contourne le petit lac (partiellement asséché), lieu de baignade appréciable aux heures chaudes (mais TRÈS fréquenté en été), avant de rejoindre la plaine du grand lac, de nouveau cultivée. Dans les environs de Beaurières, au bout de cette plaine, subsiste un marais de près de 2 km de long, abritant une diversité animale et végétale tout à fait extraordinaire. Propriété du Département, qui y a aménagé un sentier d'observation (accessible aux personnes à mobilité réduite), le *marais des Bouligons* est l'un des derniers vestiges des zones humides de la Drôme, phénomène assez unique dans ce contexte de montagnes sèches dioises.

VALDRÔME (26310) 147 hab. *Carte Drôme, B3*

Dans un cadre merveilleux, juché sur sa butte, au cœur d'une cuvette ceinte de sommets qui se promènent entre 1 300 et 1 750 m, le joli village de Valdrôme ravira les amoureux de nature. Ils pourront partir à l'assaut des crêtes de l'Aup et y rencontrer une flore (pins noirs, sapins, gentianes, orchis sureau, lis martagon, dryades à 8 pétales, anémones pulsatilles) et une faune (chamois et tétras-lyres notamment) remarquables. Et puis, à quelques kilomètres (à La Bâtie-des-Fonts, pour être précis), nous voilà, au bout du bout du Diois, dans un site qui abrite la ou plutôt les sources de la Drôme.

Adresse utile

Office de tourisme : ☎ 04-75-21-40-06. • dios-tourisme.com •

À faire

Nombreuses activités de plein air à partir du village ou de la station (à 9 km).

Un sentier de randonnée permet de faire le ***tour du Duffre*** (point culminant de la montagne de l'Aup, à 1 757 m) et offre un beau panorama sur toutes les Alpes méridionales, du mont Ventoux au massif des Écrins, des Baronnies aux montagnes du Vercors.

Également un joli sentier de découverte dans la ***montagne de la Sarcéna,*** où l'on peut observer une forêt sapinière, relique des dernières glaciations, assez rare sous cette latitude méridionale. Sapins séculaires, pins noirs et profusion de fleurs au printemps, notamment des pivoines.

La station de Valdrôme *(1 300-1 700 m)* **:** ☎ *04-75-21-47-24. Ouv juil-août.* Activités d'été : *dévalkart,* trottinettes tout terrain de descente, parcours cabane, tyrolienne, randonnées pédestres et à VTT, tir à l'arc, course d'orientation, rencontre astro-ciel en août, etc.

LA MOTTE-CHALANCON

(26470) 445 hab. *Carte Drôme, B3*

Village aux origines médiévales encore bien marquées. Historiquement et administrativement rattaché au Diois, il n'est cependant pas loin des oliviers et des champs de lavande provençaux. Qu'à cela ne tienne ! Ce joli bourg perché sur une butte possède d'agréables « calades » (ruelles au nom typiquement provençal) grimpant vers les ruines d'un ancien château fort dont il ne reste aujourd'hui que l'église (XIIe s). Vieilles maisons en pierre et placettes avec fontaines et lavoirs glougloutants.
À noter, non loin, le plan d'eau du pas des Ondes, idéal pour une petite baignade à la fraîche en fin de journée et se délasser d'une journée de rando ou de VTT, ou simplement pour faire plaisir aux enfants.

Adresse et info utiles

Office de tourisme du Pays diois : *pl. du Pont.* ☎ *04-26-66-20-34. • diois-tourisme.com • De mi juil à fin août, tlj sauf lun ap-m et dim 9h30-12h30, 14h-18h ; le reste de l'année, ouverture restreinte. Fermé de mi-sept à mars.*

Marché provençal : *lun mat, pl. du Pont.*

Où dormir ? Où manger dans le coin ?

Campings

Aire naturelle de camping de Pommerol : *Le Moulin, 26470* ***Pommerol.*** ☎ *04-75-27-25-63.* *06-87-79-14-20. • pommerol.camping@wanadoo.fr • fermedepommerol.com • À 10 km au sud de La Motte ; sur la route de Luc-en-Diois (D 61), à La Charce, tourner à droite. Ouv avr-oct. Forfait 15 €. CB refusées. 25 empl. Apéritif offert sur présentation de ce guide.* La route vaut à elle seule le détour : elle épouse les formes acérées des falaises qui enserrent la gorge pour déboucher sur un site, isolé en pleine nature, dans un environnement absolument superbe, entouré d'arbres fruitiers, où les petits pourront découvrir les activités de la ferme. Bon équipement.

Camping La Ferme de Clareau : *Le Clareau, route de Die, à La Motte.* ☎ *04-75-27-26-03. • campingfermeclareau@wanadoo.fr • fermedeclareau.com • Sur la D 61, à 1 km de La Motte, vers Luc-en-Diois. Ouv de mi-avr à mi-oct. Forfaits 14,80-19,90 € ; tentes trappeur. CB refusées. 50 empl.* En pleine campagne, sur 9 ha de terrain, amoureux des séjours au calme, au plus près de la nature, dans des paysages somptueux, ce site est pour vous ! Bon équipement. Possibilité de petit déj à la ferme. Vente de pain frais et produits fermiers. Accueil des cavaliers. Piscine.

⛺ ***Camping Le Moulin :*** *chemin du Moulin, à La Motte. ☎ 04-75-27-24-06. 📱 06-89-93-68-34. • campingmoulin@orange.fr • campinglemoulin.net • ♿ En arrivant dans La Motte par la D 61, par une petite route au niveau du pont. Ouv fin mai-fin sept. Forfaits 15-20,50 € ; caravanes et mobile homes 190-600 €/sem. 50 empl. Réduc de 10 % sur présentation de ce guide.* Un camping tranquille, situé dans le village mais bien en retrait. Site agréable, verdoyant et bien ombragé, où règne une ambiance familiale. Bon accueil et bon équipement.

Bon marché

🏠 ***Hôtel des Voyageurs :*** *420, Grand-Rue, à La Motte. 📱 06-72-41-58-81. • voyageurslamotte@gmail.com • voyageurslamotte.com • ♿ Congés : janv-fév. Doubles 62-66 €. Boisson offerte sur présentation de ce guide.* L'ancienne maison du docteur transformée en un charmant petit hôtel convivial pour les visiteurs de passage, voilà qui est pour nous plaire ! Surtout quand les prix sont aussi doux, et le confort et le cachet au rendez-vous. La déco, plutôt minimaliste, mêle en effet habilement les éléments rétro et contemporains. Jolie terrasse et jardin.

🍴 ***La Table d'Angèle :*** *ferme de l'Astière, 1360, route des Bayles, à La Motte. 📱 06-08-04-37-70. ♿ À env 3,5 km du centre de La Motte ; accès par la D 135 en direction de Saint-Nazaire-le-Désert, puis par une petite route sur la droite. Sur résa. Menu env 23 €. CB refusées.* Dans le genre « du producteur au consommateur », on peut difficilement faire mieux, puisque c'est un couple d'éleveurs de vaches limousines qui propose la table d'hôtes. Au menu, la viande de leur ferme bio accompagnée de produits simplement mais délicieusement cuisinés. Pour un repas convivial, avec des hôtes tous réunis autour de la même table, et un accueil adorable.

DANS LES ENVIRONS DE LA MOTTE-CHALANCON

👣 ***Le serre de l'Âne :*** *avt La Charce, à 7 km à l'est de La Motte-Chalancon.* Découvert en 1977, ce site est considéré comme exceptionnel par les géologues. La falaise a en effet enregistré en continu l'histoire de notre planète durant 5 millions d'années, ce qui représente un témoignage extraordinaire. Sur place, un parcours d'interprétation permet de découvrir le site.

LA VALLÉE DE LA ROANNE

Carte Drôme, B3

L'étroite et sinueuse D 135 permet de rejoindre cette splendide vallée engoncée dans une profonde gorge, au fond de laquelle coule la Roanne à la belle eau claire. Avant l'ouverture de la route en 1895 (après 40 années de travaux), les accès à la vallée ne se faisaient que par la montagne.

Au gré du dédale de ces vallées encaissées et cloisonnées, plein de villages et hameaux pittoresques : *Chalancon, Volvent* (lavandes), *Saint-Nazaire-le-Désert, Brette* (fromages, lavandes), *Gumiane, Rochefourchat* (plus petit village de France), *Aucelon, Pennes-le-Sec* (village perché), *Rimon-et-Savel...* et le superbe village de *Saint-Benoît-en-Diois* (vignobles). Perché sur une arête, ce très vieux village domine un site sauvage classé. Ne manquez surtout pas de vous arrêter pour profiter du charme de ses ruelles étroites, de ses façades de pierre aux linteaux du XIIIe s et de sa remarquable petite église romane, belle et émouvante. Le long de cette route, possibilités de se baigner en famille dans les profondes cuvettes formées par la Roanne : fraîcheur garantie (mais pas nécessairement la tranquillité en pleine saison !).

Adresse utile

Office de tourisme du Pays diois : à Saint-Nazaire-le-Désert. ☎ 04-75-27-53-10. • diois-tourisme.com • De mi-juil à mi-août, lun 15h-19h, mar et ven-sam 9h-12h30, 14h30-18h ; hors saison, horaires réduits. Fermé de mi-sept à mi-mai. Fiches de randonnée en vente.

Où dormir ? Où manger ?

Campings

***Le Moulin de Pradelle :** 26340 **Pradelle.** ☎ 04-75-21-69-96. 06-85-02-57-24. • lemoulin.accueil@orange.fr • relaislemoulin.com • Au sud de Pradelle, en direction de Saint-Nazaire. Ouv de mi-avr à mi-nov. Forfaits 17-23 € ; bungalows toilés 390-410 €/sem. 15 empl.* En pleine nature, en bord de rivière, dans un site grandiose qui se suffit à lui-même, cette aire naturelle possède un charme fou mais offre un confort plutôt rudimentaire... la quintessence du camping, en somme ! Rassurez-vous, il y a quand même de quoi faire un barbecue, et une piscine... Snack, pizzas à base de produits bio et locaux, pain au levain maison à partir de farine bio, vente de spiruline cultivée sur place, épicerie avec produits locaux.

***Camping municipal Le Pont de la Drôme à la Belle Étoile :** route d'Aurel, 26340 **Vercheny.** ☎ 04-75-21-76-39. • campingmunicipalvercheny@gmail.com • campingmunicipalpontdeladrome.com • Accès : par la D 93. Ouv de mi avr à fin sept. Forfaits 12,40-13,50 €. CB refusées. 40 empl.* Sur la rive gauche de la Drôme, donc bien en retrait de la très passante départementale de Die. Site plutôt sympa et assez calme avec ses emplacements sous de grands arbres. En revanche, n'oubliez pas votre maillet car le sol est dur (et l'herbe rare). Un seul bloc sanitaire, un peu rustique. Snack sur place. Plage au bord de la Drôme. Ambiance familiale.

De bon marché à prix moyens

***Auberge Le Domanial :** 26340 **Pennes-le-Sec.** ☎ 04-75-21-79-19. • aubergeledomanial@gmail.com • auberge-penneslesec.fr • Congés : de mi-nov à mai. Doubles 66-80 €, petit déj inclus. Chalets 5-8 pers 510-690 €/sem. Menus 21-26 €.* Dans un hameau de 15-20 habitants, à 800 m d'altitude, en pleine campagne, une auberge où l'on peut s'attabler avec, à l'étage, 4 chambres doubles. Possibilité aussi de louer des gîtes. Calme garanti !

***L'Auberge du Désert :** 4, pl. du Clédent, 26340 **Saint-Nazaire-le-Désert.** ☎ 04-75-27-51-43. • aubergedudesert@orange.fr • auberge-du-desert.com • Resto ouv tlj en juil-août ; fermé lun et dim soir sept-juin ; tte l'année, dîner seulement sur résa. Double 75 €. Menu 22 €.* Hôtel-restaurant installé dans l'ancien château d'un village de bout du monde, charmant, dans un environnement naturel superbe. Chambres tout confort, avec déco au goût du jour. Bonne cuisine au restaurant.

À voir. À faire

Au débouché de la D 135, on rejoint la Drôme qui s'insinue dans une vallée étroite et resserrée. Petit passage obligé par le village de ***Vercheny.*** Sur ses coteaux ensoleillés mûrit une grande partie des vignes productrices de clairette. Le village est dominé par les ruines du château de Barry, dont parle Giono dans *Les Âmes fortes.* À partir de Vercheny-le-Haut, un ***sentier viticole*** aménagé vous permettra d'aller à la découverte du vignoble et du travail du vigneron tout au long de l'année.

LA DRÔME

Un parcours (autour de 30 mn) tout mignon et instructif. Possibilité également de visiter un petit ***musée de la Clairette*** *(aux caves Carod, au bord de la D 93 direction Die ; ☎ 04-75-21-73-77 ; juil-août, lun-ven 9h-18h, w-e et j. fériés 10h-18h ; visite en principe libre et gratuite).* À partir de scènes reconstituées et commentées de la vie de la famille Carod, vous saurez tout de la fabrication de la clairette et de la vie en Pays diois au début du XXe s. Plein de vieux outils, pressoirs, etc.

LA VALLÉE DE LA DRÔME

SAILLANS

(26340) 1 297 hab. *Carte Drôme, B3*

Installé sur la rive droite de la Drôme, face au site majestueux des Trois Becs, Saillans est un joli village aux allures méridionales prononcées. Vivant en grande partie d'agriculture et notamment des vignes productrices de clairette, le village fut également un important centre de production de soie aux XVIIIe et XIXe s. Il a conservé tout son charme et son cachet d'antan avec son dédale de « viols » (ruelles) frais et ombragés. Lors des élections municipales de 2014, il fit aussi parler de lui à l'échelle nationale en devenant un pionnier de la démocratie participative, avec une gouvernance collégiale de sa mairie.

Adresses et info utiles

ℹ ***Office de tourisme :*** *2, montée de la Soubeyranne. ☎ 04-75-21-51-05. • valleedeladrome-tourisme.com • Juil-août, mar-sam 9h30-12h30, 14h30-18h30 ; dim 9h30-12h30. Mai-juin et sept, fermé lun et l'ap-m mer et dim. Hors saison, horaires restreints.*

■ ***Eva Location :*** *Les Samarins, 535, route de Die (D 93). ☎ 04-75-21-55-71. • evalocation.com • Avr-oct, tlj sur résa ; le reste de l'année, sur demande.* Centre multi-activités : canoë-kayak, rafting, canyoning, via ferrata, escalade, rando en trottinette de descente. Location simple ou encadrement tous niveaux.

■ ***Canoë Drôme :*** *760, route de Crest. ☎ 04-75-40-60-60. • canoe-drome.com • Ouv avr-sept.* Location de canoës, rafts et minirafts, et randonnées pour tous niveaux. Propose aussi des montées à vélo avec descente en canoë entre les bases de Saillans et Aouste-sur-Sye.

– ***Marché :*** *dim mat.*

Où manger ?

Ι●Ι ***Restaurant bistronomique Les Jeunes Chefs :*** *21, Grande-Rue. ☎ 06-52-51-09-26. • contact@lesjeuneschefs.fr • lesjeuneschefs.fr • Resto ouvert le soir du ven-dim et le midi sam-dim. Carte 40-45 €. Apéritif maison offert sur présentation de ce guide.* Une belle table, où les plats servis sont aussi beaux que bons. Pour le dodo, une grosse poignée de chambres colorées et gentiment arrangées. Accueil chaleureux.

À voir

👣 ***Le village :*** situé sur la grande voie entre l'Italie et la vallée du Rhône, ses origines remontent probablement à l'époque gallo-romaine. On y découvre, au hasard d'une balade, des placettes ombragées de platanes, de jolies fontaines, des rues voûtées d'arceaux, des maisons datant des XIVe et XVe s, d'anciennes échoppes, etc. Voir également l'église, ainsi que la *maison dite de Louis XI,* avec sa très belle et antique porte en bois clouté (Saillans aurait été le relais de chasse du roi de France, et cette maison ses écuries).

L'église Saint-Géraud : élevée au XIIe s, elle fut souvent remaniée entre le XVIIe et le XIXe s (clocher de 1828). Comme beaucoup des églises de la Drôme, elle a cependant conservé l'aspect typique des édifices romans de la région. Faisant partie d'un ancien prieuré bénédictin fondé par le comte Géraud d'Aurillac autour du Xe s, son intérieur est d'une sobriété toute monastique. À remarquer tout de même, cette ancienne borne milliaire reconvertie en bénitier !

Manifestations

- ***Festival latino :*** *le w-e de l'Ascension.* ● *lelouis11.com* ● Cours de salsa, concerts, repas à thème...
- ***Grande brocante d'été :*** *2e sam d'août, dans tt le village.*
- ***Festival du polar :*** *4 événements répartis dans l'année.* ● *anguillesousroche.fr* ● Tables rondes, dédicaces, ateliers, etc.

DANS LES ENVIRONS DE SAILLANS

LA CHAUDIÈRE (26340)

À 10 km de Saillans et 17 km de Bourdeaux, La Chaudière est un petit village typique, avec ses maisons tout en pierre, sa fontaine sur la place et sa vingtaine d'habitants. Sa population double facilement à chaque fois qu'une famille de randonneurs ou un groupe de cyclistes s'y arrête. Et ils sont nombreux à se lancer à l'assaut du superbe col de la Chaudière.

Le Garde-Manger : *2, passage de l'École.* ☎ *04-75-22-18-91.* ● *legardemanger@netcourrier.com* ● *Tlj en été sauf mer ; fermé mer-jeu hors saison. Congés : janv-fév. Résa indispensable. Dégustation à partir de 29,50 €.* Quelle surprise de trouver un tel repaire de gourmets dans cet adorable village perché, seul, dans les montagnes ! Le chef passionné (avec qui vous pouvez d'ailleurs réserver un cours de cuisine), vous y régale d'une cuisine créative et pleine de saveurs faisant la part belle aux produits du terroir. À déguster en terrasse aux beaux jours, avec vue imprenable sur les Trois Becs et le Couspeau, ou près de la cheminée quand la fraîcheur pointe son nez. On peut aussi s'y arrêter simplement pour boire un verre au bar ou encore faire le plein de produits locaux à l'espace boutique.

BOURDEAUX (26460) 670 hab. *Carte Drôme, A3*

À 23 km au sud de Saillans, au débouché de la superbe route du col de la Chaudière (D 156) qui passe au pied des Trois Becs, ce village, niché entre les collines au fond d'une vallée ample et accueillante, est installé de part et d'autre des rives du Roubion. Rive droite, le faubourg de la Recluse s'est établi autour du prieuré Saint-Savin, aujourd'hui disparu. Rive gauche, la Viale s'entasse sur les flancs d'une colline où se dressent les ruines de 2 châteaux

séparés par un gigantesque mur. En flânant dans ce vieux village médiéval aux ruelles pavées, on découvre quelques trésors architecturaux et, une fois grimpé jusqu'au château supérieur, un beau panorama sur les montagnes environnantes.

UN PEU D'HISTOIRE

Les ruines de ces imposantes fortifications que l'on découvre sur la colline témoignent des luttes que se livrèrent, au XIIIe s, les évêques de Die et le comte de Valentinois, Aymar de Poitiers. La guerre se termine en 1357 et voit la victoire des évêques qui emportent le fief dont ils restent les seigneurs jusqu'à la Révolution. Mais Bourdeaux est aussi une place forte du protestantisme, très tôt implanté dans le village et la région. Calvin lui-même aurait séjourné en 1561 au château Saint-André de Poët-Célard. Le village, qui est resté à l'écart des combats des guerres de Religion durant plus d'un siècle, paie à son tour un lourd tribut à la répression contre les réformés. Le combat des Bourelles, en 1683, voit le massacre de plus d'une centaine de protestants et la destruction du temple. C'est sans doute à ces origines huguenotes que remonte la mentalité fortement républicaine et de gauche qui marque la commune.

Terre avant tout agricole, la ville se spécialise, à partir du XVIIe s, dans la culture du chanvre et la fabrication de toiles et de draps de laine. Viennent ensuite la soie et la vigne. Avec l'ouverture des routes au début du XIXe s, la ville, très commerçante, accueille des foires réputées. Et puis, au XXe s, comme tant d'autres, le canton connaît la désertification. Comptant près de 1 500 habitants il y a un siècle, le village en dénombre quasiment 3 fois moins aujourd'hui. Les paysans, qui ont connu les difficultés de toutes les régions de polyculture, se sont réorientés vers l'élevage de la chèvre, et produisent à nouveau le picodon. En effet, des traces écrites remontant à 1361 indiquent que ce petit fromage de chèvre au goût prononcé (bénéficiant d'une appellation depuis 1983) serait né dans une ferme des Tonils, village du pays situé à 6 km de Bourdeaux.

LA DRÔME

Adresses utiles

Office de tourisme : *7, pl. de l'église. ☎ 04-75-53-35-90. ● dieulefit-tourisme.com ● Avr-sept, tlj sauf mer et dim 9h30-12h, 14h30-18h ; oct-mars, tlj sauf mer et dim 10h-12h, 14h-17h.* On y trouve le circuit du vieux village ainsi que de nombreuses fiches proposant des circuits (à pied, à vélo ou à moto) à partir de Bourdeaux, dont un sentier menant sur les pas des huguenots. Visites guidées du village en saison.

■ **Tzig'âne :** *Le Bois-Montjoux. ☎ 04-75-53-36-94. ● tziganerando.com ●* Pour découvrir le pays accompagné d'un âne bâté, Pascaline et Alain s'occupent de tout, pour des balades à la journée ou sur plusieurs jours.

■ **Tip Top Bleu Ciel :** *à* **Bézaudun-sur-Bîne.** *☎ 04-75-53-23-66. 📱 06-84-81-28-05. ● tiptopbleuciel.com ● En principe, ouv mai-oct.* Le cadre s'y prêtant bien, c'est le moment de s'initier au parapente. Vol découverte, de durée ou de randonnée.

Où dormir ?

Camping Le Gap des Tortelles : *chemin du Gap-des-Tortelles. ☎ 04-75-53-30-45. ● campinglegapdestortelles@yahoo.fr ● legapdestortelles.com ● Accès par la D 70, à la sortie de Bourdeaux, en direction de Crupies (fléchage discret). Ouv début avr-fin sept. Forfaits 13-17,90 € ; hébergements locatifs. 40 empl.* Ce petit camping situé au cœur du village possède un charme indéniable, au gré d'emplacements ombragés, sous les platanes, en bordure de rivière. Autre qualité : il compte assez peu de locatifs et ceux-ci restent très nature (tipis, paillotes, chalets). Soirées animées et piscine municipale à 100 m.

Chambre d'hôtes et gîtes d'étape Les Nuitées du Détour : *80, rue de la Traversée. 06-21-25-43-47. • lesnuiteesdudetour26@gmail.com • chambres-d-hotes-bourdeaux.fr • Sur la grande route (D 70), presque en face de la poste. Nuitée en gîte d'étape 25 €/pers. Doubles 63-67 € ; gîte d'étape 45 €. Table d'hôtes 23 €.* Dans une maison cachée au fond de son jardin (dans lequel, en saison et en journée, on peut venir boire un rafraîchissement et manger une glace), 2 chambres d'hôtes, dont on aime le côté simple et accueillant. Il y règne l'ambiance d'une maison de campagne familiale dont on aurait conservé la déco plutôt rustique. Même esprit pour le gîte d'étape, au 2e étage de la maison, où une grande pièce lumineuse abrite 3 lits superposés.

Où dormir dans les environs ?

Aire naturelle de camping Le Moulin : *80, chemin du Moulin, Le Moulin, 26460* ***Bézaudun-sur-Bîne.*** *☎ 04-75-53-37-21. • arnocampmoulin26@orange.com • camping-moulin-drome.fr • Accès par la D 156 entre Bourdeaux et Saillans. Ouv de fin avr à fin sept. Forfait 15 €. CB refusées. 25 empl. Réduc de 10 % en avr, mai et sept sur présentation de ce guide.* Une belle aire de camping soignée et lovée au bord d'un ruisseau, dans un écrin bucolique au pied du col de la Chaudière. Piscine avec buvette, jeux pour enfants, volley, basket, ping-pong, etc. Salle commune avec cheminée pour casser la croûte les vilains jours de pluie.

À voir

La Viale : *document gratuit disponible auprès de l'office de tourisme.* Petite flânerie agréable dans les ruelles : maisons en pierre, passages voûtés, « calades » pavées telle cette montée de la Chèvre-Morte, etc. À découvrir, la superbe maison du Seigneur avec fenêtres à meneaux (fin XVe s) et la tour de l'Horloge, construite au XVIe s. Mignonne petite église Notre-Dame : portail gothique surmonté d'un oculus ouvrant sur une nef rectangulaire unique et une abside en cul-de-four. Monter ensuite aux châteaux.

Les ruines des châteaux : le château inférieur était la propriété des évêques de Die. L'enceinte du village s'est appuyée sur ses murailles, dont subsiste un mur-bouclier de près de 3 m d'épaisseur, appelé « le grand manteau ». En poursuivant sur la crête, on arrive au sommet de la colline où se dressent les ruines du château construit par les comtes de Valentinois au XIIIe s. 5 siècles après son abandon, on peut encore observer l'ancienne cour intérieure, délimitée par une muraille flanquée de 3 tours, et l'impressionnant donjon carré, dont il subsiste un mur sur lequel on peut admirer une baie romane surmontée d'une archivolte décorée de palmettes et d'entrelacs. Vue splendide de là-haut.

Fête et manifestation

– **Nouvelles du conte :** *3 sem entre fin juil et mi-août.* Depuis 1988, Bourdeaux accueille le public à la ferme des Magnats à l'occasion de soirées contées. Là un conte africain, ici une nouvelle polonaise, là-bas un texte français... et partout des soirées magiques entre réel et imaginaire.

– **Grande fête médiévale :** *le 15 août.* Chaque été depuis 1961, le village revit la légende d'Alberte, fille du seigneur de Bourdeaux, et de ses 2 soupirants. Marche aux lampions (la veille), animations médiévales, repas (soupe au pistou), cortège historique, son et lumière, embrasement du vieux village, bal...

DANS LES ENVIRONS DE BOURDEAUX

Une ***balade autour de Bourdeaux*** révèle de superbes paysages et plein d'autres richesses : fermes et hameaux dispersés dans les collines, petits cimetières familiaux, temples rustiques et nombreux. Ne pas manquer l'église romane de ***Crupies*** (1 km avant le village même), reconvertie en temple au début du XIXe s (nef du XIIe s, sculptures préromanes dans la façade), et son vieux village aujourd'hui abandonné ; le village de ***Vesc*** ; ou encore le donjon de ***Mornans,*** qui veille majestueusement sur la vallée, etc.

LE POËT-CÉLARD (26460) 130 hab. *Carte Drôme, A3*

À 4 km de Bourdeaux, par la D 328. Minuscule et croquignolet village perché qui a cependant la particularité d'être... bien caché. D'où que l'on vienne, on ne le découvre qu'une fois arrivé. Ainsi en est-il de la topographie ! Mais quelle surprise et quel charme... une petite et unique rue pavée bordée de maisons en pierre qui s'élève jusqu'à un château joliment restauré. Construit à l'emplacement de l'ancien château fort des comtes de Valentinois, il fut édifié aux XVIe et XVIIe s. Abandonné un siècle plus tard, il est en très mauvais état lorsque meurt, en 1830, la comtesse de Blaïns, sa propriétaire d'alors. Après avoir connu plusieurs propriétaires et servi de carrière de pierres, le château est peu à peu réhabilité. Il appartient depuis 2010 à la commune, mais aussi à la plupart de ses habitants, associés au sein de la Société coopérative d'intérêt collectif qui gère désormais le site et le fait vivre à travers diverses manifestations. Il abrite également en son sein un hôtel-restaurant de qualité.

Où dormir ? Où manger dans le secteur ?

Yellow Village Le Couspeau : *quartier Bellevue, au Poët-Célard. ☎ 04-75-53-30-14. • info@couspeau.com • couspeau.com • À 2 km du village, direction Dieulefit par la D 328a. Ouv de début mai à mi-sept. Forfaits 18-54 € ; bungalows et mobile homes. 140 empl. Apéritif offert sur présentation de ce guide.* On vous prévient d'emblée : si c'est le camping pépère et nature que vous recherchez, ce n'est peut-être pas l'endroit pour vous, car l'ambiance y est plutôt celle d'un confortable village de vacances. En famille, en revanche, c'est parfait : piscine chauffée et couverte en moyenne saison, tennis, jeux pour enfants, bar, concerts, point restauration (le soir seulement). Quant à la situation, elle est superbe : sur un coteau, les emplacements offrent une vue sur la vallée du Roubion et les Trois Becs. Location de bungalows et mobile homes, ceux-ci se trouvant dans une zone bien distincte de celle réservée aux campeurs.

Hôtel du Château du Poët-Célard : *au sommet du village. ☎ 04-75-53-32-11. • admin@scicpoetcelard.org • chateaudupoetcelard.fr • Double 60 €. Au resto, menu 18 € ; carte 25-30 € ; assiette de tapas à partager (servie tte la journée) 18 €.* Coup de chapeau à cette structure d'une quinzaine de chambres confortables qui prône « la vie de château pour tous ». L'ensemble est sobrement mais joliment restauré, avec de beaux matériaux bruts (murs de pierre, belles poutres, etc.). Sur place aussi, le resto et sa petite carte, le bar et la terrasse avec une vue si belle à l'œil. Tout autour, les petits jardins (ouverts aussi aux non-résidents). Si, physiquement, le château domine le village, il est aussi parfaitement intégré à celui-ci. Cependant, il n'est pas rare qu'à la belle saison il soit régulièrement réservé pour des mariages le week-end.

Le Panicaut : *ferme de Lagier, route de La Montagne, 26400* ***Francillon-sur-Roubion.*** *☎ 04-75-76-00-46. • lepanicaut@gmail.com • lepanicaut.com • À 4 km à l'est de Saoû. En arrivant à Francillon-sur-Roubion, suivre la direction La Montagne. Doubles en chambre d'hôtes 70-75 €. Roulotte (jusqu'à 5 pers) 445-595 €/sem (hors saison, possibilité aussi de louer à la nuitée pour 2 nuits minimum) ; loc également d'un gîte 4 pers.* Dans un très grand et très beau corps de ferme (toujours en activité) magnifiquement situé, sur les hauteurs, 3 types d'hébergement : la chambre d'hôtes, qui peut accueillir jusqu'à 4 personnes ; le gîte pour 4 ; et la belle roulotte. Équipée de sa cuisine et de sa salle de bains, cette dernière se révèle confortable et plutôt spacieuse. Pour tout le monde, un aménagement soigné, coquet, et un beau bout de jardin privatif avec une superbe vue, qui sur le mont Angèle, qui sur le Couspeau ou encore le massif de la forêt de Saoû.

Chambres d'hôtes La Ferme de Pauroux : *chez Thierry et Sabine Chambrillon, 27, route de Bourdeaux, lieu-dit Pauroux, 26460* ***Mornans.*** *☎ 04-75-53-48-98. • info@pauroux.com • pauroux.com • Au bord de la D 538, à 3,4 km du Poët-Célard et 4,3 km de Bourdeaux. Doubles 64-70 € ; familiales. Table d'hôtes 28 €.* Une atmosphère paysanne douce et bucolique, une déco brute et sans fioritures font tout le charme de la ferme, belle bâtisse en pierre construite en 1839. Les repas, à base de produits locaux, sinon du jardin, se prennent à la table familiale, dans la cour ou dans l'antique salle à manger.

SAOÛ

(26400) 594 hab. *Carte Drôme, A3*

Saoû – prononcer « Sou » –, traversé par la Vèbre (du latin *biber,* « castor » en v.f.), est dominé par un surprenant rocher. Le Roc, véritable nid d'aigle surplombant le village du haut de ses 170 m, portait autrefois un château fort, aujourd'hui disparu. Sur ses pentes s'établit l'actuel hameau du Château, alors qu'un « bourg des Églises » était déjà né en rive droite de la Vèbre autour de l'abbaye Saint-Thiers fondée au Xe s (vestiges). Entre les 2 villages, le lien se fait par le « faubourg de l'Oume », jolies rues aux vénérables maisons en pierre, certaines portant des frontons dont les dates remontent au XVIe s. Non loin, les 2 500 ha de la forêt de Saoû, sauvage et verdoyante, parfaite pour des balades en famille, à pied ou à vélo.

Saoû est un village très mignon, agréable, pittoresque et animé. Une fois par an, le 3e week-end de juillet, il grouille, s'agite et s'anime d'un mouvement tellurique : c'est la *fête du Picodon.* Dans les ruelles, de nombreux picodonniers exposent leurs petits fromages ronds tandis que les artisans se joignent à la troupe des musiciens et des artistes de rue. Ça vaut le déplacement !

Adresse et info utiles

Office de tourisme : *pl. de l'Église. ☎ 04-75-63-10-88. • valleedeladrome-tourisme.com • Ouv tlj en juil-août ; horaires réduits hors saison.*

– **Marchés :** *sam mat ; marché de producteurs en juil-août, mer 18h-19h30.*

Où dormir ? Où manger ? Où boire un verre ?

Camping municipal La Graville : *route de la Forêt. 📱 06-78-73-11-96. • contact@camping-saou.fr • camping-saou.fr • ♿ À 1 km du village, par la D 136. Ouv avr-fin oct. Forfaits 14,50-16,10 € ; hébergements locatifs. CB refusées. 40 empl.* Situé dans un petit bois, au bord de la Vèbre, aux portes de la forêt de Saoû et du site d'escalade de la Graville. Très simple – les sanitaires sont même assez rustiques – mais l'environnement se révèle charmant et tranquille. Et puis on aime bien les tentes tout équipées pour 2 personnes, et surtout, la cabane en bois tout au bout du camping, peinarde, au bord de la rivière. Snack en juillet-août *(fermé jeu).* Un petit camping vraiment sympathique.

L'Oiseau sur sa Branche : *5, la Placette. ☎ 04-75-76-02-03. • restaurant@loizo.fr • Fermé lun-mar sauf en été. Congés : sem de Noël. Résa conseillée. Formule déj en sem 15-22 € ; menus 22-36 € ; carte env 40 €.* Plus de 25 ans déjà que ce resto de village a été métamorphosé par un restaurateur poète qui, après avoir roulé sa bosse, est venu ici apporter un peu de la magie du monde. Belles assiettes, composées comme un tableau, riches en couleurs et en saveurs. Grande terrasse sous les platanes, où l'on mange bercé par le bruit de la fontaine qui garde aussi au frais les bouteilles d'eau servies aux clients.

Cerise et Vinaigrette : *Les Cremas. ☎ 04-75-43-17-34. • ceriseetvinaigrettedromenature@gmail.com • Tlj en juil-août ; sinon, fermé mar-mer. Congés : déc-fév. Menus du jour le midi en sem 19,50 €, puis 27,50-29,50 € le soir ; carte 12-18 €.* L'ancien hangar agricole abrite aujourd'hui un resto et s'est mué en un cadre convivial et coloré. Mignonne petite terrasse en contrebas de la route, sous le platane. À la carte, très peu de choix mais de bons produits locaux et des plats simples et goûteux, sans chichis. Service aimable et pro.

Le Domaine du Roc : *52, chemin de la Haulty, Sissac. ☎ 04-75-43-96-29. • contact@ledomaineduroc.com • ledomaineduroc.com • À 2,5 km du centre de Saoû ; accès par la D 136, direction Aouste et la forêt de Saoû ; à 300 m après la sortie du village, peu avt une tour, prendre à droite le petit pont sur la Vèbre, et c'est parti pour la montée ! Ouv Pâques-nov. Doubles 150-160 €.* Envie d'un petit coup de folie et de monter dans un petit paradis bien terrestre ? Bienvenue dans cette ferme du XVIIIe s magnifiquement restaurée, accrochée à la colline, dans un cirque rocheux, et offrant une vue splendide. On adore la piscine, les jardins en terrasses, les belles chambres où la vieille pierre et le bois restent très présents... Un lieu dont il est difficile de repartir.

Markus (La Brasserie du Val de Drôme) : *10, route de Bourdeaux. ☎ 04-75-76-43-24. • markusbiere.com • Magasin ouv tte l'année, mais fermé le w-e hors saison. Pour le bar : mars-oct tlj.* On reconnaît aisément la maison à l'hippopotame qui orne sa façade (et ses étiquettes). Si aujourd'hui les brasseries artisanales sont légion dans la Drôme, Markus fut l'un des précurseurs de ce phénomène, avec ses délicieuses bières non filtrées, non pasteurisées, brassées sur place à l'eau de la forêt de Saoû et déclinées en 5 couleurs : blonde, blanche, brune, rousse et ambrée. En saison, le bar est un lieu bien agréable où boire un verre avec un p'tit quelque chose à grignoter. Et c'est encore mieux quand on peut s'installer dans le délicieux jardin à l'arrière. Propose aussi, en saison, des expos, représentations théâtrales, apéros-concerts...

À voir. À faire à Saoû et dans les environs

La forêt de Saoû : s'étirant sur 12 km de long entre les falaises de Roche Colombe (886 m) à l'ouest et celles des Trois Becs – le Veyou (1 589 m), le Signal (1 559 m) et la roche Courbe (1 545 m) – à l'est, cette formation montagneuse ressemble à une coque de bateau renversée. La forêt a en effet la particularité d'être nichée dans un « synclinal perché » (partie creuse d'un plissement de terrain qui se retrouve en hauteur parce que l'érosion a rongé ses alentours), une curiosité qui lui a valu d'être longuement étudiée par les géologues.
La forêt, propriété du conseil départemental, est classée espace naturel sensible. Elle représente 2 500 ha plantés de hêtres, de chênes, de châtaigniers, de frênes, de cèdres de l'Atlas, etc. On y trouve une faune riche : chamois, sangliers, fouines, belettes, marmottes, rapaces (dont un couple d'aigles royaux qui y a élu domicile).

Lieu de refuge et de culte clandestin pour les protestants jusqu'au XVIIIe s, elle abrite un maquis pendant la Seconde Guerre mondiale. En représailles, le 30 juin 1944 (donc 3 semaines après le débarquement en Normandie), les troupes allemandes incendient toutes les fermes de la forêt et bombardent le village.
En plein cœur de la forêt, voir l'ancienne *Auberge des Dauphins,* dont l'architecture est inspirée du Petit Trianon. Amoureux de la vallée et de ses arbres, le richissime industriel alsacien Maurice Burrus achète la forêt en 1924 et en reste propriétaire jusqu'à sa mort, en 1959. Il marque profondément le site de son empreinte, en y introduisant de nouvelles essences d'arbres et en y faisant construire une route touristique et cet étonnant bâtiment en 1934. S'y trouvent alors 2 grandes salles de restaurant, tout en lustres, glaces et faux marbre. Malgré la qualité de la cuisine (2 étoiles au *Michelin* quand même !) et les splendides fêtes organisées « au château », l'*Auberge des Dauphins* ne réussit pas à s'imposer, et la guerre vient porter le coup de grâce aux rêves de Burrus. Aujourd'hui, le site possède un charme suranné très émouvant. Après la restauration du bâtiment pilotée par le conseil général, l'*Auberge des Dauphins* est récemment devenue « Maison de site » (visite gratuite du rdc mais expositions à l'étage payantes).
– La forêt est bien évidemment très riche en ***balades.*** Fiches randos à disposition à l'office de tourisme. Les musts : Roche Colombe et les Trois Becs, bien sûr.
– On y trouve également plusieurs ***sites d'escalade*** : 600 voies équipées, des plus faciles au niveau le plus haut ! Possibilité de sorties accompagnées toute l'année (initiation ou perfectionnement). Accessible aux enfants à partir de 6 ou 7 ans. Renseignements auprès du *Club alpin français* (☎ 04-75-76-02-73 ; • caf-saou-synclinal.com •) ou de *Rokapic Escalade* (📱 06-76-93-16-29). Et topo en vente à l'office de tourisme.

LA DRÔME

Fête et manifestations

– ***Saoû chante Mozart :*** *1 mois fin juin-fin juil. • saouchantemozart.com •* Saoû chante Mozart tous les étés, autour d'un thème et d'invités prestigieux. C'est le seul festival français consacré à Mozart, et ses concerts s'étendent sur toute la Drôme.
– ***Fête du Picodon :*** *le 3e dim de juil. • fetedupicodon.com •* On y a vu jusqu'à 15 000 amateurs, attirés par les producteurs de ce petit fromage, mais aussi par les concerts et les animations.
– ***Foire aux fruits d'hiver :*** *le 3e dim de nov.* Il s'agit d'une foire traditionnelle, qui date du temps de Diane de Poitiers. Remise au goût du jour en 1997, elle est consacrée aux produits du terroir et devenue le pendant de la fête du Picodon. À l'époque de sa création, on y faisait des provisions pour l'hiver. Aujourd'hui, jeunes et anciens découvrent ou redécouvrent les produits de l'hiver.

CREST

(26400) 8 773 hab. *Carte Drôme, A3*

Crest (prononcez « Cré ») est une petite ville bien vivante, qui s'étage depuis les quais de la Drôme jusqu'à cette tour imposante qui se voit de loin. Située sur les hauteurs du débouché de la Drôme dans la plaine de Valence, la tour, imposant donjon qui domine tout le paysage du haut de ses 52 m (le plus haut de France !), est aujourd'hui encore la véritable gardienne de la porte des Préalpes drômoises. Déjà, on aperçoit un peu plus loin les Trois Becs, ces altières montagnes qui ouvrent la porte du Diois. Le vieux quartier au pied de la tour recèle de jolies ruelles étroites, des escaliers zigzagants (et parfois éprouvants, voire glissants !), quelques vieilles demeures cachant des placettes ombragées de platanes, où sont installés quelques bistroquets.

La ville possède le plus long pont en bois de France (92 m), qui enjambe la Drôme. Les jours de marché ou lors de son superbe festival de jazz vocal, vous découvrirez que Crest n'est pas seulement une grosse bourgade active et commerçante.

Arriver – Quitter

En bus et en train

Gare SNCF : *5, bd du 6-Juin-1944. ☎ 36-35. • oui.sncf •* Crest est desservie par la ***ligne Valence-Gap-Briançon.***

Pour toutes les informations sur les transports en bus : *• auvergne rhonealpes.fr • oura.com • keolis-drome-ardeche.fr •*

➢ ***Liaisons en car SNCF avec Valence, Die et Luc-en-Diois :*** une vingtaine de bus/j. pour Valence et Die, 4/j. pour Luc-en-Diois (ligne n° 28).

➢ ***Liaisons en TER avec Briançon :*** 2 trains/j. Trajet : 3h.

Adresse et info utiles

Office de tourisme de Crest-Saillans : *pl. du Général-de-Gaulle (à côté de l'église). ☎ 04-75-25-11-38. • valleedeladrome-tourisme.com • Mai-sept, mar-sam 10h-12h, 14h-17h (18h en été, plus dim mat et lun) ; le reste de l'année, fermé dim-lun et jeu.* Outre les visites guidées proposées, fait aussi billetterie pour les festivals.

Marché : *mar et sam mat.*

Où dormir ? Où manger ?

Camping-club Les Clorinthes : *quai Soubeyran. ☎ 04-75-25-05-28. • contact@lesclorinthes.com • lesclo rinthes.com • Sur la rive gauche de la Drôme, traverser le pont et prendre la 1re à gauche sur 600 m. Ouv de mai à mi-sept. Forfaits 20,50-28,10 € ; mobile homes, bungalows toilés et chalets. 180 empl. Réduc de 10 % sur les emplacements en basse saison sur présentation de ce guide.* Grand camping agréablement aménagé, dans un beau parc, avec des emplacements ombragés. Bon équipement (belle piscine, snack, lave-linge, salle TV, etc.), location de vélos et de canoës. Activités sportives et animations en saison.

Chambres d'hôtes Café Soie : *17, rue Archinard. 06-18-53-77-70. • hello@cafe-soie.com • cafe-soie.com • Café-resto : en été, tlj sauf lun 8h30 (17h dim)-21h ; en hiver, mar-sam 8h30-17h (22h ven). Doubles 85-120 €. Formules déj 12-16 €.* Les chambres d'hôtes occupent les étages de cette maison tout en hauteur du centre-ville, tandis que le joli café-resto, lui, squatte le rez-de-chaussée (ainsi que la rue en été !). Une ambiance bohème mais plutôt bohème chic, avec des chambres de belle taille, confortables, à la déco personnalisée pour que vos nuits soient douces et le séjour convivial. Une même convivialité que l'on retrouve dans le chaleureux café. On peut venir y petit-déjeuner, déjeuner, goûter, boire un verre : très bons cafés, des petits plats sains, nature et goûteux, de savoureux gâteaux, des bières artisanales... Vous l'aurez compris : un lieu où il fait bon se poser.

Chambres d'hôtes Le Clos des Secrets : *10, rue Georges-Bovet. 06-86-28-15-79. • domynicole@ wanadoo.fr • closdessecrets.com • À deux pas du vieux centre-ville ; l'entrée se trouve sur la route menant au parking de la Tour. Double 98 €.* Malgré le bon siècle d'existence de la demeure (même si celle-ci fut de toute évidence construite en plusieurs étapes, d'où une structure intérieure assez étonnante), l'intérieur de cette grande maison est plutôt contemporain, avec des chambres accueillantes et très confortables. Dans le jardin à l'arrière ceint de hauts murs, pour les petits déj en été, jolie terrasse donnant sur la piscine. Accueil en douceur.

La Part du Colibri : *27, rue Archinard. ☎ 04-75-43-00-67. • lapartducolibri.crest@lilo.org • Fermé lun-mar, plus dim soir hors saison. Congés : mars-avr et oct. Résa conseillée. Menus 17,50 € (déj en sem), puis 26-32 €.* Ici, le seul nom des plats vous invite à laisser gambader votre imagination. Et le mieux, c'est qu'une fois en bouche on n'est pas déçu ! Si la cuisine met à l'honneur les produits locaux et bio, graines et épices lui apportent une délicieuse petite touche d'ailleurs. Et malgré la carte assez courte, il y en a pour tout le monde : carnivores, végétariens... et apparemment, ça se sait, car le petit espace se remplit très vite !

La Salle à Manger : *pl. du Champ-de-Mars. ☎ 09-52-15-52-76. 06-32-15-31-06 • philippe.guyennet@yahoo.fr • Sur la rive gauche de la Drôme. Ouv tlj en juil-août ; fermé mer le reste de l'année. Congés : une sem en sept. Formule déj en sem 18-25 € ; formules ou menus 23-34 €. Café offert sur présentation de ce guide.* Situé aux abords d'un grand parking, avouons que l'environnement de ce restaurant n'est pas des plus sexy. Rassurez-vous : l'agréable terrasse et la salle soignée à l'intérieur compensent amplement le léger manque d'attractivité du quartier ! Si les propositions de la formule du jour le midi sont vraiment simples (ce qui ne les empêche pas d'être bonnes !), celles du petit menu se révèlent un peu plus travaillées. Quoi qu'il en soit, l'esprit reste le même : celui d'une cuisine de bistrot qui évolue au gré des saisons.

Où dormir ? Où manger dans les environs ?

Gervanne Camping : *1175, av. des Trois-Becs, 26400* ***Mirabel-et-Blacons.*** *☎ 04-75-40-00-20. • info@gervanne-camping.com • gervanne-camping.com • Accès par la D 93. Ouv avr-sept. Forfaits 16-30 € ; mobile homes, chalets, tentes lodges luxe et trappeur, « campalune » sur pilotis à 4,60 m du sol. 174 empl.* De part et d'autre de la route (et d'un pont), voici un camping si ingénieusement et joliment aménagé qu'on en oublie que les voitures passent à côté. Les hébergements locatifs et les emplacements réservés aux campeurs font ici bon ménage, car bien séparés les uns des autres, et mention spéciale pour l'environnement des 1ers qui disposent tous d'un bel espace privé. Par ailleurs, si les activités proposées sont nombreuses (accès à la rivière et à sa plage, une belle piscine, etc.), elles sont elles aussi bien isolées et ne menacent pas la paix des campeurs. Certes, les prix sont un peu élevés en saison, mais la qualité est vraiment au rendez-vous et l'accueil absolument charmant. Un de nos coups de cœur dans la région !

Hôtel du Midi – Bar-restaurant Chez Vous : *3-5, route du Vercors, « Les Vignes », 26400* ***Beaufort-sur-Gervanne.*** *☎ 04-75-41-55-82. • chezvousdrome@gmail.com • hoteldumididrome.com • Ouv tlj en juin-août ; fermé lun hors saison. Doubles 75-90 €. Menu déj en sem 16 € ; pizzas 11-15 € ; carte 20-30 € ; menu 32 €.* L'hôtel d'un côté, le bar-resto de l'autre. Pour le dodo, des petites chambres simples, propres, remises au goût du jour. Pour le miam-miam, il y en a un peu pour tous les goûts (même si la carte est relativement restreinte hors saison) : plats du moment, salades, ravioles, burgers, pizzas (le soir). Aux beaux jours, sympathique terrasse ombragée sur le côté.

Chambres d'hôtes Le Mas Théophile : *La Vaumane, 26400* ***Chabrillan.*** *☎ 04-75-41-11-48. 06-88-50-41-85. • le-mas-theophile.com • À env 8 km au sud-ouest de Crest. Doubles 75 €.* Ceint d'une douce campagne avec, se détachant à l'horizon, les monts environnants, ce mas offre 5 chambres confortables. Parquets, murs de vieilles pierres et meubles anciens préservent le caractère des lieux, tandis que de petites touches plus contemporaines apportent un peu de peps à la déco et ancrent les chambres dans leur époque. Jolis extérieurs arborés et fleuris, avec une agréable terrasse... sans parler de la piscine !

Auberge La Plaine : *Mourier, La Plaine, 26400* **Chabrillan.** *☎ 04-75-62-82-69. • info@aubergelaplaine.fr • aubergelaplaine.fr • À env 7 km à l'ouest de Crest. Congés : nov-mars. Ouv seulement le soir. Résa indispensable. Menus 27-30 € ; plats 18-25 €.* Seule au milieu des champs, une auberge installée dans un ancien corps de ferme très bien restauré, avec sa belle cour fermée. Un lieu bucolique à souhait pour dîner.

Achats

Façon Chocolat : *32, rue Archinard. ☎ 04-75-25-01-94. En saison, lun-jeu 8h30-12h30, 14h-19h ; ven-sam 9h30-12h30, 15h30-19h. Fermé dim. En hiver, lun-ven 8h30-12h, 14h-18h30 et sam 9h30-12h, 15h30-19h.* En route pour un retour aux sources du cacao, sans adjuvants ni matières grasses ! Presque un sacerdoce... On pourra en tout cas observer les artisans au travail, et goûter un surprenant chocolat... 100 % cacao !

La Frigoulette : *10, rue de la République. ☎ 04-75-57-24-11. Mar, ven et sam 9h30-12h30 (13h sam), 15h-19h (14h30-18h sam). Congés : 3 sem en janv.* L'atelier de ce chocolatier se trouve à Beaufort-sur-Gervanne (voir « Dans les environs de Crest »), mais on peut aussi découvrir sa production à la boutique !

LA DRÔME

À voir. À faire

La tour de Crest : *chemin du Donjon. ☎ 04-75-25-32-53. • tourdecrest.fr • Juil-août, tlj 9h-19h ; avr-juin et sept, tlj 10h-19h ; oct et vac Toussaint tlj 10h-18h ; vac d'hiver et Noël, tlj 10h-18h ; w-e janv-mars et nov-déc 10h-18h. Dernière admission 1h avt fermeture. Entrée : 8,50 € (9,50 € juil-août car animations et visite guidée incluses dans le prix) ; réduc. Possibilité de descendre la tour en rappel mer et sam ap-m en juil-août (sur résa ; 10 € + prix d'entrée). En juil-août, plusieurs fois/j., des visites guidées « introductives » se déroulant à l'extérieur de la tour vous donnent les clés pour mieux comprendre son histoire et son architecture. Pour vous mettre dans l'ambiance, également une sympathique animation théâtralisée :* L'évadé de 1789 *(4 fois/j ; durée : env 30 mn), ainsi qu'une nouvelle muséographie composée de cellules reconstituées retraçant l'histoire des prisonniers. En 2021, à l'occasion des 900 ans de la tour, diverses autres animations proposées.* L'extérieur est saisissant, l'intérieur impressionnant. La tour de Crest, dont les origines sont mal connues, fut le donjon d'une importante citadelle. Âprement disputée au cours du Moyen Âge et des guerres de Religion, celle-ci fut démantelée sur ordre de Louis XIII en 1633. Seul le donjon fut épargné.

On y découvre une parfaite illustration architecturale de ses fonctions militaires : dimensions impressionnantes (32 m de long sur 20 m de large et 52 m de hauteur, **le plus haut donjon de France** !), murs atteignant jusqu'à 4 m d'épaisseur, cachots, bretèches et meurtrières jalonnent un parcours où le Moyen Âge a laissé son empreinte. Mais la tour, qui fut également un lieu d'habitation pour les seigneurs de l'époque, était aussi conçue pour résister le plus longtemps possible à un siège. Rien d'étonnant alors d'y trouver une immense citerne alimentée par les eaux de pluie, des celliers, un grenier, et même un moulin (aujourd'hui disparu).

À partir du XVIIe s, le donjon devient une sorte de Bastille provinciale (il était d'ailleurs surnommé « la Bastille du Sud » dans la région). On y enferma protestants, détenus politiques, détenus de droit commun, libertins, prêtres réfractaires ou républicains. La tour est définitivement évacuée en 1852, mais le souvenir des prisonniers perdure grâce aux centaines de graffitis qui couvrent ses murs, offrant de vivaces et émouvants témoignages de leurs souffrances ou de leurs espoirs.

Du sommet de la tour, après avoir grimpé un peu plus de 200 marches, un petit tour sur les terrasses vous offre une vue exceptionnelle des Alpes jusqu'aux monts d'Ardèche.

Balade dans la vieille ville : mieux vaut monter à la tour en empruntant les rues médiévales du vieux Crest (ou se garer au parking de la tour et descendre dans le centre par les ruelles tout en descente). Belle façade avec balustres en fer forgé et têtes sculptées (XVIIIe s) au no 14, rue de la République. C'est la maison du Pin, où sont représentés les 7 péchés capitaux (visages sculptés saisissants). Au no 2 de la même rue vécut Antoine de Pluvinel, initiateur de l'équitation moderne et écuyer d'Henri IV. D'autres belles façades et maisons de la fin du XVIe s rue des Cuiretteries, ainsi que la chapelle des Cordeliers du XVIe s, l'ancien couvent des Ursulines du XVIIe s, l'église Saint-Sauveur (XIXe s) de style néoclassique italien avec ses 4 colonnes cannelées. Mais également de sombres passages couverts qui montent vers la tour, offrant un beau panorama sur la ville, des lavoirs pittoresques, un escalier (des Cordeliers) taillé en partie dans la roche. Une vieille ville qui invite vraiment à la flânerie (et vous muscle les mollets).

Le pont en bois : non loin du centre, chevauchant la Drôme, le plus long pont en bois de France (92 m) fut réalisé en 2001 pour rejoindre les 2 rives, mais aussi pour redynamiser la filière bois de la région et pour ses qualités écologiques.

Fête et manifestations

- ***Fête médiévale :*** *le w-e de la Pentecôte.* Toute la ville est en fête : spectacles de rue, démonstrations, bénévoles en costumes...
- ***Festival de musique sacrée :*** *en juil-août, à l'église Saint-Sauveur.* Concerts destinés à un large public, ayant aussi pour but de financer la restauration de l'orgue.
- ***Crest Jazz Vocal :*** *la 1re sem d'août.* • *crestjazzvocal.com* • Concerts éclectiques et variés d'artistes puisant, de près ou de loin, leur influence dans le jazz. Un stage de voix est également organisé durant la semaine du festival.
- ***Festival Futura :*** *en août.* • *festivalfutura.fr* • Festival international de musique acousmatique (musique au son dont on perçoit l'effet sans en avoir la cause) à l'espace Soubeyran.

DANS LES ENVIRONS DE CREST

LA VALLÉE DE LA GERVANNE ET LES GORGES D'OMBLÈZE

Petite excursion en direction du Vercors. À l'est de Crest, la D 70 permet de parcourir une bien jolie route, le long de la Gervanne. Depuis le col de la Bataille, la rivière et ses affluents ont façonné des vallées où, dominant plaines et bassins, quantité de charmants villages ont pris place : ***Montclar-sur-Gervanne,*** perché sur sa motte castrale et dominé par son émouvante petite église romane ; ***Suze*** et son minuscule vieux village reconstruit pierre par pierre par ses habitants ; ***Beaufort-sur-Gervanne*** et ses importants vestiges (enceintes des remparts, donjon) qui nous rappellent ses origines médiévales ; ***Gigors-et-Lozeron,*** 2 hameaux désormais réunis, et leur église romane Saint-Pierre qui domine les vallées de la Sye et de Chantemerle... Dans le bas de la vallée, mûriers, anciens bâtiments de moulinage et filatures nous rappellent cet âge d'or où la soie, et plus généralement le textile, faisait partie de la vie quotidienne. Un peu plus haut, on remarque les collines parfumées de lavande et de thym, et on découvre qu'aujourd'hui la vie continue autour de la production et la transformation des plantes aromatiques et médicinales.

La Frigoulette : *Les Bérangers, 26400* ***Beaufort-sur-Gervanne.*** *☎ 04-75-43-09-75. Un peu en dehors du village, à env 1 km par un petit chemin (fléché). Avr-déc, lun-sam 9h-12h, 14h-18h (10h-12h30, 13h30-18h le sam).* La Frigoulette, entreprise artisanale, associe le chocolat aux huiles essentielles pour démultiplier les vertus de ces dernières ! Concernant le chocolat, seule la fève de São Tomé est utilisée et aucune graisse animale n'est ajoutée.

À ***Plan-de-Baix,*** village dominé par la montagne du Vellan et encadré de 2 profonds vallons, voir l'intéressante petite église romane du XIIe s.

Les gorges d'Omblèze : *après l'auberge* Le Moulin de la Pipe.
Elles sont bordées de grandes falaises d'où surgissent de superbes cascades de tuf, particulièrement spectaculaires au printemps, après la fonte des neiges. La plus célèbre est celle de la Grande Pissoire, mais la plus impressionnante reste la chute de la Druise, qui se jette de ses 72 m de hauteur (un conseil : prévoir de bonnes chaussures pour la descente).
Le coin recèle aussi de superbes randonnées, notamment vers le plateau d'Ambel et le roc de Toulaud. Une autre très belle balade à faire, à partir du *Moulin de la Pipe* : le canyon des Gueulards (à éviter après une période de pluie). Pas vraiment balisé mais très spectaculaire avec ses passages resserrés, ses échelles, ses cordes... Humidité et luminosité lui donnent une ambiance « île mystérieuse » assez magique.

Auberge Le Moulin de la Pipe : *26400* ***Omblèze.*** *☎ 04-75-76-42-05. ● reservation@moulindelapipe.com ● moulindelapipe.com ● Resto ouv tlj en hte saison ; fermé le mar-mer hors saison. Congés : d'oct à mi-mars. Résa conseillée en saison. Doubles 82-92 €. Menus 95-115 €. Café offert et réduc de 10 % sur le prix de la chambre sur présentation de ce guide.* Au cœur de cette vallée reculée, parmi les gorges et tout à côté de l'impressionnante chute de la Druise, cet ancien moulin classé draine une clientèle de tous âges et de tout le département. C'est simple, convivial, que ce soit dans la chaleureuse salle de resto en mezzanine, ou sur la terrasse. Les chambres sont agréables et bien tenues.

Le site du roc d'Anse : un des plus beaux spots d'escalade de la Drôme, équipé de près de 250 voies de tous niveaux, dont une vingtaine de belles grandes voies.

ALLEX

(26400) 2 595 hab. *Carte Drôme, A2*

À 8 km à l'ouest de Crest. Mignon village perché dont l'origine remonte au XIe s. Il domine la plaine de son imposant sanctuaire Saint-Joseph et de ses ruines de la motte de la Tour-Ronde (l'une des nombreuses propriétés de l'évêché de Valence). Jolie petite balade dans un dédale de ruelles, passages et escaliers offrant de beaux points de vue sur la plaine de la Drôme.

Où dormir ?

Chambres d'hôtes La Demeure du Mokuso : *314, chemin du Pontet. ☎ 04-75-42-17-38. ● demeuredumokuso@gmail.com ● demeure-mokuso.fr ● À 1 km d'Allex, sur la D 93 en direction de Valence et Fiancey. Doubles 78-88 € ; familiales. Table d'hôtes 23 €.* « Mokuso », c'est le terme préliminaire aux arts martiaux, qui signifie « le moment où l'on se détend, on quitte ses tensions pour trouver le calme ». Pari gagné pour Florence et Pascal : leur ancienne ferme procure ce calme et cette détente. Les 5 chambres (avec entrée indépendante pour chacune) sont aussi confortables qu'accueillantes. 3 d'entre elles peuvent accueillir jusqu'à 3-4 personnes. L'ancienne grange est devenue un immense salon pour les soirées d'hiver avec sa grosse cheminée, sa grande table d'hôtes et son bar. L'été, patio à l'abri du soleil et du vent, pour qui veut se (re)poser. Autour, la nature est présente partout, sans barrière. Belle piscine plein sud pour se rafraîchir.

À voir. À faire

L'aquarium des Tropiques : *23, route de Crest. ☎ 04-75-62-62-11. • aquarium-des-tropiques.com • Juil-août, tlj 10h-19h ; vac scol zone A sauf à Noël, tlj 10h-18h ; le reste de l'année, tlj 13h30-18h. Entrée : 9 € ; 6,50 € 3-15 ans.* Thématique, cet aquarium présente environ 200 espèces de poissons tropicaux d'eau douce, originaires d'Amérique centrale, d'Amérique du Sud, d'Asie, d'Afrique et d'Océanie. Après un détour par le bassin aux tortues, les visiteurs partent à la découverte de cette faune fascinante, aux couleurs et aux formes fantastiques. Parmi nos préférés, la raie d'eau douce ou le marrant *Gnathonemus petersi,* plus simplement et justement nommé poisson-éléphant avec sa bouche en forme de trompe. Aquarium ludique et pédagogique permettant de découvrir la biologie et le comportement des poissons. Un livret est remis aux enfants, qui sont invités à résoudre une énigme sur un poisson mystère.

La réserve naturelle des Ramières et son musée de la Gare des Ramières : *dans l'ancienne gare d'Allex, sur la route de Grâne (D 125). ☎ 04-75-41-04-41. • lagaredesramieres.com • Musée ouv vac de Pâques-oct : avr-juin, mer et w-e (tlj pdt vac de Pâques) 14h-18h ; juil-août, tlj 14h 18h30 ; sept-oct, mer et w-e 14h-18h30. Entrée au musée : 6 € ; gratuit moins de 5 ans. Accès à la réserve gratuit. Beaucoup d'activités organisées.* La rencontre du Rhône et de la Drôme a engendré un superbe espace naturel où près de 200 espèces d'oiseaux migrateurs décident chaque année de faire étape (aigrettes, hérons, canards...). Plusieurs jolis sentiers permettent de découvrir le patrimoine naturel de cette réserve qui s'étend sur 10 km de berges et 346 ha, entre Crest et Livron ; l'accès au niveau de la gare des Ramières en est un parmi plusieurs autres. Le petit musée hébergé dans l'ancienne gare présente de façon plutôt interactive la réserve, ce que l'on peut y voir, son fonctionnement.

LIVRON-SUR-DRÔME

(26250) | 9 240 hab. | *Carte Drôme, A2*

Au débouché de la vallée de la Drôme sur le Rhône, le village perché du haut Livron est une ancienne place forte protestante. Plus tard, la ville est descendue dans la plaine pour y développer la sériciculture puis l'arboriculture. Aujourd'hui, on y produit aussi un excellent côtes-du-rhône, le brézème.
Dans le bas Livron, assez peu séduisant, l'hôtel de ville est une ancienne filature de soie. Un circuit de visite des canaux permet de découvrir de belles roues à aubes. Il faut grimper en haut d'un éperon rocheux pour déambuler dans les ruelles du vieux quartier. Vestige de ses origines médiévales, la tour du Diable faisait partie du château érigé au XIe s, devenu propriété de l'évêque de Valence au XIIe s. Du fief catholique à la citadelle protestante, il s'écoula 4 siècles au cours desquels la ville ne cessa de s'agrandir, obligeant

ses habitants à construire toujours plus loin de nouvelles murailles, qui furent en partie rasées au début du XVIIe s. Ce haut Livron permet de découvrir un château et quelques belles demeures Renaissance (rue Jean-Boyer, rue des Fauries) qui côtoient des maisons plus modestes ou d'anciennes échoppes ouvrant sur des rues à arceaux.

Où dormir ? Où manger dans le coin ?

Domaine Distaise : *4860, route de Loriol, 26400* ***Grâne.*** *☎ 04-75-61-78-58. 06-15-62-84-17. • contact@distaise.com • distaise.com • À 4 km au sud-est de Livron, sur la D 104. Boutique : de mi-mai à mi-sept, tlj 8h30-13h, 15h-19h ; oct-avr, lun, mer et ven 16h-19h, sam 9h-13h. Ferme-auberge (sur résa) : mai-sept, ouv le soir mar-dim, plus le midi sam-dim ; oct-avr, ouv sam-dim. Doubles 75-80 € ; familiales. 30 € nuitée en dortoir. Menu ferme-auberge 24 €. Apéritif maison offert sur présentation de ce guide.* C'est ce qu'on appelle savoir se diversifier : voici désormais 6 générations que la même famille vit sur cette exploitation et la fait vivre. Entre les arbres fruitiers et les chambres d'hôtes des parents, l'élevage de porc du fiston (et les bons produits transformés), la ferme-auberge de l'autre fiston, la superbe boutique vendant les produits de la maison ainsi que ceux d'une vingtaine d'autres exploitants, on pourrait craindre l'usine. Eh bien non, grâce à l'accueil pétillant et chaleureux, et aussi parce que les différentes activités sont bien séparées les unes des autres. Ainsi, les chambres d'hôtes se révèlent accueillantes et confortables, dans une belle bâtisse ancienne avec des espaces communs conviviaux. Elles bénéficient même d'un beau jardin doté d'une superbe piscine. Ah ! et puis on oubliait : il y a aussi l'accueil camping-car, 3 beaux gîtes et un gîte d'étape (une poignée de petites chambres doubles toutes mignonnes qui partagent de beaux sanitaires ; bref, le grand luxe pour ce type d'hébergement). Et tout ça, dans un très beau cadre malgré la proximité de la grande route.

Où déguster et acheter un bon côtes-du-rhône-villages ?

Domaine Lombard : *420, chemin de Manute, quartier Piquet. ☎ 04-75-61-64-90. • contact@domaine-lombard.com • domaine-lombard.com • Lun-ven 8h30-12h, 13h30-17h.* Ce domaine en culture bio (logique et dynamique), implanté sur le coteau de Fontgrand, a eu la chance d'être rapidement remarqué par un mentor des côtes-du-rhône. Il y avait de quoi ! Profitant au mieux de ses vignes âgées de 40 ans, ce vigneron à l'ancienne nous propose des vins intenses et très boisés.

CLIOUSCLAT (26270) 654 hab. *Carte Drôme, A3*

À quelques kilomètres au sud de Livron, un peu en retrait de la vallée du Rhône, Cliousclat joue à la discrète et se dérobe aux regards. À travers son unique rue, vous découvrirez un village vivant au rythme de la terre. Bien sûr, il faudrait remonter loin dans le XIXe s pour revivre l'animation fébrile qui y régnait. Ici, toutes les maisons abritaient les tourneurs, délaveurs de terre, « chats noirs » ou patrons de four. En 1850, près d'une centaine de potiers tournaient du matin au soir toutes sortes de récipients pour conserver olives de Nyons, marrons glacés de Privas, fruits confits d'Apt ou de Cavaillon, lait, fromages, sel...

Aujourd'hui, même si l'industrie a porté un coup sévère au travail des potiers, remplaçant leurs fragiles objets par d'autres en aluminium ou en plastique, produits à la chaîne, Cliousclat perpétue encore et toujours cette tradition et cette mémoire. La fabrique (dont les ateliers sont ouverts au public – mais pour voir travailler les potiers, mieux vaut venir en semaine), qui produit pichets, bols ou assiettes depuis 1903, est aujourd'hui – tout comme l'ensemble du site – classée Monument historique. Même si Cliousclat peut avoir des airs de belle endormie, elle mérite le détour. Et les poteries sont belles !

Où dormir ? Où manger ?

La Treille Muscate : *rue des Potiers. ☎ 04-75-63-13-10. • latreillemuscate@wanadoo.fr • hotelrestaurant-latreillemuscate.com • Resto ouvert tlj. Congés : de déc à mi-fév. Résa conseillée. Doubles 70-160 € ; petit déj 12 €.* Une auberge de charme aux murs partiellement couverts de lierre. Chambres personnalisées et décorées avec soin, certaines avec terrasse et vue sur la campagne environnante (voire la centrale du Tricastin, mais bon...). Beau jardin clos ombragé. Bon resto.

L'Alandier : *630, Grande-Rue. ☎ 04-75-44-60-73. • dalmasso.guy@free.fr • Fermé le soir lun-mar hors saison. Formules 15-20 €. Carte 26 €.* Restaurant-bar à vins avec une immense terrasse sur la campagne environnante. À l'intérieur, salle avec cuisine ouverte sur le petit bar en zinc. Dans l'assiette, une cuisine authentique qui fait plaisir. Belle carte de côtes-du-rhône dont on retrouve les vins à la boutique sous le restaurant. Une bonne petite adresse bien sympa, qui accueille aussi quelques concerts et autres événements. Jolie terrasse abritée.

La Fontaine : *60, rue Côte-Froide. ☎ 04-75-63-07-38. • info@lafontaine-cliousclat.fr • Fermé mer (plus mar soir et dim soir hors saison). Congés : vac de fév, de la Toussaint et de Noël. Formules déj en sem 14,50-22 € ; menu 31€. Café offert sur présentation de ce guide.* Rien de plus bucolique que l'accès à ce resto charmant. La déco rappelle les chaumières d'autrefois avec, évidemment, de la poterie colorée du village. On attaque par un apéro à la griotte et clairette-de-die en terrasse, sous les feuillages, en écoutant couler l'eau de la fontaine voisine, pour poursuivre avec les spécialités du patron, comme la selle d'agneau de pays. Une cuisine drômoise aux airs de Provence, fraîche et colorée.

MIRMANDE

(26270) 598 hab. *Carte Drôme, A3*

Détour obligatoire pour découvrir ce splendide village perché, classé parmi les « Plus Beaux Villages de France ». D'ailleurs, son nom prend ses origines dans 2 mots latins, *mirus* et *mandare,* qui signifient « admirable » et « dominer ». Et c'est vrai que, accroché sur sa colline, dominé par son église, baigné de soleil, avec ses ruelles pavées, ses maisons aux toits de tuiles romaines et aux pierres ancestrales, toutes blotties les unes contre les autres, Mirmande possède un charme indéfinissable, subtil mélange de sérénité et de beauté. Et n'hésitez pas à pousser la porte des ateliers qui y ont élu domicile : de superbes découvertes vous attendent.

Noter que le 2e dimanche d'octobre se tient une importante foire aux plantes rares et méconnues, très prisée du public.

UN PEU D'HISTOIRE

Ce village mystérieux est un vrai voyage dans le passé. Ancienne place forte du haut Moyen Âge, Mirmande n'a gardé de ses origines de bourg castral que sa belle église Sainte-Foy érigée au XIIe s. Ce sanctuaire a traversé le temps, alors que le château fort, fief des Adhémar puis de l'évêque de Valence, a complètement disparu. Au fil des siècles, faute d'un accès facile, tout le haut du village finit par être déserté. Au XIXe s, seuls l'enceinte et le bas du village avaient conservé leurs habitants.
C'est sous l'impulsion d'André Lhote, peintre cubiste, écrivain et critique d'art, tombé sous le charme, que le village fut sauvé de la ruine. Il s'installa à Mirmande en 1926, accompagné de quelques élèves, créa une académie d'été, entreprit sa restauration et contribua à sa renaissance en obtenant notamment son classement aux Monuments historiques en 1946. Plus tard, le volcanologue Haroun Tazieff, qui fut maire de la commune de 1979 à 1989, engagea à son tour un vaste programme de protection et de mise en valeur, récompensé par le classement du site en 1986. Depuis, les Mirmandais poursuivent avec amour et passion cette noble tâche de restauration. Contrairement à d'autres lieux de ce type aujourd'hui transformés en villages-musées, Mirmande est une petite cité vivante où boulangers, artisans, artistes-peintres, sculpteurs, potiers contribuent à son animation culturelle, artistique et... touristique. L'église Sainte-Foy accueille expositions et concerts pendant l'été.

Adresse utile

Office de tourisme : *pl. du Champ-de-Mars. ☎ 04-75-63-10-88. • valleedeladrome-tourisme.com • Juil-août, tlj ; hors saison, horaires variables.*

Où dormir ? Où manger ?

Camping

Camping La Poche : *route de Marsanne, quartier la Poche. ☎ 04-75-63-02-88. • camping@la-poche.com • camping-lapoche.com • À 3 km du village, sur la route de Marsanne (D 57). Ouv avr-sept. Forfaits 14,50-25,50 € ; mobile homes. 100 empl.* Au creux d'un étroit vallon boisé, un camping tout en longueur entre la route (tranquille) et un ruisseau. Idéal pour s'abriter des chaleurs de l'été. Piscine, jeux pour enfants, terrain de volley, snack-bar et plein d'activités nature proposées (sorties VTT, canoë, escalade dans les arbres, etc.).

De prix moyens à plus chic

Chambres d'hôtes La Maison de Marinette : *chez Marinette et Tieno Goriou, 445, chemin de Mirmande, aux Granges. ☎ 04-75-63-01-15. • tienogoriou@aol.com • Indiqué à l'entrée du village. Ouv mars-nov. Double 70 € ; séjour de 2 nuits min.* Très bel ensemble en pierres apparentes, solidement ancré sur une terrasse face à la vallée. Ici, c'est une famille d'artistes, et de nombreuses sculptures de Tieno ornent la maison et le jardin un tantinet conceptuel. 2 chambres personnalisées avec kitchenette, vastes et agréables, installées dans une aile. Piscine pour se détendre. Accueil très agréable.

Hôtel de Mirmande : *3, rue André-Lhote. ☎ 04-75-63-13-18. • resa@hotelmirmande.fr • hotelmirmande.com • Doubles 70-160 € ; petit déj 13 €. Parking gratuit.* Une adresse confidentielle, taillée sur mesure pour les amoureux : avec même pas 10 chambres (intime donc !), une déco dans l'air du temps élégante et épurée, un salon de lecture organisé autour de la cheminée, et une terrasse au calme pour profiter des 1ers rayons de soleil au petit déj. Accueil charmant.

La Capitelle : *rue du Boulanger. ☎ 04-75-63-02-72. • capitelle@wanadoo.fr • lacapitelle.com • En été, resto fermé lun midi ; hors saison, fermé dim soir et lun. Congés : nov. Doubles 73-113 € ; familiales. Menus 19,50-32 €.* Posée sur les remparts, cette belle bâtisse abrita en son temps l'atelier et l'école du peintre André Lhote. Elle est aujourd'hui devenue un hôtel d'une douzaine de chambres confortables et non dénuées de cachet (même si les moins chères sont assez étroites). La plupart d'entre elles jouissent d'une jolie vue sur les monts environnants. Panorama dont bénéficie aussi la terrasse du restaurant, où l'on s'attable pour savourer une cuisine préparée avec soin et doigté. Accueil agréable.

Atelier Café Patine : *cour du vieil hôtel de ville, Grand-Rue. ☎ 04-75-41-21-82. 06-19-31-20-71. • cafepatinc@outlook.fr • Congés : mi-janv à mi-mars. Tlj. Carte 29 €. Apéritif maison offert sur présentation de ce guide.* Une sympathique adresse bien cachée, à laquelle on accède par une cour où se trouve une épicerie-boulangerie. Par beau temps, on s'attable dans la courette, d'où l'on peut voir l'activité en cuisine, dans la grande salle voûtée. La carte est mini-mini, mais les propositions (à partager ou non pour les entrées !) sont généreuses et goûteuses.

LA DRÔME PROVENÇALE

• Carte *p. 344-345*

La Drôme provençale est splendide dans son environnement de moyenne montagne. En été, de belles couleurs inondent le paysage, du bleu mauve des lavandes au jaune d'or des blés, et d'enivrantes odeurs de buis, de tilleul et de lavande envahissent l'atmosphère. Laissez-vous séduire... Mais ne croyez pas qu'il ne s'y passe rien le reste de l'année. Après la saison des fêtes arrive celle des truffes ; c'est à cette période qu'elles sont les moins chères et les plus odorantes. Voir le site • *dromeprovencale.fr* • **pour des infos complètes sur la gastronomie, les marchés et les fêtes autour des produits du terroir en particulier.**

À BEAU PAYS DE VINS, BONS VINS DE PAYS !

Quant aux vins, vous allez pouvoir les étudier de près à travers 3 VDP de zones :
– *le vin de pays des Coteaux de Baronnies :* en blanc, il présente des notes d'abricot et de pêche. Le partage des vallées explique cela : vignobles en haut, vergers en bas. Les rouges sont tanniques et capiteux ;
– *le vin de pays du Comté de Grignan et de la Valdaine :* il s'expose plus aux parfums de la rabasse comme on dit ici, appelée également *Tuber melanosporum* par les scientifiques, ou tout simplement truffe ;
– et bien sûr les *vins de pays des Coteaux de Montélimar* : des vins de caractère, forts en bouche et fruités.

LE NORD DE LA DRÔME PROVENÇALE

À la sortie de Mirmande, une très belle route (la D 57) serpente au milieu des hêtres et des érables de la forêt communale de Marsanne. On entre alors dans le territoire de la Drôme provençale. À la limite de sa forêt et de la plaine de Valdaine, le village, perché sur sa crête, offre un beau point de vue qui s'étend des confins de la vallée du Rhône aux sommets des Préalpes du Sud.

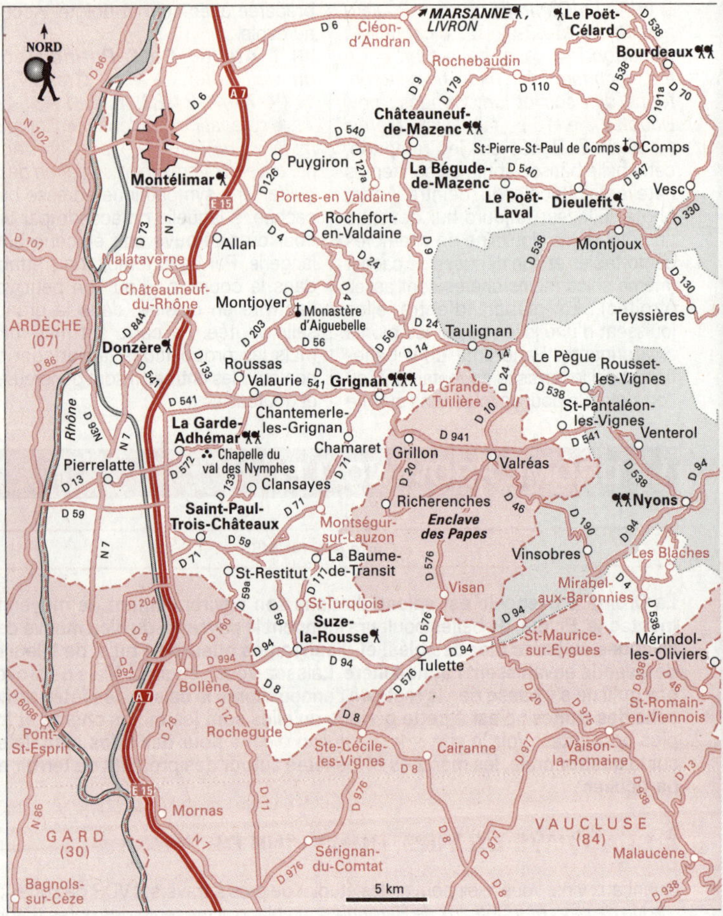

Vous voici aux portes des limites géographiques et historiques entre Dauphiné et Provence. Destination Montélimar et ses villages authentiques, pour reprendre un slogan qui replace la ville, entre Drôme et Ardèche, au cœur d'une nature que l'autoroute avait gommée d'un trait de béton.

MARSANNE

(26740) 1 381 hab. *Carte Drôme, A3*

Allez flâner dans les rues médiévales du *vieux village Saint-Félix* et jusqu'à sa belle église. Passez sous le beffroi, ancienne porte principale

LA DRÔME PROVENÇALE

du village fortifié, pour pénétrer dans les ruelles. Quelques belles maisons de style gothique ou Renaissance. Au sommet, les ruines d'un donjon dominent les restes de l'église d'une ancienne abbaye augustine du XIIe s. À la base du clocher (du XVIe s), une ravissante chapelle gothique. De là-haut, vue superbe sur le village « d'en bas » et la plaine de la Valdaine. Dans le bas du village, ne pas manquer de jeter un coup d'œil au *château de Montluisant,* imposante maison aménagée au milieu du XIXe s à partir d'une bâtisse plus ancienne (XVIIe s), à la mairie (fin XIXe s) et à la nouvelle église, qui présente un beau décor peint. Enfin, ne pas oublier que Marsanne a vu la naissance, en 1838, d'un enfant devenu homme illustre : Émile Loubet, « 1er président de la République issu du peuple terrien » (de 1899 à 1906).

Adresse utile

Bureau d'information touristique de Marsanne : *3, pl. Émile-Loubet. ☎ 04-75-90-31-59. • montelimar-tourisme.com • Juil-août, tlj 9h30-12h30, 14h-18h ; avr-juin et sept-oct, ven-dim.* Toute l'année, propose des visites commentées du vieux village et du parc éolien. Assure la location de vélos (à assistance électrique et VTT) et propose des suggestions de circuits.

Où dormir ? Où manger ?

Camping

Camping Les Bastets : *lieu-dit les Bastets. ☎ 04-75-90-35-03. 06-72-84-71-01. • contact@campinglesbastets.com • campinglesbastets.com • À 3 km du village. Ouv avr-sept. Résa indispensable en été. Forfaits 16-34 € ; tentes équipées, caravanes, mobile homes et chalets.* Un camping familial et bien équipé. Piscine à débordement, nombreux jeux pour enfants (minigolf, billard, baby-foot, trampoline...), animations, spectacles... Location de VTT.

Bon marché

Les Aubergistes : *2, pl. Auguste-Canon. ☎ 04-75-90-32-35. • contact@les-aubergistes.fr • les-aubergistes.fr • Resto fermé mer midi. Congés : fin déc-début janv. Double 62 € ; familiale. Formules et menus 22 €. Menus : 12-22 €. Apéritif maison offert sur présentation de ce guide.* À l'étage, une douzaine de chambres ravissantes. Au bistrot, une bonne petite cuisine sans prétention et une déco « café de village » tout à fait séduisante. Grande terrasse verdoyante. Belle ambiance et bel esprit, cultivés avec art et simplicité. Une adresse vivante et souriante !

DANS LES ENVIRONS DE MARSANNE

La forêt de Robin : *à 3,5 km au nord de Marsanne, sur la D 57 direction Mirmande. 06-98-83-19-99. • la-foret-de-robin.com • Ouv avr-nov : juil-août, tlj 10h (1h 1re sem de juil, dim et dernière sem d'août)-18h ; hors saison, w-e 14h-18h. Résa vivement conseillée. Parcours dans les arbres 20 € adulte, 15 € 6-15 ans, 10 € 2-5 ans ; 28-54 € pour une nocturne ou même la nuit complète dans les arbres. CB refusées.* Courses d'orientation, sessions nocturnes ou nuit dans les arbres avec petit déj le matin pour célébrer le retour à la civilisation. Pour apprendre à escalader les branches des arbres, respirer la cime des pins et se faire plaisir, ou connaître des frayeurs en dévalant un câble, accroché au harnais d'une tyrolienne.

MONTÉLIMAR

(26200) 40 227 hab. *Carte Drôme, A3*

• Plan *p. 350-351*

La capitale du nougat resta longtemps une étape incontournable (dans tous les sens du mot) sur la nationale 7. Aujourd'hui, empruntant l'A 7, qui file sans s'arrêter, les touristes pressés ratent une petite ville agréable et tout un pays

de lavande que l'on sait décliner en cuisine (miel, vinaigre ou sorbet), la terre des 1ers oliviers quand on prend la route du Sud, ou encore celle de l'ail, de la truffe et des coteaux de la vallée du Rhône.
On se balade agréablement, dans les ruelles et placettes tranquilles, au pied de vénérables demeures aux belles génoises, dans de surprenants musées, ou le long des allées Provençales plantées de platanes, bien vivantes le soir (et qui ne demanderaient qu'à être un peu plus débarrassées des voitures !).
Sympathique transition, donc, entre Provence et Dauphiné, 2e ville du département (après Valence) et petite métropole de la Drôme provençale, Montélimar, la trop méconnue, se révèle bien plus qu'une simple étape. Climat doux, déjà méditerranéen, il est loin ce 26 février 1956 où fut battu le record de mistral... 216 km/h ! Alors, coupez le moteur !

UN PEU D'HISTOIRE

La ville médiévale est montée en puissance sous l'autorité de la ***famille Adhémar, à l'origine du nom de la ville*** (*montilium ademarii,* Monteil Adhémar, qui donnera Montélimar). En 1198, les Adhémar accordent à la ville une importante charte des libertés. Cette cité marchande connaît une ***activité économique dynamique (tannerie et draperie). En 1449, Montélimar est intégrée au Dauphiné par le futur Louis XI.*** L'ancienne route royale du Comtat devient la ***nationale 7.***
En 1560, la ***population est aux 2/3 protestante.*** Pendant les ***guerres de Religion, la ville est prise et reprise.*** Alors que les troupes catholiques sont à l'intérieur, 10 000 protestants, menés par Guillaume de Nassau, tentent de pénétrer par une brèche. Une ardente défenseuse du pape, lessiveuse de son état, Catherine Ponsoye (appelée aussi Margot Delaye), résiste et se bat héroïquement, malgré sa main coupée par une hache, et devient une légende urbaine. En 1585, le chef huguenot Lesdiguières s'empare de la ville.
Le XVIIe s est assez prospère. Les ***cultures de l'amandier et du mûrier*** vont favoriser la production du ***nougat*** et l'élevage du ***ver à soie.*** En 1684, la ville ***revient dans le giron catholique*** à la révocation de l'édit de Nantes. ***Au XVIIIe s se développe la chapellerie,*** qui va devenir l'une des principales industries régionales. Au XIXe s, elle emploie jusqu'à 1 000 personnes. Travail très pénible, salaires misérables, d'où l'expression « en baver des ronds de chapeau » (le rond de chapeau étant un morceau de plomb destiné à maintenir la forme des chapeaux).
1ers touristes en 1815, avec des soldats autrichiens venus occuper la ville après la défaite de Napoléon à Waterloo. Les remparts abattus sous Louis-Philippe laissent la place aux allées Provençales. Arrivée du chemin de fer en 1854. ***Au début du XXe s, décollage du nougat grâce au président de la République Émile Loubet*** (ancien député et maire de la ville). À tous ses visiteurs à l'Élysée, il offrait sa chère confiserie. Après quelques déboires, la chapellerie s'effondre, puis le statut de sous-préfecture est retiré à la ville en 1929. Dans les années 1950, pendant le boom des vacances, les célèbres embouteillages de Montélimar sur la N 7 sont pourtant du pain bénit pour la ville et... les marchands de nougat.

2 OU 3 RÉFLEXIONS À LA NOIX...

Dès l'Antiquité, on fabriquait du nougat dans le Bassin méditerranéen. C'est au Moyen Âge que cette gâterie fut, dit-on, introduite par les marchands grecs à Massilia (Marseille), puis remonta le Rhône.
Les Romains l'avaient baptisée *nux gatum* (gâteau de noix). Bien entendu, composé de noix et de miel essentiellement (2 ingrédients en abondance dans la région), le ***nougat*** de l'époque avait ***peu de choses à voir avec celui d'aujourd'hui. On pense que la recette resta locale à cause du faible taux de conservation de la***

noix (qui avait tendance à rancir rapidement). C'est ***Olivier de Serres*** qui, vers ***1650,*** en acclimatant l'amandier en Provence, permit le ***remplacement de la noix par l'amande.*** Différents ingrédients ajoutés par la suite, dont du blanc d'œuf et des pistaches, lui donnèrent sa consistance et son goût définitifs.
Bien avant Émile Loubet, les producteurs de nougat déployèrent vite un haut degré de marketing commercial. Ainsi, lorsque 2 fils de Louis XIV, remontant vers le nord, traversèrent Montélimar, les édiles leur offrirent-ils solennellement une cinquantaine de kilos de nougat à chacun (ce qui fit sûrement la fortune de certains dentistes de Versailles). La 1re fabrique fut créée en 1760, suivie de bien d'autres. ***En 1914, grâce à son VRP à l'Élysée, la production atteignit 100 t par an. Aujourd'hui, elle est de 4 000 t.***

1968 : LE NOUGAT PREND DU MOU !

Arrive 1968 et ce qui fut une révolution à Montélimar : la mythique nationale 7 est déviée par l'autoroute A 7 ! Sale temps pour les nombreux magasins qui jalonnaient la route chère à Trenet ! Avant, les embouteillages faisaient le succès du nougat : on avait le temps d'acheter !

C'EST PAS DU NOUGAT

Pour mériter le titre de nougat de Montélimar, la friandise doit contenir obligatoirement 30 % d'amandes (ou 28 % d'amandes et 2 % de pistaches) et 25 % de miel. Ce « nougat DE Montélimar » répond à une charte, certes, mais faute de « recette » commune à tous les nougatiers, il n'existe pas d'AOC. Pour faire son choix, on s'emmêle donc parfois les nougats !

Arriver – Quitter

En train

Gare SNCF *(plan A2)* : *rue Olivier-de-Serres.* ☎ *36-35.* Arrêt des TGV de Paris (2h55) et des TER de Valence (25 mn), Lyon (1h30), Marseille (2h).

En bus

Gare routière : ☎ *04-75-51-89-69.* ● *auvergnerhonealpes.fr* ● *oura.com* ● Liaisons avec :

➢ ***Dieulefit*** *(via Montboucher et Le Poët-Laval)* **:** env 6 bus/j. (sauf dim) au départ de la gare SNCF, 8h-18h. Avec les cars *SRDDA* (● *sradda.com* ●).

➢ ***Valréas et Nyons*** *(via Valaurie et Grignan)* **:** 3 ou 4 bus/j. Avec les cars *SRADDA.* Changement à Nyons pour ***Buis-les-Baronnies*** avec les cars *Lieutaud (☎ 04-90-36-05-22)* et pour ***Rémuzat*** avec les cars du *Petit Nice (☎ 04-75-26-35-58).* Attention, ces 2 liaisons sont peu nombreuses.

➢ ***Valence :*** nombreux bus, env ttes les heures. Avec *Kéolis* (● *keolis-drome-ardeche.fr* ●).

➢ ***Pierrelatte, Orange et Avignon :*** avec *SRADDA.*

Adresses et info utiles

Office de tourisme *(plan C1)* **:** *montée Saint-Martin, allées Provençales.* ☎ *04-75-01-00-20.* ● *montelimar-tourisme.com* ● *Sept-juin, lun-ven 9h30-12h30, 14h-18h ; sam 9h-12h30, 14h-17h. Juil-août, lun-sam 9h30-12h30, 14h-18h30 ; dim 9h30-12h30 ; le reste de l'année, fermé dim.* Organise toute l'année des visites avec une guide-conférencière. Salle d'exposition et importante salle de documentation. Jolie boutique de produits du terroir (mêmes tarifs que chez les producteurs). D'avril à décembre, on peut aussi y retirer (comme dans tous les autres offices de tourisme de la Drôme provençale) le

Pass Provence, un livret *(GRATUIT)* qui, après avoir acheté un billet plein tarif dans un site partenaire, donne droit à un tarif réduit dans tous les autres (offre valable pour 4 personnes).

– ***Véloc :*** *station à l'agence Montélibus, pl. Charles-de-Gaulle, ou à l'office de tourisme. ☎ 04-75-01-96-00. • montelibus.fr • Vélos en libre-service 24h/24. À partir de 4 € la journée (CB indispensable).*

Stationnement : à 5 mn à pied du centre-ville, vous trouverez un ***grand parking gratuit*** *(hors plan par A3 ; av. du 14-Juillet-1789, au niveau du palais des congrès).* Quant aux parkings municipaux, ils offrent 1h de gratuité.

■ ***Scoot Nomad :*** *06-65-72-74-99. • scoot-nomad.com •* Concept original de location de scooters, mobylettes et Renault Rodeo avec ou sans remorque : de 1 jour à 1 semaine, itinéraires de balade proposés et offerts sous la forme d'un carnet de route. Si besoin, hébergement : insolite ou kit de camping proposés... Livraison à la gare de Montélimar possible.

■ ***Randonnées et raids :*** *auprès de* ***Bouvier T.T.,*** *domaine des Chênes, 26160* ***La Bégude-de-Mazenc*** *(à 12 km à l'est de Montélimar). ☎ 04-75-46-29-84. • bouviertt.free.fr • Ouv tte l'année.* Propose des randonnées et raids tous niveaux.

Où dormir ?

De prix moyens à chic

Hôtel du Parc *(plan A2,* ***10****) : 27, av. du Général-de-Gaulle. ☎ 04-75-01-00-73. • hotelduparc26@wanadoo.fr • hotelduparc-montelimar.com • Doubles 56-90 € ; familiales.* Un joli petit hôtel stratégiquement situé face au Jardin public, le poumon vert de la ville qui abrite des animaux (ne soyez pas surpris d'entendre un paon brailler !), et à deux pas du centre. Ses propriétaires ont su mettre en valeur l'architecture rétro et jouer l'esprit déco. Résultat : un ensemble cosy et charmant. Chambres petites mais lumineuses, confortables et avec clim pour presque toutes. Celles côté sud offrent une vue dégagée et un peu plus de calme. Chouette terrasse verdoyante, où prendre le petit déjeuner en saison. Accueil aimable et pro.

Sphinx Hôtel *(plan B2,* ***12****) : 19, bd Marre-Desmarais. ☎ 04-75-01-86-64. • reception@sphinx-hotel.fr • sphinx-hotel.fr • ♿ Congés : vac de Noël. Doubles 77-92 € ; familiales. Petit parking privé payant. Garage à vélo gratuit. Réduc de 10 % sur le prix de la chambre, pour les résas en direct, sur présentation de ce guide.* Cet hôtel particulier du XVIIe s, sis sur les allées Provençales, ne manque pas de caractère : discrètement retiré dans une belle cour intérieure, il propose aux hôtes de passage des parties communes élégantes, tout en boiseries, parquet et meubles anciens. Atmosphère désuète et confort impec. Les chambres de l'annexe, elles, disposent de balcon ou de loggia. Accueil chaleureux.

Hôtel Beausoleil *(plan B1,* ***11****) : 14 bis, bd du Pêcher. ☎ 04-75-01-19-80. • info@beausoleil-montelimar.com • beausoleil-montelimar.com • Doubles 66-115 €. Parking privé gratuit.* Dans une grosse villa 1900, une poignée de chambres progressivement rénovées, sobres et au goût du jour, certaines avec terrasse ou clim. Situé en retrait de la circulation, il vous offre aussi le calme. Agréable jardin pour le petit déj. Propriétaires attentionnés et investis.

Où manger ? Où boire un verre ?

De bon marché à prix moyens

La Véranda *(plan C3,* ***23****) : 18, rue Roger-Poyol. 06-07-86-66-99. • contact@laveranda-montelimar.fr • ♿ Mar-mer 9h30-18h, jeu-sam 9h30-23h, dim 11h-15h. Fermé lun. Petite restauration (tartines, crêpes, plat du jour) 8-15 €.* Un endroit charmant et idéal aux beaux jours pour

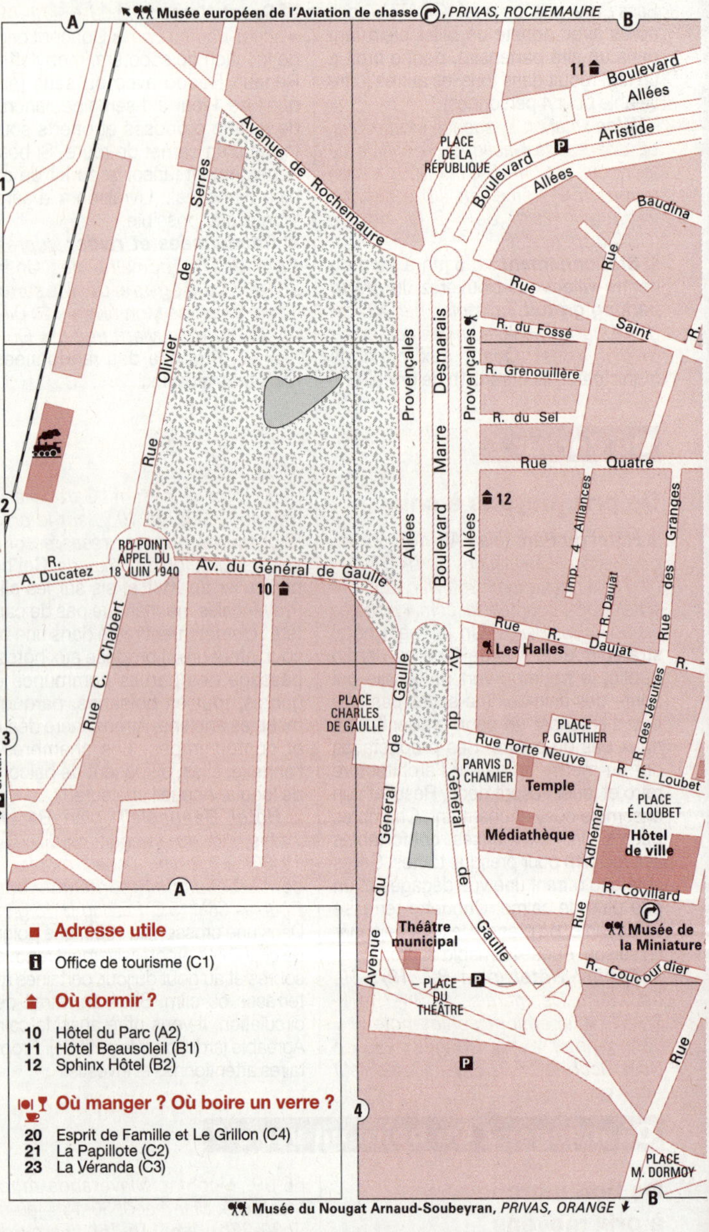

Adresse utile

Office de tourisme (C1)

Où dormir ?

10 Hôtel du Parc (A2)
11 Hôtel Beausoleil (B1)
12 Sphinx Hôtel (B2)

Où manger ? Où boire un verre ?

20 Esprit de Famille et Le Grillon (C4)
21 La Papillote (C2)
23 La Véranda (C3)

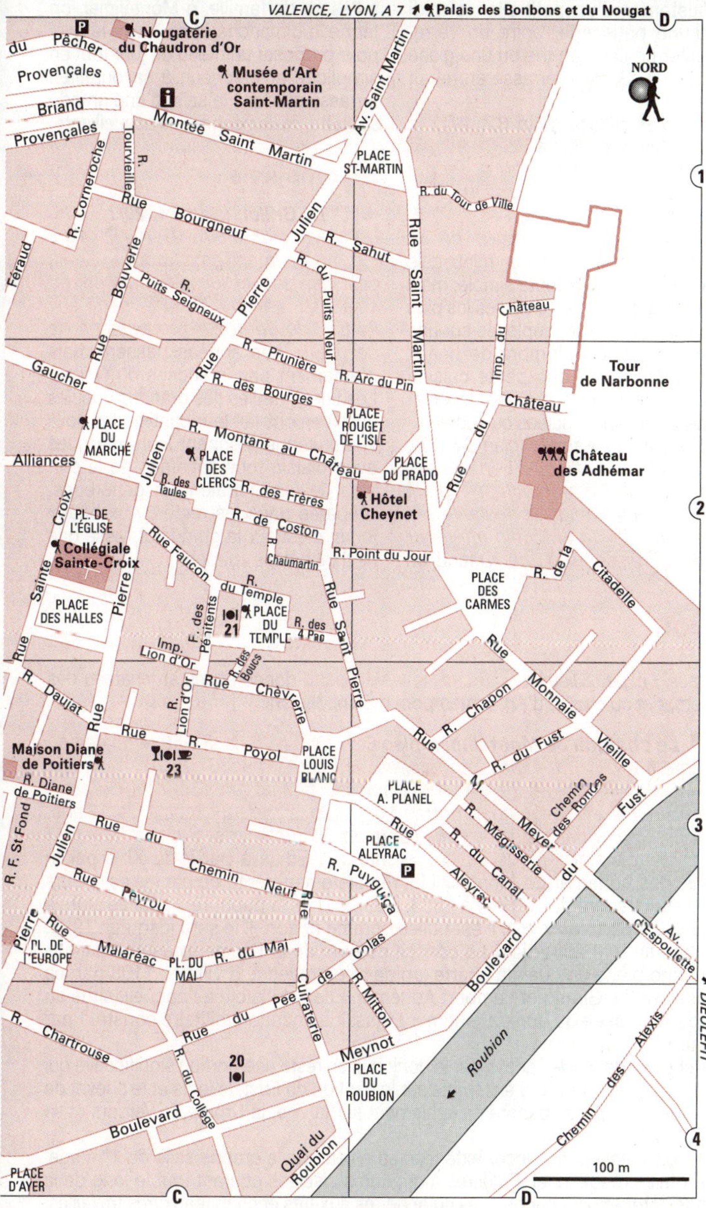
VALENCE, LYON, A 7
Palais des Bonbons et du Nougat
NORD
Nougaterie du Chaudron d'Or
Musée d'Art contemporain Saint-Martin
Montée Saint Martin
Av. Saint Martin
PLACE ST-MARTIN
R. du Tour de Ville
Rue Bourgneuf
R. Sahut
R. du Puits Neuf
Rue Saint Martin
R. Puits Seigneux
Rue Pierre Julien
R. Prunière
R. Arc du Pin
R. des Bourges
Imp. du Château
Tour de Narbonne
Château
Rue Gaucher
PLACE DU MARCHÉ
R. Montant au Château
PLACE ROUGET DE L'ISLE
PLACE DES CLERCS
PLACE DU PRADO
Château des Adhémar
Alliances
R. des Taules
R. des Frères
Hôtel Cheynet
Rue du Château
PL. DE L'ÉGLISE
R. de Coston
R. Chaumartin
Collégiale Sainte-Croix
Rue Faucon
R. Point du Jour
R. de la Citadelle
PLACE DES CARMES
R. du Temple
PLACE DU TEMPLE
R. des 4 Pas
R. des Pénitents
21
PLACE DES HALLES
Rue Sainte Croix
Rue Saint Pierre
Imp. Lion d'Or
R. des Boucs
Rue Chèvrerie
R. Lion d'Or
Rue Monnaie
Rue Vieille Monnaie
R. Chapon
R. Daujat
Rue Poyol
PLACE LOUIS BLANC
Maison Diane de Poitiers
23
R. du Fust
R. Diane de Poitiers
PLACE A. PLANEL
Chemin des Rondes
Rue du Fust
Rue M. Meyer
R. F. St Fond
Rue du Chemin Neuf
PLACE ALEYRAC
R. Mégisserie
R. du Canal
Rue Aleyrac
R. Puyguiça
Rue Peyrou
Rue Colas
Av. d'Espoulette
PL. DE L'EUROPE
Rue Malaréac
PL. DU MAI
R. du Mai
Boulevard du Fust
Rue de Pee du Curaterie
R. Mitton
DIEULEFIT
R. Chartrouse
Meynot
Roubion
Chemin des Alexis
20
PLACE DU ROUBION
R. du Collège
Boulevard
Quai du Roubion
PLACE D'AYER
100 m

MONTÉLIMAR

se sustenter d'un petit plat le midi ou d'une pâtisserie, boire un verre, déguster un café, un thé ou une glace en journée. Grande terrasse en retrait de la rue.

La Papillote *(plan C2, **21**) : 2, pl. du Temple. ☎ 04-75-01-99-28. • nathalie.peltier89@sfr.fr • Fermé dim-lun, plus mer et jeu soir. Ouv d'avr à déc. Menus 19 € (déj en sem)-27 €. Café offert sur présentation de ce guide.* *La Papillote,* c'est un minuscule resto avec une salle toute simple, mais c'est surtout une des terrasses les plus agréables de la ville, déployée sur une place tranquille à l'ombre de beaux tilleuls. Au menu, une petite cuisine régionale bien troussée. Le soir, spécialité de... papillotes, salées ou sucrées.

Esprit de Famille *(plan C4, **20**) : 37, bd Meynot. ☎ 04-75-00-58-44. • espritdefamille.montelimar@gmail.com • ♿ Ouv le midi lun-ven et le ven soir. Menu déj 14 €. Muffin offert sur présentation de ce guide.* Quand on a l'esprit de famille, à Montélimar, on ferme le dimanche et on ouvre le midi pour proposer un menu du jour tout en simplicité et fraîcheur, à savourer en terrasse ou dans la salle d'une grande sobriété, mais néanmoins accueillante.

Prix moyens

Le Grillon *(plan C4, **20**) : 33-35, bd Meynot. ☎ 04-75-01-79-02. • grillon.montelimar@gmail.com • ♿ Tlj sauf dim soir et lun. Formule déj en sem 15 € ; menus 23-34 € ; carte env 25 €. Café offert sur présentation de ce guide.* Les années passent mais n'entament pas le succès du *Grillon.* Les fines gueules (les grandes gueules aussi) en ont fait leur cantine, les nouveaux venus prennent leurs marques avec plaisir, tous satisfaits de la cuisine de terroir fraîche et généreuse, préparée dans les règles. Aux beaux jours, c'est sur la grande terrasse que se tiennent les agapes.

À voir

Le *pass 1 expo, 2 lieux (6 €, réduc ; valable 1 sem)* donne accès au château des Adhémar et au musée d'Art contemporain Saint-Martin.

Le château de Montélimar *(plan D2) : ☎ 04-75-91-83-50. • chateaux-ladrome.fr • Ouv pdt expos temporaires. Juil-août, tlj 9h30-18h30 ; mars-juin et sept-oct, tlj 10h-12h30, 14h-18h ; nov-fév, tlj sauf lun 13h-17h. Compter 45 mn de visite (audioguide). Entrée : 5 € ; réduc ; gratuit moins de 12 ans. Billet commun pour les 3 châteaux (Grignan, Montélimar et Suze-la-Rousse) : 18 €. Aire de pique-nique devant le château.* Édifié à partir du XIe s par la famille des Adhémar-de-Monteil, il fut régulièrement renforcé par les seigneurs qui s'y succédèrent. De 1340 à 1383, il dépend de la papauté, installée alors à Avignon. À partir du XVe s, il est utilisé comme prison. Il le sera jusqu'en 1926. Le château, qui appartient au conseil général de la Drôme, présente aujourd'hui une pièce unique : la charte lapidaire octroyée à la ville en 1198 par les 2 coseigneurs Giraud et Lambert Adhémar. Elle est visible à l'accueil, situé au rez-de-chaussée du *donjon,* bâtiment massif à vocation militaire construit par le pape.

– *Le chemin de ronde :* accès par le donjon. Il en reste une portion significative qui permet d'avoir une vue d'ensemble sur le bastion du Fust, le logis et le chevet de la chapelle. Superbe panorama également sur la ville, la Drôme, le Vercors et sa voisine l'Ardèche.

– *Le logis seigneurial :* décor extérieur, au niveau de la grande salle du 1er étage, tout à fait exceptionnel. Fenêtres à arcatures ciselées courant tout le long de la façade et retombant sur de fines colonnettes aux fûts et chapiteaux très travaillés. En visite libre.

– *La chapelle romane Saint-Pierre, dite Sainte-Guitte :* c'est la construction la plus ancienne, seul vestige du château d'origine construit au XIe s. À la croisée du transept, une coupole sur trompes. Fresque du XIVe s dans l'abside centrale.

Au chevet, abside encadrée de 2 absidioles. L'appareillage de pierre rustique, les traces d'arcatures, indiquent que la chapelle appartient au 1er art roman méridional (XIe s).
– *La tour de Narbonne :* située au nord, détachée du corps du château, elle est reliée au donjon par une muraille. Solide construction carrée de 24 m de hauteur et aux murs de 2 m d'épaisseur. Tout en haut, on distingue assez nettement les traces des consoles des mâchicoulis. Malheureusement, elle ne se visite pas.

Balade dans la vieille ville

Petite balade de 1h-1h30 pour prendre l'air du temps, qui mènera vos pas du centre-ville jusqu'au pied du château des Adhémar.
– Pour découvrir Montélimar de façon ludique en famille ou entre amis, possibilité de télécharger l'application « Le Secret de Montélimar ».

La collégiale Sainte-Croix *(plan C2)* **:** *rue Sainte-Croix.* Une 1re église est édifiée au XIIe s. En 1178, visite de l'empereur d'Allemagne Frédéric Barberousse, qui y signe un édit ordonnant à l'évêque d'Avignon de garantir la protection des juifs de la région. En 1210 s'y tient un concile condamnant l'hérésie cathare. Pour récompenser Montélimar de rejoindre le royaume de France, Louis XI demande au pape le statut de collégiale pour son église. Construction d'une nouvelle église en 1485, en style gothique flamboyant. En 1567, les troupes protestantes l'incendient. Par manque d'argent, reconstruction sommaire ; de l'ancien édifice, seuls subsistent le chœur et l'abside. Porche de la façade pourtant de quelque intérêt avec sa double entrée surmontée d'un fronton triangulaire et de 2 larges baies flamboyantes. À l'intérieur, à gauche du chœur, derrière la grille, belle *Vierge à l'Enfant.* Chemin de croix composé de tableaux contemporains. Orgue monumental (1895) dû au facteur hambourgeois von Beckerath.

La pharmacie G.-Brun *(plan C2)* **:** *3, rue Sainte-Croix.* Boutique assez originale, avec devanture en gothique flamboyant, plafond peint, bocaux traditionnels, décor de bois de 1870 et tiroirs à produits aux inscriptions anciennes.

La ***rue Pierre-Julien,*** ancienne Grand-Rue, principale voie commerçante, aligne de nombreux points d'intérêt. Incroyable, imaginez que la N 7 y passait dans les années 1920 ! Quelques maisons dissimulent des escaliers à vis : vous les repérerez aux façades légèrement bombées. Au no 51, tiens, une autre devanture de pharmacie en bois. Au no 53, noter ces 2 gorgones sur la toiture. Au no 59, bel escalier à vis avec fenêtres sculptées. La ***cour des Templiers,*** au no 68, date du XIIe s (ancien couvent). Voûte de pierre sombre et mystérieuse. Vestiges de bornes, fenêtre en accolade. Au no 88, à l'angle de la rue Faucon, pittoresque enseigne coloniale gravée (« Halle Bernard, dattes de Tunis... bananes des îles Canaries »). À l'angle de la rue Prunière, édifice du XVIIe s. Subsistent un pan coupé et une fenêtre en plein cintre. Au no 130, ancien ***hôtel Chabrillan*** du XVIIIe s, racheté par un conventionnel en 1793, qui orna la porte d'une serrure avec un bonnet phrygien. Malheureusement, le bonnet a disparu depuis.

Près de la rue Bourg-Neuf, l'***église de l'ancien couvent des Capucins*** *(plan C1).* Fronton à volutes, niche avec Vierge et jolie porte sculptée. Arrivé à la ***porte Saint-Martin*** de 1762, la dernière porte de ville, ultime témoignage des remparts. Jolie fontaine de Cérès.

Le musée d'Art contemporain Saint-Martin *(plan C1)* **:** *av. Saint-Martin. ☎ 04-75-92-09-98. Juil-août, tlj 10h-18h ; le reste de l'année, tlj 10h-12h30, 14h-18h (fermé mar nov-déc). Entrée : 6 € ; réduc.* Une ancienne caserne militaire où ont lieu des expositions temporaires d'art contemporain devenues le grand rendez-vous des initiés et des amateurs.

La place du Marché *(plan C2)* **:** reprendre la rue Pierre-Julien. Au nº 13, intéressant porche. À l'angle de la rue Saint-Gaucher, l'***hôtel de Monts,*** bel édifice Renaissance avec moult fenêtres à meneaux. Charmante place du Marché, encore plus le jour où il se tient (le samedi matin). Ancienne place au Blé, puis place aux Herbes. Hélas, ne subsistent que 3 arcades du XVIe s. Noter les génoises (décor de tuiles courant sous les toits). Au nº 9 bis, juste avant l'arche, s'élève la ***tour de Giraud Adhémar*** (coseigneur de la ville). Remarquez que les fenêtres ont perdu leurs meneaux mais pas leurs encadrements sculptés. Beaucoup d'animation le samedi matin, ainsi que place des Clercs et rue Pierre-Julien ; profitez-en pour prendre un avant-goût de marché de Provence.

Passé l'arche, on retrouve la rue Pierre-Julien. En face, rue des Taules, pas de trace de prison, juste l'entrée du plus vieux quartier de la ville. La ***place des Clercs*** *(plan C2),* charmante avec ses platanes, la place du Temple et les ruelles alentour donnent au quartier, surtout la nuit, des tons expressionnistes. La ***rue Juiverie*** indique, comme en maintes villes de la Drôme, où s'étendait le quartier juif de la ville au Moyen Âge.

La place du Temple *(plan C2)* **:** c'est ici que s'élevait le temple protestant de la ville jusqu'à sa destruction en 1684. Dans la journée, une vraie place de village. La nuit, errer rue des Boucs, qui mène presque logiquement à la rue Chèvrerie. Impasse du Lion-d'Or, belle porte en plein cintre s'ouvrant sous une robuste demeure médiévale et son restaurant du même nom, au calme et de bonne réputation.

La maison dite « de Diane de Poitiers » *(plan B-C3)* **:** *pl. Émile-Loubet (et rue Diane-de-Poitiers).* La plus belle demeure de la ville (on y trouve aujourd'hui un coiffeur !), construite en 1492. En fait, elle appartenait à sa famille ; la belle Diane vint seulement leur rendre visite. Imposante façade de style Renaissance, cependant assez sobre. Élégantes fenêtres à meneaux surmontées de 5 oculi. Le bandeau mouluré (le larmier), qui court au-dessus des fenêtres, était destiné à écarter les eaux de pluie.

Le musée de la Ville – Musée de la Miniature *(plan C3)* **:** *19, rue Pierre-Julien. ☎ 04-75-53-79-24. Mer-dim 14h-18h. Entrée : 3 € ; réduc ; gratuit moins de 18 ans. Compter 45 mn de visite.* Installé dans la chapelle XIXe s de l'hôtel-Dieu, voici l'un des seuls musées de microminiatures de France. Un art où l'on travaille en apnée pour éviter de trembler tellement la précision est importante ! Remarquable aménagement intérieur, où l'acier s'harmonise totalement avec le cadre ancien pour offrir le plus beau des écrins à ces petits bijoux. À propos, commencez par le petit, pour finir par l'infiniment petit : la surprise, l'étonnement seront encore plus forts.

Les œuvres les plus époustouflantes restent celles du peintre russe Anatoly Konenko, capable de travailler sur des supports incroyables : 12 chameaux de 0,22 mm dans le chas d'une aiguille, ou encore 2 moustiques jouant aux échecs (dimensions de l'échiquier : 4 mm x 4 mm). On a noté aussi une « toile » de Matisse, un portrait de Michel-Ange... à découvrir au microscope !

Changement de registre à l'étage, où l'on quitte le spectaculaire pour une approche plus historique de la miniature. En effet, le musée de la Ville a fusionné avec celui de la Miniature et propose des expositions temporaires sur le patrimoine. Une collection qui passionnera ceux qui s'intéressent aussi bien à l'art de l'enluminure (bel antiphonaire du XVIe s) qu'au portrait (œuvres d'Aimée Thibault et de Zoé de Mirbel), ou encore à la sculpture et à la peinture en Extrême-Orient.

Un musée qu'il faut voir pour le croire !

La rue R.-Poyol *(plan C3)* **:** l'autre grande rue commerçante. Au nº 9 bis, superbe porche sculpté. Au nº 3, belle façade de l'ancienne *Caisse d'Épargne.* Dans la **rue Raymond-Daujat,** qui la prolonge, au nº 2, escalier à vis qu'on devine au léger renflement de la façade. De la place L.-Blanc, rejoindre la **rue M.-Meyer,** qui fut, au Moyen Âge, l'une des grandes rues commerçantes de la ville (belle porte du XVIe s au nº 22). Quelques boutiques du temps passé, quelques ruelles et impasses pittoresques, comme la très étroite rue Chapon.

La rue Monnaie-Vieille mène ensuite à la **place des Carmes** *(plan D2)* en longeant l'ancien couvent des Carmes. Son église abrite aujourd'hui différentes associations. Intéressante façade.

L'hôtel Cheynet *(plan D2)* **:** *rue Montant-au-Château.* Une partie de cette demeure était enclose dans le fossé de la citadelle ceinturant le château des Adhémar. L'hôtel fut racheté au XVIIIe s par Jean-Louis Cheynet (ancien maire de Montélimar, député du tiers état à l'Assemblée constituante), qui y vécut jusqu'à sa mort.

LA DRÔME

Balade le long des allées Provençales

Les allées Provençales *(plan B1-2)* **:** tracées sur le glacis des anciens remparts, l'un des plus agréables lieux de flânerie qui soient. Beaux platanes, talus et ronds-points fleuris, cafés et leurs grandes terrasses, magasins de nougat, etc. Une vraie douceur de vivre. En face, l'accueillant jardin public avec son kiosque à la Peynet.

Les halles : *ouv le mat mar-jeu et dim, tte la journée ven-sam.* À l'angle de la rue Daujat et des allées, dans un petit bâtiment ayant longtemps abrité une succursale de la Banque de France. Primeurs, épicerie fine, torréfacteur, marchand de fleurs...

Plus bas, le **théâtre municipal** de 1882, construit sous le règne d'Émile Loubet (maire de 1870 à 1899 et président de la République de 1899 à 1906). De style néoclassique, ce fut l'un des 1ers édifices publics construits hors les murs.

C'est sur la **place Émile-Loubet** *(plan B3)* que sont regroupés des bâtiments attirant peu les touristes d'ordinaire : banques, bâtiments administratifs, hôtel de ville, tribunal, perception... À l'angle de la place et de la rue G.-Chareton, l'**hôtel Dupuy-Montbrun,** de 1702, construit par le président du parlement d'Orange. Intéressante toiture (4 rangs de génoises) et belle porte Régence. L'**hôtel de ville** de 1876 fut édifié en style Second Empire, à l'emplacement de l'ancien couvent des Cordeliers. Devant, élégante **fontaine des Quatre-Saisons.** Rue Porte-Neuve, le **temple protestant,** abrité dans l'ancienne chapelle du couvent des Ursulines du XVIIe s, offerte par Bonaparte en 1802. Architecture harmonieuse.

À l'écart du centre-ville

Le musée européen de l'Aviation de chasse *(hors plan par A1)* **:** *aérodrome de Montélimar. ☎ 04-75-53-79-49. • meacmtl.com • À l'ouest de la ville, direction Ancône/Rochemaure (indiqué). Lun-ven 9h-12h, 13h30-17h30 (18h30 juil-août, 17h nov-fév) ; w-e et j. fériés 14h-18h30 (17h nov-fév). Entrée : 7,50 € ; réduc ; gratuit moins de 7 ans.* Comment rester insensible à ces dizaines d'avions sagement alignés comme à la parade ? Dans un parfait état de conservation, ces 66 appareils bichonnés par une association de passionnés présentent une histoire grandeur nature de l'aviation de chasse, depuis les années héroïques des chevaliers volants jusqu'aux prototypes bourrés de technologies sophistiquées. Si certains peuvent nous être familiers comme le *Mirage III,* le *Mig 23* russe et le *Hawker Hunter* anglais, d'autres, en revanche, surprennent, comme le *Rockwell Bronco,* le seul qui vole encore en Europe, ou la série des 3 *Mirage* conçus pour l'aviation suisse (les modèles chasse, école et reconnaissance). Le hangar sud abrite notamment un *Breguet Alizé,* un *Crusader,* un *Mirage 2000 B,* un *Skyhawk A4,* un *Mig 21,* un *Mig 23,* un *Jaguar...* On peut circuler sous le *Mirage IV* et découvrir le logement de la bombe A ! N'oubliez pas de faire un tour par la *Caravelle,* d'où l'on peut observer le poste de pilotage. Magique !

Le palais des Bonbons et du Nougat – Maison des Jouets *(hors plan par D1) : 100, route de Valence.* ☎ *04-75-50-62-66.* • *palais-bonbons.com* • *À l'entrée de la ville en arrivant de Valence. Ouv tte l'année, tlj sauf lun mat 10h-11h30, 14h-17h30 ; vac scol (zone A), tlj 10h-18h30. Entrée : 10,50 € ; réduc. Compter 1h de visite.* Minicomplexe touristique sur la thématique de l'enfance et des souvenirs.
Après la fabrique de nougat, ceux qui ont gardé leur âme d'enfant se perdent avec nostalgie dans les poupées, les trains électriques et les voitures à pédales de la *Maison des Jouets,* en continuité de la visite du palais des Bonbons. Plus de 100 ans de jeux et d'amusements divers.
Au fil du temps, d'autres espaces sont venus compléter cette vision merveilleuse du monde de l'enfance : *La Provence de Pagnol en santons* et *Le musée de la Nationale 7,* le monde des poupées... Reconstitutions que la nostalgie nous pousse à regarder avec les couleurs acidulées de l'époque.
Une boutique est là, bien sûr, qui vous tend ses sachets. Espaces de jeux intérieur et extérieur.

LA DRÔME

Visite des nougateries

Liste des fabriques de nougat disponible à l'office de tourisme.

La nougaterie du Chaudron d'Or *(plan C1) : 7, av. du 45e-R.-T.* ☎ *04-75-01-03-95.* • *chaudron-dor.com* • *Tlj 6h-19h (9h le sam plus dim juin-sept). Visite et dégustation gratuites. On vous conseille d'y aller tôt le mat pour assister à la fabrication du nougat.* Une des dernières nougateries artisanales de Montélimar. Cette maison créée en 1949 est aujourd'hui tenue par Julien Cornillet, Charlène Morent et leurs troupes, en piste dès 5h, quand la chaleur est encore supportable. Parmi les délices, le nougat avec une pointe de caramel, le nougat au sirop d'érable ou le nougat à la rose de Damas. Accueil très sympa.

Le musée du Nougat – Fabrique Arnaud-Soubeyran *(hors plan par B4) : zone commerciale sud (av. de Gournier).* ☎ *04-75-51-01-35.* • *nougat soubeyran.com* • *À env 4 km du centre-ville. Lun-sam 9h30-19h. Visite avec sachet gourmand et audioguide : 4 € ; gratuit moins de 16 ans. Restauration possible lun-ven, le midi, sur résa ; cuisine de produits de saison bio et locaux. Salon de thé lun-sam 9h-18h. Pour assister à la fabrication, se renseigner auparavant ; janv-avr, fabrication seulement lun-jeu.* À l'arrivée, ça surprend un peu de découvrir cette devanture « ancienne » (inspirée des établissements d'autrefois) dans cette zone commerciale. Mais il s'agit pourtant bien de la plus vieille maison artisanale de Montélimar (1837) fabriquant encore du nougat. Celle-ci abrite également en son sein un musée aussi ludique que didactique : les différentes salles de celui-ci et celles de la fabrique s'entrecroisent pour faire passer le visiteur de la théorie à la pratique, avec un parcours interactif sur l'histoire du nougat, ses matières premières, ses secrets de fabrication... Instructif et savoureux, d'autant que la visite se termine par la dégustation des échantillons remis avec le billet d'entrée et vous donne les clés pour déguster autrement et pleinement cette confiserie que l'on a souvent tendance à engouffrer un peu vite ! La maison produit aussi de la guimauve, des calissons, des fruits secs...

À faire

La base nautique et de loisirs : *au sud-ouest de la ville, par la N 102 direction Le Teil. Indiqué sur la droite avt de franchir le Rhône. GRATUIT.* Aire de jeux pour enfants, grande plage avec baignade surveillée l'été, tennis de table. Un site plutôt préservé et convivial, où se détendre en famille.

Fêtes et manifestations

– ***Montélimar « Les Rendez-vous aux jardins » :*** *le 1er w-e de juin. Rens auprès de l'office de tourisme.* Visites guidées du jardin des senteurs et du jardin public.
– ***Music'o kiosque :*** *dim à 18h, fin juin-début sept.* Comme le nom l'indique, chaque dimanche, concert gratuit au kiosque du jardin de la ville.
– ***Montélimar Agglo Festival :*** *fin juin-début juil. ☎ 04-75-01-00-20.* Différents concerts et spectacles à Montélimar au stade Tropénas, ainsi qu'un off avec de nombreux concerts gratuits en juillet dans les communes de l'agglomération.
– ***Ciné Plein Air :*** *au château des Adhémar, 2 dim en juil et 2 dim en août, à 21h45.* Projection gratuite en plein air d'un film dans le parc du château.
– ***Montélimar Couleur lavande :*** *le 2e w-e de juil. Rens auprès de l'office de tourisme.* Les allées Provençales accueillent la plus grosse fête de la lavande de la région. Pas moins de 40 000 visiteurs font le déplacement pour découvrir son beau marché et profiter des animations pittoresques, comme la mise en service d'un vieil alambic, la reconstitution d'un champ de lavande et un défilé de calèches fleuries. Un lieu de rencontre éminemment festif.
– ***Montélimar Terra Potiers :*** *le 3e w-e d'août.* Le 1er grand rendez-vous de la saison des artisans potiers sur les allées Provençales. Ateliers terre, concours et une cinquantaine de potiers et céramistes locaux et venus de toute la France.
– ***Festival De l'écrit à l'écran :*** *1 sem fin sept. • delecritalecran.com •* Festival de cinéma accordant une belle place à l'écrit. Projections dans plusieurs endroits de la ville, en présence, bien souvent, du réalisateur et/ou des acteurs.
– ***Cafés littéraires :*** *le 1er w-e d'oct.* Désormais un grand rendez-vous régional. Dans ces lieux emblématiquement chaleureux et conviviaux que sont les cafés, des rencontres avec une vingtaine d'écrivains, parmi écrits épars et feuilles d'automne.
– ***Noël provençal :*** *en déc, à l'office de tourisme.* La table du traditionnel souper de Noël provençal est dressée à l'office, le nougat noir et le nougat blanc étant 2 éléments des 13 desserts. Marché de Noël dans la continuité.

DANS LES ENVIRONS DE MONTÉLIMAR

Le château et la chapelle de Rochefort-en-Valdaine : *de juil à août, tlj 15h30-19h30 ; de mi-avr à juil, seulement sam-dim et j. fériés 14h-18h. Plusieurs manifestations en oct-nov. Le site (en dehors du château) est ouv aux promeneurs tte l'année.* Pour les amoureux d'histoire moyenâgeuse. Ce château médiéval résiste encore à l'actuel envahisseur, le temps, grâce à une poignée d'irréductibles. Ceux-ci ont fondé une association, *Acroch,* pour l'aider à retrouver son caractère d'antan *(☎ 04-75-46-62-16 ; • acroch.free.fr •).*
– ***Fête du Champignon :*** *le dernier w-e d'oct.*
– ***Marché de la Saint-Nicolas :*** *le dernier w-e de nov.*
Non loin de là, le très beau village perché de **Puygiron** mérite un détour.

Allan *(26780) : à une dizaine de km au sud-est de Montélimar. Visite guidée juil-août mer 9h-12h, ou sur résa. Rens : Allan Pierre et Mémoires, ☎ 04-75-90-51-04.* Ce vieux village offre un superbe panorama sur la plaine de Montélimar. Sachez qu'un chemin balisé dit « des villages perchés » relie Rochefort-en-Valdaine à Allan. Compter 3h30-4h de marche et un peu de dénivelée.

LA BÉGUDE ET CHÂTEAUNEUF-DE-MAZENC

(26160) 1 550 hab. *Carte Drôme, A3*

Châteauneuf est le superbe hameau perché sur sa colline, acropole médiévale pleine de caractère, tandis que La Bégude est la petite cité en contrebas – avec les commerces –, où se trouve un château, ancienne demeure d'Émile Loubet, 1er président de la République du XXe s. Beau point de vue sur toute la vallée, et route splendide entre Souspierre et Eyzahut (village sous falaises). Un petit marché le mardi matin.

Où dormir ? Où manger ?

Le Jabron : *105, av. Mme-de-Sévigné, à La Bégude-de-Mazenc. ☎ 04-75-46-28-85. • hotel-lejabron@orange.fr • lejabron.fr • Fermé dim soir et lun hors saison. Congés : vac scol de Noël. Doubles 59-70 €. Formule déj en sem 14,90 € ; menus 26-35 €.* Un petit *Logis* de bord de route à l'accueil sympathique et au confort bien suffisant pour une halte plaisir sur la route des vacances, car la cuisine ici n'est pas en reste. Du savoureux, à prix des plus corrects. Offrez-vous une chambre avec vue sur les collines de Dieulefit. Garage à vélos et motos.

Où manger dans les environs ?

La Fontaine Minérale : *1210, route de Crest, à* ***Pont-de-Barret*** *(26160). ☎ 04-75-90-15-70. • contact@lafontaineminerale.fr • lafontaineminerale.fr • À 11 km au nord-est de La Bégude, sur la route entre Pont-de-Barret et Soyans. Ouv tlj en été ; ven midi-lun soir hors saison. Service jusqu'à 14h30 le midi et 21h30 le soir. Formules déj en sem (hors juil-août) 20 €.* Belle salle de restaurant bistrot chic, chaleureuse en hiver avec sa cheminée et lumineuse en été avec sa jolie verrière. L'été, l'immense terrasse au bord de l'eau, meublée de chaises et tables de bistrot, est vraiment agréable. La cuisine, traditionnelle revisitée, voire bistronomique, ne laisse pas indifférent : plat en cocotte à partager, friture de poisson... Tous les vendredis soir, apéro sonores avec DJ, spectacles, et soirée guinguette tous les dimanches en juillet-août. Atmosphère sympathiquement bohème.

LE POËT-LAVAL

(26160) 974 hab. *Carte Drôme, A3*

Le refrain connu d'un petit village délaissé au début du XXe s au profit de la plaine, puis repris en main dans les années 1960 par une association qui a notamment grandement œuvré pour la sauvegarde de ses plus belles bâtisses, ou en tout cas de leur façade. Eh oui, ouvrez donc l'œil au cours de vos déambulations : vous découvrirez que certaines d'entre elles n'ont plus rien derrière. Le Poët (du latin *pogetum valis,* « petit mont ») fait aujourd'hui partie des « Plus Beaux Villages de France ». Il abrite un hôtel de charme dans l'ancienne commanderie des Hospitaliers, ainsi qu'un musée du protestantisme. Une grosse proportion des habitants de la région (sur une ligne Loriol-Dieulefit-Valdrôme) est en effet de confession protestante ; ils représentent la 3e communauté réformée

de France. Le village est d'ailleurs le point de départ du *sentier des Huguenots*, qui mène à Bad Karlshafen, en Allemagne, au terme d'un itinéraire de 1 600 km. Ne manquez pas de flâner dans les ruelles empierrées, fleuries aux beaux jours, jalonnées ici et là de passages couverts, refuges appréciés en cas d'averse ou de soleil trop ardent. Au printemps, le village est traversé par de délicieuses odeurs poussées par le mistral... herbes, fleurs, roses... Flânez, flânez, vous dit-on, car si la Drôme abrite nombre de villages adorables, peu ressemblent à celui-ci.

Où dormir ? Où manger ?

Camping

Camping municipal Lorette : *60 B, chemin de Lorette, au pied du village. ☎ 04-75-91-00-62. • camping-lorette@orange.fr • campinglorette.fr • Ouv mai-sept. Forfaits 9,50-13,50 €. 60 empl. Une nuitée offerte pour un séjour de 2 sem sur présentation de ce guide, et 2 nuitées pour 3 sem.* Un très agréable petit camping en bordure de rivière, avec toutes les installations nécessaires (laverie, buvette, jeux pour enfants, terrains de sports et piscine) et ombragé comme il faut.

Bon marché

Tous les Matins du Monde : *dans le centre du « nouveau » village. ☎ 04-75-46-46-00. • touslesmatinsdumonde@sfr.fr • Fermé dim soir et lun (plus le soir mar-jeu hors saison). Menus 15 € (déj en sem)-24 €.* Une terrasse protégée par une glycine centenaire et une ancienne limonaderie transformée en auberge. À la carte, petits plats locaux, pizzas (également à emporter). Au déjeuner, tout le monde se retrouve autour du menu du jour.

LA DRÔME

Achats

Champs Libres : *Le Plat et Rivales. ☎ 04-75-96-58-62. À env 6 km du vieux village, au bord de la D 540, presque à l'entrée de la ZA de Dieulefit (à proximité de la déchetterie). Mar et ven 9h-12h30, 15h30-19h ; mer et sam 9h30-12h30.* Un magasin de producteurs bio vendant des fruits et légumes, de très bons pains, des yaourts de brebis à se damner, des viandes, des tisanes et de délicieuses autres décoctions locales... La boutique comptant nombre de fidèles, n'arrivez pas trop tard si vous voulez profiter du beau choix de produits frais !

Le Fournil des Comètes : *25b, chemin des Ramières. ☎ 04-26-34-32-72. Mar-sam 10h-19h30 (horaires et j. d'ouverture varient légèrement au gré des saisons).* Voisin de la Vieille Mule, on retrouve chez ces boulangers installés en coopérative le même esprit : un véritable engagement environnemental, un excellent savoir-faire, du sérieux... auquel s'ajoute un vrai sens de la convivialité. Toute l'année, une belle sélection de pains au levain naturel à partir de farines bio locales et d'excellentes viennoiseries (par contre, ça se sait... donc le choix s'amenuise vite au fil des heures). Et, de mai à septembre, une terrasse où grignoter les tartines maison accompagnées des excellentes bières du voisin.

La Vieille Mule : *25A, chemin des Ramières, quartier Labry. 06-16-57-37-11. • lavieillemule@gmail.com • Au bord de la D 540. Ouv 10h-18h30 (19h30 mai-août). Fermé dim-lun.* Voici une petite brasserie artisanale où vous trouverez de délicieuses bières bio brassées à l'eau de source et au malt local. Soucieux de maîtriser au maximum le processus de fabrication de leurs bières et d'être cohérents d'un point de vue environnemental, ils ont même créé leur propre houblonnière sur place, et l'orge est cultivée non loin de là. On vous prévient, la mule a du caractère (et une belle amertume), qu'elle soit blonde, ambrée, blanche, *India pale ale* ou vieillie en barrique de whisky ! On vous rassure, elle ne manque pas d'humour (à en juger par les noms) et l'on vous y accueille avec le sourire et un vrai sens de l'échange.

À voir

Tout en haut du village, l'ancien donjon du XIIe s du ***château de la commanderie des Hospitaliers de Saint-Jean de Jérusalem, de Rhodes et de Malte*** *(visite pour les individuels juil-août mer à 9h30 ; compter 5 € ; sinon rens au 06-11-03-00-59 ou 06-08-40-61-42).* Voir les vestiges de la chapelle avec une seule ouverture à large embrasure, sa jolie abside avec chapiteaux finement ciselés et les retombées d'arcatures sur visages au style primitif. C'est dans ce cadre merveilleux que furent tournées certaines scènes du film de Raoul Ruiz *Les Âmes fortes,* inspiré du livre de Giono.

Le musée du Protestantisme dauphinois : *☎ 04-75-46-46-33. • museedu protestantismedauphinois.com • Juil-août, tlj sauf le mat dim-lun 10h-12h, 15h-18h30 ; avr-juin et sept-oct, tlj 15h-18h30. Entrée : 3,50 € ; réduc ; gratuit jusqu'à 18 ans.* Petit musée instructif, aménagé dans l'un des 3 temples n'ayant pas été démolis à la révocation de l'édit de Nantes. Il faisait autrefois office de mairie. Tribunes d'époque, uniques en France. Quelques vitrines retracent la ferveur de la Réforme dans la région, les périodes de clandestinité, le grand mouvement de réveil au XIXe s et le rôle des protestants jusqu'à la Seconde Guerre mondiale. À noter, d'anciens psautiers avec pages de garde. Assez rare, car on risquait gros à conserver des exemplaires des Écritures. À voir également : cette bible d'Olivétan, datée de 1532, des coupes de communion démontables, les belles mosaïques de Daniel Kaltenbach. Les expos temporaires changent d'une année sur l'autre. Point de départ du sentier européen de randonnée « Sur les pas des Huguenots » (1 600 km).

Le Centre d'art et d'animation Yvon-Morin : *☎ 04-75-73-10-50. • centre-art-drome.com • Fermé oct-avr. Entrée 4 € ; réduc ; gratuit moins de 18 ans et étudiants.* En été, en plus des expos, le centre accueille des concerts de musique classique et de jazz.

LA DRÔME

DIEULEFIT (26220) 3 297 hab. *Carte Drôme, A3*

En dehors des circuits touristiques traditionnels, Dieulefit vaut le détour pour cette image de petite ville de province que les ravages du temps et de la modernité n'ont guère altérée ! Fidèle en cela à sa devise *Lou temps passo, passo lou ben* (« le temps passe, passe-le bien »).
La ville a une tradition potière importante (les années impaires, grand marché de potiers le week-end de la Pentecôte). Elle est également connue pour son centre de santé traitant les problèmes pneumologiques et cardiologiques, héritage d'un savoir-faire ancestral.

MERCI, TANTE MARGUERITE !

Pendant la dure période de l'Occupation, Dieulefit fut un des plus beaux exemples de Résistance civile en France. L'attitude collective de la population fut exceptionnelle. Pas une seule dénonciation et, en 5 ans de guerre, seulement quelques arrestations. Pendant qu'une employée de mairie, Jeanne Barnier, 21 ans, falsifiait papiers d'identité et cartes d'alimentation, une certaine Marguerite Soubeyrand, dite « tante Marguerite », institutrice protestante à Beauvallon, accueillait nombre de réfugiés espagnols, juifs et communistes allemands. Parmi bien d'autres, Aragon et Elsa Triolet, Clara Malraux, Pierre Seghers, Pierre Jean Jouve, Yvonne Lefébure, Pierre Emmanuel, ou encore le philosophe Emmanuel Mounier, restèrent un temps sous la protection de « tante Marguerite ». Une telle concentration d'écrivains et d'artistes fit de Dieulefit le 3e centre intellectuel français après Paris et Lyon. Pour expliquer une telle solidarité de la part de toute une population, il fallut naturellement l'addition de l'éthique protestante et d'un fort courant catholique progressiste hostile au gouvernement de Vichy. Alors, rendons hommage à des gens qui, comme les marins de l'île de Sein, rendirent son honneur à la France !

L'ENSEIGNEMENT AVANT-GARDISTE DE TANTE MARGUERITE

« Tante Marguerite » était une institutrice à part des années 1930 : outre le fait qu'elle n'envisageait l'école qu'à la campagne, dans un cadre familial, elle avait une conception de l'enseignement proprement révolutionnaire à l'époque : suppression de l'estrade et de l'uniforme, travail en groupe, libre expression et mixité dans les classes.

Adresse et infos utiles

Office de tourisme : *1, pl. Abbé-Magnet. ☎ 04-75-46-42-49. • dieulefit-tourisme.com • Avr-sept, lun-sam 9h30-12h, 14h30-18h, et dim 10h30-13h ; oct-mars, lun-sam 10h-12h, 14h-17h ; fermé jeu hors vac scol.* De mi-avril à mi-septembre, propose plusieurs visites guidées thématiques (sur résa ; payantes), dont une stimulante « promenade de santé » de 2h dans le centre ancien, ainsi que des balades nocturnes à thème en juillet-août. Vous y trouverez aussi un petit guide gratuit de visite de la *Viale* et des dépliants de petites courses d'orientation pour découvrir la ville avec les enfants.

– **Marché :** *ven mat, dans le village.* Goûtez au picodon affiné ici selon la méthode de Dieulefit ou revenez pour lui faire sa fête, le 2e dimanche d'août. Sinon, vous trouverez de délicieuses olives (à l'ail notamment) *Chez Annette* (mais armez-vous de patience, car les adeptes sont nombreux !).

➢ ***Bus pour Montélimar, Le Poët-Laval, Montboucher :*** env 5 bus/j., avec la *SRADDA* (*• sradda.com •*), ligne n° 35.

Où dormir à Dieulefit et dans les environs ?

Campings

Camping Huttopia Dieulefit : *quartier d'Espeluche, à Dieulefit. ☎ 04-75-54-63-94. • dieulefit@huttopia.com • huttopia.com • À env 3 km du centre-ville ; prendre l'avenue Maleval à Dieulefit ; indiqué sur la gauche en venant du sud. Ouv avr-oct. Forfaits 29-71 € ; tentes équipées, cabanes et cahutes ; 3 nuits min en hte saison. 700 empl.* Superbe camping 3 étoiles sur un site naturel de toute beauté. Campement sur de grands emplacements arborés bien ombragés, ou en pleine forêt, tous équipés d'une table de pique-nique et répartis sur le site ; les salles d'eau sont installées à proximité. On peut aussi louer une des cabanes ou cahutes en bois non traité, entièrement équipées, ainsi que des tentes canadiennes. Espacement inégal entre les différentes structures d'hébergement. Grand bâtiment en bois avec terrasse, épicerie et bar-restaurant, où l'on peut emprunter des jeux de société. Nombreuses activités ludiques ou sportives, piscine, soirées animées, location de vélos. Baignade possible dans le lac.

Camping La Source du Jabron : *quartier La Patte, 26220* ***Comps.*** *☎ 04-75-90-61-30. 06-85-04-36-49. • contact@campinglasource.com • campinglasource.com • À 3 km de Dieulefit, en direction de Bourdeaux, au bord de la D 538. Ouv de mi-avr à fin sept.*

Forfaits 22,50-58 € ; mobile homes, chalets et bungalows toilés. CB refusées. 50 empl. Bien que sans séparation, des emplacements agréables, de bonne taille et globalement bien ombragés. Bel espace piscine. Restauration sur place (avec terrasse panoramique), jeux de société, machines à laver, club et jeux pour enfants, terrains de sport, location de VTT, épicerie avec produits locaux. Une réelle qualité de service et un accueil sympathique.

De prix moyens à chic

Hôtel La Cachette : *33, rue Brun-Larochette, à Dieulefit. ☎ 04-75-96-49-87. • accueil@hotellacachette.fr • hotellacachette.fr • Congés : janv. Doubles 77-107 € selon les dates.* Au calme, à deux pas du centre-ville, une escale sobre et contemporaine de Dieulefit. L'hôtel compte une dizaine de chambres. Joli petit jardin, et la terrasse qui va avec pour en profiter dès le petit déjeuner. Côté chambres, intéressant éventail tarifaire et une literie de bonne qualité. Piscine intérieure et jacuzzi. Accueil pro et sympa.

Chambres d'hôtes du Château de Comps : *chez Mme Terrot, 26220* ***Comps.*** *☎ 04-75-46-30-00. 06-72-17-78-43. • chateau-de-comps@orange.fr • À 7 km au nord de Dieulefit. Ouv Pâques-Toussaint. Doubles 65-70 €.* Une ferme, peut-être, mais à particule ! Car les hangars pour le foin et les tracteurs du domaine ne volent pas la vedette au château, un castel au port altier bien campé sur sa colline. L'accueil est charmant et pas compliqué, et les chambres, très ordinaires, sont bien tenues. Le soir, la charmante propriétaire vous propose d'utiliser une petite cuisine pour faire votre tambouille.

Où manger à Dieulefit et dans les environs ?

Bon marché

La Drôme des Couleurs : *rue Malautière, à Dieulefit. ☎ 04-75-54-45-20. Tlj sauf mer 9h30-15h (resto fermé le soir en sem) ; ven-sam, 10h-23h ; dim 10h-19h. Formule 15,90 € ; carte 20-25 €.* Produits drômois et artisanaux proposés dans des plats à l'ardoise et les formules du jour. La cave offre plus de 150 références à consommer sur place ou à emporter. Accueil décontracté.

Prix moyens

Bar-restaurant La Paillette : *2, pl. Léopold-Mourier, hameau de la Paillette, 26220* ***Montjoux.*** *☎ 04-75-51-02-49. À env 7 km au sud-est de Dieulefit, par la D 538 puis la D 130. Juil-août, tlj sauf lun soir et jeu ; hors saison, tlj sauf jeu, et ouv le soir en sem sur résa uniquement. Résa conseillée. Menus 15,50-24,50 ; plats carte 9,80-15,50 €.* Une petite adresse discrète, à un carrefour. L'originalité de la petite carte ne vous fera pas tourner la tête, mais plats du jour, poisson, viande, salades composées, burger et gratins de ravioles sont d'une belle fraîcheur et bons... ce qui explique sans doute que la terrasse (aux beaux jours) et les 2 petites salles soient aussi régulièrement prises d'assaut. En plus, l'accueil est charmant.

À voir. À faire

Balade dans le centre historique (la Viale)

Allez à la découverte de la *Viale,* de ses vénérables demeures médiévales et de ses ruelles chargées d'histoire. Tous les 2 ou 3 m quasiment, festival de portes et fenêtres à accolades, pans coupés, pignons, tout plein de clins d'œil architecturaux bruts de décoffrage.

La tour de l'Horloge : *pl. Abbé-Magnet.* C'est un bon point de départ. Ancienne place du Marché, édifiée en 1534, décorée d'une fontaine et d'un cadran solaire.

L'église Saint-Roch : dominant la place de son imposante façade de style hybride romano-byzantin. Achevée en 1710 pour accueillir les protestants contraints de revenir à la religion catholique (après la révocation de l'édit de Nantes), l'église paroissiale Saint-Pierre étant devenue trop petite pour toutes ces ouailles.

La rue du Calvaire : hautes façades qui ne sont rien d'autre que les anciens remparts détournés en maisons (au n° 9, il reste même une meurtrière). Il est temps de pénétrer dans la *Viale...*

À droite de la grande-rue du Château, grimper la rue des Prisons. Arrivée ***place Saint-Pierre,*** qui fut jadis l'épicentre de la ville. Elle n'a guère changé d'aspect depuis 5 siècles, et il ne vous reste plus qu'à imaginer l'animation qui pouvait y régner. Bordée de grosses demeures à fenêtres à meneaux ou en accolade. Au n° 3, superbe maison Renaissance qui abrite une exposition : « La santé à Dieulefit » *(demander les clés à l'office de tourisme).*

L'église Saint-Pierre : *ouv seulement lors des visites guidées.* Construite en 1402. Imposant clocher de 1530 aux baies étroites et profondes embrasures extérieures. Complètement coincée dans le pâté de maisons. Elle s'appelait initialement Saint-Roch (qui protégeait de la peste) et dut donner son nom en 1710 à sa rivale nouvellement construite. À l'intérieur, vaste narthex, porte du XVIe s. Chaire en pierre et beaux autels baroques des XVIe et XVIIe s.

De là, balade dans la ***Viale,*** festival d'escaliers rugueux, ruelles tordues, arches barrant les rues (rue Saint-Pierre notamment). Nombreuses maisons basses avec courettes ou jardinets fleuris, vigne vierge musardant sur les murs... La rue Saint-Paul mène carrément à la campagne. Puis une rue de l'École, brute de forme, croise la rue Supérieure (au n° 7, porte à triple accolade), qui conduit à la place de l'Ancien-Temple (démoli à la révocation de l'édit de Nantes en 1685).

Descendre la ***rue Zig-Zag*** la bien nommée. Là encore, nombreuses anciennes demeures. Place du Château, plus de château, mais un vieux lavoir. Mystérieuse ***rue du Portail-Neuf*** conduisant à la ***rue du Pont-Percé.*** De nuit, le quartier dégage une atmosphère totalement expressionniste.

Adorable et rustique ***grande-rue du Terron,*** menant à une arche et une antique demeure murée. Après la rue Zig-Zag, la ***rue Casse-Cou...*** On devine de petits jardins secrets et des espaces encore sauvages. Plus de chèvres rue de la Chèvrerie, mais d'autres portes en accolade (au n° 3, une en triple accolade). Bel ensemble Renaissance restauré à l'angle de la rue de l'Hôpital et grande-rue du Terron. Quelques vieilles marches pour accéder à une fontaine de quartier.

La ***rue Justin-Jouve*** et la ***grande-rue du Bourg,*** qui la prolonge, présentent nombre de points d'intérêt et clins d'œil insolites (façades, portes ouvragées, etc.). Au n° 14, belle porte XVIIIe s et imposte avec monogramme. Entre les n°s 14 et 16, très pittoresque ***rue d'Audiffret*** (ou de Godifrais). Ruelle barrée de 3 arches dont l'une permettait de passer d'un côté à l'autre. Descendre quelques pas pour découvrir une des curiosités du secteur : la ***rue Sous-les-Maisons,*** rue souterraine qui part du carrefour de la Rose (en face de la place de l'Abbé-Magnet) et se glisse, noire et mystérieuse, en contrebas et parallèlement à la rue du Bourg. À cet endroit, elle est fermée par une grille. Mais on la retrouve plus loin, rue Bonnefoy, entre les n°s 34 et 36 de la rue du Bourg (là, l'entrée se révèle un vrai coupe-gorge).

Retour ***rue du Bourg.*** Au n° 25, maison Renaissance, et au n° 24, élégants balcons en fer forgé ornés d'oiseaux. Au n° 32, beau heurtoir (une énorme main).

Au nº 62, un des plus imposants immeubles de la ville, avec une dizaine de fenêtres en façade. Sur la place Châteauras, le ***temple protestant,*** construit en 1810 dans le style néoclassique.

Enfin, les invétérés trekkeurs urbains termineront la visite par la ***basse Viale*** aux moult plaisirs architecturaux. C'est le quartier entre la rue Justin-Jouve et le Jabron, dont la ***rue Basse*** est l'axe. Par endroits, ses hautes façades tinrent lieu de remparts. Au passage, quelques vieilles enseignes, comme ce vénérable forgeron, et une insolite façade « art pop » faite de bris de céramique, de porcelaine et de figures fantastiques, œuvre d'un artiste local plutôt original.

Dieulefit est connue pour être la Mecque des potiers (avec Cliousclat). Voir, à ce titre, la ***maison de la Céramique,*** au parc de la Baume *(☎ 04-75-50-20-98 ; • maisondelaceramique.fr • ; ♿ ; ouv avr-déc : de mi-juin à fin août, tlj 10h-13h, 14h-18h ; hors saison, mer-dim 14h-18h ; entrée 4 €, réduc, gratuit moins 12 ans ; visite guidée le 1er mar du mois à 15h, sur résa, 10 €).* La renommée de sa poterie, Dieulefit la doit avant tout à « sa terre à feu », argile réfractaire que l'on trouvait en abondance dans le coin, elle fut un centre important, et ce dès l'époque gallo-romaine. La récente scénographie, bien conçue, s'articule autour des thèmes cuisiner, servir, manger, conserver et décorer. Elle évoque autant l'époque gallo-romaine, avec les 1ers ateliers, que les créations contemporaines, en passant par la reconstitution d'un atelier. Le développement des contenants de cuisson et de conservation en métal (incassable de surcroît) au cours du XIXe s marquera le déclin de l'activité et une transition vers les arts de la table. Aujourd'hui, plus d'une quarantaine d'ateliers sur la commune et aux alentours illustrent la diversité de création des artisans. Portrait de quelques-uns des nombreux potiers installés à Dieulefit et dans les proches environs. Petite boutique. Plusieurs expos temporaires dans l'année. Les amateurs pourront demander la liste et les coordonnées des potiers et céramistes du coin, par exemple ceux qui sont réunis au sein de l'association *Art des Huit (boutique au 34, rue du Bourg, à Dieulefit ; • ceramistesassocies.wixsite.com/dieulefit/l-association •).*

Marché des potiers : *ts les 2 ans. Le prochain se déroulera en juin 2021.*

DANS LES ENVIRONS DE DIEULEFIT

L'église Saint-Pierre-Saint-Paul de Comps : *à 7 km de Dieulefit, par la D 547 (en direction de Comps). Visite tlj en juil-août, à Pâques, à l'Ascension et à la Pentecôte, et lors des Journées européennes du patrimoine. GRATUIT. Visite commentée jeu à 10h30 pdt l'été (sur résa ; 2 €).* Admirer l'une des plus belles églises romanes de la Drôme, située sur une butte, dans un paysage totalement harmonieux. Édifiée au début du XIIe s. Certains érudits ont cru lire dans son plan en croix grecque une influence orientale de la période des croisades. On sait maintenant que ses curieuses proportions résultent d'un chantier inachevé ou de la modification d'un projet initial. Décoration intérieure sans fioritures, et grande pureté de la coupole octogonale du XIIIe s. Litre funéraire (bande peinte en noire, parfois blasonnée, destinée à honorer une personnalité) sur le côté gauche. Classée depuis 1938, cette église bâtie en petits moellons de grès calcaire local a été restaurée en 1995. Des soirées concerts y sont organisées *(juin-août ; • compshistorique.fr •).*

Ruches du monde, musée de l'Abeille et des Traditions apicoles : *à Comps. ☎ 04-75-53-96-84. Depuis Dieulefit, suivre la direction de l'église de Comps. Juil-août, tlj sauf lun 14h30-19h ; mar et jeu, atelier enfants 10h30-12h. Entrée : 4,80 € ; 2,50 € 6-15 ans.* Exposition pédagogique, avec une collection de ruches et de matériel apicole du monde entier, relatant l'apiculture à travers les siècles, son évolution et les principales innovations. 3 petits films de 30 mn sont également proposés. Dégustation de miel.

VALOUSE (26110) 36 hab. *Carte Drôme, B3*

La route du col de Valouse (la D 130) est l'une des plus belles que l'on connaisse. En revanche, elle pourra se révéler quelque peu éprouvante pour ceux qui ne sont pas habitués à conduire sur des voies étroites et sinueuses. En arrivant sur la D 70, si vous prenez en direction du col de la Sausse et Bouvières, vous traverserez les magnifiques gorges du *défilé des Trente Pas,* qui méritent elles aussi le coup d'œil.
Si vous venez de Dieulefit, arrêtez-vous au passage à Teyssières, à la *distillerie,* et demandez aux paysans de vous livrer les secrets de leur activité.

Où dormir dans les environs ?

Campings

Camping Le Pilat : *1225, route de Bourdeaux, 26110* ***Saint-Ferréol-Trente-Pas.*** *☎ 04-75-27-72-09. • info@campinglepilat.com • campinglepilat.com • Ouv avr-sept. En été, résa impérative car l'endroit est prisé. Forfaits 15-27,20 € ; mobile homes 2-4 pers. 82 empl.* Camping encerclé par les montagnes, au bord de la rivière de Trente-Pas. Emplacements agréables, délimités par de hautes haies. Bonnes installations : bassin (une retenue d'eau sur la rivière) dans lequel la baignade est possible, snack.

Camping de Trente Pas : *au village de* ***Saint-Ferréol-Trente-Pas.*** *☎ 04-75-27-70-69. • sylvie.barbanson@orange.fr • campingtrentepas.com • Par la D 70, dans le bourg, près de l'Auberge de Trente Pas. Ouv mai-août. Forfait 21,20 € ; gîtes, chalets et maisons 200-440 €/sem. CB refusées. 85 empl. Prix de la voiture (3 €) offert, hors juil-août, sur présentation de ce guide.* Camping joliment situé dans un cadre sauvage et offrant un bon confort.

Prix moyens

Chambres d'hôtes Auberge de Trente Pas : *235, route des Gorges, au bourg, 26110* ***Saint-Ferréol-Trente-Pas.*** *☎ 04-75-27-71-39. • auberge30pas@orange.fr • aubergede30pas.com • À quelques km au sud de Valouse et à une quinzaine de km de Nyons, sur la D 70. Résa obligatoire. Doubles 81-89 €. Table d'hôtes (de mi-mars à oct) 22,50 €.* Ici, on retrouve tout ce qu'on aime : un vieux village de la Drôme montagneuse, une maison le long de la route, sans chichis, offrant des chambres toutes simples mais propres et guillerettes, et une cuisine de famille préparée avec cœur. Accueil très chaleureux et souriant des propriétaires. Petit espace réservé aux enfants, service rapide et conseils avisés pour les fans de VTT. Le bémol : la terrasse est de l'autre côté de la route. D'autant plus dommage qu'il n'y a pas de salon à l'intérieur.

Achats

Coutelier Maël Miranda : *ferme de Marinon. 06-49-23-76-88. À partir du col de Valouse, en venant de Dieulefit, parcourir 1 km et tourner 1re route à droite (c'est fléché). Téléphoner avt de venir. Couteaux à partir de 45 €.* Maël est un jeune coutelier forgeron passionné, qui façonne principalement des couteaux de table, de cuisine ou de poche. Pour prolonger la lame en acier (pas inoxydable, Maël vous expliquera pourquoi), des manches en bois, d'essences principalement locales : frêne, olivier... Maël vend au marché de Dieulefit le vendredi, mais l'intérêt est aussi de le voir travailler dans son atelier, en s'imprégnant des odeurs de bois. Toujours dans la veine artisanale, si vous êtes intéressé, jetez un œil aux tissages créés par sa mère avec la laine de leurs brebis mérinos, juste à côté.

LES BARONNIES

Vigne, blé, lavandin, lavande, olivier, mélisse, tilleul, thym, romarin, arbres fruitiers, etc. Pas de doute, on est bien en Provence, dans une région de moyenne montagne. On est aussi dans le superbe *parc naturel régional des Baronnies provençales,* qui, à cheval sur la Drôme et les Hautes-Alpes, s'étend sur 1 818 km² et pas moins de 97 communes. Un espace préservé et riche, tant au niveau naturel – avec une biodiversité et une géologie remarquables – que de son patrimoine bâti – avec, notamment, ses villages perchés. Sans parler de la beauté de ses paysages à la fois sauvages et façonnés par des siècles de présence humaine et de pratique agricole.

RÉMUZAT (26510) 350 hab. *Carte Drôme, B3-4*

Une histoire bien singulière. Au XVIIe s, pour une raison encore inconnue de nos jours, ce petit village fut déplacé et reconstruit pierre par pierre à son emplacement actuel (447 m d'altitude). À l'époque médiévale, il était situé sur l'autre rive de l'Oule, au pied de la falaise de Saint-Auban, et dominait les 3 cours de l'Eygues, de l'Oule et du Rif... De ce Rémusat avec un « s », il ne reste aujourd'hui que des pans de murs et une petite chapelle.

Adresse et infos utiles

Office de tourisme : *pl. du Champ-de-Mars. ☎ 04-75-27-85-71. • baronnies-tourisme.com • En face du pont, à côté de la Maison des vautours. Avr-juin, sept et pdt vac scol, tlj sauf dim-lun 10h-12h, 14h30-17h ; juil-août, tlj sauf dim 10h-12h30, 14h30-17h45 ; hors saison, mer, jeu mat et sam.*

– ***Marchés artisanaux et produits du terroir :*** *1 en juil, 1 en août, 1 en oct.*

– ***Brocante et vide-grenier :*** *en général le 14 juil, le 15 août et le 2e w-e de sept.*

Où boire un verre à Rémuzat et dans les environs ?

Café-restaurant du Midi : *pl. du Champ-de-Mars, à Rémuzat. ☎ 04-75-27-85-94. • bardumidi@hotmail.fr • Ouv tlj. Congés : nov-fév.* Le moins que l'on puisse dire, c'est que ce café porte bien son nom, avec sa grande terrasse typiquement méridionale. Agréable comme tout pour boire un verre en observant dans le ciel le ballet des vautours.

Auberge de la Vallée de l'Oule : *le Village, 26510* ***Cornillon-sur-l'Oule.*** *☎ 04-75-27-21-66. • auberge.valleeoule@orange.fr • À 6 km au nord de Rémuzat par la D 61. Fermé lun, plus dim soir hors saison. Formule déj en semaine 14,50 €. Menus 24-29,50 €. Carte env 25 €. Génépi offert sur présentation de ce guide.* Belle ambiance et quelle vue sur la vallée depuis la terrasse de ce « Bistrot de pays » ! Bref, l'endroit parfait pour boire un coup.

À voir

Les vautours des Baronnies : après un siècle d'absence, les vautours sont de retour dans le ciel des Baronnies. Ces oiseaux strictement charognards avaient été exterminés vers la fin du XIXe s. Grâce au travail de l'association « Vautours en Baronnies », la région abrite aujourd'hui la plus importante colonie de vautours des Alpes. Le vautour fauve a été réintroduit dès 1996. En 2004, les 1ers vautours moines étaient relâchés. Le vautour percnoptère s'est réinstallé spontanément. Enfin, en 2016, les 1ers gypaètes ont été libérés. Cette chaîne utile d'oiseaux charognards est aujourd'hui reconstituée. Pour découvrir les vautours dans les très beaux paysages des gorges de l'Eygues, vous pouvez participer aux visites de terrain organisées toute l'année et encadrées par les ornithologues de l'association *(☎ 04-75-27-81-91 ou 04-75-27-85-71 ; • vautoursenbaronnies.com • ; pour les individuels, en juil-août mer-ven, slt le ven en sept et Toussaint, ½ journée 10 €/adulte et 8 € 5-16 ans).*

La route du col de Soubeyrand : superbe route qui passe à une altitude de 994 m. Attention, ça tourne !

DANS LES ENVIRONS DE RÉMUZAT

Le village de ***Saint-May,*** sur la D 94, et ses ***gorges.*** Belle montée jusqu'au village au départ d'un petit pont. Depuis ce dernier, vue imprenable sur les gorges creusées par l'Eygues. Pousser jusqu'au petit cimetière « aérien » tout en haut. Pour des sensations fortes, pousser un peu plus loin, à 3,5 km, en direction du rocher au Caire qui culmine à 777 m. Point d'observation idéal pour les vautours.
– ***Festival des cerfs-volants :*** *le dernier w-e de juin, à* ***Saint-May.*** Des centaines de cerfs-volants planent sur le plateau de Saint Laurent.
– ***Fête de la Transhumance :*** *le 2e w-e de déc, à* ***Saint-May.*** Montée du troupeau en pâturage d'hiver au rythme des conteurs et chanteurs. Une grande fête très conviviale.

Le lac du Pas-des-Ondes : *à* ***Cornillon-sur-l'Oule,*** *à 6 km de Rémuzat par la D 61.* Lieu de baignade sympathique pour les chaudes journées d'été *(surveillé en juil-août ; entrée : 3 €).*

LES VILLAGES ET HAMEAUX PERDUS DES BARONNIES

Villages et hameaux perdus ? Pour certains d'entre eux peut-être, mais pas pour tout le monde : ici, on est plutôt fier de posséder quelques-uns des villages auxquels on n'accède jamais par hasard, ou alors le hasard fait bien les choses. Sainte-Jalle, Le Poët, Mévouillon, Pierrelongue, Buis-les-Baronnies... Ça y est, vous voilà au cœur des Baronnies, entre les sommets (Saint-Julien, de Grimagne, de Banne) et les cols (Ey, Fontaube, Soubeyrand). Le Ventoux, du haut de ses 1 912 m, regarde tout ce petit monde s'animer. Dans sa partie occidentale, le pays ne se donne pas comme ça, sans effort consenti... il se mérite. Peut-être que les Baronnies rimeront dans votre inconscient avec les abricots, les vrais, à la chair aussi juteuse que sucrée.
Continuez, si ça vous chante, de pousser jusqu'au bout... du bout. Peu touristique, le sud-est de la Drôme conviendra à ceux qui ne souhaitent pas y rencontrer leur voisin de palier. Quelques pittoresques villages comme Lachau, Séderon et le superbe Montbrun-les-Bains. C'est aussi un territoire de grands espaces sauvages propice à de superbes randonnées.

SAINTE-JALLE (26110)

Au confluent du Rieu-Frais et de l'Ennuye, ce petit village posé comme par mégarde au creux d'une belle vallée est l'unique bastion catholique au milieu d'une province protestante. N'hésitez pas à flâner dans la vieille ville et, surtout, ne ratez pas Notre-Dame-de-Beauvert, la superbe église romane à l'entrée du village. Vers Le Poët-Sigillat, étranges paysages de collines noires ravinées. Et tout autour, de délicieuses routes qui montent et descendent dans des paysages savoureux, sauvages et loin de toute animation comme ceux du col d'Ey (718 m), avec une impressionnante vue sur la vallée et un très beau panorama en période de floraison de la lavande. Vous avez déjà ici un pied dans le pays de Nyons, dont Saint-Jalle dépend (et vous avez le droit de nous quitter ici si vous arrivez dans les Baronnies un jeudi matin, jour de grand marché à Nyons, à ne pas manquer !).

Où déguster et acheter un bon vin de pays ?

Domaine La Rosière : *Serge et Valéry Liotaud, 455, chemin du Routas. ☎ 04-75-27-30-36. • domaine-la-rosiere.com • Tlj 8h-12h, 14h-18h30 ; sur rdv de préférence.* Grâce à la force du cépage syrah, le domaine La Rosière sait tirer son épingle du jeu, et quand il faut tirer un lapin du chapeau, ce même domaine nous fait découvrir son viognier surmaturé (« Confidence »... c'est son nom), cépage très réputé et bien connu chez certaines grandes appellations blanches. D'excellents vins des Coteaux des Baronnies cultivés en bio. Petite restauration en saison avec uniquement des produits locaux. Cadre très sympa.

Domaine du Rieu Frais : *le Village. ☎ 04-75-27-31-54. • domaine-du-rieu-frais.com • Caveau ouv tlj (sauf dim de mi-oct à mi-mars) 9h-12h, 14h-18h. Visite des chais mar et ven à 10h et 16h (compter 1h ; GRATUIT). Dégustation gratuite.* Jean-Yves Liotaud et son fiston œnologue produisent de bons coteaux-des-baronnies (bio), une appellation qui existe depuis une quarantaine d'années, dont un cabernet-sauvignon élevé en fût de chêne. Des vins frais et fruités. Chaque année, ils produisent une cuvée sans sulfites ajoutés, dont le cépage change. Leurs efforts constants leur ont valu quelques prix et une vraie reconnaissance. Prix abordables. Et une poignée de produits locaux (huile de noix et d'olive, tapenades et déclinaisons...) pour compléter l'offre. Très bon accueil.

À voir

L'église Notre-Dame-de-Beauvert : dédiée à saint Galle. Style roman d'une noble simplicité. Très belle vue sur le chevet. Beau tympan sur lequel on peut distinguer un joueur de viole, un personnage avec une chouette, un pèlerin (ou un berger), un coq... Nef avec voûte en berceau et arc brisé. Baie étroite à profonde embrasure. Abside en cul-de-four sur 4 colonnettes. En haut du chœur, à gauche, pierre de remploi romaine. À droite du chœur, quelques stèles romaines également.

SAINT-AUBAN-SUR-L'OUVÈZE (26170)

À l'est de Buis-les-Baronnies, où mènent tous les chemins dans les Baronnies (voir plus loin), route de montagne étroite (D 546 et D 65). Situé à 637 m, Saint-Auban est une pittoresque étape pour souffler un peu en dehors des sentiers battus. Vestiges de remparts, vieille porte de ville, ruelles étroites, vénérables demeures en pierre, et un petit hôtel-resto. De gros travaux de rénovation des vieilles maisons ont déjà été entrepris, et d'autres sont encore à venir. On fait le tour du village en 3 mn, mais l'ensemble est plutôt mignon, et la vue bien jolie (attablez-vous à l'auberge *La Clavelière* pour bien en profiter). Sur la mairie, plaque indiquant qu'un habitant de la commune, François-Hector d'Albert (1728-1802), grand marin, s'illustra vaillamment, comme chef d'escadre, dans la guerre d'indépendance américaine.

➢ ***Bus*** pour Buis-les-Baronnies, Nyons, Mévouillon, Séderon, Lachau.

Auberge La Clavelière : *208, traverse Félix-Delachau. ☎ 04-75-28-61-07. 06-82-93-84-69. • la.claveliere@orange.fr • laclaveliere.com • Resto fermé sam midi. Double 83 €, petit déj compris. Menus 15,50 € (déj en sem), puis 28-34 €. Café offert sur présentation de ce guide.* Une adresse sympathique pour amateurs de hors-piste. Solide maison de pierre au milieu du village, qui dissimule 2 petites perles : une piscine bien agréable au retour de balade, et une belle terrasse panoramique. Impeccable pour goûter à la cuisine, familiale et régionale, et surtout très réussie. Chambres simples et contemporaines bien tenues.

MONTAUBAN-SUR-L'OUVÈZE *(26170)*

Minuscule village hors du temps, comptant moins de 100 habitants. Aujourd'hui, un petit resto-épicerie en est la dernière luciole. La source de l'Ouvèze se trouve au hameau de Somecure.

Le Clocheton : *hameau de la Combe, 60, digue de Crébaye. ☎ 04-75-28-60-03. 06-88-67-81-85. • contact@leclocheton.fr • Fermé mer et ts les soirs hors saison. Congés : de mi-déc à mi-janv. Menu 19 €. Café offert sur présentation de ce guide.* L'ultime lieu de vie du village se compose d'une épicerie de pays vendant des produits du terroir, dont certains fabriqués par la maison (pâtés, confitures, pâtes de fruits...), et d'un petit resto tout simple. Cadre de bois clair, longue table, toile cirée, bref, la trilogie paysanne pour une bonne cuisine familiale où trônera toujours l'agneau du pays. Aux beaux jours, on s'attable dehors, près du petit torrent. Accueil chaleureux.

LACHAU *(26560)*

Lachau offre le rythme paisible de ses ruelles, places et placettes à fontaine. Au centre du village, petit château à tourelles du XVe s (aujourd'hui propriété privée). Aux alentours, ne pas manquer l'***église romane Notre-Dame-de-Calma*** du XIIIe s. Porche à profondes voussures sur petits chapiteaux. Style rude et dépouillé. Tour du Riable en cours de restructuration. Région à l'origine de nombreuses légendes, comme celle de la ***grotte de la Vache-d'Or,*** remplie de trésors. On retrouva aussi à Lachau des crânes à 3 yeux à l'origine de bien des extrapolations (en fait, probablement des trépanations d'ordre rituel durant la préhistoire).

MONTFROC *(26560)*

À 8 km au sud de Lachau (à vol d'oiseau !), au pied de la superbe montagne de Lure. Et la route qui mène à ce village depuis la Drôme (la D 946) passe brièvement par les Alpes-de-Haute-Provence ! Son nom viendrait de *Monte Froco,* au XIIIe s, du nom du vêtement des moines. Petite église de style roman, château-ferme à colombier et point de départ de belles randonnées. Notamment le vieux hameau de ***Villevielle*** (dans une sorte de petite poche se nichant dans les

Alpes-de-Haute-Provence), la chute de Montfroc (plus de 20 m de haut), les rives du Jabron, le col de la Combe-Maure... Un GR passe juste au sud de Villevielle.
– ***Foire biologique :*** *le 1er w-e d'oct.*

MÉVOUILLON-GRESSE *(26560)*

Mévouillon est un petit hameau que l'on remarque à peine sur la route de Séderon à Saint-Auban-sur-l'Ouvèze (D 546). Le pays était, au XIe s, la propriété d'une grande dame, Percipia. C'est sans doute son fiston, le baron Ripert Ier, qui fit construire à quelque 1 200 m d'altitude la ***forteresse de Mévouillon,*** dont il prit le nom. Évêque de Gap, il ne fut pas moins père de Ripert II et Reymont Ier, qui fondèrent la dynastie. Les 2 fils de l'évêque assurèrent la prospérité de la famille dans la région (qu'on nomma d'ailleurs les Baronnies) pendant près de 4 siècles aux côtés (ou parfois contre) des Montauban (d'où Montauban-sur-l'Ouvèze).

➢ Depuis le hameau de Mévouillon-Gresse, continuer sur 300 m ; passer la pancarte du col (890 m), prendre le chemin de terre sur la gauche avant la petite chapelle. Au bout du chemin, se garer. Prendre le sentier en pente vers le site d'escalade. Après 45 mn de marche, vous atteindrez le fort. Ne vous attendez pas à voir Versailles, Vaux-le-Vicomte ou Quéribus. De la forteresse en question, il ne reste plus rien à part « l'aiguier », une réserve d'eau en pierre. Mais le panorama sur les montagnes avoisinantes et les champs de lavande est grandiose. En été, allez-y en fin d'après-midi, une table rocheuse située au sommet procure une ombre bienvenue.

AULAN *(26570)*

Encore un château mais bel et bien vivant celui-ci, au milieu de nulle part et juché sur un éperon rocheux à la sortie des gorges. C'est le château d'Aulan, carte postale pittoresque et photogénique avec ses terrasses et ses tours crénelées. Petite ***église*** croquignolette, hors des murs du château, à laquelle il faut jeter un œil. Nombreux départs de randonnées aux alentours.

Le château : *sur la D 159. ☎ 04-75-28-80-00. 06-37-25-90-24. Juil-août, tlj sauf dim mat 10h-12h, 14h-18h30 ; avr-juin et sept-oct, visite tlj à 15h. Entrée : 7,50 € ; réduc.* C'est grâce à l'obstination du comte d'Aulan (décédé en 2004) que le château, dont les meubles ont été dilapidés en 1915 par des hommes d'affaires véreux, tient encore debout. C'est le petit-fils qui a repris le flambeau et assure aujourd'hui la visite. Propriété de la famille depuis 1635, il rassemble les souvenirs des aïeux (ça ne manque pas !) dispersés dans toutes les pièces : bustes, tableaux, accessoires et meubles...

MONTBRUN-LES-BAINS

(26570) 450 hab. *Carte Drôme, B4*

Au carrefour de la D 542 et de la D 189, un des « Plus Beaux Villages de France ». Ce bourg médiéval, bâti sur un relief ocre brun d'un écrasement de molasse calcaire dite « pierre du Midi », s'élève en gradins sur un éperon rocheux et offre une superbe homogénéité architecturale. Demeures de pierre sèche aux hautes et étroites façades pelotonnées les unes sur les autres, d'où jaillissent les tours du château, le beffroi et le clocher de l'église. Sa vocation première était défensive.

LA DRÔME

UN PEU D'HISTOIRE

Grosse implantation des Romains dont on retrouva de multiples traces. Ils appréciaient, bien sûr, le climat sain et les sources thermales du coin. Quelques fermes locales utilisent encore des bains en pierre comme abreuvoir. Au XVIe s, Montbrun fut le flef de Charles Dupuy-Montbrun, un des chefs protestants des guerres de Religion, lieutenant du fameux et cruel baron des Adrets. Son château était un des plus imposants de la région avant de connaître moult vicissitudes au fil des siècles ; maintes fois détruit, puis reconstruit, il fut démantelé à la Révolution.
Au XIXe s, c'est la ***grande vogue du thermalisme.*** Les eaux sulfureuses locales se révèlent souveraines contre les calculs rénaux, le diabète, les rhumatismes et la goutte. En 1865, construction d'un établissement thermal qui fonctionnera jusqu'en 1914. L'activité thermale est relancée en 1987, et un nouvel établissement thermal voit le jour en 2006, accueillant curistes (infections des voies respiratoires et rhumatologie) et amateurs de séjours de remise en forme.

Adresse et info utiles

Office de tourisme : *rue principale, à côté de la poste. ☎ 04-75-28-82-49. • baronnies-tourisme.com • Lun-ven 9h-12h (9h30-12h30 juil-août), 13h30-17h30 (18h juil-août), sam 9h-12h, 14h-17h.* Visites guidées du village d'avril à octobre, le mardi après-midi en juillet-août, et aux flambeaux le soir en été.

Marché : *sam mat.*

Où dormir ? Où manger ?

Camping

Camping municipal Le Pré des Arbres : *La Cheminade. ☎ 04-75-28-85-41. • camping@montbrunlesbains.com • montbrunlesbains.com • À l'est du bourg ; indiqué depuis la D 542. Ouv de mi-mars à mi-nov. Résa conseillée. Forfait 13 € ; mobile homes 2-4 pers. CB refusées. 55 empl.* Petit camping en terrasses, tout simple, à l'écart de la circulation, bénéficiant d'un environnement verdoyant et d'emplacements pour la plupart séparés par des haies. Ombragé dans sa partie basse, plus ensoleillé dans les hauteurs. Bon confort général et, en juillet-août, belle piscine municipale juste à côté (payante, même pour les campeurs, mais entrée à prix modique).

De bon marché à prix moyens

Hôtel des Voyageurs : *rue Notre-Dame. ☎ 04-75-28-81-10. • hoteldesvoyageurs26@free.fr • Resto fermé jeu et dim soir. Congés : fév et de mi-nov à mi-déc. Double 66 €. Formule déj en sem 17 € ; menu le soir 29 €. Apéritif maison offert sur présentation de ce guide.* Les chambres de ce petit hôtel, adorable et charmant, sont joliment arrangées. Rien de luxueux, mais c'est ce qui fait son charme... Une déco contemporaine et une ambiance un peu désuète que l'on retrouve côté resto, baigné de lumière, où le terroir est revisité de façon savoureuse. Également des objets de déco à vendre. Atmosphère sympa.

L'Ô des Sources : *dans les thermes, lieu-dit la Plâtrière. ☎ 04-75-27-11-09. • info@o-des-sources.com • Ouv de mi-mars à mi-nov. Fermé dim soir et lun. Menus 17,50 € (déj en sem), puis 26,50-39,50 €. Café offert sur présentation de ce guide.* Le menu du midi change toutes les semaines. En été, on prend ses repas sur la grande terrasse en hauteur, avec une superbe vue panoramique sur le vieux village de Montbrun et le mont Ventoux. Cadre de bistrot chic et contemporain. Côté cave, jolie sélection de quelque 170 références.

Où dormir dans les environs ?

Chambres d'hôtes Malia *(ex-Mona-Lisa)* **:** *2, rue du Lavoir, 26570* **Barret-de-Lioure.** *☎ 09-53-10-40-52. 06-71-96-38-73. • malia.reservation@gmail.com • ma-lia.com • À 7,5 km à l'est de Montbrun, par la D 542. Ouv mars-déc. Doubles 70-75 € (2 nuits min de mi-juin à fin août). Table d'hôtes 26 € le soir sur résa.* Lianna et Manuel, un couple germano-argentin, se sont installés en famille dans cette ancienne bergerie, et ils y ont aménagé 2 chambres et 1 gîte arrangés avec une sobriété étudiée, où apparaît la belle et lumineuse pierre du pays. Quant aux repas, Manuel, cuisinier de métier, sait de quoi il parle ! Calme et simplicité au rendez-vous, face au mont Ventoux.

Chambres d'hôtes La Honas : *route d'Aulan, 26170* **La Rochette-du-Buis.** *06-58-16-94-88. • maison.lahonas@gmail.com • lahonas.com • À 10 km au nord de Montbrun et à 5 km au sud de La Rochette-de-Buis. Double env 95 € ; familiales. Table d'hôtes certains soirs env 30 €. Pique-nique sur demande (hors juil-août).* Cette ancienne ferme du XVIIe s environnée de tilleuls et lavandes abrite 5 chambres, chacune avec une entrée indépendante. Arrangées de façon sobre et soignée : sols en tomettes, pierres apparentes (l'une est même adossée à la roche !), boutis et de petites ouvertures qui assurent la fraîcheur de la pièce. Plusieurs endroits où s'installer pour rêvasser avec un bouquin et profiter de jolis points de vue dégagés, depuis la grande piscine notamment. Coin cuisine à disposition pour se concocter de quoi grignoter (froid) les soirs où Isabelle ne propose pas de repas. Massages possibles (sur résa). Billard. Accueil souriant.

À voir

Le château : heureusement que les révolutionnaires, quand ils démolissaient, n'allaient pas souvent jusqu'au bout de leur fureur iconoclaste. Ce château possède encore une belle allure avec ses 4 tours en calcaire doré, mais comme il est désormais en ruine et sur un terrain privé, on ne peut l'admirer que de la place du Château.

Le beffroi : appelé aussi tour de l'Horloge, c'est l'une des 4 portes qui fermaient la ville au XIVe s, avec créneaux, mâchicoulis et campanile.

La fontaine du bourreau : c'est là qu'il venait laver ses mains et ses outils après le boulot. Demander la brochure du « sentier des (16) fontaines » à l'office de tourisme pour suivre un petit itinéraire dans le village.

L'église : du XIIe s mais largement modifiée par la suite. À l'intérieur, ne pas manquer le superbe décor, dont le retable du XVIIe s attribué à Bernus.

À faire

– ***Le centre thermal et de remise en forme :*** *route de Ferrassières. ☎ 04-79-35-38-50 (infos) ou 04-75-28-80-75 (résa). • valvital.fr • Espace détente ouv de mi-mars à mi-nov, lun-ven 14h30-19h, sam 14h-19h, dim 13h-18h30. Entrée à l'espace détente : 19,50 €.* Idéal pour occuper une journée de pluie ou se détendre entre 2 randos, notamment depuis les 2 jacuzzis en terrasse, qui font face au mont Ventoux.

Manifestations

– ***Marché aux fromages et de l'artisanat :*** *1er dim d'avr.* Marché, dégustations et animations.

– ***Journée Bien-être au naturel :*** *1er dim de sept. • bienetreaunaturel.fr* • Conférences, démonstrations, ateliers, marché thématique, restauration bio...
– ***Courges, Potirons et Cie :*** *3e dim d'oct.* Marché automnal, animations autour des cucurbitacées.

BUIS-LES-BARONNIES

(26170) 2 400 hab. *Carte Drôme, B4*

• Plan *p. 375*

Bienvenue chez les Buxois ! Une des capitales de la seigneurie des barons, et anciennement du tilleul, implanté à la fin du XIXe s à la place de la vigne tuée par le phylloxéra, et joliment appelé « arbre à miel ». Buis était surnommée « la Wall Street du tilleul » il y a encore une vingtaine d'années. Depuis la concurrence de l'Est et de l'Asie, la cote du tilleul a beaucoup chuté, mais connaît un renouveau depuis quelques années grâce au Syndicat des producteurs de tilleuls. La célèbre foire a laissé place à une autre fête, Aromatiques et tilleul en Baronnies, en juillet.
Mais Buis-les-Baronnies est aussi un spot célèbre pour ses pratiques sportives de pleine nature avec sa via ferrata, la plus longue d'Europe (4 parcours). La ville possède par ailleurs de riches édifices, témoins de son passé commercial. La place des Arcades, les remparts, le couvent des Dominicains et celui des Ursulines sont quelques-unes des étapes obligées. Allez-y le mercredi matin, jour du marché, charme garanti !

Adresse et info utiles

ℹ ***Office de tourisme des Baronnies en Drôme provençale*** *(plan A1) : 14, bd Michel-Eysséric. ☎ 04-75-28-04-59. • baronnies-tourisme.com • Juil-août, lun-sam 9h-12h30, 15h-19h, 18h avr-juin et sept et 17h30 le reste de l'année ; ouv dim de mi-mai à mi-sept. Fermé pdt fêtes de fin d'année.* En vente, topos d'escalade, de randonnées, de VTT, et boutique de plantes aromatiques, bien sûr ! Propose une visite guidée de la ville, d'avril à octobre, le mercredi après-midi.
– ***Marchés :*** *grand marché provençal le mer et petit marché des producteurs le sam mat.*

Où dormir ?

Bon marché

⌂ ***Gîte d'étape Le Soustet*** *(plan A1, **3**) : 14, rue des Pénitents. ☎ 09-81-06-52-43. • rachelmunerez@gmail.com • lesoustet.com • ♿ Ouv tte l'année. Nuitée 20 €/pers ; loc de draps possible.* Des chambres à partager de 2, 3 ou 5 personnes, avec sanitaires communs en nombre suffisant, le tout réparti dans les étages d'une vieille et étroite maison du centre. Tout est ici fait pour que l'ensemble soit au maximum fonctionnel tout en préservant le caractère des lieux, et pour que randonneurs, cyclistes ou touristes de passage se sentent bien : courette à l'arrière avec abris à vélo, petite cuisine à disposition, salle à manger, salon encore doté de son ancienne cheminée, jeux et livres à partager... Un lieu simple, chaleureux et accueillant.

De prix moyens à chic

Résidence Le Cloître des Dominicains (plan B1, **1**) : *rue de la Cour-du-Roi-Dauphin. ☎ 04-90-36-52-20. • reservation@escapade-vacances.fr • escapade-vacances.com • Ouv mars-nov. Studios 2-5 pers 270-685 €/sem (sans les draps). Possibilité de ½ pens ou de pens complète.* Cet ancien couvent dominicain revisité ne manque ni de cachet ni de caractère. Préférer les studios donnant sur le beau cloître. Kitchenette, lits en mezzanine, douche et possibilité de garer des vélos dans la cour. Bref, impeccable dans son genre, l'ensemble se révélant très fonctionnel et fort bien tenu.

Hôtel Les Arcades – Le Lion d'Or (plan B1, **2**) : *pl. du Marché, au centre du village. ☎ 04-75-28-11-31. • info@hotelarcades.fr • vacances-ventoux.com • Doubles 79-110 €. Garage fermé (6 places) payant et local à vélos.* Un hôtel convivial situé sur une place ravissante et sis dans une maison datant de 1661. Associations de couleurs parfois improbables. Clim dans toutes les chambres. Les marmottes éviteront d'opter pour une chambre côté rue les jours de marché (mercredi et samedi). Également des appartements tout équipés en location à la semaine. Beau choix au petit déj-buffet. Dès que le soleil darde, on peut profiter du beau jardin clos. Piscine (couverte si besoin). Spa, jacuzzi et espace bien-être (accès payant).

Où dormir dans les environs ?

Campings

Camping La Fontaine d'Annibal : *quai de l'Ouvèze, 26170 Buis-les-Baronnies. ☎ 04-75-28-03-12. • contact@vacances-baronnies.com • vacances-baronnies.com • ♿ À la sortie de Buis, direction Séderon. Ouv avr-oct. Forfait 24 € ; hébergements locatifs 308-780 €/sem. 52 empl. Café offert pour tout repas complet pris au snack de la guinguette, sur présentation de ce guide.* Petit camping bien tenu, à 10 mn à pied du centre de Buis. Emplacements peu ombragés mais locations fleuries. Chalets pour 4 ou 6 personnes et tentes aménagées. Bord de rivière, idéal pour les amoureux de la nature.

Le Gîte du Lièvre : *chemin des Brasses, 26170* ***La Roche-sur-le-Buis.*** *☎ 04-75-28-11-49. • gitedulievre@wanadoo.fr • gitedulievre.com • Depuis Bollène, sur la N 7 (dernières centaines de mètres carrossables mais cahoteux). Ouv juin-sept. Forfaits camping 14-19,70 € ; 3 cabanes et 3 chalets équipés. CB refusées. 25 empl. Verre de vin ou jus de fruits offert sur présentation de ce guide pour un séjour de 2 nuits mini.* Complètement isolé dans la montagne, et quelle vue ! Plein sud, sur une aire naturelle à l'ombre d'une forêt de chênes magnifique, face au Ventoux, avec piscine au milieu des genêts. Équipements très simples : sanitaires, barbecue à dispo. Bon petit-déj avec pain de campagne et confiture d'abricots des Baronnies. Bon accueil.

Domaine de l'Écluse : *80, rue de Barastrage, 26170* ***Bénivay-Ollon.*** *☎ 04-75-28-07-32. • camp.ecluse@wanadoo.fr • campecluse.com • ♿ À 8 km à l'ouest de Buis-les-Baronnies, par la D 147. Ouv de mi-avr à mi-sept. Résa indispensable en été. Forfaits 22-29 € ; mobile homes et chalets.* Sur le domaine d'une ferme oléicole, dans un site de toute beauté, un charmant petit camping familial, bien tenu par un frère et une sœur. Emplacements généreusement ombragés, et quelques haies pour les séparer un peu. Piscine et toboggan, snack, espace de jeux pour enfants.

De prix moyens à chic

Le Plantevin : *75, quartier Devant-Propiac, 26170* ***Propiac.*** *☎ 04-75-28-02-42. • leplantevin@gmail.com • À 8 km à l'est de Buis, par la D 147. Ouv tte l'année. Resto ouv le soir tlj. Doubles 80-180 € ; (bon) petit déj 12 €. Menu du jour 32 €.* L'ancien relais de poste créé en 1850 est

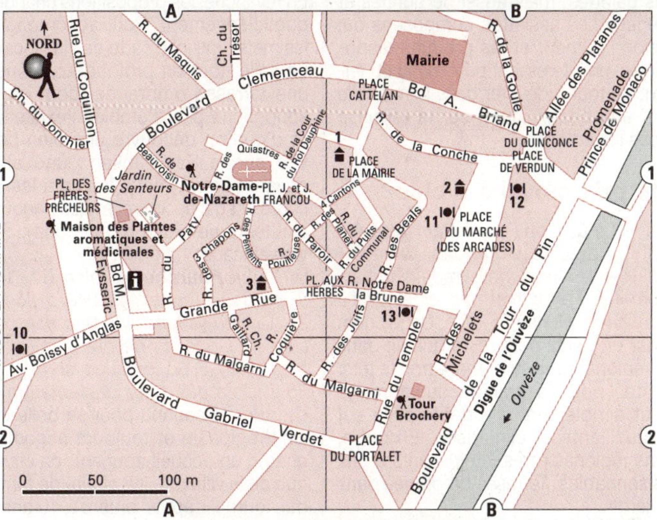

BUIS-LES-BARONNIES

Adresse utile

- Office de tourisme des Baronnies en Drôme provençale (A1)

Où dormir ?

1 Résidence Le Cloître des Dominicains (B1)
2 Hôtel Les Arcades – Le Lion d'Or (B1)
3 Gîte d'étape Le Soustet (A1)

Où manger ?

10 Le Grill du Four à Pain (A2)
11 La Fourchette (B1)
12 La Ribote (B1)
13 Chez Max (B1)

toujours dans la même famille aujourd'hui ! Depuis la terrasse paysagée ombragée par des tilleuls, bien belle vue sur le Ventoux. Une vue qu'offrent aussi les chambres les plus chères, les autres devront se contenter de la vue sur le petit parking. Jacuzzi. Belle piscine. Supers accueil et service. Également un bon resto sur place.

Hôtel-restaurant Le Saint-Marc : *50, rue de l'Ancienne-Gare, 26170* ***Mollans-sur-Ouvèze.*** *☎ 04-75-28-70-01. • hotel@saintmarc.com • saintmarc.com • Hôtel ouv avr-oct. Doubles 74-124 € ; petit déj 13 €. Menus 34-39 €.* Dans un adorable village, cet hôtel propose, d'un côté, de confortables chambres aux couleurs chaudes et, de l'autre, des appartements ou studios. Le grand plus : c'est le beau cadre convivial, avec le jardin et la piscine. Et puis aussi la table, de qualité. Et enfin l'accueil, pro et accueillant.

Où manger ?

Bon marché

Chez Max *(plan B1,* ***13****) : 21, pl. du Marché. ☎ 04-75-27-44-03. • maximevandepeutte@gmail.com • Congés : nov. Ouv tlj en été ; fermé lun soir et mar le reste de l'année. Repas 16-20 €.* Chez Max, il y a les crêpes et les galettes, mais aussi de bonnes et généreuses assiettes composées ou, selon l'humeur et les produits disponibles, un intéressant petit menu du terroir. Le tout à dévorer dans la minisalle ou, aux beaux jours, sur la terrasse sous les arcades.

De prix moyens à chic

|●| *Le Grill du Four à Pain (plan A2, **10**) : 24, av. Boissy-d'Anglas. ☎ 04-75-28-10-34. • legrilldufourapain@gmail.com • ♿ Fermé mar midi et jeu. Résa souhaitée. Menus 28-38 €.* Un joli nom pour un gentil petit resto qui fait dans le régional sans se prendre trop la tête. Optez pour la grillade du moment, tout simplement. La petite salle est accueillante et climatisée. En outre, vins régionaux très intéressants à prix raisonnables. Terrasse ombragée dans le jardin.

|●| ***La Ribote** (plan B1, **12**) : 38, pl. du Marché. ☎ 04-75-26-59-27. • judith.auzias@gmail.com • Fermé dim-lun et mar-jeu soir hors saison. Formule 18-21 € le midi, 26-30 € le soir. Digestif maison offert sur présentation de ce guide.* La cuisine est proposée à l'ardoise uniquement : 2 entrées, 2 plats, 2 desserts et basta. En revanche, les propositions changent quotidiennement. Pour accompagner les mets, une jolie carte de vins locaux. La salle, tout en profondeur, mène à une terrasse ombragée, dont on ne soupçonne pas d'emblée l'existence, et d'où l'on découvre une bien belle vue sur le Saint-Julien ; une autre devant l'entrée, sous les arcades. Le cadre est gai et coloré, et des bouquins ajoutent une petite touche cosy. Service efficace.

|●| ***La Fourchette** (plan B1, **11**) : 9, pl. des Arcades. ☎ 04-75-28-03-31. ♿ Fermé lun (plus dim soir hors saison). Congés : de nov à mi-mars. Menus 21,50 € (midi en sem), puis 35 €. Café offert sur présentation de ce guide.* Reconnu pour sa belle cuisine régionale et toujours accompagnée d'un accueil souriant, ce classique de la ville est une affaire de famille qui tourne depuis plus de 40 ans. Il faut dire que c'est un vrai programme dans l'assiette : écrevisses à l'estragon, terrine de lentilles et foie gras, etc. Et pour les accompagner, de bons petits vins régionaux. Le tout à déguster sur la terrasse, idéalement située, sous les arcades, ou dans la salle plaisante.

Où manger dans les environs ?

|●| ***Auberge de la Clue** : Les Allègres, 26170 **Plaisians**. ☎ 04-75-28-01-17. • aubergelaclue@gmail.com • ♿ Par la D 72, puis la D 526. Fermé dim soir et lun d'avr à mi-oct ; sinon, ouv seulement sam et dim midi. Congés : de mi-fév à mi-mars et de mi-oct à début nov. Formule déj en sem 20 € ; menus 31-38 €. CB refusées.* Une auberge accueillante face au Ventoux, au bout d'un petit chemin, prisée des gastronomes du secteur, attirés par les prix doux et les plats concoctés par 2 frères. Des mets bons et raffinés, jusqu'aux desserts, qui ne sont pas en reste. Belle terrasse ombragée par un bel acacia.

|●| ***La Grangette de Biquette** : pl. de la Mairie, 26170 **La Roche-sur-le-Buis**. 📱 06-10-27-23-49. • lagrangettedebiquette26@gmail.com • À 3,5 km à l'est de Buis par la D 159. Avr-nov, tlj sauf mar et mer midi 10h-0h30. Formules 20-35 €.* Une escale à l'ambiance détendue, comme l'indique le ton de la carte (bon, faut un peu prendre son élan au milieu des jeux de mots et phrases d'humeur pour comprendre ce qu'on vous y propose...). Parfait le temps d'un apéro, attablé sur la terrasse ombragée, une bien jolie vue panoramique sous les yeux. On grignote des planches, à accompagner d'un verre de vin bio des Baronnies, ou d'une bière artisanale (joli choix), et davantage pour ceux qui auraient vraiment les crocs (viandes – issues de bétail élevé en altitude – *a la plancha,* risotto d'épeautre aux légumes confits...). Et un patron qui évoque avec plaisir les produits qu'il a sélectionnés.

Où acheter de bons produits ?

Épicerie de Producteurs Rouge Amarante : *23, rue du Temple. ☎ 04-75-26-05-56. Avr-fin sept, lun et jeu 16h30-19h (19h30 en été plus le ven), sam 9h30-12h30 (9h en été) ; oct-fin fév, lun et sam mêmes horaires, mer 9h30-12h30.* Les produits de 20 producteurs des Baronnies : miel, huile d'olive, jus de fruits, fromages, yaourts, huiles essentielles... De quoi se concocter un bon frichti, ou rapporter de bonnes choses à la maison pour prolonger le séjour.

À voir. À faire

➢ ***Balade dans la ville :*** *plan disponible à l'office de tourisme.* Partir de la ***place des Arcades*** *(plan B1),* du XVᵉ s, l'une des plus charmantes de la Drôme provençale. Rue des Michelets, ***tour Brochery*** *(plan B2)* du XIVᵉ s. Au bout, la ***digue de l'Ouvèze*** *(plan B2)* de 1690. De la place du Portalet, belle vue sur les vestiges de l'enceinte. La ***rue du Malgarni*** *(plan A-B2)* indique qu'y habitaient jadis les pauvres. ***Rue des Juifs*** *(plan B2),* maisons du XIVᵉ s. Puis passage ***place aux Herbes*** *(plan A-B1),* siège de l'ancienne maison commune. Remonter la Grand-Rue, puis tourner à droite dans la rue du Paty pour rejoindre le ***jardin des Senteurs.*** Passer devant la ***tour du Safre,*** tour de défense du XIVᵉ s. Par la rue de Beauvoisin, passer devant la ***porte Renaissance,*** ancienne chapelle du couvent des Ursulines datant du XVIIᵉ s. Beau perron. Passage couvert qui permettait de relier le couvent à la chapelle. Arrivée à l'***église Notre-Dame-de-Nazareth*** *(plan A1),* du XIIIᵉ s. Abside en cul-de-four et toutes petites embrasures. Sombres lambris. Stalles et maître-autel proviennent du couvent des Dominicains (voir « Où dormir ? »). Fin du parcours, ***place du Portail-des-Frères-Prêcheurs*** *(plan A1),* avec ses 2 tours rondes, principale entrée de ville jadis.

Le jardin des Senteurs : *14, bd Michel-Eysséric. GRATUIT.* Un lieu où s'initier à la reconnaissance de la flore locale.

– ***Escalade :*** *sur le site d'**Ubrieux.*** 150 voies, exposées sud-ouest. Très fréquentées, donc si possible, y aller hors vacances scolaires. Sympa car il est possible de se baigner en fin de journée dans l'Ouvèze.

Fêtes et manifestations

– ***L'Olive et l'huile en fête :*** *le 3ᵉ dim de janv. Rens auprès de l'office de tourisme.*
– ***Sérénades en Baronnies :*** *les 2ᵉ et 3ᵉ sem de juil.* Concerts de musique classique et lyrique tout au long de l'année avec, en point d'orgue, un festival en juillet.
– ***Aromatiques et tilleul en Baronnies :*** *en juil.* Buis-les-Baronnies est la capitale du tilleul, surnommé « arbre à miel ». Si cette activité ancestrale (la 1ʳᵉ foire au Tilleul remonte à 1808) a décliné, la ville organise toujours une journée parfumée aux plantes aromatiques, ponctuée d'animations et de conférences narrant l'histoire du tilleul, ou livrant les secrets de son utilisation. Aller voir la *Maison Laget,* une petite boutique d'herboristerie et de cosmétiques, susceptible d'aider à guérir ou à prévenir tout... sauf l'hypocondrie *(pl. aux Herbes, après celle des Arcades ; ☎ 04-28-52-00-00 ; • bernardlaget.com • ; fermé dim-lun).*
– ***Parfum de jazz :*** *festival qui a lieu mi-août pdt 4 j.*
– ***Fête de la Lavande et de l'Abricot :*** *à la mi-août, à **Saint-Sauveur-du-Gouvernet.***

DANS LES ENVIRONS DE BUIS-LES-BARONNIES

La Roche-sur-le-Buis : *à env 3 km à l'est de Buis, par la D 159, une charmante petite route qui se termine au minuscule village du Poët-en-Percip.* Petit village intéressant, en dehors des sentiers battus. Quelques ruines du château dominent le village. Église Saint-Michel du XIIIe s, chapelle des Pénitents, quelques vieilles demeures livrant de belles portes en bois sculpté. Petit musée des Arts et Traditions populaires. Tout à côté, une réelle curiosité : l'ancien cimetière du village qui a été transformé en « cimetière-herbier ». Tout à fait charmant et romantique. Parmi croix en fer et cœurs en émail blanc poussent monnaie du pape, cytise aubour, millepertuis, genêt d'Espagne, myrte, genévrier, arbousier, férule, mélisse, figuier et églantier, au milieu d'un jaillissement de roses trémières. Banc en pierre pour méditer sereinement.

Les routes de coteaux : en quittant Buis, on tombe rapidement en pleine campagne et dans le paysage à l'origine des doux nectars des vins de pays justement nommés « Coteaux des Baronnies ». Laissez-vous porter sur les routes ou la boucle qui vous mènera à ***Propiac, Bénivay-Ollon, Mérindol-les-Oliviers*** à la vue imprenable, ou ***Mollans-sur-Ouvèze*** et ses vergers. Puis longez le ***massif du Mont-Ventoux*** par la discrète D 40 que l'on récupère en sortie de Mollans. On rejoint et traverse ***Saint-Léger-du-Ventoux,*** pour suivre ***Brantes,*** d'où l'on rattrape la D 41, qui retourne vers Buis-les-Baronnies. Sur la route, à droite, le village de Plaisians, auquel on accède après un passage à travers une clue, particularité géologique locale.

LA DRÔME

NYONS (26110) 6 980 hab. *Carte Drôme, A4*

• Plan *p. 381*

Enserré dans un cirque de collines, les pieds trempant dans l'Eygues, on dit souvent de Nyons que le mistral n'y pénètre pas, grâce aux montagnes qui bloquent sa course. Ce qu'on ne dit pas, en revanche, c'est que certains soirs, le *pontias* se lève. Il s'explique par l'appel d'air frais descendant des pentes de la vallée pour remplacer l'air chaud de la plaine du Tricastin. Résultat des courses, le *pontias* souffle jusqu'à ce que le soleil redevienne cuisant.

Autre spécialité de Nyons : ses olives AOC (depuis 1994), que l'on retrouve dans toute la cuisine de la région. Et ce n'est pas tout, la ville et ses alentours regorgent d'autres bons produits comme la truffe, le miel de lavande, les fruits frais (abricots, pêches, cerises...), la lavande et le vin. Reste aussi un joli pont, jadis témoin de la prospérité de la

QUI SÈME LE VENT...

Longtemps, on crut que les habitants de Nyons venaient du Pont-Euxin, région située entre l'Arménie et le Caucase. En 520, le fameux saint Cézaire, évêque d'Arles, vint ici implanter une succursale de son monastère. Problème : peu de vent, donc terre peu fertile. Cézaire, un gars débrouillard, se rendit au bord de la mer Noire (mer Pontique alors), recueillit dans un de ses gants une lichette de vent marin et, au retour, la libéra dans la vallée de Nyons. Résultat, ce bien rafraîchissant pontias qui souffle opportunément le soir favorise croissance et qualité des oliveraies de la région.

ville (on y percevait un droit de péage). Lorsque les roitelets des Baronnies perdent la ville, faute de bonne gestion, Humbert Ier et Jean Ier s'en emparent, et en 1352, Nyons tombe définitivement dans l'escarcelle du roi de France. Aussitôt arrivent Lombards et juifs passés maîtres dans le commerce et les échanges, ce dont témoignent encore certaines belles façades.
Bref, avec son marché, Nyons se révèle bien agréable. Pas un hasard si, aujourd'hui, c'est l'explosion démographique, en termes d'installation de familles. Tout le monde veut profiter des 2 800 heures d'ensoleillement annuel (parfois plus, même). Désormais, la ville compte beaucoup plus d'habitants qu'au début du XXe s. L'écrivain René Barjavel, originaire de la ville, dit à son sujet que « la seule différence qu'il y ait entre Nyons et le Paradis, c'est qu'à Nyons on est bien vivant ! ».

UN PEU D'HISTOIRE

En 1338 survient une terrible épidémie de peste. De nombreux villages y perdent leur population. La peste provoque un violent mouvement d'antisémitisme. L'importante communauté juive de Nyons, accusée d'empoisonner les puits pour favoriser la propagation de la maladie, est persécutée, voire massacrée. Les survivants s'enfuient et, pour la plupart, se réfugient à Carpentras.
Pendant les guerres de Religion, Nyons devient une ***place forte protestante*** et se dote de fortifications et d'une citadelle. Lorsque arrive la paix, c'est une des rares places de sûreté protestantes tolérées, statut entériné par l'édit de Nantes de 1598. Mais la citadelle est démolie en 1633, et à l'abrogation de l'édit en 1685, de nombreux habitants de la ville émigrent.
Les siècles suivants, la vie s'écoule tranquillou. Quelques hivers rigoureux qui tuent les oliviers, des paysans qui quittent un peu plus la terre, une Révolution française plutôt modérée, un XIXe s sans éclat particulier. Vers la fin quand même, la crise du phylloxéra et la maladie du ver à soie ébranlent l'économie. En 1897, le président Félix Faure inaugure la ligne de chemin de fer Pierrelatte-Nyons (elle fermera en 1951). Les activités se diversifient, la ***culture des arbres fruitiers*** se développe et le tourisme prend une part de plus en plus importante dans l'économie régionale.

Arriver – Quitter

En bus

Infos sur les horaires : • auvergnerhonealpes.fr • oura.com •
➢ ***Nyons-Montélimar :*** 3-4 bus/j. Pratique : ils desservent la plupart des villages intéressants de la région (Venterol, Rousset-les-Vignes, Saint-Pantaléon-les-Vignes, Valréas, Taulignan, Grignan). Avec les cars TER de la SNCF (• oui.sncf •) ou les cars *SRADDA* (• sradda.com •).
➢ ***Liaisons avec Avignon, Orange, Vaison-la-Romaine, Buis-les-Baronnies, Pierrelongue, Saint-Auban-sur-l'Ouvèze et Lachau :*** avec *Les Autocars du Petit Nice* (☎ 04-75-26-35-58).
➢ ***Liaisons avec La Motte-Chalancon, Rémuzat, Vinsobres, Mirabel-aux-Baronnies, Vaison-la-Romaine :*** avec *Les Autocars du Petit Nice*.

En train

➢ ***TGV :*** gare de Montélimar ou d'Avignon, puis bus TER, tlj.

Adresse et infos utiles

ℹ ***Office de tourisme*** *(plan A2-3) :* *pl. de la Libération.* ☎ *04-75-26-10-35.* • *baronnies-tourisme.com* • *Juil-août, tlj sauf dim 9h30-12h30, 14h30-19h (jeu en continu) ; hors saison, lun-sam 9h30-12h, 14h30-18h.* Billets à prix

réduits pour de nombreux sites. Organise d'avril à octobre des visites guidées à thème (vautours, vignes, olives, truffes, lavande) et des animations familiales (jeu de piste, *géocaching*...).
– ***Marché :*** *jeu mat tte l'année, pl. de la Libération, pl. des Arcades et pl. Buffaven. Les meillleurs produits alimentaires se trouvent place de la mairie.*
– ***Marché provençal :*** *dim mat de mi-mai à mi-sept, de la pl. des Arcades jusqu'au Pont roman.*

Où dormir ?

Camping

▲ ***Camping Les Clos*** *(hors plan par B3,* ***10****) : route de Gap. ☎ 04-75-26-29-90. • info@campinglesclos.com • campinglesclos.com • ♿ À env 1,5 km du centre, direction Gap, RD 94. Ouv de mi-avr à mi-sept. Forfaits 23-30,90 € ; chalets et mobile homes 295-759 €/sem. 115 empl. Hors juil-août, 18 €/j. offerts pour les 60 ans et plus sur présentation de ce guide, à partir de 3 nuits.* Bien situé, au pied de la montagne, dans un environnement bucolique à souhait. Petit cours d'eau tout à côté. Bon confort. Emplacements plutôt bien ombragés et séparés les uns des autres. Une piscine (malheureusement longée par la route) pour les grands et une pour les tout petits en haute saison.

De bon marché à prix moyens

🏠 |●| ***Hôtel-restaurant-salon de thé Coco Marco*** *(hors plan par A2,* ***11****) : 4, av. Paul-Laurens. ☎ 04-75-26-09-46. • contact@cocomarco.com • cocomarco.eatbu.com • ♿ (resto). Dans le centre-ville. Fermé le lun. Congés : 3 sem mi-nov début déc. Doubles 51-61 €. Formule 12-16 € ; menu 25 €.* Ce petit hôtel vieillot au charme discutable reste la solution la plus économique pour loger en centre-ville. Le tout tenu avec un soin méticuleux par une petite dame dynamique et causante, ainsi que sa sœur. Préférer les chambres aux étages, plus calmes. Restauration de groupe et d'habitués. Accueil affable.

🏠 ***Hôtel Les Oliviers*** *(plan A1,* ***12****) : 2, rue André-Escoffier. ☎ 04-75-26-11-44. • lesoliviersnyons@orange.fr • les-oliviers-nyons.com • Doubles 64-82 € ; familiale.* Cette ancienne maison bourgeoise a été transformée en une étonnante pension de famille de 10 chambres (quelques-unes avec balcon), où les habitués donnent le ton aux petits nouveaux, chacun faisant en sorte de ne pas déranger les autres (les murs sont peu épais et les marches craquent). Pour vous accueillir, petit jardin et animaux adorables. Parking gratuit pour la voiture (attention, ne pas la laisser sur la place du marché le mercredi soir !).

De prix moyens à chic

🏠 ***Hôtel La Picholine*** *(hors plan par A1,* ***16****) : promenade de la Perrière. ☎ 04-75-26-06-21. • hotel-lapicholine.com • Doubles 81-114 € ; petit déj 8-12 €.* Tapie sur les hauteurs de Nyons, *La Picholine* est un petit havre de paix à 10-15 mn à pied de l'agitation du centre-ville. Ici, les chambres donnent soit côté nord (soit le parking à l'arrière), soit côté piscine (les plus chères ayant même une loggia), avec le ravissant bout de jardin sous les oliviers et les collines en toile de fond. À moins de nourrir une affection particulière pour les plaques d'immatriculation (le parking étant surélevé, on a vue directe dessus !), ça vaut ici vraiment le coup de débourser une dizaine d'euros de plus. Quoi qu'il en soit, toutes jouissent d'un intérieur d'une agréable blancheur avec tête de lit carrelée et des lampes de chevet qui apportent à la chambre un caractère plus personnel. Accueil souriant et attentionné.

🏠 ***Hôtel La Caravelle*** *(hors plan par B3,* ***13****) : 8, rue des Antignans. ☎ 04-75-26-07-44. • lacaravellenyons@free.fr • lacaravelle-nyons.com • ♿ Doubles 74-109 € ; familiales.* À deux pas du centre, non loin des quais, au milieu d'un plaisant jardin

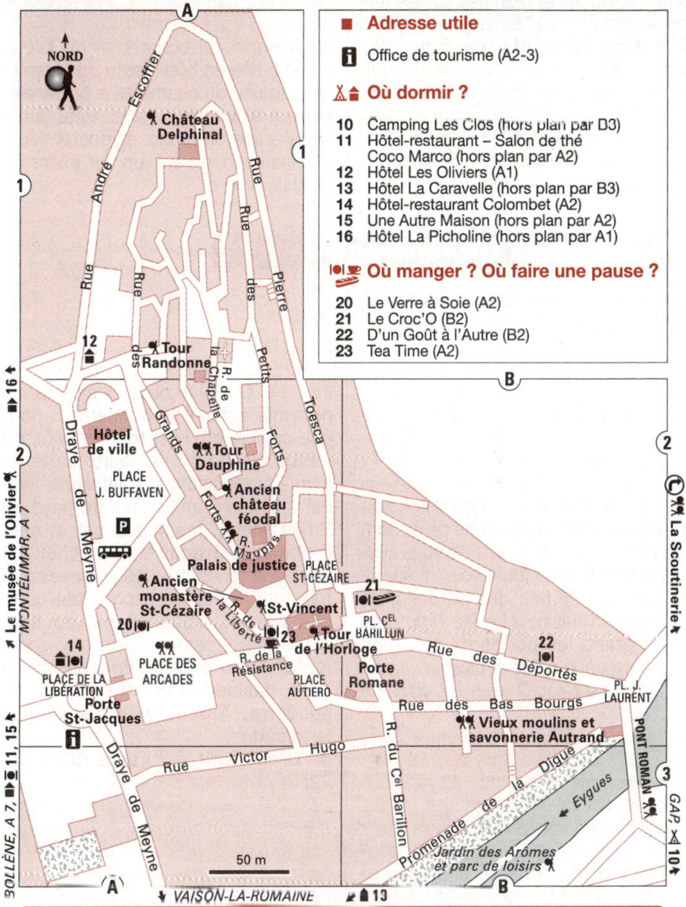

NYONS

avec terrasse ombragée. Grande maison contemporaine proposant une douzaine de chambres de bon confort. Parking privé gratuit.

Hôtel-restaurant *Colombet* *(plan A2,* ***14****)* **:** *53, pl. de la Libération. ☎ 04-75-26-03-66. • info@hotelcolombet.com • hotelcolombet.com • Congés : déc-janv. Doubles 72-139 € ; familiales ; petit déj 12 €. Formules déj en sem 17,35-26 € ; menus 28-30,30 € ; carte. Garage 11 €.* Le *Colombet,* ou l'histoire d'un bel établissement pétri de tradition qui ne compte plus les saisons depuis 1736. Avant guerre, il avait même sa propre station d'essence en ville, critère de l'époque pour pouvoir figurer dans le *Michelin.* Chambres à l'ancienne mode qui ne manquent pas de cachet, calmes et colorées, donnant sur la place. Clim. Agréable cuisine de pays servie en terrasse ou dans une salle de resto dotée d'un beau mobilier, de nombreuses photos historiques aux murs et de 2 fresques en déco. Accueil bien aimable. Roses et platanes sur les terrasses (dont une à l'arrière).

Une Autre Maison (hors plan par A2, **15**) : 45, av. Henri-Rochier (pl. de la République). ☎ 04-75-26-43-09. • nyons@uneautremaison.com • uneautremaison.com • Resto ouv du lun soir au dim midi (et soir en saison). Congés : de mi-déc à mi-janv. Doubles 85-145 € ; familiales ; petit déj 15 €. Formules déj en sem 18-22 € ; menu le soir 45 €. Grande maison bourgeoise du XIXe s, transformée en hôtel-resto de charme. Une dizaine de chambres à peine, élégantes, aux tons colorés. Petit jardin de ville très ombragé, soigné et fleuri. Piscine avec, en été, un bar à vins au bord de celle-ci.

Où manger ? Où faire une pause ?

Voir aussi les restos des hôtels-restaurants de la rubrique « Où dormir ? ».

Bon marché

Tea Time (plan A2, **23**) : 1, rue Emilie-Maurent. ☎ 04-75-27-72-67. • tea.time.nyons@outlook.com • Tlj sauf mar et lun midi 10h-18h. Carte env 12 €. Envie d'une petite part de gâteau à l'anglaise ? D'un thé digne de ce nom et à prix doux ? Ou même de vous sustenter d'un plat du jour évoluant au gré du temps qu'il fait, des produits, de l'humeur en cuisine ? Le *Tea Time* vous ouvre grand les portes de son petit salon à la déco sobre et claire.

Le Croc'O (plan B2, **21**) : 30, pl. du Colonel-Barillon. ☎ 04-75-26-18-43. • lecroco26@hotmail.com • Tlj sauf sam (plus dim hors saison) 12h-16h, ainsi que 19h-21h30 en juil-août. Congés : vac de Noël. Formules 15,90 € (midi). Carte : env 22 €. Café offert sur présentation de ce guide. Un lieu doublement ensoleillé, avec une terrasse qui s'étend sur la place et un intérieur chaleureux. Un lieu de restauration simple, et c'est vrai qu'on n'en demande pas plus : un sourire, un petit plat bien ficelé (croustillant de chèvre aux oignons confits...), des prix doux. Il y a même des sandwichs assez originaux à emporter.

De prix moyens à chic

Le Verre à Soie (plan A2, **20**) : 12, pl. du Docteur-Bourdongle (alias des Arcades). ☎ 04-75-26-15-18. Fermé mar-mer et jeu soir. Résa conseillée. Formules déj 17-29 € (avec 1 verre de vin) ; le soir, à la carte, plats 12-22 €. Outre le joli jeu de mots, un nom qui évoque le raffinement pour une cuisine qui l'est tout autant... ça tombe bien ! La très courte carte du jour (2 propositions de plat seulement) est mâtinée d'influences de pays du Soleil levant, insufflées par la chef d'origine taïwanaise. Une chef qui vient à la rencontre des convives une fois tout le monde servi. Côté carte des vins, la sélection est pointue, mais heureusement, Jérôme, sommelier et au service, vous conseille avec passion. Bon choix de vins au verre. Agréable terrasse sous les arcades.

D'un Goût à l'Autre (plan B2, **22**) : 21, rue des Déportés. ☎ 04-75-26-62-27. • ungoutalautre@orange.fr • dungoutalautre.fr • Fermé dim soir et lun. Congés : Toussaint. Résa fortement conseillée. Menus 22 € (midi), puis 36-47 €. Carte 36-47 €. Café offert sur présentation de ce guide. Si l'on peut servir 20 couverts dans ce restaurant, c'est bien le maximum tant la salle est petite. En contrepartie, vous avez le sentiment d'assister à un repas personnalisé. Cuisine de saison (re)créative. Carte courte. Si vous hésitez, joli menu « Promenade gourmande en Drôme ». Miniterrasse dans la rue piétonne.

Où dormir ? Où manger dans les environs ?

Auberge du Petit Bistrot : 2, rue Sous-les-Barris (ou pl. de l'Église), 26110 **Vinsobres**. ☎ 04-75-27-61-90. • contact@aubergedupetitbistrot.fr •

aubergedupetitbistrot.fr • ♿ (resto). Resto fermé mer. Résa conseillée. Double 69 € ; familiale ; nuitée en dortoir 15 € ; gîtes 2-5 pers. Formules 16 € (midi en sem), puis 16-30 €. Digestif maison et réduc de 10 % sur le prix de la chambre hors vac scol à partir de la 3e nuit sur présentation de ce guide, et une nuitée offerte sur une sem. Hors du temps, ce bar vieille école se fait le chantre de la tradition bistrotière de pays : une terrasse imparable au pied de l'église, des plats du terroir variant chaque semaine, servis avec de bons vins du cru et à des prix abordables. Que du plaisir donc ! Un plaisir encore décuplé quand on goûte au fameux plateau de fromages de la maison. À mentionner aussi, l'assiette végétarienne, qui ne figure pas forcément au menu mais qui est servie quotidiennement ! Toute la famille Delhomme travaille, en salle comme en cuisine. Leur vieille maison, sur la place, offre également 5 chambres (avec de grands lits pour la plupart) et 2 gîtes.

Chambres d'hôtes La Roseraie Drôme : *2345, route de Saint-Pont, 26110* ***Condorcet.*** *☎ 04-75-27-68-85. 📱 06-95-02-64-58. • roseraie-drome.com • À 13 km au nord de Nyons. Doubles 80-100 € ; Ecottage 2-5 pers.* Dans un hameau perdu au sein d'une magnifique nature, la belle demeure abrite 3 jolies chambres tout confort : la « Rose » (effectivement très « roses »), la « Drôme » (sous les toits, plus classique mais non moins charmante) et la « Olivier » (plus petite mais mignonne, elle aussi). Bon ça, c'est pour la maison, car il y a aussi les extérieurs, avec la belle terrasse et sa piscine, et puis les dépendances avec les jolis gîtes ou le studio tout confort, et aussi le grand domaine, avec ses structures étonnantes, les « Ecottage », qui se fondent harmonieusement dans le paysage. Oui, à ce stade, on ne parle plus d'une maison d'hôtes mais d'un hameau d'hôtes ! Mais rassurez-vous, il y a de l'espace pour tout le monde et l'accueil reste personnalisé.

La Charrette Bleue : *La Bonté, 5, chemin Barjavel, 26110* ***Condorcet.*** *☎ 04-75-27-72-33. • charrettebleue@orange.fr • À 7 km de Nyons (à la sortie des Pilles). Fermé mer ; également mar et dim soir hors juil-août. Congés : janv-début fév. Formule déj en sem 22 € ; menus 32-41 €.* Arrêt obligatoire dans cet ancien relais de poste pour faire le plein de senteurs des collines et de la garrigue. Car on y mitonne une vraie cuisine de pro, sincère, évoluant au gré des saisons et de l'inspiration. La tradition avec une belle touche de créativité en somme. Salle à manger rustique joliment arrangée (et climatisée), mais aux beaux jours, on s'installe en terrasse sous une tonnelle... où la qualité des plats fait rapidement oublier le ronronnement de la route qui passe juste au bord. Accueil souriant et efficace en prime.

Où déguster et acheter vins, huiles d'olive et autres bons produits ?

Vignolis – Coopérative du Nyonsais : *pl. Olivier-de-Serres. ☎ 04-75-26-95-00. • vignolis.fr • Boutique et petit musée gratuit sur l'olive ouv tte l'année, tlj sauf certains j. fériés (voir le musée de l'Olivier dans « À voir. À faire »).* Vignolis est une coopérative oléo-viticole. Dans ce pays où l'olive est reine au point d'être AOC, le vin coule sans se mélanger à l'huile. Basé sur le cépage cabernet-sauvignon, ce vin de pays des coteaux-des-baronnies, prisé par le connaisseur, sait séduire par sa robe et son prix très attractif.

Distillerie Bleu Provence : *58, promenade de la Digue. ☎ 04-75-26-10-42. • distillerie-bleu-provence.com • Visites guidées en juil-août, lun-mar, jeu et sam à 10h30 et 15h, mer et ven à 15h ; avr-juin et sept-nov, mar, jeu et ven 15h (entrée : 5,50 €, réduc) ; visite avec audioguide avr-juin et sept-nov, lun, mer et sam 9h30-11h30, 14h-17h (2 €) ; pas de visite déc-mars.* Distillerie artisanale de parfums. Même hors récolte, demeure intéressante grâce à sa boutique, certes, mais surtout... son salon de thé ! À la *Pause Bleu Thé* *(avr-oct)*, vous pourrez goûter aux glaces artisanales à la lavande, au thym, au romarin, à la sarriette, au géranium (hmm !) avant de finir par celle à la menthe mentholée.

Vinaigrerie La Para : *promenade de la Digue. ☎ 04-75-26-12-99. Tlj (sauf dim oct-mars) 10h-12h, 14h-18h (19h juil-août).* Une fabrique artisanale de vinaigres aromatisés aux plantes locales et élevés en fûts de chêne. Explications, dégustation et vente à la boutique.

Ferme Brès – Domaine de la Blachette : *prolongement de la promenade des Anglais, quartier Pied-de-Vaux (attention, homonyme dans le village voisin). 06-86-34-86-56. • fermebres.fr • Tte l'année, tlj sauf dim et j. fériés 16h-19h (15h-18h oct-avr).* Si vous avez manqué le marché du jeudi, vous pourrez acheter à la ferme olives (récoltées manuellement), huile et préparations (à tartiner ou cuisiner, à base d'olive bien sûr), dont l'affinade, médaille d'or au concours agricole.

Où déguster et acheter un bon côtes-du-rhône-villages autour de Nyons ?

À Vinsobres (au sud de Nyons), l'originalité ne réside pas que dans le nom. Pour dire, le village contient 2 coopératives : *Le Prieuré,* qui ne pratique que l'élevage du vin sans jamais vinifier, et la coopérative *La Vinsobraise,* qui, elle, élabore. Avec ses 7 km de coteaux bordés de chênes truffiers et d'oliviers, le vignoble a proliféré après le gel de 1956, qui décima les oliviers et diversifia la viticulture, comme à Cairanne, Rasteau et Gigondas. À côté de Vinsobres, la cave de Saint-Pantaléon-Rousset-les-Vignes, plus intime, offre à tous elle aussi le « jus » de son joli site ensoleillé.

Les Vignerons de Valleon : *route de Nyons, 26770* ***Saint-Pantaléon-les-Vignes.*** *☎ 04-75-27-00-88. • valleon.fr • Pâques-août, tlj 9h-12h, 14h30-18h30 ; sept-mars, tlj sauf dim et lun mat 9h30-12h, 14h-18h.* Collines argilo-calcaires caillouteuses, 30 % de syrah, 65 % de grenache, quelques arpents de mourvèdre et de carignan, voilà pour le CV. Quand on voit le vignoble de Rousset dégringoler depuis l'un des plus beaux villages de la Drôme en une cuvette super ensoleillée, on a une irrésistible envie d'enfermer égoïstement ce soleil en cave. D'autant plus qu'à celle de Saint-Pantaléon, on prodigue un accueil charmant et une disponibilité réjouissante. On y propose des vins aux notes fruitées, élégants et bien structurés. Un excellent choix !

Cave La Vinsobraise : *RD 94, 26110* ***Vinsobres.*** *☎ 04-75-27-01-20. • cavecooperative-vinsobres.com • Tlj 8h (9h dim et j. fériés)-12h30, 14h-18h (19h en sem juil-août) ; visite sur rdv.* Cette coopérative assure à elle seule la majeure partie de la production, sur une base principalement de grenache et une puissante bouche pleine d'alcool (13,5° !).

Domaine du Moulin, Denis Vinson : *26110* ***Vinsobres.*** *☎ 04-75-27-65-59. Lun-sam 8h-12h, 13h30-19h ; dim 9h30-12h.* Émotion assurée pour ce produit bien drômois. Denis Vinson avait en 1995, avec sa cuvée Charles Joseph, défié la chronique de la qualité. Une densité exceptionnelle pour un vignoble de 20 ha. Qui l'aime le suive !

À voir. À faire

Balade dans le vieux Nyons

La place des Arcades *(plan A2) :* appelée aussi place du Docteur-Bourdongle. Édifiée par des maçons lombards en 1300. Arrivée par la ***porte Saint-Jacques*** *(plan A2),* une des dernières de l'ancienne enceinte. Belles portes en bois qui l'entourent. En particulier, les nos 8, 12, 17 (maison du Roi, jolie porte romane), 23, 28, 37 et 40. Au n° 37, la porte de l'hôtel du marquis de La Tour du Pin La Charce. Ses armoiries sculptées furent martelées pendant la Révolution.

L'église Saint-Vincent *(plan A2)* **:** détruite 3 fois, reconstruite en 1614, en l'état actuel. Une seule nef, chevet rectangulaire et 10 chapelles de côté ajoutées au début du XVIIIe s. De la 1re église subsiste la base du clocher de 1352. Au-dessus de la porte principale, ravissante Vierge sculptée dont vous noterez le discret hanchement et le beau travail sur les plissés de la robe. À l'intérieur, retable du XVIIe s et de nombreux intéressants tableaux (notamment, sur le grand retable, représentation de saint Vincent, surmontée de 2 œuvres de la Renaissance italienne).

La tour de l'Horloge *(plan A2)* **:** l'ancien clocher fut emporté lors d'une tempête et remplacé en 1785 par ce campanile en fer. Sur la face sud, vestiges de l'ancienne porte de la Pomme (gond et entaille dans la pierre pour faire coulisser la herse). La rue Juiverie, qui mène à l'église Saint-Vincent et à la place Autiéro (ex-place aux Herbes), rappelle la présence au Moyen Âge de l'importante communauté juive.

LA DRÔME

Le quartier du Bourg : la rue des Bas-Bourgs était celle de la bourgeoisie locale aux XVIIIe et XIXe s. Admirez quelques portes Renaissance au passage. Elle débouche sur la ***porte Romane*** *(plan B2).* La rue des Déportés (ex-Grand-Rue, truffée de restos) mène à la porte du Pont.

L'ancien monastère Saint-Cézaire *(plan A2)* **:** reconstruit et agrandi au XVIIIe s, le palais de justice en occupe aujourd'hui une partie. Le théâtre et l'ancienne mairie sont installés dans les dépendances.

L'ancien château féodal *(plan A2)* **:** 1re construction au VIIIe s pour protéger le monastère Saint-Vincent. La haute façade, le donjon et les tours datent du XIe s. Par la suite, résidence des barons de Montauban et des dauphins du Viennois. Transformé en presbytère en 1731, vendu aux enchères en 1799 et restauré depuis par des particuliers.

L'ancien quartier des forts : quel ravissement que de flâner par ses ruelles (parfois taillées dans le roc), impasses obscures, escaliers et soustets (passages couverts) ! Ce très vieux quartier, littéralement accroché à une arête rocheuse, a conservé un authentique caractère médiéval. Ne pas manquer la ***tour Dauphine*** *(plan A2)* et ses pittoresques passages ; ***rue des Grands-Forts*** *(plan A2),* ancien chemin de ronde.

La tour Randonne *(plan A1-2)* **:** par la rue de la Chapelle, on parvient à cette tour massive de 10 m de haut et aux murs de 2 m d'épaisseur. Construite en 1280 par dame Randonne de Montauban, à l'usage de prison militaire. En 1862, le curé de Nyons la racheta pour la transformer en chapelle Notre-Dame-de-Bon Secours. D'où cette étrange structure néogothique très ajourée et ornée de personnages qui la coiffent ! Tout en haut, statue de la Vierge.

Continuer vers le nord jusqu'à la place du Calvaire. Vestiges du ***château Delphinal*** *(plan A1),* dont il reste 3 tours. Redescendre par la rue des Petits-Forts.

Circuit découverte des olives de Nyons

Le musée de l'Olivier (hors plan par A2) **:** *pl. Olivier-de-Serres. ☎ 04-75-26-95-00. • vignolis.fr • Tte l'année, lun-sam 9h-12h30, 14h-19h (en continu juil-août ; 18h30 oct-avr) ; dim et j. fériés 10h-12h30, 14h30-18h30. Visite libre. GRATUIT.* Vous saurez tout, de la cueillette de l'olive au pressage. Belle collection de jarres en terre cuite, huiliers, amphores romaines, étiquettes anciennes, photos du temps où les ouvriers étaient payés en part d'huile, scourtins (paniers en fibre de coco), presses, échalassons (échelle pour la cueillette du XVIIe s), etc. Quelques pièces insolites, comme ce pressoir à noix clandestin ou la plus ancienne meule trouvée à Nyons (Ier s). Quelques outils servant à la fabrication de l'huile et de ses dérivés, les fameux savons de Marseille, entre autres.

Les vieux moulins à huile et la savonnerie Autrand *(plan B2)* **:** *4, promenade de la Digue, près du Pont roman. ☎ 04-75-26-11-00. • lesvieuxmoulins.com • Juin-sept, tlj 10h-19h ; hors saison, tlj sauf lun 10h-12h, 14h30-17h. Visite vidéoguidée. Compter 30 mn. Entrée : 4 € ; gratuit moins de 12 ans.* 2 moulins du XVIIIe s et une savonnerie qui fut opérationnelle de 1725 à 1800. Plongée instructive dans l'histoire autant que dans les sous-sols de la maison (il fallait une température minimale pour extraire de l'huile dans de bonnes conditions). De loin en loin, toutes sortes de vieux outils et d'ustensiles rappellent les anciennes techniques. Grosso modo, la 1re opération est celle du broyage (ou détritage) par le biais d'une meule verticale tournant sur une meule dormante pour réduire en pâte les olives noires. On dépose la pâte sur de petites couronnes de fibre de coco, les scourtins, que l'on presse et d'où s'écoule le précieux jus. Ainsi, 4 à 5 kg de *tanches* (c'est la variété d'olives locale) suffisent à produire 1 l d'huile.
La visite s'achève sur une autre facette de la vie des mouliniers : les reconstitutions d'une cuisine 1900 et la boutique aménagée dans l'ancien lieu de séchage du savon ; puis par une dégustation d'olives de la région.

OLIVES VERTES OU OLIVES NOIRES ?

D'abord, sachez que c'est bien un seul et même fruit, provenant d'un même arbre. La verte est cueillie avant d'arriver à maturité, en novembre, et est ensuite conservée dans la saumure. La noire, en revanche, est récoltée plus tard, en décembre ou janvier, lorsqu'elle est parfaitement mûre. On la pique, on la plonge dans le sel (ou une saumure) et occasionnellement on l'agrémente d'une lichette d'huile ou d'herbes. Simple question de goût, donc !

La Scourtinerie *(hors plan par B2)* **:** *36, rue de la Maladrerie. ☎ 04-75-26-33-52. • scourtinerie.com • Accès depuis la pl. Jules-Laurent. Atelier et boutique ouv tlj sauf dim et j. fériés 9h30-12h, 14h30-18h (18h30 l'été pour la boutique). GRATUIT.* Qu'est-ce qu'un scourtin ? Une poche, ou plutôt un filtre dans lequel on entasse la pâte d'olive qui sera pressée. Vers 1890, les moulins abandonnèrent l'antique système à vis pour la presse hydraulique, qui permettait d'obtenir beaucoup plus d'huile en 1re presse. Mais les vieux modèles de scourtins ne résistaient pas au choc. C'est là qu'intervient Ferdinand Fert. Bricoleur de génie, il eut l'idée de tisser le scourtin et d'utiliser pour sa confection de la fibre de noix de coco. En 1892, il inventa une machine à tisser révolutionnaire qui fit le succès de la maison jusqu'en 1956, année noire durant laquelle le gel détruisit la moitié des oliviers. Depuis, on fabrique encore quelques scourtins, mais on tisse principalement des paillassons. Les héritiers de Ferdinand Fert ont eu l'idée de créer un petit musée du scourtin afin de faire revivre l'histoire d'une maison unique en son genre et l'évolution des méthodes de fabrication au fil des générations. À l'étage, l'atelier, dans son jus, dans lequel sont toujours tissés scourtins et paillassons.

Balade le long de l'Eygues

Le Pont roman *(plan B2-3)* **:** et pas romain, comme on le dit ou l'écrit parfois. C'est un chef-d'œuvre de l'architecture médiévale du XIVe s. Achevé en 1409, avec 18 m de haut et 43 m de portée, il n'y en a pas 2 en France de cette hardiesse et de cette qualité.

Le jardin des Arômes *(plan B3)* **:** *promenade de la Digue. GRATUIT.* Situé en bord d'Eygues, reconnaissable à son vieil alambic bleu, vous y humerez 200 variétés de plantes à huiles essentielles et de plantes aromatiques. Période la plus favorable, bien sûr, de mai à septembre.

Le parc de loisirs aquatiques de Nyonsoleïado *(plan B3)* : *près du jardin des Arômes, promenade de la Digue. ☎ 04-75-26-06-92. Ouv fin mai-début sept. Tarifs : 5,50 € ; 4 € 6-15 ans ; gratuit moins de 6 ans.* Un complexe aquatique, sur 1 200 m² de bassins et 6 000 m² de plages en pleine ville : lagon, bassin à remous, cascades, toboggans, bar et resto sur place. Le lieu idéal pour faire face aux chaudes journées de l'été.

Les sentiers du Nyonsais : reliant Sahune à Saint-Maurice-sur-Eygues, *Au fil de l'Eygues* est un sentier de promenade empruntant principalement les rives de l'Eygues. Il est idéal pour les familles puisqu'il se compose de plusieurs tronçons. Il permet également une découverte de la faune et de la flore locales. À découvrir aussi, les sentiers thématiques du pays de Nyons (*sentier de l'Olivier, sentier Barjavel* et *sentier Bois de Lumière*) et le topoguide des plus belles randonnées du pays de Nyons. Documentation disponible à l'office de tourisme.

LA DRÔME

Fêtes et manifestations

- ***Fête de l'Alicoque, huile d'olive nouvelle :*** *le 1er w-e de fév.*
- ***Salon du couteau d'art :*** *le 1er w-e de mars.*
- ***Grand corso fleuri :*** *dim-lun de Pâques.* Défilé de chars fleuris.
- ***Lire en mai :*** *en mai, dans les lieux publics de la ville.* Rencontres avec lectures et dédicaces de grands auteurs.
- ***Foire écobiologique :*** *w-e de l'Ascension.*
- ***Les Olivades :*** *en juil.* Marché nocturne, conférences, randonnées.
- ***Nyons Festiv'été :*** *juil-août.* 3 concerts gratuits par semaine.
- ***Fête de la Tour Randonne :*** *15 août.* Spectacle son et lumière, suivi d'une animation musicale.
- ***Nationale de l'olivier :*** *1 sem de pétanque, début oct.*
- ***Fête des Olives piquées :*** *le sam avt Noël.*

BALADE AU FIL DU TEMPS, DE NYONS À GRIGNAN

VENTEROL *(26110)*

À quelques kilomètres, par la D 538 vers Grignan. Pittoresque village à l'écart de la route, en bonne voie de récupérer sa population du XIXe s. En 1789, dans leur cahier de doléances, les habitants se plaignaient de la nature du sol très ingrate et très inféconde, et des grands froids de l'hiver ayant fait périr les oliviers, unique ressource. Aujourd'hui, les temps ont changé, le village abrite de riches Suisses (ce qui n'est pas un pléonasme), des artistes et de prospères vignerons... S'y balader est un délice : ruelles étroites (trouverez-vous la *rue du Bout-du-Monde* ?), vénérables demeures et une église de style roman au clocher du XVIe s, arborant un des plus beaux campaniles de la région.
➢ ***Bus*** pour Rousset-les-Vignes, Le Pègue, Taulignan, Grignan, Montélimar.

ROUSSET-LES-VIGNES *(26770)*

Un peu à l'écart de la route Valréas-Nyons. Dominé par un petit château, un adorable village niché sur une colline. Entièrement classé Monument historique. Croquignolette église à campanile et, à côté, prieuré avec une jolie façade Renaissance.

Aux XVe-XVIe s, protégé par ses remparts, Rousset échappe aux destructions des guerres et aux bandes de brigands, alors que Saint-Pantaléon, à côté, est pillé et ruiné. Autre protection, celle du pape, car le village est une enclave papale en Dauphiné. Les nobles demeures autour du prieuré et de l'église datent de ce temps-là. Devant le village se déroule doucement une cuvette qui prend des couleurs dorées au soleil couchant et où poussent des vignes donnant l'un des meilleurs côtes-du-rhône-villages qu'on connaisse (cave Les Vignerons de Valleon).

LE PÈGUE *(26770)*

Peu après Rousset, toujours sur la D 538. Village proposant un très intéressant ***musée archéologique*** *(☎ 04-75-53-68-21 ; • museedupegue.org • ; juin-oct, mer-dim 14h-18h ; nov-mars, sur rdv ; entrée : 4 €, réduc).* Décidément, l'idée qu'il fait bon vivre par ici ne date pas d'hier ni même d'avant-hier. Sur une colline alentour, on a découvert, entre 1955 et 1985, des traces d'occupation humaine vieilles de 4 000 ans av. J.-C. Des outils en pierre polie et des pots en céramique attestent la pratique de l'agriculture et de l'élevage chez les Gaulois dès le Néolithique. Mais c'est l'âge du bronze (2500-750 av. J.-C.) et plus spécifiquement du fer (entre 750 et 450 av. J.-C.) qui laissèrent les témoignages les plus riches. Au moment de la fondation de *Massilia* (Marseille) par les Phocéens, vers 600 av. J.-C., les 2 peuples se rencontrent, et de leurs échanges commerciaux et culturels, les archéologues ont retrouvé des céramiques inspirées de la mode ionienne et des inscriptions gallo-grecques. Enfin, avec la conquête de la Narbonnaise entre 125 et 118 av. J.-C., ce sont les Romains qui viennent fouler le sol des Gaulois de la plaine du Pègue et laissent derrière eux ces stèles dédiées aux divinités gallo-romaines. Promenade sympa jusqu'aux ***vestiges du château*** et de l'enceinte médiévale. Au cimetière, ***chapelle*** du XIIe s de style roman.

TAULIGNAN *(26770)*

Sur la D 14, avant d'arriver à Grignan. Un certain Taulinius, qui possédait une villa sur le site, serait à l'origine du nom du village. Son architecture médiévale est pratiquement intacte. Les remparts du XIVe s s'étant progressivement transformés en habitations. Chemin de ronde parfois encore visible, et il subsiste 11 tours avec leur mâchicoulis et leurs courtines. À l'arrivée de la route de Nyons, la ***porte d'Anguille*** conserve toujours son aspect sévère et défensif. Pas mal de belles demeures du XVe au XVIIe s. Taulignan était également une des étapes du pèlerinage de Saint-Jacques-de-Compostelle. Près du pont au Jar demeure la chapelle Saint-Marcel du XIIe s, construite à l'emplacement d'un temple de Mercure. Autre belle chapelle romane en ruine, au-dessus du cimetière. L'***église paroissiale Saint-Vincent*** subit de nombreuses modifications du XVe au XIXe s. Dans la chapelle des Seigneurs, restes de quelques-uns d'entre eux. Le ***temple protestant*** (XIXe s) présente une rare architecture en rotonde. Du château démoli pendant la Révolution ne reste que la salle de garde transformée en lavoir. À côté, une ravissante fontaine. Au XIXe s, les usines de moulinage de la soie employèrent jusqu'à 400 personnes : un musée retrace l'importance de l'activité de la soie dans la région.

Adresse et infos utiles

ℹ ***Point info :*** *au musée. ☎ 04-75-53-12-96.*
– ***Visite guidée de la ville :*** *sur rdv auprès de l'Association des Onze Tours. • lesonzetours.fr •*
➢ ***Bus*** pour Nyons, Le Pègue, Venterol, Rousset-les-Vignes, Grignan, Montélimar.

Où manger ?

Restaurant La Malle Poste : *rue des Grands-Remparts. ☎ 04-75-53-48-42. • contact@lamalleposte.fr • Fermé mer et dim soir hors saison. Menu 21 € ; carte env 30 €.* Installée à l'intérieur du mur d'enceinte des remparts de la ville, belle et grande salle voûtée avec cheminée de pierre majestueuse et déco soignée. L'été, petite terrasse en teck sous un platane, le long d'une route pas bien passante. Bon rapport qualité-prix pour une cuisine savoureuse joliment réalisée. Le chef maîtrise bien les produits qu'il travaille (souris d'agneau en cuisson de 7h, filet mignon à la tapenade et au picodon...), et pour parfaire le tout, l'accueil est charmant. Une bonne petite adresse familiale.

À voir

Le musée de la Soie : *pl. du 11-Novembre. ☎ 04-75-53-12-96. • musee-soie.com • Avr-sept, tlj sauf mar et dim 10h-12h30, 14h-18h. Visite guidée jeu en juil-août. Entrée : 5,50 € ; réduc ; gratuit moins de 6 ans.* Difficile d'imaginer aujourd'hui l'***ampleur considérable*** prise par cette activité qui a occupé tout le sud du département une fois qu'un certain Olivier de Serres sut convaincre un certain Henri IV d'encourager la sériciculture. Ludique (surtout l'opération du dévidage des cocons) et bien agencé, ce musée (que vos enfants vont apprécier !) retrace toutes les étapes du processus, de la graine à l'étoffe. Tout est détaillé par le biais d'un vidéogramme numérique (moderne !) ainsi qu'un diaporama. Et bien sûr, application numérique à télécharger sur votre smartphone ou votre tablette.
Les musts : l'éclosoir (visible jusqu'à début novembre), c'est-à-dire le « taulier » où vit la chenille parmi les feuilles de mûrier (et où elle va multiplier son poids 10 000 fois en 30 jours), les machines artisanales et industrielles, toutes faisant preuve d'une grande inventivité et dont beaucoup fonctionnent encore, notamment celle assurant l'extraction de la soie du cocon et la mise en écheveau (avec ses bassins de cuivre). Impressionnants, le moulinage qui implique la torsion du fil pour en augmenter la résistance, et la 1re machine à vapeur appliquée à l'industrie de la soie. Enfin, vous verrez le métier à tisser à carte perforée inventé par Vaucanson, mis au point par Jacquard, qui provoqua la célèbre révolte des canuts. Et sachez qu'en 1862, avec 20 moulinages, Taulignan était la 1re commune moulinière de la Drôme.

LE TRICASTIN

Faut-il parler d'un territoire ? Il ne couvre que 30 petits kilomètres carrés et nous sommes ici dans la Drôme. Mieux vaut sans doute parler de terroir, car l'unité du lieu, si elle n'est pas géographique, se fait autour du côtes-du-rhône. Celui-ci trouve sa consécration au château de Suze-la-Rousse, qui abrite depuis 1978 une université du vin, courue aussi bien par les amateurs que par les professionnels.
Par ailleurs, autour de Valréas, la terre est vauclusienne. Une bizarrerie administrative – une de plus dans un pays qui en regorge – qui remonte au XIVe s, alors que les papes achetaient des terres en Comtat Venaissin. Seule une bande de terre appartenant au Dauphiné isolait Valréas. Qu'importe, au moment de la création des départements, les révolutionnaires décidèrent de maintenir cette enclave. Comme quoi tout l'Ancien Régime ne fut pas jeté au feu !
Au XIXe s, Valréas était surtout connue pour son industrie du cartonnage et de l'imprimerie. La visite du musée retraçant l'histoire de cette activité est d'ailleurs intéressante.

LES VINS DE GRIGNAN-LES-ADHÉMAR

Nous voici près de Grignan, là où l'on goûte le vin d'appellation grignan-les-adhémar, reflet de la garrigue, séveux, sentant quelquefois les herbes aromatiques, mais aussi le cassis. N'hésitez pas à aller découvrir ce vignoble qui s'étend sur 21 communes, 300 producteurs et 1 600 ha, à travers le sentier des terroirs. Comme le *Routard,* l'appellation a fêté en 2013 ses 40 ans !
À la fin du XIXe s, quand le phylloxéra ravagea le vignoble, les terrains maigres et sablonneux ont été reconvertis en truffières, après que les vignerons se sont aperçus que quelques truffes se trouvaient à côté des ceps.
Cette appellation blanc, rosé et rouge reconnue VDQS en 1964, puis AOC 9 ans plus tard, s'appelait jadis « vins de Donzère », à l'image du temple bachique se trouvant sur le rocher du même nom, puis « coteaux-du-tricastin » et enfin « grignan-les-adhémar ».

GRIGNAN

(26230) 1 592 hab. *Carte Drôme, A4*

Le célèbre château, où vécut la fille de la marquise de Sévigné, se dresse, fier et noble, face au sud, dos au mistral. Pour la petite histoire, à l'époque de la marquise, le vent faisait voler en éclats les vitres du château. Si Grignan est connue pour son château qui déplace des foules, elle l'est un peu moins, et c'est dommage, pour son musée de la Typographie et ses rencontres littéraires. Profitez-en pour flâner dans les charmantes ruelles fleuries de roses anciennes.

Arriver – Quitter

➢ ***Bus*** pour Montélimar, Valaurie, Taulignan, Le Pègue, Rousset-les-Vignes, Venterol, Nyons ; lignes 36 et 71 (*• auvergnerhonealpes.fr • oura.com •).*

Adresses et info utiles

ℹ *Office de tourisme :* *12, pl. du Jeu-du-Ballon. ☎ 04-75-46-56-75. • grignanvalreas-tourisme.com • Juil-août, tlj sauf dim ap-m 9h30-13h, 15h-19h ; juin et sept, lun-sam 9h30-12h30, 14h30-18h, dim 9h30-13h ; le reste de l'année, horaires variables.*

– ***Marchés nocturnes costumés comme au XVIIe s :*** *le ven après le 14 juil et le ven précédant le 15 août.* Produits du terroir et métiers d'art ; animations de rue.

Où dormir ? Où manger ?

De prix moyens à chic

🏠 ***Hôtel L'Instant Sévigné :*** *1, pl. Castellane. ☎ 04-75-46-50-97. • reservation@linstantsevigne.com • hotel-linstantsevigne.com • En bas du village, face à la route de Taulignan. Congés : de mi-déc à mi-janv. Doubles 95-150 € ; petit déj 12 €.* Il y en a pour tous les goûts, des chambres les plus simples aux plus confortables, des plus neutres aux plus élégantes (parquet et meubles choisis). Terrasse pour certaines. Un jardinet pour compléter le tout. Un lieu où il fait bon faire escale.

IOI ***L'Heureux Hazard :*** *2, pl. Sévigné. ☎ 04-75-52-23-38. • contact@lheureuxhazard.com • Tlj sauf lun. Résa conseillée. Formule déj en sem 19 € ; menu le soir 29 €.* Une ardoise qui évolue avec les saisons, des petits plats bien dans leur temps, avec des produits au maximum bio et issus du terroir, mais qui n'hésitent pas à s'inspirer des cuisines d'ailleurs. Le tout à dévorer sur l'agréable terrasse sur la place, à côté de la fontaine, ou, s'il fait vilain, dans la toute petite salle voûtée (et sonore).

L'Étable : *13, pl. du Jeu-de-Ballon. ☎ 04-75-46-93-81. • jeremy.lavallee0159@orange.fr • En face de l'office de tourisme. Fermé lun en hte saison, lun soir et mar-mer hors saison. Congés : 10 j. en juin et 10 j. en oct. Menus 20-36 € ; carte env 32 €. En hiver, certains prix montent avec le cours de la truffe. Café offert sur présentation de ce guide.* Un lieu atypique et une ambiance informelle en font un endroit tout ce qu'il y a de plus réjouissant. Si l'ancienne étable est un peu sombre, le patio est très accueillant et la petite salle du fond très cosy. À la carte, des planches variées, des salades, des viandes grillées et des spécialités à la truffe (d'été ou d'hiver, selon la saison). Simple, bon et copieux ! Accueil très sympathique...

De chic à beaucoup plus chic

Le Clair de la Plume : *2, pl. du Mail. ☎ 04-75-91-81-30. • info@clairplume.com • clairplume.com • Ouv tte l'année, tlj. Bistrot de la Ferme de Chapouton tlj. Resto gastro mer-dim le soir plus sam-dim le midi. Doubles 149-495 € ; petit déj 23 €. Formules bistrot de la Ferme de Chapouton 27,50 € ; menus-carte resto gastro 115 €.* Atmosphère de charme, de sérénité exceptionnelle avec des chambres de grand confort. Certaines au-dessus du resto-salon de thé, les autres dans un hôtel particulier du XIXe s situé à 100 m de l'établissement principal. Tout, ici, n'est que bon goût, confort douillet, raffinement dans le décor et l'ameublement. Accueil charmant, classe et décontracté à la fois. Le buffet du petit déj est disposé dans l'ancienne cuisine qui a conservé tout son caractère, mais on s'installe pour tous les repas sous la belle verrière XIXe s qui crée une vraie belle atmosphère en toutes saisons. Cuisine méditerranéenne au sens large proposée par un chef aussi sincère, réfléchi que brillant et perfectionniste. Aux beaux jours, on profite, à une centaine de mètres de là, d'un jardin de plantes méditerranéennes avec baignade naturelle, bar bio et cabanon intime... Un vrai nid douillet à recommander aux amoureux ! Quant au bistrot de la maison, la ***Ferme de Chapouton,*** il se situe à 5 mn à pied de là *(au 200, route de Montélimar)* et fait aussi hôtel.

Le Poème de Grignan : *rue Saint-Louis. ☎ 04-75-91-10-90. • hervepoeme@aol.com • Tlj sauf mar soir et mer (ainsi que mar midi hors saison). Formules 30 € (midi sauf dim)-45 €.* Cette charmante adresse a depuis toujours les faveurs des gourmands. Forcément, la petite salle dissimulée en contrebas de quelques marches est intime, mignonne comme tout avec ses jolies appliques et sa collection de saucières, le tout au service d'une cuisine de terroir élaborée et créative. Des plats de saison qui varient en fonction des produits du marché, avec notamment un menu « truffé » en hiver... Romantique à souhait !

Où dormir, où manger dans les environs proches ?

Chambres d'hôtes Ferme Le Grand Cordy : *lieu-dit Grand-Cordy, route de Montélimar. ☎ 04-75-46-51-58. • legrandcordy@gmail.com • ferme-legrandcordy.com • À 2 km de Grignan (fléché). Doubles 74 € ; familiales. Table d'hôtes 22 €. Carte 18 €.* Bel ensemble de bâtiments typiques du pays, bien protégés de la route par un rempart d'arbres et de buissons. Déjà en pleine campagne, on savoure ici le calme et l'espace (60 ha de domaine autour de la ferme pour aller se promener). Chambres lumineuses, fraîches en été, bien tenues, aménagées dans l'ancienne grange restaurée par les sympathiques propriétaires. Petit déj, repas ou pique-nique se prennent dans la grande salle, vieille de plus de 5 siècles, ou dans la cour aux beaux jours. Un accueil à la ferme comme on le conçoit !

La Source : *1, place Bernard-Barbier, 26230* ***Chantemerle-lès-Grignan.*** *Sur la D549 entre Grignan et Saint-Paul-Trois-Châteaux, à 7 km ouest de Grignan. 06-48-20-22-03. • lasource.reservations@gmail.com • Hiver : ouv a minima jeu-sam midi et soir, dim midi et bar dinatoire le soir. Été tlj sauf mer et bar ouv ts les soirs (animé après le marché du ven). Menu 16,90 € midi, env 28 € soir en hiver ; le soir en été (sur résa) carte seulement, compter 25-28€.* Situé sur l'unique place (piétonne !) du village. Cuisine concoctée à base de produits locaux et de saison, souvent bio, à découvrir près de la cheminée en hiver. Caillette à la sauge, desserts aux fruits de la Drôme... tout est maison jusqu'à la focaccia servie en amuse-bouche. Espace enfants extérieur. Des concerts en été, sur la terrasse, où s'affairent les boulistes.

Achats à Grignan et dans les environs

Domaine de Bramarel : *1445, chemin de Bramarel, à Grignan. ☎ 04-75-46-52-20. • ayme-truffe.com • Tlj 9h-19h. Visites gratuites sur rdv (compter 1h30) : tlj en été, le w-e en hiver.* Une escale pour se mettre le nez dans la rabasse (espèce de truffe), et éventuellement repartir avec un petit bout d'or noir, frais, sous vide ou en conserve. Il y en a pour tous les budgets. Bon à savoir : la truffe d'été est bien moins chère – donc abordable ; maxi 300 € le kilo contre 1 200 € –, et mieux vaut consommer une truffe qui a été congelée qu'une truffe en conserve. Et, tout aussi bon à savoir, le domaine fournit d'éminents chefs, parmi lesquels Anne-Sophie Pic et Michel Troisgros. Et si ça peut se goupiller, participez à une visite pour en apprendre un peu plus.

Durance : *5, Z.A. Nord Dagasse, route de Montélimar, à Grignan. ☎ 08-10-26-16-00. • durance.fr • Juil-août, tlj 10h-19h (18h dim) ; le reste de l'année, lun-sam 10h-12h30, 14h-18h, plus dim d'avr à mi-sept et en déc avt Noël 10h-12h30, 15h-18h. Visite possible de l'usine sur rdv.* Le magasin d'usine, basé sur le lieu de production, offre une réduction systématique de 15 % sur l'ensemble des produits de la célèbre marque provençale : bougies parfumées, cosmétiques, désodorisants, etc. Les promos vont jusqu'à 60 % sur certains produits.

Boutique de produits monastiques du monastère Notre-Dame-d'Aiguebelle : *26230* ***Montjoyer.*** *☎ 04-75-98-64-70. • abbaye-aiguebelle.cef.fr • À 10 km au nord-ouest de Grignan. Tlj sauf dim mat 10h-12h, 14h30-17h.* Fondée en 1137, cette abbaye cistercienne abandonnée pendant une vingtaine d'années après la Révolution est habitée par des moines cisterciens venant de l'abbaye de la Trappe. Les moines sont des contemplatifs vivant sous la règle de saint Benoît (prière, travaux manuels, silence et études spirituelles) et de leur propre travail. Témoin d'autrefois, la liqueur d'Aiguebelle (qui n'est plus fabriquée par les moines), et aujourd'hui, la boisson tonifiante Alexion. Petite boutique de produits monastiques (biscuits, bonbons, bougies, savons...), librairie et salle d'exposition (accès libre).

Où déguster et acheter du bon grignan-les-adhémar dans le coin ?

Domaine de Montine : *famille Monteillet, hameau de la Grande-Tuilière. ☎ 04-75-46-54-21. • domaine-de-montine.com • Caveau ouv tlj 9h-12h, 14h-19h.* Un des jolis domaines du secteur, connu et reconnu pour la qualité de ses vins issus d'un terroir travaillé dans le respect des traditions. Beaucoup de soleil et de fruité dans les arômes.

Domaine de Grangeneuve : *M. Henri Bour, 1200, route des Esplanes, à **Roussas.** ☎ 04-75-98-50-22. • domainesbour.com • À env 10 km de Grignan. Tlj 9h (10h w-e)-12h30, 14h (14h30 w-e et j. fériés)-19h.* Décidément incontournable dans cette AOC, le domaine de Grangeneuve ne déroge pas à sa réputation de qualité. Un travail de « tradition », du même nom que sa cuvée. Basées sur des ruines et des garrigues, les vignes sont en grande partie implantées sur Donzère, village d'histoire, tandis que le domaine se trouve à Roussas, là où il conserve ses plus vieilles vignes. Une référence.

À voir. À faire

Le château de Grignan : *☎ 04-75-91-83-50. • chateaux-ladrome.fr • Juil-août, tlj 9h30-18h ; mars-juin et sept-oct, tlj 10h-12h30, 14h-18h ; nov-fév, tlj sauf lun 10h-12h30, 14h-17h. Fermé 1re quinzaine de janv. Fermé certains j. fériés. Entrée : 8 € ; réduc ; gratuit jusqu'à 12 ans. Billet commun pour les 3 châteaux (Grignan, Montélimar et Suze-la-Rousse) : 18 €. Visite guidée possible (env 1h) : 10 €. Visite libre pour les extérieurs : 2 €. Des activités culturelles y ont lieu : concerts (classique, jazz), et un festival de théâtre en été : les Fêtes nocturnes.* C'est au XIe s que l'on voit apparaître dans des textes le nom d'une famille Grignan et d'un château. Mais rapidement, c'est le nom des Adhémar de Monteil qui domine. Suffisamment connu et puissant pour que l'empereur Frédéric Ier, dit « Barberousse », leur confère, en 1164, le titre de seigneurs de Montélimar. Grignan devient au fil des ans une imposante place forte. Gaucher Adhémar est écuyer de Louis XI. Il meurt en 1516. Son fils Louis se distingue à la cour et reçoit François Ier au château en octobre 1533, au retour du mariage de Catherine de Médicis et de son fiston, le futur roi Henri II. La mode n'étant plus à la force et au style défensif mais à la beauté et au paraître, le château se dote en 1553 d'une magnifique façade Renaissance. Louis Adhémar meurt en 1558 sans descendance, et le château échoit à son neveu Gaspard de Castellane. Un de ses descendants, François Adhémar de Monteil de Grignan épouse, en 3es noces, Françoise de Sévigné, fille d'une certaine marquise. L'affectueuse correspondance de la mère et de la fille va faire entrer le château dans la légende (et, plus tard, le sauver !).

La vie de château

Le comte de Grignan était un homme fort peu séduisant mais il possédait un grand sens du luxe et de la fête, et menait grand train. Son titre de lieutenant-général de Provence lui en donnait bien sûr le pouvoir, et la vie au château ressemblait vraiment à un petit Versailles. ***Mme de Sévigné*** vint 3 fois à Grignan : en 1672-1673, en 1690-1691 et en 1694-1696 (elle y mourut cette année-là). En fait, elle ne s'y plaisait guère, trouvant les étés trop chauds et les hivers particulièrement rigoureux. En 1695, mariage de Pauline, fille des Grignan, avec le marquis de Simiane. En 1705, mort de la comtesse, puis, en 1714, mort de son époux, François de Grignan, totalement ruiné. Sa fille, Pauline de Simiane, dut se résoudre à vendre le château pour payer les dettes, château qui fut réduit à l'état de ruine après la Révolution.

Des lettres qui deviennent best-seller !

En 1725-1726, édition des *Lettres* de Mme de Sévigné. Quel destin que celui de cette femme qui ne fut jamais publiée de son vivant ! Les 764 lettres qu'elle écrivit à sa fille entre 1671 et 1696 auraient pu rester longtemps dans les tiroirs d'un bureau et finir à terme dans les mains de quelque collectionneur. Chef-d'œuvre de la littérature, d'un style et d'une liberté de ton toujours modernes, où la passion déborde et où s'exprime un amour maternel hors du commun. Mais aussi des qualités journalistiques et d'observation extraordinaires, qui donnent de l'époque et de la vie à la cour un tableau vrai et saisissant.

À la Révolution, une partie du château est détruite. En 1838, Léopold Faure, un riche habitant de Grignan, rachète le château ruiné et entreprend de le restaurer et de récupérer l'ancien mobilier. Il réussit à retrouver plusieurs centaines de meubles et d'objets. En 1902, ses héritiers vendent le château au fameux Boni de Castellane qui, hélas, ne tarde guère à en brader le patrimoine. Boiseries et décors sont dispersés, cheminées et escaliers démontés. Est-ce la fin de Grignan ? Heureusement, une bonne partie du mobilier avait été léguée à Mme Fontaine, riche veuve fascinée par l'histoire du village et son aura littéraire, qui rachète à son tour le château en 1912 et le rénove avec amour.

LA MARQUISE EN PERD LA TÊTE !

Après la profanation du caveau de Mme de Sévigné, les légendes les plus folles circulèrent quant au sort réservé à sa dépouille. Or, une fois le cercueil rouvert dans les années 2000, on vérifia que la dépouille de la marquise était intacte, sauf que sa calotte crânienne avait été sciée avec une précision toute chirurgicale. Il semble qu'un savant de l'époque ait voulu étudier les restes de son cerveau, à la recherche de... la bosse de l'écriture ?

Tous les éléments de décor qui ont subsisté par miracle ont permis la ***reconstitution intégrale des fastueuses ornementations d'antan.*** En 1979, le conseil général de la Drôme acquiert Grignan et parachève l'œuvre de Mme Fontaine, pour le plus grand plaisir des visiteurs et des fans de Mme de Sévigné. En 1993, Grignan est classé Monument historique. Ouf !

La visite

Pour ne pas enlever sa saveur à la visite guidée que vous aurez envie de suivre, si vous êtes un amoureux des lettres, signalons juste quelques incontournables, au passage. À commencer par le *grand hall d'entrée,* avec sa cage d'escalier monumentale, et sa rambarde en fer forgé. Au 1er étage, dans l'antichambre, fauteuils décorés de tapisseries d'Aubusson figurant des scènes des célèbres *Fables* de La Fontaine. L'appartement *Marie Fontaine* surprendra ceux qui l'ont connu sous le nom d'*Ornano.* Déco ambiance début XXe s. Au plafond, la salamandre, symbole de François Ier. Au centre de la pièce, portrait de la Grande Mademoiselle. À noter : les tapisseries qui ornent le cabinet ne sont pas collées mais flottantes, pour mieux isoler la pièce du froid.

Dans l'intimité de la marquise

– *La chambre d'Uzès, chambre d'apparat :* au 2d étage. Tenture d'Aubusson aux murs (histoire d'Ariane) et portrait présumé de Mme de Sévigné par Louis Elle (XVIIe s) ; lit à la française (XVIIIe s). Fenêtre ouvrant vers le sud, sur la cour du château et vue sur le Ventoux. À côté, le cabinet et la chambre à coucher de la marquise reconstitués d'après les inventaires du château du début du XVIIIe s.

– *Le cabinet d'écriture de la marquise :* la pièce vient d'être restaurée.

– *La chambre à coucher du comte :* beau parquet marqueté d'origine (XVIIe s) en chêne, merisier, ronce de noyer, etc. Belles tapisseries romanesques et lustre Murano.

– *La chambre à coucher de la comtesse de Grignan :* lit plus haut que la normale, car on recevait souvent couché et le visiteur devait être en position inférieure. Admirer le magnifique meuble de voyage du XVIe s. Dans le cabinet attenant, plafond peint à la française. Cheminée rapportée mais néanmoins majestueuse.

– *La salle d'apparat :* appelée aussi « salon du roi », une des plus jolies du château. Plafonds et poutres peintes, consoles baroques. Sous le portrait de Louis XIV, splendide cabinet d'ébène.

– *Le vestibule de l'aile des prélats :* sert de salle introductive aux visiteurs qui ne suivent pas la visite guidée (maquettes, photos). En face, l'ancienne entrée avec ses voûtes gothiques, une des parties les plus vieilles du château.

– *La galerie des Adhémar :* donnant sur la cour du Puits, longue de 25 m et large de 8 m. Construite par Gaucher Adhémar entre 1495 et 1516, elle symbolise magnifiquement la 1re Renaissance française. Salle de réception à l'italienne, elle s'appela un temps « galerie des portraits ». Ornée de lambris de noyer, avec un beau parquet et des cheminées monumentales.

L'extérieur

– *La façade Renaissance :* côté sud. Louis Adhémar la voulut la plus grandiose possible et visible à des lieues à la ronde. Cela devait être le comble de l'ostentation, et cela le fut ! Rythme magnifique des fenêtres à meneaux à doubles croisillons, des pilastres et des colonnes. Les niches furent plus tardives et ne continrent jamais de statues.

– *La cour du Puits :* construction antérieure à la façade principale. Façade composée d'un retour d'angle devant laquelle s'ouvre une immense terrasse bordée de balustres. L'originalité de cette terrasse réside dans le fait qu'elle sert aussi de toit à la collégiale, ce qui, dans d'autres cas, aurait pu apparaître comme une véritable incongruité ! À gauche de la terrasse, l'édifice bas surmonté d'une balustrade est la *galerie des Adhémar* (voir plus haut). Dans le prolongement, l'*aile des prélats,* édifiée en 1688 par les 2 frères de François de Grignan, tous 2 évêques. L'aile fut en grande partie détruite à la Révolution et jamais restaurée.

LA DRÔME

D'ailleurs, si vous êtes un peu curieux, nous vous conseillons la B.D. de Bardet et Lacaf, *La Traque, tome 1 : Grignan* (éd. Glénat, 2002), dans laquelle vous pourrez vivre les intrigues politiques et amoureuses de l'époque de Mme de Sévigné. Néanmoins, on vous prévient, on attend toujours la suite...

La terrasse, qui surplombe l'abbaye Saint-Sauveur, offre bien sûr une vue magnifique sur les environs, et notamment sur les dentelles de Montmirail.

🔭 ***La collégiale Saint-Sauveur :*** édifiée de 1535 à 1539. Une seule nef avec voûte à croisée d'ogives. Belle rosace flamboyante. Superbe retable en bois doré finement ciselé. Devant, plaque indiquant la tombe de Mme de Sévigné, tombe profanée à la Révolution. À droite, orgue de 1663. Fonts baptismaux de 1687. Intéressant tableau : *Bataille de Lépante, le pape a une vision.* Des concerts y sont régulièrement organisés *(programme auprès de l'office de tourisme).*

🔭 ***Balade dans la ville :*** *plan-circuit disponible à l'office de tourisme.* En sortant de la collégiale, on se retrouve sur un élégant parvis avec escaliers. Suivre le chemin de ronde (belle vue), puis emprunter la Grande-Rue jusqu'à la porte du Tricot. ***Beffroi*** du XIIe s. Place Sévigné, statue de la marquise. À deux pas, un superbe ***lavoir à colonnes*** du XIXe s, l'un des plus luxueux que l'on n'ait jamais vus. Puis dans les ruelles (rue d'Or, rue du Four, etc.), vous découvrirez de vénérables demeures du XIIIe au XVIIIe s. Plein de clins d'œil architecturaux, de passages couverts, d'impasses romantiques...

🔭🔭🔭 ***Colophon – Maison de l'imprimeur :*** *maison du Bailli, pl. Saint-Louis. ☎ 04-75-46-57-16. • colophon-grignan.fr • ♿ (librairie, bistrot et atelier). Juil-août, tlj 10h30-14h30, 16h-19h ; sept-juin, mar-sam 10h-12h30, 14h-18h30. Entrée : 5 € ; gratuit moins de 12 ans.* Repaire de gens de lettres passionnés par le métier et son histoire. Tout y est présenté avec un subtil sens de l'humour (illustré par sa cabine téléphonique pour portables !). Un atelier qui ne ressemble à aucun autre.

4 salles : une expo, un atelier vivant (où l'on fabrique, entre autres, les ouvrages publiés par leur propre maison d'édition) et un réjouissant musée de vieilles imprimantes – pardon, de presses et rotatives –, toutes en état de marche. Ces vieilles dames roulent des mécaniques sous un éclairage astucieux (des boîtes de conserve revues et corrigées), auquel s'ajoutent un montage sonore bienvenu et une vidéo « vintage » de l'imprimerie dans les années 1950. Voir notamment cette très rare machine à massicoter de 1850, ayant appartenu à son inventeur,

M. Massiquot ! Pour terminer, les prisons, où sont exposées une collection de machines à écrire et une large collection d'outils d'écriture.
Les enfants en visite se régalent, d'autant plus qu'ils peuvent mettre eux-mêmes la main à la pâte, enfin plutôt dans l'encre... Agréable librairie avec sa belle section jeunesse et son bouquiniste à l'entrée.
Un petit bistrot dans la cour l'été, entouré d'un jardinet consacré aux plantes de l'écrit, dans la cave l'hiver, pour boire un verre et y apporter « son manger ».

Le village provençal miniature : *lieu-dit la Petite-Tuilière, route de Valréas. ☎ 04-75-46-91-68. • village-miniature.fr • De mi-juil à août, tlj 10h-19h ; d'avr à mi-juil et sept-déc, tlj 10h-12h, 14h-18h30 ; janv-mars, tlj sauf mar 14h-18h, plus w-e 10h30-12h. Entrée : 5,50 € ; réduc.* À l'échelle 1/6, la vie d'un village dans la Drôme provençale au début du XXe s. Plus de 1 000 santons aux frimousses attendrissantes refont les gestes d'autrefois, de la cueillette des olives au séchage du tilleul... sans oublier l'indéboulonnable partie de pétanque ! Voir également une crèche géante inscrite au *Livre des records*. Expos thématiques tout au long de l'année.

LA DRÔME

Fêtes et manifestations

– ***Rencontres du livre, de la truffe et du vin :*** *3 j. début fév.* Les vins Grignan-les-Adhémar et la truffe rencontrent la littérature. Dégustations, conférences et animations autour de la truffe et du vin.
– ***Festival de la correspondance :*** *5 j. début juil. • grignan-festivalcorrespondance.com •* Spectacles, lectures par des comédiens.
– Au château de Grignan, ***Fêtes nocturnes*** en juillet-août. Pièces de théâtre. Également des ***concerts de musique de chambre*** et des ***soirées jazz*** (automne). *Programme et infos : • chateaux-ladrome.fr/fr/chateau-de-grignan •*

DANS LES ENVIRONS DE GRIGNAN

Le domaine d'Eyguebelle : *3, chemin de la Méjeonne, 26230* ***Valaurie.*** *☎ 04-75-98-03-80. • eyguebelle.fr • À 9 km à l'ouest de Grignan. Tlj 10h-18h (19h avr-août). GRATUIT.* La fabrique de sirops et liqueurs a conçu un site-musée pour partager avec le plus grand nombre l'histoire de la marque et découvrir les ateliers de production, autrefois propriété des moines du monastère d'Aiguebelle. Dégustation offerte en fin de parcours.

Chamaret : *à 4 km au sud de Grignan. Visite de la tour avr-sept, mer-ven (sauf jeu en sept) 14h-19h, sam-dim et j. fériés 10h30-13h, 14h-19h. ☎ 04-75-46-55-85. • latourdechamaret-astc.jimdo.com • Tarifs : 2,50 € ; réduc.* Joli village médiéval dont les donjons se voient de loin. Il possède encore 2 belles portes, la porte de la Fontaine et celle du Nord (rue Caludun). Pour ceux qui y séjourneraient, précisons que la cloche du village sonne tous les quarts d'heure et 2 fois toutes les heures, de jour comme de nuit...

DONZÈRE (26290) 5 927 hab. *Carte Drôme, A3*

Associé à Mondragon, Donzère n'évoqua longtemps qu'un gros barrage et un champ d'éoliennes, qu'on aperçoit depuis l'autoroute. Mais c'est aussi une intéressante petite bourgade, dotée d'un riche passé à découvrir le long de ses ruelles.

UN PEU D'HISTOIRE

Au Moyen Âge, le village se développe et se fortifie autour d'une abbaye. La prospérité de l'époque se manifeste par ses nombreuses façades Renaissance et le château de Claude de Tournon, évêque et « prince » de Donzère. En 1693, pour favoriser le développement de la région, Louis XIV accorde l'autorisation de creuser le canal de Pierrelatte. Dans la 1re moitié du XIXe s, Donzère est le 5e port sur le Rhône. Les paysans ne vivent pas trop mal grâce à la vigne et au ver à soie. En 1856 est créée la ligne de chemin de fer Paris-Marseille avec station à Donzère. En 1872, le phylloxéra détruit la totalité du vignoble. En 1896, création de la *chocolaterie d'Aiguebelle* (qui ferma, hélas, en 1977... aujourd'hui, on va chez *Morin* !). Enfin, possédant peu d'industries, le village aurait pu continuer tranquillement à s'assoupir, sans la construction du canal et des barrages de Donzère-Mondragon et sans l'implantation des sites nucléaires, qui bouleversèrent bien entendu toute l'économie locale. De nouveaux habitants affluèrent alors, transformant l'agriculture – comme la culture des *actinidias* de Chine (les kiwis, quoi !), entre autres.

À voir. À faire

Balade dans la ville

Départ de la ***porte de la Font,*** porte de ville dans l'ancienne enceinte. On y voit encore une bretèche (loge rectangulaire). Intra-muros, prendre à droite la *rue de la Coste.* Atteindre le ***château,*** édifié au XVIe s par Claude de Tournon, évêque de Viviers, prince de Donzère. Le parc du château se visite sur demande. Parcourir un peu la calade Claude-de-Tournon, pour une belle vue sur le village, puis retour sur la Grande-Rue.

La ***Grande-Rue*** étale ses maisons anciennes au coude à coude avec quelques demeures Renaissance. Au no 9, belle *tour* ronde, avec escalier à vis. Aux nos 14-16, une impasse mène à une *tour* avec fenêtres à meneaux et escalier à vis, qu'on ne soupçonnait pas de la Grande-Rue. Belle maison Renaissance à l'angle des Grande-Rue et rue de la Planche. Sous les arcades, depuis 1563, des pierres creusées de cavités mesuraient les quantités de céréales. C'est ici que se tenait la foire locale au Moyen Âge. Au no 30 de la Grande-Rue, une demeure du XVIe s, qui échappa par miracle aux travaux d'élargissement de la rue au XIXe s. La ***tour de l'Horloge*** fut construite en 1848, lors d'un 1er élargissement de la rue. En face, la rue de l'Argentière menant à la porte du même nom (au no 14, autre maison de Claude de Tournon). Enfin, la Grande-Rue mène à la mairie, qui abritait également l'école de garçons. Sur le côté, la rue de la Gravière, qui longe les remparts, passe la *porte de la Double* et accède au plateau, d'où l'on bénéficie d'un beau panorama sur la 1re enceinte de ville et le clocher. Au loin, le rocher de Pierrelatte.

L'église Saint-Philibert : construite par les moines de Tournus au XIIe s. Plan simple, décor sobre. Superbe chevet semi-circulaire qu'on admire de la rue de la Sacristie. 6 pilastres cannelés surmontés d'arcs leur retombant dessus ou sur des consoles. Bel appareillage de pierre du clocher, dont la partie supérieure est du XVIIe s. À l'intérieur, puissants contreforts. Dans la 2e travée, chapelle des Pénitents de style gothique, ajoutée au début du XVIIe s.

La paisible ***place du Fumeras*** fut le centre du village médiéval. Curieusement, l'accès à toutes les maisons autour se fait par un petit escalier. Déception rue des Belles-Filles, aucune au rendez-vous ! Arrivée sur les Barrys, puis tourner à gauche. Vestiges des remparts et ***porte de l'Argentière.*** À deux pas, le lavoir de 1871. Retour sur le ***Champ-de-Mars,*** créé jadis pour les foires et les promenades publiques.

La chocolaterie A.-Morin : *640, chemin du Plan. ☎ 04-75-51-60-76. • chocolaterie-morin.com • Accueil lun-sam 9h30-12h, 14h-18h15.* Fabrique familiale de chocolats et nougats depuis 1884, la 4e génération de père en fils. Film explicatif sur la culture du cacao et sur la fabrication du chocolat dans leurs ateliers. Exposition de matériel ancien, outils de fabrication, collection de moules, impressionnante par la quantité, de la fin du XIXe s à nos jours. Et bien entendu, dégustation de chocolat !

LA GARDE-ADHÉMAR

(26700) 1 141 hab. *Carte Drôme, A4*

Là aussi, village haut perché (un des « Plus Beaux Villages de France »), église romane et ample paysage. Il y fait bon vivre, avec presque autant d'habitants qu'au XIXe s. Ruines d'un château, élevé à l'époque d'Antoine Escalin, berger devenu ambassadeur et général des galères, selon la légende. Impressionnante vue sur toute la vallée du Rhône, surtout depuis les terrasses du petit jardin en contrebas de l'église (à droite en sortant de l'église).

Adresse utile

Office de tourisme : *rue des Arcades. ☎ 04-75-04-07-98. • dromesud-provence.com • Juil-août, mar-sam 9h30-12h30, 14h30-18h30 ; dim 10h-12h30, 14h30-17h. Oct-mai, mar-sam 9h30-12h30, 14h-18h.* Infos notamment sur les circuits pédestres et VTT au départ du village.

Où dormir ? Où manger ? Où boire un verre ?

Chambres d'hôtes

Chambres d'hôtes Le Val des Nymphes : *chez Isabelle et Christian Andruejol, 1010, route du Val-des-Nymphes. ☎ 04-75-04-44-54. 06-80-63-72-35. • val.des.nymphes@wanadoo.fr • valdesnymphes.com • À 1 km de La Garde-Adhémar. Double 70 € ; familiale. Petit déj inclus. Table d'hôtes 22 € (apéritif et digestif compris). Réduc de 10 % sur le prix de la chambre hors juil-août sur présentation de ce guide.* En débouchant du petit chemin, on tombe nez à nez avec une grosse maison du XVIIe s qui occupe tout l'espace. Les 5 chambres sont regroupées au pied de la colline, dans un bâtiment de plain-pied face à des vergers d'arbres fruitiers, oliviers, chênes truffiers, etc. Table d'hôtes à base de produits de la ferme. Menu « truffes » en période de récolte. Et piscine pour garder la ligne.

Chambres d'hôtes La Ferme des Rosières : *chez Michèle et René Girard, 180, chemin des Rosières, quartier la Peyssade. ☎ 04-75-04-72-81. • girard.rosieres@wanadoo.fr • fermedesrosieres.com • À 3 km de La Garde-Adhémar par la route de Pierrelatte. Congés : de mi-déc à mi-janv. Doubles 60-85 €.* Notre couple d'agriculteurs-vignerons est accueillant et aime offrir le meilleur. La ferme, au calme, est authentique, tout comme les 3 belles chambres à la déco rustique. Cuisine à disposition et piscine.

Le Mas Bella Cortis : *route du Val-des-Nymphes. ☎ 04-75-04-04-15. • contact@masenprovence.com • masenprovence.com • À 2 km de La Garde-Adhémar. Congés : oct. Doubles 115-155 € ; familiales. Table d'hôtes 39 €, vin compris.* Beau mas du XVIIIe s dominant la garrigue, les truffières, les lavandes et les vignes. La bâtisse a été restaurée avec passion, du jardin aux chambres, toutes décorées avec beaucoup de goût, aux couleurs de la Provence. La vue sur les falaises ocre de Clansayes est unique. Ici, soyez rassuré, seuls le mistral, le chant d'une cigale ou encore le bruissement d'une nymphe troubleront votre quiétude ! Le petit déj et les repas sont servis en terrasse lorsque le temps le permet.

De prix moyens à plus chic

L'Absinthe : *pl. Perriod. ☎ 04-75-04-44-38. • adhemar.absinthe@gmail.com • Hors saison, fermé le soir sauf sam. Congés : de mi-janv à mi-fév. Résa fortement conseillée. Carte 25 €. Café offert sur présentation de ce guide.* Labellisé « Bistrot de pays », ce joli troquet permet de maintenir un peu d'animation au village, et ce tout au long de l'année. Doté d'une irrésistible terrasse et d'une non moins irrésistible salle. À la carte, produits du terroir et spécialités drômoises, ainsi que de belles salades composées.

Le Tisonnier : *rue de la Loge. ☎ 04-75-04-44-03. Juin-août, tlj ; hors saison, mar-dim midi. Congés : nov-mars. Carte seulement, en partie renouvelée chaque jour ; plats 14-22 €.* En terrasse, on mange sur un panneau de sens unique, un œil sur les lanternes et les vieilles cages à oiseaux suspendues dans les arbres. Dans l'assiette, cuisine réalisée avec de bons produits frais des marchés avoisinants. Accueil souriant.

À voir

Les vestiges des remparts : significatifs, surtout vers la porte nord, la seule survivante des portes du village. Belle enfilade d'arcades. Ensuite, c'est le profond plaisir d'errer dans ruelles et venelles, l'œil accroché par moult détails architecturaux insolites, cours intérieures, impasses mystérieuses... L'ancien cellier du château féodal a été transformé en salle des fêtes. Quelques vestiges d'un autre château, celui d'Antoine Escalin de La Garde, né vers 1498, mort dans son lit en 1578, après une vie bien remplie. Il fut successivement gentilhomme de François Ier, ambassadeur à Constantinople, général des mers du Levant et des galères, général d'armée de terre si l'actualité le commandait. C'est ainsi qu'il massacra quelques milliers de Vaudois hérétiques en Provence, en envoya quelques autres faire une croisière en mer à la force des bras, combattit sur tous les champs de bataille de l'époque, bouffa de l'« Anglois » et du Transalpin... En 1557, il devint gouverneur de Marseille, puis, histoire de ne pas perdre la main, chassa les protestants pendant une dizaine d'années, avant d'aller jouir d'une retraite méritée dans son château.

L'église Saint-Michel : du XIIe s, une des plus belles de style roman qu'on connaisse. Proportions totalement harmonieuses, équilibre des volumes. À l'intérieur, nef très haute par rapport à la largeur, ce qui donne un remarquable sentiment d'élévation. Décor sobre, légèreté de l'ensemble pour en rajouter au plaisir ! Possède aussi une rarissime Vierge romane, Notre-Dame-de-Bon-Secours, du XIIe s (on en trouve une dizaine équivalentes sur tout le territoire national).

La chapelle des Pénitents : ancienne maison médiévale devenue chapelle des Pénitents-Blancs en 1630. Belle fenêtre géminée. À l'intérieur, fresque datée du XVIIIe s.

Au pied de l'église, petit ***jardin des Herbes*** accroché à flanc de colline. Très beau site, pour découvrir quelque 200 variétés de plantes aromatiques et médicinales. Quelques plantes classées, des roses anciennes.

La chapelle du val des Nymphes : *en direction de Grignan ; depuis le parking nord, descendre côté sud ; après le 2e virage en épingle, prendre la petite route indiquée sur la gauche ; c'est à 2 km.* Voilà 2 000 ans, les hommes invoquaient ici les divinités de la Fécondité et de la Prospérité. Dans l'Antiquité, un tel culte près des sources était monnaie courante. Au début du Moyen Âge, l'Église se réapproprie ce site païen pour y construire 4 églises dans ce 1er noyau villageois de La Garde-Adhémar, dont l'église prieurale, Notre-Dame-des-Nymphes – la seule rescapée –, une dépendance de l'abbaye bénédictine de Tournus. La chapelle romane du XIIe s, restaurée en 1991, a fait l'objet de pèlerinages jusqu'à la Révolution. De nos jours, le val des Nymphes, imprégné de mystère, fascine les personnes sensibles aux forces telluriques et magnétiques.

La galerie d'art contemporain Éric-Linard : *route du Val-des-Nymphes. ☎ 04-75-04-44-68. • ericlinardeditions.com • Juil-août, tlj sauf lun 14h-18h ; sept-juin, tlj sauf dim-lun 14h-18h.* Tout près du val des Nymphes se trouve une galerie d'art moderne, installée dans une ancienne filature. Expositions d'art contemporain sur plus de 300 m², renouvelées tous les 3 mois. Également un atelier de lithographie et de sérigraphie.

L'atelier-galerie de Claude et Mady Michel **(émaillerie) :** *impasse des Remparts. ☎ 04-75-04-40-69. • emaux-michel.com • Tlj sur rdv (📱 06-72-61-19-11).* Exposition permanente d'émaux cloisonnés en argent et de sculptures en grès et porcelaine. Stage à la journée possible pour confectionner votre bijou.

LA DRÔME

SUZE-LA-ROUSSE (26790) 2 157 hab. *Carte Drôme, A4*

Le château et la cave coopérative méritent largement un arrêt. À propos de cette dernière, laissez vos préjugés au placard. Les vins d'appellation grignan-les-adhémar sont souvent d'un bon rapport QPP (qualité-prix-plaisir) ! Depuis le château, perdu dans un océan de vignes, vue bien sympathique sur les parages : Grignan, Chamaret, Rousset, Valréas, le mont Ventoux et les dentelles de Montmirail qui apparaissent au loin. Un village intelligemment restauré, comme on aime en contempler.

Adresse utile

Office de tourisme : *445, av. des Côtes-du-Rhône. ☎ 04-75-04-07-98. • drome-sud-provence.com • Lun 14h-17h30 (18h juin-sept), mar-ven 9h30-12h30, 14h-17h30 (18h juin-sept), sam 9h30-12h30.* Dépliant gratuit pour découvrir le village et ses environs.

Où dormir à Suze-la-Rousse et dans les environs ?

Camping

Camping Suze Luxe Nature : *110, chemin du Camping, à Suze-la-Rousse. ☎ 04-26-34-18-02. • contact@suzeluxenature.com • suzeluxenature.com • ♿ Près du pont sur la route en venant de Saint-Paul-Trois-Châteaux ou sortie autoroute A7, direction Nyons. Forfaits 15-28 € ; locatifs 2-6 pers 99-129 €/nuit. Réduc de 10 % hors juil-août et 30 min de spa à bulles pour 4 pers max offerts sur présentation de ce guide.* Un intitulé trompeur car il n'y a rien de vraiment luxueux ici, mais plutôt des hébergements locatifs de qualité et bien intégrés dans le petit site agréablement arboré : *lodges* avec belle terrasse, cabanes, tipis. Ceux-ci occupent une bonne partie de l'espace ; l'autre est dédiée aux emplacements pour tentes et camping-cars. Eux aussi sont bien ombragés, mais comme très souvent dans la région, le sol est dur ! Agréable, même si en saison, on peut s'y sentir un peu à l'étroit. Un seul petit bloc sanitaire, mais presque luxueux compte tenu du type d'hébergement. Et pour tout le monde, la piscine, le bar, les jeux pour enfants et un accueil absolument charmant.

Chambres d'hôtes

Les Aiguières en Provence : *80, rue de la Fontaine-d'Argent, à Suze-la-Rousse. ☎ 04-75-98-40-80. • contact@lesaiguieres.com • lesaiguieres.com • Double 119 € (prix dégressif dès la 2e nuit). Assiette-repas ou table d'hôtes 17-27 €.* Au cœur de Suze, dans une ruelle, 2 belles demeures repliées sur elles-mêmes, mais où l'on vous accueille à bras ouverts : les propriétaires vivent dans l'une, les hôtes logent dans l'autre. Quand les frimas de l'hiver pointent leur nez, un grand salon avec cheminée les y attend. Dans les étages desservis par des escaliers pentus, des chambres de taille variable, mais chaleureuses et confortables. Aux beaux jours, c'est dans le délicieux jardin que l'on se réfugie, avec ses coins et recoins, ses transats et la petite piscine avec vue sur le château.

À la Maison d'Hôtes : *277, chemin du Mas, 26790* ***La Baume-de-Transit.*** *☎ 04-75-90-62-36. • contact@alamaisondhotes.fr • alamaisondhotes.fr • Ouv mai-oct. Doubles 85-95 €.* Frédérique a aménagé 4 chambres d'hôtes et 2 gîtes dans une partie du mas familial. Toutes les chambres sont conçues différemment. Jolie déco, murs patinés et mélange d'ancien et de moderne. Pour les petits déj, grande salle à manger commune dont il faut absolument admirer le magnifique sol d'origine, très original ! Piscine. Terrain de pétanque. Bel accueil.

Le Moulin de Champdurand : *chez M. et Mme Broussard, 972, chemin Champdurand, à Suze-la-Rousse. ☎ 04-75-98-87-59. • crodis@free.fr • moulindechampdurand.fr • Ouv mars-oct. Doubles 90-110 €, petit déj inclus.* Un immense mas familial, où 4 générations s'entrecroisent et partagent une même passion pour la nature, le terroir, l'authentique. 5 chambres poétiques et confortables. Un gigantesque salon fait office de pièce commune, avec une cheminée magistrale pour les soirées d'hiver. Le tout posé au milieu d'un parc de 5 ha, avec de magnifiques arbres fruitiers, chênes truffiers et plantes aromatiques, et le Lez qui coule tranquillement au fond. Espace massages. Également un resto tenu par monsieur *(résa au ☎ 06-10-38-47-40).* Très bon accueil.

Achats dans les environs

Santonnier Robert Canut : *quartier Blanquettes, 319, route des Gravières, 26790* ***Tulette.*** *☎ 04-75-98-36-79. À 8 km à l'est de Suze par la D 94. Téléphoner avt d'y aller. Santons de 8 cm (à partir de 14 €), 16 et 30 cm.* À 80 ans passés, Robert Canut a le bagout marseillais – ville dont il est originaire – et la passion pour cet art populaire provençal chevillée au bout des doigts. Santonnier au sens le plus noble du terme depuis plus de 60 ans, il fabrique ses moules, ses modèles, et même ses pigments. L'homme, chaleureux et gouailleur, aux longs cheveux blancs, bacchantes et chapeau vissé sur la tête, a déjà donné vie à bien des marchandes de poissons, gitanes ou bergers... Autant de personnages naïfs et attachants à découvrir dans l'antre d'Ali Baba de leur créateur.

À voir. À faire

Le château : *☎ 04-75-91-83-50. Juil-août, tlj 9h30-18h30 ; mars-juin et sept-oct, tlj 10h-12h30, 14h-18h ; nov-fév, tlj sauf lun 13h-17h. Fermé le mois de janv. Entrée : 6 € ; réduc. Visite guidée (1h) : 8 €. Visite libre avec visioguide. Billet commun pour les 3 châteaux (Grignan, Adhémar et Suze-la-Rousse) : 18 €.*

De mi-juil à mi-août, super programme à l'intention des familles, ***« À la cour des grands »****, où les activités et animations proposées (inclus dans le billet d'entrée) s'inspirent des activités d'un jeune noble de la Renaissance au XVIII*e *s. Gros effort fait également à l'intention du public malvoyant avec, entre autres, de nombreuses tablettes tactiles.* Son architecture mérite le coup d'œil autant que la belle vue panoramique sur les vignobles alentour. Sa façade est de style médiéval, tandis que la cour intérieure rappelle plus la Renaissance. Le roi Charles IX et sa mère Catherine de Médicis rendirent visite en 1564 au comte de Suze. Une des plus jolies cours italiennes à arcades qu'on connaisse. À l'intérieur, parcours muséographique autour de l'histoire du château et de l'univers de la vigne et du vin à travers les siècles. Salles présentant de belles gypseries (décors en plâtre) et un intéressant décor peint du XVIe au XVIIIe s (grand escalier, salle d'armes, salle à manger, salons, antichambres, etc.).

Ayant appartenu successivement aux nombreuses familles influentes de la région (les Baux d'Orange, les La Baume Suze), il est racheté en 1965 par le conseil général. Ce dernier eut alors l'idée d'y créer, en 1978, l'***université du vin*** *(☎ 04-75-97-21-30 ; • universite-du-vin.com •)*, la première au monde, hébergée au 2e étage du château. Son activité s'étend au-delà des frontières de la région et de l'Hexagone. Dans ces conditions, personne ne s'étonnera de découvrir toutes sortes de panneaux pédagogiques sur l'univers du vin. Depuis quelques années, l'espace Médicis, qui accueille le Centre de recherche et de développement œno-agronomique, permet aux professionnels d'obtenir avec une précision scientifique l'analyse du sol, des maladies du vignoble... bref, que du sérieux. Mais les passionnés de vin y trouvent également leur compte : des stages et séminaires (demi-journée ou sur des journées complètes) sont organisés pour découvrir une appellation ou l'univers viti-vinicole. En juillet-août, tous les mardis matin, des ateliers de dégustation de 3h sont proposés.

À voir également, à côté de l'espace Médicis, la *Garenne* et le jardin des vignes, où sont cultivés les cépages les plus représentatifs des vignobles français et étrangers : savagnin, carignan, mourvèdre, colombard, chardonnay, melon de bourgogne, poulsard...

En vous promenant dans le domaine, jetez donc un œil aux vestiges du jeu de paume du XVIe s (l'ancêtre du tennis et une rareté en France) et poussez jusqu'au pigeonnier, d'où l'on a une belle vue sur le mont Ventoux.

Balade sympa dans le ***village*** à la recherche des vénérables demeures du passé. Dans la montée vers le centre de l'ancien village, hautes vieilles façades bien usées (peut-être des éléments d'anciens remparts). Belle halle aux grains, ancienne mairie (sur la Grande-Rue), présentant une remarquable façade Renaissance, chapelle Saint-Sébastien (ex-sépulture des seigneurs), pittoresques ruelles appelées ici « calades ».

SAINT-PAUL-TROIS-CHÂTEAUX

(26130) 9 395 hab. *Carte Drôme, A4*

D'abord, ne pas chercher les 3 châteaux... car il n'y en a pas ! Le nom du village proviendrait de la déformation par l'usage du gentilé des 1ers habitants de la région, les *Tricastini.* Petite capitale prospère du Tricastin, sa population a triplé depuis 1866 et presque doublé depuis 1975, avec le percement du canal de dérivation du Rhône et l'ouverture de la centrale nucléaire, qui amenèrent beaucoup de monde. C'est aujourd'hui une ville plaisante dont le vieux centre propose quelques beaux lieux à voir (cathédrale romane, hôtels Renaissance, etc.).

Adresse et info utiles

Office de tourisme : *pl. Chausy. ☎ 04-75-04-07-98. • drome-sud-provence.com • Lun-sam 9h30-12h30, 14h-18h (14h30-18h30 juin-sept) et dim 9h-13h mi-juil à mi-août.*

Marché des trufficulteurs : *de mi-déc à mi-mars, dim 10h-12h30, pl. de l'Esplan.* Réservé aux particuliers.

À voir. À faire

La cathédrale Notre-Dame : un des exemples les plus aboutis d'art roman provençal. Construite aux XIIe-XIIIe s. Façade occidentale d'une belle rigueur architecturale. Portail avec un élégant arc sculpté encadré de demi-colonnes et de pilastres sans chapiteaux. Bel appareillage de pierre où l'on observe de nombreuses marques de tâcherons. À l'intérieur, pénombre caractéristique du 1er art roman (peu de fenêtres). Avec plus de 19 m, hauteur exceptionnelle de la nef. Derrière le maître-autel, mosaïque du XIIe s. D'autres éléments de décor : faux triforium dans la nef ; sur les piliers, peintures des XIIIe et XIVe s ; sur le bas-côté, chapelle gothique de 1460.

Le musée d'Archéologie tricastine : *pl. Castellane. ☎ 04-75-04-74-19. • musat.fr • Mar-sam et 1er dim du mois 14h30-18h. Entrée : 3,20 € ; réduc ; gratuit moins de 16 ans et étudiants. Livret-jeu pour les enfants. Également des visites téléchargeables gratuitement sur le site de la ville.* Des vestiges de la préhistoire, des périodes gauloise, antique et du Moyen Âge sont conservés au musée, parmi lesquels certaines pièces uniques en France ou en Europe : mosaïque romaine de plus de 100 m², une des plus importantes collections françaises de verres antiques, la seule arche sainte hébraïque médiévale d'Europe ayant survécu aux guerres de Religion, etc. De nombreux éléments présentent aussi la vie quotidienne du Tricastin au cours des siècles. Expos temporaires, permettant de découvrir chaque année un aspect de l'histoire de Saint-Paul-Trois-Châteaux et du Tricastin.

Au hasard de la ***balade dans la vieille ville,*** on croise des vestiges de remparts, de jolies fontaines (place de l'Esplan, place du Marché...) et d'intéressantes façades Renaissance. Quelques édifices XVIIIe s comme l'*hôtel d'Audiffret,* au 3, rue Montant-au-Château, l'*hôtel de Bimard,* place Bimard, et l'*hôtel de ville* (1742), place de la Castellane.

La Maison de la truffe et du Tricastin : *rue de la République. ☎ 04-75-06 61 20. • maisondelatruffe.com • Tlj sauf lun (et dim hors saison) 9h30-12h30, 14h-18h. Entrée : 4,50 € ; réduc.* Un espace muséographique, ludique et interactif, comme il se doit, qui permet d'aller, chacun à son rythme, à la découverte des secrets de la truffe. Vous saurez tout – si vous prenez la peine de tout lire, entendre, regarder, humer – sur le « diamant noir » (dont la région est le 1er producteur de France) et son environnement. La « truffe du Tricastin » est cultivée sur 15 communes du Vaucluse et 68 communes de la Drôme. Exposition permanente sur le vin en Tricastin de l'Antiquité à nos jours. Caveau de dégustation et vente des vins de l'AOC grignan-les-adhémar au même prix qu'aux domaines, et boutique de produits du terroir.

Fêtes et manifestations

- ***Fête du Livre de jeunesse :*** *fin janv.*
- ***Fête de la Truffe :*** *le 2e dim de fév, à la Maison de la truffe et du Tricastin.*
- ***Saint-Paul Soul Jazz Festival :*** *mi-juil. • saintpaul-souljazz.com •* Une programmation unique en France.

LA DRÔME

– ***Parfum de Jazz :*** *2de quinzaine d'août. ● parfumdejazz.com ●* Un important festival de jazz qui se déroule un peu partout dans la Drôme provençale, mais dont le concert de clôture, notamment, se joue à Saint-Paul-Trois-Châteaux.
– ***Festival du Film :*** *mi-oct. ● festivaldufilm-stpaul.com ●*

DANS LES ENVIRONS DE SAINT-PAUL-TROIS-CHÂTEAUX

SAINT-RESTITUT (26130)

À 3 km au sud de Saint-Paul, on découvre un bien joli village avec son surprenant panorama et sa belle église romane. Vestiges de remparts et vieilles maisons. Le village fut longtemps connu pour ses carrières de pierre – utilisée à Lyon –, exploitées dès l'époque gallo-romaine. C'est une belle pierre blanche, d'un grès très fin, particulièrement appréciée au XIXe s pour la construction urbaine et les monuments publics. En 1900, les carrières employaient encore 400 ouvriers. La gare de Perrache, la mairie du VIIe arrondissement, les lycées et immeubles de prestige à Lyon, le musée d'Art de Genève, les banques de Montélimar et de Valence, etc., tous furent construits en pierre de Saint-Restitut. Le triomphe du béton armé la tua. Reste aujourd'hui ces immenses cathédrales souterraines. Par ailleurs, saint Restitut était un aveugle que Jésus a guéri, et qui évangélisa ensuite la Provence.

Où dormir ? Où manger ?

Chambres d'hôtes L'Auberge du Truinas : *233, chemin des Anlavaux, La Plaine. ☎ 04-75-96-73-69. ● fermedutruinas@free.fr ● fermedutruinas.free.fr ● À 4 km à l'est du village. Ouv avr-sept. Double 80 € ; familiale. Table d'hôtes 26 €.* Ici, on oublie le reste du monde pour se fondre dans le cadre artistico-voyageur de cette ferme rustique, bien au calme, avec sa piscine qui a les yeux braqués sur le Ventoux. Différents espaces pour se poser avec son bouquin. 3 chambres simples (prix un peu élevé). Accueil dynamique et bons petits plats que l'on dévore, de retour de balade, en terrasse ou dans la grande salle boisée décorée d'objets insolites. Idéal pour les familles et randonneurs. Atmosphère conviviale.

À voir

L'église : du XIIe s, grand lieu de pèlerinage au Moyen Âge. Contre une des façades, une tour funéraire du XIe s comportant des frises sculptées (bestiaire, personnages, scènes bibliques). Splendide porche sud et, à l'intérieur, intéressants chapiteaux et corniches. Un peu plus loin, chapelle hexagonale du Saint-Sépulcre de 1508.

Les caves cathédrales du Mas Théo : *☎ 04-75-46-04-59. À l'entrée sud du village, prendre la direction « Belvédère », les caves cathédrales sont indiquées (env 3 km). Tlj sauf dim et lun 10h-12h, 14h-19h (18h en hiver). Dégustation gratuite.* Laurent Clapier a décidé de faire revivre ce lieu paisible qui offre des conditions idéales d'hygrométrie et de température, propices à l'élaboration et au stockage des vins. Un lieu en totale harmonie avec la démarche en biodynamie de son exploitation. L'ensemble du domaine est situé sur l'appellation d'origine contrôlée grignan-les-adhémar. Visite gratuite avec panneaux explicatifs. Magnifique pressoir du XVIIIe s. Attention, l'endroit est très frais, même en été (température stabilisée à 13 °C), prévoir sa petite laine ! À la fin de la visite, dégustation et vente.

CLANSAYES (26130)

Depuis Suze par la D 59, puis la D 71 et la D 481. Ou encore depuis Saint-Paul par la D 133, puis la D 51, à 5 km. Perché sur un piton rocheux autrefois fortifié, Clansayes mérite un détour pour son panorama sur le Tricastin. Vieux village construit en amphithéâtre, dominé par une *tour des Templiers* à mâchicoulis du XIIIe s, et blotti autour de l'*église Saint-Michel* du XIIe s. À voir également, quelques vestiges des remparts.

PIERRELATTE (26700)

On raconte que Gargantua, boitant à cause d'un vilain caillou dans sa botte, s'assit sur le mont Ventoux et s'en débarrassa prestement. Depuis, un insolite rocher de 32 m trône dans la plaine, à l'abri duquel Pierrelatte commença à se développer. Ledit rocher protégea réellement le village du mistral pendant de nombreux siècles, jusqu'à ce qu'il soit vendu en 1815 comme carrière par une municipalité fauchée. En 1870, une brèche importante commence déjà à l'entamer et le village, n'étant plus guère protégé, se met à frissonner l'hiver. Protestation des habitants. Ce n'est qu'en 1919 que le rocher est enfin classé. On combla la brèche en 1953 avec un réservoir d'eau, aujourd'hui désaffecté. Pierrelatte fit parler de lui dans les années 1960-1970 par la construction d'une usine de séparation isotopique d'uranium, suivie de celle de la centrale nucléaire du Tricastin.
Aujourd'hui, Pierrelatte entend bien jouer de 2 attractions uniques en leur genre pour retenir au moins une nuit les visiteurs de passage. Outre les chers crocodiles, qui bénéficient désormais d'une « zone touristique » comme d'autres d'une appellation contrôlée, c'est l'ouverture de la grotte de Vallon-Pont-d'Arc, côté Ardèche, qui fera se poser ici, à la sortie de l'autoroute, nombre de visiteurs, faute de structures hôtelières suffisantes sur place (à 30 km). Rien de très glamour pour l'instant, mais du pratique.

Adresse et info utiles

Office de tourisme : *2 bis, av. Jean-Perrin. ☎ 04-75-04-07-98. • drome-sud-provence.com • Lun-sam 9h30-12h30 (9h juin-sept), 14h-18h (14h30-18h30 de juin à sept).*

➤ **Bus** pour Montélimar (ligne n° 42), via Saint-Paul-Trois-Châteaux, Donzère, Bollène.

À voir. À faire

➤ Balade plaisante dans la vieille ville, où voir la ***chapelle des Pénitents*** du XIIe s. L'ancienne prison du XVIIIe s abrite un petit ***musée municipal*** *(☎ 04-75-04-07-98 ; seulement juil-août ; sur demande le reste de l'année ; GRATUIT).* En face, vous trouverez le portail de la ***Maison seigneuriale*** (dite « maison des Gouverneurs ») de 1548. Place Xavier-Taillade, maisons typiques du coin, sur 1 ou 2 étages. Avec en plus, souvent, un grenier, de petites fenêtres et un séchoir. L'alignement des maisons sur la Grande-Rue répond au même modèle. Enfin, par la rue des Remparts-du-Midi, on accède à la tour du rempart sud. Près de l'église, charmante rue d'Amour ! À voir également, un ***moulin à vent*** restauré jusqu'au bout des ailes *(chemin de ronde ; ☎ 04-75-04-07-98 ; seulement juil-août ; sur demande le reste de l'année ; GRATUIT)* et le ***village provençal Aimé et Simone Brun,*** à la découverte de cette tradition provençale de crèche et de santons *(rue Pierre-Sémard ; ☎ 04-75-04-07-98 ; seulement juil-août ; sur demande le reste de l'année ; GRATUIT).*

La Ferme aux crocodiles – Réserve tropicale : *395, allée de Beauplan. ☎ 04-75-04-33-73. • lafermeauxcrocodiles.com • Accès par la D 59 depuis la*

N 7 et la D 158. À env 10 mn des sorties A 7 « Bollène » et « Montélimar Sud ». Mars-juin et sept-oct, tlj 10h-17h (9h30-17h juil-août) ; nov-fév, tlj 10h-16h ; fermeture de la billetterie 1h avt. Fermé 2 sem en janv. Entrée : 17 € ; 11 € enfant ; réduc. Compter 2-3h de visite. Unique en Europe, la Ferme aux crocodiles est constituée de 8 000 m^2 de serre tropicale et de 4 000 m^2 en plein air. Près de 350 crocodiles, des varans crocodiles, des tortues géantes des Seychelles et des Galápagos, des poissons et des oiseaux tropicaux ainsi que des serpents et un nouvel espace consacré à l'Amérique du Sud. On a reconstitué sous une serre géante l'environnement qui sied le mieux aux « petits » pensionnaires : fougères arborescentes, cycadacées, nénuphars et bien d'autres plantes à fleurs envahissent l'espace, jalonné de cascades, et même de villages lacustres pour ajouter au dépaysement. Au gré de la balade, on croise une dizaine de variétés de bébêtes, dont nos crocos bien connus, le caïman, l'alligator, des gavials (espèce très menacée) offerts par le gouvernement népalais à des fins de reproduction, etc. Il y a même de rarissimes albinos.

Enfin, 13 tortues géantes (plus de 300 kg !), en provenance des Seychelles, complètent ce petit groupe déjà bien sympathique. Là encore à des fins scientifiques, puisqu'il s'agit d'étudier la biologie de ces reptiles. Les naissances ayant lieu en été, c'est le meilleur moment pour venir visiter la nurserie. Un parcours extérieur (avec cafétéria) complète l'ensemble.

DENT POUR DENT

Au cours de leur existence, les crocodiles renouvellent leurs 80 dents jusqu'à une cinquantaine de fois, soit 4 000 dents au total. L'homme, lui, achète un dentier !

En ce qui concerne les crocos qui ne mangent qu'une fois par semaine, c'est aléatoire et en fonction de leur appétit !

On y trouve aussi quelques spécimens des plus grands serpents du monde, les pythons. Un site très pédagogique.

Couleurs de Forge : *11, allée des Blachettes. ☎ 04-75-04-01-10. • couleursdeforge.com • Dans la zone touristique dite « des Crocodiles ». Tte l'année sauf août, lun-ven 9h-12h, 13h30-18h. GRATUIT.* Visite de l'atelier de ferronnerie d'art, ainsi que de la reconstitution d'un ancien atelier de forgeron. Également un espace exposition et une salle vidéo. Création de pièces uniques : couteaux, lames, chandeliers, sculptures, etc.

L'ENCLAVE DES PAPES

Carte Drôme, A4

Une curiosité que cette enclave vauclusienne dans le département de la Drôme. Vous connaissez l'histoire, et même l'Histoire ? Les papes, qui ne cessaient d'agrandir leur domaine et d'en tirer de substantiels revenus, s'étaient rendus propriétaires de Richerenches, Valréas, Visan, puis Grillon. La réunion de ces villages constitua, dès cette époque, une « enclave » pontificale dans les terres du futur royaume de France. L'enclave des Papes était née. Elle le restera pendant un demi-millénaire, jusqu'à ce que la Révolution française lui impose un rattachement au département du Vaucluse...

VALRÉAS (84600)

Perchée sur une colline encore dominée par son donjon du XIIe s, la petite ville vous charmera avec ses vieux quartiers, la belle église romane de Notre-Dame-de-Nazareth au portail... gothique, le château de Simiane, palais construit aux XVIIe et

XVIIIe s, qui abrite l'hôtel de ville et la chapelle des Pénitents-Blancs avec son plafond à caissons entièrement peint. Sinon, Valréas reste un bourg commerçant assez peu touristique...

Adresse utile

*@ **Office de tourisme :** 10, av. du Maréchal-Leclerc. ☎ 04-90-35-04-71. • grignanvalreas-tourisme.com • ♿ Tlj sauf dim (et sam ap-m nov-fév ; ouv dim mat de mi-juil à mi-août) 9h30-12h30, 14h30-17h30 (18h mai-juin et sept, et 19h juil-août).*

Où manger ?

***Bistrot Le 40 :** 40, cours Victor-Hugo. ☎ 04-90-37-02-38. • bistrotle40@gmail.com • Lun-sam 7h-16h (plus 19h-23h ven). Assiette-repas 16 € ; menu 18 €.* Une sympathique adresse sans autre prétention que celle de contenter papilles et estomac avec des plats classiques, simples et bons. Mention spéciale pour l'assiette-repas, qui permet de varier les saveurs avec un assortiment de bonnes petites choses à se mettre sous la dent.

À voir

***Le musée du Cartonnage et de l'Imprimerie :** 3, av. du Maréchal-Foch. ☎ 04-90-35-58-75. ♿ (pour l'expo permanente au rdc). Avr-oct, mar-sam et ts les 1er dim du mois 10h-13h, 14h30-18h. Entrée : 5 € ; réduc ; gratuit moins de 18 ans, pour les Vauclusiens (sur présentation d'un justificatif de domicile) et pour ts le 1er dim du mois. Intéressant support de visite.* Ce musée unique en France retrace l'histoire de la fabrication des boîtes en carton à Valréas, une activité qui débuta au milieu du XIXe s et connut son apogée au début du XXe s (il y eut jusqu'à 17 fabriques en ville !). Des produits qui étaient utilisés par de nombreux commerçants (pharmaciens, bijoutiers, confiseurs...) et qui, outre les cartonniers et cartonnières, faisait intervenir d'autres corps de métier : graveur sur pierre, lithographe, typographe... Dans un bel espace sobre et aéré, l'exposition évoque en détail la genèse des célèbres boîtes à courant d'air inventées ici pour l'expédition des « graines » de vers à soie du Japon et de la Chine à destination de la France. Fonctionnelles, sans doute, mais non exemptes de coquetterie, à en juger par de nombreux modèles joliment décorés. Reconstitution d'atelier. Vraiment intéressant. Expositions temporaires et librairie-boutique.

Manifestation

– ***Nuit du petit Saint-Jean :** le 23 juin, et depuis 1504 !* La Saint-Jean est ici fêtée dans le faste : roi d'une année, le petit Saint-Jean, un garçon de 5 ans, est couronné en grande pompe avant d'emmener un cortège de quelque 400 personnages en costumes d'époque (hallebardiers, gardes pontificaux...) à travers toute la ville.

GRILLON *(84600)*

À 4 km à l'ouest de Valréas. Le quartier du Vialle, typique village féodal, qui menaçait de tomber en ruine, a été réhabilité par un architecte. Et le mélange entre une architecture contemporaine (euh... des années 1970 !) et les vieilles pierres fonctionne plutôt bien !

RICHERENCHES (84600)

À 7 km au sud-ouest de Valréas. Le vieux quartier est encore enclos dans l'enceinte d'une commanderie de Templiers fondée en 1136 (la première de Provence). On fournissait ici tout ce qui était nécessaire aux expéditions de ces moines-soldats, à commencer par leurs destriers, qui devaient être suffisamment résistants pour pouvoir les mener jusqu'à Jérusalem. Pour les amateurs, sachez que Richerenches est un important centre truffier.

Adresse et infos utiles

Point d'information : *pl. Hugues-de-Bourbouton. ☎ 04-90-28-05-34. • richerenches.fr • Ouv tte l'année, horaires variables.*

– **Marché aux truffes :** *sam mat de déc à mi-mars.* Rabassaires et courtiers y négocient presque secrètement, cachés derrière les coffres des voitures. Festivités autour du *Ban des Truffes* le samedi qui suit le 15 novembre, pour marquer l'ouverture du marché.

– **Messe aux truffes :** *le 3e dim de janv.* Les panières ne se remplissent pas de monnaie mais... de truffes, qui sont ensuite revendues aux enchères à la fin de la messe.

Où dormir ?

Chambres d'hôtes La Ferme de la Commanderie : *quartier Bourbouton. 06-80-94-85-86. • fermecommanderie@gmail.com • fermecommanderie.com • À 3 km du bourg en direction de La Baume-de-Transit. Ouv tte l'année. Doubles 110-170 € ; familiales. Table d'hôtes sur résa 40 €.* Cette magnifique demeure du XVe s n'était plus que ruines. Françoise en a fait un lieu attachant : de vieux meubles qui sentent bon la cire, une cheminée où brûlent ceps et sarments, des chambres spacieuses et séduisantes (ciel de lit, bibelots choisis, couleurs tendres...). Du charme et de la personnalité. À la table d'hôtes, cuisine provençale à base de produits de qualité. Vins des vignobles alentour. Dans le jardin, piscine et bassin aquatique.

HOMMES, CULTURE, ENVIRONNEMENT

ARCHITECTURE ET HABITAT

Voici quelques traits forts de l'architecture qui seraient à la limite des lieux communs si les lieux ici n'étaient exceptionnels.
1er trait : à de rares exceptions près, ***l'architecture, ici, c'est d'abord la tuile.*** Et il suffit de traverser la France du nord au sud pour constater que c'est bien en Drôme que le mistral prend son élan, chasse les pluies, découvre l'azur du ciel, que les toits des maisons perdent en inclinaison et que la tuile romaine prend le dessus. L'ardoise, elle, est rare.
2e trait : ***le religieux, ici, est roman.*** Le Romain, c'est vrai, a plus marqué la région que le Goth. Le vent architectural est un vent du sud en Ardèche comme en Drôme.
3e trait : ***l'architecture, ici encore, c'est la pierre.*** Et la pierre du pays.
Et puisqu'il faut toujours faire un choix, on a privilégié 3 aspects typiques de l'architecture de ces 2 départements :
– le côté rural et le côté bourgeois modeste de cette architecture en parlant de la maison et de la ferme ardéchoises ;
– le religieux et le sacré en présentant le roman à travers quelques-unes de ses belles pages ardéchoises ;
– et enfin l'histoire par la pierre et l'architecture historique, à travers quelques châteaux et quelques bourgs, hameaux ou villages perchés dans la Drôme.

Les maisons en Ardèche

C'est l'âpreté de la saison, la volupté trop rare du soleil, la force du vent, l'angle de la pente et le matériau disponible qui font l'architecture rurale.
L'Ardèche compte plusieurs régions naturelles, d'où une extrême variété de solutions architecturales : chaque maison, par ses matériaux, le nombre et la disposition des pièces, illustre une agriculture et des exigences climatiques différentes. Dans la plaine du Rhône, le mistral a du souffle et le fleuve roule des galets. Alors, les maisons des rives du fleuve sont construites à l'abri d'une terrasse d'alluvions ou derrière un bouquet d'arbres forts. Et on utilise le galet pour monter les murs. Sur les coteaux à côté, sur les flancs de pentes, elles sont en calcaire ou en granit, au gré de la carrière la plus proche. Seule immigrée, la tuile, qui est romaine. Et au sud, derrière la maison, le jardin a quelques arbres à fruits.

Dans les Boutières

La maison s'ancre le plus souvent sur la pente sud. Les maisons s'agglutinent en hameaux, les façades sont dissymétriques et comme faites par un Utrillo rural, amoureux des pastels. Alors la tuile romaine est parfois remplacée par la lauze. Et la maison ou la ferme en granit a souvent 3 niveaux pour que chacun communique directement, de plain-pied avec le versant. La grange, faisant office de remise à foin (ou *fenière*), accessible aux chars, occupe alors le sommet, coiffant ainsi cuisine et étables contiguës. Parfois, comme à Saint-Julien-Boutières, c'est l'inverse : on habite le second et cela nécessite un puits de bois à travers l'étage d'habitation pour le passage du fourrage de la grange à l'étable. Et plus loin, il y a la *clède,* le séchoir à châtaignes.

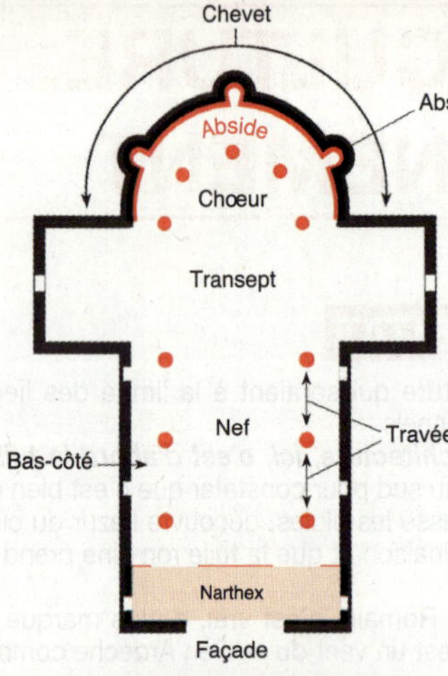

PLAN D'UNE ÉGLISE ROMANE

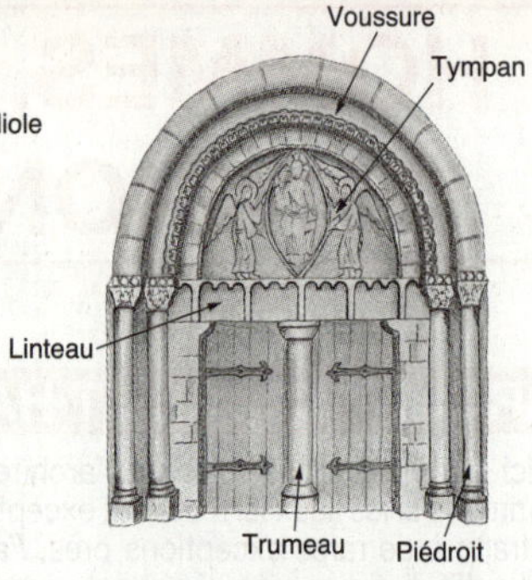

PORTAIL D'ÉGLISE ROMANE

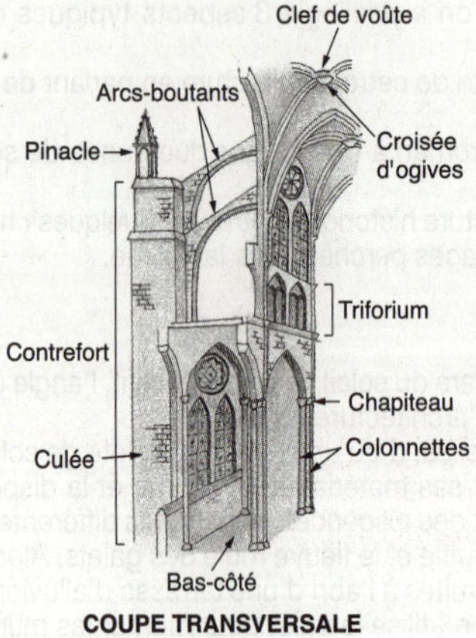

COUPE TRANSVERSALE D'UNE ÉGLISE GOTHIQUE

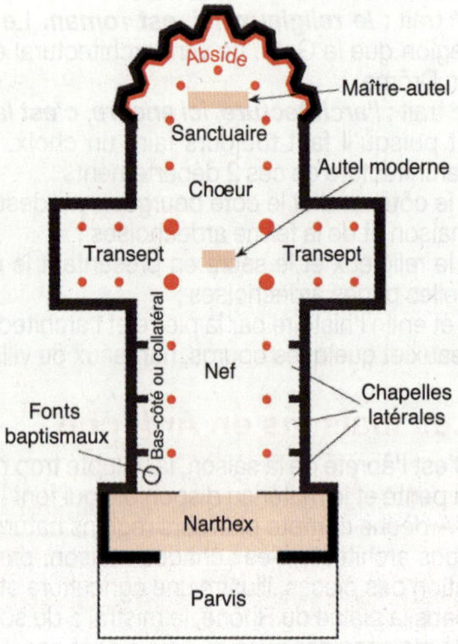

PLAN D'UNE ÉGLISE GOTHIQUE

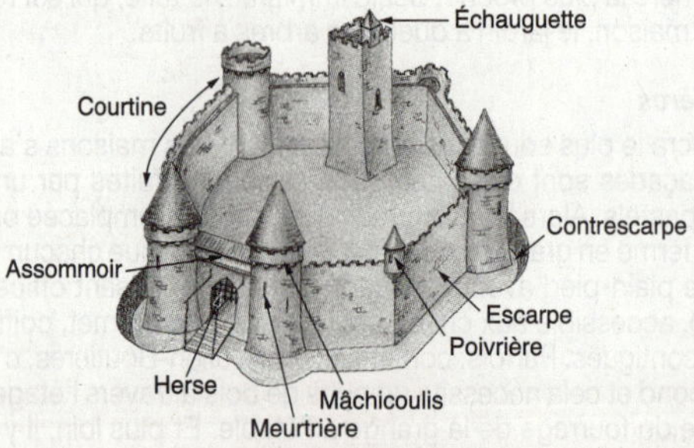

CHÂTEAU FORT

Dans les Cévennes

Les vallons sont en terrasses et les fermes ou les hameaux s'accrochent sur les versants. Ici, il pleut, et il pleut fort. Alors, il y a un auvent devant la porte. La couverture est chaude, une bonne couette de lauzes ou de romaines. Le matériau dépend de l'altitude. Le bois du châtaignier, qui règne ici en maître, a servi à édifier les charpentes des toits et des *clèdes,* les linteaux des fenêtres, les planches des portes et planchers. Sur les plateaux de Montselgues, le granit, en bas le grès, et entre les deux le schiste.

Dans le bas Vivarais

Au pays de la vigne et de l'olivier, c'est le calcaire, et encore la romaine, toujours la romaine. Et il y a la terrasse, le *couradou* couvert qui préserve la fraîcheur quand le thermomètre monte. 2 ou 3 niveaux. Et on vit toujours à l'étage au-dessus de la *crotte* (voûte ou bel appareil) où prennent place étable et cave. Et la ferme, en bas Vivarais, si elle n'a ni brique ni panne, rappelle quand même par son aménagement la ferme flamande. Un grand rectangle de bâtiments, grange, habitation, magnanerie qui dessinent une cour centrale qui donne l'impression d'un intérieur à l'extérieur.

Sur le plateau du Coiron

Au sud de Privas, le bas Vivarais calcaire est coupé en deux pour laisser place à un plateau volcanique. La maison d'éleveur du Coiron a hérité de la montagne le basalte noir. Les toits assez plats, en tuiles canal, débordent peu sur la façade, comme il sied dans un pays où les pluies sont rares. La famille loge à l'unique étage, bâti sur une voûte sous laquelle sont rassemblés les moutons et les chèvres. Les vastes granges et étables sont disposées grossièrement autour d'une cour fermée par un grand portail. Le balcon couvert, la *leïo,* avant la cuisine, est largement ouvert sur l'extérieur et rappelle le *couradou* du bas Vivarais.

Dans le haut Vivarais

C'est la maison bloc, masse de granit roux et gris coiffée de tuiles canal. C'est du solide. Sur le toit pourraient danser des éléphants. Faut que ça résiste au poids de la neige ! La maison suit la pente. Toutes les annexes s'ordonnent autour d'une cour rectangulaire fermée par la porte charretière. On accède à la cuisine-séjour par l'*aître,* destiné à protéger l'intérieur du logis des intempéries, puis on monte au premier, doucement, par une rampe extérieure qui permet d'engranger en évitant le lumbago. Ce qui est étonnant, c'est l'*usoir,* qui n'est ni dedans ni dehors. C'est là qu'on répare, qu'on plume, qu'on tond, qu'on tue le cochon, qu'on coupe le bois. Et c'est là que se réfugient les poules à l'alerte. Mais ce qu'il y a de plus intéressant c'est le *calabert* (hangar). C'est là qu'est le pressoir, c'est là qu'est la cuve. Et c'est surtout là qu'est remisé le vin et garée la goutte.

Dans la vallée du Rhône ardéchoise (le Rivage)

Qu'elle soit en granit et calcaire sur le coteau, ou en galets du Rhône disposés en arêtes de poisson sur lit de mortier en bordure des cours d'eau, la maison du Rivage offre de multiples facettes. Plus au nord, à Saint-Désirat, le pisé domine. À l'extrême sud, entre Saint-Montan et le débouché de l'Ardèche, un pigeonnier surmonté d'un « bonnet de Calvin » couronne le bâtiment principal, lui donnant un air très provençal. Sur ces coteaux colonisés par la vigne, cave et cellier occupent une place de choix dans la maison du vigneron.

Dans la montagne ardéchoise

La maison du *pagel,* l'éleveur des hauteurs, le cow-boy des joncs, vaut le détour. Elle tient du robuste et du mystérieux. La ferme ou la maison n'ont quasiment pas de fenêtres, plutôt des yeux carrés, tellement les ouvertures dans les murs de granit et de roche de volcan sont minuscules. Et il n'y a qu'une porte, avenante, où entrent l'homme, la bête, un peu le froid de l'hiver et le chaud de l'été quand même. Le foin est à l'étage, sous le toit. Le toit, paradoxe, peut être lourd, fait de grosses lauzes robustes et qui résistent à tous les vents et à toutes les neiges (car, comme dit le dicton, « Qui bien pose lauze, pour 100 ans pose »), ou léger et fait de branches de genêts entrelacées dans les branches de sapin et qui résistent aussi, va-t'y savoir pourquoi. Les gens et les bêtes habitent au rez-de-chaussée sous la charpente en châtaignier. C'est le pays de la burle. Ici, les hommes laissent parler la neige, le vent, la fleur ou l'oiseau. Et c'est comme ça qu'ils apprennent les choses.

Le roman en Ardèche

Ah ! c'est quelque chose que le roman en Ardèche ! On a l'impression qu'à une époque les abbayes, les chapelles et les églises romanes sont sorties de terre ici, comme jaillissent les cèpes dans les bois ou les asperges dans les jardins.
Et d'abord, pourquoi tant de diversité ? 1re chose, le roman ardéchois a subi 4 influences : celle du Languedoc, celle de la Provence, celle du Velay et celle de l'Auvergne, en plus du génie personnel des bâtisseurs ardéchois. Mais là où ça se complique, c'est qu'une église a parfois subi 3 ou 4 influences à dose perlée ou à dose forte.
2e chose, autrefois, on bâtissait avec le matériau qu'on avait sous la main, la pierre la plus proche. La pierre noire ou *basalte du Coiron* dans le Coiron ; les *galets du Rhône* au bord du Rhône ; le *grès*, le *schiste* ou le *granit* dans la Cévenne ; le *calcaire blanc* en descendant le Vivarais et le *granit roux* ou *gris* en le remontant. Mais voilà, le basalte ne se taille pas comme le calcaire, ne se taille pas du tout même, et le noir ne demande pas le même décor que le roux ou que le gris. En plus des influences extérieures, le matériau dicte donc la technique à l'intérieur. Pour faire une coupole, mieux vaut être dans le crayeux que dans le volcanique. Ce qui explique que les belles églises à coupole se retrouvent souvent dans le bas Vivarais calcaire.
Et, 3e chose, le roman en Ardèche ne poussait pas n'importe où mais le long de grands axes de passage, bien sûr. Et d'abord le long du Rhône et le long des voies romaines. Mais alors, ces églises qu'on voit perdues là-haut au bout d'un sentier à mules, dans des éloignements déserts, comme bâties pour personne dans des solitudes éternelles ? Eh bien, ces solitudes, ces déserts étaient dans les temps d'avant de grands axes historiques, de grands chemins, des routes de pèlerins, des voies de colporteurs, de longs rubans caillouteux de fortes transhumances. C'étaient là les chemins des « jacquaires », qui filaient vers l'Espagne et Compostelle, et des « mieux » qui transitaient vers Rome et l'Italie. Voilà.
Dans tout le Vivarais pointent les clochers de quelque 140 églises romanes ou qui portent des traces de leur naissance romane. Toutes sont respectables. Le roman ardéchois, comme celui de la Drôme d'ailleurs, est un vrai roman, un beau roman. Avec beaucoup de chapitres, une histoire, un style, du mystère et des personnages. Et c'est écrit au burin par des génies modestes qui n'ont même pas signé.

L'architecture par l'histoire, les châteaux et les villages perchés de la Drôme

Le château de Montélimar

D'abord, à tout seigneur, tout honneur, le château des Adhémar de Monteil. Sur la colline à laquelle il a donné son nom (*Montilium Ademarii*, « mont d'Adhémar » en v.f.), là-haut, il domine la ville. Il faut voir là d'abord de l'architecture militaire, puis de l'architecture romane civile. En réalité, ce n'est pas ici un château, mais un ensemble fait de 2 châteaux du Moyen Âge, une tour dite « de Narbonne » et la citadelle accouplée à une chapelle du XIe s. Avec ses vestiges de créneaux et de merlons, ses archivoltes et ses chemins de ronde parfaitement restaurés, on pourrait s'attendre à voir débarquer quelque Jeanne, Hachette ou d'Arc, afin d'y faire le siège. Admirables, ses fenêtres romanes et superbes, ses décors intérieurs.

Le château de Grignan et son village

Inséparables, ces deux-là. Il y a un rocher là-haut en forme d'acropole qui domine le village, et sur ce rocher, le château. Le plus grand château de la Renaissance de tout le Sud-Est français et même de plus loin. Fondé sur un ancien domaine médiéval, il est la synthèse parfaite des grandes demeures italiennes et des plus éclatants châteaux de la Loire. Et sous le château, la collégiale Saint-Sauveur qui colle parfaitement au style du château, construite à l'époque où l'on réorganisait ce dernier. La nef, unique, est couverte de croisées d'ogives et débouche royalement sur une façade en arc de triomphe, à la romaine.
Et plus bas, le village avec ses maisons de toutes les époques, du XIIIe au XIXe s. La porte du Tricot, la maison du bailli, l'enceinte du haut Moyen Âge, le magnifique lavoir-fontaine en rotonde et 100 autres pierres d'histoire font de Grignan un site exceptionnel en France. Et puis, sans Grignan et sa bru célèbre, aurait-on eu les *Lettres* géniales de la marquise de Sévigné ? Et vice versa d'ailleurs, car le succès éditorial a sauvé le château de la ruine !

Le château de Suze-la-Rousse, dans le Tricastin

Propriété des princes d'Orange et de leurs descendants jusqu'à avant-hier, cette butte féodale du XIIe s s'est muée en superbe forteresse au fil des renforcements bien pensés des XIVe et XVe s. Sa majestueuse cour à l'italienne, ses arcades décorées et qui ont dû être pensées par les mêmes architectes qu'à Grignan font de Suze un des spots les plus intéressants de la Drôme.

La tour de Crest, sur la route de Valence à Die

C'est le Moyen Âge à la verticale. C'est le plus haut donjon de France, spécimen unique de l'art d'une époque. Et puis cette tour quadrangulaire, là-haut, qui fut forteresse à l'heure des grandes razzias, château à l'heure des grands princes et prison à l'heure des grandes déprimes. Ses murs ont 4 m d'épaisseur. Et sur ses murs, les graffitis de 100 prisonniers à travers les siècles. *Street art* avant la lettre.

Et les autres...

Mais il n'y a pas que des grands châteaux en Drôme, il existe de bons châteaux plus modestes portés par 100 villages perchés. Nids d'aigles ou nids d'oiseaux de falaises. Ces villages sont des éléments forts de la réalité historique, politique, humaine, sociale, géographique du pays. Éléments forts aussi de la mémoire dans l'espace, dans le temps et dans l'esprit des gens. En voici quelques-uns, triés de manière subjective.
– ***Alixan, là-bas dans la plaine :*** celui-là, c'est un perché circulaire. Ses arcs en accolade disent la Renaissance, et la tour ronde dit la mémoire, par-delà les brumes des féodalités.
– ***Autichamp, à une portée de mousqueton de Crest :*** quelques traces de Renaissance aussi ici, comme cette belle porte et les fenêtres à meneaux sur la forteresse médiévale. Autichamp est d'abord un village de plateau où le rempart s'appuie en risque et en confiance sur la falaise. Clocher curieux, en cône et à 8 pans, comme chemises de quadruplés.
– ***La Laupie, dans la Valdaine, au bord des Préalpes :*** jardin suspendu. C'est Babylone et sa reine visitée et revisitée par Saint Louis. Mais, quand même, jailli de l'imagination drômoise.
– ***Pontaix, dans le désert du Diois :*** ruines d'un château féodal du XIIe s avec des ruelles qui se voûtent sous l'effort, qui montent, marche après marche. Et tout ça dans une architecture villageoise du XVe s comme le lavoir en pierre, du temps où les chapelles en encorbellement disent doucement les vieilles affaires de religion.

– ***Saint-Restitut, dans le Tricastin :*** Saint-Restitut et son église romane, rare, belle, allez, disons exceptionnelle. Rare surtout par son plan et son décor. Sa tour funéraire date des croisades des débuts et nous offre une véritable B.D. sculptée où des animaux d'avant et des personnages bibliques racontent l'histoire à tous les analphabètes des âges moyens. Propagande chrétienne fort bien faite, du temps où l'écriture était à 3 dimensions. Encore bien portante, cette église. On peut prier à son chevet, qui est fort beau, avant d'admirer son porche, qui est plus que fort beau. Et ce dans un village des plus agréable qui soit, un belvédère sur son éperon. Les couleurs de ses façades brûlent, des corbeaux de pierre supportent des balcons, et entre le jour et le passé il y a des ruelles, des calades, des fontaines, des croisées qui datent – oh là, là ! – de bien avant ça.

Et voilà qui clôt notre petit tour de profane au travers des architectures d'Ardèche et de Drôme. Et, loin de pouvoir dire tout ce qui était, on a eu du mal à dire tout ce qu'on aimait.

CUISINE

L'Ardèche et la Drôme, départements semblables, ont créé leur culture et, par là, leur cuisine, au-delà de leurs similitudes et par leurs différences. Alors, puisque cuisines différentes il y a, séparons la Drôme de l'Ardèche. Et tout en les laissant faire lit du Rhône commun, faisons-les faire cuisine à part.

La cuisine ardéchoise

L'Ardèche a donc été longtemps un pays pauvre, on le sait, et comme dans tous les pays qui ont vécu la pauvreté, on connaît, c'est sociologique, une nourriture de base. En Limousin, c'était la châtaigne, et en Irlande, c'était la patate. Eh bien, l'Ardèche, doublement pauvre, a eu droit aux 2 : châtaigne et *tartifle* (pomme de terre) ! Et naturellement, culture et mémoire obligeant, la châtaigne et la pomme de terre sont restées éléments de base de la cuisine ardéchoise.

La châtaigne

Plus qu'un simple aliment, c'est une fierté, un incontournable ! Jusqu'au XXe s, le châtaignier était l'arbre des Boutières. On engrangeait pour l'année, on moulinait et ça donnait – et ça donne toujours – une farine qui fait un pain solide, goûteux, qui tient au corps et à l'âme. Et puis on prenait aussi une poignée de châtaignes qu'on faisait griller dans un feu de genêt. Un régal. Voilà pour le côté populaire de la châtaigne. Mais passons au côté gastronomique de la châtaigne, son côté élaboré, et là, elle donne :

> **VIEILLE CHÂTAIGNE !**
>
> *On a découvert, en 1994, dans le Coiron, à l'état de fossile, la plus vieille châtaigne du monde (8,5 millions d'années), ce qui signifie qu'ici les australopithèques croquaient déjà la châtaigne, même s'ils ne glaçaient pas encore le marron. Ancienne tradition s'il en est !*

– ***la crème de marrons :*** excellente ;

– ***les marrons glacés :*** élaborés à partir des plus grosses châtaignes sucrées et confites, ils occupent une place à part dans l'univers des confiseries. Friandise savoureuse mais délicate à fabriquer, le marron glacé, considéré comme une douceur de choix, est à l'honneur dès le règne de Louis XIV. Consommé presque exclusivement à l'occasion des fêtes de Noël et du Nouvel An, il est alors vendu à tous les prix, les moins chers étant rarement les meilleurs ;

– ***la soupe de châtaignes :*** 2 oignons, de l'huile des Vans, des châtaignes sèches, 3 bouillons, le coup de main, et c'est toute la chaleur des dieux qui vous prend le

corps. Mais attention, la *cousina* (appelez donc la soupe ainsi, ça vous fera passer pour un spécialiste !) ne se prépare jamais avec de la farine de châtaigne (comme en Corse), mais avec les fruits entiers et séchés. Précisons aussi que la châtaigne d'Ardèche a obtenu en 2006 l'AOC. Cette reconnaissance apporte une garantie de qualité et d'origine pour un fruit issu du savoir-faire traditionnel des castanéiculteurs ardéchois.
De mi-octobre à mi-novembre, l'Ardèche vit au rythme des fêtes de la châtaigne : les ***castagnades*** *(● castagnades.fr ●).*

La pomme de terre

Dans le temps, elle s'appelait ici la *truffole.* C'était le tubercule ancêtre de la patate, et on mangeait ça, en Ardèche, à l'époque où l'arrière-grand-père de Parmentier ignorait encore la saucisse-purée. On l'appelle aussi en patois ardéchois la *pastenaille.* Il faut distinguer plusieurs sortes de pommes de terre, car, si la dame est unique, sa famille est du genre nombreuse : la *rosa* du plateau ardéchois qui sert à faire la poêlée (ou la *padelade*), la pomme de terre de Villeneuve-de-Berg moelleuse et sèche à la fois, parfaite pour la crique et la caillette, et enfin la pomme de terre de la vallée (qualité bintje) qui intervient dans l'élaboration de la *bombine.* Alors, passons un peu en revue cette patate en cuisine.

- ***La mique :*** une boulette de pomme de terre cuite à l'eau, mélangée avec de la tomme et de la crème, et cuite au four. Succulent.
- ***La crique :*** un plat terrien par excellence. C'est une galette de pommes de terre râpées, salées et poivrées, cuite à la poêle dans un peu de beurre. Pour être bonne, elle doit être bien croustillante.
- ***La bombine :*** on la mange aux jours de la *tuade* (lorsqu'on tue le cochon), alors heures de fêtes et d'agapes. La *bombine* est composée de patates, de cèpes, d'une côte de porc ou d'un filet mignon, plus le tour de main et des proportions gardées secrètes.

TUBERCULE DÉFENDU

En 1785, le Champ-de-Mars eut une affectation surprenante : ses fossés furent utilisés par Parmentier, qui y cultiva la pomme de terre. L'anecdote rapporte que les plantations avaient été entourées de clôtures pour inciter les Parisiens à s'intéresser à ce féculent inconnu. Il entraîna la convoitise, le vol et la consommation. Publicité garantie !

La maouche

La *maouche* est cuite dans un estomac de porc. C'est une farce à base de légumes (souvent des choux) avec de la viande de porc hachée. Et voilà pour le repas d'hiver.

La caillette

C'est la 4e poche de l'estomac des ruminants. Mais en Drôme et en Ardèche, il s'agit d'un petit pâté de viande de porc agrémenté d'herbes. Comme les Ardéchois ont de la ressource, quand on n'avait pas d'herbes, comme sur le plateau ardéchois, on mettait du chou ou du vert de blette. Sur le plateau du Coiron, on préférait la pomme de terre, car elle est belle là-haut, et elle tient bien à la cuisson. La caillette, c'est comme l'Ardéchois, ça sait s'adapter. Servie chaude ou froide, en entrée ou en plat, c'est un bonheur quand elle est bien faite.

La cuisine de printemps et d'été

Au printemps, à l'heure des genêts, au déjeuner, on boit la ***soupe à l'oseille,*** on mange l'***omelette aux lapas,*** une plante sauvage qui pousse bien près des sources. Et on continue par un ***cabri grillé*** ou, mieux, un ***cabri en blanquette*** accompagné d'un petit cruas, par exemple. De février à juin, on savoure le ***fin gras du Mézenc,*** une viande de bœuf remarquable (voir plus loin). Et l'été, on termine un repas à base de légumes et d'herbes des prés et des jardins par une ***tarte aux myrtilles*** d'ici, qu'on sert presque chaude pour ne pas en gâter l'arôme.

Et puis voilà l'automne

Et la cuisine ardéchoise accélère encore un peu. Elle appuie sur le ***champignon.*** Alors, c'est la girolle qu'on mange avec le tendre du veau, le cèpe qu'on déguste en omelette et l'amanite des Césars que l'on mange à genoux.
Et si vous n'aimez pas tout ça, il vous reste encore la possibilité d'essayer une délicieuse ***cassolette d'escargots*** à l'ardéchoise (conservé dans le saint-péray, c'est le secret), un ***confit d'alose,*** une ***papillote de poire au caramel*** ou une ***tourte de châtaignes de Mauves.***

Les fromages de l'Ardèche

Le ***picodon*** est un vrai fromage de chèvre moulé à la louche, adulte et délicieux à 40 jours d'âge, et qui bénéficie d'une AOC depuis 1983.
Le ***goudoulet*** est à base de lait cru de vache, et le ***coucouron*** un bleu fort doux, trop doux. Ces 2 derniers auraient gagné un peu à avoir plus de goût. M'enfin...

Le label « Goûtez l'Ardèche »

● *goutezlardeche.fr* ● Cet intéressant site web répertorie les établissements ardéchois qui respectent la charte de qualité « Goûtez l'Ardèche ». Le label est vérifié et contrôlé par un organisme extérieur. Les produits sont sélectionnés par un jury de dégustation qui décerne le droit d'afficher ce label. Les restaurants sélectionnés s'engagent à proposer des plats ou un menu-découverte permettant à leurs clients de déguster les meilleures spécialités du terroir.
Allez, un petit digestif, et on passe le pont pour entrer dans la cuisine de la Drôme.

La cuisine de la Drôme

À l'inverse des voisins, on mise moins sur la patate et la châtaigne, qu'on remplace plus par de la crème ou du fromage.

Les viandes

Cochon écarté, à égalité de gibier et de venaison, la Drôme reste une terre « carnassière », où l'on trouve encore de bonnes viandes.
– ***L'agneau des hauts du Diois :*** au sel près, il vaut le pré-salé de la Manche.
– ***Le chevreau de Bourdeaux :*** biblique. Qui pourrait être sacrifié à Yahvé dans un temple à Jérusalem, tant il est divin.
– ***Le chapon des confins du Dauphiné :*** aussi gras qu'un chanoine de chapitre et aussi savoureux qu'une volaille de Bresse.
– Ou encore une ***caille*** d'élevage mais qui émigre très bien dans l'assiette, un ***pintadeau*** de fond de Drôme aussi succulent qu'un ramier (le seul de France à bénéficier d'une appellation d'origine garantie), un ***lapin*** de plein air qui tient du garenne sans en avoir l'inconvénient des goûts de sueur.

Les légumes et les fruits

Puisqu'on en est aux ingrédients, passons aux légumes. Il y a de tout au marché : des ***pommes de terre rattes*** aux ***melons de Montoison,*** de l'***asperge de Saint-Donat-sur-l'Herbasse*** au ***cresson des torrents.*** Et on ne traîne pas sur les fruits. La Drôme est un pays de vergers. Il y a là tous les fruits de France et même d'ailleurs.

Les arômes

Mais ce qui fait le spécifique, le côté petit génie de la cuisine drômoise, ce n'est pas tant l'ingrédient, mais l'arôme, l'embaumée culinaire. L'embellie culinaire venant, chez qui sait les utiliser sans tricher, avec la ***truffe rabasse du Tricastin,*** l'***olive des Baronnies*** à partir de laquelle on fait la tapenade, les ***plantes aromatiques*** (le tilleul de Buis-les-Baronnies) et les ***noix*** drômoises. Et ça donne des arômes de Provence avec, quand même, le talent et le goût des Lyonnais qu'on touche là, par le Vercors et par les bois de noyers. Au final, la cuisine de la Drôme se compose de ses influences géographiques, et nous sommes les premiers à nous en réjouir.

Les spécialités

– ***La raviole :*** c'est le ravioli italien sans le « i » et sans la viande. Il y entre du fromage frais, un brin de persil, de l'œuf et de la feuille de rave. Il paraît que ce plat succulent viendrait des bûcherons du Piémont, qui auraient adapté la cuisine italienne avec ce qui leur tombait sous la main. Une 2de version indique qu'il s'agirait en réalité d'un plat inventé pour le carême, puisqu'il ne nécessite aucune viande pour sa préparation. On la fabrique essentiellement près de Romans, où se tient d'ailleurs la fête de la Raviole et de la Pogne, le 3e week-end de septembre.
– ***La caillette de Chabeuil :*** petit pâté de foie et d'échine de porc apprécié depuis le XVIe s, c'est une charcuterie femelle ensoleillée qui embaume aux mille herbes. Et si l'on prenait un petit crozes-hermitage un peu mâle avec ça, ça ferait-y pas un beau mariage ? Consommons-le. Quelle jouissance !
– ***La brouillade de truffes du Tricastin :*** on ne vous dira pas ce que c'est. C'est à vous de le découvrir. Ça mérite un effort de recherche, c'est ce qui se fait de meilleur sous le ciel drômois avec quand même peut-être un gigot d'agneau des Préalpes.
Poursuivez la dégustation avec 2 fromages, qui ici méritent qu'on ralentisse la langue contre le palais.
– ***La tomme de chèvre :*** qui a de fins arrière-goûts du repas de la chèvre ; en l'occurrence, toutes les herbes du soleil.
– ***Le picodon drômois :*** c'est un petit galet, une pâte molle, qui a un petit goût charmant de bouc lavé, qu'accompagne très bien un grignan-les-adhémar. Ce petit fromage AOC a même été dégusté dans l'espace en 1996 par l'équipage de *Columbia* ! Côté drômois, on le fête tous les ans entre juillet et août à Saoü et à Dieulefit.
– ***L'huile d'olive de Nyons :*** issue de la variété d'olives appelée la tanche, cette huile est protégée par une AOP. À découvrir à l'occasion d'une dégustation ou sous forme de tapenade.

Les desserts

– ***La pogne de Romans :*** c'est une pâtisserie de roi en forme de couronne. Son nom vient du mot « poignée » : une poignée de froment, 3 gouttes de fleur d'oranger, un œuf et 2 sucres. Et comme toujours, le tour de main. On la reconnaît à ses 4 incisions sur la croûte dorée qui laisse entrevoir la texture intérieure. Il y a aussi le ***saint-genix*** : c'est une pogne mais avec des pralines à l'intérieur. Fête de la Pogne à Romans les 2e et 3e samedis de septembre.
– ***Le suisse :*** pâte sablée, appétissante, inventée par une boulangère valentinoise en hommage au pape Pie VI, mort à Valence d'une overdose de révolutionnaires. On le déguste le dimanche des Rameaux.
– ***Le nougat de Montélimar :*** l'incontournable de la région. Il se déguste chez l'un des derniers fabricants artisanaux, car attention, le monde du nougat n'est pas toujours tendre ! L'office de tourisme de Montélimar met d'ailleurs à disposition un *Guide du nougat.* Et l'on raconte que son nom viendrait d'une remarque, au XVIIe s, d'enfants envers leur tantine qui leur faisait ces petites sucreries : « Tu nous gâtes ! »... d'où « nougat ».

– Allez, vite fait, on appréciera aussi un ***chocolat de Tain-l'Hermitage*** où l'on trouve la chocolaterie *Valrhona,* une ***couve,*** ce sablé crestois à l'écorce d'orange que l'on mange à Pâques, la ***pangée,*** pâtisserie aux amandes, au miel et à l'abricot, ou encore une ***croquette aux amandes.***

ÉCONOMIE

Ardèche et Drôme, 2 départements longés par le Rhône, qu'on associe et qui présentent pourtant un visage bien différent.

D'un côté, rive gauche, la Drôme, plus peuplée que l'Ardèche avec ses 499 170 âmes, présente une large vallée propice aux industries (houille blanche et… centrales nucléaires) et aux vastes cultures maraîchères et fruitières.

De l'autre, côté rive droite, l'Ardèche, moins peuplée avec 327 000 habitants, fait office d'étroit ruban à flanc de coteau, planté d'arbres fruitiers (leader national en production de châtaignes et myrtilles) et de vignes, dont quelques vignobles d'exception. Ajoutez-y de délicieux produits du terroir (mhh ! le picodon…) et sa pub n'est plus à faire !

Du côté de la ***Drôme,*** l'essentiel de l'activité économique se concentre le long de la vallée du Rhône car le département est desservi par d'***importantes voies de communications.*** Hélas pour la poésie – toute richesse a ses inconvénients ! –, la Drôme voit et entend trop fréquemment passer les trains du Paris-Lyon-Marseille, les voitures et les camions des routes du soleil. Autoroute doublée par l'ex-nationale 7, devenue départementale afin d'alléger le porte-monnaie de Bercy. Sans compter les verrues dans le paysage formées par les 2 centrales nucléaires (Tricastin et Romans).

Comme pour compenser, la forêt drômoise tient une part importante dans l'économie, des hêtraies sapinières du Vercors-Royans aux châtaigneraies des Chambaran. Une orientation qui va de pair avec la promotion des énergies renouvelables dans laquelle s'est engagé le département. Les ***métiers du cuir et du luxe*** apparaissent comme une spécificité locale dont Romans constitue le bassin historique : chaussures (Charles Jourdan, Stéphane Kélian, Clergerie), maroquinerie avec l'une des dernières tanneries de luxe en France (Vuitton).

Surtout, la Drôme est le ***1er département bio de France*** en nombre de producteurs, et les activités du département dans les domaines de l'agriculture, l'entretien, l'agroalimentaire ou la cosmétique témoignent de ce dynamisme. Elle est aussi 1er producteur national d'abricots et d'ail (avec une IGP), et reste leader mondial pour la production et la transformation de plantes aromatiques et médicinales. On y compte aussi près de 20 AOC, parmi lesquelles le picodon, les olives noires et l'huile de Nyons, les huiles essentielles de lavande… En toute logique, avec une telle production agricole, la Drôme accueille de nombreuses ***industries agroalimentaires*** (Andros, Pasquier, Charles et Alice) qui couvrent toutes les étapes de la filière de la semence à la transformation. Enfin, avis aux gourmands, la Drôme a développé un véritable ***savoir-faire gourmand*** : le chocolat Valrhona et le nougat de Montélimar rayonnent bien au-delà des frontières départementales.

ENVIRONNEMENT

Les gorges en sursis ?

Qui dit Ardèche pense bien évidemment ***gorges de l'Ardèche.*** Le pont d'Arc, le massif de la Dent-de-Rez, réserve naturelle, site classé : les belles regorgent de trésors naturels, historiques et préhistoriques, qu'elles exposent à des aventuriers avides de découvertes, d'évasion, d'activités de pleine nature, mais aussi à des visiteurs peu scrupuleux. Comme si ces quelques irrespectueux de la nature ne faisaient pas assez de mal, un autre danger guette les gorges. Certains aménageurs, promoteurs et autres spéculateurs seraient tentés de faire main basse sur sa zone périphérique, dite « zone sensible », sans laquelle la réserve naturelle des gorges de l'Ardèche ne peut vivre. La préservation de cet ensemble naturel fait aujourd'hui partie des enjeux majeurs que les décideurs ont à résoudre, sachant qu'il en va de la sauvegarde du patrimoine naturel et culturel comme de l'avenir touristique de la région. C'est dans ce souci de préservation d'un site exceptionnel que le Syndicat de gestion des gorges de l'Ardèche (SGGA) a été créé en 1996. La ***Grotte Chauvet 2 Ardèche, réplique de la grotte Chauvet,*** inaugurée en avril 2015, illustre parfaitement cette problématique. Les bâtiments, sobres et paysagers, permettent d'accueillir le plus grand nombre tout en s'intégrant harmonieusement dans le paysage.

UN NOM À FAIRE VAL-LOIRE

Le 1er nom donné au département de l'Ardèche, en 1790, à l'aube de la Révolution française, était Les Sources de la Loire. Moins de 3 mois après, l'Ardèche (125 km de long) détrôna la Loire (1 012 km de long) à la tête de ce département. Comme quoi, l'important, ce n'est pas la taille !

Gaz de schiste : une catastrophe évitée de peu

Selon l'Agence internationale de l'énergie (AIE), la France serait – avec la Pologne – le pays européen aux ressources de gaz de schiste les plus importantes. Les régions concernées sont le nord-est et le sud-est de la France, avec notamment l'Ardèche (Alba-la-Romaine) et le Gard (Barjac). Depuis 2010, de nombreux Ardéchois se mobilisent pour affirmer leur totale opposition aux projets d'extraction de gaz de schiste sur leur territoire et, par extension, sur tout le territoire français. Dans les techniques de forage, on provoque des fractures souterraines dans la roche contenant le gaz (cette méthode est appelée la fracturation hydraulique). On utilise énormément d'eau et des centaines de produits chimiques (des biocides, des lubrifiants, des détergents), pour la plupart toxiques, voire cancérigènes, pour permettre la circulation et l'aspiration du gaz.

Outre le déni démocratique que représente la façon dont les permis d'extraction ont été délivrés sous la présidence de Nicolas Sarkozy, la pollution résultant de ces forages présente un caractère irréversible et gravissime : pollution des nappes phréatiques, assèchement des réserves d'eau, pollution de l'air, destruction d'une région agricole et touristique de grande qualité. Après avoir fermé la porte, en 2011, à la fracturation hydraulique, une méthode jugée hautement polluante, le gouvernement français a laissé les exploitants gaziers réfléchir à une autre solution, plus écologique. En 2016, la justice a autorisé Total à reprendre ses recherches dans la région de Montélimar (Drôme) tant qu'il ne recourrait pas à la fracturation hydraulique, provoquant au passage la colère des associations écologiques... En décembre 2017, un projet de loi a été adopté par l'Assemblée nationale visant à interdire, d'ici à 2040, toute exploitation d'hydrocarbures sur le sol français... Ouf !

Les pyrales du buis

Arrivé par l'Alsace en 2008, le fléau des pyrales du buis ne cesse de progresser. Depuis 2015, ces papillons nocturnes venus d'Asie qui colonisent jardins, parcs et forêts et ***dévorent les feuilles de buis*** viennent ainsi faire bombance dans la Drôme et en Ardèche, ravageant leurs arbustes. Or, ceux-ci servent de refuge à quelques espèces animales et de lieu de butinage aux abeilles. Outre la mort des buis, on craint que leur assèchement ne devienne une source d'incendie dans un département comme la Drôme, qui connaît par ailleurs de graves problèmes de sécheresse. Sécheresse qui sévit également en Ardèche (avec malheureusement, des incendies de forêts à répétition ces dernières années).

Mais faut pas désespérer !

Après ce tableau plutôt sombre, peut-être est-il cependant utile de préciser que si des problèmes existent dans la Drôme et l'Ardèche en matière d'environnement, sa défense y est aussi prise très au sérieux dans ces 2 départements où ça milite dur ! On compte ainsi parmi les habitants (et acteurs) de l'Ardèche l'étonnant ***Pierre Rabhi,*** l'agriculteur philosophe et humaniste, chantre de l'**agroécologie** et de l'**agriculture en biodynamie,** et fondateur, entre autres, du mouvement *Colibris*. On lui doit aussi, ainsi qu'au chef d'entreprise Michel Valentin, la création du centre d'agroécologie des Amanins, dans la Drôme, à La Roche-sur-Grâne *(● lesamanins.com ●)*, un lieu de production agricole de 55 ha où économie et écologie vont de pair, avec comme clé de voûte la coopération.
On pourrait aussi citer la *Biovallée* *(● biovallee.fr ●)* dans le Val-de-Drôme et le Diois, soit un territoire d'environ 2 000 km² regroupant 102 communes (et 54 000 habitants), le long de la Drôme, entre Die et Loriol. Parmi les objectifs annoncés : diminuer de 20 % en 2025 et de plus de 50 % en 2040 les consommations énergétiques du territoire, proposer 80 % d'aliments bio ou locaux à la restauration collective en 2025, etc. Bref, faire de ce bout de Drôme une référence nationale en matière de développement durable. Il ne reste plus qu'à espérer qu'il ne s'agisse pas simplement d'une belle vitrine. Force est cependant de reconnaître que l'écologie est déjà bien implantée dans cette région, et dans toute la Drôme en général, dont près de 20 % des surfaces agricoles cultivées sont déjà en bio (contre 5 % en moyenne en France).

FAUNE ET FLORE

L'Ardèche et la Drôme sont, c'est sûr, 2 des départements français à offrir le plus de variétés de plantes et d'animaux. Ce territoire n'est qu'abondance d'arbres, d'herbes et d'arbustes sur 12 000 km². Et mille espèces peuplent la terre, la rivière et le ciel. Mais d'abord, 2 remarques !
– Il y a en Ardèche comme en Drôme une flore sauvage et une flore de culture. Et une faune libre et une faune domestique. Le tout dans un équilibre étonnant. Quoique l'Ardèche soit plus libre (au moins pour la plume, le poil et la feuille... quoique pour le reste... bref, glissons) et la Drôme plus cultivée.
– 2de remarque : il y a en Ardèche comme en Drôme une flore et une faune de montagne et de septentrion où règne l'alpin, et une flore et une faune des plaines et du Midi où prospère le méditerranéen. Le paradoxe du bouquetin et de la cigale, de l'edelweiss et de la lavande.
Avec, ici, une réserve avant de visiter les réserves. C'est en profane qu'on va chasser l'image dans les fonds et dans les hauts de l'Ardèche d'abord, puis pêcher l'information dans les plaines et les monts de la Drôme ensuite. Alors on y va. Et on commence par l'Ardèche.

Faune et flore en Ardèche

La montagne ardéchoise

Nous voilà dans les alentours et dans les versants des monts Mézenc et Gerbier-de-Jonc. C'est le début de l'été. Pas de culture. C'est ici le royaume de l'herbe et des foins. C'est la couleur dans le délicat. C'est l'argent des feuilles duvetées qui brillent comme sou neuf du ***séneçon leucophyle*** (ou ***herbe du Mézenc***). Et voilà la ***violette géante*** du pharmacien, un ***narcisse*** penché sur sa source, et des ***gentianes*** jaunes, aussi jaunes que les dernières ***jonquilles*** qui se mêlent à mille ***anémones*** et aux 1res roses des Alpes. Et sur le plateau, là, au cœur de la tourbière, ces fleurs rouges et ces clochettes blanches en prière, n'est-ce pas... mais bien sûr, c'est le délicat et rare ***drosera*** (carnivore qui, trouvant les lapins et les enfants trop gros, se contente de mouches et de pucerons). Et tout là-haut, plus un châtaignier, plus une vigne. Rien que des essences du nord dans un coin de petite Norvège. Chante là quand même un ***verdier*** et cacabe une ***perdrix.*** Même les vaches se font rares là-haut. Et un ***circaète Jean-le-Blanc,*** le grand rapace voyageur, est monté plus haut que ses frères et niche au sommet du dernier arbre de la grande solitude du Gerbier.

Le haut Vivarais

C'est l'automne. On descend la pente du haut Vivarais. Et voilà les ***châtaigniers,*** l'arbre à pain du pauvre, l'arbre frontière entre les hauts et les bas. C'est l'heure et le domaine de 100 champignons. Des ***russules*** aux ***clavaires,*** du ***lactaire*** passable au ***cèpe*** délicieux. Et en dessous des châtaigniers ocre, des mélèzes et des pins sombres, les peupliers sont coiffés d'or. Et sur la pente, là, n'est-ce pas un dernier mulet qui, comme jadis, porte l'outre de vin du bas pays, ou des merceries du Puy pour des dames en désir ? Un mulet ou son fantôme, qui sait ?

Le plateau du Vivarais

Les forêts du plateau du Vivarais portent des ***colchiques*** (pas des faux cols) dans les landes à genêts. Ont disparu déjà, jusqu'en mai prochain, les 1 000 fleurs des prés, la ***violette*** et la ***linaigrette*** qui côtoyaient la ***parnassie palustre*** et le ***narcisse*** encore. C'est ici qu'à la Saint-Jean on a vu un connaisseur de plantes à médecine redescendre des hauts plateaux. Un de ceux qui ne vous diront jamais (ni à vous ni à leur frère) où ils ont cueilli leur récolte d'***achillée*** (la belle millefeuille qui guérit tout, les paysans, et même les rouges), d'***arnica,*** de ***millepertuis*** et de belle ***mauve.***

Le Coiron

Le Coiron, c'est le temps de la chasse. Quelques coups de fusil et nous voilà dans le Coiron. Les chasseurs sont dans les branches. Le col de l'Escrinet : c'est là le seul corridor naturel qui donne accès à l'Ardèche du Midi. Pan... pan... pan... Passe la ***palombe*** et tombe le ***ramier.*** Pan... pan... pan... Et, dans le silence, passent les rapaces, le ***milan*** (au regard très italien) et la ***bondrée apivore*** et le ***faucon hobereau*** (au regard fort noble) qui vont nicher le soir là-bas dans les gorges, à l'heure où les petits, les moyens et les grands-ducs partent en tournée. Et passe le ***pinson*** du Nord... Pan... pan... pan... Tombe le ramier et tombe le pigeon. C'est la chasse à la repasse. On n'y repassera plus. Malheur !
Plus au sud, voilà la ***garrigue*** (*garric* signifie « chêne kermès » en occitan). L'été des garrigues qui brûlent. Rien que du soleil. C'est le Nevada sans les cactus, qui ont dû mourir de soif. Pas une source, pas un ru, pas un arbre, pas un chemin. Que du sec. Des ***genévriers*** à piquants, un ***buis*** çà et là, et quelques ***lentisques*** et ***cistes*** étouffés par la chaleur autant que par les lianes des ***salsepareilles,*** des ***clématites*** et autres ***chèvrefeuilles.*** Solitaire, un buisson de paliure et ses aiguillons (c'est avec ça qu'on a couronné le Christ). Passe un oiseau. Ce passereau-là s'est-il trompé de pays ? Eh non, on a ici repéré 5 à 7 espèces de ***fauvettes.***

Les gorges de l'Ardèche

Voilà les belles, les sublimes, les magistrales gorges ardéchoises. Là, nous sommes au centre du paradis de la flore et de la faune. Sur les falaises, c'est le concert, il est vrai, pas toujours harmonieux, des ***corbeaux*** et des ***choucas,*** des ***hirondelles des rochers*** et des ***martinets*** qui filent comme des balles. Puis le soir sortent des grottes et des trous 10, 12 espèces de ***chauves-souris,*** et les ***castors*** qui travaillent de nuit ici. Le castor qui rit et le saule qui pleure. Sur la crête, un ***sanglier*** solitaire piétine.

Dans toutes les gorges, voilà tous les ***chênes.*** Là où c'est chaud, c'est le chêne vert ou le chêne kermès. Là où c'est tiède, c'est le chêne pubescent, le rouvre ou le chêne pédonculé. Tous les ***genêts*** aussi. Du genêt scorpion au cade, dont la résine en goutte sert d'encens aux curés, jusqu'au ***genévrier*** de Phénicie et au ***pistachier térébinthe*** (le fameux balai de sorcière). Et toujours de la garrigue. Quand c'est l'heure des corolles et des pistils, dans les coins de fraîcheur, c'est une floraison d'***iris*** et de ***pervenches,*** de ***cyclamens*** et de ***pivoines.*** Hélas, ici commencent à disparaître les ***jasmins*** et les ***orchidées,*** trop cueillies par ceux qui veulent les mettre en vase.

Tout en haut, un ***aigle de Bonelli*** surveille son repas, un lapin des herbes, peut-être, ou l'un des mille lézards là, ou cette vipère à collier, à moins que ce ne soit une pie-grièche ou quelque autre torcol. Cet aigle de Bonelli, dont il ne reste hélas plus que quelques couples.

L'Ardèche du Sud

On quitte les gorges pour aller plus au sud. Au bord du Rhône, un champ de ***lavande,*** 3 ***oliviers*** et de la ***sarriette*** autour d'un ***pin d'Alep,*** près de Bourg-Saint-Andéol, sentent déjà le Midi. C'est l'heure de passer les ponts. Et d'aller voir en Drôme.

Faune et flore en Drôme

Là, c'est la culture en couleurs. Voilà les vergers. Voilà les tournesols. Voilà la lavande et l'olivier. En Ardèche aussi, on a un peu de tout ça. Mais ici, l'éclat est plus vif. C'est le labeur humain qui a ici brossé des paysages de couleurs et de lumière au pinceau large. C'est tous les roses des pêchers et tous les blancs des cerisiers dans l'arrière-printemps. Et tous les mauves et tous les violets des grands draps de lavande, et tous les verts déclinés des oliviers aux amandiers. Beauté, mais beauté cultivée. Et tous les moutons des transhumances là-bas. Beauté encore, mais beauté élevée.

Au-delà du bâton de berger, du sillon de la charrue et de l'ente du greffeur, il y a, en Drôme, une flore et une faune naturelles et sauvages d'une richesse aussi étonnante que celles de l'Ardèche.

Au-dessus de la Drôme des collines, c'est la forêt des feuillus, quelques châtaigniers, des robiniers et des pins tiennent les pentes quand les chênes et les hêtres tiennent les vallons. Sur les monts du Matin, la végétation est alpestre, et les fayards sont à l'assaut. Et sous ces arbres se cachent, paraît-il, les somptueuses orchidées ophrys, au pays des renards. Sur le Vercors, voilà des forêts plus mystérieuses, plus sombres à cause des brumes, peut-être. Des hêtres et des résineux qui n'osent plus avancer, soudain fascinés par le désert lunaire des lapiaz. Nous voilà au-dessus de la vallée de la Drôme. Et ce sont les hêtres aux ubacs et les chênes verts aux adrets, et les pins partout, en force. Mais revenons sur terre et tentons à pied le vagabondage promis.

Dans la Drôme des collines

On entre par hasard. Et on est dans la forêt de Mantaille. Pas loin de chez le facteur Cheval. Pays de l'être et du charme. Du ***charme*** et du ***hêtre*** (appelé aussi ***fayard*** en franco-provençal). Feuille plus dentelée chez l'un, feuille brillante chez l'autre. Pour les reconnaître, dites-vous que « le charme d'Adam (à dents), c'est d'être à poil », puisque les jeunes feuilles du charme sont bordées de poils qui disparaissent en vieillissant. Au loin, on entend des ***chardonnerets élégants*** sur les châtaigniers du plateau des Feydaux, et une fouine glisse le long de la Galaure, et un pic (du Midi certainement) fore un pin maritime dans la vallée de l'Herbasse.

Nous voici à Pierre-Aiguille, qui domine les vignes de Crozes-Hermitage. Au pas de Bouvaret, dans les lointains de Romans, on découvre enfin la belle ***ophrys drumana,*** l'ophys de la Drôme, identifiée pour la 1re fois dans la vallée de la Gervanne. La superbe, la fragile, la plus royale des orchidées royales.

Dans le Vercors

Quelques pas de géant, et nous voilà dans le Vercors. On a rencontré un ***chocard*** (ça tient du gros merle ou du petit corbeau) au pas de l'Allier, et à la sortie de La Chapelle-en-Vercors, un ***lagopède alpin*** nous a salués dans un envol au pied. Et le soir, près du lac de Bouvante, on a entendu le brame du cerf. À peine plus loin, dans la forêt de Lente, dans un véritable choc immobile de troncs cassés et de ravins, vivent les sapins, les hêtres et les ***fougères en langue de cerf,*** qui font le régal des chamois du cru. Et voilà Ambel et sa pelouse aux 1 000 fleurs. Plus loin, vers Vassieux-en-Vercors, dans le pays de la Gagère, on a vu des ***edelweiss*** et des ***tulipes sauvages,*** et même un ***sabot-de-Vénus*** (c'est là une fleur, pas une chaussure de déesse au petit pied) !

Dans le Diois et la vallée de la Drôme

On a visité Die et le Diois aux derniers grands jours de juin, et 10 000 moutons ont traversé la ville, Provençaux pressés d'être dans les alpages goûteux. Demain, ils fileront là-bas, au-delà des épicéas jusqu'au Compteur-à-Moutons, un passage fort étroit qui porte bien son nom (on y compte effectivement les bêtes). Et dans le ciel du Diois volent soudain des ***vautours*** et des ***tichodromes échelettes*** (de superbes oiseaux couleur de sang et de cendre, qui eux restent à proximité des falaises), tandis que là-haut, sur les abrupts du Glandasse, un ***bouquetin*** et son cabri semblent rassurés de nous voir sans arme et à distance.
On monte vers Châtillon, et voilà, mignonnes d'azur et d'or, les ***ancolies des Alpes*** (faisant parfois bouquet solitaire, c'est vrai, mais l'ancolie n'est pas pour autant mélancolique) et l'introuvable immigrée, l'***aspérule de Turin,*** entourées de bérardies (ou « chardon de Bérard ») et de cirses fort épineux. On redescend, on remonte, et nous voilà sur le plateau de Serre-Chauvière au milieu des pins sylvestres, un peu différents des pins noirs, là, en bas, vers la Roanne. Il y a du ***thym*** et des ***lavandes sauvages,*** et ça sent délicieusement bon. Ça sent même la morille parfois, juste un peu plus loin et seulement pour les nez fins. À Bourdeaux, on a vu un héron cendré près d'un cimetière protestant. Aux Trois Becs, on a entendu « chuinter » un chamois. On a trouvé une oronge. Elle était délicieuse.

Dans la Drôme provençale

C'est dans la Drôme provençale qu'on a enfin découvert le ***chêne blanc,*** un naïf que la nature fait marron en hiver. Et un ***chêne sessile,*** un tordu un peu solitaire qui préfère la rocaille à la bonne terre. Il trouve là la ***coronille,*** rose comme une joue d'amoureuse, et le ***cornouiller*** et le ***cytise.*** Et parfois, à son pied, il y a comme des odeurs de truffe. On a encore vu un blaireau et des tilleuls à Buis-les-Baronnies, et des pins sylvestres rouges de confusion de n'être pas tout à fait chez eux, dans les Baronnies. À Dieulefit, la protestante, on a croisé un ***coq de bruyère*** au regard austère de pasteur et plus haut, dans une falaise, un ***faucon pèlerin.*** Et puis ça a été la montagne d'Angèle où pousse le « lou savin », le ***genévrier thurifère*** dont le bois ne pourrit jamais. Un immigré lui aussi, un arbuste espagnol, paraît-il. Le lendemain, on a été surpris de voir que des centaines de crocodiles avaient loué des serres et faisaient retraite à Pierrelatte. Et tout au bout, tout au sud de la Drôme, là où l'on touche à la Provence, passe une ***bécasse*** au-dessus d'un chardon carline. Mais c'est déjà midi. C'est l'heure de dire que la Drôme donne, par-dessus les marchés, toutes les ***plantes apéritives*** et toutes les ***plantes aromatiques.*** Tout pour mettre en appétit ! Et en plus, en cas d'abus, toutes les ***plantes médicinales*** qui vous aideront à faire passer le tout.

GÉOGRAPHIE

L'Ardèche et la Drôme ont cela en commun d'avoir toutes 2 la tête en l'air, bien au frais, l'une au Gerbier-de-Jonc et dans les hauteurs mauves du Mézenc, l'autre dans le Vercors et dans les bouts turquoise et blancs des fonds alpins. Tête fraîche mais pieds au chaud, dans des commencements de Provence venaissine pour l'une et gardoise pour l'autre.

Elles sont à elles 2 la paire d'ailes symétriques du grand et fort ptérodactyle (!) qu'est le sillon rhodanien, creusé par le fort puissant et fort bougon Rhône, dont la queue se perd dans les arrières de Lyon et dans des hauteurs suisses, et dont la tête se retrouve gueule ouverte buvant la mer au-delà des Canebières. Aile ardéchoise colorée à la Véronèse de tous les verts et de tous les noirs, dans un Canaletto qui aurait enfin connu des lumières exactes. Aile drômoise plus fauve dans les tons plus marqués d'un Vlaminck qui aurait enfin trouvé le calme. Jumelles, donc, l'Ardèche et la Drôme. Mais dont l'une serait sortie d'un œuf qui aurait roulé et coloré jusqu'au Rhône depuis les hauts des Alpes neuves, et l'autre d'un œuf qui aurait roulé et déroulé depuis les pentes lourdes du vieux massif du centre. Une aile alpine et une aile hercynienne. Soudées au et par le Rhône qui les attire et qui les sépare.

Le Rhône, la frontière de 2 sœurs jamais en froid ou si peu. 2 beautés différentes, l'une un peu âpre et l'autre plus en douceur. 2 beautés plus complémentaires qu'opposées. Mais qui, malgré le même père, le temps, et la même mère, la terre, ont reçu du temps et de la terre 2 héritages différents.

HISTOIRE

3 évidences d'abord.

– L'Ardèche et la Drôme sont enclavées. Tout au long de l'histoire, elles ont toujours été influencées par les grandes provinces suzeraines qui les entouraient.

– La vallée du Rhône a fait large côté Drôme, étroit côté Ardèche. Or, l'histoire, les hommes et les courants de pensée ont toujours préféré les larges corridors aux étroits couloirs. Alors, que voulez-vous, les événements ont bien souvent piétiné un peu plus la Drôme que l'Ardèche.

– La vallée du Rhône était et demeure un lieu de passage. Et qui dit passage dit invasions.

1ers artistes

Il y a plus de 40 000 ans, les 1ers artistes français – des Ardéchois – s'installent dans la grotte Chauvet. Et ces gars-là sont à la fois chasseurs et écolos. On prélève sur le cheptel sauvage le minimum vital. De plus, désintéressés, ils n'ont, malgré un fort génie à la Cézanne ou à la Picasso, jamais vendu un seul tableau. À peine le local ardéchois repeint qu'ils décoraient déjà les grottes de Lascaux.

La Drôme n'était pas en reste, quoiqu'un peu plus tard, 12 000 ans avant notre ère, des chasseurs hivernaient à Saint-Nazaire-en-Royans, et ils ont même oublié de balayer la grotte de Thaïs avant de partir. Et c'est à partir de cet oubli qu'on les connaît. Ceux-là n'étaient pas peintres mais sculpteurs. Ils vous sculptaient un os de renne aussi vite qu'un instituteur d'avant guerre vous taillait un crayon. Environ 4 000 ans av. J.-C., on taille des silex à Vassieux-en-Vercors.

1res invasions

Plus près de nous, au VIIe s av. J.-C., les Drômois faisaient cuire des bisons sur le site du Pègue. Cuisine solide ! Quelque 500 ans plus tard, des ***Celtes*** remontent le Rhône et viennent se métisser avec les sédentaires du cru, en l'occurrence les ***Helviens*** en Ardèche, les ***Cavares,*** les ***Voconces*** et les ***Ségalaunies*** des fonds de Drôme. La civilisation gallo-romaine est définitivement installée là quand les **Romains** battent les Allobroges au confluent de l'Isère et du Rhône, en 121 av. J.-C. Envahisseurs romains à peine assimilés (ou le contraire) qu'en voilà d'autres. Débarquent les Barbares. Les **Cimbres** et les **Teutons** (ils ont toujours aimé le pays). On cogne de taille et d'estoc et, avec l'aide de César et des centurions d'Auguste, on remet de l'ordre et on fonde la province des Alpes cottiennes aux 9 cités, dont Alba, Valence et Saint-Paul-Trois-Châteaux.

Enfin la paix romaine, puis la christianisation

Les **Gallo-Romains** drômois et ardéchois commercent avec les marchands d'Orient, qui introduisent dans le pays les cultes de Cybèle et de Mithra (un peu) et le christianisme (beaucoup).
Au IIIe s apr. J.-C., voilà les **invasions germaniques** qui recommencent. On se défend. C'est le temps des 1ers remparts autour des villes. Mais l'Église, peu à peu, affirme sa prééminence et veille au grain, au blé et aux taxes. C'est le temps des évêques, et les monuments archaïques laissent place aux églises. Chaque enceinte a son église dans ses murs, tandis que poussent les basiliques et les chapelles hors les murs. Le christianisme avale et digère les autres religions. L'évêque est maître des lieux et des fêtes. Le sédentaire, le tout-venant et le pèlerin n'ont de divertissements que catholiques pèlerinages, rogations, processions... L'Église refuse le profane, et le mécréant qui veut faire son cirque ou son cinéma devient acteur pour une seule soirée : sur le gibet. Peu à peu, un réseau urbain s'organise autour des cités épiscopales (Valence, Viviers, Die, Saint-Paul). Commencent alors à fleurir les monastères et, avec eux, la culture des vignes, des vergers et de l'esprit.
Au VIIIe s, aux temps carolingiens, le Rhône voit passer quelques **Sarrasins** qui ont affaire, paraît-il, à Poitiers. Pas de quoi se mettre martel en tête. On laisse passer. Au Moyen Âge aussi sont fondées les majestueuses abbayes de Saint-Bernard à Romans et de Valcroissant à Die. On érige également des mottes féodales. Les évêques, toujours puissants, battent monnaie et manants.
Au XIIe s, la famille d'Albon fonde le Dauphiné et tient une place importante entre les seigneuries épiscopales de Valence et de Viviers. C'est l'époque du roman. Le roman qui écrit l'histoire dans sa crypte et sa nef unique et dont on trouve, entre le chapitre des chanoines, diverses influences : bourguignonnes ou provençales, avec quelques pages italiennes, tout de même.

... et vinrent les guerres

Hélas vinrent le XIVe et le XVe s, et avec eux le temps des crises, la disette et la guerre. **Guerre de Cent Ans.** Et des bandes de sac et de corde, comme les tard-venus, pillaient et mettaient en coupe réglée les villes et les bourgs de l'Ardèche et de la Drôme, et de plus loin. Au moins, dans ces temps noirs, un pape eut la bonne idée de laisser Rome pour Avignon, ce qui favorisera l'essor économique de la vallée du Rhône en général et de la Drôme en particulier.
Hélas, encore hélas, suivirent les **guerres de Religion.** Dans un 1er temps, les troupes huguenotes donnèrent l'avantage au camp réformé contre le camp catholique. Au prix de quelques dérapages, comme celui du terrible baron des Adrets qui, à la tête de sa horde, massacrait tout ce qui allait à la messe. Valence, Die et le Vivarais devinrent ainsi terres parpaillotes. De nombreux hameaux, beaucoup de villages appartenaient à la république protestante du Languedoc. Triste époque. À chaque passage de troupe, l'habitant de la Drôme ou de l'Ardèche vivait dans la terreur, se demandant si arrivaient là amis ou ennemis. Et pour égayer le tout, survinrent des révoltes paysannes comme le célèbre carnaval de Romans.
Arriva ensuite le temps de la Ligue, et ce fut au tour des catholiques de massacrer tout ce qui n'allait pas à la messe. Au bout du compte, le Vivarais resta fidèle à ses pasteurs, quand la Drôme devait laisser, à l'exception de quelques places communales, la prééminence aux curés.

Aux derniers jours de l'Ancien Régime, les états du Dauphiné se tinrent à Romans. Et c'est là, peut-être, la 1re ou du moins une des 1res origines de la Révolution française. En ces temps de soubresauts, de Lyon à Marseille, le Rhône connaîtra l'insurrection fédéraliste. Mais malgré ces poussées jacobines, la Drôme restera pour l'essentiel girondine.
Au siècle suivant, la Drôme tirera profit de la révolution industrielle, mieux que l'Ardèche, qui la laissera un peu passer malgré les usines et les manufactures du Teil ou de La Voulte.
Enfin et au bout, il y eut la Seconde Guerre. Et revoilà nos Teutons, du moins leurs descendants. Les maquis du Vercors et de l'Ardèche, au prix du martyre, aideront à les renvoyer chez eux.

1943-1944 : 2e forme de résistance...

Il y eut de forts maquis dans l'Ardèche, sur les pitons là-haut, dans les horizons d'outre-Rhône de Valence, là où les FTP (Francs-Tireurs et Partisans) ont fait un sacré boulot, et aussi dans les Cévennes, là-bas au pays des reboussiers, là où l'on voit sans être vu et où toute ingérence étrange sinon étrangère est jaugée avec un œil critique. Alors l'ingérence nazie, vous humez d'ici comment elle pouvait être ressentie là-bas.
Bref, belle résistance en Ardèche. Mais il est incontestable que là où la Résistance touche à la mémoire de la nation, là où la Résistance touche au mythe, au sacré, presque à la religion, c'est le Vercors. Vercors d'Isère et Vercors de Drôme. Ils furent, dans la Résistance, inséparables. Le 14 juillet 1944, maquisards des débuts, réfractaires du STO, et même quelques convertis à la liberté de fraîche date, proclament la République du Vercors. Armés de 3 grenades, de 2 tromblons et de 10 Sten parachutés, ils lutteront contre l'envahisseur armé, lui, jusqu'aux dents. Les Allemands sont largués par planeurs vers Vassieux et font donner leurs commandos de montagne. Du 22 juillet au 5 août 1944, les maquisards s'opposent à 10 contre 1. Ils succombent. S'ensuit le terrible « nettoyage » du Vercors. On fusille sans procès, on achève les blessés, on brûle les fermes et on détruit les villages. Mais ces mêmes troupes allemandes arriveront en retard du côté de la Normandie. Les petits gars ont fait leur boulot : retenir une armée pour l'empêcher d'être à pied d'œuvre dans le bocage normand.

Quelques dates historiques

– ***600 av. J.-C. :*** les Celtes s'installent de part et d'autre du Rhône. Les Helviens à droite, les Allobroges à gauche. Tiens, le bulletin de vote n'a pas beaucoup changé depuis.
– ***843 :*** traité de Verdun. Lothaire reçoit, entre autres apanages, la vallée du Rhône. Les Ardéchois et les Drômois se retrouvent lotharingiens, sans que certainement le peuple soit mis au courant.
– ***Xe s :*** forte extension du domaine des évêques de Viviers, qui devient dès lors le Vivarais.
– ***XIIe s :*** les Albons, riches, fondent le Dauphiné.
– ***XIVe s :*** les Albons, pauvres, vendent le Dauphiné à la France.
– ***1422 :*** réunion des 1ers états du Vivarais, qui s'occupent plus des impôts que de la vie et du reste.
– ***1452 :*** excellente nouvelle, création d'une université à Valence.
– ***1525-1560 :*** les guerres de Religion. La Réforme se propage par le Rhône, par le Vivarais, vers les Cévennes. Vaudois rive gauche, réformés rive droite, goûtent à l'indépendance de la pensée protestante. Du coup, les catholiques protestent. Fort. Et en 1560, la Réforme a réalisé sa conquête, hélas, en se durcissant. Le Vivarais et la Cévenne ne comptent pratiquement plus de papistes. Interdiction des festins, des danses et même des jeux de cartes. Les combats reprennent. Belote et rebelote.

– ***1600 :*** Olivier de Serres invente l'agriculture moderne. On mange plus et on mange mieux.
– ***1685 :*** révocation de l'édit de Nantes. Louis XIV lance ses dragons contre les protestants. Persécutions, abjurations de force... et toutes les gégènes de l'époque. Les huguenots écœurés quittent leur retraite de France pour de meilleurs auspices en pays protestant. Très mauvais coup de lune d'un Roi-Soleil dont l'étoile pâlit. Désastre. Le Jupiter de Versailles voit son économie réduite.
– ***1820 :*** ça marche fort pour le ver à soie en Vivarais.
– ***1850 :*** crise de la pébrine, maladie du ver à soie. Ça va mal pour le ver à soie en Vivarais.
– ***1944 :*** le Vercors... Voir le texte consacré à la Résistance.
– ***1972 :*** création de la région Rhône-Alpes. On aurait mieux fait de créer l'Ardèche-Drôme. Avec Tournon comme capitale. Ça aurait eu de la gueule et de l'humour.
– ***1994 :*** découverte de la grotte ornée de Chauvet à Vallon-Pont-d'Arc. Âgée de plus de 30 000 ans, elle compte parmi les plus anciennes du monde.
– ***2001 :*** création du parc naturel régional des monts d'Ardèche. Mise en service de la gare Valence-TGV.
– ***2004 :*** classement en « Grand Site de France » de l'aven d'Orgnac.
– ***2005 :*** lancement des travaux du tunnel des Grands-Goulets, chantier majeur pour le désenclavement du Vercors, aujourd'hui achevé.
– ***2006 :*** la châtaigne d'Ardèche obtient officiellement son appellation d'origine contrôlée (AOC).
– ***2010 :*** Jean Ferrat va rejoindre Aragon et Elsa au paradis (laïc !) des poètes.
– ***2011 :*** inscription des Cévennes au Patrimoine mondial de l'Unesco.
– ***2014 :*** la grotte Chauvet-Pont d'Arc devient le 39e site français classé au Patrimoine mondial de l'Unesco, tandis que le parc naturel régional des monts d'Ardèche obtient le label de Geopark (label d'excellence soutenu par l'Unesco) ; lire la rubrique « Le parc naturel régional des monts d'Ardèche » dans l'intro du chapitre « L'Ardèche ».
– ***2015 :*** ouverture de la Grotte Chauvet 2 Ardèche, réplique de la grotte Chauvet à l'échelle 1/1, à Vallon-Pont-d'Arc.
– ***2020 :*** découverte dans l'abri du Maras, dans les gorges de l'Ardèche, d'une cordelette tressée par notre vieil ancêtre, l'homme de Néandertal. 50 000 ans d'âge quand même ce petit bijou de technologie de l'époque.

LANGUE RÉGIONALE

Sans nous étendre sur la question de la langue, notons que le langage historique des 2 départements est l'***occitan*** (ou *langue d'oc*) dans sa variété vivaro-alpine, que l'on appelle aussi le provenço-alpin. En fait, et pour faire simple, l'occitan de l'Ardèche et de la Drôme, c'est du provençal avec des *cha* au lieu de *ca* au début des mots. Allez, voici quelques mots typiques de ces régions.
– ***Accols ou faïsses :*** en Ardèche, terrasses de cultures en escalier soutenues par des murets de pierre sèche. Avec parfois 50 m de dénivelée. Les jardins suspendus de Sémiramis, en plus poétiques et à prix plus abordables.
– ***Burle :*** vent. Le célèbre vent de neige et de cristaux des montagnes ardéchoises. Et qui n'a rien de burlesque, autant vous le dire. C'est le blizzard du Grand Nord à portée de canon de Privas. Jadis, pendant les temps de burle, on laissait, paraît-il, les cadavres sur les toits, tant il était impossible de les enterrer au fort de la tempête, qui durait au mieux la semaine.
– ***Caillette :*** voir « Cuisine » plus haut.
– ***Cella :*** c'est un ermitage ou une petite maison isolée dans les campagnes.
– ***Clède :*** en Ardèche. Séchoir à châtaignes.
– ***Couderc :*** vaste prairie. Elle avait un côté social. Le foin appartenait au berger passager à l'heure des transhumances, et au propriétaire le reste du temps.

– ***Couradou :*** en Cévennes, terrasses couvertes sur les fermes.
– ***Déperché :*** se dit d'un habitat de montagne abandonné et qui s'est refait dans la vallée autour des manufactures et des marchés. En un mot, une victime de l'économie de marché.
– ***Désert :*** lieu isolé où les gens de la Réforme célébraient clandestinement le culte au temps des interdits.
– ***Draille :*** c'est la route de la transhumance. Un petit chemin que suivaient les troupeaux. En Ardèche surtout.
– ***Gours :*** gouffre empli d'eau, mare, bassin d'eau dans une grotte.
– ***Lauzes ou lauses :*** dalles de schiste (ou phonolite) à divers usages de construction.
– ***Magnanarelle :*** nom provençal des femmes qui élèvent les vers à soie.
– ***Moulinage :*** torsion du fil de soie tiré du cocon. Par extension, usine où se pratiquait cette activité.
– ***Poët :*** du latin *podium*. En Drôme, éminence rocheuse qui donne *puy* en Ardèche et en Auvergne, et *puech* dans le Midi. Sommet difficilement accessible en voiture, tant les routes y sont étroites.
– ***Reboussier :*** en Cévennes ardéchoises, c'est un rebelle. Un têtu qui fait et dit autrement que les autres.
– ***Repasse (chasse à la) :*** chasse aux pigeons ramiers. C'est la palombe de l'Ardèche. Ça se passe surtout dans le couloir à migrateurs du col de l'Escrinet. En plus du pigeon, le chasseur du cru essaie de chasser l'écolo. Et l'écolo de chasser le chasseur.
– ***Réveil :*** mouvement religieux protestant fondé sur la foi personnelle et le piétisme. Le Réveil était très remonté contre les papistes. Aujourd'hui, n'a pratiquement plus aucun ressort.
– ***Serre*** (nom masculin) ***:*** rude colline ardéchoise montant à l'assaut des plateaux, aux vallées abruptes et aux versants raides.
– ***Viale :*** en Drôme, vieux village perché.
– ***Viol :*** dans le Diois, c'est parfois une petite ruelle voûtée, parfois une impasse.

PERSONNAGES

– ***René Barjavel*** *(1911-1985)* **:** né à Nyons (Drôme). Fils d'un boulanger de Nyons et petit-fils d'un cultivateur protestant, Barjavel nous a donné toute son enfance drômoise dans un livre d'émotions, *La Charrette bleue.* Auteur précoce, il avait auparavant écrit à 22 ans son 1er roman : *Ravages.* Poussé au boulot par son éditeur Denoël, il écrira encore des romans, des récits, des nouvelles et même des essais et des chroniques. *L'Enchanteur,* qui conte la légende de Merlin et l'épopée du roi Arthur, figure parmi ses plus beaux romans. Il fut aussi dialoguiste au cinéma de la série *Don Camillo.*
– ***François-Antoine Boissy d'Anglas*** *(1756-1826)* **:** né à Saint-Jean-Chambre (Ardèche). Député d'Annonay, élu par le tiers-état en 1789. Procureur général de l'Ardèche, il fait donner les troupes républicaines dans la plaine de Jalès et mate le ci-devant marquis de Salans. Tolérant en politique, c'est quasi l'inventeur de la liberté de conscience, ennemi des idéologies. Ses vertus et, qui sait, avec l'âge, ses astuces lui permettent de faire carrière sous Bonaparte et même sous Louis XVIII.
– ***Henri Charrière, dit Papillon*** *(1906-1973)* **:** son surnom « Papillon » lui est venu d'un tatouage qu'il portait sur la poitrine. Né en Ardèche, il monte à Paris et fréquente les bas-fonds de Pigalle. En 1931, il est condamné aux travaux forcés à perpétuité pour un meurtre qu'il a toujours nié. 43 jours après son arrivée au bagne de Cayenne, il s'en évade, est repris et est enfermé pendant 2 ans dans une cage à fauves. 13 ans plus tard, il s'évade pour de bon sur un canot. De 1946 à 1967, il se cache au Venezuela, devient citoyen vénézuélien, monte un restaurant, une

discothèque et une entreprise de pêche à la crevette. En 1967, il retourne en France, est réhabilité et écrit ses mémoires, *Papillon,* récit de son incroyable évasion, qui devient un best-seller international. Il est enterré au cimetière de Lanas, près de sa mère qu'il adorait.

– ***Ferdinand Cheval*** *(1836-1924)* **:** né à Charmes, dans la Drôme. Facteur rural, autodidacte. Un jour, ce centaure postal partit dans un rêve étrange. Construire un palais, un palais idéal. Il a porté brouette après brouette, sac après sac, galets et cailloux. Et, de 1879 à 1912, il réalisa seul un étrange palais, long de 25 m, large de 12 m et haut de 14 m. Ferdinand Cheval voulait rassembler tout ce qu'il pensait être la somme des connaissances humaines. Dans son palais, les formes en phallus répondent aux ambiguïtés féminines des grottes. Un monument stupéfiant. Un rêve pétrifié. Un inconscient fossilisé. Le plus grand sculpteur naïf dans tous les sens du terme. À découvrir à Hauterives.

– ***Max Ernst*** *(1891-1976)* **:** peintre et sculpteur né en Allemagne et mort à Paris, c'est l'un des acteurs majeurs du mouvement dada et du surréalisme. Grand ami de Paul Éluard, il côtoie entre les 2 guerres des artistes de 1er plan : l'écrivain André Breton, le peintre Joan Miró, le chorégraphe Sergeï Diaghilev. Il vient à la sculpture aux côtés de Giacometti avant de passer une belle tranche de vie à Saint-Martin-d'Ardèche. Après une sombre période d'incarcération aux Milles pendant la guerre (il est déclaré « étranger ennemi »), il rejoint les États-Unis, où il croise Chagall, avant de revenir en France. Il finit sa vie en queue de poisson à Paris, un 1er avril, juste la veille de souffler sa 85e bougie !

– ***Jean Ferrat*** *(1930-2010)* **:** c'est en Ardèche (à Antraigues) que Jean Ferrat, Jean Tennenbaum de naissance, a passé la moitié de son existence. Ses chansons engagées (il était un communiste assumé) lui valent souvent les attentions de la censure. Ses textes *La Montagne, Ma France* et son *Droit d'inventaire* (une autocritique du communisme) sonnent en écho avec la mise en musique de superbes poèmes de Louis Aragon, immortalisés à nos oreilles *(Aimer à perdre la raison, Que serais-je sans toi, Les Yeux d'Elsa...).* Et s'il sut faire saigner nos cœurs avec *Nuit et Brouillard* (son père, juif, est mort en déportation sous la folie nazie) ou encore *Potemkine,* il eut aussi le génie de laisser un côté rieur et entraînant à ses chansons avec *Ma Môme, À Santiago de Cuba, Hourrah.*

– ***André Lhote*** *(1885-1963)* **:** bien que né à Bordeaux, ce peintre fut drômois de cœur, sauva Mirmande de la ruine et fonda dans le bourg une « académie aux champs ». Il est aussi celui qui sauva Alba-la-Romaine de l'oubli. Dans un article publié par le journal *Combat* en 1950, il lança un appel aux artistes du monde entier pour qu'ils viennent s'installer et créer à Alba. Le miracle eut lieu !

– ***Émile Loubet*** *(1838-1929)* **:** né à Marsanne (Drôme), c'est l'homme de Montélimar, avocat, maire de la ville, l'homme de la politique extérieure de la France à la fin du XIXe s. Ce grand républicain fut président de la République de 1899 à 1906. Puis il se retira de la politique et vécut dans son château de La Bégude-de-Mézenc.

– ***Les frères Étienne*** *(1745-1799)* ***et Joseph*** *(1740-1810)* ***Montgolfier*** **:** nés à Vidalon-lès-Annonay (Ardèche). Inventeurs de la 3e dimension dans le voyage. Ayant fait le pari de s'élever dans les airs malgré les risques encourus, ils ne se sont pas dégonflés. Joseph fut à la réalité ce que Jules Verne fut plus tard au rêve. Homme simple, il vivait en colportant lui-même les produits chimiques qu'il inventait. Étienne, architecte de goût, papetier pour survivre, prépara les cordes et le taffetas indispensables à la grande aventure. Le 4 juin 1783, les 2 frères firent s'envoler un 1er ballon. Personne ne voulut ou ne sut les arrêter (voir aussi « Un peu d'histoire » à Annonay).

– ***Paul Ricœur*** *(1913-2005)* **:** né à Valence. Ce philosophe français a beaucoup voyagé tout au long de sa vie et n'a cessé d'encourager une philosophie en lien direct avec les questions contemporaines et en dialogue constant avec la psychanalyse, la théologie, l'histoire et la mythologie.

– ***Marc Seguin*** *(1786-1875)* **:** né à Annonay (Ardèche). Petit-neveu de Joseph de Montgolfier et papetier comme son grand-oncle. Inventeur de génie comme grand-tonton, il est en quelque sorte la preuve vivante des réalités du génie génétique. Ayant, paraît-il, raté son bac, il invente le pont suspendu. Puis la chaudière tubulaire, ce qui permet à la poussive locomotive anglaise de Stephenson de foncer enfin dans les campagnes. Tut-tut...

– ***Olivier de Serres*** *(1539-1619)* **:** né à Villeneuve-de-Berg (Ardèche). Il fut le père de l'agriculture moderne par l'assolement, ce qui soulagea alors beaucoup les paysans. Son ouvrage *Théâtre d'agriculture et mesnage des champs* le fait mondialement connaître. Ce protestant humaniste et visionnaire a enrichi l'Ardèche en y introduisant la sériciculture. Magnanier modeste, il a toujours préféré son petit ver à soie au grand vert académique des autres (voir aussi le chapitre consacré à Mirabel).

– ***Mme de Sévigné*** *(1626-1696)* **:** née à Paris. Femme de lettres (c'est vraiment le cas de le dire), elle avait de qui tenir pour cultiver un style à double détente. En effet, elle était petite-fille de la très sainte Jeanne de Chantal et cousine du très libertin Bussy-Rabutin. Elle avait épousé Henri de Sévigné, homme dépensier, coureur de jupons et querelleur. Il mourut tôt, fort heureusement, et laissa Marie libre de se consacrer pleinement à son travail d'épistolière. Sa correspondance est un monument. C'est un des 10 génies de la littérature française. Spirituelle, fine, pas très impartiale, sa mauvaise foi flamboyante est un régal. Le mariage de sa fille, établie à Grignan, lui fit y faire plusieurs séjours. C'est d'ailleurs là qu'elle mourut et qu'elle fut enterrée.

LETTRES DE NOBLESSE

Sur les 1 120 courriers recensés émanant de la marquise de Sévigné vers une trentaine de correspondants, près de 765 étaient adressés à sa fille, Mme de Grignan. Ingratitude de l'histoire, aucune des réponses de cette dernière à sa maman n'est parvenue jusqu'à nous !

– ***Louis Vallon*** *(1901-1981)* **:** né à Crest, dans la Drôme. Ancien élève de l'École polytechnique, ingénieur et surtout homme politique. Grand résistant, homme de gauche, il devient directeur adjoint de cabinet du général de Gaulle à la Libération, et député de la Seine en 1951. Gaulliste, il tire de Gaulle par la manche gauche pour le faire tomber de son côté. Pas ambitieux, ce fidèle des fidèles quitte la politique peu après la mort de de Gaulle.

Plus proches de nous et toujours d'actualité...

– ***Sébastien Chabal*** *(né en 1977 à Valence)* **:** célèbre rugbyman français devenu l'un des sportifs les plus populaires de France, à tel point que les journalistes ont pu parler d'une « chabalmania ».

– Citons aussi le groupe de rock français ***Dyonisos,*** originaire de Valence, où il s'est formé en 1993. Ce groupe doit son succès à ses prestations scéniques et à l'univers dans lequel il évolue, très inspiré du cinéaste Tim Burton et de l'écrivain Roald Dahl.

– ***Anne-Sophie Pic,*** née (en 1969) et bien établie à Valence (avec 6 restos) mais pas seulement, cumule les étoiles et les décorations (et pas uniquement sur ses plats). Entre autres, elle a reçu le prix Veuve Clicquot de la « Meilleure femme chef du monde » en 2011. Faut dire qu'elle a de qui tenir, la fille de Jacques Pic et petite-fille d'André Pic (3 étoiles au *Michelin* chacun)...

– ***Yves Lecoq*** *(né en 1946)* **:** le roi des Guignols, propriétaire du château médiéval de Maisonseule (Ardèche), qu'il a entièrement restauré avec passion.

– ***Pierre Rabhi*** *(né en 1938)* **:** agriculteur-penseur-écrivain et écologiste devant l'éternel, Pierre Rabhi est, depuis le milieu des années 2000, un personnage médiatique incontournable. Adulé par les uns, critiqué par les autres, le fondateur de l'*Association Colibris* a commencé par appliquer ses principes d'agroécologie en Ardèche (où il vit toujours).

LE PROTESTANTISME ET LES GUERRES DE RELIGION

C'est sûr, c'est vérifié : s'il y a 2 coins de France qui ont été marqués par les guerres de Religion, c'est bien la Drôme et, plus encore, l'Ardèche. Parpaillots, papistes : à l'origine de conflits qui ont laissé des traces dans les mémoires d'ici.

L'esprit de Rome

Les évêques de Viviers et d'ailleurs imposaient, en plus de la dîme, et comme sur toute terre d'Occident, l'esprit de Rome. Toute interprétation de la ligne romaine était hérésie, était condamnable, était condamnée. On brûlait l'hérétique comme le paysan brûle l'éteule. Mais par ici, il y a toujours eu un fort esprit de réflexion, donc un fort esprit de résistance. Disons un esprit rebelle.

Le vent de la Réforme

Alors, quand la Réforme partit de l'Allemagne et des cantons suisses et commença à traverser la montagne par le Dauphiné et le Vercors ou en contournant par le bas pour remonter le Rhône, elle trouva là, en Drôme et en Ardèche, un terreau favorable à sa pousse et à son développement. Les bourgeois et les grands manants, surtout ardéchois, estimèrent que la nouvelle religion portait des libertés individuelles (concept presque inconnu jusqu'alors), des relations homme-Dieu moins zigzagantes que celles imposées par Rome. Et dans le pays, on avait déjà été effleuré, qui par le vent lointain albigeois, qui par le vent plus proche des temps vaudois. Bref, la Réforme prit, en Drôme et surtout en Ardèche, comme feu de paille en été.

Des prêtres cordellers à Annonay, les 2 Étienne et le curé Jean Vallier à Privas prêchèrent la Réforme. Et c'est de là que tout est parti. Au début, les réformés prirent le dessus par la pensée, mais aussi par le fer, hélas. Par les bons penseurs en conscience, mais par une minorité crapule sans scrupule aussi. Comme le sinistre et terrible baron des Adrets, qui massacra en Vivarais et jusqu'en bout de Drôme, en début de Réforme, tout ce qui chantait la messe et disait *ave*. On notera aussi, plus tard, quelques excès camisards à droite ou à gauche. Mais dans ce conflit religieux, la grande part des atteintes à la liberté et au droit de vivre des corps est quand même due à la réaction catholique, qui fut violente. D'abord, les combats dans les campagnes furent terribles, le paysan et l'homme des jours ne savaient plus qui arrivait au détour du chemin, le bon ou le mauvais, l'ami ou l'ennemi.

La résistance

Le besoin de liberté des protestants et la volonté d'hégémonie des catholiques finirent, ici comme ailleurs, par trouver un équilibre instable au profit, quand même, des papistes, avec l'édit de Nantes. Mais ça s'appelle comment l'équilibre qui penche d'un côté ? L'injustice.

On continua à se battre à Privas. L'héritière de la baronnie du lieu, de parpaillote devenue qu'elle était, se refit catholique au grand dam de ses administrés, gens de la religion. Ceux-ci se révoltèrent. On ruina le château, on se tint protestant dans les fonds du peuple. On signa la paix de Montpellier en 1622. Tu parles d'une paix ! Le truc ne plut guère à Richelieu, qui débarqua en personne là, accompagné de l'horrible Schomberg, le massacreur, et de 20 000 hommes. Les parpaillots furent écrasés. Les derniers défenseurs de Privas, au fort du monttoulon, se firent sauter avec lui, excessifs comme les juifs à Massada, plutôt que de se rendre. Les catholiques de Richelieu, donc les catholiques de l'État, pillèrent, razzièrent, brûlèrent et ruinèrent Privas. On

pendit 200 prisonniers réformés aux fenêtres et on envoya le reste ramer aux galères. Résultat, Privas resta... protestante. Et cette histoire à Privas provoqua la rédaction de l'édit d'Alès et, par là, l'interdiction des places fortes aux réformés dans tout le royaume.
Ensuite et jusqu'à la Révolution, ce ne furent que répressions dans les poches protestantes de la Drôme et dans les grands espaces réformés de l'Ardèche. Et pour assurer ce mauvais coup, pour serrer tout à fait la Réforme, le bigot tardif Louis XIV, grand baiseur mais piètre politique, révoqua l'édit de Nantes. Connerie monumentale.

Édit le Révoqué

On fit abjurer dans la région. En vain. Et ce fut le temps des dragonnades. Le Roi-Soleil, complètement obscurci, envoya là-bas sa légion d'élite, ses prêtres au forfait, les dragons pour faire taire à jamais la Réforme. Ce fut l'horreur. Les protestants furent alors contraints de loger leurs persécuteurs jusqu'à abjuration devant curé. Tout était permis aux dragons pour forcer la conversion : tortures, vexations, suppression de nourriture, confiscation des biens. Les dragons pouvaient même retirer les enfants à leurs familles dès l'âge de 7 ans pour les placer dans des établissements catholiques. Seul le viol était interdit à la troupe par l'Église, qui voulait empêcher le mauvais exemple pour ses curés célibataires et présumés chastes. Les meilleurs négociants, les intelligences, les plus fins artistes, l'élite du savoir, tous émigrèrent. L'économie du coin en fut brisée : 80 % du CAC 40 de l'époque furent emportés chez les princes protestants. Alors, ce fut ici, en Drôme et en Ardèche, le début du marasme du XVIIIe s.

Traçabilité protestante

Bref, à ce jour et malgré tout ça, Privas et de fortes parties de l'Ardèche sont restées protestantes, et quelques lieux de la Drôme le sont restés tout autant. Avec, en Ardèche, dans les Boutières, quelquefois des regards qui se croisent avec une étincelle curieuse, à la frontière du méfiant et de la Drôme. Là où les croix et les Vierges blanches catholiques défient les en-bas et les cimetières protestants.
Si les conflits sont aujourd'hui, pour l'essentiel, apaisés, il reste la mémoire. Et si vous vous baladez par là, vous trouverez des traces de tout ça, en Ardèche surtout. Vous verrez dans les Boutières, plantées de cyprès et ceintes de murets, les tombes familiales de protestants à qui l'on avait refusé le cimetière paroissial pour avoir refusé l'extrême-onction. Vous verrez une pierre dans le serre de la Palle sur le chemin de Mézilhac, en souvenir des « prophètes », ces pacifistes qui se tenaient assemblés en plein air pour se repentir des abjurations. En 1689, le 19 février, 350 « prophètes » sont assemblés. Les dragons du marquis de Folleville surgissent, et les huguenots, désarmés et confiants en Dieu, font face aux militaires. Bilan : 350 morts. Vous verrez aussi les grottes de la Jaubernie, ces habitations troglodytiques fortifiées dans la falaise. On les aperçoit, discrètes au-dessus de Coux, à proximité de Privas. Et sur les hauteurs de la vallée de l'Eyrieux, au Bouschet-de-Pranles, entourée de châtaigniers, vous verrez la remarquable maison forte de la famille Durand, devenue musée. Et vous verrez là les choses telles qu'au temps de la clandestinité. Vous verrez Chalencon, son temple et la chaire de désert, chaire transportable des heures où le culte était vagabond. Vous verrez encore le château des Roure, haut lieu de la révolte des camisards à Labastide-de-Virac. Vous verrez enfin le temple circulaire (très rare !) des Vans et celui de Vernoux, le plus grand d'Ardèche.
Voilà, allez en paix et que Dieu vous garde ! Vous garde, peut-être, surtout, en dehors des religions. De ses guerres, en tout cas.

LE RHÔNE, ENTRE ARDÈCHE ET DRÔME

On peut dire que le Rhône a été le chemin des nations. C'est par son sillon que la Méditerranée, les gens des pays maures et les négociants des orients proches étaient reliés à toutes les France et à toutes les suzerainetés du Nord.

Comme un taureau furieux

C'est par le Rhône que sont remontées les civilisations et les barbaries. C'est par le Rhône qu'est passée la philosophie grecque, c'est par le Rhône que sont passés César et l'ordre romain. C'est par le Rhône que pénètre le christianisme au IIe s ; il sera la pensée unique de la France et de l'Europe pendant 17 siècles. Hélas ou tant mieux, aujourd'hui son énergie ne donne plus un courant de pensée mais du courant électrique.

Le Rhône était un taureau furieux, un dieu panthéiste parmi les dieux, un dieu parfois allié, parfois ennemi du Dieu des chrétiens. Un dieu qui portait la fortune ou la désolation, un démiurge qui emportait la récolte de l'un pour la porter à l'autre. Ses rives instables de puissance se jouaient des cadastres et redessinaient au gré d'une lubie le fief de l'un ou le comté de l'autre, quand ses contournements ne les faisaient pas changer de province. Fleuve frontalier qui traçait les frontières à son goût, au grand dam ou à la grande aubaine des hommes, il nourrissait les uns par l'abondance de ses limons, quand il affamait les autres par les surprises de ses inondations. Les mariniers d'alors, le long de l'Ardèche et de la Drôme, le priaient et lui obéissaient quand ils amenaient leurs barques halées par 100 chevaux ou par 1 000 hommes, remontant le blé d'Ukraine, le sel précieux de Camargue du temps des gabelles, du vin d'Hermitage et des draps du Nord, les tissus rares de Damas et tous les trésors d'Italie.

Le Rhône civilisé

Taureau furieux qu'au XIXe s un matador réussit à civiliser, s'il ne le dompta pas tout à fait. Matador, l'ingénieur Giraudon qui, à coups de digues, de tenons, de dérivations, d'épis et de travaux, mata la bête en l'aménageant quoique en la ménageant quand même. Le Rhône, ce carnassier qui se nourrissait de riverains et de mariniers, devint végétarien, n'engloutissant les jours d'appétit que quelque barque vide de pêcheur ou quelques arbres déracinés. Alors le Rhône, fleuve libre, ne le fut plus tout à fait. L'homme était maintenant son maître. Sa force sauvage devint énergie hydraulique. Et le fil du courant devint courant dans les fils. Mais rassurez-vous. Le Rhône, grand vieillard calmé, n'en est pas pour autant tout à fait déprimé. Le Rhône n'est pas triste, un peu nostalgique autour de ses îles, peut-être. C'est un vieux cheval sauvage qui coule dorénavant des jours calmes, dans les prés larges de la plus belle des écuries : la France.

VINS ET ALCOOLS

Pendant des lustres et des lustres, on a sous-estimé les vignobles de l'Ardèche et de la Drôme. On reprochait aux côtes-du-rhône septentrionaux des alentours de Valence et de Tournon d'être des vins de manants ou de cochers tout juste bons pour le zinc des gargotes parisiennes ou la table des huissiers du Vivarais. On avait tort, car certains crus ici rivalisent avec les seigneurs de Bordeaux ou les grands-ducs de Bourgogne.

Mais déjà, des connaisseurs s'y intéressaient. Des connaisseurs du Bordelais qui descendaient depuis la Gironde, négociants avisés, pour acheter des cents de barriques de vin de Tain ou de Tournon pour enrichir en tanin, qui sait en saveur, les crus de Saint-Émilion ou du Médoc, un peu trop anémiés. Le vin des princes là-bas était sous perfusion des vins du peuple d'ici.

Les vins d'Ardèche et de Drôme

Maintenant, Dieu merci, on connaît les vertus et les grandeurs des côtes-du-rhône. On sait que certains hermitages valent les grands crus classés de margaux sans pour autant en dégrafer des corsages, et qu'un cornas de bonne tenue vaut un pommard de moyenne terre ou un gevrey-chambertin d'année sobre. On reparle de chacune des appellations dans les villages concernés.

En Drôme

Mais commençons par la rive gauche, la rive Drôme, vers les coteaux de Tain-l'Hermitage justement. 30 % de la production viticole tout de même !
– ***L'hermitage rouge :*** ce vin prend corps et force sur un cépage syrah. Dès la 1re goulée, c'est la violette qui monte au nez et la framboise petite qui égaie la glotte. À la 2e goulée, un instant de silence du palais et le voilà caressé par un arôme de truffe, 3 secondes encore et des épices subtiles envahissent la gorge. De plus, c'est un vin de garde, qui reste fidèle avec le temps, une garde qui ne se rend que 10 ans plus tard, bonifiée de patience et d'amitié.
– ***L'hermitage blanc :*** un roi. Un roi sur cépage de roussane ou de marsanne. Un roi qui, à 15 ans d'aventures, a le goût du foin coupé dans des arômes de noisette et de miel d'acacia.
– ***Le crozes-hermitage :*** juste à côté, voici le petit frère du roi hermitage. Un monsieur qui porte les mêmes arômes et aussi armé en variétés et en vertus, mais qui porte garde courte et ravit la glotte dès l'âge de 3 ans. Et canaille avec ça.
– ***Le grignan-les-adhémar*** *(coteaux-du-tricastin jusqu'en 2010)* **:** c'est un vin issu de cépages grenache et syrah, tannique, avec du fruit rouge dans l'âme.
– On n'oublie pas enfin la ***clairette-de-die*** : là, ça sent le muscat et l'heure de l'apéro. C'est un blanc de blanc qui a moins de noblesse qu'un champagne mais parfois plus d'esprit.
– Et puis, pour les jours ordinaires, il y a d'excellents ***vins de pays*** dans les collines rhodaniennes, dans les fonds des Baronnies et dans le comté de Grignan.

En Ardèche

Ici, la vigne pousse sur des pierrailles ou des galets roulés, proches des garrigues. Ce terroir, aussi diversifié en cépages qu'en sols, engendre une diversité de grands vins. Un dicton affirme qu'ici « la terre est si rude à travailler qu'il faut 7 châtaignes pour faire un châtaignier ». C'est la terre, mais c'est aussi le soleil et surtout la passion et la patience des hommes qui donnent les vins d'Ardèche. Un patchwork de terroirs, où la vigne est voisine des mûriers, des châtaigniers, des lavandes et des oliviers, mais une détermination unique : la qualité. Et comme 1er invité au bal, le cornas.
– ***Le cornas :*** il pousse sur le granit. Il porte solidement le fruit et l'épice. C'est un vin masculin, charpenté comme un bras de forgeron. Un cornas arrosant un cuissot de chevreau du pays de Bourdeaux, c'est le trip, comme dirait notre ami Jules qui a fait Katmandou, c'est le nirvana comme dirait l'autre qui revient de Bénarès.
– ***Le saint-joseph :*** et nous voici en vue des gorges du Doux. Et voilà le saint-joseph. En rouge, superbe de robe, léger, au goût de framboise cueillie dans la minute. En blanc, il est plus gras quoique accueillant avec un bouquet de fleurs. Le saint-joseph, c'est un vin de famille, sain, à offrir à la Marie pour la rendre plus disponible. Un vin d'amoureux.
– ***Le saint-péray :*** un grand Ardéchois. Un temps froid, un sol riche donnent un vin sec, peu alcoolisé. Sous cette appellation, on trouve l'un des meilleurs vins effervescents de l'Hexagone.
– ***Le condrieu :*** mince ! on allait l'oublier. Il faut dire que ce blanc à la robe d'or pâle, capiteux et onctueux, pointe le bout de son nez tout au nord du département, sur la commune de Limony. On le retrouve en Haute-Loire et dans le Rhône.

– Et puis il y a les gentils freluquets (considérés à tort comme tels), le ***côtes-du-vivarais,*** là où les hauts plateaux pierreux filent à la rencontre de la garrigue languedocienne et provençale. À Vogüé, Alba, Balazuc ou Saint-Montant, vous pourrez déguster un ***viognier,*** vin guilleret et joyeux, généreusement fruité pêche et abricot, qui régale le palais. Des vins aux prix sages qu'il faut avaler jeunes, même quand on a soif, et qui étonnent parfois. Et pour être complet, autour de Bourg-Saint-Andéol, c'est le ***côtes-du-rhône méridional*** qui fait parler de lui. Et dans les environs de Joyeuse, c'est le ***chatus,*** cépage symbolique des Cévennes, qui a fait, voici quelques années, un discret retour.

LE VIN QUI REND FOU

Autrefois, et notamment sur l'île d'Ilur (golfe du Morbihan) et en Ardèche, on cultivait le noah, un cépage dont la fermentation dégageait du méthanol. Il avait la particularité d'entraîner la folie, et même de rendre aveugle pendant plusieurs heures. Pas étonnant qu'il ait été interdit en 1935 !

Les eaux... -de-vie

Bon. On passe à la goutte. Et de l'Ardèche à la Drôme. Et là, dans le Royans et dans le Diois, c'est la noix. La noix qui donne une liqueur à ravir une fin de repas à l'Olympe. Allez, on essaie encore, avant la sieste, une petite poire d'Upie, d'Anneyron ou de Moras. Alors là, on prend le soleil et la poire dans la poire. Ça chauffe. Suffit ! Demain, on essaiera une liqueur d'Aiguebelle, dont les moines détiennent le secret de fabrication depuis la fondation de l'abbaye en 1137. Et après-demain, on dégustera une poire williams d'Ardèche...

PETITS TRUCS ET ASTUCES POUR ÉVITER LES ABUS ET MAUVAISES SURPRISES

Un routard informé en vaut 2 ! Pour éviter les désagréments en tous genres, il est bon de les connaître. Voici un petit vade-mecum destiné à parer aux coûts et aux coups de bambous.

Bien sûr, nos enquêteurs veillent au grain, et les établissements qui ne répondent plus à nos critères ou abusent sont vite supprimés de nos guides. La réciproque est aussi valable. N'oublions pas que les hôteliers et restaurateurs font un métier difficile. S'ils se doivent de toujours garder le sourire, nous nous devons de les respecter en n'arrivant pas chez eux en terrain conquis.

À L'HÔTEL

1 – Arrhes ou acompte ? : au moment de réserver votre chambre par téléphone – par précaution, toujours confirmer par écrit (ou mail) –, il n'est pas rare que l'hôtelier vous demande de verser à l'avance une certaine somme, celle-ci faisant office de garantie. Il est d'usage de parler d'arrhes (et non d'acompte). Légalement, aucune règle n'en précise le montant. Toutefois, ne versez que des arrhes raisonnables : 25 à 30 % du prix total, sachant qu'***il s'agit d'un engagement définitif sur la réservation*** de la chambre. Cette somme ne pourra donc pas être remboursée en cas d'annulation de la réservation, sauf cas de force majeure qu'il vous faudra justifier (maladie ou accident) ou en accord avec l'hôtelier si l'annulation est faite dans des délais jugés raisonnables. Si, au contraire, l'annulation est le fait de l'hôtelier, il doit vous rembourser le double des arrhes versées. Si vous avez réservé une chambre (sans avoir rien versé) et que vous avez un empêchement, ***passez un coup de téléphone pour annuler,*** c'est la moindre des politesses.

2 – Subordination de vente : les hôteliers ont interdiction de pratiquer la subordination de vente. C'est-à-dire qu'***ils ne peuvent pas vous obliger à réserver plusieurs nuits d'hôtel si vous n'en souhaitez qu'une.*** Dans le même ordre d'idées, on ne peut vous obliger à prendre votre petit déjeuner ou vos repas dans l'hôtel ; ce principe, illégal, est cependant toléré en pratique, surtout en haute saison, dans les zones touristiques, où la demande est bien plus importante que l'offre !

3 – Les réservations en ligne : elles se sont généralisées. Mais voilà, si les centrales de réservation en ligne sont devenues incontournables, elles ne garantissent pas systématiquement de meilleurs prix qu'en direct. En outre, les promesses ne sont pas toujours tenues et l'on constate parfois des dérives, telles que promos bidons, descriptifs exagérés, avis d'internautes truqués... Les hôteliers s'estiment souvent étranglés par les commissions abusives prélevées au passage. ***N'hésitez pas à réserver directement auprès de l'hôtel.*** Aujourd'hui, la plupart alignent leurs prix sur ceux des sites commerciaux. Autre avantage, vous pouvez préciser le type de chambre souhaité (sur rue, sur jardin) et obtenir des renseignements fiables sur l'établissement.

4 – Responsabilité en cas de vol : un hôtelier ne peut en aucun cas dégager sa responsabilité pour des objets volés dans la chambre d'un de ses clients, même si ces objets n'ont pas été mis au coffre. En d'autres termes, les éventuels panonceaux dégageant la responsabilité de l'hôtelier n'ont aucun fondement juridique.

AU RESTO

1 – Les prix : ils sont libres, mais ***l'affichage est obligatoire*** à l'extérieur de l'établissement, de manière visible. Tous les menus doivent être affichés, même le moins cher. Ils doivent être identiques à ceux que l'on vous présente à l'intérieur.

2 – Formule ou menu ? Généralement, la formule est une proposition écourtée comprenant entrée + plat ou plat + dessert. Avec parfois un verre de vin et/ou le café. De fait, elle est moins chère que le menu, en principe complet (entrée + plat + dessert). Très souvent, les formules et les 1ers menus (les moins chers) ne sont ***servis qu'en semaine et/ou seulement au déjeuner,*** et plus rarement avant certaines heures (12h30 et 20h environ). C'est parfaitement légal, à condition toujours que ce soit clairement indiqué sur le panneau extérieur et sur le menu que l'on vous présente une fois installé. Il arrive qu'il disparaisse comme par enchantement (humm, mauvais signe...). Demandez-les, ça ne mange pas de pain.

3 – Attention aux suppléments. Certains menus imposent 3 suppléments pour 5 plats proposés. Cherchez l'erreur !

4 – Le « fait maison » : depuis que la législation existe, pour parer au sous-vide et tout congelé, et parallèlement valoriser le travail de restaurateurs scrupuleux, le « fait maison » (logo d'une casserole surmontée d'un toit de maison avec cheminée) apparaît comme un faire-valoir évident et rassurant. Même s'il ne garantit pas le 100 % maison (la loi est un peu tordue, et il n'y a pas de contrôle), ni la qualité du chef ! Cela dit, ***c'est un bon début.***

5 – La carte en dit long ! Voici, foi d'enquêteur, quelques trucs très simples pour analyser un menu : tout d'abord la ***brièveté de la carte*** est un bon gage de fraîcheur ; quand les produits sont locaux et de saison, c'est encore mieux ! On peut aussi questionner le serveur. Sa franchise (ou son embarras) vous en dira long. Autre indice : si la carte n'est composée que de plats passe-partout dont certains peuvent nécessiter des cuissons très longues (parmentier de canard, suprêmes de volaille en sauce, souris d'agneau, bourguignon...), ce n'est pas forcément bon signe, surtout s'ils sont servis trop rapidement. Même topo avec les desserts bistrotiers type tarte Tatin, mi-cuit ou mousse au chocolat, crème brûlée, panna cotta, tiramisù qui sortent soit du congélateur, soit d'une brique ! Tout comme les mignardises qui accompagnent le café gourmand souvent surfacturé, insipide... et certainement pas « maison ». Un bon chef n'est pas forcément un bon pâtissier. Et il a rarement le temps de préparer 36 desserts ! Enfin, en dehors des zones côtières, on évite les poissons et fruits de mer le lundi... les livraisons ayant rarement lieu le week-end !

6 – Commande jugée insuffisante : sachez qu'il est illégal de pousser le client à la consommation.

7 – *Doggy bag* : la lutte anti-gaspi a du bon ! Si la pratique du *doggy bag* est déjà bien répandue dans certains pays, en France on a longtemps traîné la patte. À partir de juillet 2021, les restaurateurs seront dans l'obligation de proposer à leurs clients ce qu'ils auront laissé dans leur assiette. Dans les faits, certains le pratiquent déjà. Alors, n'hésitez pas à le demander, même si cela n'est pas (encore) dans nos habitudes culturelles.

8 – Eau : une carafe d'***eau du robinet*** est ***gratuite*** à condition qu'elle accompagne un repas. On ne peut pas vous la refuser, sauf si elle est jugée impropre à la consommation par décret. Dans certains restos, on vous l'apporte d'office en guise de bienvenue. Un vrai bon point ! La bouteille d'***eau minérale*** doit, quant à elle, comme le vin, être ouverte devant vous. L'arnaque consiste parfois à proposer d'emblée une eau minérale, facturée au prix fort. À la question du serveur : « ... et pour l'eau, plate ou gazeuse ? », vous pouvez répondre : « une carafe, s'il vous plaît ».

9 – Vins (et autres alcools) : la marge la plus importante des restaurateurs ! Et certains en abusent... Au-delà de 2 verres (gare aux prix exorbitants), il peut être plus intéressant de commander une bouteille, quitte à l'emporter en fin de repas si elle n'est pas terminée. Sinon, ne pas hésiter à demander un ***petit vin de pays en pichet,*** l'occasion de découvrir ainsi des petites cuvées locales et bon marché.

les ROUTARDS sur la FRANCE 2021-2022

(dates de parution sur • *routard.com* •)

Découpage de la FRANCE par le ROUTARD

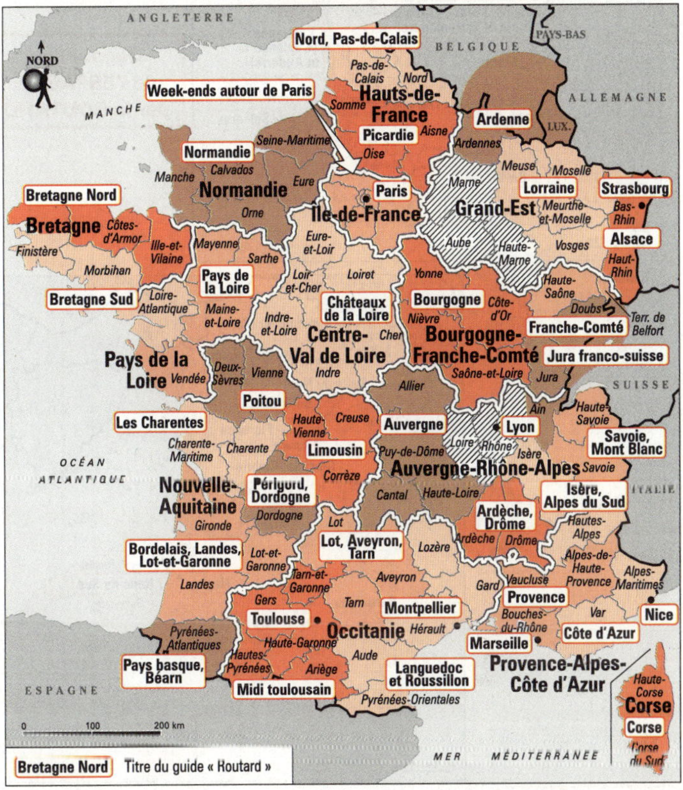

Autres guides sur la France

- Nos meilleurs campings en France
- Nos meilleures chambres d'hôtes en France

Autres guides sur Paris

- Paris
- Paris balades
- Restos et bistrots de Paris
- Le Routard des amoureux à Paris
- Week-ends autour de Paris

Le Routard à vélo

- EuroVelo6
- La Bourgogne du Sud à vélo
- La Flow Vélo
- La Loire à Vélo
- La Vélodyssée (Roscoff-Hendaye)
- Le Canal des 2 mers à vélo
- Paris Île-de-France à vélo
- ViaRhôna
- Les plus belles escapades à Vélo en France

les ROUTARDS sur l'ÉTRANGER 2021-2022

(dates de parution sur • *routard.com* •)

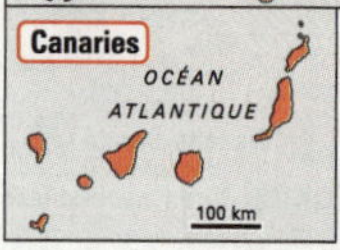

Découpage de l'ESPAGNE par le ROUTARD

Découpage de l'ITALIE par le ROUTARD

Autres pays européens

- Allemagne
- Angleterre, Pays de Galles
- Autriche
- Belgique
- Bulgarie
- Crète
- Croatie
- Danemark, Suède
- Écosse
- Finlande
- Grèce continentale
- Hongrie
- Îles grecques et Athènes
- Irlande
- Islande
- Madère
- Malte
- Norvège
- Pays baltes : Tallinn, Riga, Vilnius
- Pologne
- Portugal
- République tchèque, Slovaquie
- Roumanie
- Suisse

Villes européennes

- Amsterdam
- Berlin
- Bruxelles
- Budapest
- Copenhague
- Dublin
- Lisbonne
- Londres
- Moscou
- Naples
- Porto
- Prague
- Saint-Pétersbourg
- Stockholm
- Vienne

les ROUTARDS sur l'ÉTRANGER 2021-2022

(dates de parution sur • **routard.com** •)

Découpage des ÉTATS-UNIS par le ROUTARD

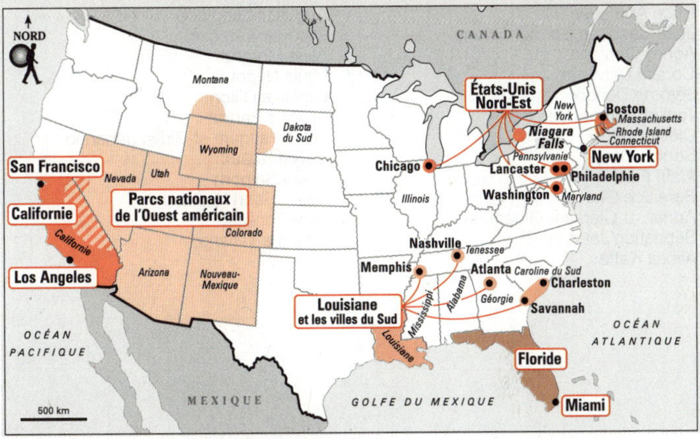

Autres pays d'Amérique

- Argentine
- Brésil
- Canada Ouest
- Chili et île de Pâques
- Colombie
- Costa Rica
- Équateur et les îles Galápagos
- Guatemala, Belize
- Mexique
- Montréal
- Pérou, Bolivie
- Québec et Ontario

Asie et Océanie

- Australie côtes est et nord + Red Centre
- Bali, Lombok
- Bangkok
- Birmanie (Myanmar)
- Cambodge, Laos
- Chine
- Hong Kong, Macao, Canton
- Inde du Nord
- Inde du Sud
- Israël et Palestine
- Istanbul
- Jordanie
- Malaisie, Singapour
- Népal
- Shanghai
- Sri Lanka (Ceylan)
- Thaïlande
- Tokyo, Kyoto et environs
- Turquie
- Vietnam

Afrique

- Afrique du Sud
- Égypte
- Kenya, Tanzanie et Zanzibar
- Maroc
- Marrakech
- Sénégal
- Tunisie

Îles Caraïbes et océan Indien

- Cuba
- Guadeloupe, Saint-Martin, Saint-Barth
- Île Maurice, Rodrigues
- Madagascar
- Martinique
- République dominicaine (Saint-Domingue)
- Réunion

Guides de conversation

- Allemand
- Anglais
- Arabe du Maghreb
- Arabe du Proche-Orient
- Chinois
- Croate
- Espagnol
- Grec
- Italien
- Japonais
- Portugais
- Russe
- G'palémo (conversation par l'image)

Livres-photos/Livres-cadeaux

- La France de Stéphane Bern **(nouveauté)**
- Voyages
- Voyages : États-Unis
- Voyages : France
- Voyages : Italie
- Road Trips Monde
- Road Trips en France **(nouveauté)**
- 120 coins secrets en Europe
- 50 voyages à faire dans sa vie
- 1 200 coups de cœur dans le monde
- 1 200 coups de cœur en France
- 52 week-ends dans les plus belles villes d'Europe
- 52 week-ends coups de cœur en France
- 52 escapades nature en France **(nouveauté)**
- Cahier de vacances du Routard

Nous tenons à remercier tout particulièrement Loup-Maëlle Besançon, Thierry Bessou, Gérard Bouchu, François Chauvin, Grégory Dalex, Fabrice Doumergue, Cédric Fischer, Carole Fouque, Nicolas George, Michelle Georget, David Giason, Claude Hervé-Bazin, Emmanuel Juste, Dimitri Lefèvre, Fabrice de Lestang, Romain Meynier, Éric Milet, Pierre Mitrano, Jean-Sébastien Petitdemange, Thomas Rivallain et Jean Tiffon pour leur collaboration régulière.

Brice Andlauer
Jean-Jacques Bordier-Chêne
Agnès Debiage
Coralie Delvigne
Jérôme Denoix
Tovi et Ahmet Diler
Clélie Dudon
Sophie Duval
Alain Fisch
Bérénice Glanger
Adrien et Clément Gloaguen
Sébastien Jauffret
Alexia Kaffès
Augustin Langlade
Jacques Lemoine
Aline Morand
Louis Nagot
Caroline Ollion
Martine Partrat
Odile Paugam et Didier Jehanno
Céline Ruaux
Prakit Saiporn
Nejma Tahri Hassani
Alice Tonasso
Caroline Vallano

Direction : Sidonie Chollet
Direction éditoriale : Élise Ernest
Édition : Matthieu Devaux, Olga Krokhina, Gia-Quy Tran, Julie Dupré, Emmanuelle Michon, Pauline Janssens, Amélie Ramond, Margaux Lefebvre, Julie Wood, Ionah Vasseur et Anne Le Marois
Ont également collaboré : Aurélie Joiris Blanchard, Pauline Margain et Natacha Kotchetkova
Cartographie : Frédéric Clémençon et Aurélie Huot
Contrôle de gestion : Jérôme Boulingre et Yannis Villeneuve
Secrétariat : Catherine Maîtrepierre
Fabrication : Nathalie Lautout et Audrey Detournay
Relations presse : COM'PROD, Fred Papet. ☎ 01-70-69-04-69.
• *info@comprod.fr* •, Martine Levens (Belgique) et Maureen Browne (Suisse)
Illustration : Anne-Sophie de Précourt
Direction marketing : Stéphanie Parisot, Élodie Darty et Charlotte Brou
Couverture : le-bureau-des-affaires-graphiques.com
Silhouette du Routard : Clément Gloaguen (d'après Solé)
Maquette intérieure : le-bureau-des-affaires-graphiques.com, Thibault Reumaux et npeg.fr
Contact Partenariats : Jérôme Denoix • *jeromedenoix@gmail.com* •
Contact Partenariats et régie publicitaire : Florence Brunel-Jars
• *fbrunel@hachette-livre.fr* •

Pour que votre pub voyage autant que nos lecteurs,
contactez nos régies publicitaires :
• *fbrunel@hachette-livre.fr* •
• *veronique@routard.com* •

INDEX GÉNÉRAL

LISTE DES CARTES ET PLANS

UNE PANDÉMIE INOUÏE !

Depuis toujours, ***Le Routard* se plaît à dénicher hôteliers et restaurateurs** qui accueillent nos lecteurs avec sourire et professionnalisme. Malgré toute notre vigilance, certains d'entre eux auront malheureusement fermé quand ce livre sortira. De même, les horaires et modalités d'accueil de certains sites et musées auront été momentanément modifiés. Cette terrible **pandémie de Coronavirus** a, on le sait, des conséquences importantes pour tous les professionnels du tourisme. **Nous sommes de tout cœur avec eux !**

Remarque importante aux hôteliers et restaurateurs

Les enquêteurs du *Routard* travaillent dans le plus strict anonymat. Aucune réduction, aucun avantage quelconque, aucune rétribution n'est jamais demandé en contre-partie. Face aux aigrefins, la loi autorise les hôteliers et restaurateurs à porter plainte.

Avis aux lecteurs

Le Routard, ce n'est pas comme le bon vin, il vieillit mal. On ne veut pas pousser à la consommation, mais évitez de partir avec une édition ancienne. Les modifications sont souvent importantes.

Les réductions accordées à nos lecteurs ne sont jamais demandées par nos rédacteurs afin de préserver leur indépendance. Les hôteliers et restaurateurs sont sollicités par une société de mailing, totalement indépendante de la rédaction, qui reste donc libre de ses choix. De même pour les autocollants et plaques émaillées.

Avec routard.com, choisissez, organisez, réservez et partagez vos voyages !

✓ Rejoignez la plus grande communauté francophone de voyageurs : **plusieurs millions d'internautes.**

✓ Échangez avec les routarnautes : forums, photos, avis d'hôtels.

✓ Retrouvez aussi toutes les informations actualisées pour choisir et préparer vos voyages : près de 300 guides destinations, une centaine de dossiers pratiques et un magazine en ligne pour découvrir tous les secrets de votre destination.

✓ Enfin, comparez les offres pour organiser et réserver votre voyage au meilleur prix.

Les **Routards** *parlent aux* **Routards**

Faites-nous part de vos expériences, de vos découvertes, de vos tuyaux et de vos coups de cœur. Aidez-nous à remettre l'ouvrage à jour. Indiquez-nous les renseignements périmés. Faites profiter les autres de vos adresses nouvelles, combines géniales... On adresse un exemplaire gratuit de la prochaine édition à ceux qui nous envoient les meilleurs courriers, pour la qualité et la pertinence des informations.

Quelques conseils cependant :

– Envoyez-nous votre courrier le plus tôt possible afin que l'on puisse insérer vos tuyaux sur la prochaine édition.

– N'oubliez pas de préciser l'ouvrage que vous désirez recevoir, ainsi que votre adresse postale.

– Vérifiez que vos remarques concernent l'édition en cours et notez les pages du guide concernées par vos observations.

– Quand vous indiquez des hôtels ou des restaurants, pensez à signaler leur adresse précise et, pour les grandes villes, les moyens de transport pour y aller. Si vous le pouvez, joignez la carte de visite de l'hôtel ou du resto décrit.

En tout état de cause, merci pour vos nombreux mails.

122, rue du Moulin-des-Prés, 75013 Paris

• *guide@routard.com* • *routard.com* •

Routard Assurance *2021*

Enrichie au fil des années par les retours des lecteurs, *Routard Assurance* reste l'assurance voyage référence des globe-trotters. Tout y est inclus, même la **Covid** : frais médicaux, assistance rapatriement, bagages, responsabilité civile... Avant votre départ, appelez *AVI* pour un conseil personnalisé. Besoin d'une **attestation Covid**, d'un avis médical, d'une prise en charge dans un hôpital ? Téléchargez l'appli mobile *AVI International* pour garder le contact avec *AVI Assistance* et disposer d'un vaste réseau médical à travers le monde. *AVI Assistance* est disponible 24h/24 pour une réponse en temps réel. De simples frais de santé en voyage ? Envoyez les factures à *AVI* dès votre retour, ils vous remboursent sous une semaine. *Le Colisée Gardens, 10 avenue de l'Arche, CS 70126, 92419 Courbevoie Cedex. ☎ 01-44-63-51-00. • avi-international.com • Ⓜ La Défense.*

Édité par Hachette Livre (58, rue Jean-Bleuzen, CS 70007, 92178 Vanves Cedex, France)
Photocomposé par Jouve (1, rue du Docteur Sauvé, 53100 Mayenne, France)
Imprimé par Lego SPA Plant (via Galileo Galilei, 11 38015 Lavis, Italie)
Achevé d'imprimer en juillet 2021
Collection n° 15 - Édition n° 02
53/4706/0
I.S.B.N. 978-2-01-712937-0
Dépôt légal : avril 2021

PAPIER À BASE DE FIBRES CERTIFIÉES